고대 중국의 통치메커니즘과 그 설계자들 4

상앙, 진시황, 한고조

고대 중국의 통치메커니즘과 그 설계자들 4

상앙, 진시황, 한고조

임중혁 지음

경인문화사

본서의 구성

중국과 중국인을 한마디로 정의하거나 표현할 수 있는 단어가 있을까? 그것은 수사자의 갈기를 세는 것처럼 어려울 것이다. 어떤 국가와 민족은 장시간의 역사 발전 과정을 통해서 형성된 것이다. 그것은 작은 시냇물이 합쳐져 큰 강물을 이루는 것과 같다. 미시적인 것을 통해 전체를 설명하는 방법도 있기는 있다. 그것은 가느다란 시냇물 하나를 가지고 큰 강을 설명하려는 것처럼 어려운 문제라고 할 수 있다.

현대 중국의 뿌리를 찾는 문제는 중요하다. 현대 중국인의 사고는 어떻게 형성되었을까? 중국인의 뇌리 속에 있는 통치 시스템과 사고 방식은 어디에서 시작되었을까? 중국이라는 국가체제는 통일을 완성한 진시황에서 시작되었다고 보는 시각이 많다. 그러나 그러한 주장도 자세히 들여다보면 막연하다. 황제지배체제? 군현제? 이러한 용어는 일정 부분 중국을 설명할 수 있겠지만 그래도 미진한 느낌이 든다. 중국을 움직이는 원리는 무엇일까? 제도적 분석은 그러한 궁금증을 풀어나가는 방법일 것이다. 필자가 궁금해하는 것은 그러한 제도의 이면에 숨겨져 있는 지배자의 의지였다. 중국의 법률은 公布主義를 채택하고 있어서 지방의 촌로까지도 숙지하고 있었다. 법률에는 지배자의 의지가 표현되어 있고, 그것이 행정망을 통하여 지방의 구석구석까지 파고 들어가는 것이다. 이것은 漢 文帝 시기의 廷尉 張釋之가 "법이라고 하는 것은 천자가 천하와 함께 공유하는 것이다.(法者天子所與天下公共也)"라는 말에 잘 응축되어 있다. 법률에는 어떻게 국가를 지배할 것인지에 대한 지배자의 통치 철학이 포함되어 있다. 또한 장시간 습득한 통치의 기법이 법률로 농축되어 표현된 것이다.

고대 중국의 통치 원리를 분석함에 있어 『雲夢睡虎地秦律』, 『嶽麓書院藏秦簡』과 漢代의 『二年律令』은 매우 중요하다. 雲夢睡虎地 秦律에는 진시황이 중국을 통일할 당시의 제국 통치의 이념이 들어 있고, 그 일부는 이후 唐律에도 확인되듯이 중국 통치의 기본 뿌리가 되었다. 그 지배체제의 청사진을 만든 사람은 누구일까? 기원전 361년 경 魏나라에서 秦나라로 들어가는 젊은 사람이 있었다. 商鞅이었다. 『史記』 「商君列傳」을 보면, 그는 한편으로 魏에 대한 실망감과 배신감, 한편으로 秦에 대한 기대감과 자신감으로 교차했던 것으로 보인다. 그는 入秦 이후 秦孝公의 전폭적 지지를 받아 秦의 모든 제도를 개조하기 시작했다. 이것이 서쪽의 후진국 진나라를 시끄럽게 만든 商鞅變法이었다. 이 개혁은 중국 역사에 있어 진정 운명적인 것이었다. 이를 통해 고대 중국의 기본틀이 형성되기 시작했으니, 그는 어찌 보면 진시황보다도 중요한 인물이었다. 진나라는 상앙의 개혁 성공으로 신속히 강국으로 변모했다. 비록 상앙은 秦孝公 사망 후 비명에 죽었지만, 그가 런칭(launching)한 청사진은 폐기되지 않고 진시황의 통일제국의 기본틀을 구성하게 되었다. 뿐만 아니라 이 틀은 한제국에도 승계되었다.

본서는 주로 1970년대 중반부터 지하에서 출토하기 시작한 법률문서를 중심으로 분석했다. 필자는 연구자의 입장에서 2천년 이상 지하에 잠들어있던 진귀한 문서를 몇 번씩 만나는 행운을 만났다. 본서는 출토 율령 자료를 분석한 것이므로 正史를 통해서 파악하기 힘든 진한제국의 통치메커니즘을 파악하는데 도움이 될 수 있을 것이다. 법률문서는 무미건조한 내용들로 이루어졌기 때문에 이면에 숨겨져 있는 함의를 추출하는 작업은 어려웠다. 국가를 운용하는 메커니즘들은 표면에 노출되어 있는 것도 있지만, 파악하기 힘든 것도 있었다. 그런 만큼 이 작업은 흥미진진한 것이었다.

『史記』에 보이는 상앙변법은 소략하게 서술되어 있으나, 출토 율령에 입각해보면 상앙이 구상한 秦國의 지배 체계는 톱니바퀴와 같이 맞물려 돌아가도록 의도된 것이었다. 그 통치 골격은 商鞅 - 秦始皇 - 漢高祖 - 蕭何의 4인의 인물들을 통해 이어져 내려왔다. 출토 율령에서 확인되는 진한의 지배형태는 군공작 신분제 - 형벌제도 - 토지제도 등이 상호 유기적으로 연결되어 있었다. 이러한 사항을 다룬 본서의 주제는 각기 독립된 병렬관계가 아니라 모두 商鞅 情神으로 "一以貫之"된 그물망이었다. 현대인은 과거사람들의 통치 시스템이 발달하지 못하고 느슨할 것이라고 지레 짐작한다. 그러나 상앙이 만든 지배 시스템은 대단히 정교하게 연결된 컨베이어 시스템과도 같은 것이었다.

상앙이 살았던 시기는 전국 초기로서, 魏와 齊의 2강 체제 하에서 약육강식이 심화되면서 각국은 부국강병을 유일한 출구로 생각했다. 따라서 전투력을 강화하기 위해 군공을 세운 자에게 작위를 지급하는 군공작제를 만들었다. 작위 소지자에게는 전택을 지급하고 각종 혜택을 부여하였다. 모든 사회역량이 전투력을 강화하기 위해 투입되었고, 군공을 수립하면 혜택을 부여하는 군사경찰국가체제를 지향했던 것이다.

1. 秦漢의 통치이념

진한의 통치 이념이라는 대주제로 쓴 논문들은 모두 商鞅변법에서 의도한 제국 통치의 이념들이 망라되어 있다. 법가계열의 秦 律令을 漢제국이 승계한 과정, 그래서 한제국도 결국 자신들이 부정하려 했던 진제국의 통치방식을 승계했음을 규명하였다. 이러한 법가적 율령에 한제국 중기 儒家思想이 침투하는 과정 등을 밝히고 있다.

2. 秦漢 토지제도

토지 관련 논문들에서는 二十等軍功爵制와 토지제도가 밀접하게 연관되어 있음을 밝혀냈다. 「商君列傳」의 "明尊卑爵秩等級, 各以差次名田宅"에서 알 수 있듯이, 토지제도와 작제의 연결은 商鞅이 의도한 것이다. 놀라웠던 것은 『二年律令』에서 확인할 수 있었듯이, 지급된 토지가 상속되는 과정에서 아들들의 작위를 減爵시켜 절묘하게 국가로 환수시키는 메커니즘이었다. 이는 당시의 가족 숫자를 반영하여 만들어진 계획표였다. 그리고 필자의 「秦始皇 31年의 自實田」 논문에서는 해결이 용이하지 않았던 "自實田"을 분석하여 진제국과 한제국의 토지제도를 연결하는 마지막 퍼즐을 분석하였다. 특히 중국 고대의 토지제도가 국유제인지 사유제인지를 밝혀내는 작업을 하였다.

3. 秦漢의 刑罰제도와 身分체제

필자는 商鞅 이후에 제정된 『睡虎地秦墓竹簡』, 『里耶秦簡』, 『嶽麓書院藏秦簡』, 『二年律令與奏讞書』에 근거하여 商鞅이 구현하려고 했던 형벌체계와 신분제도를 복원하고자 하였다. 특히 秦代 형법의 체계 속에서 秦代의 통치자들이 백성들을 어떻게 통제·관리하는지에 주안점을 두고 규명하였다. 秦漢의 法律은 결국 唐宋律 - 明律을 낳은 母法이라고 할 수 있는데, 그러한 母法의 최초 모습이 본서에 포함되어 있다.

필자는 진한의 형벌제도를 분석하기 위해 벌금형·속형·내형·육형·사형을 분석하였다. 秦代 형벌제도의 특징은 그것을 신분체제와 연결시키고 있다는 것이다. 『史記』에 언급된 商鞅변법에서는 여러 차례 軍功爵을 언급하여 그것이 秦代 신분체계에서 중요한 것임을 시사하고 있다. 작위를 가지고 있는 자도 범죄를 저지르면 형도의 신분으로 떨어지지만, 2급작 上造 이상은 黥爲城旦舂에서 耐爲鬼薪白粲으로 감형된다. 즉, 肉刑에서 耐刑으로 감형되는 우면정책을 주는 것이다. 군공작은 신체를 손상하는 치욕적인 육형에서 벗어나게 하는 안전장치였다.

秦代의 모든 백성은 有爵者·無爵者·徒隷(刑徒)로 구분되어 있다. 『二年律令』에는 유작자든 죄수이든 軍功爵 신분이 士伍로 귀결되게 설계되어 있다. 아울러 庶人이라는 개념도 죄수(형도)에서 사면된 존재라는 매우 중요한 규정이 포함되어 있어서, 이는 전통적 庶人 개념과 차이가 있다. 진한시대에는 3개 무작자층(公卒·士伍·庶人)이 있다. 3개의 무작자층은 첫째, 유작자가 군공을 수립하지 못하여 작위가 0으로 떨어지는 公卒의 신분, 둘째 公卒의 자식들이 군공을 세우지 못해 떨어지는 士伍의 신분, 셋째 죄수가 사면을 통해 신분이 상승하는 庶人이다. 이것은 매우 치밀하게 작위와 군공을 연계하여 관리하는 신분체계이다. 형도의 신분으로 떨어진 자들도 군공을 수립하면 무작자인 庶人을 거쳐 士伍의 신분으로 회귀하는 체제로 형성되어 있었다.

4. 秦漢의 율법 제정

법제사 분야의 논문들은 東洋法制史에서 가장 중요한 律令의 개념들에 대해 밝힌 것들이다. 皇帝의 詔書가 律과 令으로 법제화되어 가는 과정, 律과 令의 차이는 무엇인지 등에 관한 것들을 담고 있다. 특히 嶽麓秦簡에 근거하여 秦令의 각종 내용들을 규명하였다. 嶽麓秦簡에 기록된 律의 경우는 제정시점과 제정자를 알 수 있는 정보가 모두 삭제되어있지만, 令의 경우는 정보가 남아있어 제정시점이 대부분 진시황 시기임을 확인할 수 있었다. 따라서 이 자료는 秦代의 율령 발전과정을 파악할 수 있는 매우 좋은 자료라고 할 수 있다.

끝으로 본서의 제목을 『고대중국의 통치메커니즘과 그 설계자들』이라고 설정한 것에 대해 언급하고자 한다. 상앙이 설계한 국가 통치의 수단은 매우 많았다. 그 수단이라는 것은 백성들을 통제하고 조직할 수 있는 것이었다. 본서에서는 군공작 신분제 - 형벌제도 - 토지제도가 網狀形으로 짜여있는 제도를 고찰대상으로 했고, 이것들은 어느 하나라도 없으면 시스템이 기능하지 않게 설계되어 있었다. 이러한 시스템을 최초로 구상한 것은 천재 商鞅이겠지만, 그 후 수많은 사람들이 이것을 수정하고 보완한 것이다. 『嶽麓書院藏秦簡』과 『二年律令』의 법률 조항들을 보면 수많은 관리들이 현실 정치에서 획득한 지식들을 보완하여 다듬은 것이었다. 따라서 기본 설계자는 商鞅 - 秦始皇 - 漢高祖 - 蕭何 등이겠지만, 수많은 관리군들도 여기에 포함시킬 수 있다. 『嶽麓書院藏秦簡』을 보면, 秦 율령은 皇帝(秦始皇)와 수많은 관료들의 의견 교환을 통해 제정된 것이었다. 특히 율령의 제정에 참여한 內史와 郡太守 등이 그 설계자들이라고 할 수 있다. 따라서 독자들께서는 설계자를 찾는 수고를 할까봐 걱정되기도 한다.

율령들을 분석해보면 율령 제정과정에서 행정 현장의 아이디어가 반영된 것도 많이 보인다. 놀라운 것으로는 두 가지를 들 수 있다. 하나는 耐罪의 운용방식인데, 당시의 죄수들은 형기가 없는 무기형도였기 때문에 이 耐罪를 교묘하게 운용해 전체 인구에서 차지하는 刑徒와 編戶의 비율을 조절하였다. 耐罪 내부에는 형도의 숫자가 지나치게 증가하는 것을 방지하기 위한 설계가 내장되어 있었다. 그리고 秦漢律에서는 軍功을 수립하지 못하면 士伍로 신분이 하락하게 설계되어 있고, 형도들 역시 사면을 통해 역시 士伍로 승급하는 구도를 가지고 있었다. 즉, 士伍로 수렴하는 체제였다. 다른 하나는 『二年律令』戶律의 토지 지급 및 환수 규정이 바로 그러한 것이다. 특히 환수규정은 율령에 노출되어 있지 않지만, 자동적으로 토지가 국가에 환수되도록 설계되어 있다. 그것은 매우 정교한 수학공식과도 같은 것이다. 일견 무미건조하게 보이는 율령의 이면에 숨어있는 국가 통치의 방향은 매우 흥미로운 것이다.

목 차

본서의 구성

秦漢 율령사 연구의 제문제

Ⅰ. 서론

이 글은 현재까지 제기된 진한시대 율령의 논쟁점들을 종합적으로 고찰한 것이다. 그 각각의 주제에 대한 검토는 다음 논문들에서 이루어질 것이다.

진한법률의 연구 역사는 크게 3단계로 구분할 수 있다. 1단계는 19세기 말에서 20세기 20년대까지로서, 이 시기는 흩어진 漢律을 수집하고 고증하는 것에 중점을 두었다. 杜貴墀의 『漢律輯證』(1897), 張鵬一의 『漢律類纂』(1907), 沈家本의 『漢律摭遺』(1912), 程樹德의 『漢律考』(1918), 淺井虎夫의 『漢律令逸』(1911), 小川茂樹의 『漢律略考』(1930) 등이 이 시기에 나왔다. 2단계는 1920년대에서 1970년대까지인데, 1단계의 輯佚 성과에 힘입어서 秦漢 율령체계에 대한 연구가 진일보한 시기이다. 이 단계에서는 考古學의 발굴성과에 의해 秦漢法律研究가 고고학·역사학과 일체화되기 시작했다. 제 3단계는 1970년대부터 지금까지인데, 秦漢法律과 관련된 고고학 자료의 대발견이 있었다. 『睡虎地秦墓竹簡』『張家山漢簡』『里耶秦簡』『嶽麓書院藏秦簡』 등 수많은 출토문헌에 의해 秦漢의 法律관련 자료가 풍부해지고 획기적인 연구가 이루어진 시기이다.[1]

---

[1] 徐世虹, 「秦漢法律研究百年(一)--以輯佚考證爲特徵的淸末民國時期的漢律研究」(『中國古代法律文獻研究』5輯, 2012), pp.1-2; 睡虎地秦墓竹簡整理小組, 『睡虎地秦墓竹簡』(北京: 文物出版社, 1978); 張家山二四七號漢墓竹簡整理小組, 『張家山漢墓竹簡[二四七號墓]』(北京: 文物出版社, 2001).(이후 『張家山漢墓竹簡』으로 약칭)

清末 沈家本(1840-1913)과 程樹德(1877-1944)은 진한시대 율령 연구의 선구적 역할을 하였다. 이들 이후에 중국에서의 秦漢 율령 연구는 祝總斌·張建國·劉海年·朱紹侯·邢義田·李均明 등의 학자가 주도하였고, 일본에서는 中田薰(1877-1967), 滋賀秀三(1921-2008), 堀敏一(1924-2007), 大庭脩(1927-2002), 冨谷至, 宮宅潔, 廣瀬薰雄 등 일련의 연구자들이 중단되는 일 없이 연구를 해왔다. 그 후 중국 학계에서는 일본학자들의 연구를 번역·출판함으로써 연구에 새로운 전기를 맞이하였고, 徐世虹·楊振紅·張忠煒와 같은 일본 교류 경험이 있는 일단의 학자들에 의해 진한의 율령 연구가 진행되고 있다.

秦漢 율령연구는 이미 백년 이상의 역사를 가지고 있고, 그러한 연구사는 徐世虹에 의해 정리가 되었다.[2] 그의 연구사 정리에는 모든 진한 율령의 문제점들이 지적되어 있다. 흥미로운 것은 진한사 연구에서 아무리 정치한 연구라도 새로운 출토자료에 의해 무용지물로 되는 경우가 속출한다는 것이다. 본고에서는 秦漢律令에 대한 이상의 연구자들의 연구 성과 가운데서 핵심적이고도 논쟁의 대상이 되었던 주제들을 중심으로 검토하기로 하겠다.

첫째, 秦에서 律이 출현하는 시점과 秦令의 존재 여부에 관한 문제이다. 전자에 대한 연구는 이미 祝總斌의 상세한 연구에 의해 많은 부분이 규명되었다.[3] 후자에 대해서는 많은 논란이 있어왔으나 최근 『嶽麓書院藏秦簡』의 출현으로 인해 해결의 단서가 마련되었다. 또 이와 관련해 魏晉시대에 출현한 法典이 그 이전 시대에 존재했을까 하는 문제도 제기되었다.

---

2) 徐世虹, 「秦漢法律研究百年(一)--以輯佚考證爲特征的淸末民國時期的漢律研究」 (『中國古代法律文獻研究』, 2012); 「秦漢法律研究百年(二)--1920~1970年代中期: 律令體系研究的發展時期」(『中國古代法律文獻研究』, 2013); 「秦漢法律研究百年(三)--1970年代中期至今: 硏究的繁榮期」(『中國古代法律文獻研究』, 2013).
3) 祝總斌, 「關于我國古代的"改法爲律"問題」(『北京大學學報』 1992-2); 祝總斌, 『材不材齋史學叢稿』(北京: 中華書局, 2009).

둘째, 詔와 令의 구별 문제이다. 황제가 내린 制詔는 "制曰可"의 著令 文言이 포함되어야만 令으로 등재된다. 著令 문언이 나오기 이전의 詔書, 그리고 법제화된 令은 엄격하게 보면 별개의 것이다. 이러한 기준에 입각하여 출토문헌 가운데 「王杖十簡」 및 「王杖詔書令」을 분석하여 그것이 어떠한 성격의 문서인지 분석해보고자 한다.

셋째, "盜鑄錢令"과 "錢律", "金布律"과 "金布令"처럼 同名의 律과 令이 존재하는데, 律名과 令名을 혼용하는 원인에 대해서는 두 가지 관점이 있다. 1) 律과 令의 구분이 분명하지 않으므로 동일한 대상을 律로도 부르고 令으로도 부른다는 견해이고, 2) 令이 律을 보충하는 관계로서 예컨대 金布令에서 金布律로 전환된다는 관점이다. 이러한 漢律·令의 칭위 혼동문제의 원인에 대하여 검토하기로 하겠다.

넷째, 律과 令의 개념이 분리되는 시점에 관한 것이다. 학계의 일반적 이해는 魏晉律에서 律은 형벌법규, 令은 非형벌법규로 정립·분화하면서 律의 비형벌적인 많은 내용이 令으로 歸入되고, 令의 형식이 새로이 출현한다는 것이다.[4] 魏晉律에서 律과 令의 분화는 너무도 뚜렷한 현상이므로, 이에 대해서 학자들은 별반 이의를 제기하려 하지 않는 경향이 있다. 그러나 어떠한 역사적 변화현상이 준비 과정 없이 돌연히 "突起"하였을까? 이와 같은 律과 令 개념의 분리가 魏晉律에서 최초로 갑작스럽게 나타나는 것일까 하는 문제를 살펴볼 것이다.

---

4) 張忠煒, 『秦漢律令法系研究初編』(北京: 社會科學文獻出版社, 2012), pp.124-125.

II. 秦 律令의 출현

1. 秦令의 유무에 대한 기존의 학설[5]

선진시기에 각국의 성문법 명칭은 통일되지 않은 채, "刑" "法" "憲" 등 다양한 호칭으로 불렸다. 그 가운데서도 令이 가장 보편적으로 사용되어 先秦시기에 법률의 일반적 호칭으로 사용되었다. 祝總斌에 따르면, 法과 令의 출현은 律에 비하여 빨라서 이미 戰國 이전에 존재했다.[6] 후일 "法"과 합체되어 쌍음절의 "法令"으로 사용되기도 하였다. 令자의 본뜻은 "衆人을 모아 명령한다."는 뜻이다. 沈家本은 "令이라는 것은 윗사람이 아랫사람에게 勅하는 내용이다."라고 하여 "敎令"의 의미를 지녔다고 하였다.[7]

令에 비하여, 律이 법률적 의미를 가지고 출현한 연대는 비교적 늦다. 律자는 先秦의 문헌 가운데서 빈번하게 출현하였지만, 대부분 音律·約束·效法(모방)을 가리키는 것이고, 法律의 개념으로는 사용되지 않았다. 『史記』 「秦本紀」와 「商君列傳」 등 기원전 4세기 후기까지의 사료를 분석하면 법률의 의미를 가지는 "律"字는 아직 나타나지 않고 있다. 律자가 다른 용어를 대신하여 法律의 용어로 된 것은 기원전 260년 전후이다.[8] 아래에 예시한 戰國 魏의 律은 그러한 증거이다.

---

5) 필자가 이 글을 처음 작성하던 시기와 지금은 연구 환경이 크게 바뀌었다. 특히 秦令의 존재를 모르던 시기에 작성한 것이라서, 새로이 출판된 『嶽麓書院藏秦簡(肆)』 『嶽麓書院藏秦簡(伍)』의 秦令 자료를 보완하였다.
6) 祝總斌, 위의 책, pp.437-440.
7) 沈家本, 『歷代刑法考』(北京: 中華書局, 1985), p.812.
8) 祝總斌, 위의 책, pp.439-447; 張忠煒, 위의 책, pp.125-126. 祝總斌에 따르면 律이 강력한 경쟁력을 가지게 되는 이유는, 첫째, 音律에 사용된 律이 樂鐘의 음조의 고저, 청탁을 조절하는 성격이 법률에도 적용되어 법률의 정확성을 요구하는 요소로 작용했으며, 둘째, 律이 度量衡과 名田의 표준으로 확정되어 쟁송을 중지시키는 역할로 되었으며, 이것은 법가에서 범죄에 대하여 엄격히 처벌하는 法의 개념과 다르다는 것이며, 셋째, 律이 率과 古音

1) ●(魏 安釐王) 25年 閏12月 初6日 王이 相邦에게 명령한다. 民 가운데 어떤 자는 거주하는 邑을 떠나 야외에서 거주하며, 孤寡의 가정에 들어가 다른 사람의 婦女를 요구하는 것은 나라의 예부터 있던 현상이 아니다. 지금부터 商賈客店을 운영하는 자(假門逆旅)와 다른 사람의 집에 사위가 되거나 後父가 된 자(贅壻後父)는 立戶를 허락하지 않고, 田宅를 지급하지 않는다. 이러한 사람은 3대 이후에 관리가 되고자 하면 허락하고, 簿籍에 과거 某閭 贅壻 某人의 증손이라고 써야 한다. 魏戶律.[●卄五年閏再十二月丙午朔辛亥, ○告相邦: 民或棄邑居壄(野), 入人孤寡, 徼人婦女, 非邦之故也. 自今以來, 叚(假)門逆呂(旅), 贅壻後父, 勿令爲戶, 勿鼠(予)田宇. 三枼(世)之後, 欲士(仕)士(仕)之, 乃(仍)署其籍曰: 故某慮贅壻某叟之乃(仍)孫. 魏戶律.]⁹⁾

2) ●(魏 安釐王) 25年 初6日 王이 將軍에게 명령한다. 商賈客店을 운영하는 자(假門逆旅)와 다른 사람의 집에 사위가 되거나 後父가 된 자(贅壻後父), 또는 백성 가운데 주도적으로 耕種하지 않거나, 家屋을 수리하지 않는 것을 寡人은 좋아하지 않는다. 그들을 죽여야겠지만 차마 그 宗族昆弟까지 죽일 수는 없다. 지금부터 그들을 파견하여 從軍시키고 將軍은 그들을 불쌍하게 여기지 말라 소를 잡아서 병사들에게 먹일 때, 그들에게는 ⅓斗만 주고 고기는 주지 말라. 城을 공격할 때 사람이 부족하면 將軍은 그들로써 壕를 메우게 하라. 魏奔命律. [●卄五年閏再十二月丙午朔辛亥, ○告將軍: 叚(假)門逆旅, 贅壻後父, 或率民不作, 不治室屋, 寡人弗欲. 且殺之, 不忍其宗族昆弟. 今遺從軍, 將軍勿恤視. 享(烹)牛食士, 賜之參飯而勿鼠(予)殽. 攻城用其不足, 將

에서 완전히 동일하여 표준의 뜻을 가지고 있었다는 것이다. 이러한 강력한 경쟁력을 통하여 법률의 명칭으로 자리를 잡게 되었다는 것이다.(祝總斌, 위의 책, pp.447-456.)

9) 『睡虎地秦墓竹簡』, p.292.

軍以埋豪(壕), 魏奔命律][10]

魏戶律·奔命律은 전국 魏 安釐王 25년(B.C.252)에 발포한 律이다. 왕의 명령이 律로 된 것인데, 秦靑川木牘의 爲田律과 함께 모두 초기 律의 單行律文이다. 이름은 비록 律로 되어 있으나, 殷周 이래 군주가 발포한 誥令, 單行法令의 형식과 매우 유사하다.[11] 魏戶律을 원시 형태의 律로 보는 이유는 "寡人弗欲(과인은 원치않는다)", "不忍其宗族昆弟(차마 그 종족곤제들을 …할 수 없다)" 등과 같은 魏王의 구어체적 서술에 수정을 가하지 않은 채 律文으로 되었기 때문이다. 그러므로 魏戶律 등은 율문의 출현이라고 보기보다는, 왕의 敎令의 특징을 남기고 있다고 할 수 있다.[12] 『睡虎地秦墓竹簡』의 秦律十八種·效律은 위의 魏戶律에 비교하면, 形式上·言語上·內容上 많은 발전이 보인다. 용어와 행문에서 비교적 다듬어졌고, "弗欲", "不忍" 등 感情의 字句가 사라졌다. 율문의 발포 연월일과 집행 규정 역시 생략되었다.[13] 그러나 秦律 내지 漢初의 律이 어느 정도 발전했음에도 令의 흔적은 계속 남아 있다. 예를 들어, 『睡虎地秦墓竹簡』 效律의 "其廥禾若干石, 倉嗇夫某、佐某、史某、稟人某.", "某廥出禾若干石, 其餘禾若干石."이라는 율문에도 口語의 형식으로 표현되어 있다.[14]

秦令의 존재 여부는 秦漢律令의 연구상에서 장기간 중요한 논쟁 주제였다. 商鞅의 六律 제정 이후, 秦에서는 계속해서 법률이 제정되고 기타 동방 諸國의 영향을 받아 법률제도가 정비되었음은 이미 『晉書』「刑法志」 및 『睡虎地秦墓竹簡』을 통하여 증명된 바 있다. 그런데 秦에

---

10) 같은 책, p.294.
11) 祝總斌, 위의 책, p.446.
12) 張忠煒, 위의 책, pp.126-127.
13) 祝總斌, 위의 책, p.446.
14) 張忠煒, 위의 책, p.127.

있어 律의 보충·개정의 요구가 발생하여 새로운 법을 제정했을 때, 그것을 漢代와 동일하게 令으로 호칭했는지에 대해서는 과거 부정적인 견해들이 많았다.[15] 또한 수호지진률에 과연 漢의 令과 동일한 기능을 수행한 것이 존재하였을까 하는 문제에 대해서도 令이 존재하지 않았다는 견해가 지배적이었다. 秦令의 존재에 대하여 회의적 태도를 보인 것은 中田薰·大庭脩·冨谷至 등이다.[16] 이들은 『睡虎地秦墓竹簡』에는 오직 律만 확인되므로, 律을 보완하는 것도 律이며, 令은 아직 존재하지 않는다고 주장한다.

中田薰은 "律과 令이라는 統治의 2大 根本法典은 漢 蕭何의 立法에서 시작되었는데, 律은 傳來의 編次를 再編整備하고, 令은 종래 개개의 單行法令에 불과했던 것을 律에 필적하는 일부의 法典으로 分集했다."[17]라고 했다. 이 주장은 令典의 成立이 漢初의 蕭何에 의해 비로소 시작되었고 秦代에는 없었다는 의미이다. 中田薰은 令의 출현 시기를 漢初

---

15) 秦律에서 令의 존재를 부정하는 설은 中田薰·大庭脩 등에 의해 주장되고 있다. 中田薰, 「古法雜觀」(『法制史研究』 1, 1951). 大庭脩, 「律令法系の變遷と秦漢の法典」, 『秦漢法制史の研究』(東京: 創文社, 1982). 秦律에서 令의 존재를 인정하고 있는 堀敏一의 견해는 아마도 그가 참고한 大庭脩의 견해를 잘못 인용한 듯하다. 그는 "睡虎地秦墓竹簡의 秦律十八種으로 불리는 국가기구의 운영에 관계된 행정법규의 조목들은 원래 令이라고 불리는 單行法令의 형태로 나온 것이지만 그들 令文을 모아 분류하고 田律·廐苑律·倉律 등으로 이름붙였다."고 하였다. 堀敏一의 "令文"이라는 표현은 大庭脩의 논문에서 인용한 것이었으나, 大庭脩의 논문에서는 오히려 令의 존재를 부정하고 있다. 따라서 堀敏一이 말하는 "令이라는 單行法令"은 詔令을 의미하는 것이거나, 아니면 大庭脩의 견해를 잘못 이해했을 것으로 생각된다. 또한 『睡虎地秦墓竹簡』에 인용된 魏戶律의 법제정 단계는 堀敏一의 견해와는 달리 魏王의 명령이 곧바로 戶律과 奔命律로 제정된 것이므로 중간과정인 令의 단계를 거쳤다가 律로 된 것은 아니다. 同氏, 「晋泰始律令の成立」(『東洋文化』 60, 1980), p.24 참조.
16) 李俊强, 『魏晋令制研究』(吉林大學博士論文, 2014), pp.30-31.
17) 中田薰, 「支那における律令法系の發達について」(『比較法雜誌』 1-4, 1951), p.6; 中田薰, 「支那における律令法系の發達について補考」(『法制史研究』 3, 1953), p.70.

蕭何에 의해 최초로 令이 제정되었을 때로 보는 것이다. 그것은『漢書』
「高祖功臣表」의 "爲法令宗廟"라는 기사와 「宣帝紀」의 文穎의 注에 "蕭何
承秦法所作爲律令, 律經是也"라는 사료에 근거한 것이다.[18]

　大庭脩도 秦令의 존재에 대하여 회의적 태도를 가졌다. 즉, 수호지
진률에 秦令이 포함되어 있지 않은 사실에서 秦代에 추가법을 令으로
부르는 제도는 없었고, 漢代에 들어서야 律의 보충법으로서의 令이 나
왔다고 보았다.[19] 그는 "魏의 二律(戶律, 奔命律)의 내용은 敎令의 성격
을 가지고 있다. 따라서 令은 敎라는 漢令의 성격에도 통하는 것이다.
그렇다면 수호지진률의 27종의 律은 商鞅의 六律에 대한 秦의 추가법
으로 秦에서는 추가법도 律로 불렸을 가능성이 있다. 이것은 秦의 令
文이 없다는 특색과 관련된다. 秦의 令文이 없다는 것은 본래 추가법
으로서의 令, 추가법을 令이라는 호칭으로 부르는 제도가 秦에 없었
던 것은 아닐까? 따라서 이 제도는 漢에서 창시한 것이 아닐까?"라고
하였다. 그리고 그는 戰國 魏와 秦, 漢에서의 추가법을 각각 다음의 表
와 같이 고찰하였다.[20]

[표 1] 大庭脩의 令 출현 시기

	魏	秦	漢
正律	法	律	律
追加法	律	律	令

　秦令 不在說의 입장인 冨谷至는『睡虎地秦墓竹簡』에 보이는 "令曰"을
"當爲", "禁止"라는 "命令"의 의미로 보고, "令에서"라는 법령의 의미가
아니라고 보았다.[21] 또한 진시황 27년의 자료인 「奏讞書」 18의 "令: 所

18) 中田薰, 위의 논문(1951), pp.6-7.
19) 大庭脩,『秦漢法制史の研究』(東京: 創文社, 1982), pp.15-16.
20) 같은 책, pp.16-17.
21) 冨谷至, 「晋泰始令への道―第一部 秦漢の律と令」(『東方學報』 72, 2000), pp.95-97.

取荊新地多群盜, 吏所興與群盜遇, 去北, 以儋乏不鬪律論.[令: 취득한 荊(楚)의 新地에 群盜가 많다. 吏가 징발되어 群盜와 조우하여 도망하면 儋乏不鬪律(겁내서 전투하지 않은 律)로써 처벌한다.]", 秦王政 6년의 자료인 「奏讞書」 22의 "令曰; 獄史能得微難獄, 上.(令: 獄史가 해결하기 어려운 微難獄을 해결하면, 이를 올린다.)"에 보이는 "令" 등도 事項別로 분류정리된 令典이 아니라, 詔令의 하나로 보았다.[22]

　이에 반해서 秦令 존재설의 입장은 商慶夫·張建國·堀敏一·宮宅潔 등이다. 商慶夫는 秦 법률에서 令의 존재를 인정하고 있다. 그에 의하면 商鞅의 六律은 엄격하게 律이라 칭했고, 그밖의 專律은 律이라 칭하기도 했고 令이라 칭하기도 했다는 것이다. 예컨대 "令市者, 見其入, 不從令者, 貲一甲"이라 한 것은 專律을 令이라 칭한 증거이며, 또한 「語書」에서 田律을 田令이라 칭한 것은 모두 秦令의 존재를 보여주는 것이라고 하였다.[23]

　秦令의 존재에 긍정적인 張建國은 『張家山漢簡』 「奏讞書」 18의 "·令: 所取荊新地多群盜, 吏所興與群盜遇, 去北, 以儋乏不鬪律論."과 『睡虎地秦墓竹簡』의 "犯令" "廢令" "不從令" 등에 근거하여 대량의 令이 존재했다고 주장한다.[24] 堀敏一도 律이 원래 단행법령으로서의 令이었다고 주장하였다. 즉, "令을 범한다'든가, '令에 따르지 않는다'든가 하는 것은 律文에 위반한 경우를 가리키는 것이므로 율문을 令으로 부르는 것이다. 이것은 이들 律이 원래 단행법령으로서의 令이었던 것이다."[25]라고 했는데, 令과 律이 對置되어야 할 법규라는 생각이 전제로 되어 있는 것이다. 堀敏一의 주장은 "秦代에 이 조문(律)이 令으로 불리고

---

22) 같은 논문, p.101.
23) 商慶夫, 「秦刑律的淵源及其演進」(『歷史論叢』 5輯, 1985), pp.22-26.
24) 張建國, 「秦令與睡虎地秦墓竹簡相關問題略析」(『中外法學』 1998-6), pp.34-39.
25) 堀敏一, 『律令制と東アジア世界——私の中國史學(二)』(東京: 汲古書院, 1994), pp. 10-11.

있다. 이는 律의 前身이 令이었다는 흔적이며, 令이 원래 秦의 단행법령이었다."는 논리이다.[26] 宮宅潔은 令典의 기원을 始皇帝의 秦 통일 이전으로 소급했다. 그는 "「語書」에 보이는 田令을 事項別로 분류된 詔令集으로 간주하고, 『二年律令』에 보이는 津關令도 사항별로 분류된 令典의 형태를 취하고 있었다. 관부에 축적된 詔令을 사항별로 분류하는 이것이 令典 형성의 개시라고 한다면 그 연원을 수호지진간의 田令에서 찾아야 한다."는 것이다.[27] 이상과 같이 秦令의 존재유무에 대한 양쪽의 숫자는 비슷하였다.

이상이 수호지진묘죽간이 출토한 시점에서 秦令의 존재 유무를 논한 대표적인 견해였었다. 필자는 秦律에 있어서 令의 단서가 이미 보이고 있기 때문에 秦令의 존재를 부정하는 주장에 찬성하기는 어렵다는 견해를 보인 적이 있다(본서의 「出土文獻에 보이는 秦漢시기 令과 律의 구별」 참고). 嶽麓秦簡이 출현한 현재 秦令이 확인되고 있기 때문에 이 문제는 더 이상의 논쟁거리가 될 수 없지만, 당시로서는 律令史 연구에 있어 매우 중요한 논제였다. 필자는 당시에 秦令의 존재 유무를 확인하기 위해 文獻史料와 考古學 資料를 檢索하고, 만약 令의 존재가 확인된다면 이것이 漢代의 法制化된 令과 동일한 것인지 검토한 바 있다. 秦末·漢初에 漢代의 令典과 같은 것이 존재하였는지 여부를 살펴보기 위해서 우선 『史記』 「秦始皇本紀」의 기사를 볼 필요가 있다. 이 곳에는 "令"이 法이나 律과 連稱되어 나타나는 경우가 많았다.

　　3) 今陛下興義兵, … 平定天下, 海内爲郡縣, 法令由一統.[28]

　　4) 其身未沒, 諸侯倍叛, 法令不行.[29]

---

26) 冨谷至, 위의 논문, p.97.

27) 宮宅潔, 「漢令の起源とその編纂」(『中國史研究』 5, 1995), p.117.

28) 『史記』 卷6 「秦始皇本紀」, p.236.

29) 『史記』 卷6 「秦始皇本紀」, p.247.

　5) 於是二世乃遵用趙高, 申法令.[30]

　6) 趙高故嘗敎胡亥書及獄律令法事.[31]

　3)·4)·5)의 사료에서는 令이 法과 連稱되고 있고, 6)에서는 令이 律과 連稱되어 "律令"으로 기록되어 있다. 그러나 이 자료들에서 秦令이 존재한다고 단언하기는 어렵다. 당시의 문장을 그대로 전재했을 가능성이 높은 上奏文에서 令의 존재를 확인할 수 있다. 그 한 예로, 外國人의 추방을 규정한 "逐客之令"을 폐지하고자 올린 李斯의 上奏文을 들 수 있다.[32] 逐客令이 一回的인 秦王의 命令이 아니라 法令으로서 확정된 것임은 逐客의 사안을 종실과 대신들이 奏請하여 조정에서 논의·확정하고 그 폐지 시에는 "除逐客之令"라고 한 사실에서 알 수 있다. 또 다른 예로 淳于越의 封建制 주장을 반대한 李斯가 하달한 焚書令을 들 수 있다.[33] 焚書의 시행세칙에서는 그 명령이 도달한 후 30일 이내에 焚書하지 않을 경우 城旦에 처한다고 명령했는데, 焚書의 명령을 "令"이라고 한 것은 令의 존재를 시사하는 것이다. 秦始皇은 李斯의 주장을 재가하여 詩書百家之語를 거둬들여 百姓을 愚民化시키고, 天下人들이 옛날의 일로 현재의 사실을 비판하지 못하게 했는데, 사마천은 法度를 밝히고 律令을 定한 것은 모두 始皇에서 시작되었다고 기록했다.[34] 李斯의 焚書정책 시행에 대해 司馬遷이 "定律令"이라고 기록한

---

30) 『史記』卷6「秦始皇本紀」, p.268.

31) 『史記』卷6「秦始皇本紀」, p.264.

32) 『史記』卷87「李斯列傳」, pp.2541-2546, "秦宗室大臣, 皆言秦王曰, 諸侯人來事秦者, 大抵爲其主游閒於秦耳. 請一切逐客, 李斯議亦在逐中. 斯乃上書曰, 臣聞吏議逐客, 竊以爲過矣 … 秦. 王乃除逐客之令, 復李斯官, 卒用其計謀."

33) 『史記』卷87「李斯列傳」, p.2546, "而私學乃相與非法敎之制, 聞令下, 卽各以其私學議之, 入則心非, 出則巷議, 非主以爲名, 異趣以爲高, 率羣下以造謗. 如此不禁, 則主勢降乎上, 黨與成乎下. 禁之便. 臣請諸有文學詩書百家語者, 蠲除去之. 令到滿三十日弗去, 黥爲城旦. 所不去者, 醫藥卜筮種樹之書. 若有欲學者, 以吏爲師."

34) 『史記』卷87「李斯列傳」, pp.2546-2547, "始皇可其議, 收去詩書百家之語以愚百

것을 보면 당시 律에 대한 상대적 개념으로서의 슈이 존재했음을 알수 있다. 그리고 秦代에 제정된 "夷三族之令"의 내용은 "令曰: 「當三族者, 皆先黥, 劓, 斬左右止, 笞殺之, 梟其首, 菹其骨肉於市. 其誹謗詈詛者, 又先斷舌.」(令: 三族에 해당하는 자는 모두 우선 얼굴을 黥하고, 코를 베고, 左右 발목을 베고, 笞를 때려서 죽인 후, 그 머리를 효수한다. 그骨肉을 市의 군중 앞에서 육장을 담근다. 誹謗하거나 욕하는 자는 우선 혀를 자른다.)"[35]라고 규정되어 있다. 이것을 슈이라고 칭한 것으로 보아 秦律에는 슈이 존재했던 것으로 보인다.

한편 『韓非子』에도 이와 관련이 있는 몇 가지 사료를 확인할 수 있다. 春秋時代에 重耳(후일의 晉文公)가 망명시 曹를 경유했는데, 曹의國君이 그를 禮로써 대우하지 않자, 曹의 신하인 釐負羈(이부기)가 重耳를 황금 등으로 후대하였다. 重耳가 귀국해 晉文公으로 즉위하고 나서 曹를 정벌하고자 할 때 釐負羈에게 다음과 같이 고하였다.

> 7) 이에 사람을 시켜 이부기에게 이렇게 말했다. "우리 晉나라 군대가 성 밑에 다가와 있으므로 그대가 피할 곳이 없음을 나는 안다. 그대가 사는 마을 입구에 표시를 해둔다면 과인은 슈을 내려서 군사들이 감히 침범하지 못하도록 명령하겠다." (又令人告釐負羈曰: 軍旅薄城, 吾知子不違也. 其表子之閭, 寡人將以爲令, 令軍勿敢犯.)[36]

이것은 晉의 군대가 釐負羈의 閭邑를 범할 수 없게끔 表札을 게시한다는 조치인데, 이때 주목할 것은 "寡人將以爲令"이라는 부분이다. 이것은 그 조치를 슈으로 확정케 한다는 것인데, 晉文公 시대에 이같은 법령의 제정 수속이 존재했는지는 불명이다. 그렇지만 『韓非子』가

姓, 使天下無以古非今, 明法度, 定律令, 皆以始皇起."

35) 『漢書』 卷23 「刑法志」, p.1104.

36) 周鍾靈, 『韓非子索引』(北京: 中華書局, 1982), 「十過」, p.746.

戰國 말기의 저작이므로[37] 秦始皇 시기에 漢代의 令을 法制化시키는 수속인 "著爲令"(後述)과 유사한 제도가 존재했음을 추정할 수 있다.

『韓非子』「外儲說右上」에는 楚에 군신들의 입조시 말발굽이 낙수물통을 밟으면 廷理가 그 끌채를 베고 수레를 몬 자를 처형한다고 하는 茅門法이 있는데, 楚莊王 시 태자가 그 법을 범하여 廷理가 법에 의거하여 처벌하였다는 내용이 보인다. 태자는 楚莊王에게 廷理의 처벌을 읍소하였으나, 楚莊王은 太子의 청을 거절하였다.

> 8) 法이라고 하는 것은 종묘를 공경하고 사직을 높이기 위한 것이다. 그러므로 법을 세우고 令을 따르고 사직을 존경할 수 있는 사람은 사직의 신하라고 할 수 있다. 어찌 주살할 수 있겠는가?[38]

이때도 "立法從令"이라 하여 法과 令은 항상 對句로서 連稱되고 있음을 알 수 있다. 이때의 "立法從令"은 군주의 令으로서가 아니라 이미 법령집에 기록된 茅門法을 지칭한 것이 아닐까 한다. 그리고 「外儲篇」이 모두 韓非의 自著로 간주되고 있으므로,[39] 春秋時代 楚莊王 시에 令의 法制化 手續 그 자체는 아닐지라도 戰國 말에는 令이 이미 法과 並行하여 확립되어 있었던 것으로 추정된다. 또한 같은 『韓非子』에 "先君

---

37) 木村英一에 의하면, 「十過篇」은 韓非의 自著는 아니며 "韓非子古學派"의 저작으로 추정되고, 비교적 早期의 韓非子의 후학의 손에 이루어진 저작이며, 韓非의 自著 다음으로 오래된 것이라고 한다.[木村英一, 『法家思想の研究』(東京: 弘文堂, 1944), pp.120, 216, 245, 249].

38) 周鍾靈, 『韓非子索引』, 「外儲說右上」, p.817, "荊莊王有茅門之法曰: 「群臣大夫諸公子入朝, 馬蹄踐霤者, 廷理斬其輈, 戮其御.」 於是太子入朝, 馬蹄踐霤, 廷理斬其輈, 戮其御. 太子怒, 入爲王泣曰: 「爲我誅戮廷理.」 王曰: 「法者所以敬宗廟, 尊社稷. 故能立法從令尊敬社稷者, 社稷之臣也, 焉可誅也? 夫犯法廢令不尊敬社稷者, 是臣乘君而下尚校也. 臣乘君則主失威, 下尚校則上位危. 威失位危, 社稷不守, 吾將何以遺子孫?」 於是太子乃還走, 避舍露宿三日, 北面再拜請死罪."

39) 木村英一, 위의 책, p.242.

之令"이라는 것이 있다.

> 9) 晋의 과거 법이 사라지기 전에 韓의 新法이 또 나왔다. 先君의 令이
> 거두어들이기 전에, 後君의 令이 또 내려졌다. 申不害는 그 법을 함
> 부로 처리하지 않고, 그 憲令을 하나로 정리하지 않았으니 범죄가
> 많아졌다.[40]

"先君의 令이 거두어들이기 전에, 後君의 令이 또 내려졌다."라는
부분은 令이 일회적으로 시행되고 끝나버리는 성격의 것이 아니라,
後君시대까지도 효력을 미치는 것이기 때문에 후술할 漢代의 令과 성
격상 동일한 것이라고 할 수 있다.

이상은 주로 先秦의 문헌사료를 통한 검증이었으나, 이번에는 嶽麓
秦簡의 秦令이 출토하기 이전의 자료를 통하여 令의 存在 여부를 확인
하는 것이 갖는 한계에 대해서 검토하기로 하자. 우선 1979年 봄에 四
川省博物館이 靑川縣의 第54號 戰國墓에서 발굴한 「靑川縣秦爲田律」에
대해서 살펴보기로 하자.

> 10) (秦武王) 2년 11월 己酉朔 초하룻날에 武王은 丞相 甘茂와 內史 匽氏
> 와 臂에게 「爲田律」을 수정하라고 명령하였다. 田의 넓이는 1步, 길
> 이는 8則으로 하여 畛으로 한다. 畝는 2畛이며, 1陌道이다. [(秦武王)
> 二年十一月己酉朔朔日, 王命丞相戊(茂)、內史匽氏、臂更修「爲田律」: 田
> 廣一步, 袤八則, 爲畛, 畝二畛, 一陌道.(後略)][41]

---

40) 周鍾靈, 『韓非子索引』, 「定法」, p.842, "晋之故法未息, 而韓之新法又生, 先君之
令未收, 而後君之令又下, 申不害不擅其法, 不一其憲令, 則姦多."
41) 李學勤, 「靑川郝家坪木牘研究」(『文物』 1982-10), p.68; 田宜超・劉釗, 「秦田律考釋」
(『考古』 1983-6), p.545; 于豪亮, 「釋靑川秦墓木牘」(『文物』 1982-1), p.22; 林劍鳴,
「靑川秦墓木牘內容探討」(『考古與文物』 1982-6), p.62; 李昭和, 「靑川出土木牘文
字簡考」(『文物』 1982-6), p.25.

위의 木牘의 내용은 秦武王 2年(B.C.309) 12月 초하루 丞相 甘茂와 內史 匽氏와 臂에게 "爲田律"을 更修하라고 명한 것이다.[42] "爲"는 "作"의 의미로서 田土를 구획한다는 의미이며, 실제 木牘의 내용도 전토의 구획을 규정한 것이므로 律名과 내용이 일치한다고 하겠다. 여기에서 주목되는 것은 "更修「爲田律」"의 "更修"라는 부분이다. "更修"로 미루어 보아 武王 2年 이전에 「爲田律」이 존재했음을 알 수 있으며, 그것을 다시 개정한다는 의미로 해석할 수 있다. 이것은 律을 개정하는 것이므로 "更修「爲田律」"이라 한 것이고, 따라서 律을 보충하는 것이 令이 아니라 律이라고 한 것이다. 그러나 이 사실로서 武王 시기에 法制化된 令이 존재하지 않았다고 단언할 수는 없다. 아래의 『睡虎地秦墓竹簡』에서는 令의 존재가 확인되고 있다.

11) 이제 장차 사람을 시켜 각지를 돌며 사찰게 하여, 令을 따르지 않는 자를 탄핵해 律에 따라 처벌하게 하며, 그 논죄의 대상이 縣의 令·丞에게까지 미치도록 하겠다. 또한 각 縣官을 고과하여, 관리가 令을 많이 어겼음에도 令·丞이 이를 탄핵하지 못한 경우 令·丞을 상부에 보고하겠다. (今且令人案行之. 擧劾不從令者, 致以律, 論及令丞, 又且課縣官, 獨多犯令, 而令丞弗得者, 以令丞聞.)[43]

12) 令에 하지 말라고 했는데 하는 것을 犯令이라고 한다. 令에 하라고 했는데 하지 않는 것을 廢令이라고 한다. 廷行事에서는 모두를 "犯令"으로 처벌한다. (令曰勿爲, 而爲之, 是爲犯令. 令曰, 爲之, 弗爲, 是

---

42) 黃盛璋은 "爲田律"이 기타 사료에 보이지 않으므로 秦簡의 田律을 잘못 읽은 것이라고 했다. 同氏, 「靑川秦牘《田律》爭議問題總議」(『農業考古』 1987-2), p.130. 그러나 "爲田律"의 율명은 법률 조문의 첫 3글자를 딴 것이라는 것이 최근의 정설이다.
43) 『睡虎地秦墓竹簡』, 「語書」, p.16.

謂廢令也, 廷行事皆以"犯令"論.)[44]

13) 매일 城旦에게 식량을 지급하는데, 월말에 남은 식량은 윤달(後九月)로 옮겨 처리한다. 城旦이 가벼운 노역을 하였음에도 식량을 규정보다 많이 지급하였을 경우에는 犯令律로써 책임 관리를 처벌한다. 春과 城旦의 노역 종사 기간이 월말 이전에 끝날 경우에는 식량을 삭감한다. 倉 (日食城旦, 盡月而以其餘, 益爲後九月稟所. 城旦爲安事而益其食, 以犯令律論吏主者. 減春城旦月不盈之稟. 倉)[45]

14) 그 채무는 해를 넘길 수 없으며, 해를 넘기고도 납입하지 않거나 令과 같이 하지 않는 자는 모두 律로써 처벌한다. 金布 (其債毋敢逾歲, 逾歲而弗入及不如令者, 皆以律論之. 金布)[46]

11)은 令에 따르지 않는 자를 擧劾하여 律로써 처벌하라는 것이며, 12)는 令에 행하지 말라고 한 것을 행하면 犯令이며, 令에 행하라고 했는데 행하지 않으면 廢令이 되며 이것들은 모두 廷行事에서는 犯令으로 처벌한다는 것이다. 13)은 城旦이 쉬운 勞役에 종사하는데도 규정된 식량보다 많이 지급하면 "犯令律"로써 主管官吏를 처벌한다는 것이다. 14)는 한 해를 넘기고도 채무를 변제하지 않거나 令의 규정에 의하지 않을 때는 모두 律로써 처벌한다는 것이다.

11)의 "擧劾不從令者, 致以律"은 令에 따르지 않는 자는 擧劾하여 律로써 처벌한다는 것이고, 12)"犯令論", 13)"以犯令律論吏主者"에 보이는 "令"은 법령으로서의 "令"인지, 아니면 "詔書"를 가리키는 것인지 애매하다. 다만 이러한 사례들은 "令"을 위반했을 때 형법인 律로써 처리

---

44) 같은 책, 「法律答問」, p.211.
45) 같은 책, 「秦律十八種」, p.52.
46) 같은 책, 「法律答問」, pp.61-62.

한다는 것으로 해석할 수도 있다. 이것은 晉律의 "違令有罪則入律"[47]과 의미가 상통하는 것이라고 할 수 있다. 이것은 秦律 단계에서 令이 律과 대칭되는 개념으로서 성장해 있음을 보여주는 것이다.

그렇다면 『睡虎地秦墓竹簡』에 많이 보이는 "不從令者""犯令""不如令者"의 "令"은 어떠한 의미를 내포하고 있을까? "令"은 다음과 같이 몇 가지로 해석할 수 있다. 우선 ⓐ는 商慶夫와 같이 律과 令이 互稱된다는 주장에 따라 제시된 것으로 關市律은 곧 關市令과 같다는 해석이다. ⓑ는 "현재 詔書의 명령"이라는 의미로 사용되어진 경우, ⓒ는 『睡虎地秦墓竹簡』의 주석에 보이는 "律의 規定"이라는 것(이는 조서가 율문으로 되고 나서 조서에 있던 令이 따라온 것)의 3가지이다.[48] 이상의 세 가지 해석 중에서 어느 것이 정확한 해석인지 漢代의 몇 가지 예를 인용하여 증명하여 보자.

> 15) (漢文帝는) 또 말했다. "부모에 효도하고 형제에 우애 있게 하는 것은 天下를 순응하게 하는 것이다. 力田이라는 것은 살아가는 근본이다. 三老라는 것은 많은 백성들의 스승이다. 廉吏라는 것은 백성들의 사표이다. 朕은 이러한 두셋 大夫들의 행동을 매우 가상하게 여긴다. 그런데 지금 1만 戶나 되는 縣에서 察擧之令에 응할 수 있는 사람이 없다고 하는 것이 어찌 실제 실정이라고 할 수 있겠는가?"(又曰:「孝悌, 天下之大順也. 力田, 爲生之本也. 三老, 眾民之師也. 廉吏, 民之表也. 朕甚嘉此二三大夫之行. 今萬家之縣, 云無應令, 豈實人情?)[49]

---

47) 『晉書』 卷30 「刑法志」, p.927.
48) 『睡虎地秦墓竹簡』, p.19, "不服從法令的人"; 같은 책, p.30, 注3, "不從令, 違反法令, 秦漢法律習語."; 같은 책, p.62, "不按法令規定繳納的, 均依法論處."
49) 『漢書』 卷4 「文帝紀」, p.124.

16) 지금 관리들이 죽(鬻)을 받을 사람들에게 묵은 곡식을 지급한다고 들었는데, 어찌 養老의 뜻에 부합되겠는가! 갖춰서 令으로 만들라(具爲令)." 有司가 청하였다.(請) "縣·道로 하여금, 나이 80세 이상은 1인당 한 달에 米 1石, 肉 20斤, 酒 5斗를 하사합니다. 90세 이상은 帛을 1인당 2필, 絮(명주솜) 3斤을 추가로 하사합니다. 물품을 하사하거나 鬻米를 지급하는 경우, 長吏가 하나하나 살펴봐야 하고, 丞 또는 尉가 물품을 보내도록 합니다. 90세 미만은 嗇夫·令史가 보내도록 합니다. 二千石은 都吏를 파견해 조서를 준수하지 않는 자를 감독합니다. 刑者 및 耐罪 以上은 이 令을 적용하지 않습니다." (今聞吏稟當受鬻者, 或以陳粟, 豈稱養老之意哉! 具爲令. 有司請令縣道, 年八十已上, 賜米人月一石, 肉二十斤, 酒五斗. 其九十已上, 又賜帛人二疋, 絮三斤. 賜物及當稟鬻米者, 長吏閱視, 丞若尉致. 不滿九十, 嗇夫、令史致. 二千石遣都吏循行, 不稱者督之. 刑者及有罪耐以上, 不用此令.)[50]

17) (漢文帝) 7년 여름 6월 己亥日에 帝가 未央宮에서 崩하였다. 遺詔에 이렇게 말했다. " … 令이 도달한 날로부터 3일 동안 곡을 하고 모두 상복을 벗는다. 取妻·嫁女·祭祀·飮酒·食肉을 금지하지 않도록 하라. 喪事를 처리하거나 服喪哭祭하는 사람은 맨발로 하지 않는다. 絰帶(삼으로 된 띠)는 3寸을 넘지 않도록 하라. 送葬시에 車駕와 兵器를 진열하지 않도록 한다. 宮殿 안에서 民을 징발하여 곡을 하지 않도록 하라. 殿中에서 응당 곡을 하는 사람은 모두 아침저녁에 각각 15번 곡을 하고, 禮를 끝낸다. 아침저녁 곡을 하는 때가 아니면, 함부로 곡을 할 수 없다. 下葬한 이후에 大功은 15일 동안 복상하며, 小功은 14일 동안 복상하며, 緦麻는 7일 동안 복상하고 상복을 벗는다. 그 밖의 令에 있지 않은 사항은 모두 이 令을 참고하여

---

50) 『漢書』 卷4 「文帝紀」, p.113.

처리한다. 천하에 布告하여 朕의 뜻을 알게 하라." (七年夏六月己亥,
帝崩于未央宮. 遺詔曰: 「 … 令到出臨三日, 皆釋服. 無禁取婦嫁女祠祀
飮酒食肉. 自當給喪事服臨者, 皆無踐. (姪)[絰]帶無過三寸. 無布車及兵
器. 無發民哭臨宮殿中. 殿中當臨者, 皆以旦夕各十五擧音, 禮畢罷. 非旦
夕臨時, 禁無得擅哭(臨). 以下, 服大紅十五日, 小紅十四日, 纖七日, 釋
服. 它不在令中者, 皆以此令比類從事. 布告天下, 使明知朕意.」)[51]

18) (宣帝 元康 2年 조서에) 또한 말하였다. "듣건대 옛날 천자의 이름은
알기 어려워서 쉽게 피할 수 있었다. 지금 백성들이 상서할 때 황
제의 이름을 저촉하여 많이 죄를 짓게 되는 것을 짐은 매우 가련하
게 생각한다. 짐의 諱를 바꿔 詢으로 하라. 이 令 이전에 모든 觸諱
한 것은 사면하라." ([宣帝 元康二年詔 曰: 聞古天子之名, 難知而易諱
也. 今百姓多上書, 觸諱以犯罪者, 朕甚憐之. 其更諱詢. 諸觸諱在令前者
赦之.)[52]

19) 臣은 삼가 律을 논의했고 확정할 것을 청합니다. 무릇 完의 판결을
받은 자는 完爲城旦舂으로 합니다. 黥의 판결을 받은 자는 髡鉗爲城
旦舂으로 합니다. 劓의 판결을 받은 자는 笞三百으로 합니다. 斬左
止에 해당하는 것은 笞五百으로 합니다. 斬右止 및 殺人하고 먼저
자수한 것, 吏가 뇌물을 받고 법을 왜곡하는 것, 관부의 재물을 지
키는 자가 절도하는 것, 이미 논죄 후에 재차 笞罪를 범한 자는 모
두 棄市로 합니다. 罪人의 재판이 이미 끝난 후에, 完爲城旦舂은 3歲
복역 후 鬼薪白粲으로 합니다. 鬼薪白粲은 1歲 복역 후에 隷臣妾으
로 합니다. 隷臣妾은 1歲 복역 후에 免하여 庶人으로 합니다. 隷臣妾
은 2歲 복역 후에 司寇로 합니다. 司寇는 1歲 복역하고, 作如司寇는

---

51) 『漢書』 卷4 「文帝紀」, pp.131-132.
52) 『漢書』 卷8 「宣帝紀」, p.256.

2歲 복역 후에 모두 사면하여 庶人으로 삼습니다. 그 도망자 및 有罪 耐 以上은 이 슈을 적용하지 않습니다. 前令의 刑城旦春이 1歲 복역 후 禁錮가 아닌 자는 完爲城旦春이 歲數로써 사면하는 것처럼 免刑합니다. 臣은 죽음을 무릅쓰고 請합니다." (臣謹議請定律曰: 諸當完者, 完爲城旦春; 當黥者, 髡鉗爲城旦春; 當劓者, 笞三百; 當斬左止者, 笞五百; 當斬右止, 及殺人先自告, 及吏坐受賕枉法, 守縣官財物而卽盜之, 已論命復有笞罪者, 皆棄市. 罪人獄已決, 完爲城旦春, 滿三歲爲鬼薪白粲. 鬼薪白粲一歲, 爲隸臣妾. 隸臣妾一歲, 免爲庶人. 隸臣妾滿二歲, 爲司寇. 司寇一歲, 及作如司寇二歲, 皆免爲庶人. 其亡逃及有罪耐以上, 不用此令.)53)

15)의 경우 "無應令"은 文帝가 내린 詔書에 응함이 없다는 의미이므로 令은 詔書를 가리키고, 16)의 경우 文帝가 養老令을 제정케 했는데, 有司가 刑者 및 耐罪 이상은 슈(이 조서)의 적용에서 제외시킨다는 것이다. 17)은 文帝가 자신의 사망 시 吏民이 3일 동안만 臨喪하고 釋服하도록 하고 결혼과 제사 시의 酒肉을 금지하지 말도록 遺詔를 내린 것이다. 그밖에 이 슈에 없는 것은 이 슈으로서 유추해석하라는 것이므로, 令은 遺詔를 지칭한다. 18)의 경우 上書에서 宣帝의 諱를 범한 백성이 많으므로 宣帝는 자신의 이름을 바꾸고, 이 詔書 이전에 諱를 범한 자를 사면하라는 것이므로, 슈은 元康 二年의 詔書를 각각 가리킨다고 할 수 있다. 19)는 文帝의 肉刑 폐지를 제정한 制詔의 일부인데, 그것이 律로서 法制化되었다. 여기에 보이는 "此令"이라는 것은 바로 肉刑 폐지를 새로이 규정한 현재의 詔書를 지칭한다.

이상의 분석에 의하면, 위의 사례들은 모두 "현재 詔書의 명령"을 지칭한다고 해석해야 할 것이다. 즉, ⓑ의 사례들이다. 이것이 律 또는

---

53) 『漢書』 卷23 「刑法志」, p.1099.

令으로 되면서 14)의 "其責毋敢逾歲, 逾歲而弗入及不如令者, 皆以律論之. 金布"와 같이 계속 남아 있게 되는 것이다. 즉, 이것은 詔書의 흔적이라고 할 수 있다. 이러한 의미에서 보면 ⓑ가 율령으로 된 ⓒ의 단계에서도 계속 "令"이 남아 있는 것으로 볼 때, ⓑ와 ⓒ의 "令"이 가리키는 것은 "원래 詔書의 명령"이다. 따라서 이 令이 律 그 자체를 가리키는 것으로 해석하여 商慶夫와 같이 律과 令이 互稱되는 令 = 律(ex: 關市律 = 關市令)의 형태로 보면 곤란하다.

『睡虎地秦墓竹簡』 「語書」에는 法律 조문에 보이지 않았던 令이 구체적으로 보이는데, 이는 秦代에 令이 존재했음을 강력히 시사하고 있다.

20) 진시황 20년 4월 丙戌朔 丁亥(2일), 南郡守 騰이 縣·道의 嗇夫에게 이른다. 옛날 민간에는 각기 지방마다 독특한 풍속이 있고 그 이롭게 여기는 바와 좋아하고 싫어하는 것이 서로 달라서, 민에게 이롭지 못하거나 나라에 해가 되었다. 이에 성왕은 법도를 만들어, 민심을 바로잡고, 사악한 행위를 제거하며, 나쁜 풍속을 제거하였다. ① 법률이 충분히 완비되지 못하면 백성이 거짓을 꾸미는 일이 많아지고, ② 그러한 까닭에 나중에는 국가의 令을 어지럽히는 자가 생겨나게 되었다. ③ 무릇 法律令이라는 것은 백성을 敎導하고, 사악한 행위를 제거하며, 좋지 못한 풍속을 제거하여, 백성으로 하여금 선한 행위로 가게 하는 것이다. 지금 法律令이 이미 갖추어져 있으나, 관리와 백성이 이를 준수하지 않고, 지방의 풍속을 음란케 하는 백성이 끊이지 않으니, 이것은 군주의 밝은 법을 폐하는 것이고, 사악하고 음란한 백성이 날뛰도록 조장하는 것이다. 이는 나라에 심각한 해가 되고, 민에게 이롭지 못한 것이다. ④ 그러므로 騰은 이 때문에 法律令·田令 및 간사한 행위를 징벌하는 법령을 정비해 하달하고, 관리로 하여금 분명하게 반포하도록 하고, 관리와 백성으로 하여금 이를 분명히 알게 하여, 죄를 범하지 못하도록 하였다.

그런데 지금 法律令이 이미 반포되었음에도 듣자하니 관리와 백성
으로서 법을 어기고 간사한 행위를 하는 자가 그치지 않고, 개인적
으로 좋아하는 마음과 지방의 풍속에 만족하는 마음은 변하지 않
았다. 縣의 令·丞 이하의 관리들은 이러한 사실을 알면서도 거핵하
여 논죄하지 않으니, 이는 군주의 밝은 법을 무시하고, 사악한 백
성을 비호하는 행위인 것이다. [卄年四月丙戌朔丁亥, 南郡守騰謂縣,
道嗇夫: 古者, 民各有鄕俗, 其所利及好惡不同, 或不便於民, 害於邦. 是
以聖王作爲法度, 以矯端民心, 去其邪避(僻), 除其惡俗. ① 法律未足, 民
多詐巧, ② 故後有間令下者. ③ 凡法律令者, 以敎道(導)民, 去其淫避(僻),
除其惡俗, 而使之於爲善殹(也). 今法律令已具矣, 而吏民莫用, 鄕俗淫
失(泆)之民不止, 是卽法(廢)主之明法殹(也), 而長邪避(僻)淫失(泆)之民,
甚害於邦, 不便於民. ④ 故騰爲是而脩法律令、田令及爲間私方而下之, 令
吏明布, 令吏民皆明智(知)之, 毋巨(詎)於罪. 今法律令已布, 聞吏民犯法
爲閒私者不止, 私好、鄕俗之心不變, 自從令、丞以下智(知)而弗擧論, 是
卽明避主之明法殹(也), 而養匿邪避(僻)之民. 語書]

20)에서 ①②③은 주목할 필요가 있다. 우선 ③에는 法律과 合稱된 令
이 보이고 있다. 이때의 令은 "法律未足, 民多詐巧, 故後有間令下者"라고
한 것으로 보아,[54] 이미 하나의 법률형식으로 되어 있음을 알 수 있
다. 令이 어느 때 법률형식이 되었는지는 자료의 제한으로 알 수 없으
나, 「語書」의 "脩法律令·田令"으로 보아 秦末에는 법령의 형식으로 된
것으로 추정된다.[55] ①의 "法律未足, 民多詐巧"에서는 "法律"이라는 용

___

54) 中國政法大學中國法制史基礎史料硏讀會, 「睡虎地秦簡法律文書集釋(一): 《語
書》(上)」(『中國古代法律文獻硏究』第六輯, 2012), pp.180-181. 《語書》에 "間"字가
세 번 보이는데, "間令", "爲間私方", "犯法爲間私者"이다. 整理小組는 "間令"의
"間"을 "空隙及亂"으로 해석했고, 뒤의 2개의 "間"을 奸으로 해석했다. 문장
의 뜻으로 보면 그 뜻이 통일되어야 한다. 陳偉가 "間"을 "奸"으로 한 것이
참고할 만하다.

어가 일차로 나타나고, ②에서는 "故後有間令下者"라 하여 "令"이 보이고 있다. 이렇게 본다면 ①과 ②는 法律과 令이 상호 對應관계를 가지고 출현한 것으로 생각된다. ②의 "間令下者"에 대해서는 해석상 異見이 있다.

제 1견해는 『睡虎地秦墓竹簡』(1978)의 "間, 讀爲干, 『淮南子·說林』注: '亂也'"라는 해석인데, 이에 의거 ①②의 의미를 해석하면 "법률이 충분히 갖추어지지 않아 民이 詐巧한 행위를 하므로, 후에 令을 어지럽히는 경우가 있다."는 의미가 된다. 제 2견해는 "間令"을 "법률을 보충하는 조령(補充法律的詔令)"이라고 해석한 『睡虎地秦墓竹簡』(線裝本, 1977)의 견해로서, 그 의미는 "法律이 충분히 갖추어지지 않아 民이 詐巧한 행위를 하므로, 후에 이를 보충하는 令이 제정되게 된 것이다."로 해석할 수 있다.[56] 제 3견해는 劉海年의 견해인데, 그는 ③의 "法律令"에 대해 "法令"의 通稱으로 보고 있다.[57]

이상의 견해 중에서 日本 中央大學의 『論究』는 제 2견해를 따르고 있으며,[58] 필자 역시 다음과 같은 이유에서 제 2견해를 따르고 싶다. ① 기본적으로 설정되어 있는 法律과 ② 그 法律의 부족을 보완하기 위한 令, ③에서는 ①과 ②를 合體하여 "法律令"이라 칭한 것으로 생각된다. 이렇게 볼 때 ①의 法律과 ②의 令은 ③의 法律令의 전제가 되는 두 가지 요소라고 할 수 있다.

또한 ④의 "故騰爲是而脩法律令·田令及爲間私方而下之, 令吏明布"라는 문장은 南郡守 騰이, 法律令을 준수하지 않고 오히려 鄕俗을 따르는 행위를 근절하기 위하여 法律令을 改修하였다는 것이다. 이중 "田令"에

---

55) 李俊强, 『魏晋令制研究』(吉林大學博士論文, 2014), p.21.
56) 秦簡講讀會, 「睡虎地秦墓竹簡譯註初稿(承前3)」(『論究[日本中央大學]』 12-1, 1980), p.72, 注7.
57) 劉海年, 「雲夢秦簡《語書》探析」(『學習與探索』 1984-6), p.49.
58) 秦簡講讀會, 위의 논문, p.72, 注7.

대해서는 해석상 異見이 있다. 『睡虎地秦墓竹簡』은 이 田令을 農田에
관한 법령으로 해석했으나, 日本 中央大學의 『論究』에서는 田을 蒐로
해석하여 "令을 모은다"는 의미로 해석하고 있다.[59] 그런데 中央大學
처럼 "田令"을 "蒐令"으로 해석하면, 앞에서 "脩法律令(法律令을 수정)"
했는데 바로 뒤에서 "蒐令(令을 모은다)"으로 해석하는 것은 어색하다.

이렇게 볼 때 ④의 문장은 동사 脩, 목적어는 及의 전후로 있는 두
개 A(法律令·田令)와 B(爲間私方)이라고 할 수 있다. 이를 해석하면,
"그러므로 騰은 이 때문에 法律令·田令, 간사한 행위(間私)[60]를 하는
자를 처벌할 法(方)을 脩하여 관리들에게 하달·공포시킨 것이다.[61] 田
令을 『睡虎地秦墓竹簡』의 방식과 같이 해석하면, 秦에는 농업에 관한
전문적인 令(즉, 田令)이 존재하는 것이 된다.[62]

南郡守가 法律令·田令을 개정한 사실에서 지방의 태수도 令의 개정
에 간여할 수 있었음을 말해주는데, 비슷한 사실은 『嶽麓書院藏秦簡』
에서도 "新地守時修其令"이라고 한 사실에서 확인된다.[63] 새로이 점령
한 지역에 임명된 "新地守가 개정한 令을 鄕邑에 나누어서 보냈다."는
것은 "新地守"가 수시로 令集을 정비했음을 말해준다. 지방의 태수가
"修其令"했다는 것은 선뜻 이해하기 어려운 것이지만, 당시에는 그러

---

59) 秦簡講讀會, 위의 논문, p.72, 注8. 한편 劉海年은 "田令"을 農田의 所有權과
   관리에 관련된 법령으로 이해하고 있다.(앞의 논문, p.49)
60) "間"은 범법행위를 가리키는 것으로 생각되는데, 『睡虎地秦墓竹簡』 「日書」
   No. 1150의 "盜 乙亡盜□□□□□□□□□內盜有□人在其□□丙亡爲間者, 不
   寡夫乃, 寡婦其室在西方疾"라는 기록은 間과 盜가 밀접한 관련이 있는 범법
   행위임을 보여주고 있다. 『雲夢睡虎地秦墓』(北京: 文物出版社, 1981), p.CLXV.
61) 『後漢書』 卷28上 「桓譚傳」, p.959, "如此, 天下知方, 而獄無怨濫矣, 注, 「方猶法也.」"
62) 한편 黃盛璋은 南郡守 騰이 내린 田令은 『睡虎地秦墓竹簡』의 田律을 수정한
   것이며, 이로 볼 때 律과 令이 互稱된 증거라고 하였다. 同氏, 위의 논문,
   p.130. 그러나 아직까지 田令이라는 令의 이름은 확인되지 않고 있다.
63) 陳松長, 「嶽麓書院藏秦簡中的郡名考略」(『湖南大學學報』 23-2, 2009), p.9, "同罪其
   縣使而不敬, 唯大嗇夫得笞之如律. 新地守時修其令, 都吏分部鄕邑間, 不從令者
   論之. ● 十九(0485)"

한 것이 가능했음을 말해준다. 『嶽麓書院藏秦簡』의 秦代 郡 단위마다 부단하게 행해진 "脩令"은 바로 秦令의 존재를 말해주는 것이다.[64]

『睡虎地秦墓竹簡』의 단계에서는 令이 律의 보충적 성격을 가지고 있으면서도 "令"의 구체적 문장을 확인할 수 없었다. 그러나 앞서 고찰한 「語書」의 令과 倉律의 "櫟陽二萬石一積, 咸陽十萬一積, 其出入禾, 增積如律令"[65]의 조문은 확실히 律과 令이 대칭되어 사용되고 있다. 특히 "如律令"은 漢代에 누차 보이는 관용어인데 이것은 令이 존재하지 않고서는 사용할 수 없는 것이다. 그리고 蕭何가 劉邦을 따라 咸陽에 입성했을 때 蕭何는 秦의 丞相府에 보관되어 있는 律令을 취하여 보관했는데,[66] 여기에서는 분명히 律令으로 명기되어 있다. 따라서 蕭何가 최초로 令을 제정한 것은 아니며, 그 이전인 秦代부터 존재하고 있었음을 알 수 있다.

또한 1983년에서 1984년에 걸쳐 발굴되어 2001년 그 석문이 발표된 『二年律令』에는 津關令이 존재하여 秦律에 令이 존재했을 가능성을 시사했다. 다만 이상의 증거에도 불구하고 秦代에는 漢代의 令이 존재하지 않았다는 주장이 계속 존재했었다. 이러한 秦令不在說은 『嶽麓書院藏秦簡(肆)』에 秦令이 다수 확인됨으로써 일거에 무너졌다.

이상에서 『史記』 『韓非子』 「靑川縣木牘」 『睡虎地秦墓竹簡』 『張家山漢墓竹簡』 등에 나타난 자료를 중심으로 秦律에서의 令의 존재에 대해 고찰했는데, 문헌사료에서는 律·法과 함께 令이 사용되는 例를 확인할 수 있었다. 따라서 律을 보충하는 副法으로서의 令이 秦代에 존재한 것이 확실하므로, 蕭何가 최초로 令을 제정했다고 하는 中田薰의 견해에는 찬성하기 어렵다. 秦代에 令의 단편적 증거들이 확인됨에도 불구하고 秦令不在說은 계속 존재해왔던 것이다. 그러나 이러한 주장은

---

64) 廣瀬薫雄, 『秦漢律令研究』(東京: 汲古書院, 2010), pp.115-116.
65) 『睡虎地秦墓竹簡』, 「倉律」, p.36.
66) 『史記』 卷53 「蕭相國世家」, p.2014, "(蕭)何獨先入收秦丞相御史律令圖書藏之."

嶽麓秦簡에 秦令이 다수 확인됨으로써 일거에 붕괴되었다.

2. 『嶽麓書院藏秦簡』의 秦令

『睡虎地秦墓竹簡』의 단계에서는 「語書」의 "脩法律令·田令"의 자료로도 秦令의 존재에 대한 의문이 해소되지 않았었다. 이제 그 의문은 『嶽麓書院藏秦簡』의 令 자료에 의해 해소될 것으로 생각된다. 우선 첫째는 令에 編號가 붙어있는 것이다.

21) 恒署書(急하다고 簽署된 관문서)는 모두 郵行한다. ● 卒令丙二 (1173 ● 恒署書皆以郵行. ● 卒令丙二)

22) ● 관리가 官을 巡視하는 경우 官에는 규정된 독자적인 令이 있다. 그 令에 이르길, "그 官府를 조사할 것이 있어 반드시 先請하는 경우, 그 官府를 巡視하는 자로 하여금 먼저 그 관부 및 券書를 封閉시킨다. 그 밖의 封閉할 수 없는 경우, 사정을 참작해 사람을 시켜 엄격하게 지키게 한다. 그 官府에서 스스로 요청하는 것을 기다려서, 요청한 회신이 와야지만 그것으로 從事할 수 있다." ·十八 [085/2155+C8-1-2: 【●諸】吏有案行官, 官而獨有令曰: 有問其官必先請之者, 令案行其官者, 盡先封閉其所當案行 086/1103: 官府及券書. 它不可封閉者, 財(裁)令人謹守衛, 須其官自請, 請報到, 乃以從事. ·十八

23) 御史·丞相·執灋所에서는 都官에 내리고, 都官에서 다른 官의 獄을 다스리는 경우는 다스리도록 한다. ·廷卒甲二 (157/1613: 其御史、丞相、執灋所下都 158/1618: 官, 都官所治它官獄者治之. ·廷卒甲二)[67]

---

67) 陳松長, 「嶽麓書院所藏秦簡綜述」(『文物』 2009-3), p.87.

위 3개의 슈은 "卒令丙二, 十八, 廷卒甲二"와 같은 令名 + 編號를 사용하는 점이 주목되며, 詔의 전체 문장을 베껴 쓴 것이 아니라 핵심내용만을 기록하고 있다. 이것의 형식은 『睡虎地秦墓竹簡』秦律十八種에 보이는 律文과 동일하지만, 編號를 붙이고 있다는 점이 다르다.[68] 律의 경우는 編號를 붙이는 경우가 없는 것으로 보아서, 이것은 令에 해당하는 것으로 보인다.

두 번째는 詔의 형식을 갖춘 令文이 보이는 것이다. 『嶽麓書院藏秦簡』「律令雜抄」에 보이는 詔 형식의 조문은 후술할 津關令의 "上…書言", "請許" 형식에서 유추할 때 令으로 생각된다.

24) 丞相이 盧江假守의 문서를 올려 말했다. 盧江의 莊道는 때때로 끊어져서 보수가 되지 않는다. 그러한 즉 莊道가 끊어져서 보수되지 않으면 물길로 통행하는데, 물길은 멀리 돌아간다. 莊道라는 것은 … (丞相上盧江假守書言: 盧江莊道時敗絶不補, 即莊道敗絶不逋(補)而行水道, 水道異遠. 莊道者, 『嶽麓書院藏秦簡』0556簡)

25) 綰(승상 王綰)이 허락할 것을 요청했는데, 郡으로 하여금 罪를 지어 罰로 戍邊해야 하는 자의 경우, 泰原에 사는 사람은 四川郡에 배치하고, 東郡·三川·穎川에 사는 사람은 江胡郡에 배치하고, 南陽·河內에 사는 사람은 九江郡에 배치한다. (綰請許而令郡有罪罰當戍者, 泰原署四川郡; 東郡, 三川, 穎川署江胡郡; 南陽, 河內署九江郡, 『嶽麓書院藏秦簡』0706簡)[69]

26) 令에 말하기를, 黔首와 徒隸의 이름에 "秦"을 사용한 자는 바꿔서 이름을 짓도록 한다. 감히 바꾸지 않으면 貲二甲이다. (令曰: 黔首徒

---

68) 廣瀨薰雄, 위의 책, p.136.
69) 陳松長, 「嶽麓書院藏秦簡中的郡名考略」, p.8.

　　隷名爲秦者更名之, 敢有有弗更, 貲二甲. 『嶽麓書院藏秦簡』 2026簡)[70]

　　24)의 0556簡은 승상이, 莊道(사통팔달의 도로)의 파손시 물길을 사용하는 문제점을 지적한 "丞相上廬江假守書言", 25) 0706簡에 보이는 "請許"는 『二年律令』에도 보이는 법률제정 형식으로서,[71] 丞相 王綰이 有罪者가 罰로 戍하게 될 경우 배치되어야 할 지역을 규정한 令文이다. 26)의 2026簡은 國名인 "秦"字로써 黔首徒隷의 이름을 짓지 못하도록 한 令이다.

　　세 번째는 秦의 令名이 다수 확인되었다는 사실이다. 『嶽麓書院藏秦簡』에는 秦의 令名 23종이 아래와 같이 확인된다.

　　　27) 內史郡二千石官共令, 內史官共令, 內史倉曹令, 內史戶曹令, 內史旁金布
　　　　　令, 四謁者令, 四司空共令, 四司空卒令, 安□居室居室共令, □□□又它
　　　　　祠令, 辭式令, 尉郡卒令, 郡卒令, 廷卒令, 卒令, 縣官田令, 食官共令, 給
　　　　　共令, 贖令, 遷吏令, 捕盜賊令, 挾兵令, 稗官令

　　무려 23개가 확인된 令名의 존재로 인해 秦令의 유무 논쟁은 더 이상 의미가 없어졌다. 陳松長의 분류에 의하면, 秦令은 아래와 같이 분류할 수 있다.[72] 첫째는, 단독으로 令名을 쓴 경우이다. 簡의 상단에 墨丁(▪)이 있고, 令名의 뒤에 干支의 編號가 있다. 아래의 것은 內史와 郡이 공동으로 사용하는 令이며, 甲에서 庚까지 7개로 정리되어 있다.

---

70) 陳松長, 「秦代避諱的新材料――嶽麓書院藏秦簡中的一枚有關避諱令文略說」(『中國社會科學報』 2009-9-10)(http://sspress.cass.cn/paper/4808.htm).

71) 『張家山漢墓竹簡』, p.163, "縣道官有請而當爲律令者, 各請屬所二千石官, 二千石官上相國, 御史, 相國, 御史案致, 當請, 請之, 毋得徑請者. 徑請者, 219(C259)罰金四兩. 220(C258)"

72) 陳松長, 「嶽麓書院所藏秦簡綜述」, p.87.

28) 0355 內史郡二千石官共令第甲

0690 內史郡二千石官共令第乙

0522 內史郡二千石官共令第丙

0351 內史郡二千石官共令第丁

0465 內史郡二千石官共令第戊

0316 內史郡二千石官共令第己

0617 內史郡二千石官共令第庚

둘째는, 1조의 令文을 쓴 후에 말미에 令名을 기록하고, 그 뒤에 干支와 數字를 조합해 編號를 붙인 것이다. 예컨대 "● 內史旁金布令乙四"는 內史旁金布令의 第乙의 第四條에 해당한다. 이러한 干支와 數字를 조합한 編號는 당시 秦令의 數量이 많았거나 앞으로 편제할 것을 대비한 것으로 생각된다. 예를들어 十干은 甲·乙·丙까지만 확인되지만, 그후 추가되는 令은 癸까지 분류될 수 있고, 遷吏令甲廿八에서 보듯이 甲에 편제되어 28까지 증가되었다.

29) 1768 ● 內史旁金布令乙四

1921 內史倉曹令甲卅

1105 ● 縣官田令甲十六

1775 ● 遷吏令甲廿八

1173 ● 恒署書皆以郵行. ● 卒令丙二

셋째는, 令의 본문을 쓴 후에 令의 名을 쓰지 않고 단지 編號만을 기록한 것이다.

30) ● 관리가 官을 巡視하는 경우 官에는 규정된 독자적인 令이 있다. 그 令에 이르길, "그 官府를 조사할 것이 있어 반드시 先請하는 경

우, 그 官府를 巡視하는 자로 하여금 먼저 그 관부 및 券書를 封閉시킨다. 그 밖의 封閉할 수 없는 경우, 사정을 참작해 사람을 시켜 엄격하게 지키게 한다. 그 官府에서 스스로 요청하는 것을 기다려서, 요청한 회신이 와야만 그것으로 從事할 수 있다." ·十八 [085/2155+C8-1-2: 【●諸】吏有案行官, 官而獨有令曰: 有問其官必先請之者, 令案行其官者, 盡先封閉其所當案行 086/1103: 官府及券書. 它不可封閉者, 財(裁)令人謹守衛, 須其官自請, 請報到, 乃以從事. ·十八]

넷째는 令의 본문을 쓴 후에 단지 "廷" "廷卒"과 干支 또는 數字의 編號만을 붙인 것이다.

31) 律 ● 삼가 令을 반포하여, 黔首로 하여금 잘 알도록 하게 하라. ● 廷一 (1087: 律 ● 謹布令, 令黔首明智(知).)

御史·丞相·執灋所에서는 都官에 내리고, 都官에서 다른 官의 獄을 다스리는 경우는 다스리도록 한다. ·廷卒甲二 (157/1613: 其御史, 丞相, 執灋所下都 158/1618: 官, 都官所治它官獄者治之. ·廷卒甲二)

이상의 陳松長의 분류는 令의 編號를 중심으로 고찰한 것이었다. 이와 달리 廣瀨薰雄은 漢令의 분류방식을 도입하여 아래와 같이 분류하였다.

① 官名 + 令

　　内史倉曹令, 内史戸曹令, 四謁者令, 尉郡卒令

② 事項別令

　　(官名 + 事項)

　　内史旁金布令, 四司空卒令, 郡卒令, 廷卒令, 縣官田令

(事項)

　□□□又它祠令、辭式令、卒令、贖令、遷吏令、捕盜賊令、挾兵令、稗官令

③ 共令

　(官名＋共令): 内史郡二千石官共令、内史官共令、四司空共令、食官共令

　(事項＋共令): 安□居室居室共令、給共令

　① 官名＋令은 漢代의 官府에서 단독으로 사용된 挈令과 동류의 것이며, 다만 内史倉曹令·内史戸曹令과 같이 内史 아래의 部署까지 세분화된 점이 漢의 挈令과 다르다. ② 事項別令은 漢代와 기본적으로 동일하다. 사항 앞에 官署名이 붙어있는 예는 漢代의 事項別令에는 보이지 않는다. 예컨대 "内史旁金布令"은 漢에서는 그냥 金布令으로 할 뿐이다. 이것은 官署가 특정의 업무에 관한 令만을 모아서 만들었다는 것을 보여준다. ③ 共令은 漢令에 없는 호칭이다. 이것은 복수의 관서 또는 사항에 공통하는 令이라는 의미일 것이다. 따라서 ①이 官府 하나의 단독 사용인 것과는 반대개념이다. 内史郡二千石官共令은 内史와 郡二千石官이 공통으로 사용하는 令의 의미이고, 内史官共令은 内史의 모든 官이 공통으로 사용하는 令이라는 의미이다. 이것을 재차 官署마다 나눈 것이 ①의 内史倉曹令·内史戸曹令이다. 이것은 内史 가운데 倉曹 또는 戸曹만이 사용하는 令이라는 의미이다. 또한 内史旁金布令은 内史 공통의 金布令이라는 廣瀨薰雄의 주장이 있다. 그는 旁令은 共令의 동의어로 이해하여 旁令의 旁은 "두루"의 의미라고 보았다.[73] 그러나 漢律의 兔子山律目에는 正律을 獄律이라하고, 그밖의 律을 旁律로 분류하고 있다. 이를 참조하면 内史旁金布令은 内史의 "副次的" 金布令일 가능성도 있다.

---

73) 廣瀨薰雄, 위의 책, pp.108-109.

『嶽麓書院藏秦簡』의 秦令에서, 漢令의 挈令과 事項別令에 상당하는 2種은 확인할 수 있으나, 干支令(甲令·乙令·丙令)에 상당하는 令은 보이지 않는다. 다만 內史郡二千石官共令이 甲乙丙으로 나뉘는 것에서 干支令의 존재를 상정할 수 있다. 또 令에 編號가 붙어있는 점도 동일하다. 결국 秦令의 정리 방법은 漢令과 거의 동일하다고 할 수 있다.

漢의 挈令은 御史挈令·廷尉挈令·光祿挈令·大鴻臚挈令 등 중앙의 이천석관 이상의 것이 많다. 이에 대해서 『嶽麓書院藏秦簡』의 秦令은 內史倉曹令, 內史戶曹令과 같이 內史 아래의 部署에 바탕하여 분류하고 있다. 또한 編號를 붙이는 방법도 十干과 숫자를 조합한 것이 많고, 숫자만의 編號보다도 분류가 복잡하고 세밀하다. 이러한 번쇄한 令集을 차례로 통합하여 漢代에 이르면 干支令·挈令·事項別令이라는 보다 포괄적인 정리방법이 나타났을 것이다.[74]

이상에서 본다면, 첫째 秦令의 존재를 더 이상 의심할 수 없으며, 둘째 『二年律令』의 "관리가 법률제정을 주청하는 형식"도 역시 秦代에 확인된다. 셋째 秦令의 정리방법은 漢令과 거의 동일한데, 漢令의 干支令·挈令·事項別令과 비교하면 조금 繁瑣하다. 그러한 면에서 秦代에는 令의 정리방법이 아직 초보적인 단계에 머물러 있고, 漢代에 이르러 그 정리방법이 보다 세련되어졌다.[75]

3. 漢令의 편찬과 분류

秦漢시대의 율령연구에서 논란의 대상이었던 주제는 法典의 존재 여부였다. 이 문제에 대해서는 법전이 존재하는지 여부를 놓고 견해가 나뉜다.

첫째, 秦漢시기에 律典이든 令典이든 한 가지 법전을 편찬하였다는

---

74) 같은 책, pp.109-110.
75) 같은 책, p.138.

주장이다.

1) 中田薰은 "(漢)律이 刑法典이라는 것은 금일 전해지는 그 篇目 및 逸文에 비춰 논의할 여지는 없다. … 漢의 令典은 律典과 같이 질서 있는 法典이 아니라, 前皇帝의 詔令을 황제의 사후 사안의 경중에 따라 갑을병 등의 諸篇으로 分集한 詔令集이다."라고 하여 漢律은 법전이 존재하고, 漢令의 경우는 令典을 인정하지 않고 있다.[76]

2) 宮宅潔은 "每條 律의 내용을 보면 그것은 單行된 것이 아니라, 일정한 계통성이 있는 것으로 생각된다. 이러한 의미에서, 律은 單行의 詔令이 아니며, 또한 詔令을 수집하여 만든 '詔令集'도 아니다. 바꿔 말하면, 律은 1조 1조 축적되어 형성된 것이 아니라, 통일적으로 편찬된 것이다. 律이 만약에 詔令에서 기원했다면, 정리 분류된 후에 재차 편찬되어 法典으로 형성되었을 것이다."라고 하여 법전의 존재를 인정하고 있다.[77]

3) 堀敏一은 秦代에 單行法令으로서 나온 "令"이 정리되어 일정한 정도로 법전화한 것이 "律"이라고 하였다. 漢代에는 황제가 필요에 따라서 조칙을 내리고, 그것을 律典·令典으로 편입하였다. 秦과 漢의 차이는 令이 단순한 단행법령이 아니라 법전으로서 성립해 있던 것에 있다고 하였다.[78]

4) 楊振紅은 『二年律令』이 蕭何의 九章律에 대하여 수정하여 頒行한 당시의 법전으로 보았다.[79] 그러나 唐律과 같은 법전의 존재를 보여주는 자료가 발견되지 않았으므로 이 문제는 앞으로도 계

---

76) 中田薰, 위의 논문(1951), p.7.

77) 宮宅潔, 위의 논문, p.114.

78) 堀敏一, 「晋泰始律令の成立」, 『律令制と東アジア世界—私の中國史學(二)』(東京: 汲古書院, 1994), pp.34-36.

79) 楊振紅, 『出土簡牘與秦漢社會』(桂林: 廣西師範大學出版社, 2009), p.54.

속 논의해야할 것이다.

둘째, 秦漢시기 모두 令典이 존재하지 않았다는 견해이다.

1) 滋賀秀三은 율령제의 특징을 ① 刑罰·非刑罰의 법전 2개가 병행하고, ② 한 시기(하나의 왕조)에 율령은 유일하게 존재할 것, ③ 부분적인 개정을 가하지 않는다는 3개로 요약하고, "戰國·秦·漢 시대에는 律·令이라는 명칭은 있어도 그 실질은 위의 특징 3가지를 하나도 가지고 있지 않은 것이었다."고 지적하고 있다.[80] 滋賀秀三의 견해에 입각한다면 秦漢의 律令은 아직 법전 형태가 아닌 것이다. 최근에는 이러한 滋賀秀三의 견해가 지지를 받고 있는 입장이다.

2) 冨谷至는 "漢代에는 律과 병렬된 令典이 없다. 令은 단지 詔令의 퇴적일 뿐이다. 적합한 기회를 찾아서 律 가운데 편입되어 분류된다. 令은 이때에 이르러 내용에 근거하여 篇名이 생기고, 이른바 法典을 형성하게 된다."고 주장하였다.[81]

3) 張忠煒는 漢代의 입법은 통일된 법전이 없고, 單片律과 令이 공통으로 율령체계를 구성하였다고 보았다. 즉, ① 진한율령은 비록 조정에서 頒行하지만 통일적인 법률편찬물은 아직 출현하지 않았다. 당시에 이미 이년율령과 같은 "율령집합체"가 출현했더라도, 魏新律과 晋泰始律같은 국가 편찬물은 존재하지 않았다. ② 諸 律篇 반행의 연대는 전부 하나가 아니라, 單篇이 별도로 발행되는 방식이다. 이년율령의 諸律은 단기내에 통일적으로 반행되는 결과가 아니라, 각각 다른 시기에 점차적으로 제정된 산물이다. 魏晋 이후 근본적 변화가 일어났다. 국가가 통일적으로

---

80) 滋賀秀三, 『中國法制史論集－法典と刑罰』(東京: 創文社, 2003), pp.19-23.
81) 冨谷至(임병덕 역), 『목간과 죽간으로 본 중국고대 문화사』(서울: 사계절, 2005), p.262; 冨谷至, 「晋泰始令への道—第一部 秦漢の律と令」, p.127.

반행한 편찬물로 되었고, 律典 이외에는 單行律이 없다.[82]

4) 廣瀨薰雄은 中田薰 이래 秦令을 單行令, 漢令을 法典으로 이해해
　왔지만, 秦令도 漢令도 그 제정수속은 완전히 근원을 밝히면 모
　두 단행령이라고 주장했다.[83] 漢令도 單行令이라는 사실은 『二年
　律令』의 津關令에서 사안이 발생할 때마다 축적되어진 것에서
　알 수 있다. 현재 이 문제를 고찰하기에는 자료가 부족하지만,
　漢代에 令典의 존재를 보여주는 증거가 발견되었다.

기존에는 위의 律典·令典의 존재에 대한 논의를 입증할만한 자료
가 없었으나, 최근에는 이 문제를 보완할 수 있는 자료가 나타나기
시작했다. 그 자세한 내용은 본서의 다른 장(漢代 令 종류)에서 살펴
기로 하고, 여기에서는 간단한 내용만 살펴보기로 하겠다.

漢初의 율령 편제를 규명할 수 있는 자료는 益陽 兔子山漢律(漢惠帝,
B.C.194-189), 雲夢睡虎地77號漢律(漢文帝 10年, B.C.170), 胡家草場12號漢律
(漢文帝 16년, B.C.164)이 있다. 발표된 순서대로 언급하면, 睡虎地77號
漢律에 포함된 律名은 漢文帝시기의 律 편제를 보여준다. V組는 "□律"
(獄律로 추정) 15종, W組는 "旁律" 24종의 율명이 포함되어 있다. 또한
胡家草場12號漢律에서도 漢文帝 연간의 율령 목록이 포함되어있다. 胡
家草場의 律名을 인터넷의 사진 자료와 관련 논문에서 분석하였다.[84]
또한 兔子山漢律목록은 漢惠帝시기의 것으로, 獄律(17章)과 旁律(27章)
로 구성되어 있다.[85] 이상을 [표 2]에 표시하였는데, 漢代의 律은 獄律

82) 張忠煒, 위의 책, pp.90-94.
83) 廣瀨薰雄, 위의 책, p.95.
84) 曹旅寧, 「荊州胡家草場12號漢墓所出漢律令名探測, 復旦大学出土文献與古文字
　　研究中心. http://www.gwz.fudan.edu.cn/web/show/4495 張忠煒·張春龍, 「新見漢
　　律律名疏證」(『西域研究』 2020-3), pp.22-12
85) 張忠煒·張春龍, 「漢律體系新論――以益陽兔子山遺址所出漢律律名木牘爲中心」
　　(『歷史研究』 2020-6).

(최대 17개)과 旁律(최대 31개)이라는 두 개의 律典으로 분류되어 있음을 알 수 있다.

[표 2] 兔子山, 睡虎地77號漢墓, 胡家草場의 漢律 目錄

兔子山(44종) 惠帝			睡虎地77號漢墓(39종) 文帝			胡家草場(45종) 文帝		
獄律(17)	旁律(27)		口律(15)	旁律(24)		(?)(14)	旁律甲(18)	旁律乙(13)
盜	金布	臘	盜	金布	臘	盜	金布	臘
告	均輸	祠	告	均輸	祠	告	均輸	祠
具	戶	司空	具	戶	司空	具	戶	司空
賊	田	治水	賊	田	治水	賊	田	治水
捕	徭	工作課	捕	徭	工作課	捕	徭	工作課
亡	倉	傳食	亡	倉	傳食	亡	倉	傳食
雜	尉卒	外樂	雜	尉卒		雜	尉卒	外樂
囚	置後	葬	囚	置後	葬	囚	置後	葬
興	傅		興	傅		興	傅	蠻夷復除
關市	爵		關市	爵		關市	爵	蠻夷士
復	市販		復	市販		復	市販	蠻夷
效	置吏		校(效)	置吏		效	置吏	蠻夷雜
廄	賜		廄	賜		廄	賜	上郡蠻夷間
錢	奔命		錢	奔命		錢	奔命	
遷	行書		遷	行書			行書	
	齋			齋				
朝							朝	
	史			史				
	秩						秩	
收							(收: 폐지)	
	諸侯秩							

漢文帝시기 胡家草場 令典에서는 令典이 2卷 확인되었는데, 목록에는 令篇이 37종 확인되었다. 第 1卷은 "令散甲"이라는 제목 아래에 令甲·令乙·令丙·令丁·令戊·壹行令·少府令·功令·蠻夷卒令·衛官令·市事令(凡十一章)이 있다. 第 2卷에는 禁苑令·戶令丙·戶令甲 등 26개 令名(凡廿六

章)이 있다. 胡家草場의 漢令典의 전체 令名이 확인되는 것은 아니지만, "令散甲"이라는 令典 이름이 주목된다. "令散甲"에서 第 2卷은 乙로 추정된다.

다음으로는 漢令의 분류 명칭을 보고자 한다.[86] 첫째, 干支令이다. 이것은 甲乙丙의 干支를 갖는 것으로서, 令甲·令乙·令丙이 있다. 둘째, 挈令으로서 官署와 郡縣의 名을 冠한 것이 있다. 예컨대, 廷尉挈令·光祿挈令·樂浪挈令·大鴻臚挈令·北邊挈令·御史挈令·蘭臺挈令·衛尉挈令과 같은 것이 있다. 셋째, 事項別令으로서, 唐令의 編目과 비슷한 사항별의 명칭을 갖는 것이다. 예컨대, 任子令·田令·戍卒令·水令·公令·功令·養老令·馬復令·祿秩令·宮衛令·金布令·齋令·賣爵令·品令·胎養令·祀令·祠令·獄令·箠令·緡錢令·符令·津關令과 같은 것이다.

干支令의 甲·乙·丙令의 편집근거는 무엇인가? 이에 대한 제설은, 1)연대의 선후, 2)편목의 차례, 3)諸令에 각각 甲·乙·丙이 있다는 주장, 4)集類의 4가지 의견이 있다.[87] 우선 이를 고찰하기 위해 관련 干支令을 제시하면 아래와 같다.

令甲

32) 앞서 文王 (吳)芮를 高祖가 현명하다고 여겼다. 御史에게 制詔하였다. "長沙王은 충성스러우니 令에 등록하도록 하라."(初, 文王芮, 高祖賢之, 制詔御史: 「長沙王忠, 其定著令.」, 『漢書』「吳芮傳」)

33) 令甲에 女子가 죄를 범하면 徒와 같이 6개월 노역하며, 顧山錢을 내면 귀가시킨다. (令甲, 女子犯罪, 作如徒六月, 顧山遣歸. 『漢書』「平帝紀」 如淳注)

前書音義에 말하기를, "令甲에 女子가 죄를 범한 徒는 집으로 보내

---

86) 廣瀨薰雄, 위의 책, p.96.
87) 張忠煒, 위의 책, p.112.

고, 매 달 돈을 내어 사람을 고용해 산에서 나무를 베게 하는데, 이름하여 雇山이라고 한다."(前書音義曰: 「令甲: 女子犯徒遺歸家, 每月出錢雇人於山伐木, 名曰雇山.」 『後漢書』「光武紀」 注)

34) 또한 말하였다. "令甲에 죽은 자는 살아날 수 없고, 육형을 받은 자는 (죽을 때까지 고통이) 그치지 않는다. 이것은 先帝가 중요하게 여긴 바이지만 吏들이 부응하지 못한다."(又曰: 「令甲, 死者不可生, 刑者不可息. 此先帝之所重, 而吏未稱. 『漢書』「宣帝紀」)

35) 名田縣道者라는 것은 令甲에 諸侯가 國에 있으면서, 他縣의 田을 소유하면 罰金 2兩이다. (名田縣道者, 令甲, 諸侯在國, 名田他縣, 罰金二兩. 『漢書』「哀帝紀」 如淳注)
    諸王·列侯는 國中에서 田을 소유할 수 있다. 列侯가 長安에 있거나 公主가 縣·道에 田을 소유하거나, 關內侯·吏民이 田을 소유하는 것은 모두 30頃을 초과할 수 없다. 諸侯王의 奴婢는 200인, 列侯·公主는 100인, 關內侯·吏民은 30인이다. 나이가 60세 이상, 10세 이하는 이 숫자에 포함하지 않는다. 賈人은 모두 名田을 소유하거나 吏가 될 수 없다, 犯한 자는 律로써 처벌한다. 여러 名田과 奴婢를 기르는 것이 品(규정)을 넘으면 모두 縣官에 몰수한다. (諸王、列侯得名田國中, 列侯在長安及公主名田縣道, 關內侯、吏民名田, 皆無得過三十頃. 諸侯王奴婢二百人, 列侯、公主百人, 關內侯、吏民三十人. 年六十以上, 十歲以下, 不在數中. 賈人皆不得名田、爲吏, 犯者以律論. 諸名田畜奴婢過品, 皆沒入縣官. 『漢書』「京帝紀」, 「食貨志」)

令乙

36) 如淳이 말했다. "令乙에, 車馬를 騎乘하고 馳道의 가운데를 달리면, 이미 판결을 받은 자는 車馬와 기물을 관부로 沒入한다."(如淳曰:

「令乙, 騎乘車馬行馳道中, 已論者, 沒入車馬被具.」『漢書』「江充傳」如
淳注)

令丙

37) 또한 令丙에 대나무로 만든 箟의 長短 규정이 있었다. (又令丙, 箟長
短有數. 『後漢書』「章帝紀」)

38) ● 令丙第九 丞相이 상언하였다. 請컨대, 西成·成固·南鄭에서는 枇杷
를 각각 十(脫字.88) 計量單位)을 供獻하고, 부족하게 되면 3개 현에
서 서로 부족분을 보충하게 하여 할당 분량을 채워야 합니다. 우선
통과하는 沿道의 縣에 필요한 人數를 통고하고, 郵·亭의 차례대로
전송합니다. 사람이 적은 곳은 錢財로 供獻을 도와야합니다. 출발
지점에서는 檄을 발송하고, 縣의 경계 안에 들어오면, 郵吏는 모두
각각 전송 물품의 출발과 통과 일시를 서명하고, 日夜로 전송하여
行在所인 司馬門에 이르도록 하며, 司馬門에서는 다시 太官에 전송
하며, 太官에서는 檄을 御史에게 올립니다. 御史는 檄에 의거하여
縣에서 지체한 자를 考課합니다. 御史가 上奏하여 허락해줄 것을 請
하였다. 制: 可하다. 孝文皇帝十年六月甲申에 내린다. (令丙第九 丞相
言: 請令西成、成固、南鄭獻枇杷各十, 至不足, 令相備不足, 盡所得. 先
告過所縣用人數, 以郵、亭次傳. 人少者, 財助. 獻起所爲檄, 及界, 郵吏
皆各署起、過日時, 日夜走, 詣行在所司馬門, 司馬門更詣(?)大(太)官, 大
(太)官上檄御史. 御史課縣留稗(遲)者. 御史奏, 請許. 制曰: 可. 孝文皇帝
十年六月甲申下.)

廣瀬薰雄은 干支令·事項別令·挈令은 모두 編號를 붙여서 정리하였고,

---

88) 彭浩, 「讀松柏出土的西漢木牘(一)」, http://www.bsm.org.cn/show_article.php?id=1009.

특히 干支令은 編號가 발포순으로 붙여졌을 것이라고 주장하였다.[89] 그러나 冨谷至는 간지령의 편호가 발포순으로 붙었을 것이라는 견해에 부정적이다. 32)에서 37)까지 무엇을 기준으로 甲·乙·丙으로 나눈 것인지 그 근거가 분명하지 않다는 것이다. 부곡지는 다음과 같이 주장하고 있다. "중요도에 따라 구별했다고 해도 왜 32)에서 35)까지의 令甲이 36)의 令乙보다도 중요도가 높고, 令丙의 37)은 36)보다 중요하지 않은 것인지? 시간을 고려에 넣는다고 해도, 甲令에 高祖 시기의 32)에서 平帝시의 33)까지 포함되어 있는 것에서 보아 시간차로써 3단계로 분류했던 것도 아니다."[90] 38)도 文帝 때 반포된 것인데, 令丙에 포함된 것을 보면 시간순으로 편제된 것으로 보기 어렵다.

甲·乙·丙의 편제 근거가 무엇인지는 알기 어렵지만, 『令集解』「官位令」에 인용된 董仲舒書의 "臣瓚曰: 董仲舒云, 令百七十篇, 莫善於甲令."이라는 언급은 중요하다.[91] 이것은 令甲에 보다 중요한 令이 기록되어 있음을 보여주며, 아울러 위의 表의 분류가 시대 순으로 이루어지지 않은 것과도 관련성을 갖는다. 武帝 시기 董仲舒의 언급이므로 신빙성이 있는 문장이다. 董仲舒가 "莫善"이라고 한 것은 令의 편제가 중요도에 따른 것으로 본 것 같다.

冨谷至는 부정했지만, 令甲에 편제된 내용들은 국가의 기본 골격과 관련된 것들이다. 長沙王의 稱忠은 이성제후의 반란 속에서 반란에 가담하지 않은 것의 표창, 漏法常符漏品은 국가의 正朔과 관련된 월력 문제, 肉刑 폐지는 국가의 형벌 문제, 農桑의 장려는 농업사회의 근간인 농업중시, 諸侯의 他縣名田 소유금지는 제후 세력의 견제, 女徒의

89) 廣瀨薫雄, 위의 책, p.102.
90) 冨谷至, 위의 논문, p.111.
91) 黑板勝美(國史大系編修會), 『令集解(一)』(東京: 吉川弘文館, 1982), p.5, "臣瓚曰 董仲舒云, 令百七十篇, 莫善於甲令."; 律令研究會編, 『譯註日本律令(一, 首卷)』(東京: 東京堂, 1978), p.224, "臣瓚曰, 董仲舒書云, 令百七十篇, 莫善於甲令是." 양자는 字句상 약간의 차이가 있다.

귀가 조치 후 顧山錢 납부는 太皇太后의 은덕으로 婦人들에게 惠政을 베푼 것이므로 집정자 王莽이 특별히 甲令에 배치한 것으로 생각된다.[92] 外戚之禁은 後漢 明帝때 실시된 것이 아니다. 이것은 班固가 前漢 말 왕망에게 권력이 넘어간 것을 상기하며 과거 이를 甲令에 설치하여 后妃 제도를 개정하고 영향을 끼치게 했더라면 좋았을 것이라고 희망사항을 이야기한 것이다. 따라서 外戚之禁이 甲令에 마련된 것이 아니다. 外戚之禁을 甲令에 설치하여야 한다는 것을 보면 甲令이 乙令 이하보다도 중요한 것임을 알 수 있다.[93]

다음으로 揱令인데, 기존의 單行令·事類令, 또는 干支令에 있던 것을 일정한 표준에 의거하여 재편찬한 것이다.[94] 揱令의 의미에 대하여 凡國棟은 『嶽麓書院藏秦簡』 "内史郡二千石官共令"의 "共"이 "雜"과 같은 공유의 의미를 가지는 것에 착안하였다. 따라서 揱令을 "獨", "特"의 의미로 해석하여 하나의 관부에서만 사용하는 법령으로 이해하였다.[95] 旱灘坡 東漢墓의 王杖斷簡에 보이는 揱令의 자료는 그 의미를 보다 명확하게 해준다. 「御史揱令」(武八) 「衛尉揱令」(武九) 「蘭臺揱令」(武九) 이 보이는데, 이것으로 볼 때 「王杖十簡」의 「御史令第卅三」 「蘭臺令第卌三」의 정식 令名이 「御史揱令」 「蘭臺揱令」이며, 결국 官署名을 冠한 令은 모두 揱令의 범주에 속한다고 봐야한다. 또 旱灘坡 10號簡의 「尉令第五十五」도 官署·官職名을 冠한 揱令이고 「尉揱令」을 생략한 것이다.[96]

---

92) 『漢書』 卷12 「平帝紀」, p.351, "師古曰: 「如說近之. 謂女徒論罪已定, 並放歸家, 不親役之, 但令一月出錢三百, 以顧人也. 爲此恩者, 所以行太皇太后之德, 施惠政於婦人.」"

93) 『後漢書』 卷10上 「皇后紀」, p.400, "明帝聿遵先旨, 宮教頗修, 登建嬪后, 必先令德, 内無出閫之言, 權無私溺之授, 可謂矯其敝矣. 向使因設外戚之禁, 編著甲令, 改正后妃之制, 貽厥方來, 豈不休哉!"

94) 張忠煒, 위의 책, p.114.

95) 凡國棟, 「"揱令"新論」, http://www.bsm.org.cn/show_article.php?id=1080.

96) 武威地區博物館, 「甘肅武威旱灘坡東漢墓」(『文物』 1993-10), pp.30-32; 冨谷至, 위의 논문, p.113.

III. 秦漢 律令의 제정 수속

1. 율령제정의 3형식

진시황제의 통일 이후 命令이라는 명칭이 制詔로 바뀌었다. 그로 인하여 ① 기존의 王命인 令, ② 이것의 새로운 칭호인 詔, 그리고 ③ 법률형식으로서의 令의 구별 문제가 부각되었다. 그 이유는 ①과 ②, ①과 ③은 많은 혼동을 일으키며, 학자들도 종종 구별하지 않고 사용하기 때문이다.

制詔(통일 이전의 令)가 곧바로 법률형식으로서의 令으로 되는 것은 아니고, 그 중간에 법률화 과정을 거쳐야 된다. 漢代 皇帝의 "詔"가 반드시 "令典"에 들어가는 것은 아니며,[97] 진한시대의 조서가 법령화되는 것은 著令(令典에 著錄하라)의 文言이 있어야 하였다.[98] 즉, 詔書가 令으로 되지 못하고 그냥 詔書로 남는 경우도 존재하는데, 西漢施行詔書目錄이 바로 그에 해당한다.[99] 大庭脩는 漢代 율령제정의 형식을 3가지로 구분하였다.[100]

> 제 1형식: 황제가 스스로의 의지로 명령을 내리는 것,
> 제 2형식: 관료가 위임받고 있는 권한 내에서 자신의 직무를 수행하기 위하여 발의하고 獻策하여, 황제가 그것을 인가한 결과 황제의 명령으로서 공포되는 것,

---

97) 中田薫, 위의 논문(1951), p.7.
98) 大庭脩, 「令に關する硏究—漢代の立法手續と令」, 『秦漢法制史の硏究』(東京: 創文社, 1982), pp.208-212.
99) 陳夢家, 「西漢施行詔書目錄」, 『漢簡綴述』(北京: 中華書局, 1980), pp.275-284, "縣置三老二, 行水兼興船十二, 置孝弟力田十二, 微吏二千石以符卅二, 郡国調列侯兵卅二, 年八十及乳朱需頌 五十二"; 『居延漢簡釋文合校』, p.7, 5·3, 10·1, 13·8, 126·12.
100) 大庭脩, 위의 책, pp.208-212.

제 3형식: 황제 자신의 의지로 명령을 내리지만, 하명의 대상은 일부의
특정 관료로 한정되고, 그들 특정 관료의 答申을 필요로 하
는 경우이다. 황제는 "具爲令" 등의 著令 文言을 사용하여 입
법을 명령하고, 관료들이 覆奏할 때는 "請"을 사용하며, 覆奏
한 내용이 황제의 "制曰可"를 거쳐 율령으로 편입된다.

조서의 법률화에 사용된 著令 문언은 著爲令, 議爲令, 具爲令, 定令,
著令, 著於令, 定著令, 定著於令, 著以爲令 등이다. 著令 文言이 있는 制詔
중에서 令으로 편입되는 것은 制詔의 전부가 아니라 핵심 부분만을
편입시킨다. 제 1형식은 황제가 법령의 내용을 스스로 결정한 것이며,
제 2·3형식은 관료의 조력으로 법률을 제정하는 것이다. 이 형식에서
주목되는 것은 "臣請"의 부분이다.[101]

39) 丞相이 廬江假守의 문서를 올려 말했다. 廬江의 莊道는 때때로 끊어
져서 보수가 되지 않는다. 그러한 즉 莊道가 끊어져서 보수되지 않
으면 물길로 통행하는데, 물길은 멀리 돌아간다. 莊道라는 것은 …
(丞相上廬江假守書言: 廬江莊道時敗絶不補, 即莊道敗絶不逋(補)而行水
道, 水道異遠. 莊道者, 『嶽麓書院藏秦簡』 0556簡)

40) 綰(승상 王綰)이 허락할 것을 요청했는데, 郡으로 하여금 罪를 지어
罰로 戍邊해야 하는 자의 경우, 泰原에 사는 사람은 四川郡에 배치
하고, 東郡·三川·穎川에 사는 사람은 江胡郡에 배치하고, 南陽·河內
에 사는 사람은 九江郡에 배치한다. (綰請許而令郡有罪罰當戍者, 泰
原署四川郡; 東郡, 三川, 穎川署江胡郡; 南陽, 河內署九江郡; 『嶽麓書院
藏秦簡』 0706簡)[102]

---

101) 廣瀬薰雄, 위의 책, p.95.
102) 陳松長, 「嶽麓書院藏秦簡中的郡名考略」(『湖南大學學報』 23-2, 2009), p.8.

41) 十三. 相國이 內史의 書를 올려 말했다. "무릇 傳을 소지하고 津·關을 출입해 가는데, 낳은 망아지가 1살 미만인 것이 그 어미 말과 함께 간다면, 津·關에서는 자세히 籍書를 살피고 出入하게 한다." ·御史가 아뢰니, 황제가 制可하였다. (十三. 相國上內史書言, 諸以傳出入津關而行, 産子駒未盈一歲, 與其母偕者, 津關謹案實籍書出入. ·御史以聞, 制曰: 可. 512 『二年律令』 津關令)[103]

42) 縣·道의 官에서 신청하여 율령으로 제정할 것이 있으면 각기 소속 二千石官에게 신청하고, 二千石官은 이를 相國·御史에게 上申한다. 相國·御史는 이 致(증거문건)를 심사하여 (황제에게) 요청할 것이면 요청하고, 직접 황제에게 신청할 수 없다. 직접 (황제에게) 신청하면 벌금4량으로 처벌한다. [縣道官有請而當爲律令者, 各請屬所二千石官, 二千石官上相國·御史, 相國·御史案致, 當請, 請之, 毋得徑請者. 徑請者, (219) 罰金四兩.(220) 『二年律令』 置吏律][104]

39)와 40)의 秦令은 41)·42)의 漢 律令과 형식상 상통하는 내용을 담고 있다. 39)의 0556號의 "丞相上廬江假守書言"은 41)『二年律令』의 津關令에 있는 형식과 동일하다. 40)의 0706號簡의 "請許"는 42)의 『二年律令』의 "有請而當爲律令者 … 當請, 請之"에 해당한다. 42)는 縣·道의 官이 律令 제정의 필요를 느낄 때 소속 二千石官에게 법률 제정을 요청하도록 한 것이다. 『二年律令』의 有請이라는 것은 진한시대의 제 2·3형식의 조서에 있는 "臣請"과 유사하고, 그 "臣請" 이하의 내용이 율령화하고자 하는 핵심내용이다.

제 2·3형식의 존재로 볼 때, 律令의 제정에는 관료들의 참여가 일반적이었을 것으로 생각된다. 『二年律令』의 수많은 律의 내용들은 전

103) 『張家山漢墓竹簡』, p.208.
104) 같은 책, p.163.

문지식을 요하는 것이어서 군주가 일일이 알 수 있는 것들이 아니므로 직접 율문을 기초하기 곤란했을 것이다. 실무를 숙지한 신하가 율문을 기초하고, 그것을 황제가 "制曰可"의 형식으로 인가하여 발포하는 것이 일반적이었을 것이다.[105] 때문에 율문의 실질적 작성자는 다양했을 수 있다. 따라서 『二年律令』의 27律 1令의 대부분은 제 1형식의 詔書에서 비롯된 것만이 아니라, 전문가 그룹에 의해 제정된 것으로 생각된다.

2. 秦과 漢의 율령제정 방식의 연속성

앞에서는 漢律令의 제정과정에 대해 언급하였는데, 大庭脩는 율령제정방식이 漢代에 처음 출현한 것인지에 대해 언급하지 않았다. 아래에서 살펴볼 秦代 律令의 제정과정을 보면 秦代의 것이 漢代에 계승되었을 가능성이 크다. 아래에 인용한 令에는 秦代의 皇帝 존호를 제정하는 수속이 보인다.

43)
A 秦王이 처음으로 天下를 병합하고, 丞相·御史에게 말했다. "지난 날 韓王이 땅과 璽를 바치고, 藩臣이 되기를 청했다. 그러나 얼마 있다가 약속을 배반하고 趙·魏와 함께 合從하고 秦에 배신하였기 때문에 군대를 일으켜 주살하고 그 왕을 사로잡았다. … 寡人은 작고 힘없는 몸으로서 군대를 일으켜 暴亂을 주살함에 宗廟의 혼령들에 힘입어 六王은 그 죄를 인정하였고, 天下가 평정되었다. 이제 名號가 바뀌지 않아 그 성공에 걸맞은 이름을 후세에 전할 수 없다. 帝號에 대하여 논의하라."
B 丞相 王綰, 御史大夫 馮劫, 廷尉 李斯 등이 모두 말하였다. "옛날에 五

帝는 땅이 사방 천리였고, 그 바깥쪽 侯服·夷服의 諸侯는 朝見하는
자도 있고 하지 않는 자도 있었는데, 天子가 제어할 수 없었습니다.
이제 陛下께서 義兵을 일으켜, 잔악한 賊들을 주살하고 천하를 평정
하여 海內를 郡縣으로 삼고 法令이 하나로 통일되니, 上古 이래로 없
었던 일이며 五帝가 미치지 못할 바입니다. 臣들은 博士들과 논의를
하였는데, '옛날에는 天皇이 있었고, 地皇이 있었고, 泰皇이 있었는
데, 그중 泰皇이 가장 貴한 것입니다.' 臣들은 죽음을 무릅쓰고 尊號
를 올리는데, 王을 '泰皇'으로 하십시오. 命은 '制'로, 令은 '詔'로, 天子
는 '朕'으로 自稱하도록 합니다."

C 王이 말했다. "'泰'를 빼고, '皇'을 붙여라. 上古시대의 '帝'位號를 채택
하여, '皇帝'라고 부르도록 하라. 그 밖의 사항은 논의한 바대로 하라."

D 制로 말했다. "可하다." 莊襄王을 追尊하여 太上皇으로 하였다.

A 秦王初并天下, 令丞相、御史曰:「異日韓王納地效璽, 請爲藩臣, 已而倍約,
與趙、魏合從畔秦, 故興兵誅之, 虜其王. … 寡人以眇眇之身, 興兵誅暴亂,
賴宗廟之靈, 六王咸伏其辜, 天下大定. 今名號不更, 無以稱成功, 傳後世.
其議帝號.」

B 丞相綰、御史大夫劫、廷尉斯等皆曰:「昔者五帝地方千里, 其外侯服夷服諸
侯或朝或否, 天子不能制. 今陛下興義兵, 誅殘賊, 平定天下, 海內爲郡縣,
法令由一統, 自上古以來未嘗有, 五帝所不及. 臣等謹與博士議曰:『古有天
皇, 有地皇, 有泰皇, 泰皇最貴.』臣等昧死上尊號, 王爲『泰皇』. 命爲『制』,
令爲『詔』, 天子自稱曰『朕』.」

C 王曰:「去『泰』, 著『皇』, 采上古『帝』位號, 號曰『皇帝』. 他如議.」

D 制曰:「可.」追尊莊襄王爲太上皇.[106]

---

106) 『史記』卷6 「秦始皇本紀」, pp.235-236.

이것은 "其議帝號 … 丞相綰, 御史大夫劫, 廷尉斯等皆曰 … 制曰可"의 형식이다. A는 秦王의 명령인데 "令丞相, 御史曰"은 "命令"이 "制詔"로 바뀐 이후의 "制詔丞相, 御史曰"과 동일하며, B는 丞相과 御史大夫, 廷尉가 博士 등과 논의하여 尊號를 泰皇으로 할 것을 주청한 것이고, C는 秦王의 지시에 의하여 "皇帝"로 수정되었고, D는 "制曰可"의 순서로 되어 있다. 이 과정을 앞서 언급한 大庭脩의 漢律令 제정 원칙에 대입해 보면 제3형식에 해당한다. 이 사실로부터 漢代 律令 제정 형식이 이미 秦代에 존재했음을 알 수 있다.

아래는 挾書律의 제정 경위를 보여주는 것이다.

44)

A 始皇이 咸陽宮에서 술잔치를 열었고, 博士 70인이 앞으로 나와서 祝壽를 하였다. 僕射인 周靑臣이 시황의 공덕을 칭송하였다. "과거에 秦의 영토는 천리를 넘지 못했으나, 陛下의 신령스러운 明聖에 의존하여 海內를 평정하고 蠻夷를 축출하여 해와 달이 비치는 곳은 복종하지 않는 곳이 없습니다. 諸侯의 땅을 郡縣으로 삼아 사람들은 스스로 安樂해 하였고, 전쟁 근심이 사라진 것이 만년까지 전하게 되었습니다. 上古로부터 폐하의 威德에 미치는 자가 없었습니다." 始皇은 (이 말을 듣고) 기뻐했다. 博士 齊人 淳于越이 나와서 말하였다. "臣이 듣건대, 殷周의 왕들은 천여 년 동안 子弟·功臣을 제후로 봉하여 스스로 보필하도록 했습니다. 지금 폐하는 海內를 가지고 있으나, 子弟는 匹夫가 되어 있습니다. 갑자기 田常과 六卿之臣이 나타났을 때, 보필할 사람이 없다면 무엇으로 서로 구할 수 있겠습니까? 일을 처리할 때 옛것을 배우지 않고 오래도록 갔다는 것은 들어본 바가 없습니다. 지금 靑臣은 얼굴에 아부하여 폐하의 잘못을 가중시키고 있으니 충신이 아닙니다."

B 始皇이 그것을 논의하라고 내렸다.

C 丞相 李斯가 말하였다. "五帝는 서로 반복하지 않고, 三代는 서로 因
襲하지 않고 각각의 방법으로 통치하였고, 고의로 반대로 하는 것이
아니라 시대에 따라서 변하는 것입니다. 지금 폐하가 대업을 이루
고, 만대의 공을 수립한 것은 진실로 어리석은 유가들이 알 수 있는
바가 아닙니다. 또한 순우월이 말한 것은 三代(夏殷周)의 일이니 어
찌 본받을 것이 있겠습니까? 지난 날 제후들이 서로 싸울 때, 후한
우대를 하고 유세지사를 초빙하였습니다. 지금 천하가 이미 평정되
어 법령이 하나로 통일되었고, 백성은 집에서 農工의 일에 힘쓰고,
士는 法令刑禁을 학습하고 있습니다. 지금 諸生들이 현재를 스승으
로 삼지 않고, 옛것을 배워 현재를 비판하여 黔首를 어지럽히고 있
습니다. 丞相 臣 斯는 죽음을 무릅쓰고 말씀드립니다. 고대에 천하가
분산되고 어지러워 하나로 통일할 수가 없었습니다. 이로써 제후들
이 群起했고 논의한 것은 모두 옛것을 칭송하고 현재를 비난하며,
虛言을 꾸며 진실을 어지럽히는 것이었습니다. 사람들은 자신들이
사적으로 배운 바를 좋다고 하고 上께서 건립한 바를 비난하고 있습
니다. 지금 皇帝께서 천하를 통합했고, 黑白是非를 구별하여 공동으
로 皇帝 一人을 尊崇하는 것으로 정해졌습니다. 개인적으로 배운 것
을 가지고 법의 가르침을 비난하고 있습니다. 令이 하달되었다고 들
으면 사람들은 각각 그들이 배운 것으로써 논의합니다. 조정 안에서
는 마음 속으로 비판하고, 조정 밖으로 나가면 골목에서 논의합니
다. 군주 면전에서 자기를 과시하는 것을 명분으로 삼고, 다른 주장
을 내세우는 것을 고상한 것으로 여기면서 무리를 거느리고 비방하
고 있습니다. 이러한 것이 금지되지 않으면 위로는 군주의 권세가
떨어질 것이며, 아래에서는 당파가 형성됩니다. 금지하는 것이 좋습
니다. 臣은 史官에서 秦의 역사책이 아닌 것은 모두 불태울 것을 청
합니다. 博士官에서 맡은 바가 아닌데, 천하에 감히 소장하고 있는
시경·서경·제자백가의 서책은 모두 郡守·尉에게 보내 공동으로 불

태우게 하십시오. 또 감히 시경·서경에 대해서 이야기하는 자들을 棄市에 처합니다. 옛것에 근거해 현재를 비판하는 자는 멸족시키십시오. 또 관리가 이런 자를 보고 알고도 잡아들이지 않으면 같은 죄로 다스리십시오. 명령이 내려진 지 30일이 지났는데도 서적을 불태우지 않는 자는 黥爲城旦에 처하도록 합니다. 불태우지 않을 책으로는 의약·점술·농업에 관계된 책입니다. 만약 법령을 배우고자 하는 자는 관리를 스승으로 삼게 하옵소서."

D 制하길, "可하다."

A 始皇置酒咸陽宮, 博士七十人前爲壽. 僕射周靑臣進頌曰: 「他時秦地不過千里, 賴陛下神靈明聖, 平定海內, 放逐蠻夷, 日月所照, 莫不賓服. 以諸侯爲郡縣, 人人自安樂, 無戰爭之患, 傳之萬世. 自上古不及陛下威德.」 始皇悅. 博士齊人淳于越進曰: 「臣聞殷周之王千餘歲, 封子弟功臣, 自爲枝輔. 今陛下有海內, 而子弟爲匹夫, 卒有田常、六卿之臣, 無輔拂, 何以相救哉? 事不師古而能長久者, 非所聞也. 今靑臣又面諛以重陛下之過, 非忠臣.」

B 始皇下其議.

C 丞相李斯曰: 「五帝不相復, 三代不相襲, 各以治, 非其相反, 時變異也. 今陛下創大業, 建萬世之功, 固非愚儒所知. 且越言乃三代之事, 何足法也? 異時諸侯並爭, 厚招游學. 今天下已定, 法令出一, 百姓當家則力農工, 士則學習法令辟禁. 今諸生不師今而學古, 以非當世, 惑亂黔首. 丞相臣斯昧死言: 古者天下散亂, 莫之能一, 是以諸侯並作, 語皆道古以害今, 飾虛言以亂實, 人善其所私學, 以非上之所建立. 今皇帝幷有天下, 別黑白而定一尊. 私學而相與非法教, 人聞令下, 則各以其學議之, 入則心非, 出則巷議, 夸主以爲名, 異取以爲高, 率群下以造謗. 如此弗禁, 則主勢降乎上, 黨與成乎下. 禁之便. 臣請史官非秦記皆燒之. 非博士官所職, 天下敢有藏詩、書、百家語者, 悉詣守、尉雜燒之. 有敢偶語詩書者弃市. 以古非今者族. 吏見知不擧者與同罪. 令下三十日不燒, 黥爲城旦. 所不去者, 醫藥卜筮種樹之書.

若欲有學法令, 以吏爲師.」

D 制曰: 「可.」[107]

挾書律은 "下其議 … 臣請 … 制曰可"의 제 3형식으로 구성되어 있다. A는 挾書律의 제정 계기가 되는 周靑臣과 淳于越의 논쟁, B는 始皇의 명령, C는 丞相 李斯의 논의와 "臣請", D는 制曰可의 형식으로 되어 있는데, 漢代의 制詔와 차이가 없다. 이것은 秦代의 법령제정 형식이 漢代에 승계되어 있음을 말해준다.

또한 아래 45)의 秦의 靑川木牘 爲田律은 秦王이 丞相 甘茂와 內史 匽氏와 臂에게 명하여 제정한 제 3형식이다. 『二年律令』46)에도 字句에 차이가 있으나 靑川木牘 爲田律과 동일한 내용의 율문이 보인다.[108]

> 45) (秦武王) 2년 11월 己酉朔 초하룻날에 武王은 丞相 戊(甘茂)와 內史
> 匽氏와 臂에게 「爲田律」을 수정하라고 명령하였다. 田의 넓이 1步,
> 길이 8則이 畛이 된다. 畝는 2畛으로 구성되며, 1陌道가 있다. 100畝
> 가 頃이 되며, 1阡道가 있고, 道의 너비는 3步이다. 封의 높이는 4尺
> 이고, 크기는 그 높이와 같다. 두둑(埒)의 높이는 1尺이고, 아래의
> 두께는 2尺이다. 가을 8월에 封埒을 수리하고, 경계(疆畔)를 바로
> 하고, 阡陌의 큰 풀을 벤다. 9월에 대대적으로 道 및 경사(阪險)를
> 정리한다. 10월에는 橋를 만들고, 陂堤를 수리하며, 津關을 수리하
> 고, (鮮草: 衍文) 비록 길을 닦을 때가 아니더라도 무너져서 통행이
> 불가하면, 즉시 수리한다. 章이 기록했다. [二年十一月己酉朔朔日,
> 王命丞相戊(茂)、內史匽氏、臂更脩(修)爲田律: 田廣一步, 袤八則, 爲畛.
> 晦(畝)二畛, 一百(陌)道. 百晦(畝)爲頃, 一千(阡)道, 道廣三步. 封高四尺,
> 大稱其高. 捋(埒)高尺, 下厚二尺. 以秋八月, 脩(修)封捋(埒), 正疆畔, 及

---

107) 『史記』 卷6 「秦始皇本紀」 (始皇三十三年 三十四), pp.254-255.

108) 廣瀨薰雄, 위의 책, pp.160-161.

癹千(阡)百(陌)之大草. 九月, 大除道及阪險. 十月爲橋, 脩(修)陂堤, 利津

閞(關)鮮草, 雖非除道之時, 而有陷敗不可行, 輒爲之. 章手.(靑川木牘 爲

田律)][109]

46) 田의 넓이 1步, 길이 240步가 畛이 된다. 畝는 2畛으로 구성되며, 1陌

道가 있다. 100畝가 頃이 된다. 10頃은 1阡道가 있고, 道의 너비는 2

丈이다. 항상 가을 7월에 阡陌의 큰 풀을 없앤다. 9월에는 대대적으

로 道 및 경사(阪險)를 정리한다. 10월에는 橋를 만들고, 陂堤를 수

리하며, 津梁을 수리한다. 비록 길을 닦을 때가 아니더라도 무너져

서 통행이 불가하면, 즉시 수리한다. 鄕部에서는 邑中의 도로를 담

당하고, 田典은 田道를 담당한다. 도로가 무너져서 통행이 불가하

면 그 嗇夫와 주관 관리에게 각각 黃金 2兩을 벌금으로 부과한다.

공용도로와 阡陌을 불법으로 침식하거나 掘斷하게 되면 罰金二兩이

다. [田廣一步, 袤二百卌步, 爲畛, 畝二畛, 一佰(陌)道; 百畝爲頃; 十頃一

千(阡)道, 道廣二丈. 恒以秋七月除千(阡)佰(陌)之大草; 九月大除246

(F83) 道及阪險; 十月爲橋, 修波(陂)堤, 利津梁. 雖非除道之時而有陷敗

不可行, 輒爲之. 鄕部主邑中道, 田主田247(F72)道. 道有陷敗不可行者,

罰其嗇夫·吏主者黃金各二兩. 盜侵飮道·千(阡)佰(陌)及塹土〈之〉, 罰金

二兩. 248(F62)(『二年律令』田律)][110]

45)와 46)의 기본 내용은 일치하고 있는 것에서 秦律이 漢律에 계승

되었음을 알 수 있다. 다만 45)의 靑川木牘 爲田律은 "(秦武王)二年十一

---

109) 四川省博物館·靑川縣文化館, 「靑川縣出土秦更修田律木牘」(『文物』 1982-1), p.11;
陳偉 主編, 『秦簡牘合集(貳)』(武漢: 武漢大學出版社, 2014), p.190; 劉洪濤, 「釋
靑川木牘《田律》的"利津關"」, 簡帛網 2008-03-29, http://www.bsm.org.cn/show_article.
php?id=810. 利津**閞**의 마지막 글자에 대해서 關으로 석독하고 있다. 『二年
律令』田律에는 "鮮草"가 없기 때문에 衍文일 가능성이 있다.

110) 『張家山漢墓竹簡』, p.166.

月己酉朔朔日, 王命丞相戊(茂), 內史匽氏, 臂更修爲田律"의 令 제정과정이 포함된 王命이 포함되어 있고, 46)의『二年律令』田律은 순전히 法 規定만 남아 있다. 양자를 비교해보면, 45)가 여러 차례 정리과정을 거쳐 王命의 형식을 삭제한 46)의 형태로 된 것이다. 이상에서 살펴본 津關令·挾書律·爲田律 등의 사례를 검토한 결과, 秦과 漢의 律令 제정수속과 문장형식은 계승관계에 있으며, 후대로 갈수록 법조문만이 남게 정리되었다는 것을 알 수 있다.

3. 王杖十簡과 王杖詔書의 성격

漢代에 詔令과 令은 더 이상 동일한 것이라고 할 수 없다. 著令 용어가 있는 詔令이라야만 令集에 編入될 수 있다.[111] 漢代의 실제 詔書와 令의 차이점을 분석하기 위하여「王杖十簡(1959년)」,「王杖詔書令冊(1981년)」의 성격을 분석할 필요가 있다.[112] 이에 대해서는 본서의 다른 부분에서 상세히 고찰하기로 하겠다. 이것들이 詔書인지 令인지를 확인하는 데는 현재 거의 완벽한 형태의 令이라고 할 수 있는 津關令이 활용될 수 있다.「王杖十簡」은 10簡으로 이루어져 있지만, 木簡을 묶은 끈이 떨어져 있어 배열(표 참조)과 성격에 대해 다양한 견해가 제시되었다.(배열 순서에 이견이 있어 원문을 번역하지 않음)

47) 磨咀子 18號 漢墓「王杖十簡」(1959년)

制 詔御史曰年七十受王杖者比六百石入官廷不趨犯罪耐以上毋二尺告劾 有敢徵召侵辱(1)

● 者比大逆不道建始二年九月甲辰下(2)

制 詔丞相御史高皇帝以來至本二年勝甚哀老小高年受王杖上有鳩使百

---

111) 李俊强, 위의 논문, p.17-18.
112) 大庭脩,『漢簡研究』(東京: 同朋舍, 1992), p.64.

姓望見之(3)

● 比於節有敢妄罵詈毆之者比逆不道得出入官府節弟行馳道旁道市賣復
毋所與(4)

● 如山東復有旁人養謹者常養扶持復除之明在蘭台石室之中王杖不鮮明(5)

● 得更繕治之河平元年汝南西陵縣昌里先年七十受王杖(英＋頁)部遊徼
吳賞使從者(6)

毆擊先用詫地大守上讞廷尉報罪名(7)

● 明白賞當棄市(8)

● 孝平皇帝元始五年幼伯生永平十五年受王杖(9)

● 蘭臺令第卅三御史令第卌三 尚書令減受在金(10)[113]

(번호는 최초 발표의 考古의 것)

考古研究所編集室(考古60-6), 禮堂(考古61-5)	1	2	3	4	5	6	7	8	9	10
陳直(考古61-3)	1	2	3	4	5	6	7	8	10	9
武伯綸(考古61-3)	1	2	10	3	4	5	6	7	8	9
武威漢簡(1964)	10	1	2	3	4	5	6	7	8	9
郭沫若(考古學報65-2) 滋賀秀三(國家學會雜誌90-3)	9	10	3	4	5	6	7	8	1	2
大庭脩(關西大文學論集25)	3	4	5	6	7	1	2	10	8	9
冨谷至(東方學報64)	9	10	1	2	3	4	5	6	7	8

(이상 冨谷至 「王杖十簡」 『東方學報』 64, p.66 참조)

47)은 1959년 甘肅省 武威縣 磨咀子 18호 漢墓에서 출토된 10매의 木
簡으로 「王杖十簡」으로 불리는 것이다. 제 9簡은 表題簡일 수도 있어서
제 1-8號簡 앞으로 배열될 가능성도 있다. 제 10簡은 개인에 관한 것이
므로 制詔의 앞에 올 수는 없다.[114] 그리고 공통적인 것은 제 1-8簡까

---

113) 李均明, 『散見簡牘合輯』(北京: 文物出版社, 1990), p.4.
114) 籾山明, 「王杖木簡再考」(『東洋史研究』 65-1, 2006), p.4.

지의 순서는 연구자들 사이에 이견이 없다. 내용은 王杖賜與와 관련된 2개의 制詔, 前漢 河平元年에 일어난 사건, 幼伯이라는 인물의 출생연도, 왕장 수여의 연도, 2개의 令名 등이 기록되어 있다.

47)의 「王杖十簡」에 決事比(6-8簡), 즉 판결례가 포함되어 있는 것은 일찍부터 논의의 표적이 되었다. 大庭脩는 「王杖十簡」을 漢代문헌에 보이는 死罪 決事比의 실례로 간주하고 있다. 大庭脩는 "令은 재판의 실례가 포함되어 있는 것이 아니라는 관점에서 「王杖十簡」 전체가 詔令이라기보다 決事比, 즉 判例인 것이고, "蘭臺令第卅三 御史令第卌三"이라는 기록은 冊書의 명칭을 보여주는 것이 아니라, 上讞案을 판단할 때 '準用해야 할 法令名'으로 해석된다."고 하였다. 그러나 「王杖十簡」을 決事比로 보는 大庭脩는 역시 판결례가 포함되어 있는 王杖詔書冊이 출현하면서 자신의 견해를 철회하였다.[115]

滋賀秀三은 王杖 수여시 내리는 증서인 杖記로 이해하였다. 즉, 王杖의 수여시에 杖의 現物과 10簡으로 이루어진 1冊의 杖記를 수여했다고 보았다. 그 중에서 第9簡이 杖記의 主文이고, 第10簡은 王杖이 어떠한 법적 근거에 근거해 수여되고, 그 保持者는 어떠한 특권을 享受하는가 등을 보여주기 위하여 관계 法規 및 책임자인 당시의 尚書令의 이름과 授與地에 대한 기록이라고 해석하였다.[116] 山田勝芳 역시 「王杖十簡」의 성격을 杖記라고 보고, 「王杖十簡」이 副葬된 이유는 杖記라는 것이 유족에게는 이미 의미가 없는 것으로 되어버렸기 때문이라고 하였다.[117] 冨谷至는 「王杖十簡」을 지하세계에 통지하는 것에 의해, 墓主의 優遇와 特權을 연속하여 기대한 黃泉文書이며, 이 簡을 작성한 자는 墓主의 주변 사람들이고, 문서는 公文書가 아니라 개인적인 것이라고 하였다.[118] 이상의 논의의 공통점은 모두 詔書가 아니라, 杖記·黃泉

115) 大庭脩, 위의 책, p.66.
116) 滋賀秀三, 위의 책, pp.512-513.
117) 冨谷至, 「王杖十簡」(『東方學報』 64, 1992), pp.86-87.

文書로 보고 있다. 그러한 주장의 가장 큰 증거는 재판기록과 피수여자인 幼伯의 성명, 수여 일시 등이 기록된 것에서 찾고 있다. 개개의 일반 백성에게 내리는 황제의 조서가 있을 리가 없다는 것이다.

48) 『王杖詔令冊』(1981)

1 制詔 御史: 나이 70세 이상은 사람들의 존경을 받아야 한다. 주도하여 사람을 殺傷하지 않으면 기소할 수 없고, 죄에 坐되지 않도록 한다. 나이가 80세 이상이라면 살아온 날들이 길지 않은가?

2 나이가 60세 이상인데, 子男이 없으면 홀아비(鰥)라고 한다. 女子가 나이 60세 이상인데 子男이 없으면 과부(寡)라고 한다. 시장에서 장사할 때 租를 징수하지 않는데, 한고조를 따라 入關한 山東人에게 부여된 復에 준한다.

3 근실한 자가 노인을 부양하고 돌보고자 하면 역시 조세를 면제한다. 이러한 것을 令에 분명히 기록하라. 蘭臺令 第冊二.

4 ●고아·홀아비·맹인·난쟁이는 모두 刑律이 미치지 않는 바이다. 관리는 함부로 그들을 徵召할 수 없고, 獄訟의 사안이 있더라도 그들을 구금할 수 없다. 이것을 천하에 포고하여 짐의 생각을 천하 사람에게 알리도록 하라.

5 자식이 없는 부부를 獨寡라고 하는데, 농사에 조세를 면제하고, 시장에서 장사할 때 賦를 면제하고, 중국에 귀의한 소수민족과 동일하게 대우하라. 그들이 市肆에서 술을 장사할 수 있게 한다. 尚書令

6 臣 咸이 再拜하고 조서를 접수하였다. 建始 元年(B.C.32) 9월 甲辰日에 내렸다.

7 ●汝南太守가 廷尉에게 奏讞하였다. 관리가 王杖主를 구타하고 모

---

118) 같은 논문, p.91.

욕하였는데, 罪名이 명백합니다.

8 制하였다. 讞은 왜 하였는가? 응당 棄市로 처벌하라. 雲陽縣 白水
   亭長 張熬는 王杖主를 구타하고 잡아당기고, 아울러 도로를 수리
   하라는 것에 坐되었다. 男子 王湯이

9 이 일을 고발하였으니 棄市의 처벌을 내렸다. 高皇帝(劉邦) 이래,
   本始 2년(宣帝 B.C.72)에 이르기까지, 朕은 고령노인에 대해 심히
   연민의 마음을 가졌기 때문에 王杖을 사여하였다.

10 위에는 비둘기 장식이 있어 百姓들이 한번 보면 곧 알게 하는데,
   왕장을 가진 자는 節을 가진 자와 대우가 동일하다. 관리이든
   백성이든 감히 王杖主를 매질하고 모욕하는 자가 있으면 逆不道
   의 죄를 범하는 것이다.

11 杖을 가진 자는 官府節第를 출입할 수 있으며, 수레를 타고 馳道
    의 옆으로 달릴 수 있다. 杖을 가진 자는 시장에서 매매를 할 수
    있으며, 租를 징수하지 않는데, 關中에 들어온 山東人과 마찬가
    지로 면제해준다.

12 長安縣 敬上里의 公乘 臣 廣은 죽음을 무릅쓰고 上書합니다.

13 皇帝 陛下: 臣 廣은 陛下의 신령스러움은 만민을 덮을 정도이고,
    老小를 哀憐하게 생각하심을 알고 있습니다. 저는 王杖을 접수
    하고, 詔書를 받들었습니다. 臣 廣은

14 일찍이 有罪로 耐司寇 이상을 범한 적이 없습니다. 廣은 鄕吏가
    하라고 재촉한 일을 제때에 처리하지 못했는데, 향리와 대질하
    고, 향리 앞에서 衣彊(僵)(의미 불명)하였습니다. 향리는

15 (缺)

16 下, 이것은 향리가 부모를 존중하지 않아 생긴 것입니다. 郡國의
    사람들은 鄕吏가 受杖老人에게 한 행위에 대해 놀랐습니다. 臣
    廣은 王杖을 반납하고 官奴로 몰수되기를 원합니다.

17 臣 廣은 죽음을 무릅쓰고 再拜하며 보고합니다.

18 皇帝 陛下.

19 制하여 말한다. 鄕吏에게 무얼 묻느냐? 즉각 棄市刑에 처하라. 廣
   은 계속해서 王杖을 가지고 있도록 하라.

20 元延 3年 正月 壬申日에 내린다.

21 制詔 御史한다. 나이가 70세 이상이 王杖을 짚으면 그 대우는 六
   百石의 관리에 준한다. 官府에 들어가면 종종걸음으로 뛰지 않
   아도 되며, 관리와 백성이 감히 그를 구타하거나 모욕하면 逆不
   道의 죄를 범한 것이 되어

22 棄市刑에 처한다. 이 令이 蘭臺 第卌三에 있다.

23 汝南郡 男子 王安世는 兇惡奸詐하여 鳩杖主를 때리고, 그 杖을 부
   러뜨려서 棄市刑에 처해졌다. 南郡의 亭長

24 司馬護는 함부로 鳩杖主를 불렀고, 또한 가두고 구류하여 棄市刑
   에 처해졌다. 長安 東鄕嗇夫 田宣은

25 鳩杖主를 묶었기 때문에, 男子 金里에게 고발당하여 棄市刑에 처
   해졌다. 隴西郡 男子 張湯은 兇惡奸詐하여 王杖主를 때리고

26 그 杖을 부러뜨려 棄市刑에 처해졌다. 亭長 2人, 鄕嗇(夫) 2人, 白
   衣民 3人이 모두 직접 王杖主를 구타하고 욕한 행위로 棄市刑에
   처해졌다.

27 ■ 오른쪽은 王杖詔書이며 그 令은 蘭臺 第卌三에 있다.

1 制詔 御史: 年七十以上, 人所尊敬也. 非首殺傷人, 毋告劾也, 毋所坐.
   年八十以上, 生日久乎?

2 年六十以上, 毋子男爲鯤(鰥); 女子年六十以上, 毋子男爲寡. 賈市毋租,
   比山東復.

3 復人有養謹者扶持. 明著令. 蘭臺令第卌二.

4 ●孤、獨、盲、珠(侏)孺(儒), 不屬(律)人. 吏毋得擅徵(征)召, 獄訟毋得
   (系). 布告天下, 使明知朕意.

5 夫妻俱毋子男爲獨寡, 田毋租, 市毋賦, 與歸義同 沽酒醪列肆. 尚書令

6 臣咸再拜受詔. 建始元年(B.C.32)九月甲辰下.

7 ●汝南大(太)守 灨(讟)廷尉, 吏有毆辱受王杖主者, 罪名明白.

8 制曰: 讟何, 應論棄市. 雲陽白水亭長張熬, 坐毆詆受王杖主, 使治道. 男子王湯

9 告之, 即棄市. 高皇帝以來, 至本始二年(宣帝 B.C.72), 朕甚哀憐耆老, 高年賜王杖,

10 上有鳩, 使百姓望見之, 比於節. 吏民有敢罵詈毆辱者, 逆不道;

11 得出入官府節第, 行馳道中, 列肆賈市, 毋租, 比山東復.

12 長安敬上里公乘臣廣昧死上書

13 皇帝 陛下: 臣廣知陛下神零(靈), 覆蓋萬民, 哀憐老小. 受王杖, 承詔. 臣廣未

14 常(嘗)有罪耐司寇以上. 廣對鄉吏趄(促)未辨(判), 廣對質, 衣疆(僵)吏前, 鄉吏

15 (缺)

16 下, 不敬重父母所致也, 郡國易(惕)然. 臣廣願歸王杖, 沒入爲官奴.

17 臣廣昧死再拜以聞

18 皇帝 陛下.

19 制曰: 問何鄉吏, 論棄市, 毋須時, 廣受王杖如故.

20 元延三年正月壬申下.

21 制詔 御史: 年七十以上杖王杖, 比六百石, 入官府不趨. 吏民有敢毆辱者, 逆不道,

22 棄市. 令在蘭臺第卌三.

23 汝南郡男子王安世, 坐桀黠, 擊鳩杖主, 折其杖, 棄市. 南郡亭長

24 司馬護, 坐擅召鳩杖主, 毄留, 棄市. 長安東鄉嗇夫田宣, 坐(系)

25 鳩杖主, 男子金裏告之, 棄市. 隴西男子張湯, 坐桀黠, 毆擊王杖主, 折傷

26 其杖, 棄市. 亭長二人, 鄉嗇二人, 白衣民三人, 皆坐毆辱王杖功, 棄市

27 ▪ 右王杖詔書令在蘭臺第卌三[119]

48)은 1981년 武威縣 新華公社 纏山大隊의 袁德禮라는 농민이 武威縣 文物管理委員會에 제출한 26매의 목간으로, 磨咀子 漢墓에서 출토된 것이다. 48)의 「王杖詔令冊」의 성격은 47)의 「王杖十簡」보다 판단하기가 용이하다. 그 이유는 47)이 錯簡된 것임에 비하여, 48)은 背面에 편호가 적혀 있어서 적어도 배열 순서에는 문제가 없기 때문이다.

「王杖詔令冊」의 최초 집필자인 黨壽山은 第 27簡의 "右王杖詔書令在蘭臺第卌三"에 근거하여 "王杖詔書令"으로 부르고 있다. 冨谷至도 역시 특별히 이의를 제기하지 않고 이 명칭을 답습하여 王杖詔令冊으로 부르고 있다.[120] 籾山明은 公布를 목적으로 한 법령의 성격인 挈令이라고 주장하였다.[121]

논의가 분분한 「王杖詔令冊」의 성격 규명에 관건이 되는 것은 第 27簡의 句讀 방법이다. 黨壽山은 第 27簡의 "右王杖詔書令在蘭臺第卌三"을 "右王杖詔書令, 在蘭臺第卌三"이라고 句讀하여 「王杖詔書令」으로 이해하였고, 이것이 冊書의 篇題名이라고 주장했다.[122] 그러나 第 22簡에 "令在蘭臺第卌三"이라고 보이는 것에 비춰보면 이 尾題簡도 "右王杖詔書,

---

119) 黨壽山, 「王杖詔書令冊」, 『漢簡研究文集』(蘭州: 甘肅人民出版社, 1984), pp.35-37.

120) 冨谷至, 「王杖十簡」, p.101.

121) 籾山明, 위의 논문, pp.20-30. 籾山明은 王杖詔書令冊을 挈令으로 간주하고 있다. "「王杖十簡」과 「王杖詔書冊」의 전체는 漢代에 挈令으로 불리는 법규의 실례인 것으로 되는 것이다. 王杖斷簡에 여러 가지 중앙관서의 명칭을 붙인 挈令이 포함되어 있는 것은, 이렇게 하여 법령이 중앙에서 지방으로 반포되는 증거이다. 「王杖十簡」은 전체가 蘭臺令第卌三 동시에 御史令第卌三이라는 挈令이고, 동시에 王杖詔書冊은 전 책이 蘭臺令第卌三이라는 挈令이다.(즉, 挈令은 公布를 목적으로 하는 고시문) 그것은 본래 중앙의 蘭臺, 御史에서 지방 관서로 반포되고 顯處에 게시되는 고시문이었다. 왕장 목간이 전하고 있는 것은 보관된 법전의 형태가 아니라, 게시된 법령의 모습이었다고 할 수 있다."고 하였다.

122) 黨壽山, 위의 책, p.46.

令在蘭臺第卅三"이라고 句讀하는 것이 자연스러울 것이다.[123] 즉, "오른쪽의 것은 「王杖詔書」인데, 근거가 되는 令은 蘭臺第卅三에 있다."는 의미가 된다. 이와 같은 句讀에 문제가 없다면, 이 문서는 「王杖詔書」라고 보는 것이 합당하다.

결국 이 「王杖詔書」는 조서의 내용 전체가 그대로 남아있는 점에서 곧 서술하게 될 津關令이 핵심 내용만 추출·정리되어 있는 것과 형식상 차이가 보이는 점, 著令 文言이 보이지 않는 점, 준거해야 할 令을 인용한 것 등에서 볼 때 詔書로 보는 것이 타당하다. 津關令은 令의 編號가 부여되어 있는데, 이는 「王杖詔書」에서 인용된 "令在蘭臺第卅三"의 편호와 같은 것이다. 또한 津關令이 핵심 되는 내용만 정리되어 있는 점에서 詔書와 차이가 있다. 이에 반해서 「王杖十簡」의 경우는 피수여자의 성명이 있는 것으로 보아서 詔書도 아니며 杖記로 보는 것이 옳다고 생각된다. 다음으로는 『二年律令』의 유일한 令인 津關令을 검토하도록 하겠다.

49) 津關令

一. 御史(大夫)가 말하였다. "塞를 넘어가거나 關門을 함부로 출입할 경우, 그것을 논죄하는 令이 없었습니다. 塞의 나루와 관문을 함부로 출입하는 경우 黥爲城旦舂으로 처벌하고, 塞를 넘어갈 경우 斬左止爲城旦으로 처벌하며, 해당 관리가 잡지 못한 경우는 贖耐로 처벌하고, 令·丞·令史는 罰金 4兩으로 처벌하기를 청합니다. 그 사정을 알면서도 출입시키거나, 다른 사람의 符傳을 빌려주어 함부로 출입하게 한 자는 같은 죄로 처벌합니다. 傳을 만들 수 없는데도(?) 傳을 함부로 만들어 津關을 출입한 경우, 傳令·闌令으로써 처벌하고, 傳을 만든 자에게도 미치게 합니다. 縣邑에 붙어 있는 塞, 備塞

---

123) 井上亘, 「漢代の書府 －中國古代における情報管理技術－」(『東洋學報』 87-1, 2005), p.22; 籾山明, 위의 논문, pp.16-17.

都尉·關吏·官屬·軍吏卒乘塞者는 □弩·馬·牛가 나가는 것을 금지합니다. 田·陂·苑(?)·牧의 노동에 종사하는 사람들은 塞를 修繕하고, 郵·門亭에서 문서를 전달하는 자는 符로 출입하게 합니다." 制: 可하다. [一. 御史言, 越塞闌關, 論未有令. 請闌出入塞之津關, 黥爲城旦舂, 越塞, 斬左止(趾)爲城旦; 吏卒主者弗得, 贖耐; 令, (488) 丞, 令史罰金四兩. 知其情而出入之, 及假予人符傳, 令以闌出入者, 與同罪. 非其所□(當?)爲□(傳?)而擅爲傳出入津關, 以□(489)傳令, 闌令論, 及所爲傳者. 縣邑傳(傅=附)塞, 及備塞都尉, 關吏, 官屬, 軍吏卒乘塞者, 禁(?)其□弩, 馬, 牛出, 田, 波(陂), 苑(?), 牧, 繕治(490)塞, 郵, 門亭行書者得以符出入. 制曰: 可.(491)]

二. 御史(大夫)에게 制詔(命令)하였다. "扞關·鄖關·武關·函谷關·臨晋關 및 여러 塞의 河津에 發令하기를, 黃金·奠黃金器 및 銅을 出關하지 못하도록 금지하는데, 犯令하게 되면……." [二. 制詔御史: 其令扞(扞)關, 鄖關, 武關, 函谷, 臨晋關, 及諸其塞之河津, 禁毋出黃金, 諸奠黃金器及銅, 有犯令(492)]

□. 御史(大夫)에게 制詔하였다. "여러 關은 私的으로 金器·鐵을 가지고 出關하지 못하도록 금지한다. 혹 金器를 가지고 入關하는 경우, 關에서는 신중하게 (金器를) 문서에 등록하고, 出關할 때 다시 대조하고 등록한 器(金器)를 내보낸다. 장식 및 (입고 있는) 의복에 붙어있는 것은 이 令을 적용하지 않는다." [□. 制詔御史, 其令諸關, 禁毋出私金器, 鐵. 其以金器入者, 關謹籍書, 出, 復以閱, 出之籍器. 飾及所服者不用此令.(493)]

□. 相國·御史(大夫)가 請하였다. "關塞에 沿해 있는 縣·道에서 群盜·盜賊 및 亡人이 關垣(墻)·籬落·塹·封·刊을 넘어 塞界를 출입할 때, 吏卒이

이를 추격하는 경우, 출입한 흔적을 따라 끝까지 追捕할 수 있도록
합니다. 將吏는 추격하는 吏卒出入者名籍을 만들고, 伍 당으로 사람
숫자를 점검합니다. 名籍의 副本을 縣庭에 올리도록 합니다. (追捕
의) 임무가 끝나면, 출입한 바를 통해 출입합니다. (吏卒이 塞界를)
나간 지 5일이 지나도 돌아오지 않았을 때, 伍人이 이 사실을 將吏
에게 보고하지 않고, 將吏가 이를 탄핵하지 않았을 경우, 모두 越塞
令으로써 처벌합니다." [□、相國、御史請: 緣關塞縣道群盜、盜賊及亡
人越關垣、離(籬)格(落)、塹、封、刊、出入塞界, 吏卒追逐者得隨出入服跡
窮追捕. 令(494)將吏爲吏卒出入者名籍, 伍以閱具, 上籍副縣廷. 事已, 得
道出入所出人〈入〉, 盈五日不反(返), 伍人弗言將吏, 將吏弗劾, 皆以越塞
令論之.(495)]

□、相國이 內史의 문서를 (황제에게) 올려 말하였다. "타인의 符傳을
빌려서 塞의 津關을 출입하려다가, 출입하지 못하고 체포되었을
경우, 모두 贖城旦舂에 처하고, 將吏가 이러한 정황을 알았다면 同
罪로 처벌하기를 청합니다."·御史(大夫)가 이를 황제에게 보고하였
다. ·황제가 制: 可하였고, 闌의 죄로써 처벌한다. [□、相國上內史書
言, 請諸詐(詐)襲人符傳出入塞之津關, 未出入而得, 皆贖城旦舂, 將吏知
其情, 與同罪. ·御史以聞. ·制(496)曰: 可, 以闌論之.(497)]

□、御史(大夫)가 請하였다. "津關을 출입하는 모든 사람은 모두 傳(통행
증)을 제출하고, 자신의 郡·縣·里·年·長·物色·겉으로 보이는 점 및
馬의 標識物을 (사찰 담당) 舍人에게 보고하고, 津關에서는 신중히
이를 살펴서 출입시키도록 합니다. 縣官의 馬라도 標識物이 없는
경우는 ……" [□、御史請諸出入津關者, 皆入傳、書、君、県、里、年、長、物
色、疵瑕見外者及馬職(識)物關舍人占者, 津關謹閱, 出入之. 縣官馬勿職
(識)物(498)]

□、相國·御史(大夫)에게 制詔하였다. "불행히 사망한 자의 家가 關外에 있는 경우, 關에서 (棺을) 열어 수색하는 것은 마땅하지 않으니, 수색하지 말도록 하라. 令으로 갖추도록 하라." 相國·御史(大夫)가 請하였다. "關外人으로서 조정에서 仕官하거나(宦), 關中에서 吏가 되어 있거나, 關中에서 徭役에 동원되어 불행히 사망한 경우, 縣·道 또는 소속된 관부에서는 殮襲하는 것을 신중히 살펴서, 禁物이 (棺에) 들어가지 못하도록 하고, 令 또는 丞의 官印으로 棺(櫝槽)을 봉하고, 印章이 찍힌 문건으로 關에 통고하고, 關에서는 봉인을 온전히 하여 出關하도록 하고, 수색하지 않습니다. 棺 속에서 禁物이 발견되었을 경우, 염습 및 봉인한 자는 (禁物을 넣어 棺을) 반출한 자와 같은 죄로 처벌합니다." ·制: 可하다. [□、制詔相國、御史, 諸不幸死家在關外者, 關發索之, 不宜, 其令勿索, 具爲令. 相國、御史請關外人宦, 爲吏若徭使, 有事關中, (500) 不幸死, 縣道若屬所官謹視收斂, 毋禁物, 以令若丞印封櫝槽, 以印章告關, 關完封出, 勿索. 櫝槽中有禁物, 視收斂及封(501)者, 與出同罪. ·制曰: 可.(499)]

九、相國이 內史의 書를 (황제에게) 올려 말했다. "函谷關에서 여자 厠의 傳(통행증)을 올렸는데, 여자 厠을 따라온 아들의 傳에는 二千石官의 封檢이 없다고 보고하였고, 內史가 이를 上奏하였습니다." 詔에서 말하였다. "函谷關 안으로 들여보내고, 吏로 하여금 통과하는 縣의 차례대로 귀양지 遷徙縣으로 보내도록 하라. 縣에서 (封檢이 없음을) 문제 삼더라도, 분명히 引書(路引: 통행증)가 있으니, 이를 괴이하게 여기지 말고, …… 等에 비견하도록 하라." ·相國·御史(大夫)가 재차 請하자, 制: 可하다. [九、相國下〈上〉內史書言, 函谷關上女子厠傳, 從子雖不封二千石官, 內史奏, 詔曰: 入, 令吏以縣次送至徙所縣. 縣問, 審有引書, 毋怪(502)□□□等比. ·相國、御史復請. 制曰: 可.(503)]

□、相國이 中大夫令의 書를 상주하고, "中大夫·謁者·郎中·執盾·執戟 중 關外에 家가 있는 者는 私的으로 關中에서 馬를 매입할 수 있게 합 니다. 縣官은 증거문건(致, 卷)을 中大夫·郎中에게 올리고, 中大夫· 郎中은 文書를 만들어 津·關에 告하여 왕복하는 傳(통행증)으로 합 니다. 津·關에서는 문서를 신중히 살핀 후 출입하게 하며, 마땅히 (관중으로) 돌아와야 할 馬가 돌아오지 않으면 令에 따라 처벌해야 합니다."라고 請하였다. ·相國·御史(大夫)가 아뢰었고, 制曰: 可하였 다. [□、相國上中大夫書, 請中大夫、謁者、郎中、執盾、執戟家在關外者, 得私買馬關中. 有縣官致上中大夫、郎中, 中大夫、郎中爲書告津關, 來復 傳,(504) 津關謹閱出入, 馬當復入不入, 以令論. ·相國、御史以聞. ·制 曰: 可.(505)

☑議하였다. "民이 사적으로 말을 구입하여 扜關·鄖關·函谷關·武關 및 모든 河·塞의 津·關을 나가지 못하도록 금지합니다. 騎·輕車馬, 吏乘·置傳馬를 구입할 경우, (해당) 縣에서는 각 구입한 말의 이름 과 匹數를 각기 구입한 지역의 內史·郡守에게 알리고, 內史와 郡守 는 각 馬所補名(파는 쪽의 馬名)을 馬의 몸에 記(久=烙印)한 후 증거 문건(致, 卷)을 작성하여 津·關에 告합니다. 津·關에서는 籍기록과 말의 標識을 자세히 대조한 후 나가게 합니다. 무릇 私馬를 타고 (關中에) 들어왔다가 다시 나가거나, 나갔다가 마땅히 다시 들어와 야 하는 경우, 津·關에서는 자세히 통행증을 보고 출입시킵니다. 詐僞를 하여 馬가 關 밖으로 나갔는데, 馬가 마땅히 다시 들어와야 함에도 다시 들어오지 않으면, 모두 '馬價를 그릇되게 평균가격을 넘게 한 令(馬價訛過平令)'으로 처벌하고, 捕告한 사람에게 상을 줍 니다. 津·關의 吏卒·乘塞를 지키는 吏卒이 알고도 告劾하지 않으면 같은 죄로 처벌합니다. 몰랐다면 모두 贖耐입니다." ·御史(大夫)가 이 문서를 보고하였고, 制: 可하다. [☑議: 禁民毋得私買馬以出扜關、

鄖關、函谷【關】、武關及諸河塞津關. 其買騎、輕車馬、吏乘、置傳馬者,

縣各以所買 (506) 名匹數告買所內史、郡守, 內史、郡守各以馬所補名爲

久久馬, 爲致告津關, 津關謹以藉(籍)、久案閱, 出. 諸乘私馬入而復以出,

若出而當復入者, (507) 津關謹以傳案出入之. 詐(詐)僞出馬, 馬當復入不

復入, 皆以馬賈(價)訛過平令論, 及賞捕告者. 津關吏卒、吏卒乘塞者智

(知), 弗告劾, (510) 與同罪; 弗智(知), 皆贖耐. ・御史以聞, 制曰: 可.(511)]

十二、相國이 논의하였다. "關外의 郡에서 上計시 올리는 馬를 구입할
　　　경우, 太守는 각 馬의 匹數를 馬를 매입하는 곳의 內史・郡守에게
　　　알리고, 內史・郡守는 삼가 '馬職(識)・物・齒・高'를 기록한 후 (그 문
　　　서를) 해당 太守에게 발송하고, 또한 致(증거문건)를 작성하여
　　　津・關에 告합니다. 津・關에서는 (관련 문서와 馬의 標識을) 자세
　　　히 살펴보고,(509) 나가게 한다. 다른 것은 율령과 같이 한다. 御
　　　史(大夫)가 이것을 보고하고 허락할 것을 請하였다. 또한 私馬를
　　　타고 출관하였는데, 馬가 마땅히 들어와야 하는데 사망한 경우,
　　　스스로 현재 있는 곳의 縣官에 말해야 하고, 縣官에서는 사체를
　　　검사하고 訊問한 바가 사실과 같으면 모두 津・關에 고합니다."
　　　制: 可하다.(508) [十二、相國議, 關外郡買計獻馬者, 守各以匹數告買
　　　所內史、郡守, 內史、郡守謹籍馬職(識)物、齒、高, 移其守, 及爲致告津
　　　關, 津關案閱, (509) 出, 它如律令. 御史以聞, 請許, 及諸乘私馬出, 馬
　　　當復入而死亡, 自言在縣官, 縣官診及獄訊審死亡, 皆【告】津關, 制曰:
　　　可.(508)]

十三、相國이 內史의 書를 상주하여 말하였다. "무릇 傳을 소지하고 津・
　　　關을 출입하다가 새끼를 낳았는데, 망아지가 한 살 미만으로서
　　　그 어미와 함께 할 경우, 津・關에서는 자세히 籍書를 살펴보고 出
　　　入하게 한다." ・御史(大夫)가 아뢰니, 制: 可하다. [十三、相國上內

史書言, 諸以傳出入津關而行産子, 駒未盈一歲, 與其母偕者, 津關謹案
實籍書出入. •御史以聞, 制曰: 可.(512)]

十五. 相國·御史(大夫)가 청하였다. "家가 關外에 있는 郎騎의 騎馬가 죽
었을 경우, 關中에서 1인 당 馬 1匹을 구입하여 보충할 수 있게
합니다. 郎中令은 致(증거문건)를 작성하여 馬를 구입하는 縣·道
에 告하고, 縣·道의 官에서는 이를 허락하여 致를 작성하여 郎騎
가 거주하는 縣에 고하게 합니다. (구입할 馬의) 名籍을 받아 '馬
識物·齒·高'를 기록한 후 郎中令에게 보냅니다. 만약 歸休·徭使일
때는 郎中(令)이 傳을 작성하여 津·關에서 나올 수 있게 합니다.
馬가 죽었다면 죽은 지역의 縣·道의 官이 (사체를) 진단하여 보
고합니다. 거짓으로 馬를 매매하든가 거짓으로 진단했다면, 모두
'거짓으로 出馬한 令(詐僞出馬令)'으로 처벌합니다. 馬를 매입할
수 없거나, 馬가 늙고 病으로 사용할 수 없을 경우, 郎中令에게
스스로 말하고, 郎中令은 살펴본 후 致를 작성하여 關中의 縣·道
의 官에게 告하여 (폐기할 馬를) 팔고 새 말을 구입할 수 있게 합
니다." •制: 可하다. [十五. 相國, 御史請: 郎騎家在關外, 騎馬節(即)
死, 得買馬關中, 人一匹以補. 郎中爲致告買所縣道, 縣道官聽, 爲質
〈致〉告居縣, 受數而籍書(513) 馬職(識)物, 齒, 高, 上郎中. 節(即)歸休,
徭使, 郎中爲傳出津關. 馬死, 死所縣道官診上. 其詐(詐)貿易馬及僞診,
皆以詐(詐)僞出馬令論. 其 (514) 不得買及馬老病不可用, 自言郎中, 郎
中案視, 爲致告關中縣道官, 賣更買. •制曰: 可.(515)]

十六. 相國이 長沙國 丞相의 書를 올려 말하였다. "長沙의 땅은 卑濕하
여 馬(사육)가 적합하지 않습니다. 置(驛傳)는 馬가 부족하여 1駟
도 갖추지 못했고 傳馬도 없습니다. 馬 10匹을 구입하여 置傳에
제공하고, 이를 常制로 삼기를 청합니다."고 하였다. •相國과 御

史(大夫)가 (이를) 아뢰어 馬를 구입할 수 있도록 허락해주기를 청하였다. 制: 可하다. [十六、相國上長沙丞相書言, 長沙地卑濕, 不宜馬, 置缺不備一駟, 未有傳馬, 請得買馬十, 給置傳, 以爲恒. ·相國、御史以聞, 請 (516)許給置馬. ·制曰: 可.(517)]

⊘. 相國이 南郡太守의 書를 올려 말했다. "雲夢에 부속된 竇園 1곳은 朐忍縣(巴郡 소속) 지역에 있어, 禁園의 관리를 맡은 佐(?)·徒는 扞關으로 출입해야 합니다. 이 때문에 巫縣에서 傳(통행증)을 발급했는데, 지금은 할 수 없습니다. 禁園의 印으로 傳을 발급하고 扞關에서 이를 허용할 것을 청합니다." [⊘、相國上南郡守書言, 雲夢附竇園一所朐忍界中, 佐(?)、徒治園者出人(入)扞關, 故巫爲傳, 今不得, 請以園印爲傳, 扞關聽.(518)]

廿一、丞相이 長信詹事의 書를 올려 말했다. "諸侯國에 위치한 長信詹事의 湯沐邑이 關中에서 騎·輕車·吏乘·置傳馬를 구입할 수 있게 하고, 이것을 關外縣에 준하게 해줄 것을 청합니다." 丞相·御史(大夫)가 이를 아뢰자, ·制… [廿一、丞相上長信詹事書, 請湯沐邑在諸侯屬長信詹事者, 得買騎、輕車、吏乘、置傳馬關中, 比關外縣. 丞相、御史以聞. ·制(519)]

廿二、丞相이 魯御史의 書를 올려 말했다. "魯侯가 長安에 거주하므로, 關中에서 馬를 구입할 수 있도록 청합니다." ·丞相·御史(大夫)가 이를 아뢰니, 制: 可하다. [廿二、丞相上魯御史書言, 魯侯居長安, 請得買馬關中. ·丞相、御史以聞. 制曰: 可.(520)]

·丞相이 魯御史의 書를 올렸다. "魯國의 中大夫謁者가 關中에서 馬를 구입하고, 魯御史는 書를 작성해 津·關에 알리며 다른 것은 令과 같

이 할 것을 청합니다."·丞相·御史가 이를 아뢰니, 制: 可하다. [·丞相
上魯御史書, 請魯中大夫謁者得私買馬關中, 魯御史爲書告津關, 它如令.
·丞相、御史以聞. 制曰: 可.(521)]

· 丞相이 魯御史의 書를 올렸다. "魯國 郎中이 馬騎를 自給하기 위해, 關
中에서 馬를 구입하고, 魯御史는 傳을 만들어 주며 나머지는 令과 같이
할 것을 청합니다." 丞相·御史(大夫)가 이를 아뢰니, 制: 可하다. [·丞
相上魯御史書, 請魯郎中自給馬騎, 得買馬關中, 魯御史爲傳, 它如令. 丞
相、御史以聞. 制曰: 可.(522)]

廿三. · 丞相이 備塞都尉의 書를 올렸다. "夾谿河(陜縣 소재)에 關을 설
치하여, 황하를 오르내리며 조운하는 자들에게 모두 傳을 발급해
주고, 河北縣에 亭을 두어 夾谿關과 서로 마주보게 합니다. 함부
로 출입하거나 그것을 넘은 자 및 담당 吏卒은 모두 '越塞闌關令'
에 준하여 처벌할 것을 청합니다." · 丞相·御史(大夫)가 이를 아
뢰니, 制: 可하였다. [廿三. · 丞相上備塞都尉書, 請爲夾溪河置關, 諸
漕上下河中者, 皆發傳, 及令河北縣爲亭, 與夾溪關相直. · 闌出入、越
之, 及吏(523)卒主者, 皆比越塞闌關令. · 丞相、御史以聞. 制曰: 可.
(524)]

■津關令(525) 律令二十□種(526)

49)의 津關令은 津關에 관련된 令이 반포 시간에 따라 추차적으로
정리되어 있다. 越塞闌關(塞를 넘고 関을 함부로 나간 행위)에 대한 처
벌 규정, 人·馬·物資의 津關 출입시 준수 규정, 關中에서 반입·반출 금
지하는 품목의 규정, 關中에서 馬匹 구매시의 준수 규정, 關吏의 업무
와 관련된 처벌 규정, 關外 거주 관리 및 요역자의 사망시 運柩의 通關

과 관련된 규정, 津關 설치 규정 등을 포함하고 있다. 용이하게 알 수 있듯이, 각 令에는 1에서 23까지 編號가 부여되어 있으며, 각 조서에서 핵심내용을 추출한 것이다.

李學勤·彭浩는 津關令의 발포시점을 相國 및 丞相의 廢置에 근거하여 분석하였다. "相國"의 칭호가 있는 令(第 21簡 이전까지)은 고조 9년에서 혜제 6년(B.C.189) 10월 사이에 반포된 것이다. "丞相"의 칭호가 있는 令(第 21-22號令)은 惠帝 6년 10월 이후이며, 第 23號令은 혜제 7년(B.C.188)에서 呂后 원년(B.C.187) 사이에 반포된 것이다.[124] 진관령의 반행연대에 대한 李學勤·彭浩의 분석이 옳다면, 津關令의 각 令은 일시에 제정·편찬된 것이 아니라 單行令의 형식으로 차례차례 編號를 붙이면서 增補해온 소위 "파일형"인 것이다.[125] 이는 「王杖十簡」 등에 전거로 인용한 "御史令冊三"의 "冊三"과 동일한 것이다.

津關令에도 앞에서 인용한 大庭脩의 율령제정 3가지 형식을 확인할 수 있다.[126]

47) 制詔御史: 其令 ....犯令(不用此令)

48) 相國上中大夫書(內史書, 長信詹事書, 魯御史書)言, 請 + ·御史以聞. ·制曰: 可

49) 制詔相國、御史 + 具爲令. 相國、御史請 ...... ·制曰: 可.(499)

---

124) 彭浩, 「《津關令》的頒行年代與文書格式」, pp.15-16. 津關令과 공존하고 있는 曆譜의 최후 연대는 呂后二年이다.(B.C.186) 이는 진관령이 반포된 연대의 하한선이다. 津關令 21 이전의 각 令은 모두 相國을 칭했고, 21부터는 丞相을 칭하고 있다. 高祖 9년에 丞相을 相國으로 바꾸고, 惠帝 6년 10월에 재차 相國을 丞相으로 바꾸었다.

125) 張忠煒, 위의 책, p.109.

126) 李學勤, 『簡帛佚籍與學術史』, p.182; 彭浩, 위의 논문, pp.15-16.

津關令의 令文에는 앞서 大庭脩가 분석한 형식이 그대로 나타나 있다. 우선 47)은 皇帝가 직접 내린 명령이다. 이러한 조서는 황제가 직접 御史大夫에게 하달하고 전국에 頒行되는데, 大庭脩가 말한 제 1형식에 해당된다.[127) 48)은 相国(丞相)·御史大夫가 中大夫·内史·長信詹事·魯御史의 상주 文書를 황제에게 奏請하여 최종적으로 "制曰可"를 획득하여 津關令으로 된 것이다.[128) 이것은 大庭脩의 제 2형식에 해당하며, 이렇게 관리들이 奏請한 것은 縣·道의 官이 율령 제정 필요시에 올리도록 규정한 『二年律令』의 조항(인용문 42)에 근거한 것이 아닐까 한다. 49)는 황제가 相國·御史에게 令으로 제정하도록 制詔하면, 相國·御史는 그 명령에 의거하여 對策을 입안하여 奏請하고, 그것이 "制曰可"의 재가를 받으면 令으로 확정되는 것인데, 大庭脩의 제 3형식에 해당한다.[129) 48)과 49)의 공통점은 모두 "制曰可"가 令의 말미에 있다는 것이다.

津關令에 조서의 핵심 부분만이 令으로 남아 있는 것은 앞서 제시한 「王杖十簡」 및 「王杖詔書」에 재판사례 등이 포함되어 있는 것과는 판이하게 다름을 알 수 있다. 津關令 502-503簡에는 決事比와 유사한 것이 있으나 재판의 판례에 해당하는 決事比는 아니다.[130) 따라서 令

---

127) 『張家山漢墓竹簡』(北京: 文物出版社, 2006), pp.83-84, "二, 制詔御史: 其令扞關、鄖關、武關、函谷、臨晉關, 及諸其塞之河津, 禁毋出黃金、諸奠黃金器及銅, 有犯令492(F58) □. 制詔御史, 其令諸關, 禁毋出私金器、鐵. 其以金器入者, 關謹籍書, 出, 復以閱, 出之. 籍器、飾及所服者不用此令. 493(C121)"

128) 같은 책, p.85, "□. 相國上中大夫書, 請中大夫、謁者、郎中、執盾、執戟家在關外者, 得私買馬關中. 有縣官致上中大夫、郎中, 中大夫、郎中爲書告津關, 來復傳, 504(C138) 津關謹閱出入, 馬當復入不入, 以令論. ·相國、御史以聞. ·制曰: 可. 505(C139)"

129) 같은 책, p.85, "□. 制詔相國、御史, 諸不幸死家在關外者, 關發索之, 不宜, 其令勿索, 具其令. 相國、御史請關外人宦、爲吏若徭使, 有事關中, 500(C68) 不幸死, 縣道若屬所官謹視收斂, 毋禁物, 以令若丞印封檳槨, 以印章告關, 關完封出, 勿索. 檳槨中有禁物, 視收斂及封501(C128)者, 與出同罪. ·制曰: 可. 499(C129)"

130) 그 내용은 아래와 같은데 재판사례인 決事比와 다르다. 相國이 內史의 書를 (황제에게) 올려 말했다. "函谷關에서 여자 胐의 傳(통행증)을 올렸는데,

에는 決事比와 같은 내용이 포함되지 않는 것으로 보아야할 것이다. 著令 용어가 있는 詔書만이 令으로 편입되고, 나머지 詔書는 令으로 되지 않는다. 그러한 점에서 詔書와 令은 다르다고 생각한다. 그렇다면 앞에서 살펴본 「王杖十簡」은 재판의 전거로 삼은 御史挈令, 蘭臺挈令 등을 인용하고 있으나, 핵심내용만 규정한 津關令과 판이하게 다르므로 令으로 간주하기보다는 杖記로 보아야 할 것이다.

IV. 秦漢 律과 令의 관계

1. 律과 令 경계의 不鮮明

秦漢의 律令 연구에서 연구자들의 관심이 집중된 주제는 동일한 명칭을 가지고 있는 律과 令의 존재이다. 이것은 律과 令의 관계를 밝힐 수 있는 중요한 힌트를 제공한다. 이 주제에 대해서는 크게 두 가지 결론이 있었다. 하나는 程樹德의 설로서, 律과 令의 구별이 엄격하지 않아 혼용되었기 때문이라는 견해이고, 다른 하나는 中田薰의 설로서 동일한 명칭의 출현은 令이 律로의 전환이 이루어졌기 때문이라는 견해이다. 令이 律로 전환되었다는 중전훈의 주장은 양자의 경계가 명확했다는 전제가 깔려 있다. 程樹德은 아래와 같이 지적하고 있다.

50) 魏晋 이후는 律令의 구별이 극히 엄격했으나 漢에서는 그렇지 않았다. 《杜周傳》에 "前主가 옳다고 한 것은 분명히 드러내어 律로 만들

─────────────

여자 朋을 따라온 아들의 傳에는 二千石官의 封檢이 없다고 보고하였고, 內史가 이를 上奏하였습니다." 詔에서 말하였다. "函谷關 안으로 들여 보내고, 吏로 하여금 통과하는 縣의 차례대로 귀양지 遷徙縣으로 보내도록 하라. 縣에서 (封檢이 없음을) 문제 삼더라도, 분명히 引書(路引: 통행증)가 있으니, 이를 괴이하게 여기지 말고, …… 等에 비견하도록 하라."

고, 後主가 옳다고 한 것은 令으로 한다." 文帝 5년의 "盜鑄錢令을 폐
지한다"는 것은 『史記』「漢興以來將相名臣年表」에서는 "錢律을 폐지
한다"로 되어 있다. 『漢書』「蕭望之傳」은 金布令을 인용하고, 『後漢
書』「禮儀志上」은 漢律金布令으로 썼고, 『晋書』「刑法志」에서는 金布
律을 인용하였다. 令도 또한 律로 칭해질 수가 있는 것이다. (魏晋
以後, 律令之別極嚴, 而漢則否. 《杜周傳》: "前主所是著爲律, 後主所是疏
爲令." 文帝五年除盜鑄錢令, 《史記 將相名臣年表》作"除錢律", 《蕭望之
傳》引"金布令", 《後書》則引作"漢律金布令", 《晋志》直稱"金布律", 是令亦
可稱律也.)[131]

程樹德이 문제로 삼은 文帝 5년(B.C.175) 錢의 私鑄를 금지한 법률은
錢律·盜鑄錢令·鑄錢之律·鑄錢令 등으로 다양하게 불리고 있다.[132] 程樹
德은 漢代의 律과 令의 구별이 엄격하지 않은 것이 원인이 되어 동일
규정을 어떤 때는 "律", 어떤 때는 "令"이라고 불렀다고 주장한다. 따
라서 "盜鑄錢令"과 "錢律", "金布令"과 "金布律"은 동일한 것이며, 晋律에
서 형법으로서의 "律"과 비형법의 "令"으로 명확히 구분된 이후의 관
점에서는 이 현상을 해석할 수 없다는 것이다.[133]

어떤 법령을 동일·유사한 이름의 律과 令으로 칭하는 것에 대하여,
中田薰은 "율령의 轉換"이라는 각도에서 설명하고 있다. "令이 변하여
律로 되는 것"이고 전형적 사례는 金布令이 金布律로 되는 것[134]이라

131) 程樹德, 『九朝律考』(北京: 中華書局, 1963), p.11; 林炳德, 「九朝律考譯注1」(『중
　　국고중세사연구』 27, 2012), pp.408-409.
132) 『史記』 卷22 「漢興以來將相名臣年表」, p.1126, "除錢律, 民得鑄錢"; 『漢書』 卷4
　　「文帝紀」, p.121, "夏四月, 除盜鑄錢令. 更造四銖錢."; 『漢書』 卷24下 「食貨志」,
　　p.1153, "孝文五年, 爲錢益多而輕, 乃更鑄四銖錢, 其文爲「半兩」. 除盜鑄錢令,
　　使民放鑄."; 『漢書』 卷49 「鼂錯傳」, p.2296, "張晏曰: 「除鑄錢之律, 聽民得自鑄
　　也.」"; 『漢書』 卷51 「賈山傳」, p.2337, "其後文帝除鑄錢令."
133) 廣瀬薫雄, 「秦漢時代律令辨」(『中國古代法律文獻硏究』 7輯, 2013), p.112.
134) 中田薰, 「支那における律令法系の發達について補考」, p.198.

고 하였다. 中田薫이 언급한 金布의 이름이 붙은 律과 令은 아래와 같다.

51) 臣瓚이 말했다. "최초에는 槥(粗陋한 小棺)에 그 시신을 넣어 집으로 보내고, 縣官에서는 재차 棺과 의류를 지급해 염습을 한다. 金布令에 '불운하게도 죽었다면 사망한 곳에서 櫝을 만들어, 주소지가 있는 居縣으로 傳을 이용해 돌려보내고, 의류와 棺을 하사한다.'" 師古가 말했다. "최초에는 槥櫝을 만들어, (거주지) 縣에 도착하면 재차 의류 및 棺을 하사하고, 장례 도구를 갖춰준다. … 金布라는 것은 令篇의 이름이다. 지금의 倉庫令과 같은 것을 말한다." (臣瓚曰: 「初以槥致其尸於家, 縣官更給棺衣更斂之也. 金布令曰『不幸死, 死所爲櫝, 傳歸所居縣, 賜以衣棺』也.」 師古曰: 「初爲槥櫝, 至縣更給衣及棺, 備其葬具耳. … 金布者, 令篇(者)〔名〕, 若今言倉庫令也.」)[135]

52) 蕭望之와 李彊이 재차 대답하였다. "先帝께서는 聖明하시고 인자한 덕이 있으셔서 賢良한 인사들이 조정에 있었고, 憲章을 제정해 반포하여 영원한 제도로 만들었습니다. 오래도록 변경 백성들의 생활이 곤란한 것을 고려했기 때문에 金布令甲에 '邊郡이 누차 전화를 입었고, 飢寒의 고통을 만나서 백성은 천수를 다하지 못하고 요절했고, 아비와 아들이 흩어졌다. 천하백성으로 하여금 공동으로 그 비용을 공급한다.'라고 했습니다. 원래는 전쟁이 갑자기 발생하는 것을 준비하기 위한 것입니다." (望之, 彊復對曰: 「先帝聖德, 賢良在位, 作憲垂法, 爲無窮之規, 永惟邊竟之不贍, 故金布令甲曰『邊郡數被兵, 離飢寒, 夭絕天年, 父子相失, 令天下共給其費』, 固爲軍旅卒暴之事也.」)[136]

---

135) 『漢書』 卷1下 「高帝紀」, p.65.
136) 『漢書』 卷78 「蕭望之傳」, p.3278.

53) 漢律金布令, "皇帝는 齋戒하고 齋所에서 밤을 지내고, 친히 군신들을 인솔하고 宗廟의 제사를 받들며, 군신들은 적절하게 奉請(酎金)을 분배해야 한다. 諸侯·列侯는 각각 백성의 인구수로써 하는데, 1천 명 당 金 4兩을 바치며, 1천 명 미만에서 5백 명까지의 우수리도 역시 4兩이며, 모두 酎金으로 하며, 少府에서 접수한다. 또한 大鴻臚의 食邑이 九眞·交阯·日南에 있는 것은 물소 뿔 길이 9寸 이상 또는 대모(瑇瑁 바다거북이) 껍질 한 개, 鬱林(廣西 貴港 일대)에서는 象牙 길이 3尺 이상 또는 翡翠를 각 20개로 하여 金을 대신하는 것으로 한다." (漢律金布令曰:「皇帝齋宿, 親帥羣臣承祠宗廟, 羣臣宜分奉請. 諸侯、列侯各以民口數, 率千口奉金四兩, 奇不滿千口至五百口亦四兩, 皆會酎, 少府受. 又大鴻臚食邑九眞、交阯、日南者, 用犀角長九寸以上若瑇瑁甲一, 鬱林用象牙長三尺以上若翡翠各二十, 準以當金.」)[137]

54) 金布律에는 縣官의 財物을 毀傷하거나 亡失한 것이 있기 때문에 毀亡律로 나누었고, …… 金布律에 罰金·贖金·債務를 납입할 때 규정에 따라 황금으로 절산하는 것이 있고, …… (金布律有毀傷亡失縣官財物, 故分爲毀亡律, …金布律有罰贖入責以呈黃金爲價, ……)[138]

中田薫의 주장처럼, 金布令이 金布律로 전환되는 것인지는 속단하기 어렵다. 그 이유는 동일한 사안을 규정한 것도 아니고 단편적이라서 판단하기 어렵다.

한편 廣瀨薫雄은 좀 독특한 견해를 제시하였는데, "동일한 규정을 錢律·盜鑄錢令·鑄錢令으로 부르고, 또한 동일한 律文이 效律·倉律의 두 개의 명칭을 갖는 예에서 볼 때, 그 대부분이 중앙정부가 정한 전국통일의 公的 稱謂가 아니라, 개인이 제각각 규정내용에 근거해 붙인

---

137) 『後漢書』 志4 「禮儀上」, p.3103.
138) 『晋書』 卷30 「刑法志」, pp.924-925.

略稱에 불과하다고 생각된다."고 주장하였다.[139] 그러나 개인이 함부로 국가의 율령의 명칭을 부여한다는 것은 상상하기 어렵다.

張忠煒는 "같은 이름의 律篇과 令篇의 출현은 律令이 '分途發展', 즉 분기하여 발전한 결과이다. 分途의 시점은 漢律令에서 시작되었다. 律·令 가치의 개념규정이 漢에서 시작되었고, 실제에서도 이러한 현상이 존재한다."고 주장하였다.[140] 이 주장은 동일한 조문을 律로도 부르고 令으로도 부르는 것이 아니라, 律과 令의 개념이 구분되어 다른 칭위가 나타났다는 것이다. 이것은 中田薰 방식의 설명이다. 그렇지만 동일한 조문을 錢律로도 盜鑄錢令으로도 호칭한 漢初의 사례까지 張忠煒 식의 律令 "分途發展" 해석으로 풀리는 것은 아니다. 즉, 律과 令의 개념구분이 언제부터 시작된 것일까?

程樹德·中田薰 등 과거의 연구자들이 접할 수 없었던 새로운 자료가 출토하면서 이 문제는 해결의 전기를 맞이했다. 陳松長은 田律·倉律·金布律·關市律·賊律·徭律·置吏律·行書律·雜律·內史雜律·尉卒律·戍律·獄校律·奉敬律(奔警律)·興律·具律 등 16개의 律의 경우, 田律·田令을 제외하고 동일한 律과 令을 사용한 것이 없다고 주장했다.[141] 그러나 徐世虹이 제시한 金布律 - 金布令甲, 田律 - 田令, 戶律 - 戶令, 秩律 - 秩祿令, 祠律 - 祠令, 尉律 - 尉令 등은 명칭상 동일하거나 유사하다.[142] 이러한 유사성은 程樹德의 律·令의 개념 혼용, 中田薰의 令이 律을 보충하는 것으로서 律로 전환되는 것 모두 가능한 가설이라고 할 수 있다.

이와 같은 논란은 최근 발표된 『嶽麓書院藏秦簡』 자료에 의해 풀릴 수 있을 것 같다.

---

139) 廣瀨薰雄, 위의 책, p.160.
140) 張忠煒, 위의 책, pp.144-145.
141) 陳松長, 「嶽麓書院所藏秦簡綜述」, p.87, "1105 ● 縣官田令甲十六"
142) 徐世虹, 「漢代社會中的非刑法法律機制」, 『傳統中國法律的理念與實踐』(中央研究院歷史語言研究所會議論文集 8, 2008), p.321.

55) 作務(수공업)를 하거나 官府의 市에서 돈을 받을 때는 반드시 그 돈을 缿(瓦制 돈통) 안에 즉시 넣어야 하고, 거래한 자로 하여금 그 넣는 것을 지켜보도록 하고, 令을 따르지 않는 자는 貲 1甲이다. [爲作務及官府市, 受錢必輒入其錢缿中, 令市者見其入, 不從令者貲一甲. 關市(秦律十八種)][143]

56) 金布律에 말하기를, 官府에서 作務(수공업)와 市에서 돈을 받거나, 贖·租·質·它稍入錢을 받을 때, 모두 관부에서 缿을 만들고, 조심해서 缿의 구멍을 만들어 돈이 저절로 나오지 않도록 한다. 縣令 또는 縣丞은 인장으로 缿을 봉인하고, 사람들은 돈을 넣는 자와 함께 參辨券을 만들고, 즉시 돈을 缿 안에 넣으며, 돈을 넣는 자로 하여금 넣는 것을 지켜보도록 한다. 한 달에 한 차례 缿錢을 수송하고 券의 가운데 부분을 그 縣廷에 올린다. 한 달이 끝나기 전에 缿이 가득 차면 즉시 옮겨 넣는다. 律과 같이 하지 않으면 貲一甲이다. 《金布律》曰: 官府、爲作務市受錢、及受贖、租、質、它稍入錢, 皆官爲缿, 謹爲缿空, 婁(務)毋令錢能出, 以令若丞印封缿. 而人與入錢者參辨券之, 輒入錢缿中, 令入錢者見其入. 月壹輸缿錢及上券中辨其縣廷; 月未盡而缿盈者, 輒輸入. 不如律, 貲一甲. 嶽麓書院藏秦簡 1411, 1399, 1403)[144]

55)와 56)은 作務 및 官府市에서 受錢할 때는 반드시 錢을 缿에 넣도록 규정하고 있는데, 후자가 조금 상세하다. 동일한 내용을 규정한 것임에도 전자는 關市의 율명을, 후자는 金布律의 율명을 가지고 있다.

---

143) 『睡虎地秦墓竹簡』, p.67.
144) 陳松長, 『嶽麓書院藏秦簡(肆)』(上海: 上海辭書出版社, 2016), p.108. 參辨券은 木券을 3부 작성하여 당사자들이 1부씩 가지고 있는 것이다. 贖는 관부 재물에 손상을 입혔을 때 배상해야 하는 錢, 租는 田에 징수하는 세금, 質은 관부가 대형 교역에 어음을 제공하고 징수하는 稅錢, 它稍入錢은 관부의 정기적 수입이다.

이것은 동일한 내용이 關市와 金布律 모두에 관계되어 양쪽에 著律된
것으로 생각된다. 문제는 55)의 "不從令者貲一甲" 부분이 56)에는 "不如
律, 貲一甲"으로 되어 있는 사실이다. 張忠煒는 전자와 후자의 문서가
시간적으로 거의 동시기의 것이므로, 동시기에 같은 내용을 律과 令
으로써 부른 것은 칭위가 엄격하지 않은 증거라고 하였다.[145] 그러나
『秦律十八種』과 『嶽麓書院藏秦簡』은 시간상 거의 동시기의 것이라고 해
도 세심한 고찰이 필요하다. 55)의 『秦律十八種』에는 秦王政 5년(B.C.242)
의 것인 12郡의 기록, 秦王政의 이름을 피휘하지 않은 기록 등으로 보
아 秦王政 元年(B.C.246) 이전의 기록이다.[146] 이에 반해서 56)의 『嶽麓
書院藏秦簡』은 진시황 26년에 사용한 "黔首"가 보이고 있어서 적어도
30년 가까운 시간상의 차이가 있다. 그렇다면 55)『秦律十八種』의 "不從
令"이라 기록된 것을 진 통일 이후 정리하는 과정에서 56)의 "不如律"
로 改書되었을 가능성이 높다. 이 점은 후술하는 것처럼 『二年律令』의
律에는 모두 "不如律"로 된 것에서 추정할 수 있다.

　律과 令을 엄격하게 구별하지 않고 사용된 이유는 律이 令(王令, 制
詔)에서 비롯된 때문으로 생각된다. 그것은 令에서 시작되었더라도
나중에 律로 바뀌고 있는 것이다. 이것은 이제 서술할 『嶽麓書院藏秦
簡』의 0994 田律이 令에서 비롯된 사실로부터 확인할 수 있다.[147]

---

145) 張忠煒, 위의 책, pp.128-130. "不如令"의 令을 "명령"으로 보는 冨谷至의 견
　　해는 바로 그 위치에 "不如律"이 사용되고 있기 때문에 타당하지 않다. 冨
　　谷至, 위의 논문, pp.95-97.
146) 『睡虎地秦墓竹簡』, p.70, "縣及工室聽官爲正衡石羸(纍)、斗用(桶)、升, 毋過歲壺
　　〈壹〉. 有工者勿爲正. 叚(假)試即正. 工律"; 같은 책, p.94, "縣、都官、十二郡免
　　除吏及佐、群官屬, 以十二月朔日免除, 盡三月而止之."
147) 陳松長, 『嶽麓書院藏秦簡(肆)』, p.161, "0994 田律曰: 黔首居田舍者, 毋敢酤酒,
　　有不從令者遷之. 田嗇夫、士吏、吏部弗得, 貲二甲. ● 第乙."

2. 令의 律로의 전환

앞에서 中田薰이 언급한 바와 같이, 동일한 令名과 律名이 존재하는 것은 令에서 律로 전환되기 때문이라는 견해를 보도록 하자.[148] 律의 제정 경위는 두 가지 과정을 들 수 있는데, 첫째, 制詔 → 令 → 律로 편집되는 과정, 둘째 制詔에서 직접 律로 편집되는 과정을 들 수 있다. 물론 본고에서 관심을 집중해야 할 부분은 첫 번째 과정이다.

우선 첫 번째 制詔(令)에서 律로 전환되었다는 견해이다. 이는 張忠煒가 대표적인데, "律 가운데 令의 흔적이 남아있다. 律은 王者之命(令)에서 변화되어온 것"으로 이해하는 견해이다. 다만 그는 詔令을 令으로 보고 있으므로 制詔로서의 令과 법령으로서의 令을 엄격하게 구별하지 않고 있다.[149] 廣瀨薰雄은 "원래 詔라는 것은 『史記』「秦始皇本紀」에 '命爲制, 令爲詔'라고 한 것처럼 令인 것이다. 결국 令은 詔인 것이고, 律은 令에 의해 제정되는 규정"이라고 주장했다.[150] 廣瀨薰雄도 張忠煒와 마찬가지로 制詔 = 令 → 律의 관계로 이해하였다. 孟彦弘도 "詔令이 변하여 令이 되고, 令이 변하여 律이 된다. 또는 詔令이 직접 律이 되기도 한다."고 하였고,[151] 楊振紅도 "律은 본래 편집·가공된 후의 안정된 令에서 출현한 것이다. 그것은 令에서 기원한 것인데, 이것이 율의 본질이다."라고 하였다.[152] 李俊强은 "편집 또는 편찬된 令集은 律과 이질적이고 독립된 다른 법률형식이 아니다. 시간의 추이에 따

---

148) 詔는 著令 문언이 있어야만 令으로 되는 것이므로, 모든 조서가 令으로 될 수 있는 것은 아니다. 그러나 秦 통일 이후, 令이 詔로 변경되었으므로 용어 사용에 두 가지 면에서 신중을 기할 필요가 있다. 진시황 26년 이전의 令(이후의 詔)과 著令化된 令을 동일한 개념으로 등치시킬 수 있을 것인지를 살필 필요가 있다.

149) 張忠煒, 위의 책, pp.125-126.

150) 廣瀨薰雄, 위의 책, pp.26-28.

151) 孟彦弘, 「秦漢法典體系的演變」(『歷史研究』 2005-3), p.32.

152) 楊振紅, 위의 책, p.56.

라서 令이 편집되어 律안으로 들어갈 수 있고, 또한 새로 제정된 令은
편집되어 들어간다."고 하였다.[153]

　이상에서 언급한 바와 같이 令이 편집되어 律 안으로 들어갈 수 있
다는 주장은 보다 정확한 표현을 요한다. 즉, 이들의 주장은 令(詔)이
律로 된다는 의미로 사용한 경우도 있고, 이미 법률화된 令이 律로 되
는 경우로 해석한 경우도 있다.

　　57)『睡虎地秦墓竹簡』秦律十八種

　　　百姓이 田舍에 거주하는 자는 술을 팔지 못하도록 하고, 田嗇夫 및
　　　部佐가 이를 엄격히 금지시켜야 하는데, 令을 따르지 않는 자는 유
　　　죄이다. 田律（百姓居田舍者毋敢醢(酤)酉(酒), 田嗇夫、部佐謹禁御之,
　　　有不從令者有罪. 田律)[154]

　　58)『嶽麓書院藏秦簡』

　　　0993 田律에 말하기를 黔首가 田舍에 거주하는 자는 감히 술을 팔
　　　지 못하도록 하고, 令을 따르지 않는 자는 遷한다. 田嗇夫와 士吏,
　　　吏部가 이를 잡지 못하면 貲 2甲이다. ● 第乙 (0993 田律曰: 黔首居田
　　　舍者, 毋敢醢酒, 有不從令者遷之. 田嗇夫、士吏、吏部弗得, 貲二甲. ●
　　　第乙)[155]

　위의 2조는 秦의 田律이라고 명기되어 있으며, 규정하고 있는 내용
도 동일하므로 같은 율문을 抄寫한 것이다. 그런데 형식과 字句上에

---

153) 李俊强, 위의 논문, p.38.
154) 『睡虎地秦墓竹簡』, p.30.
155) 陳松長, 「嶽麓書院所藏秦簡綜述」(『文物』2009-3), p.87. "·第乙"은 "圖一〇"에
　　있다. 干支는 단지 令의 編號로만 나오는데, 여기에서는 律文의 뒤에 編號
　　가 붙어 있는 사례는 드물게 보이는 것이다. 徐世虹, 「《秦律十八種》中的"有
　　罪"蠡測」(『中國古代法律文獻研究』7輯, 2013), p.105.

차이가 있다. 57)은 율문의 말미에 田律이라고 명기했고, 58)은 앞부분에 "田律曰"이라고 있고, 말미에는 "第乙"이라는 2글자가 붙어있다. 이것은 編號의 일종으로 생각되는데, 秦漢의 율령에서 編號를 붙이는 것은 令뿐이고, 律文에 편호를 붙인 예는 현재 秦律·漢律 어디에도 확인되지 않는다. 『嶽麓書院藏秦簡』에는 "■ 內史郡二千石官共令 第乙"이라는 標題簡이 보고되었는데, "第乙"은 令의 분류편호임을 알 수 있다. 律에는 편호가 없음에도 "第乙"이라는 편호가 붙어 있는 것은 田令의 편호 "第乙"을 田律로 옮기는 과정에서 삭제하지 않은 오류이다.[156) 여기에서 앞서 고찰한 대로라면, "有不從令者"는 律로 베껴쓰는 과정에서 "有不從律者"로 수정되었어야 할 것이다. 그러나 "第乙"이라는 令의 編號까지 그대로 옮겨 쓴 것을 보면 베껴 쓰는 과정에서 발생한 실수라고 할 수 있다.

두 번째 과정은 詔書에서 令을 거치지 않고 직접 律로 되는 定律의 사례이다. 문헌자료에 定律의 사례는 앞에서 언급한 文帝의 육형 폐지와 관련한 사례 및 아래의 2개 사례가 보일 뿐이다. 즉, 著令의 사례보다 많이 보이지는 않는다. 이는 律의 부족한 점이 있으면 그것을 律로 보완하는 것이 아니라 令으로 보완하는 것이 보편적이었기 때문이었을 것이다.

> 59) 12월, 여러 관명을 바꾸었다. 鑄錢하거나 가짜 黃金을 제정하면 棄市에 처하는 律을 제정하였다. (十二月, 改諸官名. 定鑄錢偽黃金棄市律)[157)
>
> 60) 가을 7월 庚子에 조서를 내려 말했다. "『春秋』의 봄의 매달 기록에 '王'이라고 쓴 것은 三正을 중시하고 三微를 신중히 하고자 함이었다. 律曆에 12월 立春 이후에는 죄수를 재판하지 않는다. 月令에 冬

---

156) 廣瀨薰雄, 위의 책, pp.160-161.
157) 『漢書』 卷5 「景帝紀」, p.148.

至 이후에는 양기를 순조롭게 하고 생장을 돕는 문장이 있고, 鞫獄
斷刑하는 정치는 없다. 朕은 학식이 깊은 유학자들을 찾아 典籍에
서 고찰해보니, 王者는 生殺을 장악하는 권력을 가지고 있고, 마땅
히 계절 변화의 법칙을 따라야 한다. 律을 제정하라. 11월에 죄수
를 논죄하지 하지 말고 12월에 하라."(秋七月庚子, 詔曰:「春秋於春
每月書『王』者, 重三正, 愼三微也. 律十二月立春, 不以報囚. 月令冬至之
後, 有順陽助生之文, 而無鞫獄斷刑之政. 朕咨訪儒雅, 稽之典籍, 以爲王
者生殺, 宜順時氣. 其定律, 無以十一月、十二月報囚.」)[158]

　59)에서는 "定鑄錢僞黃金棄市律"이라고 하여 律을 제정하라고 하였
고, 60)에서는 "其定律, 無以十一月、十二月報囚"라고 하여 定律하도록
하였다. 이상에서 律도 황제의 制詔에 의해 1條씩 제정되고 있음이 확
인되었다. 문헌자료에는 漢代의 制詔가 令典만이 아니라 직접 律典으
로 편입된 사례가 많이 보이지 않으나, 『二年律令』에는 상당히 많은
것이 확인되고 있다. 즉, 『二年律令』의 具律 82·83간의 혜제 즉위 5월
詔, 賊律 1-2간, 여후 원년조, 구율 85간, 秩律 450, 452, 463簡, 錢律
201-208簡이 그러한 律典으로 편입된 사례라는 것이다.[159]
　앞서 언급했듯이 律로 이행하는 것에서 관심을 두어야 할 부분은
첫 번째 과정이었다. 57)과 58)에서 令이 律로 이행한 것을 확인하였
다. 그것은 田令으로 추정되는 것에서 田律로 이행하였던 것이다. 이
로써 본다면, 令名과 律名이 상호 혼용된 것처럼 보이지만(程樹德 혼
용설), 실은 令에서 律로 전환된 것(中田薰 전환설)으로 생각된다. 令名
과 律名이 혼동된 것처럼 보이는 것은 그것의 원래 소스가 令이었기
때문일 것으로 생각된다. 中田薰이 말하는 것처럼, 동일한 명칭의 令
名과 律名이 각각 존재했다는 것은 현재 秦令의 명칭에서 볼 때, 秦의

---

158) 『後漢書』 卷3 「肅宗孝章帝紀」, pp.152-153.
159) 楊振紅, 위의 책, p.56.

律名과 일대일 대응을 이루지는 않고 있다. 令에서 律로의 전환이 있기는 하지만, 그대로 동일한 호칭의 律로 가는 것은 아닐 것이다.

V. 律과 令의 개념분리와 시점

이상에서 同名의 律篇과 令篇이 존재하는 문제를 살펴보았는데, 동일한 내용을 규정한 秦王政 원년 이전의 55) 關市律에 "不從令者貲一甲"이, 秦始皇 26년 이후의 것인 56) 金布律에 "不如律, 貲一甲"이 사용된 것으로 보아 律과 令은 엄격하게 구별되지 않았다고 볼 수도 있겠다. 그러나 關市律이 후일 진시황 통일 이후에 도달하여 "不如律"로 수정되었을 가능성도 있다. 그것은 令에서 기원한 때문이고, 그것이 律로 바뀐 것이므로 令과 律을 혼용했다고만 이해할 수는 없다. 이와 비슷한 사례로서 律과 令이 혼용되어 사용되고 있는 듯한 문제를 살필 것이다. 아래의 인용문은 漢文帝의 육형폐지의 조서이다.

61)

A (文帝) 즉위 13년에 齊 太倉令 淳于公이 죄를 지어 刑에 처해지게 되어 詔獄으로 체포되어 長安에 구금되게 되었다. 淳于公은 아들이 없고 딸만 다섯이었는데 문서를 받고 체포되려고 할 때 딸들을 꾸짖었다. "자식을 낳을 때 사내아이를 낳지 않으면 급할 때 도움이 안된다." 그 작은 딸 緹縈은 슬피 울면서 아버지를 따라 장안에 도착하여 상서하였다. (「文帝」即位十三年, 齊太倉令淳于公有罪當刑, 詔獄逮繫長安. 淳于公無男, 有五女, 當行會逮, 罵其女曰: 「生子不生男, 緩急非有益(也)!」 其少女緹縈, 自傷悲泣, 乃隨其父至長安, 上書曰:)

B "妾의 아비는 吏로 근무하면서 齊 일대에서 모두 청렴과 공평함을

칭송받았으나, 지금 법에 연좌되어 (肉)刑을 받게 되었습니다. 妾은 죽은 자는 다시 살아날 수 없고, (肉)刑을 받은 자는 잘린 신체가 다시 붙을 수 없으며, 후일 개과천선하려 해도 방법이 없음을 슬프게 생각합니다. 원컨대 妾을 官婢로 몰수하여 대신 아비의 刑罪를 속형함으로써 새로운 생활을 할 수 있도록 하여주십시오." (「妾父爲吏, 齊中皆稱其廉平, 今坐法當刑. 妾傷夫死者不可復生, 刑者不可復屬, 雖後欲改過自新, 其道亡繇也. 妾願沒入爲官婢, 以贖父刑罪, 使得自新.」)

C 문서가 천자에게 상주되자, 천자는 그 뜻을 애처로이 여겨 드디어 令을 내려 말하였다. "御史에게 制詔한다. 듣건대 有虞氏의 시절에는 특별한 衣冠과 색다른 章服으로써 모욕됨을 표시했음에도 民들이 범하지 않았으니 그 얼마나 통치가 잘 된 것이랴! 지금 법에는 肉刑이 셋이나 있음에도 범죄가 그치지 않으니 그 잘못이 어디에 있는 것인가? 짐이 박덕한 때문인지, 아니면 가르침이 밝지 않은 때문일 것이다! 나는 매우 자괴감을 느낀다. … 지금 사람들이 범죄를 저질렀을 때 교화하지 않고 刑을 가하고, 혹 개과천선하려해도 방법이 없음을 짐은 매우 애석하게 생각한다. 무릇 형벌이 支體를 자르고, 肌膚에 새겨서 죽을 때까지 고통이 그치지 않으니, 어찌 형벌이 이렇게 고통스럽고 부덕한 것인가! 어찌 民의 부모라는 뜻과 부합하겠는가? 肉刑을 폐지하고 바꾸도록 하라. 죄인을 각각 (범죄의) 경중에 따라 형벌을 정하고, (형기 내에) 도망하지 않은 범인을 복역기간 만료후 (서인으로) 사면하도록 하라. 令으로 제정하라." (書奏天子, 天子憐悲其意, 遂下令曰:「制詔御史: 蓋聞有虞氏之時, 畫衣冠異章服以爲戮, 而民弗犯, 何治之至也! 今法有肉刑三, 而姦不止, 其咎安在? 非乃朕德之薄, 而敎不明與! 吾甚自愧. … 今人有過, 敎未施而刑已加焉, 或欲改行爲善, 而道亡繇至, 朕甚憐之. 夫刑至斷支體, 刻肌膚, 終身不息, 何其刑之痛而不德也! 豈稱爲民父母之意哉? 其除肉刑, 有以易之; 及令罪人各以輕重, 不亡逃, 有年而免. 具爲令.」)

D 丞相 張蒼, 御史大夫 馮敬이 상주하여 말했다. "肉刑이 범죄를 금지하기 위한 것임은 유래한 바가 오래되었습니다. 陛下께서는 聖明한 조서를 내리시어 萬民이 한번 (肉)刑을 받으면 종신토록 고통이 끝나지 않는 것과 罪人이 개과천선하려해도 방법이 없음을 애처로이 여기셨습니다. 아! 폐하의 큰 덕은 臣 등이 미치지 못할 바입니다. 臣은 삼가 律을 논의했고 확정할 것을 청합니다. 무릇 完의 판결을 받은 자는 完爲城旦春으로 합니다. 黥의 판결을 받은 자는 髡鉗爲城旦春으로 합니다. 劓의 판결을 받은 자는 笞三百으로 합니다. 斬左止에 해당하는 것은 笞五百으로 합니다. 斬右止 및 殺人하고 먼저 자수한 것, 吏가 뇌물을 받고 법을 왜곡하는 것, 관부의 재물을 지키는 자가 절도하는 것, 이미 논죄 후에 재차 笞罪를 범한 자는 모두 棄市로 합니다. 罪人의 재판이 이미 끝난 후에, 完爲城旦春은 3歲 복역 후 鬼薪白粲으로 합니다. 鬼薪白粲은 1歲 복역 후에 隷臣妾으로 합니다. 隷臣妾은 1歲 복역 후에 免하여 庶人으로 합니다. 隷臣妾은 2歲 복역 후에 司寇로 합니다. 司寇는 1歲 복역하고, 作如司寇는 2歲 복역 후에 모두 사면하여 庶人으로 삼습니다. 그 도망자 및 有罪 耐以上은 이 令을 적용하지 않습니다. 前令의 刑城旦春이 1歲 복역 후 禁錮가 아닌 자는 完爲城旦春이 歲數로써 사면하는 것처럼 免刑합니다. 臣은 죽음을 무릅쓰고 請합니다." (丞相張蒼, 御史大夫馮敬奏言: 「肉刑所以禁姦, 所由來者久矣. 陛下下明詔, 憐萬民之一有過被刑者終身不息, 及罪人欲改行爲善而道亡繇至, 於盛德, 臣等所不及也. 臣謹議請定律曰: 諸當完者, 完爲城旦春; 當黥者, 髡鉗爲城旦春; 當劓者, 笞三百; 當斬左止者, 笞五百; 當斬右止, 及殺人先自告, 及吏坐受賕枉法, 守縣官財物而卽盜之, 已論命復有笞罪者, 皆棄市. 罪人獄已決, 完爲城旦春, 滿三歲爲鬼薪白粲. 鬼薪白粲一歲, 爲隷臣妾. 隷臣妾一歲, 免爲庶人. 隷臣妾滿二歲, 爲司寇. 司寇一歲, 及作如司寇二歲, 皆免爲庶人. 其亡逃及有罪耐以上, 不用此令. 前令之刑城旦春歲而非禁錮者, 如完爲城旦春歲數以免. 臣昧死請.」)

E 制曰: "可."하였다. (制曰: 「可.」)[160]

　肉刑 폐지의 조서는 5개의 부분으로 구별된다. A는 齊 太倉令 淳于 公이 육형을 받게 되자 그의 딸 緹縈이 상소하게 되는 경위, B는 緹縈 이 改過自新을 불가능하게 만드는 肉刑의 문제점을 지적하고, 官婢가 되어 부친을 속죄하고자 하는 의사를 상주한 내용, C는 文帝가 御史에 게 制詔하여 肉刑 폐지와 형기 제정을 具爲令하게 한 것, D는 丞相 張 蒼·御史大夫 馮敬의 奏言, E 制曰可의 내용으로 구성되어 있다.

　C에 "具爲令"의 著令 문언이 있는 것으로 보아 육형 폐지는 令으로 되었음이 분명하며, 「宣帝紀」 地節 4년 9월 조서에 "又曰: 「令甲, 死者 不可生, 刑者不可息.」(令甲에 죽은 자는 살아날 수 없고 肉刑을 받은 자는 고통이 그치지 않는다.)"라고 하여 令甲에 수록되어 있음이 입증 되었다.[161] 따라서 CDE의 내용은 著令에서 制詔의 제 3형식과 일치한 다.[162] 그러나 D에는 "臣謹議請定律"이라고 하여 律을 제정하고 있는 것으로 표현되어 있다. 더욱 이해하기 힘든 것은 그 律文 가운데 "其 亡逃及有罪耐以上, 不用此令."이라고 하여 이 律을 "令"으로 부르고 있 는 사실이다.

　여기에 보이는 文帝의 "具爲令", 승상 등의 "請定律", 令甲 수록의 모 순을 어떻게 이해할 것인가? 이 때문에 張忠煒·李俊强 등은 秦漢의 律 과 令의 구별이 엄격하지 않다고 주장하는 것이다.[163] 이 문제 해결의 열쇠는 육형 폐지 이후 死傷者를 양산하는 笞刑의 감소를 명령한 景帝 의 조서에 있다.

---

160) 『漢書』 卷23 「刑法志」, pp.1097-1099.
161) 『漢書』 卷8 「宣帝紀」, pp.252-253.
162) 李俊强, 위의 책, p.33.
163) 같은 책, pp.24-27, p.42.

(62) 景帝 元年에 조서를 내려 말했다. "笞刑을 가하는 것은 重罪와 차이가 없어서 요행히 죽지 않는다 하더라도 사람 구실을 할 수 없다. 律을 제정하라. 笞 五百은 三百으로 하고, 笞 三百은 二百으로 하라." 그러나 그럼에도 태형을 맞은 사람이 온전하지 않았다. (景帝) 中 6年에 이르러 또 조서를 내려 말했다. "태형을 때릴 때 어떤 경우는 사망했는데도 때려야 할 태형이 남아 있으니 朕은 매우 애석하게 생각한다. 笞三百을 二百으로, 笞二百을 一百으로 줄이도록 하라." 또 말했다. "笞라고 하는 것은 가르침(教)의 뜻을 가지고 있으니, 箠令을 제정하도록 하라." 丞相 劉舍와 御史大夫 衛綰이 (법률 제정을) 請하였다. "笞刑을 때릴 때 箠의 길이는 5尺이고, 그 중심부의 두께는 1寸이고, 竹으로 합니다. 끝부분은 두께를 半寸으로 하고, 모두 그 마디를 평평하게 합니다. 笞를 때릴 때는 둔부를 때리도록 하고, 때리는 사람을 교체하지 않으며, 하나의 죄가 끝나고 나서야 사람을 교체하도록 했습니다." 이후로 笞를 맞은 사람이 온전해질 수 있었다. 그러나 酷吏는 아직도 위엄을 부리고 있었다. 死刑은 매우 무겁고, 生刑은 또 가벼우니, 民이 쉽게 범했다. (景帝元年, 下詔曰:「加笞與重罪無異, 幸而不死, 不可爲人. 其定律: 笞五百曰三百, 笞三百曰二百.」 猶尙不全. 至中六年, 又下詔曰:「加笞者, 或至死而笞未畢, 朕甚憐之. 其減笞三百曰二百, 笞二百曰一百.」 又曰:「笞者, 所以教之也, 其定箠令.」 丞相劉舍, 御史大夫衛綰請:「笞者, 箠長五尺, 其本大一寸, 其竹也, 末薄半寸, 皆平其節. 當笞者笞臀. 毋得更人, 畢一罪乃更人.」 自是笞者得全, 然酷吏猶以爲威. 死刑既重, 而生刑又輕, 民易犯之.)[164]

(63) 가을 7월 丁未, 조서에서 말했다. "律에 이르기를 '고문하는 자는 다

---

164) 『漢書』 卷23 「刑法志」, p.1100.

만 榜·笞·立을 할 수 있다.' 또한 令丙에 箠의 長短에 규정된 숫치가 있다."(秋七月丁未, 詔曰: 「律云『掠者唯得榜、笞、立』. 又令丙, 箠長短有數.)[165]

	景帝元年	定律: 「笞五百曰三百, 笞三百曰二百.」
『漢書』「刑法志」	中六年	定律: 「加笞者, 或至死而笞未畢, 朕甚憐之. 其減笞三百曰二百, 笞二百曰一百.」
		定箠令: 「笞者, 箠長五尺, 其本大一寸, 其竹也, 末薄半寸, 皆平其節. 當笞者笞臀. 毋得更人, 畢一罪乃更人.」
『後漢書』「章帝紀」		律: 律云『掠者唯得榜、笞、立』
		令: 令丙, 箠長短有數.

위의 62) 景帝의 조서와 63)의 『後漢書』「章帝紀」의 내용은 다음과 같다. 文帝가 육형을 폐지하고 笞五百과 笞三百으로 대체했으나, 이마저도 과도함이 입증되자 笞數를 각각 三百과 二百으로 감소시켰고, 계속 笞刑의 과도함이 입증되자 재차 二百과 一百으로 감소시켰다. 이러한 내용이 律과 令 중에서 어디에 규정되었을까? 형벌의 등급은 『二年律令』의 具律에서 규정하고 있다.[166] 따라서 笞數의 새로운 조항도 具律에 규정했을 가능성이 있는데, 이를 "定律"이라고 불렀을 것이다.[167]

---

165) 『後漢書』卷3「章帝紀」, p.145; 『後漢書』卷52「崔駰列傳 (孫)寔」, pp.1728-1729, "至景帝元年, 乃下詔曰: 『(加)笞與 重罪無異, 幸而不死, 不可爲(民)(人).」 乃定律, 減笞輕捶. 自是之後, 笞者得全."

166) 『張家山漢墓竹簡』, p.146, "公士、公士妻及□□行年七十以上, 若年不盈十七歲, 有罪當刑者, 皆完之. 83(C21)"; 같은 책, p.146, "有罪當黥, 故黥者劓之, 故劓者斬左止, 斬左止者斬右止, 斬右止者府之. 女子當磔若要斬者, 棄市. 當斬爲城旦者黥爲舂, 當贖斬者贖黥, 88(C24)當耐者贖耐. 89(C25)"

167) 같은 책, p.147, "有罪當耐, 其法不名耐者, 庶人以上耐爲司寇, 司寇耐爲隸臣妾. 隸臣妾及收人有耐罪, 繫城旦舂六歲. 繫日未備而復有耐罪, 完90(C26)爲城旦舂. 城旦舂有罪耐以上, 黥之. 其有贖罪以下, 及老小不當刑、刑盡者, 皆笞百. 城旦刑盡而盜臧百一十錢以上, 若賊傷人及殺人, 而先91(C28)自告也, 皆棄市. 92(C295)" 唐律에는 笞刑과 杖刑이 名例律에 규정된 것으로 봐서 名例律의 전신인 具律에 규정되었을 가능성이 높다.

文帝는 원래 육형 폐지를 "具爲令"하라고 했으나, 丞相 등의 覆奏에 "臣謹議請定律"이라고 한 것은 이 사항이 "令"에 "具爲令"될 사항이 아니라 律에 규정되어야 하는 것이었기 때문이다. 그 후 景帝 元年의 조서에서 加笞의 내용 개정시에는 이러한 律과 令의 귀속 문제가 바로 잡혔기에 "其定律"이라고 한 것이다.

다음에 景帝가 "笞者, 所以教之也, 其定箠令.(笞라고 하는 것은 가르침(教)의 뜻을 가지고 있으니, 箠令을 제정하도록 하라)"고 했을 때 "笞라고 하는 것은 가르침(教)의 뜻을 가지고 있다."고 한 것은 令이 원래적으로 가지고 있는 教導의 의미와 부합하기 때문이기도 하지만, 그 규정된 내용이 箠의 길이·폭·재료, 加擊 부위, 笞者의 교체 불허 등이 세부적으로 규정되어 있다. 그리고 『後漢書』「章帝紀」의 내용에서도 여전히 양자가 律과 箠令(令丙)으로 나뉘어 규정되어 있다는 것은 양자가 별도로 규정되어 있음을 말해준다.

지금까지의 분석에 입각한다면, 律과 令을 엄격하게 구분하지 않고 사용한 측면도 분명히 있지만, 구분하고 있는 경우도 분명히 존재한다. 첫째, 定律이라 한 것은 肉刑과 관련된 내용들이 본래 具律에 기록되어 있었을 것이기 때문이다. 둘째, 箠令은 笞의 규격을 세부적으로 규정한 내용이다. 따라서 양자는 혼용될 성질의 것이 아니다.

그렇다면 文帝의 조서에서 "不用此令"이라고 한 것은 어떻게 해석할 수 있을까? 여기에는 廣瀨薰雄의 해석이 정곡을 찌른 것으로 생각된다. 즉, "律 또는 令은 황제가 내린 詔(令) 가운데서 새로이 제정되어 규범적 효력을 가지는 부분이며, '不用此令'이라고 한 것은 황제의 詔 그 자체를 의미하는 것이라고 정의할 수 있다."[168] 命令이 制詔로 바뀌기 이전의 전통 때문에 制詔임에도 令이라고 부르는 것이다. 이러한 것은 挾書律의 "令下三十日不燒"에서도 확인할 수 있다. 상하 문장

---

168) 廣瀨薰雄, 위의 책, p.171.

에서 볼 때 挾書律 가운데 슈이 가리키는 것은 挾書律 자체를 가리키
는 것이 아니라, 挾書律을 제정한 皇帝詔 그 자체이다. "슈下三十日不
燒"는 "황제의 조서가 하달된 후 30일"의 의미이다.[169] 이와 같이 본다
면, 앞의 61) 육형 폐지의 조서에서 D의 丞相 張蒼과 御史大夫 馮敬의
奏言에 보이는 "臣謹議請定律曰: 諸當完者, 完爲城旦舂; 當黥者, 髡鉗爲城
旦舂; 當劓者, 笞三百; 當斬左止者, 笞五百(이하 생략)" 등은 律文의 규정
이며, 조서 말미의 "不用此令"은 이 전체 詔書(즉, 슈)의 적용을 받지 않
는다는 의미이다.

또한 錢律·盜鑄錢令 등 다양한 칭호로 보이는 이유를 설명한 楊振
紅의 관점도 받아들일 만하다. 『漢書』에서 그것을 슈이라고 한 것은
최초에 "슈"의 형식으로 반포되었기 때문이다. 그 후 九章律의 錢律의
篇에 편입되면서 『史記』는 그것을 "除錢律"이라고 칭했다.[170] 즉, 이것
은 슈에서 律로의 전환이라는 입장에서 설명한 것이다.

앞에서의 분석에서는 律과 슈이 혼용되고 있는 사례로서, 秦律의
關市律과 金布律에서 "不從令"과 "不如律"이 반드시 혼용된다고만 볼
수 없음을 보았으며, 그것은 실제로는 "不從令"에서 "不如律"로 改書되
고 있다고 생각된다. 이것을 漢初의 『二年律令』에서 律과 슈을 혼용하
는지 확인해보자.

> 64) 독화살이나 董毒(川烏頭)을 소지하거나, 董毒을 조제한 경우는 모두
> 棄市로 처벌한다. 또한 糯(附子)를 㼤毒이라고 명명한다. 조서에서
> 縣官에게 보유하도록 명령을 받은 경우는 이 律을 적용하지 않는
> 다. (有挾毒矢若菫(董)毒、糯、及和爲菫(董)毒者、皆棄市. 或命糯謂㼤毒.
> 詔所令縣官爲挾之, 不用此律.)(18)[171]

---

169) 같은 책, p.122.
170) 楊振紅, 위의 책, p.56.
171) 『張家山漢墓竹簡』, p.136.

(65) 縣官의 일로 吏를 구타하거나 욕하는 경우 耐이다. 매를 맞고 욕을 먹은 사람이 有秩 이상이거나, 吏가 縣官의 일로 五大夫 이상을 구타하거나 욕하면 모두 黥爲城旦舂이다. 長吏가 縣官의 일로 少吏를 욕하게 되면 …… 者도 역시 이 律을 적용하지 않는다. (以縣官事毆 若詈吏, 耐. 所毆詈有秩以上, 及吏以縣官事毆詈五大夫以上, 皆黥爲城旦 舂. 長吏以縣官事詈少吏(46) ▨者, 亦得毋用此律.(47))[172]

『二年律令』의 律에서는 "不用此律"과 "毋用此律"이 4회 보이고, "不用 此令"은 한번도 사용하지 않았다. 왜 『二年律令』의 단계에서는 律에 "不用此令"을 혼용하지 않은 것일까? 律의 경우 "不用此律"만 사용한 것 은 律과 令의 개념이 분류되었기 때문이다. 즉, 令을 律로 전환시킬 때 조서를 의미하는 "令"을 일괄적으로 "律"로 수정한 것이다. 『二年律令』 에 27개의 律이 있음에도, 유독 津關令만은 津關律이라고 하지 않고, 令으로 표현한 것은 律과 令의 개념이 분리되었음을 말해준다. 또한 津關令 493簡에서는 "不用此令"을 사용하고 있는 것은 律에 "不用此律" 을 사용한 것과 비교된다.[173] 이렇게 『이년율령』에서 "不用此律", "毋用 此律"이 나오고, 筭令에서 律과 令이 구별되는 것은 점차 양자의 개념 구분이 시작된 것으로 생각된다.

Ⅵ. 결론

『睡虎地秦墓竹簡』『張家山漢墓竹簡』 등의 律에는 형벌과 무관한 것 이 많음은 이미 지적되고 있다. 徐世虹은 『二年律令』의 律을 크게 3부

---

172) 같은 책, p.140.
173) 같은 책, p.206, "□. 制詔御史, 其令諸關, 禁毋出私金器、鐵. 其以金器入者, 關 謹籍書, 出, 復以閱, 出之. 籍器、飾及所服者不用此令. 493(C121)"

류로 분류했다. 첫째는 기본적으로 형법 규정에 속하는 것인데, 賊·盜·具·告·捕·亡·收·錢·興律 등이다. 총체적인 성질에서 볼 때 명확한 刑罰의 篇이다. 둘째는, 형법 규정과 비형법 규정이 섞여있는 것인데, 雜·行·戶·效·爵·徭·史律 등이다. 세 번째는 형법 규정과 관련이 없거나 있어도 비교적 적은 것인데, 復·賜·傅·置後·金布·秩律 등이다. 律의 기능은 漢代에 있어 단지 刑罰로 국한되는 것은 아니고, 오늘날 우리들이 이해하는 민사법규의 내용 역시 당시에는 "律"에 규정되었다. 바꿔 말하면, 律은 형법이기도 했고, 民事·行政·경제법규의 표현형식이기도 했다.[174]

徐世虹이 『二年律令』을 분류한 것처럼, 秦 및 漢初의 律篇은 간단하게 刑律이라고 부를 수 없고, 당시 律의 내용은 상당히 번잡하다. 秦漢시대의 律은 광의의 개념을 가지고 출현한 것이며, 좁은 의미의 刑律 내용을 포괄할 뿐만 아니라, 事類性·禮儀性의 律篇도 포괄하고 있다.[175]

학계에서 일반적으로 인정되고 있는 律과 令의 개념은 晋 泰始律令에 이르러서야 비로소 律＝刑罰, 令＝非刑罰이라는 형태로 분리·완성되었다는 것이다. 律은 형법의 특징을, 令은 純化되어 제도성 또는 규범성의 법률이 되고, 형벌성의 내용은 기본적으로 제거되었다는 것이다.[176] 필자도 원론적으로 이와 같은 견해에 찬성한다. 다만 이러한 魏晋의 변화가 갑자기 나타난 것일까? 秦漢律에서 律과 令이 혼용되고 있는 자료도 보았지만, 반면에 秦末부터 漢初까지 律과 令이 독립된 개념으로 사용되고 있는 사례도 있다.

  (66) 縣·都官이 물자의 점검 또는 회계 과정에서 죄가 드러나 배상할 것
      이 있다면, 판결이 끝난 후 嗇夫는 즉시 배상할 액수를 官長과 여러

---

174) 徐世虹,「漢代社會中的非刑法律機制」, pp.318-320; 張忠煒, 위의 책, pp.138-139.
175) 張忠煒, 위의 책, p.140.
176) 張忠煒, 위의 책, p.141; 廣瀬薫雄, 위의 책, pp.170-171.

吏에게 분담시킨다. 배상해야 할 자들에게 각기 參辨券 하나씩을
발급하여, 배상액을 少內에 납부하게 하고, 少內에서는 參辨券에 근
거해 배상 금액을 받는다. 만일 남은 것이 있다면, 이 역시 관부에
게도 辨券을 발급하여, 납입하게 한다. 채무의 상환은 당해 연도를
넘기지 못하도록 하고, 만일 당해 연도를 넘기고도 여전히 채무 금
액을 납입하지 않거나, 令과 같이 하지 않은 경우, 모두 律로 처벌
한다. 金布 (縣, 都官坐效, 計以負賞(償)者, 已論, 嗇夫即以其直(値)錢分
負其官長及冗吏, 而人與參辨券, 以效少內, 少內以收責之. 其入贏者, 亦
官與辨券, 入之. 其責(債)毋敢㱕(逾)歲, 㱕(逾)歲而弗入及不如令者, 皆以
律論之. 金布)[177]

(67) 令: 취득한 荊(楚)의 신 점령지에 群盜가 많다. 징집된 吏가 群盜와
조우했을 때 도망가거나 패배하면 儋乏不鬪律(겁내서 전투하지 않은
律)로 처벌한다. 律: 儋乏不鬪하면 斬이다. (令: 所取荊新地多群盜, 吏所
興與群盜遇, 去北, 以儋乏不鬪律論. 律: 儋乏不鬪, 斬. 「奏讞書」 18)[178]

(68) 판결: 恢는 黥爲城旦에 처하며, 爵으로 減免되어 贖할 수 없다. 律:
절도 장물 가액이 660전을 초과하면 黥爲城旦이다. 令: 吏가 절도하
면 刑으로 처벌될 자는 刑으로 처벌하고, 爵으로 減免되어 贖할 수
없게 한다. 이 조항으로써 恢에게 적용한다. (當: 恢當黥爲城旦, 毋
得以爵減免贖. 律: 盜臧(贓)直(値)過六百六十錢, 黥爲城旦: 令: 吏盜, 當
刑者刑, 毋得以爵減免贖, 以此當恢. 「奏讞書」 15)[179]

(69) ·· 河東守가 讞하였다. 郵人 官大夫 內가 문서를 8일 동안 지체했

---

177) 『睡虎地秦墓竹簡』, pp.61-62.
178) 『張家山漢墓竹簡(2006)』, p.104.
179) 같은 책, p.98.

는데, 거짓으로 그 檄書를 변경하여 지체한 것을 피하려 했으니 죄가 의심됩니다. • 廷尉가 답하였다. 內는 당연히 문서를 위조한 것으로 처벌한다. (• • 河東守巤(讞): 郵人官大夫內留書八日, 詐(詐)更其徼(檄)書辟(避)留, 疑罪. • 廷報: 內當以爲僞書論.「奏讞書」12)[180]

위에 인용한 4개의 자료는 모두 秦末·漢初의 자료인데, 66)은 秦의 金布律, 67)은 진시황 27년의「奏讞書」, 68)은 한고조 7년의「奏讞書」, 69)는 고조 시기로 추정되는「奏讞書」이다. 이것들은 令과 律의 기능이 분화된 것처럼 보이는 중요한 자료이다. 66)의 "令과 같이 하지 않은 경우, 모두 律로 처벌한다."든가, 67)의 令에 "荊(楚)의 신 점령지에 群盜가 많은데, 징집된 吏가 群盜와 조우했을 때 도망가거나 패배하면, 儋乏不鬪律로 처벌한다."고 언급하고, 처벌의 근거를 律에서 찾은 것은 律의 기능이 처벌 규정으로 인식되어 있음을 말해준다. 律에 입각하면 儋乏不鬪의 처벌은 斬이다. 68)에서 律은 처벌의 근거 조항을 언급했고, 令은 肉刑 대상자는 작위로 감형하지 말도록 하는 단서조항이다. 令은 律로서 부족한 부분의 보완자료라고 생각된다. 69)는 郵人官大夫 內가 문서를 지체했을 뿐만 아니라, 죄를 회피하기 위해서 문서의 날짜를 위조한 내용이다. 廷尉의 回報에서는 官大夫 內를 僞書의 죄로 論했다. 이 죄는『二年律令』賊律에 "爲僞書者, 黥爲城旦舂."이라고 하여 黥爲城旦舂으로 처벌한다. 定罪判刑은 律文에서 근거를 찾는 사실로부터 律이 형법적 요소를 구비하였음을 알 수 있다.

律에 형사·비형사적 내용이 섞여있는 것과 마찬가지로, 令에도 형벌 관련의 조항이 포함되어 있다. 앞의「奏讞書」에서 令에 律을 지정하여 처벌을 규정한 것은 令에 처벌조항이 전무하기 때문은 아니다. 예컨대,「奏讞書」14에 "• 令에 말하기를, 호적이 없는 자는 모두 스스

---

180) 같은 책, p.97.

로 호적에 등록하도록 한다. 이 슈이 縣·道의 官에 도착한 후 30일이
되었는데 스스로 호적에 등록하지 않으면 모두 耐爲隸臣妾에 처하고,
鋼에 처하며, 爵·賞으로 감면될 수 없다. 숨겨준 자는 같은 죄로 처벌
한다.(令曰: 諸無名數者, 皆令自占書名數, 令到縣道官, 盈卅(三十)日, 不自
占書名數, 皆耐爲隸臣妾, 鋼, 勿令以爵, 賞免. 舍匿者與同罪.)"라고 하여 名
數(호적)를 신고하지 않은 자를 耐爲隸臣妾에 처하도록 슈에 규정하였
다.[181] 後漢의 陳寵이 "今律令死刑六百一十"이라 한 것도 슈이 형벌과
전혀 무관하지 않은 증좌이다. 비록 슈에 형벌 규정이 포함되어 있더
라도, 명심해야 할 것은 슈의 다수는 형벌과 무관하다는 사실이다.[182]
즉, 律이 제도·예의만을 규정한 것이 아니라, 罪名·刑制의 연원이라는
사실이 중요하다. 賊傷·鬪傷·過失·鬪毆 등은 모두 이년율령에서 律 조
문을 찾을 수 있다. 이러한 내용은 律에 실려 있지, 슈에 실려 있는 것
이 아니다. 「奏讞書」와 같은 실제의 재판문서에서 볼 때, 定刑量罪할
때 의거하는 것은 대부분 律이지 슈이 아니다.[183]

　이러한 律과 슈의 개념 구분이 魏晉律에서 시작된 변화에 단서를
제공했을 것이다. 徐世虹이 "슈과 律은 마찬가지로 실려 있는 내용은
단지 事類의 구분만 있고, 형법과 非형법의 구별은 없다. 『晉書』「刑法
志」에 말하는 "違令有罪則入律"과 같은 律令의 기능의 구별은 魏晉律
편찬 이후에 구분된 것이다."라고 하였지만,[184] 秦의 六律에 형법성
규정이 있는 것이 晉의 律令에서 律과 슈이 분기되는 단서를 제공하였
다고 생각된다. 魏晉律에서의 대개혁의 변화는 秦漢律에서 서서히 시
작된 것이다.

---

181) 같은 책, p.97.
182) 張忠煒, 위의 책, p.136.
183) 같은 책, p.136.
184) 徐世虹, 위의 논문(2008), p.321.

秦漢시기 詔書의 律令化

Ⅰ. 서론

최근에 석문이 발표된 『嶽麓書院藏秦簡(肆)』는 다수의 秦代 律과 令을 담고 있어 秦漢시대 律令의 제정과정에 대한 기존 연구를 보완하는데 큰 도움이 될 것으로 생각된다.[1] 『張家山漢墓竹簡』에 포함된 「津關令」도 秦漢律令의 제정과정을 규명하는데 중요한 자료이지만, 이 자료를 활용한 연구는 그다지 보이지 않았다. 그동안 秦漢 律令의 발전사에서 秦令과 漢令의 연계에 부정적이었던 이유는 최근까지 秦令이 출토되지 않았고, 그 점에 입각해 秦令의 존재를 부정한 中田薰·大庭脩·冨谷至 등의 주장이 강력했던 때문이기도 했다.[2] 이들은 『睡虎地秦墓竹簡』에 律만 확인되므로, 律을 보완하는 것은 令이 아니라 律이라고 주장하였다. 그런데 『嶽麓書院藏秦簡(肆)』에는 그러한 주장을 완전히 불식시키는 秦令이 다수 확인되었다. 이렇게 『嶽麓書院藏秦簡(肆)』에서 秦令의 존재가 확인된 것은 秦漢 律令의 발전 과정을 고찰할 때 작용했던 강력한 장애물이 제거된 것을 의미하며, 이제 秦令과 漢代의 令인 「津關令」을 연계시켜 그 변화과정이 어떠했는지를 고찰하는 것이 가능해졌다.

---

1) 陳松長, 『嶽麓書院藏秦簡(肆)』(上海: 上海辭書出版社, 2016).
2) 中田薰, 「支那における律令法系の發達について」(『比較法雜誌』 1-4, 1951), p.6; 中田薰, 「支那における律令法系の發達について補考」(『法制史研究』 3, 1953), p.70; 大庭脩, 『秦漢法制史の研究』(東京: 創文社, 1982), pp.15-16; 冨谷至, 「晋泰始令への道―第一部 秦漢の律と令」(『東方學報』 72, 2000), p.101.

秦漢의 율령 연구사에서 일본의 中田薫·大庭脩의 연구는 언급하지 않을 수 없는 중요한 고리이다. 그들의 공헌은 令의 구체적인 制定 수속을 밝힌 것이다. 특히 大庭脩의 秦漢 制詔의 律令化와 관련된 견해는 많은 학자들에 의해 수용될 정도로 정설화되어 있다. 그는 具爲令 등의 著令 文言이 있는 制詔만이 令으로 될 수 있다고 주장했다. 다만 이 주장에 입각한다면, 『漢書』 등에 보이는 具爲令의 사례는 많지 않으므로, 漢代에 법령화된 漢令의 숫자가 많지 않을 것으로 생각될 수 있다. 그러나 「津關令」을 보면 令으로 된 것의 숫자가 의외로 많은 사실에서 『史記』『漢書』 등에 보이는 著令의 사례는 극히 일부만 남아 있거나, 令으로 등재되는 다른 방법이 있었던 것으로 생각된다. 특히 「津關令」에 관리들이 법률제정을 제청하는 형식의 令이 많은 것은 『史記』『漢書』 등 문헌자료에만 의존한 연구의 한계를 말해주는 것이다.

2000년대 이후 秦漢시대 律令자료의 釋文이 연속 발표되면서 『史記』와 『漢書』 등의 자료를 분석하여 도출된 大庭脩의 결론에도 보완할 점이 발견된 것이다. 大庭脩가 보지 못했던 『二年律令』과 『嶽麓書院藏秦簡(肆)』와 같은 새로운 자료는 秦令과 漢令의 발전과정을 밝힐 수 있는 중요한 자료이다. 본고에서는 우선 새로운 출토자료의 자료를 분석하여 大庭脩 등이 분석한 制詔 형식의 결론을 재검증하는데 중점을 둘 것이다. 필자는 「津關令」의 분석을 통하여 종전의 견해에 추가할 수 있는 令으로 되는 새로운 경로를 확인할 수 있었다.

둘째, 制詔와 律令의 구별 문제를 살필 것인데, 이것은 制詔가 律令으로 되었다는 것을 판단할 수 있는 기준은 무엇일까 하는 것을 규명하는데 중점을 두고자 한다. 冨谷至는 著令 文言과는 상관없이 모든 制詔가 令으로 될 수 있다고 주장하였다. 즉, 制詔와 令은 동일하다는 것이다. 과연 著令 文言이 포함된 것과 포함되지 않은 것이 동일하다고 하는 주장이 타당한 것인가? 필자는 비판적 입장에서 冨谷至의 制詔가 令과 동일하다는 주장을 검토하고, 양자가 형식상으로 어떠한 차이점이 있는지를 밝혀보도록 할 것이다.

셋째, 秦의 律令에서 漢의 律令으로 발전하는 과정의 구체적 면모를 양자 비교를 통하여 확인할 것이다. 이를 위해 『嶽麓書院藏秦簡(肆)』에 보이는 令·律의 형태와 『張家山漢墓竹簡』의 令·律의 형태를 비교할 것이다. 秦末과 漢初의 것의 비교만이 아니라, 商鞅 시기의 편린으로 남아있는 자료와 秦武王 시기의 것을 비교한다면, 전체적인 秦代의 律令 발전 과정을 확인할 수가 있을 것이다. 필자는 令과 律의 개념구분은 이미 秦代부터 시작되었고, 西晋의 泰始律에서 처음 비롯된 것이 아님을 논증한 바 있다.[3] 그 논고에서 형식상 制詔·令·律이 모두 차이가 있음을 언급하였는데,[4] 그 주장은 『嶽麓書院藏秦簡(肆)』가 발표되기 전이라서 분석이 미진하였다. 이제 『睡虎地秦墓竹簡』, 『張家山漢墓竹簡』, 『嶽麓書院藏秦簡(肆)』의 3개 자료를 활용한다면 이전보다 훨씬 정확한 결론을 내릴 수 있다고 생각한다.

II. 制詔의 3형식과 「津關令」

令의 제정에 있어서 著令 문언의 중요성을 가장 먼저 언급한 인물은 沈家本이다. 그는 "새로이 정하는 令은 반드시 먼저 具하고 난 후에 著하는 것이며, 반드시 明書하여 舊令 안에 附하는 것이다."라고 주장하였다.[5] 다만 이에 대한 상세한 논증은 가하지 않았다.

그 다음으로 언급할 인물은 中田薰인데, 그는 詔敕과 令의 관계에 대하여 중요한 사실을 규명하였다. ① 詔敕 가운데, 황제의 사후도 효

---

3) 任仲爀, 「秦漢 율령사 연구의 제문제」(『中國古中世史研究』 37, 2015), pp.46-49.
4) 任仲爀, 「出土文獻에 보이는 秦漢시기 令과 律의 구별」(『中國學論叢』 53, 2016).
5) 沈家本, 『歷代刑法考』(北京: 中華書局, 1985), p.879, "著令者, 明書之於令也……
   凡新定之令, 必先具而後著之, 必明書而附於舊令之內."

력을 가져야 할 것에는 著令文言(定令, 定著令 등)이 붙어있고, 그러한 중요 조칙이 令典에 수록된다. ② 令典은 詔敕의 중요도를 기준으로 하여 甲乙丙으로 3구분 되어 있다. 이것이 干支令(令甲, 令乙, 令丙)이다. ③ 간지령으로 수합된 각 조칙(令條文)은 그 내용을 보여주는 呼稱(馬復令, 養老令)으로써 불리는 경우도 있다. 위와 같은 결론에서 본고의 주제와 관련하여 주목되는 것은 조칙이 令으로서의 효력을 갖기 위해서는 著令의 문언이 있어야 한다는 부분이다.[6]

大庭脩는 令으로 될 수 있는 制詔는 著令이 있는 형식만이 아니라 다른 형식의 制詔도 있음을 밝혔다.[7] 이에 따르면, 制詔의 제 1형식은 황제가 스스로의 의지로 일방적으로 명령을 내리는 경우, "布告天下使明知朕意, 以稱朕德" 등의 문언이 붙는 경우가 있다. 시정 방침의 선언, 恩典의 사여, 관료의 임면 등에 이 형식이 사용되는데, 입법권을 발동할 때는 著令·著爲令 등의 문언이 붙을 때가 있다. 제 2형식은 관리가 위임받고 있는 권한 내에서 발의한 獻策이 인가되고, 황제의 명령으로서 공포되는 경우이다. 관료의 奏請이 있고, 制可의 王言이 붙는 것을 원칙으로 한다. 그것은 행정사무의 범위 내에서 처리될 수 있는 사항이 많다. 제 3형식은 황제가 일부의 관료에게 정책의 大綱, 또는 의지의 지향을 지시하고, 상세한 입법을 위탁하는 경우에 사용되었다. 이것은 제 1형식과 제 2형식이 복합된 형태이다. 그때 제 1형식(필자: 제 3형식에 포함된 제 1형식을 지칭)의 制의 말미에는 具爲令·議爲令·議著令 등의 문언이 붙는다. 그리고 관료의 覆奏文 가운데 새로운 律·令 등의 문장은 당연히 "制可"되면 法典에 가해진다.[8] 大庭脩의 견

---

6) 中田薰,「支那における律令法系の發達について補考」(『法制史研究』3, 1953), pp. 70-79; 宮宅潔,「近50年日本的秦漢時代法制史研究」, 黃留珠·魏全瑞,『周秦漢唐文化研究(第三輯)』(西安: 三秦出版社, 2004), p.259.

7) 大庭脩,「漢代制詔の形態」,『秦漢法制史の研究』(東京: 創文社, 1982), pp.201-234.

8) 같은 책, p.230.

해를 표로 정리하면 다음과 같다.[9]

[표 1] 大庭脩의 制詔 3형식

형식	내용	大庭脩	필자
第 1形式	皇帝가 자신의 의지로 명령 하달	制詔, 布告天下 使明知朕意, 以 稱朕意, 著爲令	著令
第 2形式	官僚가 제안하면, 皇帝가 재가하고, 皇帝의 命令으로 발포	制曰可	制曰可
第 3形式	皇帝가 特定官僚에 하달해 立法 지시, 官僚는 方案을 올리면, 皇帝의 재가 후에 皇帝의 命令으로 발포	議爲令, 具爲令, 制曰可	著令, 議爲令, 具爲令 制曰可

1. 制詔의 제 1형식

大庭脩는 조서의 제 1형식에서 황제에 의한 율령화 의지의 표현을 著令 또는 著爲令이라고 하였다. 大庭脩가 말하는 제 1형식은 아래와 같은 것들인데, 황제가 일방적으로 법제화를 명령하고 있다.

> 1) 孝成皇帝는 元帝의 太子이다. … 처음에 桂宮에 거처했는데, 上이 일찍이 급히 부르자 太子는 龍樓門을 나왔으나, 감히 馳道를 횡단하지 못하고 서쪽으로 直城門에 이르러서야 횡단할 수 있어서 건넜고, 돌아서 作室門으로 들어왔다. 上이 늦었다고 생각하고 그 까닭을 물으니, 사실대로 대답하였다. 上이 크게 기뻐하여 이에 著令하게 하고, 太子는 馳道를 횡단할 수 있게 하였다.[10]

---

9) 秦濤, 「律令時代的"議事以制"漢代集議制研究」(西南政法大學博士學位論文, 2014), p.163.
10) 『漢書』卷10 「成帝紀」, p.301.

2) 帝가 나이가 9세여서 太皇太后가 臨朝하고, 大司馬 王莽이 정권을 장악하고, 百官은 모두 왕망의 명령을 따랐다. 詔書로 말하였다. "무릇 赦令은 天下와 更始하고, 진실로 百姓들로 하여금 행동을 개선하고 자신을 깨끗이 하여 그 性命을 온전하게 하려는 것이다. … 지금 이후로 有司는 사면령 이전의 사항을 진술하여 奏上하지 못하도록 한다. 詔書와 같이 하지 않아 虧恩하는 것이 있다면 不道로써 논한다. 定하여 著令하고, 天下에 布告하여, 그것을 명확히 알게하라."[11]

3) 詔書로 명령한다. "대개 夫婦가 올바르면 父子가 親해지고, 人倫이 定해진다. 이전의 조서에서 有司가 貞婦의 賦稅를 면제하고, 女徒를 방면하여 귀가시킨 것은 진실로 邪辟된 것을 막고, 올바른 믿음을 온전하게 하고자 함이었다. 80세 이상의 노인과 7세 이하의 어린이에게 형벌을 가하지 않는 것은 聖王이 만든 제도이다. 다만 포악한 吏는 대부분 犯法者의 親屬과 婦女와 老弱者를 拘繫하여 원한을 맺고 교화를 상하게 하고 있어 백성이 고통스러워하고 있다. 백관들에게 분명히 알려(其明敕百寮), 婦女가 몸소 犯法한 것이 아니거나, 男子가 나이 80세 이상, 7세 이하는 그 집안이 不道罪에 연좌되거나 조서로 지명수배된 것이 아니면, 모두 형구를 채우지 않도록 하라. 마땅히 사는 곳에 가서 물어보아야 할 것은 즉시로 물어보도록 하라. 定하여 著令하도록 하라."[12]

이상의 것은 모두 제 1형식의 著令사례인데, 1)은 元帝의 명령으로 太子가 馳道를 횡단할 수 있도록 令을 제정한 것이다. 2)는 太皇太后인 王太后가 臨朝하여 내린 詔書인데, 赦令이 내려진 후 그 이전의 사안을 상주하지 못하게 하고, 이를 어기면 不道로써 처벌한다는 내용을 著令

---

11) 『漢書』 卷12 「平帝紀」, p.348.
12) 『漢書』 卷12 「平帝紀」, p.356.

하게 한 것이다. 3)은 婦女가 직접 犯法한 것이 아니거나, 男子가 80세 이상, 7세 이하인 자는 그 집안의 범죄가 不道가 아니거나, 조서로 지명수배된 것이 아닐 경우 형구를 채우지 않도록 할 것을 定著令한 것이다. 이상의 사례들은 모두 황제의 의지에 의하여 令으로 법제화된 것들이다.

앞에 예시한 표에서 보면, 大庭脩는 제1형식에서 著爲令을, 제3형식에서는 具爲令을 사용하였다고 보았다. 이것은 그가 著爲令과 具爲令의 용법에 차별성이 있다고 본 것이다. 그러나 『漢書』「景帝紀」의 기사를 보면 양자가 구별되는 것은 아니다.

> 4) 가을 7월에 조서로 명한다. "관리가 관할 범위 내의 百姓 또는 下屬이 바친 음식을 받았을 때 면직되는 것은 너무 무거운 처벌이며, 관할 범위 내에서 물건을 싸게 사서 비싸게 파는 행위에 대해서는 처벌이 너무 가볍다. 廷尉와 丞相은 재차 논의하여 著令하라.(廷尉與丞相更議著令)" 廷尉 信이 삼가 丞相과 논의하여 말하였다(廷尉信謹與丞相議). "吏 및 여러 有秩吏가 자신이 감독하고, 다스리고, 按察하고, 인솔하는 官屬으로부터 음식을 받았을 때, 가격비용을 계산하여 보상하게 하고 처벌하지 않습니다. 기타 물건의 경우, 만약 고의로 싸게 사거나, 고의로 비싸게 팔거나 하면, 모두 坐臟爲盜가 되며, 장물은 縣官에 몰수합니다. 吏는 遷徙하고 파면합니다. 인솔하고 감독하고 다스리던 원래 官屬이 財物을 보내오면, 奪爵하여 士伍로 삼고, 면직시킵니다. 無爵은 罰金이 二斤이며, 받은 것을 몰수합니다. 만약에 잡거나 고발하면 그 받은 장물을 상으로 줍니다."[13]

---

13) 『漢書』卷5「景帝紀」, p.140, "秋七月, 詔曰:「吏受所監臨, 以飮食免, 重; 受財物, 賤買貴賣, 論輕. 廷尉與丞相更議著令.」廷尉信謹與丞相議曰:「吏及諸有秩受其官屬所監、所治、所行、所將, 其與飮食計償費, 勿論. 它物, 若買故賤、賣故貴, 皆坐臟爲盜, 沒入臟縣官. 吏遷徙免罷, 受其故官屬所將監治送財物, 奪爵爲士伍,

景帝는 "관리가 관할 범위 내의 百姓 또는 下屬이 바친 음식을 받았을 때 면직되는 것은 너무 무거운 처벌이며, 관할 범위 내에서 물건을 싸게 사서 비싸게 파는 행위에 대해서는 처벌이 너무 가볍다."고 생각하여 廷尉와 丞相에게 재차 논의하여 著令하라고 명령하였다. 이 詔書의 著令을 보고 大庭脩의 제 1형식으로 오해할 수도 있지만, 실제로는 황제가 어떤 사안을 有司에게 논의시켜서 令으로 만드는 大庭脩의 제 3형식에 해당한다. 그는 제 3형식에 "議爲令", "具爲令"만이 사용된 것으로 주장하였지만, 「景帝紀」의 著令도 동일하게 제 3형식에 사용된 것이다. 그렇다면 著令과 具爲令을 구별해야 할 필요성이 없다. 이 사례는 아래 5)의 「津關令」 500 + 501 + 499簡에 보이는 "具爲令"과 동일한 의미로 생각된다. 아래의 「津關令」에 "具爲令"하라고 한 것은 「景帝紀」의 "更議著令"과 동일하게 해당 관료들에게 법제정을 심의하게 하라는 것이며, 동일한 제 3형식의 구조이다. 그러므로 「景帝紀」에 사용된 "著令"은 제 3형식에도 사용되며, "議爲令", "具爲令"과 하등의 차이도 없다고 생각된다.[14)

> 5) □, 相國·御史(大夫)에게 制詔(명령)하였다. "불행히 사망한 자의 家가 關外에 있는 경우, 關에서 (棺을) 열어 수색하는 것은 마땅하지 않으니, 수색하지 말도록 하라. 令으로 갖추도록 하라.(其令勿索, 具爲令)" 相國·御史(大夫)가 請하였다(請). "關外人으로서 조정에서 仕官하거나(宦), 關中에서 吏가 되어 있거나, 關中에서 徭役에 동원되어 불행히 사망한 경우, 縣·道 또는 소속된 관부에서는 殮襲하는 것을 신중히 살펴서, 禁物이 (棺에) 들어가지 못하도록 하고, 令 또는 丞의 官印으

免之. 無爵, 罰金二斤, 令沒入所受. 有能捕告, 畀其所受臧.」"

14) 大庭脩도 議著令을 具爲令과 같은 文言으로 해석하였다.(大庭脩, 위의 책, p.217.) 그렇지만 제 1형식에는 著令이 사용되고, 제 3형식에는 具爲令이 사용된 것으로 구별하고 있어 스스로 모순된 입장을 보이고 있다.

로 棺(櫝槽)을 봉하고, 印章이 찍힌 문건으로 關에 통고하고, 關에서
는 봉인을 온전히 하여 出關하도록 하고, 수색하지 않습니다. 棺 속
에서 禁物이 발견되었을 경우, 염습 및 봉인한 자는 (禁物을 넣어 棺
을) 반출한 자와 같은 죄로 처벌합니다." · 制: 可하다. [□, 制詔相國、
御史, 諸不幸死家在關外者, 關發索之, 不宜, 其令勿索, 具爲令. 相國、御
史請關外人宦、爲吏若徭使、有事關中, (500) 不幸死, 縣道若屬所官謹視收
斂, 毋禁物, 以令若丞印封櫝槽, 以印章告關, 關完封出, 勿索. 櫝槽中有禁
物, 視收斂及封(501)者, 與出同罪. ·制曰: 可.(499)][15]

制詔의 제 1형식과 관련된 大庭脩의 견해는 큰 문제점이 없는 것처
럼 보이지만, 최근의 한 연구는 문제점을 지적하고 있다.[16] 大庭脩는
제 1형식이 황제의 명령에 의해 일방적으로 법령이 제정되는 형식이
라고 하였지만, 황제의 일방적 지시에 의한 것인지에 대해서는 재검
토해야 한다. 다시 말해서 사서에 조서를 기록할 때 생략된 부분이
없었는지 검토해봐야 한다. 아래의 『後漢書』 「光武帝紀」의 기록은 제 1
형식의 制詔로서, 군주의 일방적 의지가 체현된 것으로 보이지만, 『後
漢書』 「朱祐列傳」을 보면 이 制詔가 제 3형식의 集議의 결과로 이루어
진 것임을 알 수 있다.

　　⑥ 5월 丁丑日에 조서로 말했다. "옛날 契임금은 司徒의 직을 만들었고,
　　　　禹임금은 司空의 직을 만들었는데, 모두 관명에 '大'자가 없다. 二府
　　　　에서 '大'를 빼버리도록 하라." (五月丁丑, 詔曰: 「昔契作司徒, 禹作司

---

15) 『張家山漢墓竹簡』(北京: 文物出版社, 2006, 이후 『張家山漢墓竹簡(2006)』으로
　　약칭), pp.84-85, "□, 制詔相國、御史, 諸不幸死家在關外者, 關發索之, 不宜, 其
　　令勿索, 具爲令. 相國、御史請關外人宦、爲吏若徭使、有事關中, 500(C68) 不幸
　　死, 縣道若屬所官謹視收斂, 毋禁物, 以令若丞印封櫝槽, 以印章告關, 關完封出,
　　勿索. 櫝槽中有禁物, 視收斂及封501(C128)者, 與出同罪. ·制曰: 可. 499(C129)"
16) 秦濤, 위의 논문, p.168.

空, 皆無『大』名, 其令二府去『大』.」)[17]

7) (朱祐가) 광무제 15년 京師에 조근해 大將軍의 印綬를 반납하고, 경사
에 머물면서 奉朝請(歲時 조근 참여 명예직)이 되었다. 祐는 상서하
여 옛날에 신하가 봉작을 받을 때 王爵을 가하지 않았으니 諸王을
公으로 바꿔야 한다고 하였다. 帝가 즉시로 시행하였다. 또한 상서
하여 마땅히 三公은 모두 "大"의 이름을 빼버려서 經典을 본받아야
한다고 말했다. 후일 드디어 그 논의를 따랐다. (十五年, 朝京師, 上
大將軍印綬, 因留奉朝請. 祐奏古者人臣受封, 不加王爵, 可改諸王爲公.
帝即施行, 又奏宜令三公並去「大」名, 以法經典. 後遂從其議.)[18]

6)의 「光武帝紀」 詔書의 "契임금은 司徒의 직을 만들었고, 禹임금은
司空의 직을 만들었는데, 모두 관명에 '大'자가 없다. 二府에서 '大'를
빼버리도록 하라."는 내용을 보면, 이것은 황제의 일방적 명령에 의한
것으로도 이해될 수 있다. 그러나 7) 「朱祐列傳」의 "祐奏"를 보면, 황제
의 발의에 의한 것이 아니라, 朱祐의 상주에서 비롯된 것임을 알 수
있다. 朱祐는 三公의 명칭에서 "大"를 제거하여 經典에 일치시키자고
주장했는데, 후일 그 논의를 따랐다는 것(後遂從其議)에서 본다면, 이
문제를 둘러싸고 조정에서 논의가 있었다는 것을 알 수 있다. 이 사
례에서 볼 때, 사료에 보이는 제 1형식의 조서가 황제의 의지에 의해
발의된 것이 아닌 것도 상당수 있었을 것으로 추정된다. 이 부분은 秦
濤가 지적한 바와 같이, 大庭脩가 制詔의 제 1형식을 논할 때 集議의
존재를 미처 생각하지 못한 것으로 생각된다.[19] 이로써 본다면 많은
제 1형식의 制詔가 실제로는 제 3형식의 것일 수 있다는 추론도 가능

---

17) 『後漢書』 卷1下 「光武帝紀」, p.79.
18) 『後漢書』 卷22 「朱祐列傳」, p.771.
19) 秦濤, 위의 논문, pp.170-171.

하다. 결국은 제 1형식보다는 신하들의 발의에 의한 제 2형식과 황제가 일부의 관료에게 입법을 위탁하는 제 3형식이 주종을 이루었을 것으로 생각된다.

「津關令」은 大庭脩의 制詔 형식의 분석을 검증하는데 매우 중요한 자료이다. 우선 「津關令」의 형식을 大庭脩의 制詔形式에 적용해보면, 제 1형식이 2개, 제 3형식이 3개이며, 나머지 대부분은 제 2형식이다. 종전에는 大庭脩의 견해에 지나치게 경도되어 제 1형식에서 著令 文言의 유무에만 집중했다. 그러나 아래에 인용한 「津關令」 8)·9)는 제 1형식임에도 著令의 문언이 없이 制詔御史 + 其令으로만 구성되어 있다.

8) 二, 御史(大夫)에게 制詔(命令)하였다. "扞關·鄖關·武關·函谷關·臨晉關 및 여러 塞의 河津에 發令하기를, 黃金·奠黃金器 및 銅을 出關하지 못하도록 금지하는데, 犯令하게 되면……" [二, 制詔御史: 其令扞(扞)關, 鄖關, 武關, 函谷, 臨晉關, 及諸其塞之河津, 禁毋出黃金, 諸奠黃金器及銅, 有犯令(492)]

9) □, 御史(大夫)에게 制詔하였다. "여러 關은 私的으로 金器·鐵을 가지고 出關하지 못하도록 금지한다. 혹 金器를 가지고 入關하는 경우, 關에서는 신중하게 (金器를) 문서에 등록하고, 出關할 때 다시 대조하고 등록한 器(金器)를 내보낸다. 장식 및 (입고 있는) 의복에 붙어 있는 것은 이 令을 적용하지 않는다." [□, 制詔御史, 其令諸關, 禁毋出私金器, 鐵, 或以金器入者, 關謹籍書, 出復以閱, 出之籍器. 飾及所服者不用此令.(493)]

[표 2] 「津關令」의 제 1형식

8) 二	制詔御史 + 其令 + 有犯令 492	제 1형식	其令(著令 및 制曰可 없음)
9) □	制詔御史 + 其令 + 不用此令 493	제 1형식	其令(著令 및 制曰可 없음)

"其令"의 형식은 제 1, 3형식에 보이는 독특한 표현이다. 따라서 제 1, 3형식에서는 著令의 문언보다 "其令"이 보다 중요하다고 생각된다. "其令"이 있는 경우에 "制曰可"가 없는 것은 제 1형식이고, "制曰可"가 있는 것은 제 3형식이다. 그 차이는 제 1형식은 황제의 의지에 의해 입법이 되는 것이므로 굳이 관료들의 상주를 받을 필요가 없기 때문에 "制曰可"가 불필요하다. 반면에 황제의 명령에 의해서 其爲令, 議爲令하게 만들었으므로 당연히 신하들의 覆奏가 있을 것이고, 이에 대한 "制曰可"가 따르는 것이다. 필자는 여기에서 "其令"이 制詔를 令 또는 律로 만들게 하는 명령어가 아닐까 하는 추정을 한다. "其令"에 대해서는 서술의 필요상 제 3형식에서 함께 설명하기로 한다.

2. 制詔의 제 2형식

大庭脩는 제 2형식의 조서형식을 "官僚가 제안하면, 皇帝가 재가하고(制曰可), 皇帝의 命令으로 발포하는 것"으로 이해했다. 제 2형식의 制詔가 令으로 만들어지는 것은 관리의 요청(請)을 수용하여 令으로 입법하는 『二年律令』 「置吏律」의 규정에 입각한 것이다.[20] 「置吏律」 규정에 의하면, 縣·道 관부의 지방 관리는 律令이 될 수 있는 사항이 있으면 소속 상관인 二千石官에게 요청하고, 二千石官은 그것을 相國·御史에게 올리고, 이를 재차 황제에게 요청하여 "制曰可"를 획득한 이후 입법하기 때문에 著令 문언이 필요 없다. 여기에서의 "請"은 『漢書』 「刑法志」의 肉刑 제정과정에 나타난 "臣은 삼가 논의하여 定律할 것을 請합니다(臣謹議請定律)"의 "請"과 같은 의미이다.[21]

---

20) 張家山二四七號漢墓竹簡整理小組, 『張家山漢墓竹簡』[二四七號墓](이후 『張家山漢墓竹簡(2001)』으로 약칭.)(北京: 文物出版社, 2001), p.163, "(置吏律) 縣道官有請而當爲律令者, 各請屬所二千石官, 二千石官上相國·御史, 相國·御史案致, 當請, 請之, 毋得徑請者. 徑請者, (219) 罰金四兩.(220)"

21) 『漢書』 卷23 「刑法志」, pp.1097-1100, "丞相張蒼、御史大夫馮敬奏言: 「肉刑所以

"請"은 율령의 제정을 요청하는 핵심용어이며, 법률적으로 제정의 필요성이 인정되면 "制曰可"라고 허가를 내린다. 그러한 점에서 문헌 사료상에 보이는 "請"의 용례들에 주목할 필요가 있다. 모든 "請"의 사례가 律令으로 되었던 것은 아니지만, 請 + 制曰可(또는 奏可)가 있다면 그것은 令으로 되었을 가능성이 크다. 이제까지 大庭脩가 주장한 著令 문언만이 중요한 것으로 생각해왔으나, "請" 또한 중요한 것이다. 『嶽麓書院藏秦簡(肆)』에 보이는 令의 경우도 "請"이 핵심적 요소를 차지한다.

秦末의 『嶽麓書院藏秦簡(肆)』에도 "請"을 통해 律令을 제정하는 제 2형식이 확인된다. 이는 秦律에 이미 『二年律令』「置吏律」의 그 규정이 존재했을 가능성을 보여준다.

> 10) ● 東郡守가 上言하였다. 東郡 지역에는 식량이 많아 식량의 가격이 저렴한 상태입니다. (東郡의) 徒隷老·癃病·無賴인 자 중에서, 縣官이 의당 就食하게 할 자는 취식하는 것을 중지시켜주도록 請합니다. 다른 것은 동일합니다. ● 制曰, 可하다.(360)[22]

360簡은 東郡守가 올린 「廷內史郡二千石官共令」의 내용인데, 그것은 廷尉·內史·郡二千石官이 공동으로 사용하는 令이다. 東郡 지역은 식량이 많으므로 식량의 가격이 저렴한 상태이며, 徒隷老·癃病·無賴인 자 중에서, 縣官이 就食하게 할 자는 취식하러 보내지 말 것을 요청한 것이다. 請 + 制曰可는 제 2형식에 해당하는 것이다. 이것이 「廷內史郡二

禁姦, 所由來者久矣. 陛下下明詔, 憐萬民之一有過被刑者終身不息, 及罪人欲改行爲善而道亡繇至, 於盛德, 臣等所不及也. 臣謹議請定律曰: 諸當完者, 完爲城旦舂; 當黥者, 髡鉗爲城旦舂; 當劓者, 笞三百; … 臣昧死請.」制曰:「可.」 다만 여기에서 "請定律"이 있더라도 제조의 형식은 제 3형식이라는 점을 명기해 둔다.
22) 『嶽麓書院藏秦簡(肆)』, p.214, "● 東郡守言: 東郡多食, 食賤, 徒隷老, 庢(癃)病, 毋(無)賴, 縣官當就食者, 請止, 勿遣就食. 它有等比. ● 制曰, 可."

千石官共令」, 즉 令으로 되어 있다는 것은 이미 秦代부터 漢初의 「置吏律」과 같은 지방관의 요청을 접수하여 심의하고 令으로 만드는 규정이 존재했음을 반영한다.

아래의 [표 3]에서 알 수 있듯이, 漢代의 「津關令」에도 "請"이 포함된 제 2형식들은 대체로 "御史言 + 請 + 制曰: 可", "相國, 御史 + 請 + 制曰: 可", "相國上內史書言 + 請 + 制曰: 可"의 형태로 되어있다.23) 「津關令」 가운데는 관리들(內史, 中大夫, 長沙丞相, 南郡守, 長信詹事, 魯御史, 備塞都尉)이 올린 법률제정의 요청을 丞相(相國)·御史大夫가 올려 재가를 획득한 제 2형식의 사례가 13개로 가장 많다. 특히 丞相(相國)이 內史書·長沙丞相書 등을 올려서 令으로 만들고 있는 과정은 앞서 언급한 「置吏律」의 縣道官吏 － 二千石官 － 相國·御史의 계통과 정확히 일치한다. 「津關令」에 禁輸물자인 馬·黃金·銅의 반출과 관련된 전문적인 내용이 포함된 것은 지방 郡國·關에서 다양한 내용의 令을 주청한 결과이다. 『漢書』 「刑法志」에 漢令의 숫자가 많아져서 율령을 관리하는 담당자가 이루 다 볼 수 없었다는 현상도 이러한 地方官吏들의 법률제정에 참여하는 길을 열어놓은 것이 일조했을 것이다.24)

---

23) 『張家山漢墓竹簡(2006)』, p.83, "一、御史言, 越塞闌關, 論未有令. 請闌出入塞之津關, 黥爲城旦舂; 越塞, 斬左止(趾)爲城旦; 吏卒主者弗得, 贖耐; 令、(488)丞、令史罰金四兩. … 制曰: 可.(491)"; 같은 책, p.86, "十五、相國、御史請: 郎騎家在關外, 騎馬卽死, 得買馬關中人一匹以補. … 自言郎中, 郎中案視, 爲致告關中縣道官, 賣更買. ·制曰: 可.(515)"

24) 『漢書』 卷23 「刑法志」, p.1101, "其後姦猾巧法, 轉相比況, 禁罔寖密. 律令凡三百五十九章, 大辟四百九條, 千八百八十二事, 死罪決事比萬三千四百七十二事. 文書盈於几閣, 典者不能徧睹."

[표 3] 「津關令」의 제 2형식

no	형식의 특징	비고	비고
一	御史言 + 請 + 制曰: 可 488-491	2형식	請 + 制曰: 可
□	相國、御史請 + 皆以越塞令論之. 494-495	2형식	(制曰: 可 없음)
□	相國上內史書言, 請 + ■ 制曰: 可 496-497	2형식	相國上 + 書 + 請
□	御史請 498	2형식	請, (制曰: 可 없음)
九	相國下〈上〉: 內史書言 + ■ 相國、御史復請+制曰: 可. 502-503	2형식	相國上 + 書 + 請
□	相國上中大夫書, 請 + ■ 相國、御史以聞. ■制曰: 可. 504-505	2형식	相國上 + 書 + 請
十三	相國上內史書言 + ■ 御史以聞, 制曰: 可. 512	2형식	相國上 + 書 + 請
十五	相國、御史 + ■制曰: 可. 513, 514, 515	2형식	請
十六	相國上: 長沙丞相書言 + ■ 相國、御史以聞, 請+■制曰: 可. 516, 517	2형식	相國上 + 書 + 請
☑	相國上南郡守書言+請 518	2형식	相國上 + 書 + 請 (制曰: 可 없음)
二十一	丞相上長信詹事書 + 請 + 丞相、御史以聞 + ・制519	2형식	丞相上 + 書 + 請
二十二	丞相上: 魯御史書言 + 請+■ 丞相、御史以聞. 制曰: 可. 520	2형식	丞相上 + 書 + 請
	丞相上魯御史書 + 請 + ■ 丞相、御史以聞 + 制曰: 可. 521		
	■丞相上: 魯御史書 + 請 + 丞相、御史以聞 + 制曰: 可. 522		
二十三	丞相上: 備塞都尉書 + 請 + ■ 丞相、御史以聞. 制曰: 可. 523, 524	2형식	丞相上 + 書 + 請

3. 制詔의 제 3형식

제 3형식은 皇帝가 特定官僚에 하달해 立法을 지시하면, 官僚는 方案을 올려, 皇帝의 재가를 얻은 후에 皇帝의 命令으로 발포한다. 여기에는 議爲令·具爲令 등의 著令 문언이 포함되어 있다. 大庭脩는 제 3형식에 대하여, 황제가 일부의 관료에게 정책의 大綱, 또는 의지의 지향을 지시하고, 상세한 입법을 위탁하는 경우에 사용되고, 제 1형식과 제 2형식이 복합된 것으로 되는 것인데, 그때 제 1형식(필자: 제 3형식으로 복합된 것의 제 1형식을 의미함)의 말미에는 具爲令·議爲令·議著令 등의 문언이 붙는다고 하였다.[25] 大庭脩는 具爲令을 "前述한 뜻을

具現하여 令을 만든다."고 해석했으나,[26] 具의 뜻은 具現이 아니라 구비하다, 갖추다라는 의미이다. 이것은 『睡虎地秦墓竹簡』「語書」의 "今法律令己具矣"에서 보면 具의 의미는 "법률령이 갖추어졌다."는 의미로 생각된다.[27] 따라서 "具爲令"은 "갖춰서 令으로 만들라."는 의미라고 할 수 있다. 著令도 『漢書』「景帝紀」의 "廷尉與丞相更議著令"에서 보면 "廷尉와 丞相이 다시 논의하여 著令하라."는 제 3형식이다. 따라서 그 의미는 具爲令과 차이가 없다. 具爲令이 포함된 제 3형식의 사례로 文帝의 養老令 조서를 들 수 있다.

11) 詔書에서 말했다. "바야흐로 봄이라서 온화한 때이니, 草木과 모든 생물들이 모두 스스로 즐기는 때이다. 그런데 나의 백성 중 홀아비·과부·고아·無子·궁곤한 사람들이 죽을 지경에 빠졌는데도 근심하지 않으면 어찌 백성의 부모라 할 수 있겠는가? 振貸할 방법을 상의하라.(其議所以振貸之)" 또 말하였다. "노인은 비단이 아니면 몸이 따습지 아니하고, 고기가 아니면 배부르지 아니한다. 지금 연초인데 제때 사람을 시켜 노인들을 찾아보지 않고, 또한 布帛과 酒肉을 하사하지 않는다면, 장차 무엇으로써 天下의 子孫이 그 부모 모시는 것을 돕겠는가? 지금 관리들이 죽(鬻)을 받을 사람들에게 묵은 곡식을 지급한다고 들었는데, 어찌 養老의 뜻에 부합되겠는가! 갖춰서 令으로 만들라(具爲令)." 有司가 청하였다.(請) "縣·道로 하여금, 나이 80세 이상은 1인당 한 달에 米 1石, 肉 20斤, 酒 5斗를 하사합니다. 90세 이상은 帛을 1인당 2필, 絮(명주솜) 3斤을 추가로 하사

---

25) 大庭脩, 위의 책, p.230.
26) 같은 책, p.216.
27) 睡虎地秦墓竹簡整理小組, 『睡虎地秦墓竹簡』(北京: 文物出版社, 1978), p.15, "今法律令己具矣, 而吏民莫用, 鄕俗淫失(泆)之民不止, 是即法(廢)主之明法殹(也), 而長邪避(僻)淫失(泆)之民, 甚害於邦, 不便於民. 故騰爲是而脩法律令、田令及爲間私方而下之, 令吏明布, 令吏民皆明智(知)之, 毋巨(岠)於罪."

합니다. 물품을 하사하거나 鬻米를 지급하는 경우, 長吏가 하나하
나 살펴봐야 하고, 丞 또는 尉가 물품을 보내도록 합니다. 90세 미
만은 嗇夫·令史가 보내도록 합니다. 二千石은 都吏를 파견해 조서
를 준수하지 않는 자를 감독합니다. 刑者 및 耐罪 以上은 이 令을
적용하지 않습니다."[28]

　養老詔書의 형태는 「津關令」의 "其令"과 완전히 동일하지 않지만,
"其議 … 具爲令 … 有司請 … (制曰可: 생략됨)"의 형태로 되어 있다. 여기
에서 주목할 것은 "其令"에 비견되는 "其議"의 존재이다(후술). 養老 조
서에서 文帝의 具爲令의 명령이 내려졌고, 有司의 논의 결과 縣·道에
적용할 養老令을 제정하였다. 이는 황제의 명령과 有司의 주청(請)에
의하여 성립된 제 3형식이라고 할 수 있다. 제 3형식에서 중요한 것은
황제가 유관 관료들에게 논의를 명령하고, 이 명령에 따라 관리들이
"請"하면 그 奏請에 대한 批答을 "制曰可"로 하는 것에 있다.
　漢代 制詔의 제 3형식은 최근 발표된 秦代의 『嶽麓書院藏秦簡(肆)』에
서도 확인되는데, 결국 漢令의 기원은 秦令에 있는 것이다.

　12) 囂園(秦獻公 墓域)과 宣深(宣太后 墓域)의 斗食의 嗇夫·史는 각각 1인
　　　인데, 서로 공동으로 조금씩 月食을 지급받는 자는 □(가축?)의 새
　　　끼(息子)를 매각해서는 안된다. 소모(耗廢)물품 및 다른 마땅히 賣
　　　買해야 할 것은(341/0639) 윗 상관으로 하여금 감독하게 해야 하는
　　　데, 律令에 (규정이) 없다. 議: 囂園과 宣深의 嗇夫 또는 史가 서로
　　　공동으로 監臨하게 하고, 坐되면 令史를 監臨하도록 합니다. 다른
　　　것은 동일하게 합니다.(342/0680)[29]

28) 『漢書』 卷4 「文帝紀」, p.113.
29) 『嶽麓書院藏秦簡(肆)』, p.208, "■內史郡二千石官共令 第丙 囂園宣深有斗食嗇
　　夫、史各一人, 毋與相襍稍廩月食者賣□息子. 所以爲耗□物及它(341/0639) 當賣

이 令에서 囂園, 宣深의 앞에 制詔가 보이지 않는데 생략한 것으로 보인다. 내용상 "律令에 (규정이) 없다"와 "議"로 볼 때 이 논의를 명령한 "制詔御史"의 부분이 있었을 것으로 생각된다. 이것은 이 내용을 규정한 律令 조문이 없기 때문에 새로이 제정을 명했고, 그에 따라 集議가 이루어진 것이므로, 제3형식으로 생각된다.

방금 살핀 『嶽麓書院藏秦簡(肆)』의 341 + 342簡에도 著令·具爲令같은 문언은 보이지 않음에도 內史郡二千石官共令으로 되어 있다. 令으로 될 수 있었던 이유는 황제의 制詔丞相御史에 의해서 명령이 내려졌고, 이에 丞相御史가 集議 결과를 請하였기 때문이다.

13) ┃內史郡二千石官共令(0355正)

● 丞相·御史에게 制詔한다. "兵事가 끝났으니, 마땅히 현상금을 주고 (백성에 대한) 채무를 상환할 모든 것은 縣으로 하여금 신속하게 상환하도록 하라. 이 令이 縣에 도달하면, 縣에서는 각각 現錢 가운데 禁錢(少府錢)이 아닌 것으로 하고,(308/1918正) 皐에 이르지 않도록 縣으로 하여금 신속히 주도록 하라." ┃丞相·御史가 주청(請)하였다. "令이 縣에 도달하면, 縣은 각각 現錢 가운데 禁錢이 아닌 것으로 신속하게 주도록 합니다. 부족하면, 각각 그 소속된 바의(309/0558正) 執灋에게 請하도록 하고, 執灋은 균등하게 조절하도록 합니다.(調均) 또 부족하면, 御史에게 요청하도록 하여, 禁錢을 빌려 주도록 요청하게 합니다. 빌린 것이 많든 적든 상환하도록 하고, 오래도록 상환 기한을 변경하거나, 돈이 있음에도 지급하지 않은 것이 1金을 넘을 때 貲二甲에 처합니다."(311/0357正)[30]

買者ㄴ, 令上監, 毋(無)律令. 議: 令囂園宣深嗇夫若史相襥監, 坐, 如監令史, 它有等比.(342/0680)"

30) 『嶽麓書院藏秦簡(肆)』, pp.196-198, "┃內史郡二千石官共令(0355正) ● 制詔丞相御史: 兵事畢矣, 諸當得購賞貰責(債)者, 令縣亟予之. 令到縣, 縣各盡以見(現)錢不禁(1918正) 者, 勿令巨皐. 令縣皆亟予之. ┃丞相御史請: 令到縣, 縣各盡以

이 內史郡二千石官共令(0355正 + 1918正 + 0558正 + 0358正 + 0357正)은 황제가 丞相·御史에게 制詔하고, 이에 입각해 丞相·御史가 주청하는 내용까지 令의 기본 형식을 모두 담고 있다. 制詔가 보이는 것으로 보아 秦통일 이후의 秦始皇 또는 二世皇帝의 시기로 생각된다. 내용은 통일전쟁 종료 후에 국가가 民에게 지급해야 할 각종 현상금과 백성에게 빌린 채무를 신속하게 縣에서 지급하라는 것이다.

이것은 얼핏 보면 황제의 명령이 실현되는 제 1형식으로 생각된다. 황제가 丞相御史에게 명령을 하달하여 令으로 되었기 때문이다. 그러나 "請"이 존재하는 것으로 보아, 단순한 제 1형식이 아니라, 황제가 丞相御史에게 制詔(명령)하였고, 丞相御史는 集議를 통해 얻어진 결론을 황제에게 "請"한 전형적인 제 3형식의 令이다. 다만 漢代의 제 3형식에 있는 具爲令은 보이지 않는다. 또한 「津關令」에는 거의 빠짐없이 보이는 制曰可가 여기의 秦令에서는 보이지 않는데 생략된 것으로 보인다.

제 3형식의 구조는 「津關令」에 명백하게 나타나 있는데, "制詔相國·御史 + 其令 + 具爲令 + 相國·御史請 + ■制曰: 可"의 형태로 되어 있다.

[표 4] 「津關令」의 제 3형식

5) □	制詔相國、御史 + 其令, 具爲令. 相國、御史請 + ■制曰: 可. 500, 501, 499	3형식	완벽한 제 3형식
	▨議 + ■御史以聞, 制曰: 可. 506, 507, 510,511	3형식	議 + ■御史以聞
十二	相國議 + 御史以聞, 請 + 制曰: 可. 509, 508	3형식	議 + ■御史以聞

見(現)錢不禁者亟予之, 不足, 各請其屬(0558正) 所執灋, 執灋調均; 不足, 乃請御史, 請以禁錢貸之. 以所貸多少爲償, 久易(易)期, 有錢弗予, 過一金(0358正) 貲二甲(0357正)貫責(債)의 해석에 대해서는 『睡虎地秦墓竹簡(1978)』, p.60, "有責(債)於公及貲, 贖者居它縣, 輒移居縣責之. 公有責(債)百姓未賞(償), 亦移其縣, 縣賞(償). 金布律." 및 같은 책, p.287, "貫, 借貸" 참조.

[표 4]의 첫 번째 것은 앞서 5)에서 인용한 것으로, 황제가 相國과 御史에게 關中에서 사망한 관외 출신자의 시신을 出關할 때 搜索하는 것의 문제점을 논의하여 具爲令하라고 명령한 것이다. 표의 2번째와 3번째의 것에는 "議"가 주목된다. 이것은 皇帝가 명령하여 集議를 거친 후에 御史가 보고하여 재가를 얻은 형태이므로 議爲令의 제 3형식으로 간주된다. 「津關令」에 보이는 具爲令은 5)의 500 + 501 + 499簡의 사례가 유일하다. 그 내용은 制詔御史와 "其令 + 具爲令"이 복합된 형태로서 有司에게 해당 내용을 令으로 제정할 것을 명령하고 있다. 주목되는 것은 5)의 "其令", 11)의 "其議" 등은 모두 명령어로서 "其"가 붙어있다는 점이다.[31]

4. 令과 "其令"

제 1형식에서 「津關令」에 著令 문언이 없고, 오직 "其令"만 있는 것은 매우 독특하였다. 방금 본 것처럼 제 3형식인 5)에도 "其令"이 보이는 것이다. 문헌자료에도 이러한 경우가 적지 않은데 "其令"만 있는 詔書가 과연 令으로 될 수 있었는지 의문이다. 『漢書』「高帝紀」 5년 爵級·官秩의 대응을 명령한 조서에 "具爲令"이 없고 "其令"만이 확인되는 사례가 있다.[32] 高祖는 秦의 民爵에서 公大夫 以上은 令丞과 亢禮하였던 전통을 승계하여 諸吏는 高爵者에게 잘 대우해 주도록 명령하였다. 그 때에 高祖는 "모든 관리는 高爵者를 잘 대우해 주어서, 나의 뜻에 부합하도록 하라.(其令諸吏善遇高爵, 稱吾意)"라고 하여 "其令"을 사용

---

31) 秦濤, 위의 논문, p.168.
32) 『漢書』 卷1下 「高帝紀」, pp.54-55, "帝乃西都洛陽. 夏五月, 兵皆罷歸家. …又曰: 「七大夫, 公乘以上, 皆高爵也. 諸侯子及從軍歸者, 甚多高爵, 吾數詔吏先與田宅, 及所當求於吏者, 亟與. 爵或人君, 上所尊禮, 久立吏前, 曾不爲決, 甚亡謂也. 異日秦民爵公大夫以上, 令丞與亢禮. 今吾於爵非輕也, 吏獨安取此! 且法以有功勞行田宅, 今小吏未嘗從軍者多滿, 而有功者顧不得, 背公立私, 守尉長吏教訓甚不善. 其令諸吏善遇高爵, 稱吾意. 且廉問, 有不如吾詔者, 以重論之.」"

하였고, 이 명령이 令으로 제정된 것이 『二年律令』의 賜律에 보인다.[33] 『二年律令』賜律을 보면, 각 爵級과 官秩을 대응시키고 있다. 또한 列侯의 就國令도 文帝의 "其令"에 의해서 제정된 것으로 생각된다.[34] 賈誼가 행한 "여러가지 법령 개정(諸法令所更定)"과 "列侯就國"을 함께 언급했는데, 그것이 就國令으로 성립되었을 것임은 景帝시기에 그 폐지 조치를 취한 "省徹侯之國"에서 알 수 있다.[35]

高祖 5년 조서와 文帝의 "列侯就國"에 공통적으로 "具爲令"이 없고 "其令"만으로도 令이 제정되고 있는 사실은 "其令"이 律令제정에 있어 중요한 著令 文言이라고 생각된다. 列侯의 就國令에는 "初"가 붙어 있다. 初는 법령화를 시행하라는 용어는 아니지만 "처음으로 ~를(을) 시행하였다."라는 뜻이며, 대부분 법제화된 것에 붙어 있다. 예컨대, "初置孝弟力田二千石者一人", "令諸侯王薨, 列侯初封及之國", "初令郡國舉孝廉各一人", "初算商車", "初算緡錢", "初置刺史部十三州" 등과 같은 것은 그 內容의 重要度로 볼 때 법령화되었을 가능성이 높다.[36] 따라서 列侯의

---

33) 『張家山漢墓竹簡(2001)』, p.173, "賜不爲吏及宦皇帝者, 關內侯以上比二千石, 卿比千石, 五大夫比八百石, 公乘比六百石, 公大夫、官大夫比五百291(C214)石, 大夫比三百石, 不更比有秩, 簪裹比斗食, 上造、公士比佐史. 毋爵者, 飯一斗、肉五斤、酒大半斗、醬少半升. 292(C213)"

34) 『漢書』卷4「文帝紀」, p.115, "二年冬十月, 丞相陳平薨. 詔曰: 「朕聞古者諸侯建國千餘, 各守其地, 以時入貢, 民不勞苦, 上下驩欣, 靡有違德. 今列侯多居長安, 邑遠, 吏卒給輸費苦, 而列侯亦無緣教訓其民. 其令列侯之國, 爲吏及詔所止者, 遣太子.」"

35) 『漢書』卷5「景帝紀」, p.150, "二年冬十月, 省徹侯之國.";『漢書』卷48「賈誼傳」, p.2222, "誼以爲漢興二十餘年, 天下和洽, 宜當改正朔, 易服色制度, 定官名, 興禮樂. 乃草具其儀法, 色上黃, 數用五, 爲官名悉更, 奏之. 文帝謙讓未皇也. 然諸法令所更定, 及列侯就國, 其說皆誼發之."

36) 『漢書』卷3「高后紀」, p.96, "二月, 賜民爵, 戶一級. 初置孝弟力田二千石者一人. 師古曰: 「特置孝弟力田官而尊其秩, 欲以勸勵天下, 令各敦行務本.";『漢書』卷5「景帝紀」, p.145, "二年春二月, 令諸侯王薨, 列侯初封及之國, 大鴻臚奏諡、誄、策.";『漢書』卷6「武帝紀」, p.160, "冬十一月, 初令郡國舉孝廉各一人.";『漢書』卷6「武帝紀」, p.165, "六年冬, 初算商車.";『漢書』卷6「武帝紀」, p.178, "初算緡錢.";『漢

就國이 令으로 될 수 있었던 것은 "其令"과 관련을 가진다고 할 수 있다. 문헌에 보이는 制詔가 令으로 되었는지를 확인하기 곤란했었는데, 「津關令」의 "其令"을 포함한 令에서 판단할 때, 동일하게 令으로 되었을 것이다.

과연 그렇다면 "其令"을 어떻게 해석해야 하는가? 일반적으로 문장 내에서 令의 다음에 인명 또는 관명이 오면 그것은 "~로 하여금"으로 해석해야 한다. 예컨대, "其令天下吏民, 令到出臨三日, 皆釋服."은 "전국 吏民으로 하여금, 조령이 도달하면 3일 동안 곡을 하고 나서 상복을 벗는다."로 해석되고,[37] "其令二千石修其職; 不事官職耗亂者, 丞相以聞"은 "이천석으로 하여금 그 직책을 다하게 하고, 官의 職事를 어지럽게 하는 자는 丞相이 보고하라."로 해석해야 한다.[38] 그러나 아래의 武功賞官의 설치와 관련된 "其令"은 좀 다르다.

> 14) 有司가 말했다. "天子(武帝)께서 '朕이 듣건대 五帝의 가르침은 서로 다르지만 잘 다스렸다. 禹임금과 湯임금의 통치 방법은 길이 달랐으나 천하의 왕자가 될 수 있었고, 그들이 걸었던 길은 달랐으나 德業을 수립한 것은 동일했다. 북변이 평안하지 않음을 朕은 매우 마음 아파하고 있다. 지난번에 大將軍이 匈奴를 공격하여 오랑캐 19000명을 베었으나, 지금까지 지연되어 (爵을) 사용할 수가 없다 (留蹛無所食). 民으로 하여금 錢으로 買爵하거나 禁錮를 贖免하고 죄를 감면할 수 있도록 논의하라.'고 하셨습니다. 請컨대 賞官을 설치하고자 합니다. 그리고 그 이름을 武功爵으로 했으면 합니다. 級당 17萬이고, 합계 가치가 30餘萬金입니다. 武功爵의 5급작인 官首를 매입하는 자는 관리 후보에 試用해 우선적으로 임명합니다. 千夫는

書』卷6 「武帝紀」, 元封五年, p.197, "初置刺史部十三州."

37) 『漢書』卷4 「文帝紀」, 後七年, p.132.

38) 『漢書』卷5 「景帝紀」, 後二年, p.151.

五大夫와 같습니다. 그들이 罪를 지으면 2등을 감합니다. 買爵의 최
고 등급은 樂卿에까지 이를 수 있습니다. 이렇게 하여 軍功을 장려
하고자 합니다."(有司言:「天子曰『朕聞五帝之教不相復而治, 禹湯之
法不同道而王, 所由殊路, 而建德一也. 北邊未安, 朕甚悼之. 日者, 大將
軍攻匈奴, 斬首虜萬九千級, 留蹛無所食. 議令民得買爵及贖禁錮免減罪』.
請置賞官, 命曰武功爵. 級十七萬, 凡直三十餘萬金. 諸買武功爵官首者試
補吏, 先除; 千夫如五大夫; 其有罪又減二等; 爵得至樂卿: 以顯軍功.」)[39]
(平準書)

15) 6월에 조서에서 말했다. "朕이 듣건대 五帝는 서로 禮를 달리했고,
三代는 法이 달랐고, 걸었던 길은 달랐으나 德業을 수립한 것은 동
일했다. 孔子는 魯 定公에게 먼 곳의 인재를 초무해서 정치를 해야
한다고 답했고, 魯 哀公에게는 신하를 잘 골라 써야 한다고 답했고,
齊 景公에게 씀씀이를 아껴야 한다고 했다. 대답이 다른 것이 아니
라 중시한 것에 차이가 있기 때문이다. 이제 中國은 통일되었으나,
북변이 평안하지 않음을 朕은 매우 마음 아파하고 있다. 지난번에
大將軍이 匈奴를 공격하여 오랑캐를 19000명이나 베었으나, 지금까
지 지연되어 사용할 수가 없다 지난번에 大將軍이 朔方을 돌며, 匈
奴를 정벌하고 오랑캐를 18000명이나 베었다. 禁錮를 받은 자와 죄
가 있는 자는 모두 후한 상을 받았고, 죄를 감면받을 수 있었다. 지
금 大將軍이 계속해서 큰 승리를 얻어 오랑캐 19000명을 참수했다.
爵賞을 받고 다른 사람에게 移賣하고자 하는 자가 지연되어 있다.
의논하여 令을 제정하라." 有司가 상주하여 武功賞官을 설치하여
戰士들을 장려할 것을 상주하였다. (六月, 詔曰:「朕聞五帝不相復禮,
三代不同法, 所繇殊路而建德一也. 蓋孔子對定公以徠遠, 哀公以論臣,

---

39) 『史記』 卷30 「平準書」, pp.1422-1423.

景公以節用, 非期不同, 所急異務也. 今中國一統而北邊未安, 朕甚悼之.
日者大將軍巡朔方, 征匈奴, 斬首虜萬八千級, 諸禁錮及有過者, 咸蒙厚
賞, 得免減罪. 今大將軍仍復克獲, 斬首虜萬九千級, 受爵賞而欲移賣者,
無所流毗. 其議爲令.」 有司奏請置武功賞官, 以寵戰士.)[40](武帝紀)

　　이 詔書는 漢武帝시기 대장군 衛靑이 흉노원정에서 19000급을 참수
한 공로로 爵賞을 받았으나, 이 爵을 타인에게 移賣할 방법이 없자 移
賣할 수 있도록 하는 내용을 논의하여 令으로 만들도록 명령한 것이
다. 14)와 15)의 조서 형식은 "議令民得買爵", "其議爲令"으로 보아 제 3
형식이다. 그런데 「平準書」와 「武帝紀」의 자료는 원래 동일한 詔書를
재구성하는 과정에서 문자에 다소 차이가 발생하여 "其議爲令"과 "議
令民得買爵"으로 기술된 것이다. 차이 나는 부분의 문장을 비교해보자.

　　⑭ 平準書: 日者, 大將軍攻匈奴, 斬首虜萬九千級, 留蹛無所食. 議令民得買
　　　　爵及贖禁錮免減罪

　　⑮ 武帝紀: 今大將軍仍復克獲, 斬首虜萬九千級, 受爵賞而欲移賣者, 無所流
　　　　毗. 其議爲令.

　　"斬首虜萬九千級"은 동일하나, ⑮는 無所流毗로 되어 있어서 爵을 타
인에게 轉移할 수 없다고 되어 있지만, ⑭에서 "斬首虜萬九千級"과 "留
蹛無所食"의 의미는 해석이 용이하지 않다. 그 의미는 오랑캐 19000명
을 베었으나, 지금까지 지연되어 (爵을) 사용할 수가 없다는 뜻으로
해석된다.(食)[41] 이것은 아마도 爵을 팔아서 사용해야 하는데, 그것이

---

40) 『漢書』 卷6 「武帝紀」, p.173.
41) 留蹛는 停止의 의미이다. 『史記』 卷30 「平準書」, p.1422, "留蹛無所食. 【索隱】
　　留壿無所食. 壿音迭, 謂貯也. 韋昭音滯, 謂積也. 又按: 古今字詁「壿」今「滯」字,
　　則壿與滯同. 按: 謂富人貯滯積穀, 則貧者無所食也."

불가하다는 의미로 생각된다. ⑭에 대한 해석본을 보면, "民으로 하여
금 錢으로 買爵하거나 禁錮를 贖免하고 죄를 감면할 수 있도록 논의하
라."고 하였다.[42] 그러나 ⑭("議令民得…")을 ⑮「武帝紀」의 "其議爲令"과
비교하면 해석이 달라져야 한다고 생각된다. ⑮의 "其議爲令"은 "(有司
로 하여금) 논의하여 令을 만들도록 했다."고 해석하는 것이 무난하다
고 생각된다. 그렇다면 ⑭의 "議令民得買爵及贖禁錮免減罪"는 「津關令」
의 형식에서 유추할 때, "(丞相)議: 令民得買爵及贖禁錮免減罪"를 축약한
것으로 생각된다. 따라서 ⑭에서는 "승상의 논의 결과: 民으로 하여금
買爵하게 하고 금고를 속면하게 하고, 죄를 감면하게 하도록 합니다."
로 해석해야 한다.

문제는 "其議爲令"과 "其令"은 형태가 유사한 것 같으면서도 다른
데, 어떻게 해석해야 할까? 앞서 인용했던 8)과 9)의 「津關令」 자료를
통해 동일 여부를 살펴보자. 앞의 8)과 9)에서 "其令" 다음에 오는 것
은 扞關을 비롯한 諸關의 명칭이었다. "其令"의 바로 다음에 인명 또는
행정부서 등 행위를 할 수 있는 주체가 오게 되면, "~로 하여금 ~하도
록 하라."라고 해석해야 할 것이다.

「津關令」의 제 1형식을 분석할 때, 著令의 문언이 없어도 "其令"이
있으면 令으로 될 가능성이 있다고 분석하였다. 8)과 9)에서 문장구조
를 보면 "其令" 이후에 "有犯令"과 "不用此令"이 오는데, 그 사이에 著令
의 문언이 들어갈 곳이 없는 구조를 가지고 있다. 오히려 著令이 있으
면 문장구조가 이상해진다. 따라서 이것은 "其令"만으로도 令으로 될
수 있는 것으로 생각된다. 8)과 9)의 "其"는 어떻게 해석하는 것이 좋
을까? 『中韓辭典』 "其"條에서는 "당연히 …해야 한다. 명령을 나타낸다."
라고 하였고,[43] 『漢和大辭典』에서는 "其"를 發語辭로 보고, 『風俗通義』에

42) 許嘉璐 主編, 『二十四史全譯史記』(上海: 漢語大詞典出版社, 2004), p.501.
43) 高大民族文化研究所, 『中韓辭典』(서울: 高大民族文化研究所, 1989), p.1778; [清]
阮元, 『十三經注疏·尚書正義·洛誥』(北京: 中華書局, 1979), "汝其敬識百辟享, 亦

인용된 「漢書注」에 "沛人의 말에 처음 發聲할 때에 '其'라고 한다는 것인데, 그것은 楚言이며, 高祖가 처음 즉위했을 때, 敎令에 '其'라고 하였던 것이 후에 원칙으로 되었다."고 하였다.[44] 특히 『嶽麓書院藏秦簡(肆)』를 검색하면 "其"의 용례가 하나도 없는 점에서 漢高祖 이후 楚言이 制詔에 사용되기 시작했다는 「漢書注」의 해석은 신뢰할 만하다.[45] 따라서 두 개의 해석을 종합하면 "其"는 명령을 나타내며, 동시에 楚人 출신의 漢高祖 이후 敎令(詔書)에 사용되었다는 것이다.

"其"가 발어사라고 하는 것은 위의 『漢和大辭典』을 비롯한 많은 字典類에서 언급하는 바이다. 『正中形音義綜合大字典』에서도 "발어사로서 '無義'라고 하고, 漢代에 沛人의 언어에는 초발성 시 모두 其라고 하였다."고 하여 별다른 의미가 없다고 보았으나,[46] 이것은 제대로 파악한 것이 아니다. 아래에 제시하는 내용들은 "其"에 명령조가 포함된 것이다.

秦代에는 단순히 "令"으로만 기록되어 있다. 예컨대 秦王政 16년에 秦國 내 남자들의 연령을 등록하게 한 것은 "初令男子書年"이라고 되어 있다.[47] "其令"이 사용된 것은 漢高祖 5년의 "其令諸吏善遇高爵, 稱吾意."가 기록에 보이는 첫 사례인데,[48] 여기에서 "其"가 없이 "令"만 있을 경우 "諸吏로 하여금 高爵을 잘 대우하여, 나의 의지에 맞게 하라."의 의미가 된다. 그런데 "令"만 있는 경우는 "其令"과의 어조 차이가

識其有不享."; 文璇奎, 『春秋左氏傳』(서울: 明文堂, 1985), p.54, "(隱公3年)吾子其無廢先君之功, 使公子馮出居於鄭."

44) 諸橋轍次, 『大漢和辭典』(東京: 大修館書店, 1956), 卷二, p.92; 『史記』 卷8 「高祖本紀」, p.389, "且朕自沛公以誅暴逆, 遂有天下, 其以沛爲朕湯沐邑, 復其民, 世世無有所與. 【集解】風俗通義曰: 「漢書注, 沛人語初發聲皆言『其』. 其者, 楚言也. 高祖始登位, 敎令言『其』, 後以爲常耳.」"

45) 「漢書注」는 「漢舊儀」의 잘못이다.

46) 『正中形音義綜合大字典』(臺北: 正中書局, 1987), p.119.

47) 『史記』 卷6 「秦始皇本紀」, p.232.

48) 『漢書』 卷1下 「高帝紀」, pp.54-55, "其令諸吏善遇高爵, 稱吾意."

잘 드러나지 않지만, "其以"의 경우는 발어사 "其"가 들어가서, 명령조
로 바뀌어 "~로써 ~을 삼도록 하라"의 의미가 된다. 漢代에는 "其以"의
사례가 많이 보이는데, 漢高祖 5년의 彭越의 梁王 책봉 사례가 흥미롭
다.[49] 彭越의 "其以魏故地王之"의 기사에서 "其"가 없으면 "魏의 故地로
써 그를 王으로 삼다."의 의미 정도로 그치지만, "其"가 들어가면 "魏
의 故地로써 그를 王으로 삼도록 하라."의 의미로 변하게 된다. 또한
漢高祖 12년에 고조가 黥布의 반란을 진압하고 돌아오는 길에 沛縣에
들러서 沛를 高祖의 湯沐邑으로 삼고, 요역을 면제시키는 특전을 하사
할 때에 "且朕自沛公以誅暴逆, 遂有天下, 其以沛爲朕湯沐邑, 復其民, 世世
無有所與."라고 하였다.[50] 이 언급에는 "令"이 없고, 단지 "其以"로만 되
어 있다. "以"만 있다면 "沛로써 朕의 湯沐邑을 삼다"의 의미로 그친다.
그러나 "其"가 들어가는 순간, "沛로써 朕의 湯沐邑을 삼도록 하라"의
의미로 바뀌면서 강력한 명령의 어조로 바뀐다. 또한 漢武帝 元封 元
年에 "其以十月爲元封元年"의 내용이 있다.[51] 여기에서도 "其"가 없다
고 가정하면 "十月로써 元封元年으로 한다."는 정도의 의미밖에 되지
않는다. 그러나 "其"가 포함되면 그것은 명령어가 되어 "十月로써 元封
元年으로 하도록 하라."의 의미로 변모하게 되는 것이다.

이상에서 검토한 것처럼, "其"는 발어사로 그치는 것이 아니라, 명
령의 의미가 포함되어 있는 것이고, 이를 통해서 詔書를 令으로 만들
게 되는 것이다. 따라서 이러한 명령의 의미가 포함되어 있기 때문에
굳이 "著令"을 사용하지 않아도 되는 것이며, 이것이 「津關令」에 "著令"

---

49) 『漢書』 卷1下 「高帝紀」, p.51, "春正月, 追尊兄伯號曰武哀侯. 下令曰: 「楚地已定,
義帝亡後, 欲存恤楚衆, 以定其主. 齊王信習楚風俗, 更立爲楚王, 王淮北, 都下
邳. 魏相國建城侯彭越勤勞魏民, 卑下士卒, 常以少擊衆, 數破楚軍, 其以魏故地
王之, 號曰梁王, 都定陶.」 又曰: 「兵不得休八年, 萬民與苦甚, 今天下事畢, 其赦
天下殊死以下.」"
50) 『史記』 卷8 「高祖本紀」, p.389.
51) 『漢書』 卷6 「武帝紀」, p.191.

이 보이지 않는 이유였던 것이다. 따라서 "其"가 沛 지역의 楚語일 수
도 있지만, 그 이전부터 "其"에 명령어의 의미가 포함되어 있었던 것
을 漢舊儀의 주석가는 간과하고 있었던 것이다. 이것은 위에 인용한
『韓漢大辭典』 "其"條의 각주에 인용된 사료에서 알 수 있다. 이상에서
논급한 바와 같이 「津關令」의 사례 5)·8)·9)에 "其令"이 포함되어 制詔
가 "令"으로 된 사례가 확인된 것은 "其令"에 令으로 제정할 수 있게
하도록 하라는 의미가 포함되어 있다고 생각한다. 따라서 황제의 조
서에서 "其"는 매우 중요한 핵심용어였던 것이다.

III. 制詔와 令, 律

1. 秦始皇 26년 이후의 詔書와 令

秦始皇은 통일 이후 많은 용어들을 황제시대에 맞게 변경시켰다.
그것은 里耶秦簡에 확인되며, 그중 "令爲詔"의 개정도 포함된다.[52] 이
것이 현대의 학자들에게 令과 詔를 혼동시키는 계기가 되었다. 즉, 令
=詔라는 견해로서 모든 詔書가 令으로 될 수 있다는 논리이다. 과연
秦漢시기에 皇帝가 반포한 모든 制詔가 令으로 될 수 있었던 것인가?
이것은 漢令을 이해하는 중요한 열쇠이다. 만약에 制詔가 令이라면,
양자는 이름만 다를 뿐 같은 것이며, 만약에 아니라면 制詔와 令 사이
에는 구별이 있는 것이다.[53] 그런데 법 제정의 관념에서 "可爲萬世法"
정도의 언급이 있어야만 "著令"하는 것에서 보면, 令과 制詔를 과연 동

---

52) 『史記』 卷6 「秦始皇本紀」, p.236, "臣等昧死上尊號, 王爲『泰皇』. 命爲『制』, 令爲
   『詔』, 天子自稱曰『朕』.";陳偉 主編, 『里耶秦簡牘校釋(第一卷)』(武漢: 武漢大學
   出版社, 2012), pp.155-157, "以王令曰【以】皇帝詔… □命曰制 爲謂□詔 莊王爲泰
   上皇 … ·九十八(背)(8-461)"
53) 秦濤, 위의 논문, pp.191-192.

일한 것으로 볼 수 있을 것인가?[54] 令으로 제정할 가치가 없는 制詔조
차 律令으로 될 수 있을 것인가?

이 문제에 대해서는 오래 전부터 논의가 찬반으로 나뉘어져 왔는
데, 中田薰과 大庭脩의 지적은 중요하다. 中田薰은 "漢代에도 天子의 命
인 詔令은 반드시 모두 令典에 追加 編入되는 것은 아니며, 그 대다수
는 임시의 詔令에 지나지 않는다. 한편 장래 영구히 遵行해야 할 영속
적 효력을 가지는 重要 詔令에는 그 文中 또는 結尾에 특히 定令·著令·
具爲令·著於令·定著令·定著於令·著以爲令 등의 著令 文言이 부가되고
있다. 帝의 사후 令典에 편입되어야 할 詔令은 그 생전에 著한 著令詔
만에 그친다고 해석해야 할 것"이라고 주장하였다.[55] 이에 대해 大庭
脩는 著令 文言이 있는 制詔가 令으로 되는 것을 인정하지만, "사료에
著令 문언이 있는지 여부에 의해서 그 詔가 令典에 編集되었는지 여부
를 고찰하는 것은 制詔의 문장에 節略(생략)이 있기 때문에 위험하다."
고 지적하고 있다.[56] 具爲令·議爲令 등의 文言이 있는 詔만이 令典에
추가된다는 판단이 위험하다는 주장은 많은 制詔에 著令 문언이 생략
된 채 기술되고 있기 때문에 설득력이 있다.[57]

冨谷至·廣瀨薰雄은 令과 詔가 이름만 다르지 실제로는 동일한 것이
라고 주장하였다. 冨谷至는 처음에는 "漢의 令은 皇帝의 詔 그 자체를
'令'으로 칭한 것이고, 漢令은 皇帝의 조칙 형태를 취하고 있었다. 아
니 漢令은 詔敕 그 자체였다."고 주장하고 있다.[58] 그의 후기 관점은
크게 바뀌어 "制曰可"(또는 "擡頭한 '制'字")를 가지고 있는 것이 漢令을
확정하는 관건이라고 했다.[59] 이 관점에 대해서는 우선 廣瀨薰雄의 견

---

54) 『三國志』 卷9 「魏書/夏侯惇傳」, p.267, "惇旣免, 太祖聞之, 謂浩曰: 「卿此可爲萬
世法.」 乃著令, 自今已後有持質者, 皆當并擊, 勿顧質."
55) 中田薰, 위의 논문(1953), pp.71-72.
56) 大庭脩, 위의 책, p.228.
57) 같은 책, p.221.
58) 冨谷至, 위의 논문(2000), pp.104-105, 121.

해를 언급한 후에 자세히 논하기로 하겠다.

廣瀨薰雄은 冨谷至의 관점과 동일하게, 『史記』「秦始皇本紀」의 "命爲制, 令爲詔" 및 里耶秦簡의 "以王令曰以皇帝詔"에 근거하여 "令"은 "詔"라고 하였다. 즉, 기계적으로 "令爲詔"를 令＝詔라고 이해한 것이다. 廣瀨薰雄은 中田薰·大庭脩의 "令이 되기 위해서는 著令의 문언이 있어야 하며, 모든 皇帝의 詔가 令典으로 編入되는 것은 아니다."는 견해를 부정하고, 詔는 곧 令이라는 결론을 내렸다.[60] 冨谷至·廣瀨薰雄의 논점은 "令爲詔"이므로 詔＝令이라는 것이지만, 이러한 논리는 "命爲制, 令爲詔"의 改名 후에도 秦漢에 계속해서 "令"이라는 法律形式이 존재하고 있는 점을 설명할 수 없다. 예를 들어, 嶽麓秦簡에는 「律令雜抄」 1種이 있고, 그 가운데 "內史官共令", "卒令", "內史郡二千石官共令 第甲", "廷卒甲二"와 같은 秦令의 이름들은 改名 이후의 것이다. 冨谷至의 논리를 따른다면 令이 詔로 된 改名 이후에는 詔로 불려야 하겠지만 令이라는 호칭은 사라지지 않았다.[61]

다시 冨谷至의 견해로 돌아가면, 그의 견해에서 주목해야 할 부분은 著令 文言이 붙은 詔敕만이 "令"으로 성립하는 것이 아니라, 모든 황제의 命令이 "令"으로 된다는 주장이다.[62] 그러나 令으로 되지 않은 皇帝의 制詔를 찾아낸다면 冨谷至·廣瀨薰雄의 논점은 성립할 수 없을 것이다.[63] 冨谷至가 이렇게 결론을 내린 것은 "著令"을 "令典에 부가한다"는 의미가 아니라, "令으로 명확하게 하여, 徹底하게 周知시킨다."고 이해하였기 때문이다.[64] 그는 "著"를 "明"으로 이해하고, "著令"을

59) 冨谷至, 『文書行政の漢帝國』(名古屋: 名古屋大學出版會, 2010), p.38; 秦濤, 위의 논문, pp.191-192.
60) 廣瀨薰雄, 「秦漢時代律令辨」(『中國古代法律文獻研究』 7輯, 2013), p.114.
61) 秦濤, 위의 논문, pp.190-192.
62) 宮宅潔, 위의 논문, p.260.
63) 秦濤, 위의 논문, pp.190-192.
64) 冨谷至, 위의 논문(2000), p.108; 秦濤, 위의 논문, pp.192-193.

"令에 付加한다"라고 이해하는 中田薰 등의 견해는 『漢書』 「平帝紀」에서 본다면 잘못이라고 주장하고 있다. 좀 장황하지만, 그의 언급을 인용해보자.

> 16) (『漢書』 「平帝紀」에) "詔書와 같이 하지 않아 虧恩하는 것이 있다면 不道로써 논한다. 定하여 令으로 著하고 天下에 布告하여, 그것을 明知시켜라.'라고 하는 것에서, 이것은 '令으로서 明確하게 하여 天下에 布告하여 周知徹底시키라.'는 의미임에 틀림없다. … '著하여 定法으로 한다.'는 것은 '기존의 成文法에 付加한다.'라는 것이 아니라, '이제까지 判例로 하지 않았던 輕侮法을 成文法으로서 明確히 한다.'는 것이고, '布告天下使明知之'는 '定著令' '著令'을 敷延한 表現으로 보아야 할 것이다."[65]

冨谷至는 또한 著 = 明이 분명한 증거는 「王杖十簡」의 令文 末尾에 "明在蘭臺石室之中"이라는 句에 보인다고 주장하였다. 이것도 "著令 文言이고, 令으로서 明確化하고 蘭臺石室의 文書庫에 保管한다."라는 의미이며, "著令"은 "令으로 명확하게 하여, 徹底하게 周知시킨다."라는 의미라고 주장하였다.[66]

그러나 "著"가 "명확히 하다"의 의미가 아닌 것은 『晋書』 「干寶列傳」의 "夫帝王之迹, 莫不必書, 著爲令典, 垂之無窮"을 보면 알 수 있다.[67] 이

---

65) 冨谷至, 위의 논문(2000), pp.107-108; 『漢書』 卷12 「平帝紀」, p.348, "帝年九歲, 太皇太后臨朝, 大司馬莽秉政, 百官總己以聽於莽. 詔曰: 「夫赦令者, 將與天下更始, 誠欲令百姓改行絜己, 全其性命也. … 自今以來, 有司無得陳赦前事置奏上. 有不如詔書爲虧恩, 以不道論. 定著令, 布告天下, 使明知之.」"

66) 冨谷至, 위의 논문(2000), pp.107-108.

67) 『晋書』 卷82 「干寶列傳」, pp.2149-2150, "中興草創, 未置史官, 中書監王導上疏曰: 「夫帝王之迹, 莫不必書, 著爲令典, 垂之無窮. 宣皇帝廓定四海, 武皇帝受禪於魏, 至德大勳, 等蹤上聖, 而紀傳不存於王府, 德音未被乎管絃. 陛下聖明, 當中興之盛, 宜建國史, 撰集帝紀, 上敷祖宗之烈, 下紀佐命之勳, 務以實錄, 爲後代之準,

것은 "帝王의 사적은 반드시 기록하여 令典에 著錄되어 영원히 전한다."는 뜻이다. 여기에서 중요한 것은 書(기록)의 행위와 著의 행위의 연관성일 것이다. "著爲令典"의 "著"는 "기록한다"는 書와 관련이 있는 의미로 생각된다. 또한 『三國志·魏書』「文帝紀」의 "爲金策著令, 藏之石室"을 보면 이러한 내용이 보다 확실하다. 金策은 古代에 大事 또는 帝王의 詔命을 기록하는 金簡이다. 金策에 著令하여 석실에 보관하게 한 것이며,[68] 金策에 著令한 것은 기록의 행위와 무관할 수가 없다. 이보다 좀더 세밀하게 기록한 『三國志·魏書』「明帝紀」의 "其書之金策, 藏之宗廟, 著於令典"을 보면 명확하게 알 수 있다. 「明帝紀」에는 金策에 기록하는 행위(書), 보관하는 행위(藏), 그리고 令典에 著하는 행위가 구분되어 있다.[69] 3개의 행위에서 著는 기록하는 행위(書)와는 조금 다른 것이라고 생각된다. 그러나 冨谷至의 주장대로 令典에 "명확히 하여 주지하게 하다"로 한다면, 굳이 "周知"와는 무관한 "令典"을 언급할 필요가 없다. 더군다나 "著於令典"에는 어조사 "於"가 들어있어서 "~에"라는 의미이다. 따라서 顏師古가 "著音著作之著, 音竹筯反."이라 하여 令典에 著作하라는 의미로 해석한 것은 정확한 것이라고 할 수 있다.[70] 그렇다면 구체적인 기록행위라기보다는 "令典에 등재하라"는 의미로 해석된다. 이상의 내용을 종합한다면, "著令"을 "분명하게 기록하여 舊令에 붙인다."라고 이해하는 것은 漢代의 史料에서 모두 통

厭率土之望, 悅人神之心, 斯誠雍熙之至美, 王者之弘基也. 宜備史官, 勅佐著作郎干寶等漸就撰集.」 元帝納焉. 實於是始領國史."

68) 『三國志』 卷2 「魏書/文帝紀」, p.58, "元年二月壬戌, 以大中大夫賈詡爲太尉, 御史大夫華歆爲相國, 大理王朗爲御史大夫. 置散騎常侍·侍郎各四人, 其宦人爲官者不得過諸署令; 爲金策著令, 藏之石室."

69) 『三國志』 卷3 「魏書/明帝紀」, p.96, "秋七月, 詔曰: 「…… 其令公卿有司, 深以前世行事爲戒. 後嗣萬一有由諸侯入奉大統, 則當明爲人後之義; 敢爲佞邪導諛時君, 妄建非正之號以干正統, 謂考爲皇, 稱妣爲后, 則股肱大臣, 誅之無赦. 其書之金策, 藏之宗廟, 著於令典.」"

70) 『漢書』 卷5 「景帝紀」, p.140, "顏師古 注: '著音著作之著, 音竹筯反.'"

하는 해석이다. 앞에서 주장한 것처럼 著令이 具爲令(令으로 갖추라)
과 동일한 의미로 사용된 것을 상기한다면, 著令을 "明"의 의미로 해석
하는 것은 불가능하다. 冨谷至처럼 "令을 만들어 명확하게 사람들로 하
여금 주지시킨다."라고 해석하면 많은 곳에서 곤란에 직면하게 된다.[71]

　이상에서 언급한 것은 冨谷至의 첫 번째 주장과 관련된 것이고,
2010년에 그는 새로운 "視覺"문자의 견해를 제시하였다. 그는 漢令으
로 되는 것을 확정하는 것은 "具爲令" "著爲令"이라는 소위 "著令 文言"
의 有無가 아니라, "制曰可"에서 擡頭한 "制" 1글자에 달려있다는 것이
다. 漢令이 쓰여진 정식 簡의 길이는 詔와 동일한 1척 1촌이라는 것이
다. 1척 1촌의 길이는 황제의 조서 가운데 "制曰可"의 "制" 1자를 擡頭
시켜, 그것을 권위 있는 것으로서, 또는 "皇帝의 命令"이라는 것을 명
확하게 하는 것을 의도하고, 다른 簡보다도 "制" 1글자 분, 즉 1촌 分을
길게 한 것에서 유래하였다는 것이다.[72] 그러면서 冨谷至는 자신의
글에서 자신의 논리에 불리하게 보이는 「津關令」의 한 조문을 제시하
고 있다.

> 17) □、相國上內史書言, 請諸詐(詐)襲人符傳出入塞之津關, 未出入而得, 皆
> 贖城旦舂, 將吏知其情, 與同罪. ●御史以聞. ●制(496)
> 曰: 可, 以闌論之.(497)[73]

　496, 497簡은 연속된 것인데, 496간의 최후에 "制"자가, 497간의 선두
에 "曰: 可"가 쓰여 있다. 「津關令」에 "制曰可"를 擡頭하지 않은 이유에
대해, 冨谷至는 "496簡의 가장 후미의 '制'는 이 令文을 서사할 때 아직
'制曰可'가 簡을 바꿔 擡頭하고 쓰는 서식이 확립해 있지 않았다."고

71) 秦濤, 위의 논문, p.194.
72) 冨谷至, 위의 책(2010), p.38.
73) 『張家山漢墓竹簡(2006)』, p.84.

주장하였다.[74] 그는 "制曰可"를 대두시켜 令으로 만들었다는 視覺簡牘은 『二年律令』 시대에 아직 확립되어 있지 않다고 했지만, 구체적으로 어느 시점에 擡頭시킨 "制曰可"가 令으로 되었는지에 대해서는 언급하지 않았다. 그렇다면, 그 이후에 "制曰可"가 있으면 모두 令으로 될 수 있는 것인지에 대해서도 논증하지 않았다.

冨谷至의 주장처럼, 前行에 여백이 있어도 새로운 행으로 줄을 바꿔서 맨 위에 쓰는 擡頭는 "制曰可", "皇帝陛下"의 단어에 보이며, 이는 皇帝에 대한 존경을 표시하는 것이다. "制曰可"를 대두한 예로는 「乙瑛碑」와 "令丙第九"를 들 수 있다.[75] 즉, 「乙瑛碑」에서는 前行에서 "死罪死罪. 臣稽首以聞."의 아래 부분에 여백이 남았는데도, 행을 바꾸어 "制曰: 可"를 가장 윗부분에 쓰고, 또 행을 바꿔서 "元嘉三年三月卄七日壬寅奏雒陽宮"을 쓰고 있다. 또한 아래의 文帝시기 "令丙第九"도 "制曰可"를 새로운 행에서 시작하였고, 令으로 된 경우이다.[76]

그러나 『居延漢簡甲乙編(下)』의 "☒符令制曰可孝文皇帝三年十月庚辰下凡六十六字(332.9, 179.5)"에는 "制曰可"를 대두시키고 있지 않음도 유념할 필요가 있다.[77] 즉, 令으로 된 것이라도 "制曰可"를 擡頭시키는 것은 아니다. 또한 "制曰可"를 포함했더라도, 그것이 모두 令으로 되는 것과는 별개의 사안이다. 즉, "制曰可"의 사례라도 令으로 되지 않은 것이 분명히 존재하였다. 예컨대, 景帝때 吳楚七國亂의 원인을 제공한 鼂錯을 大逆無道罪로 要斬에 처하고, 父母妻子同産을 棄市에 처한 사안에 대해 景帝가 "制曰可"로 비준했으나, 여기에서 令으로 삼을 내용은 전혀 없었다.[78] 이것은 丞相 陶靑 등의 상주문을 景帝가 재가한 것일

---

74) 冨谷至, 위의 책, pp.37-38.
75) 高文, 『漢碑集釋(修訂本)』(鄭州: 河南大學出版社, 1997), p.167.
76) 荊州博物館, 『荊州重要考古發現』(北京: 文物出版社, 2009), p.211.
77) 中國社會科學院考古研究所, 『居延漢簡甲乙編(下)』(北京: 中華書局, 1980), p.222.
78) 『漢書』 卷49 「鼂錯傳」, p.2302, "後十餘日, 丞相靑翟、中尉嘉、廷尉歐劾奏錯曰: 「吳王反逆亡道, 欲危宗廟, 天下所當共誅. 今御史大夫錯議曰: 『兵數百萬, 獨屬

[그림 1] 令丙第九   [표 5] 令丙第九 釋文

●令丙第九	

丞相言：請令西成、成固、南鄭獻枇杷各十、至不足、令相補（？）不足、盡所

得。先告過所縣用人數、以郵、亭次傳。人少者財助獻。起所爲檄、

及界、郵吏皆各署起過日時、日夜走、詣行在所司馬門、司馬門更詣

大（太）官、大（太）官上檄御史。御史課縣留檄（遲）者。御史奏、請許。

制曰：可。孝文皇帝十年六月甲申下。

뿐으로,79) 이를 "制曰可"로 해보았자 令으로 될 내용이 없다. 따라서 "制曰可"가 있으면 무조건 令으로서의 권위를 가지게 된다는 주장은

羣臣, 不可信, 陛下不如自出臨兵, 使錯居守. 徐、僮之旁吳所未下者可以予吳.』
錯不稱陛下德信, 欲疏羣臣百姓, 又欲以城邑予吳, 亡臣子禮, 大逆無道. 錯當要
斬, 父母妻子同產無少長皆棄市. 臣請論如法.」制曰：「可.」錯殊不知. 乃使中尉
召錯, 紿載行市. 錯衣朝衣斬東市."

79) 文穎의 주석에 따르면 丞相은 莊青翟이 아니라, 陶青이다.『漢書』卷5「景帝
紀」, 元年, p.140,"遣御史大夫青翟至代下與匈奴和親. 文穎曰：「姓嚴, 諱青翟.」臣
瓚曰：「此陶青也. 莊青翟乃自武帝時人, 此紀誤.」師古曰：「後人傳習不曉, 妄增
翟字耳, 非本作紀之誤.」"

"制曰可"의 의미를 제대로 이해하지 못한 것이다.

令이 된 制詔

이상에서 冨谷至의 견해를 검토하였고, 다음으로 살필 것은 秦漢시기 著令 문언이 없는 制詔가 令으로 될 수 있을까 하는 문제이다. 즉, 모든 制詔가 令으로 될 수 있을까? 이 문제를 고찰함에 유념해야 할 것은 그 制詔가 법령화에 필요한 당위성·영속성을 가지고 있느냐의 문제이다. 大庭脩가 지적한 바와 같이, 문헌사료에는 制詔에 著令 등의 文言이 생략된 것이 있었을 것이므로, 制詔가 令으로 된 것인지를 판단하는 것은 용이하지 않다. 「孝文本紀」의 列侯就國令이 그러한 예이다.

> 18) 上이 말하였다. "朕이 듣건대 옛날에는 諸侯의 建國은 천년 동안 행해졌고, 각각 그 땅을 지키다가 때가 되면 (수도에) 들어와서 貢物을 바쳤는데, 民이 勞苦로 여기지 않고, 上下가 모두 기뻐하여 失德함이 없었다. 지금 列侯가 대부분 長安에 거주하고 있는데, 邑이 멀리 있어서 吏卒들에게 새로이 轉輸의 부담을 주었고, 列侯 역시 그 백성을 教馴할 수 없다. 열후로 하여금 그 國으로 가도록 하고(其令列侯之國), 吏가 된 자 및 詔書로서 (장안에) 머무르게 한 자는 太子를 보내라."[80]

『史記』『漢書』 등에 列侯就國令을 令으로 호칭한 자료가 없다. 과연 이것을 就國令으로 불러도 좋은 것일까? 이 「孝文本紀」의 자료에는 就國令의 제정절차가 기록되어 있지 않았는데, 앞서 고찰한 "其令"이 존

---

80) 『史記』 卷10 「孝文本紀」, p.422, "朕聞古者諸侯建國千餘(歲), 各守其地, 以時入貢, 民不勞苦, 上下驩欣, 靡有遺德. 今列侯多居長安, 邑遠, 吏卒給輸費苦, 而列侯亦無由教馴其民. 其令列侯之國, 爲吏及詔所止者, 遣太子."

재하고 景帝 後2년에 列侯의 "之國" 즉 就國을 폐지한 것으로 볼 때 법령으로 성립되었을 것으로 추정된다.[81] 또한 推恩令의 경우 제정절차가 없음에도 令으로 불린 것을 보면, 就國令도 令으로 법제화되었을 가능성이 크다. 推恩令은 主父偃의 上言을 받아들여 武帝가 "御史에게 制詔"하여 제정되었는데, 『漢書』 「諸侯王表」에는 推恩之令으로 되어있다.[82] 이것은 열후 세력의 약화와 관련하여 충분히 중요성을 가지고 있는 것이라고 할 수 있다.

또한 長沙王 吳芮의 사례도 필자의 관점에서 보았을 때 그다지 중요하게 생각되지 않음에도 令으로 된 사례이다. 물론 중요성을 가지느냐의 문제는 그 당시 漢高祖의 생각이 크게 영향을 미치고 있으며, 현재의 관점이 옳다고 할 수만은 없다. 그러나 長沙王 吳芮의 忠과 관련된 내용이 전체 제국 내에서 준용해야할 법규적인 내용도 아니었음에도 高祖는 이를 著令하라고 명령하였다.[83]

반면에 아래와 같은 내용은 令으로 규정되어도 좋을 것으로 판단된다. 驃騎將軍의 秩祿을 大將軍과 동일하게 규정하는 秩祿의 문제는

---

81) 『漢書』 卷5 「景帝紀」, p.150, "二年冬十月, 省徹侯之國. [一]晉灼曰: 「文紀遣列侯之國, 今省之.」 師古曰: 「省音所領反.」"; 『漢書』 卷48 「賈誼傳」, p.2222, "誼以爲漢興二十餘年, 天下和洽, 宜當改正朔, 易服色制度, 定官名, 興禮樂. 乃草具其儀法, 色上黃, 數用五, 爲官名悉更, 奏之. 文帝謙讓未皇也. 然諸法令所更定, 及列侯就國, 其說皆誼發之." 法令의 更定과 列侯就國을 함께 거론한 것으로 봐서 법령으로 제정되었음을 알 수 있다.

82) 『漢書』 卷64上 「主父偃傳」, p.2802, "偃說上曰: 「今諸侯子弟或十數, 而適嗣代立, 餘雖骨肉, 無尺地之封, 則仁孝之道不宣. 願陛下令諸侯得推恩分子弟, 以地侯之. 彼人人喜得所願, 上以德施, 實分其國, 必稍自銷弱矣.」 於是上從其計."; 『漢書』 卷15上 「王子侯表」, p.427, "大哉, 聖祖之建業也! 後嗣承序, 以廣親親. 至于孝武, 以諸侯王疆土過制, 或替差失軌, 而子弟爲匹夫, 輕重不相準, 於是制詔御史: 「諸侯王或欲推私恩分子弟邑者, 令各條上, 朕且臨定其號名.」 自是支庶畢侯矣. 詩云 「文王孫子, 本支百世」, 信矣哉!"; 『漢書』 卷14 「諸侯王表」, p.395, "武帝施主父之冊, 下推恩之令, 使諸侯王得分戶邑以封子弟, 不行黜陟, 而藩國自析."

83) 『漢書』 卷34 「吳芮傳」, p.1894, "初, 文王芮, 高祖賢之, 制詔御史: 「長沙王忠, 其定著令.」 至孝惠, 高后時, 封芮庶子二人爲列侯, 傳國數世絕."

충분히 규정될 수 있는 내용이라고 생각된다.[84] 李廣의 동생 李蔡는 "元朔 五年에 車騎將軍이 되어, 大將軍을 따라서 右賢王을 공격했고, 군 공이 封賞之科에 부합하여 樂安侯로 封해졌다."[85] 『史記』 索隱에 "小顔 云: 率謂軍功封賞之科, 著在法令, 故云中率."이라고 되어 있어 軍功封侯의 표준이 법률에 기록되어 있음을 알 수 있다.[86] 이러한 軍功封賞之科를 규정하였기 때문에 灌嬰의 식읍 五千戸까지 定令한다고 기록된 것으 로 보인다.[87] 이렇게 세세한 내용까지 令에 기록되었다는 것은 예상 밖으로 定令된 내용의 포괄 범위가 넓다고 할 수 있으며, 令의 숫자는 크게 증가할 수밖에 없다. 또한 「津關令」의 포괄 범위에서 알 수 있듯 이, 漢代에는 의외로 많은 令들이 제정되어 "이를 주관하는 자도 두루 볼 수 없을 정도였다."라는 『漢書』 「刑法志」의 기록이 사실임이 입증되 었다. 또한 「津關令」의 "其令…"이 포함된 것들이 令으로 되었기 때문 에 문헌사료에 보이는 많은 制詔들도 令으로 되었을 가능성이 있다.

중요도의 관점에서 西漢施行詔書目錄을 보도록 하자. 이것은 居延 地 灣 출토의 5.3 + 10.1 + 13.8 + 126.12의 4札로 이루어진 것이다. 陳夢家는 이것이 西漢施行詔書目錄이지만, 법령으로 편찬된 "甲令" 또는 "令甲"일 가능성도 있다고 하였다.[88] 그의 결론은 詔書에서 令甲으로 편제된 것이 라는 것인데, 양자 중 어떤 것인지에 대해서는 후자로 결론을 내렸다.

---

84) 『史記』 卷111 「衛將軍驃騎列傳」, p.2938, "兩軍之出塞, 塞閱官及私馬凡十四萬匹, 而復入塞者不滿三萬匹. 乃益置大司馬位, 大將軍‧驃騎將軍皆爲大司馬. 定令, 令驃騎將軍秩祿與大將軍等. 自是之後, 大將軍靑日退, 而驃騎日益貴. 擧大將軍 故人門下多去事驃騎, 輒得官爵, 唯任安不肯."

85) 『史記』 卷109 「李將軍列傳」, p.2873.

86) 秦鐵柱, 『兩漢列侯問題研究』(南開大學博士論文, 2014), p.50; 『史記』 卷109 「李 將軍列傳」, p.2873.

87) 『史記』 卷95 「灌嬰列傳」, p.2672, "布已破, 高帝歸, 定令嬰食穎陰五千戸, 除前所 食邑. 凡從得二千石二人, 別破軍十六, 降城四十六, 定國一, 郡二, 縣五十二, 得 將軍二人, 柱國‧相國各一人, 二千石十人."

88) 陳夢家, 「西漢施行詔書目錄」, 『漢簡綴述』(北京: 中華書局, 1980), p.279.

[표 6] 西漢施行詔書目錄

	조서	시점
2	縣置三老二	高祖2년(B.C.205)
12	行水兼興船十二	高祖11년이후. 혜제시기(B.C.195-188)
22	置孝弟力田卄二	呂后원년(B.C.187)
32	徵吏二千石以符卅二	文帝2년9월(B.C.178)
42	郡國調列侯兵卌二	呂后원년~景帝後3년: 文帝시기
52	年八十及孕朱需頌繫五十二(著令)	景帝後3년(B.C.141)

施行詔書目錄의 2, 12, 22, 32, 42, 52 가운데 12와 42는 史書에 누락되어 있고, 나머지는 모두 史書에 확인된다. 史書에 "著令"하라고 한 기록은 52에만 있으나, 나머지들도 그 내용으로 볼 때 "著令" 부분이 생략되었을 가능성이 있다. 우선 2는 "縣置三老"에 관한 것으로서 지방의 교화 업무에 三老가 차지하는 중요도로 볼 때 令으로 되었을 것이다.[89] 12의 "行水兼興船"은 문헌자료에 기록이 없는데, "行水"는 治水의 뜻이다. 따라서 縣 아래의 水利官職이며, "行水兼興船"은 縣에서 治水와 水運을 管理하는 규정으로 생각된다.[90] 22는 "置孝弟力田"인데, 이것은 呂后 원년에 관리 선발을 의도한 중요 조치이므로 令으로 되었을 것이다.[91] 32의 "徵吏二千石以符"는 二千石을 징소할 때 符로써 한다는 내용인데, 文帝 2년에 銅虎符·竹使符를 만들었다는 내용이 바로 이것과 부합한다. 應劭의 주석에 의하면 국가가 發兵時 사자를 보내서 郡 보유의 것과 合符하면 발병을 허용했다는 내용이다.[92] 42의 郡國調列侯

---

89) 『漢書』 卷1上 「高帝紀」, 二年, pp.33-34, "二月癸未, 令民除秦社稷, 立漢社稷. 施恩德, 賜民爵. 蜀漢民給軍事勞苦, 復勿租稅二歲. 關中卒從軍者, 復家一歲. 舉民年五十以上, 有脩行, 能帥眾爲善, 置以爲三老, 鄉一人. 擇鄉三老一人爲縣三老, 與縣令丞尉以事相教, 復勿繇戍. 以十月賜酒肉."

90) 郭俊然, 「漢官叢考 —以實物資料爲中心」(華東師範大學博士學位論文, 2013), p.102.

91) 『漢書』 卷3 「高后紀」, p.96, "元年春正月, 詔曰:「前日孝惠皇帝言欲除三族辠、妖言令, 議未決而崩, 今除之.」 二月, 賜民爵, 戶一級. 初置孝弟力田二千石者一人."

92) 『漢書』 卷4 「文帝紀」, p.118, "九月, 初與郡守爲銅虎符、竹使符. [一]應劭曰:「銅

兵도 문헌기록에 누락되어 있으나 列侯 군대의 징집·파견·배치와 관련된 내용으로 생각된다. 52의 "年八十及孕朱需頌繋"는 景帝 3년에 내린 것으로 80세 이상, 8세 이하 등에게는 형구를 착용시키지 말도록 한 것을 규정한 것이다.[93] 이러한 내용들을 보면, 西漢施行詔書目錄에 보이는 5개는 모두 전 제국을 대상으로 시행될 수 있는 내용들이다. 이것을 시행대상지역에서 최근 출토된 文帝 시기의 令丙第九와 비교할 필요가 있다.

19) ● 令丙第九

丞相이 상언하였다. 請컨대, 西成·成固·南鄭에서는 枇杷를 각각 十 (脫字.[94] 計量單位)을 供獻하고, 부족하게 되면 3개 현에서 서로 부족분을 보충하게 하여 할당 분량을 채워야 합니다. 우선 통과하는 沿道의 縣에 필요한 人數를 통고하고, 郵·亭의 차례대로 전송합니다. 사람이 적은 곳은 錢財로 供獻을 도와야합니다. 출발지점에서는 檄을 발송하고, 縣의 경계 안에 들어오면, 郵吏는 모두 각각 전송 물품의 출발과 통과 일시를 서명하고, 日夜로 전송하여 行在所인 司馬門에 이르도록 하며, 司馬門에서는 다시 太官에 전송하며, 太官에서는 檄을 御史에게 올립니다. 御史는 檄에 의거하여 縣에서 지체한 자를 考課합니다. 御史가 上奏하여 허락해줄 것을 請하였다. 制曰: 可. 孝文皇帝十年六月甲申에 내린다.[95]

虎符第一至第五, 國家當發兵遣使者, 至郡合符, 符合乃聽受之. 竹使符皆以竹箭五枚, 長五寸, 鐫刻篆書, 第一至第五.」張晏曰:「符以代古之圭璋, 從簡易也.」師古曰:「與郡守爲符者, 謂各分其半, 右留京師, 左以與之. 使音所吏反.」"

93) 『漢書』 卷23 「刑法志」, p.1106, "至後元年, 又下詔曰:「獄, 重事也. 人有愚智, 官有上下. 獄疑者讞, 有令讞者已報讞而後不當, 讞者不爲失.」自此之後, 獄刑益詳, 近於五聽三宥之意. 三年復下詔曰:「高年老長, 人所尊敬也; 鰥寡不屬逮者, 人所哀憐也. 其著令: 年八十以上, 八歲以下, 及孕者未乳, 師, 朱需當鞫繋者, 頌繋之.」"

94) 彭浩,「讀松柏出土的西漢木牘(一)」, http://www.bsm.org.cn/show_article.php?id=1009.

95) 荊州博物館, 『荊州重要考古發現』(北京: 文物出版社, 2009), p.211, "丞相言: 請令

이 令丙第九는 漢 文帝 10년 6월에 西成·成固·南鄭 지역의 특산 과일인 枇杷의 중앙 供獻을 규정한 令이다. 이 令에서는 적용지역이 西成·成固·南鄭의 좁은 지역에 국한되어 있음에도 令丙으로 된 것이다. 令丙으로 된 것은 『二年律令』「置吏律」에 "當爲律令"한 것이 있을 때, 소속 관부의 長에게 "請許"하는 것을 허락하는 법률이 있었기 때문에 令丙에 편입된 것이다. 이것은 丞相의 "請"에 의해 "制曰可"를 획득한 제 2 형식에 해당한다.

다시 西漢施行詔書目錄으로 돌아와서, 여기에 기록된 목록이 52개인데, 「津關令」의 23개와 비교할 때 적다는 것이다. 西漢施行詔書目錄에 기록된 것은 전체 詔書目錄이 아닐 가능성이 높다. 따라서 西漢施行詔書目錄은 보존되어야 할 "永久性"을 가지고 있는 것만 정리된 것으로 생각된다. 「津關令」에 기록된 令들이 반드시 西漢施行詔書目錄에 기록된 것보다 중요도가 높다고 볼 수는 없다. 「津關令」은 津關에 관련된 『二年律令』 시기까지의 令을 망라해 기록하고 번호를 부여한 것이다. 西漢施行詔書目錄은 황제가 발포한 것들이다. 따라서 황제가 특별히 중시한 것들만 모아놓은 중요한 令이었다고 생각된다.

令이 되지 못한 制詔

앞에서 冨谷至의 논점을 비판했지만, 과연 그의 주장처럼 모든 制詔가 令으로 될 수 있는 것일까? 그의 주장은 모든 詔書가 令으로 될 수 있으므로 굳이 著令할 필요도 없고, 명확하게만 하면 되는 것이었다. 이하에서는 모든 詔書가 令이 되는지 보자. 秦代에 "모든 制詔"가 律令으로 되는 것이 아님은 뒤에서 언급할 23)과 24)의 復用문서가 그

西成、成固、南鄭獻枇杷各十, 至不足, 令相補(?)不足, 盡所得. 先告過所縣用人數, 以郵、亭次傳. 人少者財助獻, 起所爲檄, 及界, 郵吏皆各署起過日時, 日夜走, 詣行在所司馬門, 司馬門更詣大(太)官, 大(太)官上檄御史. 御史課縣留稽(遲)者. 御史奏, 請許. 制曰: 可. 孝文皇帝十年六月甲申下."

야말로 命書에 그친 것임을 분석할 것이다. 그것을 二世皇帝 시기에
와서 復用함으로써, 令文으로 된 것이다. 또한 아래의 漢代와 晋代의
사례는 "모든 制詔"가 律令으로 되는 것이 아님을 보여준다.[96] 우선 輕
侮之法의 자료를 보도록 하겠다.[97] 章帝 建初 연간(A.D.76-84)에 輕侮法
의 문제는 자신의 부친을 모욕한 자가 있어서 아들이 살해했는데, 章
帝가 "사형을 사면하여 감형(貰其死刑而降宥之)"하면서 논의되기 시작
하였다. 이것은 章帝 당시에는 制詔의 形式으로 발포되었고, "決事比"
로 되었다. 그 후 和帝 시에 가서야, "그 논의를 확정하여 輕侮法(是時
遂定其議, 以爲輕侮法)"으로 만들었다. 주목할 것은 張敏의 輕侮法에 반
대한 이유인데, "이 制詔가 先帝(章帝)의 모든 은혜였는데, 조문으로
만들어서 律令으로 반포되지는 않았다. 무릇 死生을 결정하는 것은
마땅히 고금의 사례를 따라야 하는데, 마치 하늘의 四時가 나뉘어 생
장과 사멸을 시키는 것과 같은 것이다. 만약 살인을 용서하는 길을
열어놓고 법률에 著錄한다면, 간사함의 싹을 고의적으로 일으키게 되
어 범죄를 조작하게 될 것이다."라고 주장하였다.

張敏의 언급에서 章帝의 制詔가 "조문으로 만들어서 律令으로 반포
되지는 않았다."는 것은 詔書가 律令으로 되지 않는 중요한 실례이다.
즉, "一切之恩"의 制詔와 "定法"으로 된 律令은 서로 다른 것이며 동일
하게 취급해서는 안되는 것을 말해준다. 따라서 張敏의 언급에서 알
수 있는 것은 1) 章帝(先帝)의 輕侮法의 制詔는 그 시기에 아직 比(決事
比)의 단계에 머물러 있고, 아직 律令으로 반포되지 않은 상태이며, 2)
그 후 和帝 시기에 이르러서야 輕侮法으로 되었음을 알 수 있다. 이 輕

---

96) 秦濤, 위의 논문, pp.191-192. 秦濤의 輕侮之法 자료의 발굴은 탁견이다.
97) 『後漢書』卷44「張敏傳」, pp.1502-1503, "建初中, 有人侮辱人父者, 而其子殺之,
   肅宗貰其死刑而降宥之, 自後因以爲比. 是時遂定其議, 以爲輕侮法. 敏駁議曰:
   '夫輕侮之法, 先帝一切之恩, 不有成科班之律令也. 夫死生之決, 宜從上下, 猶天
   之四時, 有生有殺. 若開相容恕, 著爲定法者, 則是故設姦萌, 生長罪隙. ……建初
   詔書, 有改於古者, 可下三公、廷尉蠲除其敝.' 議寢不省."

侮法의 제정 경위에서 알 수 있듯이 모든 조서가 율령으로 될 수 있는 것이 아니었다.

또한 아래의 『晉書』「刑法志」를 보면, "모든 制詔"가 令으로 되지 않았다는 사실, 制詔의 역할 및 율령과의 관계를 알 수 있다.

20) 이 당시에 帝(東晉 元帝)는 임시적인 방법으로 정무를 처리하여, 아직 熊遠의 건의를 채택하지 않았다. 河東 출신의 衛展이 晉王의 大理 관직을 맡고 있었는데, 과거의 故事를 조사하여 현재 실정에 맞지 않는 것이 있자 이에 上書하였다. "현재 施行되는 詔書는 아들을 고문하여 부친의 사형죄를 증명하는 조문이 포함되어 있고, 또는 부모를 鞭笞하여 자식의 소재를 추궁하는 것이 포함되어 있습니다. 근자에 사건을 심리하는 관리들은 庚寅詔書를 칭송하고 있는데, 그 것은 전 가족이 도망했을 경우 家長을 斬하는 내용입니다. 만약에 가장이 도망의 주모자라면 斬刑이 비록 중하기는 하지만 그래도 斬하는 것이 무리라고 할 수는 없습니다. 그러나 가령 子孫이 범죄를 저질러서 (도망가면) 할아버지와 부친을 도망죄로 고문하는데, 도망한 것은 子孫인데, 도리어 할아버지와 부친이 그 혹형을 받습니다. 순종하는 효도를 손상시키고, 교화윤리를 파괴하는데, 이러한 사례는 헤아릴 수 없이 많습니다. 친속이 서로 숨겨주는 道가 背離되면서, 君臣之義가 폐기되었습니다. 君臣之義가 폐기되면, 윗사람을 犯하는 간사함이 일어납니다. 秦왕조는 법망이 촘촘하였으나, 漢나라가 흥하고 나서 煩苛한 법률을 없애고 사회풍속을 개변시켜, 거의 형벌을 사용하지 않아도 될 정도로 되었습니다. 大人이 시세를 변혁시켜, 이전에 남아있던 더러움을 씻어내고, 막혔던 것을 소통시켰습니다. 지금 조서 가운데 폐지해야 할 것이 많고, 현재에 맞는 것은 正條(법률의 정식 조문)로 著한다면 법률이 簡易해질 것입니다." 元帝가 하령하여 말하기를, "禮樂이 일어나지 않은 것은

刑罰이 맞지 않기 때문이다. 이로 인해 형벌을 밝히고, 법률을 정돈하는 것은 先王이 신중히 여기는 바이다. 惠帝의 元康 연간 이래로 사고가 연이어 발생하여 법률이 날로 번다해졌다. 大理 衞展이 상주한 것은 마땅히 朝堂에서 廷臣들이 會議를 하여 응당 사용하지 않아야 할 詔書는 폐지하라. 이에 대해서 장차 마음을 비우고 채택할 것을 고려하고 있다."[98]

위의 『晉書』「刑法志」에 보이는 "施行詔書"는 "현재 시행되고 있는 詔書"의 의미로 생각되는데, 이 용어의 존재로 볼 때 居延 地灣 출토의 5.3＋10.1＋13.8＋126.12의 4札을 陳夢家가 "西漢施行詔書目錄"으로 명명하고, 그것이 令甲에 編定되었다고 한 것은 옳다고 생각된다. 위의 기사에 의하면, "현재 施行되는 詔書"의 존재는 行刑에 사용되는 것이 律令만이 아니라 詔書도 있었음을 알 수 있다. 그리고 "지금 조서 가운데 폐지해야 할 것이 많고, 현재에 맞는 것은 正條(법률의 정식 조문)로 著한다면 법률이 簡易해질 것입니다."라고 한 것과 "응당 사용하지 않아야 할 詔書는 폐지하라."고 한 것은 詔書에서 법률의 正條로 바뀌며, 詔書 가운데 사용하지 않는 것은 폐기되는 것도 있음을 말해준다. 따라서 『晉書』「刑法志」에서 도출할 수 있는 결론은 첫째, 律令 이외에 施行詔書가 行刑에 사용되며, 정식 律令은 詔書 중에서 현실과 부합되는지 여부를 판단하여 제정되며, 현실 상황과 부합하지 않는 詔書는

---

98) 『晉書』卷30「刑法志」, pp.939-940, "是時帝以權宜從事, 尚未能從. 而河東衞展爲晉王大理, 考摘故事有不合情者, 又上書曰:「今施行詔書, 有考子正父死刑, 或鞭父母問子所在. 近主者所稱庚寅詔書, 舉家逃亡家長斬. 若長是逃亡之主, 斬之雖重猶可. 設子孫犯事, 將考祖父逃亡, 逃亡是子孫, 而父祖嬰其辜. 傷順破教, 如此者衆. 相隱之道離, 則君臣之義乖; 君臣之義廢, 則犯上之姦生矣. 秦網密文峻, 漢興, 掃除煩苛, 風移俗易, 幾於刑措. 大人革命, 不得不蕩其穢匿, 通其扗滯. 今詔書宜除者多, 有便於當今, 著爲正條, 則法差簡易.」元帝令曰:「禮樂不興, 則刑罰不中, 是以明罰敕法, 先王所慎. 自元康已來, 事故荐臻, 法禁滋漫. 大理所上, 宜朝堂會議, 蠲除詔書不可用者, 此孤所虛心者也.」"

令으로 되지 못하고 폐기된다는 사실을 알 수 있었다. 이러한 결론은
결국 詔書가 곧 令이라는 주장이 옳지 않음을 말해주는 것이다.

또한 『晋書』 「刑法志」에서 詔書와 律令을 엄격하게 구분하는 자료가
있다.

> 21) 盜律에는 勃辱强賊이 있고, 興律에는 擅興徭役이 있다. 具律에는 出
> 賣呈이 있고, 科에는 擅作修舍의 事項이 있었다. 그래서 이를 분리
> 하여 興擅律로 한다. 종래의 興律에는 乏徭나 稽留가 있고, 賊律에
> 는 儲峙不辦이 있으며, 厩律에는 乏軍之興이 있다. 또 舊典에는 奉詔
> 不謹이나 不承用詔書가 있다. 漢代에는 小過失(小愆乏) 및 엄격하게
> 詔書를 따르지 않은 사항을 시행하여 "不承用詔書, 乏軍興"으로 要
> 斬에 처하였고, 또한 즉각 丁酉詔書로써 감형하였다. 丁酉詔書는 漢
> 의 文帝가 내린 것이므로, 그것을 재차 현재의 法令으로 하는 것은
> 옳지 않다. 그래서 이상의 것을 분리하여 乏留律로 만든다.[99]

여기에서 주목할 것은 "丁酉詔書는 漢의 文帝가 내린 것이므로, 그
것을 재차 현재의 法令으로 하는 것은 옳지 않다. 그래서 이상의 것을
분리하여 乏留律로 만든다."는 부분이다.[100] 漢에서 小過失과 엄격하
게 조서를 따르지 않을 경우, "不承用詔書, 乏軍興"으로 要斬했던 것을
漢文帝가 감형하기 위해서 내린 것이 바로 丁酉詔書이다. 漢文帝의 丁
酉詔書의 존재는 모든 詔書가 令으로 될 수 없었던 증거라고 할 수 있
다. 만약 여기에서 丁酉詔書가 令으로 되었다면 그것은 ○○令으로 불
렀을 것이지만, 계속 曹魏시기까지 丁酉詔書로 부르고 있기 때문이다.

---

99) 『晋書』卷30 「刑法志」, p.924; 林炳德, 「『晋書』「刑法志」譯注Ⅱ」(『中國史硏究』
   28, 2004), pp.303-304; 高潮, 『中國歷代刑法志注譯』(長春: 吉林人民出版社, 1994),
   pp.79-83 참조.
100) 内田智雄, 『譯注中國歷代刑法志』(東京: 創文社, 1968), p.104; 高潮, 위의 책, p.83.

이러한 판단에 근거하면, 丁酉詔書는 슈으로 되지 못하고, 曹魏시기까지 詔書로 남아 있었던 것으로 생각된다. 이것은 冨谷至가 슈 = 制詔라고 하는 주장에 문제가 있음을 말해준다.[101]

2. 制詔에서 슈, 律로의 이행

이렇게 制詔와 슈이 다른 것이라면, 그 형식은 어떻게 다를까? 制詔에서 슈으로의 編纂과정을 고찰함에 있어서 주의해야 할 것은 中田薰이 언급한 "制詔가 슈이 되기 위해서는 著令의 과정을 거쳐야 한다."는 부분이다.[102] 단순히 著令을 슈에 등록한다는 의미로만 고찰할 것이 아니라, 그것은 형식적으로 슈의 체제에 맞게 가공하여 기록하는 과정을 포함하는 것은 아닐까? 制詔와 슈의 형식상 차이를 분석하려면, 동일한 내용이 制詔와 律令 모두에서 확인 가능한 것을 찾아야 할 것이나, 그러한 사례를 찾기란 용이하지 않다. 制詔의 완벽한 형식이 보존되어 있는 사례로서 秦始皇의 挾書律의 근거로 된 制詔를 들 수 있다. 이 조서에서 어떤 부분이 법률로서 남게 되었는지 살펴보고자 한다.

22)

A 始皇이 咸陽宮에서 술잔치를 열었고, 博士 70인이 앞으로 나와서 祝壽를 하였다. 僕射인 周靑臣이 시황의 공덕을 칭송하였다. "과거에 秦의 영토는 천리를 넘지 못했으나, 陛下의 신령스러운 明聖에 의존하여 海內를 평정하고 蠻夷를 축출하여 해와 달이 비치는 곳은 복종하지 않는 곳이 없습니다. 諸侯의 땅을 郡縣으로 삼아 사람들은 스스로 安樂해 하였고, 전쟁 근심이 사라진 것이 만년까지 전하게 되었습니다. 上古로부터 폐하의 威德에 미치는 자가 없었습니다." 始皇

---

101) 冨谷至, 위의 논문(2000), p.103.
102) 秦濤, 위의 논문, p.195.

은 (이 말을 듣고) 기뻐했다. 博士 齊人 淳于越이 나와서 말하였다. "臣이 듣건대, 殷周의 왕들은 천여 년 동안 子弟·功臣을 제후로 봉하여 스스로 보필하도록 했습니다. 지금 폐하는 海內를 가지고 있으나, 子弟는 匹夫가 되어 있습니다. 갑자기 田常과 六卿之臣이 나타났을 때, 보필할 사람이 없다면 무엇으로 서로 구할 수 있겠습니까? 일을 처리할 때 옛것을 배우지 않고 오래도록 갔다는 것은 들어본 바가 없습니다. 지금 靑臣은 얼굴에 아부하여 폐하의 잘못을 가중시키고 있으니 충신이 아닙니다."

B 始皇이 그것을 논의하라고 내렸다.

C 丞相 李斯가 말하였다. "五帝는 서로 반복하지 않고, 三代는 서로 因襲하지 않고 각각의 방법으로 통치하였고, 고의로 반대로 하는 것이 아니라 시대에 따라서 변하는 것입니다. 지금 폐하가 대업을 이루고, 만대의 공을 수립한 것은 진실로 어리석은 유가들이 알 수 있는 바가 아닙니다. 또한 순우월이 말한 것은 三代(夏殷周)의 일이니 어찌 본받을 것이 있겠습니까? 지난 날 제후들이 서로 싸울 때, 후한 우대를 하고 유세지사를 초빙하였습니다. 지금 천하가 이미 평정되어 법령이 하나로 통일되었고, 백성은 집에서 農工의 일에 힘쓰고, 士는 法令刑禁을 학습하고 있습니다. 지금 諸生들이 현재를 스승으로 삼지 않고, 옛것을 배워 현재를 비판하여 黔首를 어지럽히고 있습니다. 丞相 臣 斯는 죽음을 무릅쓰고 말씀드립니다. 고대에 천하가 분산되고 어지러워 하나로 통일할 수가 없었습니다. 이로써 제후들이 群起했고 논의한 것은 모두 옛것을 칭송하고 현재를 비난하며, 虛言을 꾸며 진실을 어지럽히는 것이었습니다. 사람들은 자신들이 사적으로 배운 바를 좋다고 하고 上께서 건립한 바를 비난하고 있습니다. 지금 皇帝께서 천하를 통합했고, 黑白是非를 구별하여 공동으로 皇帝 一人을 尊崇하는 것으로 정해졌습니다. 개인적으로 배운 것을 가지고 법의 가르침을 비난하고 있습니다. 令이 하달되었다고 들

으면 사람들은 각각 그들이 배운 것으로써 논의합니다. 조정 안에서
는 마음 속으로 비판하고, 조정 밖으로 나가면 골목에서 논의합니
다. 군주 면전에서 자기를 과시하는 것을 명분으로 삼고, 다른 주장
을 내세우는 것을 고상한 것으로 여기면서 무리를 거느리고 비방하
고 있습니다. 이러한 것이 금지되지 않으면 위로는 군주의 권세가
떨어질 것이며, 아래에서는 당파가 형성됩니다. 금지하는 것이 좋습
니다. 臣은 史官에서 秦의 역사책이 아닌 것은 모두 불태울 것을 청
합니다. 博士官에서 맡은 바가 아닌데, 천하에 감히 소장하고 있는
시경·서경·제자백가의 서책은 모두 郡守·尉에게 보내 공동으로 불
태우게 하십시오. 또 감히 시경·서경에 대해서 이야기하는 자들을
棄市에 처합니다. 옛것에 근거해 현재를 비판하는 자는 멸족시키십
시오. 또 관리가 이런 자를 보고 알고도 잡아들이지 않으면 같은 죄
로 다스리십시오. 명령이 내려진 지 30일이 지났는데도 서적을 불태
우지 않는 자는 黥爲城旦에 처하도록 합니다. 불태우지 않을 책으로
는 의약·점술·농업에 관계된 책입니다. 만약 법령을 배우고자 하는
자는 관리를 스승으로 삼게 하옵소서.”

D 制하길, “可하다.”

A 始皇置酒咸陽宮, 博士七十人前爲壽. 僕射周靑臣進頌曰:「他時秦地不過
千里, 賴陛下神靈明聖, 平定海內, 放逐蠻夷, 日月所照, 莫不賓服. 以諸侯
爲郡縣, 人人自安樂, 無戰爭之患, 傳之萬世. 自上古不及陛下威德.」始皇
悅. 博士齊人淳于越進曰:「臣聞殷周之王千餘歲, 封子弟功臣, 自爲枝輔.
今陛下有海內, 而子弟爲匹夫, 卒有田常·六卿之臣, 無輔拂, 何以相救哉?
事不師古而能長久者, 非所聞也. 今靑臣又面諛以重陛下之過, 非忠臣.」

B 始皇下其議.

C 丞相李斯曰:「五帝不相復, 三代不相襲, 各以治, 非其相反, 時變異也. 今
陛下創大業, 建萬世之功, 固非愚儒所知. 且越言乃三代之事, 何足法也?

異時諸侯並爭, 厚招游學. 今天下已定, 法令出一, 百姓當家則力農工, 士
則學習法令辟禁. 今諸生不師今而學古, 以非當世, 惑亂黔首. 丞相臣斯昧
死言: 古者天下散亂, 莫之能一, 是以諸侯並作, 語皆道古以害今, 飾虛言以
亂實, 人善其所私學, 以非上之所建立. 今皇帝并有天下, 別黑白而定一尊.
私學而相與非法教, 人聞令下, 則各以其學議之, 入則心非, 出則巷議, 夸主
以爲名, 異取以爲高, 率羣下以造謗. 如此弗禁, 則主勢降乎上, 黨與成乎
下. 禁之便. 臣請史官非秦記皆燒之. 非博士官所職, 天下敢有藏詩、書、百
家語者, 悉詣守、尉雜燒之. 有敢偶語詩書者弃市. 以古非今者族. 吏見知
不擧者與同罪. 令下三十日不燒, 黥爲城旦. 所不去者, 醫藥卜筮種樹之書.
若欲有學法令, 以吏爲師.」

D 制曰:「可.」[103]

　秦始皇 34年(B.C.214) 挾書律의 바탕이 된 위의 制詔에는 다음과 같
은 내용이 포함되어 있다. A에는 僕射 周靑臣과 博士 淳于越의 郡縣·封
建 우월 논쟁이 기술되어 있고, B에는 始皇이 그 논쟁을 심의하게 하
였으며, C에서는 衆臣들의 논의를 거쳐 丞相 李斯가 "請"의 형식으로
입법을 청원하는 내용이 기술되었고, D에서는 制曰:「可」로 재가한 것
이 기술되었다. 이러한 형식은 앞에서 고찰한 바와 같이 제 3형식이
라고 할 수 있다.

　그런데 이 조서에 근거하여 만들어진 법령이 律인지 令인지 분명
하지 않다. 「惠帝紀」에서는 挾書律이라고 하였지만,[104] 후대의 『隋書』
「經籍志」에는 "挾書之令", 『新唐書』 「儒學傳下·啖助傳贊」에는 "劃挾書令"
이라고 하여 "挾書令"이라고 하였다.[105] 필자는 다른 논문에서 이 문

---

103) 『史記』 卷6 「秦始皇本紀」, pp.254-255.
104) 『漢書』 卷2 「惠帝紀」, p.90, "三月甲子, 皇帝冠, 赦天下. 省法令妨吏民者; 除挾
　　書律. [一]應劭曰:「挾, 藏也.」張晏曰:「秦律敢有挾書者族.」"
105) 『隋書』 卷32 「經籍志一」, p.905, "秦政奮豺狼之心, 劃先代之迹, 焚詩、書, 坑儒

제에 관해, 律과 令은 혼동되지 않음을 지적한 바 있다.[106) 그런데 挾
書律의 내용에 대해, 張晏은 「秦律敢有挾書者族」이라고 하여 律로 간주
하고 있다. 그가 인용한 秦律은 위의 C부분에서, "天下敢有藏詩、書、百
家語者, 悉詣守、尉雜燒之. 有敢偶語詩書者弃市. 以古非今者族."의 부분을
축약한 것이다. 결국 張晏이 인용한 "秦律敢有挾書者族"의 부분은 핵심
적 내용이 포함된 C의 "臣請" 이하에서 추출한 것이다.

진정 "可爲萬世法"의 정도가 되어야만 "著令"하는 것에서 보면, 令과
制詔는 다른 것이다.[107) 이미 알려진 바와 같이, 「津關令」 및 『嶽麓書院
藏秦簡(肆)』의 令이 핵심적인 내용만으로 구성된 것에 비춰보면 위의
挾書律의 저본이 된 制詔 전체가 令이라고 할 수 없다. 이것은 制詔의
단계에 머문 것이며, 令으로 되기 위해서는 조서의 文套를 제거하고
핵심 부분만을 발췌하여 등재하는 "著令"의 과정을 거치는 것이다.[108)

『嶽麓書院藏秦簡(肆)』의 秦令에서 알 수 있듯이, 秦令에서는 형식적
으로 制詔의 제정 경위 등은 생략되어 있고, 集議에서 논의된 결론만
이 令으로 남겨져 있다.

23)

■ 內史郡二千石官共令 第乙

a) 太上皇(莊襄王) 시기에 內史 言: 西工室의 司寇・隱官 가운데 踐更하는
　자의 대부분이 가난하여 스스로 식량을 해결할 수 없습니다. [秦上

士, 以刀筆吏爲師, 制挾書之令. 學者逃難, 竄伏山林, 或失本經, 口以傳說. 漢
氏誅除秦、項, 未及下車, 先命叔孫通草縣蕝之儀, 救擊柱之弊. 其後張蒼治律曆,
陸賈撰新語, 曹參薦蓋公言黃老, 惠帝除挾書之律, 儒者始以其業行於民間. 『新
唐書・儒學傳下・啖助傳贊』: 「至漢興, 劃挾書令, 則儒者肆然講授, 經典寖興.」 參
見「挾書律」."

106) 任仲爀, 「出土文獻에 보이는 秦漢시기 令과 律의 구별」(『中國學論叢』 53, 2016).
107) 『三國志』 卷9 「魏書/夏侯惇傳」, p.267, "惇既免, 太祖聞之, 謂浩曰: 「卿此可爲萬
世法.」 乃著令, 自今已後有持質者, 皆當并擊, 勿顧質. 由是劫質者遂絕."
108) 秦濤, 위의 논문, p.178.

皇時內史言: 西工室司寇·隱官, 踐吏多貧不能自給種(糧).]

b) 議: 縣으로 하여금 司寇를 (西工室에) 보내어 入禾하게 하는데, 그 縣 (西縣)에서 마땅히 빌려주어야 할 禾가 없는 경우, 작업하고 있는 縣 에 고하여 갚거나 빌려주어야 한다. 西工室에서 榦(통나무)을 沮·南 鄭縣의 산에서 베고자한다면, 沮·南鄭縣으로 하여금 西工室의 致(문 서)를 접수하도록 한다. 入禾한 자 및 吏는 西工室에 문서를 전달한 다. [議: 令縣遣司寇入禾, 其縣毋(無)禾(329/0587)當貸者, 告作所縣償及貸. 西工室伐榦沮, 南鄭山, 令沮, 南鄭聽西工室致. 其入禾者及吏移西(330/0638) 工室.]

c) ●二年 曰: 다시금 이 내용을 채택하라. [●二年曰: 復用.(331/0681)][109]

24) 昭襄王이 命하였다: 酒席을 행할 때, 錢金 및 它物을 징수하여 사람 들에게 하사할 경우, 縣令은 보고(讞)해야 하고, 縣丞은 실제 액수 에 따라 (재물을) 출납해야 한다. 縣丞이 보고하면, 縣令이 (실제 액 수에 따라 재물을) 지출하는 것을 원칙으로 한다. [昭襄王命曰: 置酒 節(即)徵錢金及它物以賜人, 令獻(讞), 丞請(情)出; 丞獻(讞), 令請(情)出, 以爲恒.]

三年詔書에서 말하였다. 재차 사용한다. [●三年詔曰:(344/0519)復用. (345/0352)][110]

25) ●丞相御史에게 制詔한다. 오직 다른 사람의 贅壻가 되지 않은 □徒 數□……☒) … 擧하여, 令과 같이 하지 않은 자는 논죄하고, 奪爵者 의 이름을 丞相에게 올리고, 丞相은 御史에게 올린다. 都官에 현상 금과 (백성에게 진) 채무는 縣과 동일한 방식으로 상환한다. 兵事가 끝났으니, 마땅히 받아야 할 모든 현상금과 채무는… [●制詔丞相御

---

109) 『嶽麓書院藏秦簡(肆)』, p.204.
110) 같은 책, p.209.

史: 唯不爲人贅埳(堉)□徒數□……☑(337/殘 37+0672-1) 擧, 不如令者,
論之, 而上奪爵者名丞相, 丞相上御史 ㄴ. 都官有購賞貰責(債)者, 如縣.
兵事畢(338/0668)矢 ㄴ, 諸當得購賞貰責(債)者, (339/0591)][111]

23) 内史郡二千石官共令 第乙은 泰上皇 시기 内史가 올린 文言을 丞相
御史가 "議"한 것인데, a) 泰上皇(莊襄王) 시기 内史의 제안, b) 이를 논
의(集議)한 내용으로 구성되어 있으며, c) 二年曰: 復用의 부분으로 구
성되어 있다. 内史의 言을 集議하여 詔書의 형태로 공포했던 제 2형식
의 命書로 생각된다. 24)는 "昭襄王命書"인데, 昭襄王의 명령으로 이루
어진 것이므로 制詔의 제 1형식이다. 秦始皇 26년에 "改命爲制, 改令曰
詔"했기 때문에, 그 전에는 모두 "命"이라고 한 것이 위의 자료에서 확
인되는 것이다. 簡文 말미의 "三年"은 秦始皇 26年 이후의 "三年"이므로
秦二世 三年(B.C.207)이 확실하다. 秦二世 三年에 반포한 令文을 재차
"復用"한 것으로, 秦二世가 昭襄王 시에 令文을 復用한 것은 그 사항에
관한 구체적 법률조문의 규정이 없어서 前朝의 군주가 반포한 令文
가운데서 찾아 반포한 것이다.[112] 詔라는 언급이 없고 단지 "二年曰"
이라고 되어 있는 23)은 復用을 명령한 군주의 시점이 확실하지 않다.
물론 24)의 "三年詔曰 復用" 사례가 있기 때문에 이세황제일 가능성이
있기는 하다. 25)는 앞서의 13)과 동일한 내용으로, 통일 직후 국가채
무의 상환과 관련된 것이므로 진시황 26년 이후로 생각된다.

昭襄王 命書와 泰上皇 命書(?)는 復用 이전에 무엇이라 불러야 하는
가? 「津關令」에 의하면, 集議 이후에 "制曰可"가 있으면 令으로 될 수
있는 것인데, 여기에서는 令으로 되었는지 여부를 알 수 없다. 이것을
구체적인 律令 條文이 아니라 "故事"로 보는 견해도 있다.[113] 가능성은

---

111) 같은 책, pp.206-207.
112) 陳松長, 「嶽麓秦簡中的兩條秦二世時期令文」(『文物』 2015-9), p.91.
113) 陳松長, 위의 논문, pp.90-91. 陳松長은 "泰上皇時内史言"이라고 말한 具體事

첫째, 制書(命書)의 단계에 있었는지, 둘째, 아니면 令으로 변경되었는지의 두 가지 경우를 들 수 있다. 이 중에서 전자가 옳을 것으로 생각된다. 그 이유는 다음과 같다. 24)는 "昭襄王命曰"이라고 하여 후일의 制書에 해당한다. 命令에서 制詔로의 명칭 변경이 행해지는 秦始皇 26년 이전에도 "律令"의 "令"이 존재하였다. 지금 분석하고 있는 『獄麓書院藏秦簡(肆)』에 다수의 秦令이 확인되고, 「奏讞書」 案例 22에도 "令曰: 獄史能得微難獄, 上."이라는 令文이 존재하였다.[114] 그것은 법령화된 令인 것이며, 昭襄王의 命書(후일의 制書)와는 다른 것이다.

"昭襄王命曰"의 命書와 23)과 24)의 內史郡二千石官共令의 구별점은 무엇인가? 그것은 보존되어 있던 命書를 復用함으로써, 令文으로 된 것이다. 즉, 復用의 의미는 命書의 令化이다. 그 이전까지 昭襄王의 命書는 內史(郡?)二千石官共令으로 되지 못했기 때문에 그것은 법제화되지 않고 "命曰", 즉 후일의 制書로 남아 있던 것이다. 이로써 본다면, 모든 命書가 법령화되는 것은 아니다.

또한 형식상의 차이점은 무엇인가? 23)에는 중요한 사항만 남아있다. 형식이라고 한다면, a) 泰上皇時內史言: b) 議: c) ●二年曰뿐이고, 형식적인 命書 또는 詔書의 문투는 남아있지 않다. 결국 23)의 "內史郡二千石官共令 第乙"은 莊襄王 시기에 있었던 命書에서 令에 불필요한 형식 부분을 제거하고 핵심 부분만 남긴 것이라고 할 수 있다. 이러한 형식은 「津關令」의 것과 동일한 형태라고 할 수 있다. 24)는 "昭襄王"은 謚號이므로 이 命書의 "昭襄王命曰"의 부분은 二世황제 시기에 이 내용을 재차 사용하면서 추가한 것으로 생각된다. 25) "昭襄王命曰"이 "制詔

項의 내용은 律令 텍스트의 각도에서 볼 때, 구체적인 律令條文이 아니라, 秦漢時期에 "決事比"를 만들 때 의거한 이른바 "故事"인데, 이러한 "決事比"로 될 수 있는 "故事"는 출판될 『獄麓書院藏秦簡(肆)』에서는 "比"로 簡稱할 것이라고 하였다.

114) 池田雄一, 『漢代を遡る奏讞 - 中國古代の裁判記錄』(東京: 汲古書院, 2015), p.139. 秦王政 6년 6월 27일의 것이다.

丞相御史"의 형식으로 바뀌어 있다. 制詔 부분이 남아있는 이외에, 기타의 형식적인 문투는 모두 삭제되어 있다. 즉, 秦令에는 制詔 부분이 남아있는 것은 漢의 津關令과 동일하다. 詔書의 구어체가 남아 있는 사례로 대표적인 것이 魏奔命律에 보이는 "寡人弗欲", "不忍其宗族昆弟"와 같은 부분인데,[115] 秦令에서 그러한 부분이 남아있지 않은 것은 훨씬 발전된 형태라고 할 수 있다.

위에서 인용한 秦令의 3가지 사례는 원래의 詔書가 없어서 律·令으로의 정리 과정에 대한 상세한 분석이 어려웠다. 그런데 조서에서 律令으로 전환되는 과정을 고찰할 수 있는 사례로 商鞅變法의 "爲田開阡陌"과 1982년 四川省 靑川縣 출토의 「爲田律」을 들 수 있다. 위로는 商鞅 시기에서 아래로는 『二年律令』 시기, 심지어는 北宋의 天聖令 시기까지 (인용문 32) 詔書와 令, 律로의 변화과정을 살필 수 있는 자료가 망라되어 있다. 商鞅 이후의 「爲田律」은 아래와 같이 기술되어 있다.

26) (孝公 12년) 爲田開阡陌[116]

27) (孝公 12년) 初(取)〔聚〕小邑爲三十一縣, 令. 爲田開阡陌.[117]

28) (孝公 12년) 爲田開阡陌封疆, 而賦稅平.[118]

29) 昭襄王生十九年而立. 立四年, 初爲田開阡陌.[119]

---

115) 『睡虎地秦墓竹簡(1978)』, p.292, "●廿五年閏再十二月丙午朔辛亥, ○告將軍: 叚(假)門逆旅, 贅壻後父, 或率民不作, 不治室屋, 寡人弗欲. 且殺之, 不忍其宗族昆弟. 今遣從軍, 將軍勿恤視. 享(烹)牛食士, 賜之參飯而勿鼠(予)殽. 攻城用其不足, 將軍以堙豪(壕). 魏奔命律"

116) 『史記』 卷5 「秦本紀」, p.203.

117) 『史記』 卷15 「六國年表」, p.723.

118) 『史記』 卷68 「商君列傳」, p.2232.

30) 青川木牘: (秦武王) 二年十一月己酉朔朔日, 王命丞相戊(茂), 内史匽氏, 臂更脩(修)爲田律: 田廣一步, 袤八則, 爲畛. 畮(畝)二畛, 一百(陌)道. 百畮(畝)爲頃, 一千(阡)道, 道廣三步. 封高四尺, 大稱其高. 捋(埒)高尺, 下厚二尺. 以秋八月, 脩(修)封捋(埒), 正疆畔, 及發千(阡)百(陌)之大草. 九月, 大除道及阪險. 十月爲橋, 脩(修)陂堤, 利津𣂷(關)鮮草, 雖非除道之時, 而有陷敗不可行, 輒爲之. 章手.[120]

31) 『二年律令』: 田廣一步袤二百卌步爲畛, 畮二畛, 一佰道; 百畮爲頃, 十頃一千道, 道廣二丈. 恒以秋七月除千佰之大草; 九月大除(246)道及阪險; 十月爲橋, 修波(陂)堤, 利津梁. 雖非除道之時而有陷敗不可行, 輒爲之. 鄉部主邑中道, 田主田(247)道. 道有陷敗不可行者, 罰其嗇夫·吏主者黃金各二兩. 盜侵飯道·千(阡)佰(陌)及斬土⟨之⟩, 罰金二兩.(248)

32) 田令: 諸田廣一步, 長二百四十步爲畮, 畮百爲頃.[121]

　　위의 26)·27)·28)에서 알 수 있듯이 「爲田律」의 명칭은 "爲田開阡陌"에서 앞의 두 글자를 따서 붙인 것이다.[122] 商鞅의 "爲田開阡陌"은 秦武王 二年(B.C.309)에 개정되는데 이를 "更脩(修)爲田律"이라고 하였으며, 이것이 『二年律令』, 심지어 北宋의 「天聖令」에까지 남아있던 것이다. 30) 青川木牘의 「爲田律」과 31)『二年律令』의 字句는 대동소이하며, 큰 변

119) 『史記』卷6「秦始皇本紀」, p.290.
120) 李學勤, 「竹簡秦漢律與『周禮』」, 楊一凡 總主編, 『中國法制史考證乙編(第一卷) 法史考證重要論文選編·律令考』(北京: 中國社會科學出版社, 2003), p.274.
121) 天一閣博物館·中國社會科學院歷史研究所, 『天一閣藏明鈔本天聖令交證』(北京: 中華書局, 2006), p.253.
122) 廣瀬薫雄, 「青川郝家坪秦墓木牘補論」(『簡牘學研究』第七輯, 2018), p.189. "内史匽氏·臂"의 글자가 명확하지 않았으나 적외선 사진에 의해 확인되었다. 廣瀬薫雄은 内史가 2명이 있었음을 고증하였다.(같은 논문, pp.185-189.)

화 없이 漢初까지 승계된 것이다. 「爲田律」이 최초 제정된 것은 孝公 12년(B.C.350)이고, 更修한 것은 秦武王 2년(B.C.309)이므로 41년의 차이가 있다. 靑川木牘의 내용과 『二年律令』의 것이 큰 변화가 없던 것에서 본다면, 靑川木牘에 보이는 「爲田律」의 내용은 秦孝公 시기 商鞅에 의해서 제정될 때의 형태 그대로였을 수 있다.

30)의 靑川木牘의 성격은 詔書도 아니고 律도 아닌, 令이라고 할 수 있다. 咸陽의 秦武王이 「爲田律」을 개정한다고 하는 내용을 靑川 지역으로 보낸 "令"(후일 秦始皇 26년 이후의 令)이라고 생각된다. 즉, 詔書에는 그 제정과정이 낱낱이 기록되어 있지만, 靑川木牘에는 일부의 핵심 사항만 남아있기 때문에 "令"으로 간주해야 한다. 靑川木牘에 "二年 十一月己酉朔朔日, 王命丞相戊(茂)、内史匽氏、臂更脩(修)爲田律"의 부분이 남아 있는 것은 『嶽麓書院藏秦簡(肆)』에 있는 "令"의 형식과 차이가 없는 것이다. 이러한 "詔書의 제정 경위"는 『嶽麓書院藏秦簡(肆)』의 令에만 일부 남아 있고, 律에는 일체 남아있지 않다.

또한 30)에서 유추한다면 「爲田律」의 저본이 되는 命書(후일의 制詔)에는 그 제정 경위를 나타내는 "孝公十二年○月○○朔朔日, 孝公命大良造 鞅爲田開阡陌…"과 같은 부분이 있었을 것이다. 그 후 秦武王 시기에 수정할 때 "二年十一月己酉朔朔日, 王命丞相戊(茂)、内史匽氏、臂更脩(修) 爲田律"의 내용으로 대체된 것으로 생각된다. 따라서 商鞅변법 시기의 命書는 靑川木牘처럼 "孝公命大良造鞅"의 형태로 추정할 수 있을 것이다. 이러한 商鞅의 "開阡陌"의 命書가 그 시점에서 「爲田律」로 제정되었던 것이다.

商鞅變法에서 토지를 구획한 내용이 곧바로 「爲田律」로 된 것으로 보아, 命書에서 곧바로 律로 되는 경로도 있지만, 『嶽麓書院藏秦簡(肆)』의 第三組에 보이는 사례처럼 詔書에서 令이 되는 경우도 있다. 이밖에 차례대로 단계를 거쳐 令에서 律로 되는 경우도 있다.[123] 詔書에서 곧바로 律로 되는 경우가 『漢書』「刑法志」에 보이는 景帝시기 笞刑을

定律한 것과 같은 것이다.[124] 따라서 반드시 制詔 - 令 - 律로 순차적으로 승급되는 것은 아니다. 그것이 律과 관계된 내용일 때는 令의 단계를 거치지 않고 律로 될 수 있다.

詔書·令·律은 형식상에도 차이가 보이고 있다. 詔書에는 그 제정 경위가 빠짐없이 기술되어 있다. 挾書律의 制詔처럼 그것은 어전에서 황제와 신하들의 대화가 낱낱이 기록된 것도 있고, 肉刑 廢止令처럼 緹縈의 상소에서부터 文帝의 육형과 형기의 폐지 명령 등이 낱낱이 기록되어 있다. 制詔와 令은 서로 다른 것이므로 형식상 차이가 존재하였다. 『嶽麓書院藏秦簡(肆)』의 秦令에서 알 수 있듯이, 令으로 된 것은 制詔의 원형과 달라져 있다. 秦令에서는 형식적으로 制詔의 제정 경위 등 불필요한 부분은 제거되고, 集議에서 논의된 핵심적 내용만을 남기고 있다. 『嶽麓書院藏秦簡(肆)』第三組의 秦令에서 制詔의 형식인 "制詔御史"가 앞서 언급한 13)과 25)에 남아 있으나, 아래의 『嶽麓書院藏秦簡(肆)』秦律 33)·34)에서는 완전히 제거되고, 대신 시작 부분에 "●田律曰", "金布律曰"과 같이 그 편제된 律名을 기록하고 있다.

> 33) ●田律: 禾稼와 頃芻稾를 징수할 때, 1년이 다 되어도 납입해야 할 전량을 들이지 않거나, 다른 縣官에 貸與한 것이 (독촉) 문서가 그 縣官에 도착하고 나서 30일이 찼는데도 납입하지 않았거나, 기일을 어기고 납입하지 않은 자는 그 해당인 및 官嗇夫·吏主者에게 각각 一甲을, 丞·令·令史는 각각 一盾을 貲罰로 내린다. 지정된 기일을 어기고 납입하지 않은 자가 죽었거나, 도망하여 유죄가 되었는데 상속인이 없는 경우(無後)라서 (미납금을) 받을 수 없는 경우는 또한 官嗇夫·吏로 하여금 대신 상환하게 한다. [●田律曰: 租禾稼, 頃芻稾, 盡一歲不黌(畢)入及諸貸它縣官者, 書到其縣官, 盈卅日弗入及有逋不

---

123) 任仲爀, 「秦漢 율령사 연구의 제문제」, pp.37-40.
124) 『漢書』 卷23 「刑法志」, pp.1097-1100.

(106/1278)入者, 貲其人及官嗇夫, 吏主者各一甲乚, 丞、令、令史各一盾. 逋其入而死、亡皇毋(無)後不可得者, 有(又)令官嗇(107/1282)夫、吏代償(108/1283)][125]

34) 金布律: 縣官의 器物을 잃어버린 모든 자는 반드시 獄으로 다스린다. 贓物의 값어치가 120전에 미달하면 그 官에서 스스로 다스리고, 獄을 일으키지 말라. [金布律曰: 諸亡縣官器者, 必獄治, 臧(贓)不盈百廿錢, 其官自治, 勿獄.(116/1402)][126]

이러한 형식은 漢初『二年律令』의 시점이 되어서도 동일하다. 令의 경우, 「津關令」에서 확인되듯이 "制詔御史"와 같은 형식 부분이 계속 남아 있으나,『二年律令』의 律 부분에서는 "制詔御史"의 부분이 예외 없이 삭제되어 있다. 이렇게 예외 없이 "制詔御史"의 부분을 삭제하고 핵심 내용만 남긴 것은 令과 律의 형태상 가장 큰 차이점인데, 律에 편제할 때 한 차례 정리 작업을 경과한 것이라고 할 수 있다. 이렇게 律에서 핵심적 내용만 남기고 "制詔御史"의 부분을 제거하는 것은 이미 『睡虎地秦墓竹簡』의 시점부터 시작된 현상이며,『嶽麓書院藏秦簡(肆)』에서는 律과 令의 형식이 엄격하게 차이가 나고 있다.

Ⅳ. 결론

필자는 본고에서 制詔와 令의 구별 문제, 秦令에서 漢令으로 발전하는 과정을『嶽麓書院藏秦簡(肆)』와 「津關令」 등을 중심으로 분석하였다.

---

125)『嶽麓書院藏秦簡(肆)』, 103.
126) 같은 책, p.106.

우선 制詔의 3개 형식에 대해서 분석한 바는 다음과 같다. 大庭脩는 제 1형식에서 著爲令을, 제 3형식에서는 具爲令을 사용하였다고 보았으나, 『漢書』「景帝紀」에 사용된 "著令"은 제 3형식에도 사용되며, "議爲令" "具爲令"과 하등의 차이도 없다. 또한 大庭脩는 제 1형식이 황제의 명령에 의해 일방적으로 법령이 제정되는 형식이라고 하였지만, 제 1형식으로 알려진 것 가운데에는 사서에 조서를 기록할 때 생략된 부분이 있어 실제로는 제 3형식에 해당하는 것도 있기 때문에 유의할 필요가 있다.

大庭脩가 말한 제 2형식은 官僚의 제안을 皇帝가 재가하여 皇帝의 命令으로 발포하는 것이다. 제 2형식은 『二年律令』「置吏律」의 규정에 입각한 것이다. 관리의 제안은 "請"이라고 불리며 율령의 제정을 요청하는 핵심 용어이다. 『嶽麓書院藏秦簡(肆)』에도 "請"을 통해 律令을 제정하는 제 2형식이 확인되는 것으로 보아, 秦代의 방식이 漢代에 계승된 것임을 알 수 있다. 그리고 「津關令」에도 "請"이 포함된 제 2형식들은 관리들이 올린 사례가 가장 많다. 특히 相國이 內史書·長沙丞相書 등을 올려서 令으로 만들고 있는데, 이는 「置吏律」의 규정과 부합한다. 「津關令」에 제 2형식의 "令"이 많은 것은 비교적 전문적인 내용이라서 지방 군현의 관리들이 제안한 것과 관련이 있어 보인다.

大庭脩는 제 3형식에 대하여, 황제가 일부의 관료에게 정책의 大綱, 또는 의지의 지향을 지시하고, 상세한 입법을 위탁하는 경우에 사용되고, 제 1형식과 제 2형식이 복합된 것으로 이해했다. 그때 제 3형식 내부에 있는 제 1형식의 말미에는 具爲令, 議爲令, 議著令 등의 문언이 붙는다고 하였다. 大庭脩는 具爲令을 "前述한 뜻을 具現하여 令을 만든다."고 해석했으나, 具의 뜻은 具現이 아니라 "논의하여 법령으로 구비하라."는 의미라고 할 수 있다. 제 1형식에 많이 보이는 著令도 실상 제 3형식에서 사용되고 있으며 具爲令과 그 용법상 차이가 없다.

이제까지는 大庭脩의 견해에 과도하게 경도된 나머지 제 1·3형식에서 著令 文言의 유무에만 관심이 집중되었으나, 「津關令」에서 著令 문언보다 더 중요한 것이 "其令"임을 알 수 있었다. 秦代의 율령인 『嶽麓書院藏秦簡(肆)』를 검색하면 "其"의 용례가 하나도 없으나, 漢初부터 "其令"의 사례가 나타나고 있다. "其"에는 "~하게 하라"는 명령의 의미가 포함되어 있는데, 楚人 출신인 漢高祖의 어투에서 비롯된 것으로 이후 敎令(詔書)에 사용되었다. 이 "其令"이 포함된 조서에 오히려 著令의 문언이 없는 것으로 보아 律令으로 변화하게 하는 핵심 용어로 생각된다.

秦始皇 26년에 命令의 칭호가 制詔로 바뀌면서 현대의 학자들에게는 詔書와 令의 혼동 문제가 발생하였다. 秦漢시기에 皇帝가 반포한 모든 制詔가 令으로 될 수 있었던 것인가 하는 문제에 대해서는 오래전부터 논의가 찬반으로 나뉘어져 왔다. 皇帝의 조칙이 令으로 되기 위한 조건에 대해서는 크게 두 개의 견해로 나뉜다. 조칙이 令으로서의 효력을 갖는데 著令 문언의 필요성을 강조한 沈家本·中田薰·大庭脩의 견해, 그리고 이를 부정하고 令과 詔가 이름만 다르지 실제로는 동일한 것이므로 모든 制詔가 令으로 된다는 冨谷至·廣瀬薰雄의 견해로 나뉜다.

冨谷至의 주장은 "著令"을 "令典에 부가한다"는 의미가 아니라, "令으로 만들어서 명확하게 사람들로 하여금 周知하게 한다"고 이해한 것이다. 그러나 『三國志·魏書』「明帝紀」의 "其書之金策, 藏之宗廟, 著於令典"에 있는 의미는 "令典에 著錄하라"로 해석하는 것이 옳다. 또한 冨谷至가 율령화 과정에서 중요한 것은 著令 文言의 유무가 아니라, "視覺"의 차원에서 "擡頭한 '制'字"의 유무라고 주장하였으나 "制曰可"가 있는 制詔가 무조건 "令"이 된다는 주장은 "율령이 될 수 있는 아무런 내용도 없는" 경우에서 볼 때 타당하지 않다고 생각된다.

冨谷至의 주장처럼 모든 制詔가 令으로 될 수 있는 것일까? 이 문제를 고찰함에 유념해야 할 것은 그 制詔가 법령화에 필요한 당위성·

영속성을 가지고 있느냐의 문제이다. 모든 制詔가 律令으로 되는 것
이 아님은 輕侮之法의 자료를 통해서 확인할 수 있었다. 章帝(先帝)의
制詔는 그 시기에 아직 比(決事比)의 단계에 머물러 있고, 아직 律令으
로 반포되지 않은 상태라는 사실을 알 수 있었다. 또한『晉書』「刑法志」
에서 보았듯이, 정식 律令은 詔書 중에서 현실과 부합되는지 여부를
판단하여 제정되며, 현실 상황과 부합하지 않는 詔書는 令으로 되지
못하고 폐기되었다.

　制詔와 令이 다른 것이므로 그 형식도 차이가 존재하였다.『嶽麓書
院藏秦簡(肆)』의 秦令에서 알 수 있듯이, 令으로 된 것은 원래의 詔書
그대로는 아니다. 秦令에서는 형식적으로 制詔의 제정 경위 등 불필
요한 부분은 제거되고, 集議에서 논의된 핵심적 내용만이 남겨져 있다.

　「爲田律」은 그 명칭이 律로 불리는 것에서 볼 때, 처음 商鞅 시기부
터 令의 단계를 거치지 않고 직접 律로 된 것으로 생각된다. 靑川木牘
의 "二年十一月己酉朔朔日，王命丞相戊(茂)、内史匽氏、臂更脩(修)爲田律"
의 부분은 삭제되지 않았는데, 律과 다른 것이므로 이것은 "令"으로
볼 수 있는 것이다. 商鞅의 「爲田律」의 저본이 되는 命書에는 "孝公十二
年○月○○朔朔日，孝公命大良造鞅爲田開阡陌…"의 부분이 있었을 것으로
추정된다. 그 부분이 그 후 秦武王 시기에 수정할 때 "二年十一月己酉
朔朔日，王命丞相戊(茂)、内史匽氏、臂更脩(修)爲田律"의 내용으로 대체된
것으로 생각된다. 이러한 "開阡陌"의 命書가 「爲田律」로 제정되었던 것
이다.『嶽麓書院藏秦簡(肆)』의 시점에서 律과 令은 그 형식에서 "制詔御
史"의 유무에서 큰 차이를 보이고 있다. 즉, 令은 "制詔御史"가 있으나,
律의 경우는 한 차례도 보이지 않고 정리되어 있다. 이러한 형식은 이
미『睡虎地秦墓竹簡』의 시기부터 나타난 현상이다.

　필자의 결론을 정리하면, 詔書는 전체 제정경위가 빠짐없이 기술
되어 있다. 挾書律의 制詔처럼 그것은 어전에서 황제와 신하들의 대화
가 낱낱이 기록된 것도 있고, 肉刑 폐지령처럼 緹縈의 상소에서부터

文帝의 육형과 형기의 폐지 명령 등이 모두 기록되어 있다. 『嶽麓書院藏秦簡(肆)』에서도, 令의 경우는 制詔의 형식이 남아 있으나, 律의 경우는 制詔의 형식이 제외되어 있다. 이러한 형식은 張家山漢簡에서도 승계되어, 令의 경우는 "制詔御史"와 같은 형식 부분이 계속 남아 있으나, 律에서는 "制詔御史"의 부분이 삭제되어 있다. 이것이 令과 律의 가장 큰 차이점이다.

出土文獻에 보이는 秦漢시기 令과 律의 구별

I. 律과 令 개념의 혼동

필자는 前稿에서 秦漢시기의 律令의 연구사를 개관하면서 다음과 같이 주장한 바가 있었다. 일반적으로 인정되는 학계의 정설은 晋 泰 始律令에서 처음으로 律令의 개념이 분리되어 律은 형법의 특징을, 令 은 제도성 또는 규범성의 법률이 되면서 형벌성의 내용이 제거되었 다는 것이다.[1] 그러나 필자는 원론적으로 이와 같은 견해에 찬성하지 만 泰始律의 변화가 갑자기 나타난 것이 아니라 그 이전부터 서서히 나타난 것이라고 보았다.[2] 秦末부터 漢初까지 律과 令이 독립된 개념 으로 사용된 예도 적지 않았다. 그중에서도 특히 「秦讞書」 18의 "令: 所 取荊新地多群盜, 吏所興與群盜遇, 去北, 以偋乏不鬪律論. 律: 偋乏不鬪, 斬."[3] 은 令에 "荊(楚)의 신 점령지에 群盜가 많은데, 징집된 吏가 群盜와 조 우했을 때 도망가거나 패배하면, 偋乏不鬪律로 논한다."는 내용인데, 처벌의 근거를 律에서 찾은 것은 律의 기능이 처벌 규정으로 인식되 어 있음을 말해준다.

비록 令에 형벌규정이 포함되어 있더라도, 명심해야 할 것은 令의 다수는 형벌과 무관하다는 사실이다.[4] 즉, 律은 罪名·刑制의 연원이라

---

1) 張忠煒, 『秦漢律令法系研究初編』(北京: 社會科學文獻出版社, 2012), p.141; 廣瀬 薰雄, 『秦漢律令研究』(東京: 汲古書院, 2010), pp.170-171.
2) 任仲爀, 「秦漢 율령사 연구의 제문제」(『中國古中世史研究』 37, 2015), pp.46-49.
3) 張家山二四七號漢墓竹簡整理小組, 『張家山漢墓竹簡』(北京: 文物出版社, 2006), p.104.

는 사실을 상기할 필요가 있는데, 형법과 관련된 것들은 律에 규정되어 있지, 令에 실려 있는 것이 아니다. 「奏讞書」와 같은 실제의 재판문서에서 볼 때, 定刑量罪할 때 의거하는 것은 대부분 律이지 令이 아니다.[5] 秦漢律에서의 이러한 律과 令의 개념 구분은 필자의 생각으로는 魏晉律에서 처음 시작된 것은 아니다. 徐世虹은 "『晉書』「刑法志」에 말하는 '違令有罪則入律'과 같은 律令 기능의 구별은 魏晉律 편찬 이후에 구분된 것이다."라고 하였지만,[6] 필자는 그 단초가 이미 秦律에 출현한다고 주장한 바 있다.[7]

이러한 주장은 秦令이 포함된 『嶽麓書院藏秦簡(肆)』가 발표되기 이전이라 고찰에 한계가 있었다.[8] 이제 이 자료를 바탕으로 秦漢의 律과 令의 발전 과정을 고찰할 수 있는 자료가 골고루 갖춰지게 되었다. 비교 가능한 자료가 2개밖에 없을 때는 두 개 지점을 직선으로 긋듯이 단선적 결론을 내릴 수밖에 없고, 그 결론이 반드시 정확한 것인지도 판단하기 어렵다. 그러나 『嶽麓書院藏秦簡(肆)』가 추가되면서 秦漢시대 율령과 관련된 주제를 해결하는데 적어도 『睡虎地秦墓竹簡』 『二年律令』 등 3개 이상의 출토 자료를 이용할 수 있게 되었다.

秦漢의 律과 令의 개념 분화는 미세하지만 稱號의 변화에서 감지할 수 있다. 『睡虎地秦墓竹簡』을 비롯한 秦律에서는 不從律과 不從令이 혼란스럽게 사용되었는데, 하나의 律 내에서 해당 律文을 令이라고 칭하는 것이 참으로 난해하였다. 그 후 『二年律令』의 27개 律에서는 不從律로, 令(津關令)에서는 不從令으로 정리하고 있음을 확인하고 나서 律과 令의 개념 분화가 漢初에 시작되고 있다는 것을 알게 되었다.

---

4) 張忠煒, 위의 책, p.136.

5) 張忠煒, 위의 책』, p.136; 任仲爀, 위의 논문, p.48.

6) 徐世虹, 「漢代社會中的非刑法法律機制」, 『傳統中國法律的理念與實踐』(中央研究院歷史語言研究所會議論文集 8, 2008), p.321.

7) 任仲爀, 위의 논문, p.49.

8) 陳松長, 『嶽麓書院藏秦簡(肆)』(上海: 上海辭書出版社, 2016).

이처럼 과거 律과 令의 개념에 혼동이 있었기 때문에, 양자가 서로 혼용되고 있는지 여부는 秦漢의 律令史에 있어 큰 논란이 되어 왔다. 律과 令이 혼동되었다는 논란은 律令의 근원이 군주의 命令에 있으며, 秦始皇 26年 그것의 명칭이 制詔로 바뀐 것에서 비롯되었다. 秦漢의 律名과 令名의 칭위 혼란 문제는 두 가지 이해방식으로 구분할 수 있다.

하나는 程樹德의 설로서, 漢代의 律과 令의 구별이 엄격하지 않아 律名과 令名이 혼용되어 令도 또한 律로 칭해질 수 있었다는 것이다. 때문에 漢文帝 5년(B.C.175) 錢의 私鑄를 금지한 법률을 錢律·盜鑄錢令·鑄錢之律·鑄錢令 등으로 부르고 있고, 동시에 金布令·金布律과 같은 칭위가 나왔다는 것이다.[9] 다른 하나는 中田薫의 설로서, "律令의 轉換"이라는 관점에서 "令이 변하여 律이 되는 것"이며, 金布令은 언제부터인가 金布律로 改變되었다는 것인데, 그 시점은 漢代부터라는 것"이다.[10]

이러한 稱謂의 혼란과 관련하여 많은 논란이 있어왔으나, 과거의 연구자들이 접할 수 없었던 새로운 출토문헌, 특히 秦令이 포함된『嶽麓書院藏秦簡(肆)』가 출판되면서 이 문제의 해결이 가능하게 되었다. 이 문제의 해결의 열쇠는 律令에 포함된 "不從令" "不從律"과 같은 용어의 분석에 있다고 생각된다.

---

9) 『史記』卷22「漢興以來將相名臣年表」, p.1126, "除錢律, 民得鑄錢";『漢書』卷4「文帝紀」, p.121, "夏四月, 除盜鑄錢令. 更造四銖錢.";『漢書』卷24下「食貨志」, p.1153, "孝文五年, 爲錢益多而輕, 乃更鑄四銖錢, 其文爲「半兩」. 除盜鑄錢令, 使民放鑄.";『漢書』卷49「鼂錯傳」, p.2296, "張晏曰:「除鑄錢之律, 聽民得自鑄也.」";『漢書』卷51「賈山傳」, p.2337, "其後文帝除鑄錢令"; 程樹德,『九朝律考』(北京: 中華書局, 1963), p.11; 林炳德,「九朝律考譯注1」(『中國古中世史研究』27, 2012), pp.408-409, "魏晋以後, 律令之別極嚴, 而漢則否. 『杜周傳』: '前主所是著爲律, 後主所是疏爲令.' 文帝五年除盜鑄錢令,『史記·將相名臣年表』作'除錢律.'『蕭望之傳』引'金布令',『後書』則引作'漢律金布律',『晋志』直稱'金布律', 是令亦可稱律也."

10) 中田薫,「支那における律令法系の發達について補考」(『法制史研究』3, 1953), pp. 76-79.

II. 詔書와 令의 구별

詔書·令·律은 원래 동일한 뿌리에서 나온 것이기 때문에 詔書와 令이 같다든가, 令이 律과 같다든가 하는 주장이 나오게 되었다. 秦始皇 26년에 命令을 制詔로 명칭을 바꾸면서 혼동이 생기게 되었다.[11) 이 조치에 의해 과거의 "令曰"이 "詔曰"로 바뀐 것인데, 문제는 과거의 令이라는 명칭이 律令의 令과 동일한 것으로 이해하는 경우가 발생하는 것이다. 이것이 군주의 令은 곧바로 법조문인 令으로 될 수 있다는 주장도 나오는 이유이다.

우선 皇帝가 반포한 모든 制詔가 令으로 될 수 있는 것인지 여부를 보도록 하자. 만약에 모든 制詔가 아무런 제약 없이 令으로 된다면, 양자는 이름만 다를 뿐 같은 것이며, 만약에 그렇지 않다면 制詔와 令 사이에는 구별이 있는 것이다. 이 문제를 검토하기 전에 詔書의 어떤 부분이 법률로서 拔萃되어 남게 되었는지 살펴보자.

아래는 유명한 漢文帝 前元十三年(B.C.168) 肉刑 폐지와 형기 제정을 규정한 조서이다. 『二年律令』의 유일한 令인 「津關令」에 비춰보면 아래의 詔書 전체가 令文이라고 할 수 없다.

1) 漢文帝 13年 肉刑 폐지 조서

A) (文帝) 즉위 13년에 齊 太倉令 淳于公이 죄를 지어 刑에 처해지게 되어 詔獄으로 체포되어 長安에 구금되게 되었다. 淳于公은 아들이 없고 딸만 다섯이었는데 문서를 받고 체포되려고 할 때 딸들을 꾸짖었다. "자식을 낳을 때 사내아이를 낳지 않으면 급할 때 도움이 안

---

11) 『史記』 卷6 「秦始皇本紀」, p.236, "等昧死上尊號, 王爲『泰皇』. 命爲『制』, 令爲『詔』, 天子自稱曰『朕』." 里耶秦簡에도 이를 반영한 내용이 보인다. 陳偉 主編, 『里耶秦簡牘校釋(第一卷)』(武漢: 武漢大學出版社, 2012), pp.155-157, "以王令曰【以】皇帝詔... □命曰制 爲謂□詔 莊王爲泰上皇 … ·九十八(背)(8-461)"

된다!" 그 작은 딸 緹縈은 슬피 울면서 아버지를 따라 장안에 도착하여 상서하였다. "妾의 아비는 吏로 근무하면서 齊 일대에서 모두 청렴과 공평함을 칭송받았으나, 지금 법에 연좌되어 (肉)刑을 받게 되었습니다. 妾은, 죽은 자는 다시 살아날 수 없고, (肉)刑을 받은 자는 잘린 신체가 다시 붙을 수 없으며, 후일 개과천선하려 해도 방법이 없음을 슬프게 생각합니다. 원컨대 妾을 官婢로 몰수하여 대신 아비의 刑罪를 속형함으로써 새로운 생활을 할 수 있도록 하여주십시오."([文帝]卽位十三年, 齊太倉令淳于公有罪當刑, 詔獄逮繫長安. 淳于公無男, 有五女, 當行會逮, 罵其女曰: 「生子不生男, 緩急非有益(也)!」 其少女緹縈, 自傷悲泣, 乃隨其父至長安, 上書曰: 「妾父爲吏, 齊中皆稱其廉平, 今坐法當刑. 妾傷夫死者不可復生, 刑者不可復屬, 雖後欲改過自新, 其道亡繇也. 妾願沒入爲官婢, 以贖父刑罪, 使得自新.」)

B) 문서가 천자에게 상주되자, 천자는 그 뜻을 애처로이 여겨 드디어 令을 내려 말하였다. "御史에게 制詔한다. 듣건대 有虞氏의 시절에는 특별한 衣冠과 색다른 章服으로써 모욕됨을 표시했음에도 民들이 범하지 않았으니 그 얼마나 통치가 잘 된 것이랴! 지금 법에는 肉刑이 셋이나 있음에도 범죄가 그치지 않으니 그 잘못이 어디에 있는 것인가? 짐이 박덕한 때문인지, 아니면 가르침이 밝지 않은 때문일 것이다! 나는 매우 자괴감을 느낀다. … 지금 사람들이 범죄를 저질렀을 때 교화하지 않고 刑을 가하고, 혹 개과천선하려해도 방법이 없음을 짐은 매우 애석하게 생각한다. 무릇 형벌이 支體를 자르고, 肌膚에 새겨서 죽을 때까지 고통이 그치지 않으니, 어찌 형벌이 이렇게 고통스럽고 부덕한 것인가! 어찌 民의 부모라는 뜻과 부합하겠는가? 肉刑을 폐지하고 바꾸도록 하라. 죄인을 각각 (범죄의) 경중에 따라 형벌을 정하고, (형기 내에) 도망하지 않은 범인을 복역기간 만료 후 (서인으로) 사면하도록 하라. 令으로 제정하라."(書奏天子, 天子憐悲其意, 遂下令曰: 「制詔御史: 蓋聞有虞氏之時, 畫衣冠異

章服以爲戮, 而民弗犯, 何治之至也! 今法有肉刑三, 而姦不止, 其咎安在?
非乃朕德之薄, 而教不明與! … 今人有過, 教未施而刑已加焉, 或欲改行爲
善, 而道亡繇至. 朕甚憐之. 夫刑至斷支體, 刻肌膚, 終身不息, 何其刑之痛
而不德也! 豈稱爲民父母之意哉? 其除肉刑, 有以易之; 及令罪人各以輕重,
不亡逃, 有年而免. 具爲令.」)

C) 丞相 張蒼·御史大夫 馮敬이 상주하여 말했다. "肉刑이 범죄를 금지하
기 위한 것임은 유래한 바가 오래되었습니다. 陛下께서는 聖明한 조
서를 내리시어 萬民이 한번 (肉)刑을 받으면 종신토록 고통이 끝나
지 않는 것과 罪人이 개과천선하려해도 방법이 없음을 애처로이 여
기셨습니다. 아! 폐하의 큰 덕은 臣 등이 미치지 못할 바입니다. 臣
은 삼가 律을 논의했고 확정할 것을 청합니다. 무릇 完의 판결을 받
은 자는 完爲城旦舂으로 합니다. 黥의 판결을 받은 자는 髡鉗爲城旦
舂으로 합니다. 劓의 판결을 받은 자는 笞三百으로 합니다. 斬左止에
해당하는 것은 笞五百으로 합니다. 斬右止 및 殺人하고 먼저 자수한
것, 吏가 뇌물을 받고 법을 왜곡하는 것, 관부의 재물을 지키는 자
가 절도하는 것, 이미 논죄 후에 재차 笞罪를 범한 자는 모두 棄市로
합니다. 罪人의 재판이 이미 끝난 후에, 完爲城旦舂은 3歲 복역 후
鬼薪白粲으로 합니다. 鬼薪白粲은 1歲 복역 후에 隸臣妾으로 합니다.
隸臣妾은 1歲 복역 후에 免하여 庶人으로 합니다. 隸臣妾은 2歲 복역
후에 司寇로 합니다. 司寇는 1歲 복역하고, 作如司寇는 2歲 복역 후
에 모두 사면하여 庶人으로 삼습니다. 그 도망자 및 有罪 耐以上은
이 令을 적용하지 않습니다. 前令의 刑城旦舂이 1歲 복역 후 禁錮가
아닌 자는 完爲城旦舂이 歲數로써 사면하는 것처럼 免刑합니다. 臣
은 죽음을 무릅쓰고 請합니다." (丞相張蒼、御史大夫馮敬奏言: 「肉刑
所以禁姦, 所由來者久矣. 陛下下明詔, 憐萬民之一有過被刑者終身不息,
及罪人欲改行爲善而道亡繇至, 於盛德, 臣等所不及也. 臣謹議請定律曰:
諸當完者, 完爲城旦舂; 當黥者, 髡鉗爲城旦舂; 當劓者, 笞三百; 當斬左

止者, 笞五百; 當斬右止, 及殺人先自告, 及吏坐受賕枉法, 守縣官財物而
卽盜之, 已論命復有笞罪者, 皆棄市. 罪人獄已決, 完爲城旦舂, 滿三歲爲
鬼薪白粲. 鬼薪白粲一歲, 爲隸臣妾. 隸臣妾一歲, 免爲庶人. 隸臣妾滿二
歲, 爲司寇. 司寇一歲, 及作如司寇二歲, 皆免爲庶人. 其亡逃及有罪耐以
上, 不用此令. 前令之刑城旦舂歲而非禁錮者, 如完爲城旦舂歲數以免. 臣
昧死請.」)

D) 制曰: "可."하였다. (制曰: 「可.」)[12]

조서의 구조는 A) 齊 太倉令 淳于公의 육형 처벌과 그 딸 緹縈의 상
소문, B) 文帝의 육형 폐지와 형기 제정의 하령, C) 丞相 張蒼·御史大夫
馮敬의 육형 폐지의 議請定律, D) 이를 인정하는 황제의 制曰: 「可.」로
구성되어 있다. 이것은 이른바 大庭脩의 詔書의 제 3형식(具爲令 + 請)
에 해당하는 완벽한 형태를 구비하고 있다.[13] 이 조서는 『漢書』「宣帝
紀」의 地節 四年 九月詔에 "令甲: 死者不可生, 刑者不可息."이라고 하여
令으로 되어 있음을 알 수 있다.[14] 「宣帝紀」에 인용된 令의 내용이 節
略되어 있어서 이 조서의 어느 부분이 令으로 되어 있는지 확인할 수
는 없다. 이를 확인할 단서로서, 위의 肉刑 폐지 조서와 동일하게 具爲
令의 형태를 가진 「津關令」을 예로 들어보자.

> 2) □, 相國·御史(大夫)에게 制詔하였다. "불행히 사망한 자의 家가 關外
> 에 있는 경우, 關에서 (棺을) 열어 수색하는 것은 마땅하지 않으니,
> 수색하지 말도록 하라. 令으로 갖추도록 하라." 相國·御史(大夫)가 請
> 하였다. "關外人으로서 조정에서 仕官하거나(宦), 關中에서 吏가 되
> 어 있거나, 關中에서 徭役에 동원되어 불행히 사망한 경우, 縣·道 또

---

12) 『漢書』 卷23 「刑法志」, pp.1097-1100.
13) 大庭脩, 『秦漢法制史の研究』(東京: 創文社, 1982), p.230.
14) 『漢書』 卷8 「宣帝紀」, p.252.

는 소속된 관부에서는 殮襲하는 것을 신중히 살펴서, 禁物이 (棺에) 들어가지 못하도록 하고, 令 또는 丞의 官印으로 棺(槥槽)을 봉하고, 印章이 찍힌 문건으로 關에 통고하고, 關에서는 봉인을 온전히 하여 出關하도록 하고, 수색하지 않습니다. 棺 속에서 禁物이 발견되었을 경우, 염습 및 봉인한 자는 (禁物을 넣어 棺을) 반출한 자와 같은 죄로 처벌합니다." ·制: 可하다. [□、制詔相國、御史, 諸不幸死家在關外者, 關發索之, 不宜, 其令勿索, 具爲令. 相國、御史請關外人宦、爲吏若徭使、有事關中, (500) 不幸死, 縣道若屬所官謹視收斂, 毋禁物, 以令若丞印封槥槽, 以印章告關, 關完封出, 勿索. 槥槽中有禁物, 視收斂及封(501)者, 與出同罪. ·制曰: 可.(499)][15]

이 「津關令」에서 남아 있는 것은 다음과 같은 것이다. 「津關令」에는 육형 폐지 조서의 A)에 해당하는 것은 없고, B)에서는 制詔相國·御史의 형식을 남기고 있다. 이것은 相國·御史에게 핵심적인 내용을 具爲令하도록 명령한 것이고, 「津關令」을 보면 C)에 해당하는 부분에서는 핵심 내용에서 벗어나는 육형 폐지 조서의 "肉刑所以禁姦, 所由來者久矣. 陛下下明詔, 憐萬民之一有過被刑者終身不息, 及罪人欲改行爲善而道亡繇至, 於盛德, 臣等所不及也."와 같은 부분은 생략하고 "請"이하의 令이 될 수 있는 부분만을 남기고 있으며, 이것을 황제가 재가한 "制曰: 可"로 종료하고 있다. 이상의 「津關令」에서 본다면, 詔書에서 불필요한 부분은 모두 刪去시키고 핵심 부분만을 추출한 것이다.

이상의 「津關令」 사례 분석에 입각하여 재차 위의 육형 폐지 조서를 검토해본다면, C) 부분이 "令" 또는 "律"로 남았을 것으로 추정된다. A)에서는 緹縈의 사형과 육형이 개과천선하려고 해도 그 길을 막는 혹형이라는 취지 부분, B)에서는 文帝의 육형 폐지 및 형기 제정을 具

---

15) 彭浩·陳偉·工藤元男, 『二年律令與奏讞書』(上海: 上海古籍出版社, 2007), p.313.

爲令하라는 내용, C)에서는 丞相 張蒼, 御史大夫 馮敬이 육형의 폐지와 형기의 제정을 상주하고 있으며, D)에서는 이를 재가한 내용이 令으로 추출되었을 것으로 추정된다.

육형 폐지의 詔書에서 알 수 있는 것은, 制詔의 형성 과정 등이 자세하게 포함되어 있으나, 「津關令」의 경우는 불필요한 부분을 刪去하고 핵심 부분만 남기고 있다. 이러한 漢代의 令의 형태는 최근 석문이 발표된 『嶽麓書院藏秦簡』의 令에서도 대동소이함을 알 수 있다.

> 3) ▌內史郡二千石官共令(0355正)
> ● 丞相·御史에게 制詔한다. "兵事가 끝났으니, 마땅히 현상금을 주고 (백성에 대한) 채무를 상환할 모든 것은 縣으로 하여금 신속하게 상환하도록 하라. 이 令이 縣에 도달하면, 縣에서는 각각 現錢 가운데 禁錢(少府錢)이 아닌 것으로 하고,(308/1918正) 皋에 이르지 않도록 縣으로 하여금 신속히 주도록 하라." ▌丞相·御史가 주청(請)하였다. "令이 縣에 도달하면, 縣은 각각 現錢 가운데 禁錢이 아닌 것으로 신속하게 주도록 합니다. 부족하면, 각각 그 소속된 바의(309/0558正) 執灉에게 請하도록 하고, 執灉은 균등하게 조절하도록 합니다.(調均) 또 부족하면, 御史에게 요청하도록 하여, 禁錢을 빌려 주도록 요청하게 합니다. 빌린 것이 많든 적든 상환하도록 하고, 오래도록 상환 기한을 변경하거나, 돈이 있음에도 지급하지 않은 것이 1金을 넘을 때 貲二甲에 처합니다."(311/0357正) [● 制詔丞相御史: 兵事畢矣 ㄴ, 諸當得購賞貰責(債)者, 令縣皆極予之. 令到縣, 縣各盡以見(現)錢, 不禁(308/1918)者, 勿令巨皋. 令縣皆極予之. ▌丞相御史請: 令到縣, 縣各盡以見(現)錢不禁者極予之, 不足, 各請其屬(309/0558)所執灉, 執灉調均; 不足, 乃請御史, 請以禁錢貸之, 以所貸多少爲償, 久易(易)期, 有錢弗予, 過一錢(310/0358) 貲二甲(311/0357).][16]

이것의 형식도 앞에서 고찰한 「津關令」의 내용과 일치한다. 황제가 丞相御史에게 制詔하여 "兵事가 끝났으니, 모든 購賞貰責(債)를 받아야 할 자에게 縣에서는 신속하게 줄 것"을 명령하였고, 이에 丞相御史가 그 명령에 대해 請한 내용으로 구성되어 있다. 또한 아래의 嶽麓書院 藏秦令도 制詔에서 비롯된 것임을 확인할 수 있다.

> 4) ●丞相御史에게 制詔한다. 오직 다른 사람의 贅壻가 되지 않은 □徒 數□……𡉈 … 擧하여, 令과 같이 하지 않은 자는 論하고, 奪爵者의 이 름을 丞相에게 올리고, 丞相은 御史에게 올린다. 都官에 현상금과 (백성에게 진) 채무는 縣과 동일한 방식으로 상환한다. 兵事가 끝났 으니, 마땅히 받아야 할 모든 현상금과 채무는 … [●制詔丞相御史: 唯不爲人贅壻(壻)□徒數□……𡉈(337/殘 37+0672-1) 擧, 不如令者, 論之, 而上奪爵者名丞相, 丞相上御史 ㄴ. 都官有購賞貰責(債)者, 如縣. 兵事畢 (338/0668)矣 ㄴ, 諸當得購賞貰責(債)者,(339/0591)][17]

위의 337簡은 "內史郡二千石官共令 第丁"에 해당하는 令이며, 앞서 고찰한 3)의 令과 마찬가지로 "制詔丞相御史"의 부분이 남아있다. 이 부분은 令의 제정 수속을 나타내는 부분으로서 大庭脩의 제 1, 3형식 에 보이는 것이다. "制詔丞相御史"는 공통적으로 令에 남아있는 부분 이라고 할 수 있다. 원래의 詔書에는 "制詔丞相御史"를 포함하여 그 제 정 경위가 빠짐없이 기술되어 있지만, 그 후 令으로 변화하는 과정에 서 핵심적 내용만을 남겨두고, 실용적 가치가 없는 것들은 제거하였 다. 특히 불필요한 口語體 형식이 정리되지 않은 사례가 아래의 366- 371簡인데, 여기에는 皇帝가 丞相에게 하달하는 대화 내용이 그대로 남아있다.

---

16) 『嶽麓書院藏秦簡(肆)』, pp.196-198.
17) 같은 책, pp.206-207.

5) ● 郡 혹은 關外의 黔首가 關中의 縣·道로 들어와 친척을 만나거나 물품을 거래하고자 하면 禁錮가 아닌 경우 허락한다. (關中으로) 들어왔다가 12월에는 재차 자신의 縣에 돌아가서 농사짓는 일에 늦지 않도록 해야 한다. 농번기에 縣은 …(關中으로 들어갈?)… 수 없다. 파종을 제때 하지 않은 것은 吏가 농사를 일삼지 않은 것이다. 또한 파종해야 하는 시기에 黔首를 요역에 동원하는 것은 그 시기를 고려하지 않는 것이다. 또한 令에서 말하는 春秋試射(활쏘기 훈련)를 하고자 한다면 모두 반드시 봄·가을의 한가로울 때 해야 한다. 지금 縣에서 黔首가 땅 갈고 파종하고 김매기로 분주할 때 이미 試射를 시키고 있으면서도, 이 또한 春秋試射之令이라고 한다. 이것은 현명한 관리가 黔首를 부리는 방법이 아니니, 승상은 制로써 郡縣에 명확하게 告하라. 또한 吏로 하여금 가혹한 요역으로 黔首에게서 봄·여름의 농번기를 빼앗아서는 안 됨을 令으로 모두 분명하게 하라. (이를) 항상의 규정으로 삼는데 令을 따르지 않으면 丞·令·令史·尉·尉史·士 …… 吏·發弩(嗇夫)는 각각 貲2甲이다. [●郡及關外黔首有欲入見親, 市中縣【道】, 【毋】禁錮者殹(也), 許之. 入之, 十二月復到其縣, 毋後田. 田時, 縣毋⊘(366) 入殹(也) ㄴ. 而澍不同 ㄴ, 是吏不以田爲事殹(也). 或者以澍種時緜(徭)黔首而不顧其時 ㄴ, 及令所謂春秋(367) 試射者, 皆必以春秋閒時殹(也). 今縣或以黔首急耕 ㄴ, 種, 治苗時已乃試之 ㄴ, 而亦曰春秋試射之(368) 令殹(也), 此非明吏所以用黔首殹(也). 丞相其以制明告郡縣 ㄴ, 及毋令吏(369) 以苛緜(徭)奪黔首春夏時, 令皆明焉. 以爲恒, 不從令者, 貲丞、令、令史、尉、尉史、士⊘(370) 吏, 發弩各二甲.(371)][18]

위의 令에서 "이것은 현명한 관리가 黔首를 부리는 방법이 아니니, 승상은 制로써 郡縣에 명확하게 告하라 云云"한 부분은 황제가 승상에

---

18) 같은 책, pp.216-218.

게 언급한 대화 내용이다. 이것이 삭제되지 않은 채로 남은 것은 詔書를 令으로 정리할 때 미흡했다고 생각된다.

다음으로 令이 律로 되는 2단계에는 "制詔丞相御史"의 형식도 남겨두지 않고 있다.[19] 律이 令과 가장 크게 차이나는 점은 令의 형식에 남아있던 "制詔丞相御史"의 부분을 비롯한 詔書의 제정 형식에 관한 내용을 삭제한 것에 있다. 皇帝의 詔書와 令은 동일체에서 출발하였지만, 전자 가운데서 영속적인 내용을 갖는 핵심 부분만 令으로 잔존하는 것이다. "制詔丞相御史"의 유무는 律과의 가장 큰 차이라고 할 수 있다. 「津關令」에는 계속하여 이 부분이 남아있지만, 嶽麓秦簡의 律이나, 『二年律令』의 律에 이 부분이 남아있는 경우가 보이지 않는다. 그 예로, 『嶽麓書院藏秦簡』 第 1·2組는 律 부분인데, 詔書의 특징이 보이지 않고 形式上·言語上·內容上으로 律로서 대폭 정리되었다. 그에 따라서 "此非明吏所以用黔首殹(也)…云云"과 같은 詔書의 형식은 일체 남아있지 않고, 『睡虎地秦墓竹簡』 魏戶律에 보이는 "弗欲", "不忍" 등과 같은 感情의 字句도 보이지 않는다.

다음 단계로 살필 것은 詔書가 令으로 전환될 때, 모든 詔書가 빠짐없이 令으로 되는 것인가 하는 문제이다. 中田薰은 "漢代에도 天子의 命인 詔令은 반드시 모두 令典에 追加編入되는 것은 아니며, 그 대다수는 임시의 詔令에 지나지 않는다. 한편 장래 영구히 遵行해야할 영속적 효력을 가지는 중요한 詔令에는 그 文中 또는 結尾에 특히 定令·著令·具爲令·著於令·定著令·定著於令·著以爲令 등의 著令 文言이 부가되고 있다."고 주장한다.[20]

반면에 冨谷至와 廣瀨薰雄은 令과 詔는 이름만 다르지 실제로는 동일하다고 주장하였다. 冨谷至는 2차에 걸쳐 자신의 견해에 변화를 주

---

19) 秦濤, 「律令時代的"議事以制"漢代集議制研究」(西南政法大學博士學位論文, 2014), p.178.
20) 中田薰, 위의 논문(1953), pp.71-72.

었다. 초기의 관점은 著令 文言이 붙은 詔敕만이 "令"으로 성립하는 것이 아니라, 모든 황제의 命令이 "令"으로 된다는 견해를 보인다. 후일 새로이 제시한 관점은 "制曰可"(또는 "抬頭한 '制'字")를 가지고 있는 것이 漢令을 확정하는 관건이라고 주장했다.[21] 廣瀨薰雄도 "皇帝의 詔는 반드시 令典에 편입된다."고 주장했는데, 이 말은 곧 秦漢시대의 令은 곧 詔라는 의미이다.[22]

[표 1] 詔書의 3형식

형식	내용	大庭脩
第 1形式	皇帝가 자신의 의지로 명령 하달	制詔、布告天下使明知朕意、以稱朕意、著爲令
第 2形式	官僚가 제안하면, 皇帝가 재가하고, 皇帝의 命令으로 발포	制曰可
第 3形式	皇帝가 特定官僚에 하달해 立法 지시, 官僚는 方案을 올리면, 皇帝의 재가 후에 皇帝의 命令으로 발포	議爲令、具爲令、制曰可

이 문제를 논의함에 있어 大庭脩의 견해를 요약한 위의 표를 주목할 필요가 있다.[23] 제 1형식은 皇帝가 자신의 의지로 명령을 하달하는 것이고, 제 2형식은 관리들의 請에 의해 율령을 제정하는 것이고, 제 3형식은 황제의 명령에 의해 관리가 법령을 제정하는 것이다. 제 2형식은 著令 文言이 없더라도 관리들의 請에 의해 令으로 되는 것이다. 군태수 등이 승상에게 입법을 上言할 경우 굳이 著令 문언이 필요 없기 때문이다.[24] 「津關令」에 기록된 것들은 著令 문언이 필요 없는 제

---

21) 冨谷至, 『文書行政の漢帝國』(名古屋: 名古屋大學出版會, 2010), p.38. 冨谷至가 말하는 "制曰可"는 제 2, 3형식에나 있는 것이고, 제 1형식에는 없는 것이므로 "制曰可"가 "令"으로 되는 필수 요건은 아니다.

22) 廣瀨薰雄, 「秦漢時代律令辨」(『中國古代法律文獻研究』 7輯, 2013), p.114.

23) 위의 표는 秦濤, 위의 논문, p.163에서 참조함.

24) 張家山二四七號漢墓竹簡整理小組, 『張家山漢墓竹簡[二四七號墓]』(北京: 文物

2형식의 것들이 대부분이다. "皇帝의 詔는 반드시 令典에 편입된다."는 주장은 위의 형식에서 제 2형식을 제외한 제 1, 3형식에서 제한적으로 사용되어야 한다.

이 논쟁에서 秦濤는 매우 중요한 사료를 발굴하였다. 그는 冨谷至·廣瀨薰雄의 견해와 반대되는 입장에서, 君主의 制詔가 律令으로 전환되지 못한 사례를 찾아냈다. 만약에 令이 안된 皇帝의 詔書를 찾는다면 冨谷至와 廣瀨薰雄의 모든 制詔가 令이 된다는 주장은 성립될 수 없을 것이다.[25)]

> 6) 章帝의 建初 연간(A.D.76-84)에 어떤 사람이 타인의 부친을 모욕하였는데, 그 아들이 (모욕한 사람을) 살해하였다. 肅宗(章帝)은 사형을 사면하여 감형시켰다. 이후 이것으로 인해 比(決事比, 판례)로 되었다. 이때(和帝 시) 드디어 그 논의를 확정하여 輕侮法으로 만들었다. 張敏은 그 논의를 논박하였다. "輕侮之法은 先帝(章帝)의 은혜였는데, 조문으로 만들어서 律令으로 반포되지는 않았습니다. ······ 建初 시기의 詔書에, 옛것에 개정할 것이 있으면 三公·廷尉에게 내려서 그 폐단을 없애라고 했습니다." 그 논의는 점차 제기되지 않게 되었다. (建初中, 有人侮辱人父者, 而其子殺之, 肅宗貰其死刑而降宥之, 自後因以爲比. 是時遂定其議, 以爲輕侮法. 敏駁議曰: "夫輕侮之法, 先帝一切之恩, 不有成科班之律令也. ······建初詔書, 有改於古者, 可下三公、廷尉蠲除其敝." 議寢不省.)[26)]

秦濤는 위의 輕侮法과 관련된 詔書가 律令으로 되지 못한 것임을

出版社, 2001), p.163, "(置吏律) 縣道官有請而當爲律令者, 各請屬所二千石官, 二千石官上相國、御史, 相國、御史案致, 當請, 請之, 毋得徑請者. 徑請者,(219) 罰金四兩.(220)"(이후 『張家山漢墓竹簡』으로 약칭.)

25) 秦濤, 위의 논문, pp.191-192.
26) 『後漢書』 卷44 「張敏傳」, pp.1502-1503.

입증하였다.[27] 章帝 建初中(A.D.76-84)의 輕侮法은 어떤 자가 자신의 부친을 모욕하자 그를 살해한 아들의 사형죄를 章帝가 "사면하여 감형(貰其死刑而降宥之)"한 것에서 처음으로 법제화되기 시작하였다. 章帝 당시에 그 논의가 확정되어 制詔의 形式으로 발포되었고, 決事比가 되었다. 그 후 和帝 때에 이르러, "그 논의를 확정하여 輕侮法(遂定其議, 以爲輕侮法)"으로 제정하였다. 張敏은 이 輕侮法에 반대하여 "이 制詔는 단지 先帝의 은혜이지만, 법률조문으로 반포되지 못하였다."고 주장하였다. 위의 논의를 보면, 章帝(先帝)의 制詔는 그의 재위시기에 決事比의 단계에 머무른 채 律令으로 확정되지 않은 상태였고, 그 후 和帝 시기에 이르러 輕侮法으로 된 것이다. 이 사실은 모든 조서가 율령이 되는 것이 아님을 말해주는 증거이다. 아래의 王尊의 자료도 令과 詔書는 구별되고 있는 것으로 생각된다.

> 7) 王尊의 字는 자공(子贛)이고, 涿郡 高陽 사람이다. 어려서 고아가 되어 諸父에게 돌아갔는데, (諸父들은) 연못 근처에서 羊을 치게 했다. 尊은 남몰래 학문을 배워 史書(隸書)를 할 수 있었다. 13살 때 獄小吏가 되었다. 수년 동안 太守府에서 給事했는데, 詔書行事를 물어보면, 尊은 대답하지 못하는 것이 없었다. 太守가 기특하게 여겨 書佐에 임명했고 태수에 속한 監獄에 배치했다. (王尊字子贛, 涿郡高陽人也. 少孤, 歸諸父, 使牧羊澤中. 尊竊學問, 能史書. 年十三, 求爲獄小吏. 數歲, 給事太守府, 問詔書行事, 尊無不對. 太守奇之, 除補書佐, 署守屬監獄.)[28]

王尊은 獄小吏가 되어 太守府에 給事할 때, 詔書와 과거의 行事까지 질문을 받으면 대답하지 못함이 없었다는 것이다. 詔書에 대해 師古는 「以施行詔條問之, 皆曉其事.」라고 하여 令과 별도의 施行詔書目錄이

---

27) 秦濤, 위의 논문, pp.191-192.
28) 『漢書』 卷76 「王尊傳」, pp.3226-3227.

라고 하였다. 만약에 모든 詔書가 슦으로 되었다면, 슦으로 표현하지 "詔書"라고 했을 리가 없다. 이것은 슦과 별도로 詔書目錄이 정리되고 있음을 말한다.

모든 制詔가 슦으로 편입되는 것은 아니지만, 일부만이 슦에 편입될 수 있는 자격을 갖춘 내용일까 하는 의문이 생기기도 한다. 아래의 枇杷 수송과 같은 내용은 지방적 사무로 생각되는데, 이를 슦으로 삼은 것도 조금 의아스럽기는 하다.

> 8) ● 슦丙第九 丞相이 상언하였다. 請컨대, 西成·成固·南鄭에서는 枇杷를 각각 十(脫字.[29]) 計量單位)을 供獻하고, 부족하게 되면 3개 현에서 서로 부족분을 보충하게 하여 할당 분량을 채워야 합니다. 우선 통과하는 沿道의 縣에 필요한 人數를 통고하고, 郵·亭의 차례대로 전송합니다. 사람이 적은 곳은 錢財로 供獻을 도와야합니다. 출발지점에서는 檄을 발송하고, 縣의 경계 안에 들어오면, 郵吏는 모두 각각 전송 물품의 출발과 통과 일시를 서명하고, 日夜로 전송하여 行在所인 司馬門에 이르도록 하며, 司馬門에서는 다시 太官에 전송하며, 太官에서는 檄을 御史에게 올립니다. 御史는 檄에 의거하여 縣에서 지체한 자를 考課합니다. 御史가 上奏하여 허락해줄 것을 請하였다. 制曰: 可. 孝文皇帝十年六月甲申에 내린다. (슦丙第九 丞相言: 請令西成、成固、南鄭獻枇杷各十, 至不足, 令相備不足, 盡所得. 先告過所縣用人數, 以郵、亭次傳. 人少者, 財助. 獻起所爲檄, 及界, 郵吏皆各署起、過日時, 日夜走, 詣行在所司馬門, 司馬門更詣(?)大(太)官, 大(太)官上檄御史. 御史課縣留稽(遲)者. 御史奏, 請許. 制曰: 可. 孝文皇帝十年六月甲申下.)[30]

---

29) 彭浩, 「讀松柏出土的西漢木牘(一)」, 簡帛網, http://www.bsm.org.cn/show_article.php?id=1009.

30) 胡平生, 「松柏漢簡'슦丙九'釋解」, 簡帛網, http://www.bsm.org.cn/show_article.php?id=1014.

令丙第九는 漢文帝 시기 西成·成固·南鄭에서 枇杷라는 과일을 중앙으로 바칠 때 동원하는 인원수와 郵·亭의 이용 등을 규정한 것인데, 丞相이 請했고, 文帝가 制可한 것이다. 이 내용은 전체 제국을 포괄하는 내용이 아니라, 일부 지방의 사무로 국한되는 것이었다. 그럼에도 令丙第九로 되었던 것인데, 枇杷가 황실에서 소요되는 과일이고 長安과 가까운 漢中에서 생산되었기 때문에 令으로 제정된 것이다. 또한 지방관이 "爲律令", 즉 법령을 입안하고자 할 때는 所屬된 관부의 二千石官에게 요청하고, 二千石官은 다시 그 내용을 相國·御史에 요청하도록 규정한 『二年律令』의 조항에 의거해서이다. 이러한 법률적 근거에 입각하여 丞相은 西成·成固·南鄭 지역의 枇杷 상납과 관련된 법을 令으로 해줄 것을 요청했던 것이다. 이것은 「津關令」의 많은 법률 조항이 지방관의 청원에 의해서 법률로 제정된 것과 일치하는 것이다.

이상에서 분석한 필자의 결론은 아래와 같다. 詔書와 令은 문헌자료와 출토자료를 비교했을 때, 그 형식에 차이가 존재한다. 詔書가 令으로 될 때에 불필요한 내용을 정리하기 때문에, 令의 내용은 詔書에 비하여 깔끔하게 정리된 모습을 보인다. 또한 황제가 발포한 모든 詔書가 令으로 승격하는 것은 아니다. 詔書 가운데는 전혀 법률적 내용을 포함하지 않은 것도 있기 때문이다. 令에는 "制詔丞相御史"와 같은 詔書의 형식이 약간 남아있지만, 律에는 그러한 詔書의 형식조차 모두 정리하여 핵심적인 내용만 남기고 있다.

III. 令과 律의 구별

앞에서는 詔書와 令의 형식적 차이를 살펴보았다. 이제 다음 단계로 令과 律이 程樹德의 주장처럼 엄격하게 구별이 되지 않는 것인가의 문제를 살펴보도록 하겠다. 이를 분석함에 있어 중요한 것은 1)의 "其亡逃及有罪耐以上, 不用此令"에 보이는 "不用此令"의 부분이다. 이하에서는 본고에서 고찰할 핵심용어인 "不用此令" "不從令" 등이 어떻게 令에 포함되게 되었는지에 대해 살펴볼 것이다. 결론을 먼저 말한다면, 不從令은 원래 詔書에 포함되어 있던 단서 조항으로서, 詔書가 令으로 법령화되면서 법조문 속에 포함되어진 것이다.

"不從令"과 "不從律"은 令과 律의 차이점을 고찰할 때, 중요한 키워드가 된다. 왜 不從令이 이 문제를 해결하는데 주요한 도구가 되는 것인가? 예컨대, "公器를 검사하여 장부의 수량을 초과하거나 부족할 경우, 齎律에 의거해 논죄하고 배상한다. 齎律에 없는 것은 기물 가치를 산출한다. 效 (效公器贏, 不備, 以齎律論及賞(償), 毋齎者乃直(值)之. 效)"에서 "齎律"은 현재의 律 또는 令 조문을 위배했을 때, 적용해야 할 법조문이다.[31] 반면에 不從令은 "현재의 법조문(令 또는 律)을 따르지 않으면 어떠한 처벌을 내린다."는 의미이고, 不用此令은 "이 조문은 누구누구에게는 적용하지 않는다."는 단서조항이다. 이때에 不從令, 不用此令의 지칭대상은 현재의 조문이므로, 현재의 조문이 令인지 律인지를 판단하는 단서가 될 수 있다.

不從令에 관해서는 많은 논자들이 언급하고 있는데, 堀敏一은 犯令·不從令이라는 문언에 주목, 이들 문언은 律文에 위반한 경우를 가리켜 사용되고 있는 것이므로 律文을 令으로 부르고 있는 것으로 이해하였다.[32] 宮宅潔도 堀敏一과 비슷한 견해를 가지고 있는데, 이 경우는 律文을 "令"으로 부르는 것이고, 그 의미에서 "令"은 "律"도 포함한 넓은 개념을 가지는 말이라고 주장하였다.[33] 그러나 不從令은 오

---

31) 睡虎地秦墓竹簡整理小組, 『睡虎地秦墓竹簡』(北京: 文物出版社, 1978), p.101.
32) 堀敏一, 『律令制と東アジア世界——私の中國史學(二)』(東京: 汲古書院, 1994), pp.10-11.
33) 宮宅潔, 「漢令の起源とその編纂」(『中國史研究』第五卷, 1995), p.115.

히려 廣瀨薰雄의 견해가 정곡을 찔렀다고 생각한다.

필자는 廣瀨薰雄의 주장에서, "令은 원래 황제의 詔書 그 자체를 의미하는 것이다."라고 하는 점은 찬성하지 않으나, 令이 "현재 조서의 명령"임을 가리키는 부분은 동의한다.[34] 그의 관점은 詔 = 令의 시각에서 나온 것이며, 필자는 詔 ≠ 令의 관점을 가지고 있다. 아래의 文帝紀의 "不用此令"은 역시 현재의 조서를 적용할 때 제외시켜야 할 대상을 특별히 지정한 "但書" 조항이다.

> 9) 또 말하였다. "노인은 비단이 아니면 몸이 따습지 아니하고, 고기가 아니면 배부르지 아니한다. 지금 연초인데 제때 사람을 시켜 노인들을 찾아보지 않고, 또한 布帛과 酒肉을 하사하지 않는다면, 장차 무엇으로써 天下의 子孫이 그 부모 모시는 것을 돕겠는가? 지금 관리들이 죽(鬻)을 받을 사람들에게 묵은 곡식을 지급한다고 들었는데, 어찌 養老의 뜻에 부합되겠는가! 갖춰서 令으로 만들라(具爲令)." 有司가 청하였다.(請) "縣·道로 하여금, 나이 80세 이상은 1인당 한 달에 米 1石, 肉 20斤, 酒 5斗를 하사합니다. 90세 이상은 帛을 1인당 2필, 絮(명주솜) 3斤을 추가로 하사합니다. 물품을 하사하거나 鬻米를 지급하는 경우, 長吏가 하나하나 살펴봐야 하고, 丞 또는 尉가 물품을 보내도록 합니다. 90세 미만은 嗇夫·令史가 보내도록 합니다. 二千石은 都吏를 파견해 조서를 준수하지 않는 자를 감독합니다. 刑者 및 耐罪 以上은 이 令을 적용하지 않습니다." (又曰: 「老者非帛不煖, 非肉不飽. 今歲首, 不時使人存問長老, 又無布帛酒肉之賜, 將何以佐天下子孫孝養其親? 今聞吏稟當受鬻者, 或以陳粟, 豈稱養老之意哉! 具爲令.」 有司請令縣道, 年八十已上, 賜米人月一石, 肉二十斤, 酒五斗. 其九十已上, 又賜帛人二疋, 絮三斤. 賜物及當稟鬻米者, 長吏閱視, 丞若尉致.

---

34) 廣瀨薰雄, 위의 논문, pp.117-118.

不滿九十, 嗇夫、令史致. 二千石遣都吏循行, 不稱者督之. 刑者及有罪耐以上, 不用此令.)[35]

이것은 나이가 80·90세 이상의 고령자에게 米·肉·酒의 하사를 규정한 養老의 詔書인데, "不用此令"은 刑者 및 耐以上에게는 이 養老의 우대정책을 적용하지 않는다는 것이다. 이것은 이후 制曰可의 단계를 거쳐 令으로 확립되는 것이다. 즉, 具爲令과 有司의 請의 단계를 거치고 있으면 "請" 이하의 핵심부분이 令으로 되는 것이다. 그 과정에서 詔書에 포함되어 있던 不用此令의 문투가 그대로 令으로 되는 것이다. 이것은 文帝의 육형 폐지령에서도 "亡逃 및 有罪耐以上에게는 이 조서를 적용하지 않는다."는 단서조항이 보인다.[36] 또한 후한시대의 조서에는 不用此令 대신에 不用此書가 보이는데, "이 조서를 적용하지 않는다."는 의미이다.[37]

不從令의 令은 원래 詔書를 지칭하는 것이지만, 그 후 令으로 전환하는 과정에서 "不從令"의 3글자도 함께 편입되었다. 『二年律令』의 27개 律에서는 不從律이라 하였고, 「津關令」에서는 不從令이라 하여 양자

---

35) 『漢書』 卷4 「文帝紀」, p.113.

36) 『漢書』 卷23 「刑法志」, p.1099, "丞相張蒼、御史大夫馮敬奏言: 「肉刑所以禁姦, 所由來者久矣. 陛下下明詔, 憐萬民之一有過被刑者終身不息, 及罪人欲改行爲善而道亡繇至, 於盛德, 臣等所不及也. 曰: 諸當完者, 完爲城旦舂; 當黥者, 髡鉗爲城旦舂; 當劓者, 笞三百; 當斬左止者, 笞五百; 當斬右止, 及殺人先自告, 及吏坐受賕枉法, 守縣官財物而卽盜之, 已論命復有笞罪者, 皆棄市. 罪人獄已決, 完爲城旦舂, 滿三歲爲鬼薪白粲. 鬼薪白粲一歲, 爲隸臣妾. 隸臣妾一歲, 免爲庶人. 隸臣妾滿二歲, 爲司寇. 司寇一歲, 及作如司寇二歲, 皆免爲庶人. 其亡逃及有罪耐以上, 不用此令. 前令之刑城旦舂歲而非禁錮者, 如完爲城旦舂歲數以免. 臣昧死請.」 制曰: 「可.」"

37) 『後漢書』 卷2 「顯宗孝明帝紀」, p.121, "九月丁卯, 詔令郡國中都官死罪繫囚減死罪一等, 勿笞, 詣軍營, 屯朔方、敦煌; 妻子自隨, 父母同産欲求從者, 恣聽之; 女子嫁爲人妻, 勿與俱. 謀反大逆無道不用此書."; 『後漢書』 卷7 「孝桓帝紀」, p.290, "丙午, 詔郡國繫囚減死罪一等, 勿笞. 唯謀反大逆, 不用此書."

의 개념이 명확히 구별되고 있다. 이는 漢初에 律과 令이 程樹德·堀敏
一·宮宅潔이 말하는 것처럼 혼용되는 개념이 아니라는 것이다. 그 변
화과정을 살펴보자.

不從令은 秦朝에서 漢朝로 내려가면서 不從律로 수정되어 있다. 이
변화 과정을 고찰하면, 秦漢의 律과 令의 개념변화에 대한 어떤 유의
미한 결론을 추출해낼 수 있다. 여기에서 고찰할 출토자료는 睡虎地秦
墓竹簡·里耶秦簡·嶽麓書院藏秦簡·二年律令이다.

[표 2] 不從令에서 不從律로의 변화

		睡虎地		龍崗秦簡		里耶秦簡		嶽麓秦簡				二年律令			
								1,2組		3組		律		津關令	
		律	令	律	令	律	令	律	令	律	令	律	令	律	令
如此律								2							
不如律	不如令	1	2					1	1		2				
不用此律	不用此令							1			1	4			1
不從律	不從令			6	1	1		1	9		4	3	1		
不以律		1													
	前此令										1				
합계		2	8	1	1	0	1	4	10	0	8	7	1	0	1

表에서 알 수 있듯이, 전체적인 흐름은 秦代 『睡虎地秦墓竹簡』에서
는 不從令이 대세를 이루고 있으나 점차 不從律로 바뀌어 가는 추세이
다. 秦통일 이후의 문서인 『嶽麓書院藏秦簡』 시기에는 不從令과 不從律
이 혼재하는데, 전자가 후자에 비해 많이 사용되고 있다. 이는 詔書에
서 사용했던 不從令이 令의 단계에서도 자동적으로 편입되었으나, 不
從律로 改書되기 시작한 것을 말한다. 다만 이 수정 작업이 전면적으
로 진행되지 않았다. 그 후 『二年律令』에서는 거의 완벽하게, 律에서는
不從律로 칭하고, 令에서는 不從令으로 칭하고 있다. 이하에서는 위에
제시한 표의 내용을 자세하게 분석하기로 하자.

1. 秦代 睡虎地秦墓竹簡

『睡虎地秦墓竹簡』에서는 律임에도 불구하고 不從令(6회), 不如令(2회)
이 사용되고 있다. 즉, 不如令이 대세를 이루고 있다. 다만 律에도 不
如律, 不以律이 한 차례 보이는 것으로 보아서 不從令을 不如律로 수정
하는 단서가 나타나기 시작했음을 말해준다. 즉, 秦律雜抄 戌律에는 同
居者가 동시에 戌에 징발되지 않도록 하는 것을 규정했고, 이를 위반
했을 경우 縣嗇夫 등은 "行戌不以律"로써 貲二甲에 처벌되도록 하였다.
그런데 이와 동일한 내용이 『嶽麓書院藏秦簡(肆)』의 戌律에도 규정되어
있다.

10) ●戌律: 同居者를 동시에 변경 수비에 보내서는 안된다. 縣嗇夫·尉
및 士吏가 律에 따르지 않고 변경수비에 동원하면 貲 2甲이다. (●戌
律曰: 同居毋并行, 縣嗇夫, 尉及士吏行戌不以律, 貲二甲. 秦律雜抄)[38]

11) ●戌律曰: 변경 수비는 월 단위로 교대한다. 君子가 관부를 40일 이
상 지키면 변경 수비 1更(30일)을 면제해 준다. 변경 수비를 보낼
때, 동거자는 동시에 보내지 않는다. 律에 따르지 않으면 貲 2甲이
다. [(●戌律曰: 戌者月更. 君子守官四旬以上爲除戌一更. 遣戌, 同居毋
并行. 不從律, 貲二甲.(184/1299))][39]

11)의 『嶽麓書院藏秦簡』에서는 不以律이 不從律로 바뀌어 있다. 이처
럼 양자가 같은 것이라면, 『睡虎地秦墓竹簡』의 시점에서도 현재의 律
을 따르지 않을 경우 不以律로써 처벌하는 규정이 있었던 것이다. 그
렇다면 표현한 용어는 不從律이 아니고 不以律이었더라도, 律 규정을

---

38) 『睡虎地秦墓竹簡』, p.147.
39) 『嶽麓書院藏秦簡(肆)』, p.129.

따르지 않는 것을 처벌하는 규정이 『睡虎地秦墓竹簡』에서부터 존재하
는 것을 확인할 수 있다. 다만 일반적으로 조서에서 비롯되었기 때문
에 不從令을 쓰고, 律에서는 不從律이 되는 것인데, 戍律에서는 不以律
로 되어 있는 것이 특이하다.

『睡虎地秦墓竹簡』에서의 不從令은 원래 詔書에 사용했던 단서조항
의 용어였는데, 그것이 그대로 令에도 轉載되고 있던 것으로 보인다.

12) 作務(수공업)를 하거나 官府의 市에서 돈을 받을 때는 반드시 그 돈
을 缿(瓦制 돈통) 안에 즉시 넣어야 하고, 거래한 자로 하여금 그
넣는 것을 지켜보도록 하고, 令을 따르지 않는 자는 貲 1甲이다. [爲
作務及官府市, 受錢必輒入其錢缿中, 令市者見其入, 不從令者貲一甲. 關
市(秦律十八種)][40]

13) 金布律에 말하기를, 官府에서 作務(수공업)와 市에서 돈을 받거나,
齎·租·質·它稍入錢을 받을 때, 모두 관부에서 缿을 만들고, 조심해
서 缿의 구멍을 만들어 돈이 저절로 나오지 않도록 한다. 縣令 또
는 縣丞은 인장으로 缿을 봉인하고, 사람들은 돈을 넣는 자와 함께
參辨券을 만들고, 즉시 돈을 缿 안에 넣으며, 돈을 넣는 자로 하여
금 넣는 것을 지켜보도록 한다. 한 달에 한 차례 缿錢을 수송하고
券의 가운데 부분을 그 縣廷에 올린다. 한 달이 끝나기 전에 缿이
가득 차면 즉시 옮겨 넣는다. 律과 같이 하지 않으면 貲 1甲이다.
[《金布律》曰: 官府, 爲作務市受錢, 及受齎, 租, 質, 它稍入錢, 皆官爲缿,
謹爲缿空, 變(務)毋令錢能出, 以令若丞印封缿. 而人與入錢者參辨券之,
輒入錢缿中, 令入錢者見其入. 月壹輸缿錢及上券中辨其縣廷; 月未盡而
缿盈者, 輒輸入. 不如律, 貲一甲. 嶽麓書院藏秦簡 1411, 1399, 1403)][41]

---

40) 『睡虎地秦墓竹簡』, p.68.
41) 『嶽麓書院藏秦簡(肆)』, p.108.

위의 關市律과 金布律은 모두 作務·官府市에서 錢을 받을 때 缿에 넣도록 규정한 내용이다. 동일한 내용이지만, 전자는 關市律, 후자는 金布律에 기록된 것으로 보아 律의 명칭은 복수로 사용될 수도 있었다. 그런데, 전자인 『睡虎地秦墓竹簡』에서는 不從令, 후자인 『嶽麓書院藏秦簡』에서는 不如律로 변경되어있다. 이 사실에서 볼 때 律과 令은 엄격하게 구별되지 않았다는 주장도 가능할 수 있겠다. 예컨대 張忠煒는 양자가 동시기의 것이므로, 같은 내용을 律(不如律)과 令(不從令)으로써 부른 것은 호칭이 엄격하게 구별되지 않은 증거라고 주장하였다.[42]

『睡虎地秦墓竹簡』의 成書연대는 일괄해서 말할 수 없지만, 진시황 이전과 이후로 구별할 수 있다. 각 편마다 차이가 있어서 일괄적으로 말할 수는 없으나, 孝公·惠文王·昭襄王 시기 등 다양하다.[43] 12)의 「秦律十八種」에 보이는 다른 律文에는 秦王政(진시황) 5년(B.C.242)의 것인 12郡의 기록, 秦王政의 이름을 避諱하지 않은 기록 등이 있는 것으로 보아 秦王政 元年(B.C.246) 이전의 기록이다.[44] 이에 반해서 13)의 『嶽麓書院藏秦簡』은 진시황 26년에 최초로 사용한 "黔首"가 나타나는 것을 보면 30년 정도의 시간적 차이가 있다. 그렇다면 12)「秦律十八種 關市」의 "不從令"이라 기록된 것을 秦통일 이후 律文을 정리하는 과정에서 13) 金布律의 "不如律"로 改書되었을 가능성이 높다.[45] 동일한 조문에서 不從令을 不如律로 수정한 것은 令과 律의 개념 차이가 존재했던

---

42) 張忠煒, 위의 책, pp.128-130. "不如令"의 令을 "명령"으로 보는 冨谷至의 견해는 바로 그 위치에 "不如律"이 사용되고 있기 때문에 타당하지 않다. 冨谷至, 「晋泰始令への道—第一部 秦漢の律と令」(『東方學報』72, 2000), pp.95-97.
43) 舒之梅, 「珍貴的雲夢秦簡」, 『雲夢秦簡研究』(北京: 中華書局, 1981), pp.3-6.
44) 『睡虎地秦墓竹簡』, p.70, "縣及工室聽官爲正衡石贏(纍), 斗用(桶), 升, 毋過歲壺〈壹〉, 有工者勿爲正. 叚(假)試即正. 工律"; 같은 책, p.94, "縣, 都官, 十二郡免除吏及佐, 群官屬, 以十二月朔日免除, 盡三月而止之."
45) 任仲爀, 위의 논문, pp.36-37.

증거이다. 따라서 令 = 律로 보기보다는 『睡虎地秦墓竹簡』의 不從令을 『嶽麓書院藏秦簡』의 단계에서 不從律로 수정했을 가능성이 있다.

『睡虎地秦墓竹簡』의 단계에서 不從令의 사용회수가 훨씬 많은 것을 보면, 律文으로 전환될 때 용어를 수정해야하는 관리들이 이에 대해 깊이 인식하지 못했거나 律·令의 개념 확립이 미흡했다고 생각된다. 그런데 『嶽麓書院藏秦簡』의 단계에서는 不從令에서 不從律로 수정하는 흐름이 많아지고 있다. 이것은 令이 律로 바뀔 때에, 律의 성격에 맞게끔 不從律로 수정한 것이다. 간혹 출토문서에서 不從令이 不從律로 수정되지 않은 것이 보이는 이유는 현재와 같이 중앙에서 인쇄하여 일괄 배포하는 것이 아니고 수정이 필요할 때마다 부분적으로 수정했기 때문이다. 里耶秦簡에는 중앙에서 수정된 법률을 監御史가 가지고 오면 이를 縣 단위에서 관리 인력을 파견하여 수정하고 있다. 수정 작업 과정에서 이러한 부분들이 누락되었을 가능성이 있다.

2. 秦代 龍崗秦簡

『龍崗秦簡』에서는 不從律者와 不從令者가 각각 1례씩 확인된다.

> 14) 制, 所致縣, 道官, 必復請之, 不從律者, 令、丞⊠(8)
>
> 15) 田不從令者, 論之如律. ⊠(117)

『龍崗秦簡』은 秦帝國 멸망 시기의 것이다. 『雲夢龍崗秦簡(1997)』에서 整理者는 "龍崗秦簡의 법률조문은 진시황 27년(B.C.220)부터 秦 二世 3년(B.C.207)까지 14년간 통용되었다."고 하여 그 하한선을 秦 二世 3년으로 잡았다.[46] 그러나 『龍崗秦簡(2001)』에서는 그 하한선을 漢高祖 3년(B.C.204)까지로 내려 잡았다.[47] 앞서 고찰한 것처럼 『睡虎地秦墓竹簡』

---

46) 劉信芳·梁柱, 『雲夢龍崗秦簡』(北京: 科學出版社, 1997), p.48.

에서는 不如律이 출현하기도 하지만, 아직은 不從令이 훨씬 많았는데, 『龍崗秦簡』에서는 不從令과 不從律의 비율이 1:1이다. 그러나 표본 사례가 너무 부족하므로 유의미한 결론을 내리기는 곤란하다. 아래의 동일 시기의 것인 『里耶秦簡』에서도 不從令 밖에는 사례가 없기 때문에 판단을 유보할 수밖에 없다.

3. 秦代 里耶秦簡

16) ▨不從令貲二甲(8-1890)

4. 秦代 嶽麓書院藏秦簡

『嶽麓書院藏秦簡』의 하한은 秦二世 3年이므로 진제국 멸망 직전의 율령 상황을 반영하는 것이라고 볼 수 있다.[48] 따라서 『龍崗秦簡』과 동시기의 것이라고 할 수 있다. 『龍崗秦簡』은 사례의 부족으로 전체적인 파악이 불가능했지만, 『嶽麓書院藏秦簡』은 이보다 훨씬 많은 사례를 포함하고 있다.

표에서 볼 때, 『嶽麓書院藏秦簡』의 시점에서는 不從令에서 不從律로 전환하는 것이 점차 증가했다고 할 수 있다. 주목할 수 있는 특징은 『嶽麓書院藏秦簡(肆)』의 第 1, 2組, 즉 律의 부분에서 如此律(2회), 不如律(1회), 不用此律(1회)처럼 "현 조문의 律"을 律이라고 지칭하는 사례가 종전보다 많아졌다는 것이다. 그 증가의 이유는 해당 律에 위배될 경우 종전대로 "令을 따르지 않으면"이라고 했을 경우, 律을 令으로 부르는 稱謂上의 모순을 자각했기 때문으로 생각된다.

그러나 『嶽麓書院藏秦簡』에서 不從令 등의 사용이 많아서 不從令 9

---

47) 中國文物研究所·湖北省文物考古研究所, 『龍崗秦簡』(北京: 中華書局, 2001), pp.8-9.
48) 陳松長, 「嶽麓秦簡中的兩條秦二世時期令文」(『文物』 2015-9), p.91.

회, 不如令 1회나 사용되는 것은 不從律로의 수정이 본격화되지 않은
것으로 생각된다. 『嶽麓書院藏秦簡』에서는 "현 조문의 律을 따르지 않
을 경우"를 의미하는 如此律(2회), 不如律(1회), 不用此律(毋用此律)(1회)
등 律이 포함된 다양한 용법이 나타나고 있다. 그러나 律을 지칭하는
것임에도 "如此律"과 같은 것으로 모두 수정된 것은 아니었다. 그것은
아래의 조문에서 알 수 있다.

17) 『睡虎地秦墓竹簡』 秦律十八種
百姓 중 田舍에 거주하는 자는 술을 팔지 못하도록 하고, 田嗇夫 및
部佐가 이를 엄격히 금지시켜야 하는데, 令을 따르지 않는 자는 유
죄이다. [(百姓居田舍者毋敢醯(酤)酉(酒), 田嗇夫、部佐謹禁御之, 有不
從令者有罪. 田律)]⁴⁹⁾

18) 『嶽麓書院藏秦簡』
田律에 말하기를, 黔首 중 田舍에 거주하는 자는 술을 팔지 못하도
록 하고, 令을 따르지 않는 자는 遷刑에 처하고, 田嗇夫・士吏・吏部
가 잡지 못하면 貲 2甲이다. ●第乙 [田律曰: 黔首居田舍者毋敢醯〈醢
(酤)〉酒, 有不從令者鬶(遷)之, 田嗇夫、士吏、吏部弗得, 貲二甲. ●第乙
(280/0994)]⁵⁰⁾

19) 『嶽麓書院藏秦簡』
黔首 중 田舍에 거주하는 자는 술을 팔지 못하도록 하고, 令을 따
르지 않는 자는 遷刑에 처하고, 田嗇夫・吏・吏部가 잡지 못하면 각각

貲 2甲이다. 丞·令·令史는 각각 1甲이다. [黔首居田舍者毋敢酤〈醢
(酤)〉酒, 有不從令者罨(遷)之, 田嗇夫, 吏, 吏部弗得, 貲各二甲. 丞、令、
令史各一甲.(115/1400)][51]

용이하게 알 수 있듯이 3개의 조문은 모두 秦의 田律이며, 동일한
조문을 抄寫한 것이다. 17)은 田律임을 명시했고, 18)은 "田律曰"과 "第
乙"의 2글자가 있다. 19)도 직접 "田律曰"이라고 한 것은 아니지만, 1400
簡의 바로 앞 簡인 1276簡에 "田律曰"이라고 하였으므로 田律로 봐야
할 것이다. 흥미로운 것은 18)의 "●第乙"이다. 이것은 『嶽麓書院藏秦簡』
의 令 標題簡인 "■內史郡二千石官共令 第乙"에 있는 "第乙"과 동일한 編
號이므로, 令의 편제번호였다고 생각된다. 이러한 編號는 『嶽麓書院藏
秦簡』의 律文에서는 보이지 않고 令文에서만 확인된다. 그렇다면 18)
은 "第乙"의 편호가 붙어 있는 田令을 田律로 수정하는 과정에서 令의
흔적을 제거하지 않은 증거라고 할 수 있다.[52] 즉, 이러한 簡은 비록
律文을 기록하고 있으나, 皇帝詔(또는 秦王令)의 형식이 남아 있는 것
이다.[53] 이 주장에 잘못이 없다면 0994簡은 令이 律로 전환된 확실한
증거라고 할 수 있다.

그런데 동일한 규정이 田律로 승격했음에도, 『嶽麓書院藏秦簡』의
17)-19)에서는 "有不從令者"를 계속 사용하고 있다. 『嶽麓書院藏秦簡』의
일부 律에서는 "有不從律者"로 수정되고 있기는 하지만, 百姓을 黔首로
수정하는 것만큼 절실하게 수정해야 할 사항으로 인식되지 못했던
것 같다. 또한 律로 승격되는 과정에서 "第乙"이라는 令의 編號까지 轉
載된 것을 보면 이 수정을 담당한 관리들의 律令지식에 대한 수준을

---

51) 『嶽麓書院藏秦簡(肆)』, p.106.
52) 廣瀬薫雄, 위의 책, pp.160-161.
53) 廣瀬薫雄, 위의 논문(2013), p.123. 廣瀬薫雄은 "第乙"이 붙은 것을 皇帝詔라고
    했으나, 이것은 秦令의 편제번호이다.

엿볼 수 있다고 생각한다. 지금까지의 분석을 놓고 볼 때,『睡虎地秦墓竹簡』으로부터『嶽麓書院藏秦簡』까지의 율령 字句의 수정은 완벽하게 이루어진 것으로는 생각되지 않는다. 결론적으로『嶽麓書院藏秦簡(肆)』에서는 律을 지칭할 때, 종전의 습관인 不從令과 새로운 추세인 不從律이 혼재되어 있는 상태라고 할 수 있다.

한편 第3組, 즉 令의 경우에는 계속 종전대로 不從令, 不如令, 前此令, 不用此令을 사용하고 있으며, 第3組의 令을 지칭할 때 如此律, 不如律, 不用此律과 같이 律로 지칭하는 경우는 "當然히" 한 차례도 보이지 않는다. 이것은 당연히 令을 令으로 칭한 것이라고 할 수 있다.

앞에서 설명한 바와 같이,『睡虎地秦墓竹簡』關市律의 "不從令者貲一甲"을『嶽麓書院藏秦簡』에서는 "不如律貲一甲"으로 수정하였으므로 不從令과 不如律은 동일한 의미였다. 원래 이 令이 詔書에서 비롯된 것이므로 不從令者는 "이 詔書를 따르지 않는 자는"의 의미였다. 이것이『睡虎地秦墓竹簡』의 단계에서 關市律로 되었다면, 의당 이 부분이 不從律 또는 不如律로 수정되어야 했으나, 아직 그렇게 수정되지 않았다. 그러던 것이『嶽麓書院藏秦簡』金布律의 단계에 이르면 不如律로 수정된 것이다.

程樹德은 令과 律이 서로 혼용되어 사용되었다는 주장을 하였다. 그러나 그의 주장과 달리, 令과 律이 통용되기 때문에 金布令과 金布律이 혼용되는 것이 아니라,『嶽麓書院藏秦簡』의 시기를 경계로 하여 용어 정리가 시도되는 과정에서 나타난 현상이라고 할 수 있다. 즉, 不用此令이 不用此律로 되는 것은 해당 令이 律로 이동하는 과정에서 발생하는 용어 수정작업인데, 그 와중에서 令名도 律名으로 바뀌어가던 것이었다.(예컨대 金布令에서 金布律) 그것을 후대 학자들이 令名과 律名을 혼용한 것이라고 잘못 이해한 것이다.

5. 漢代 二年律令

律의 不用此律

『二年律令』에는 不從律과 不從令이 秦律과 비교할 때 훨씬 명료하게 정리되어있다. 표에서 알 수 있듯이, 『二年律令』 27개의 律에서는 不用此律은 4회, 不從律은 3회가 사용되었고, 不從令은 단지 田律에서만 1회 수정이 안된 채 계속 남아 있다. 田律에서 不從律로 바뀌지 않은 것은 수정과정에서 누락된 것이라고 생각된다. 『二年律令』의 단계에서는 不從令이 1회 사용된 것을 제외하면, 모두 不用此律·不從律로 수정되었는데, 이것은 律에는 律을, 令에는 令을 사용하는 원칙이 수립된 것이다.

『二年律令』의 단계에서 律에 "不從令"을 사용하지 않게 되는 이유는 무엇일까? 그것은 『二年律令』의 시점에서 律과 令의 개념이 확립되었기 때문이라고 생각된다. 『二年律令』의 시점에 도달하면, 令이 律로 전환된 상태에서 그 律을 "不用此令"이라고 부르는 것은 모순이라는 인식이 확고히 자리 잡았기 때문일 것이다. 이러한 결과는 律令의 정리를 주관한 官吏가 "意識的"으로 정리한 것이라고 판단하지 않으면 안된다. 이것은 『이년율령』이 秦律보다 정리되고 발전한 단계였음을 말해주는 것이다.

令의 不用此令

『二年律令』의 令에서는 「津關令」에 不用此令을 사용한 것이 1회 확인된다. 令에서만 "不用此令"이 사용되고, 『二年律令』의 27개 律에서는 "不用此律"만이 사용되고 있는 것은 매우 현저한 특징이다.

20) 津關令: □, 御史(大夫)에게 制詔하였다. "여러 關은 私的으로 金器·鐵을 가지고 出關하지 못하도록 금지한다. 혹 金器를 가지고 入關하는 경우, 關에서는 신중하게 (金器를) 문서에 기록하고, 出關할 때

다시 대조하고 기록한 器(金器)를 내보낸다. 장식 및 (입고 있는) 의
복에 붙어있는 것은 이 令을 적용하지 않는다." [□. 制詔御史, 其令
諸關, 禁毋出私金器, 鐵. 其以金器入者, 關謹籍書, 出, 復以闌, 出之籍
器. 飾及所服者不用此令.(493)][54]

「津關令」의 "不用此令"은 "出關할 때는 장식 및 (입고 있는) 의복에
붙어있는 것은 이 令을 적용하지 않는다."는 뜻이다. 즉, "不用此令"은
현재의 詔書를 적용하지 않는다는 단서 조항인 것이다. 「津關令」에 不
用此律이 보이지 않고, "不用此令"만이 확인되는 것은 이미 漢初에 律
과 令의 개념이 명확하게 분리된 상태임을 의미하는 것이다. 때문에
이년율령의 단계에서 律과 令이 서로 혼용되었다고 하는 견해에는 동
의하기 어렵다.

지금까지의 고찰을 정리하면, 詔書가 令으로 전환될 때, 詔書의 불
필요한 부분을 정리하고 핵심적인 내용만 남기게 된다. 이 점은 『嶽麓
書院藏秦簡』의 令, 「津關令」 등에서 확인되는 점이다. 이때에 조서에
있던 不從令과 不用此令 등도 令에 남게 된다. 그 후에 律로 될 때, 이
러한 단서조항인 不從令은 이제 그 적용하는 法條文이 律이므로 不從
律로 변경하게 되었다.

과거 不從令과 不從律을 구별없이 사용했기 때문에 令과 律의 구별
이 없었다는 주장도 있었다. 律과 令의 개념은 『睡虎地秦墓竹簡』 시기
에 성립된 듯하다. 그러나 『睡虎地秦墓竹簡』 등 초기의 秦律에서는 不
從令을 전면적으로 不從律로 변경하지 않은 것이다. 『嶽麓書院藏秦簡』
부터는 不從律의 사용이 증가하였다. 그 후 『二年律令』의 시점에서, 그
이전부터 존재했던 律과 令의 개념에 입각해, 율과 令의 편제를 획기
적이자, 동시에 통일적으로 정리하였다.

---

54) 『張家山漢墓竹簡(2006)』, p.84.

IV. 결론을 대신하여 -- 律令의 抄寫와 업데이트

漢초기의 율령인『二年律令』이전까지 어떠한 이유로 律文 내에 있던 不從令이 不從律로 정비되지 않았을까? 현재 발견된 출토자료들은 지방 郡縣의 것들인데, 중앙의 법률이 지방정부에 제때 전달되지 않아 不從律로 수정되지 않은 것일까? 중앙 정부의 법률을 지방의 郡縣으로 배포하는 문제와 관련해서, 律令을 어떻게 전 제국으로 전달하였을까?

『商君書』「定分篇」에는 秦代의 법률관리에 대한 전반적인 내용을 담고 있다.[55] 그 대체적인 내용은 다음과 같다. 秦國에서는 법령을 별도로 抄錄하여, 1부는 天子의 殿中에, 1부는 禁室에 별도로 보관하였다. 殿中, 御史, 丞相의 3계통의 法官을 설치했는데, 매년 禁室의 법령을 한 차례씩 전국에 배포하였다. 중앙 및 군현의 법령을 주관하는 관리는 금실 법령과 대조하여 지난해에 받은 법령에 어떠한 변동 또는 잘못된 抄寫가 있는지 확인한다.[56]『商君書』의 내용은 출토자료에 입각할 때 대체로 부합한다. 우선 중앙 소재의 관부에 대해서 살펴보자.『睡虎地秦墓竹簡』의 尉雜에는 다음과 같은 내용이 있다.

---

55) 蔣禮鴻 撰,『商君書錐指』「定分篇」(北京: 中華書局, 1996), pp.141-144, "法令皆副置: 一副天子之殿中, 爲法令爲禁室, 有鍵鑰爲禁而以封之, 內藏法令, 一副禁室中, 封以禁印. 有擅發禁室印, 及入禁室視禁法令, 及剟禁一字以上, 罪皆死不赦. 一歲受法令以禁令. 天子置三法官; 殿中置一法官, 御史置一法官及吏, 丞相置一法官, 諸侯郡縣皆各爲置一法官及吏, 皆比秦一法官. 郡縣諸侯一受禁室之法令, 并學問所謂. 吏民欲知法令者, 皆問法官, 故天下之吏民, 無不知法者. 吏明知民知法令也, 故吏不敢以非法遇民, 民不敢犯法以干法官也. 吏遇民不循法, 則問法官, 法官即以法之罪告之, 民即以法官之言正告之吏. 吏知其如此, 故吏不敢以非法遇民, 民又不敢犯法. 如此, 則天下之吏民, 雖有賢良辯慧, 不敢開一言以枉法; 雖有千金, 不能以用一銖. 故知軸賢能者皆作而爲善, 皆務自治奉公."
56) 朱紅林,「讀里耶秦簡札記」(『出土文獻研究』11輯, 2012), p.139.

21) 연초에 御史府에 가서 刑律을 대조해야 한다. (歲讎辟律於御史 199簡)[57]

整理小組는 "尉雜"의 "尉"는 廷尉이며, "尉雜"은 "廷尉의 職務와 관련된 各種 法律規定"으로 해석하고 있다.[58] 따라서 이 율문의 내용은 廷尉가 매년 연초에 御史府에 가서 法條文을 대조하는 것이라고 할 수 있다.[59] 그런데 尉雜을 廷尉의 규정으로 보는 것에 대해서 다른 견해를 보이고 있는 논자도 있다. 徐世虹은 尉雜이 廷尉를 가리킨다는 것에 부정적 입장이다.[60] 그러나 『睡虎地秦墓竹簡』에 동일한 尉雜 200簡을 보면 "尉"가 법률과 유관한 부서임을 부정할 필요는 없다고 생각된다.

22) □其官之史□□□□□□□□□□□法律程籍, 勿敢行, 行者有罪. 尉雜 (200簡)[61]

이 簡은 보이지 않는 글자가 많아서 전체 내용의 파악이 어렵지만, "法律程籍"과 같은 내용으로 볼 때 尉雜은 법률을 취급하는 官府의 律로 추정되므로, 199簡에 보이는 尉를 縣尉 계통으로 볼 필요는 없는 것 같다. 廷尉府에서 초록한 것은 중앙의 법률을 주관한 御史府의 法律이다. 御史府는 秦國의 국가문서를 보관하는 기구이다. 그래서 劉邦이 함양을 점령했을 때 蕭何가 신속하게 접수한 秦律令은 丞相御史府에 보관되어 있던 것이었다. 위의 律文에서의 핵심은 尉가 연초 御史(府)

57) 『睡虎地秦墓竹簡』, p.109.
58) 같은 책, pp.109-110.
59) 陳中龍, 「從秦代官府年度律令校讎의制度論漢初『二年律令』的"二年"」, 簡帛網, http://www.bsm.org.cn/show_article.php?id=2550.
60) 徐世虹, 「秦"課"芻議」(『簡帛』第八輯, 2013), p.265; 王偉, 「張家山漢簡〈二年律令〉札記三則」(『中國古代法律文獻研究』四輯, 法律出版社, 2010), p.79. 『睡虎地秦墓竹簡·尉雜』과 『說文解字·尉律』의 관계는 명확하지 않지만, "尉律"의 "尉"가 中尉·都尉·縣尉 系統의 職官이라고 지적하였다.
61) 『睡虎地秦墓竹簡』, p.110.

에 가서 법률을 대조하여 검사하는 시스템으로 인하여 중앙(御史)의
법률이 계속 餘他 행정 관서로 전파된다는 사실이다.

중앙의 법률을 지방 군현에 끊임없이 최신의 정보로 업데이트하
게 한 법률은 위의 尉雜(律)만에 규정된 것은 아니었다.

> 23) 內史雜: 縣에서는 각각 그 縣에 소재한 都官에 통고하여 그 官에서
> 사용할 律을 베끼도록 한다. (縣各告都官在其縣者, 寫其官之用律.)[62]

內史 관할의 縣은 그 縣에 소재한 都官에 고하여 律을 抄寫하게 하
고 있다. 都官은 中央에서 地方에 令 또는 長을 설치한 機構이므로, 이
조항은 縣을 통해서 都官에 법률을 구비하도록 강조한 것이다.

이상에서 살펴본 바와 같이, 尉雜과 內史雜 등의 규정을 보면, 1단
계로 御史府에서 중앙 소재의 관부 및 內史로 법령을 하달하였고, 2단
계로 內史 지역은 예하의 縣, 그리고 都官에 법령을 하달하였다. 만약
에 제국 내의 율령이 일치하지 않는다면 황제의 일원적 지배는 불가
능해질 것이므로 法律의 配布와 管理에 세심한 주의를 표시하지 않을
수 없었다.[63]

지방의 군현으로 중앙의 율령이 전파되는 과정에 대하여, 游逸飛
는 監郡御史에 주목하였다. 尉雜 199簡에 보이는 御史는 중앙에서는 御
史大夫이고, 지방에서는 監郡御史일 것이라고 추정했다.[64] 따라서 위
의 199簡은 지방 군현의 경우에도 적용되는 것으로서, 지방 관부는 御
史에게 가서 법률을 抄寫한다고 보았다. 秦代에 各 官署는 정기적으로
인원을 파견해 지정 장소에서 行政에 필요한 律文을 監郡御史로부터

---

62) 같은 책, p.104.

63) 鄧薇, 「從睡虎地秦簡看秦檔案及庫房的管理」(『黑龍江史志』 2010-9), p.32.

64) 游逸飛, 『戰國至漢初的郡制變革』(臺北: 國立臺灣大學歷史學研究所博士論文, 2014),
　　p.96.

抄寫·對照하였다.[65)]

과연 21)의 199簡에서 監郡御史에게 律을 대조하는 과정은 어떠하였을까? 御史府는 황제 詔書의 기초 작업과 지도 제작을 수행하는 官府이자 보관하는 장소였으므로 지방의 御史도 군현에 율령 보급과 地圖제작에 관여했을 가능성이 높다.[66)] 아래의 『里耶秦簡』을 보면, 律令과 地圖의 제작에도 종사하고 있었던 御史가 율령의 지방 보급에 관여한 것은 확실하다.

> 24) 그 옆 郡縣은 경계를 접한 것이 2縣으로 내려가지 않도록 하고, …
> 로써 정확한 것으로 한다. 즉시 卒史 담당자로 하여금 지도를 가지
> 고 御史에게 가도록 하고, 御史는 살펴서 대조하고 병합하여 輿地
> 圖를 확정한다. 대조하지 않은 것이 사실과 다른 것은 郡守 이하
> 담당자…… [其旁郡縣與桜(接)界者毋下二縣, 以□爲審, 即令卒史主者操
> 圖詣御史, 御史案雛更并, 定爲輿地圖. 有不雛, 非實者, 自守以下主者
> (8-224+8-412+8-1415))[67)]

이것은 지도의 제작을 담당한 卒史가 지도를 가지고 御史에게 가서 대조하도록 하고, 부분 지도를 병합하여 輿地圖를 제작하도록 한 내용이다. 결국 이것은 御史가 지방에서 地圖의 對照와 輿地圖의 제작을 감독하고 있는 것이다. 『史記』「三王世家」에서도 御史가 輿地圖를 바치게 하고 있는데, 이것도 어사부에 律令과 地圖가 소장되어 있는 것과도 관계된 것이다.[68)] 지도의 제작에서 유추한다면, 율령을 관장한

65) 周海鋒, 「嶽麓書院藏秦簡『田律』研究」(『簡帛』 第十一輯, 2015), p.105.
66) 『史記』 卷53 「蕭相國世家」, p.2014, "及高祖起爲沛公, 何常爲丞督事. 沛公至咸陽, 諸將皆爭走金帛財物之府分之, 何獨先入收秦丞相御史律令圖書藏之. 沛公爲漢王, 以何爲丞相. 項王與諸侯屠燒咸陽而去. 漢王所以具知天下陀塞, 戶口多少, 彊弱之處, 民所疾苦者, 以何得秦圖書也."
67) 陳偉 主編, 『里耶秦簡牘校釋(第一卷)』, p.118.

지방의 監郡御史는 율령의 郡縣 보급에 중요한 역할을 하였다. 21)과 24)의 자료에 御史가 律令과 地圖를 관장하고 있는 사실은 秦末에 蕭何가 咸陽의 御史府에서 律令圖書를 획득한 것과 부합한다. 결국 御史府는 전 제국의 율령 보급과 깊은 관련을 가지고 있는 것이다. 아래의 『里耶秦簡』은 율령의 배포와 관련된 내용이다.

> 25) □年 4月 □□朔 己卯日, 遷陵守丞 敦狐가 船官 □에게 고하기를, 令史 廘이 沅陵에서 律令을 대조하여야 하니, 船을 2척 빌리도록 하고 지체하지 않도록 하라.(里耶秦簡 6-4) [□年四月□□朔己卯, 遷陵守丞敦狐告船官□: 令史廘讎律令沅陵, 其假船二艘, 勿留.(里耶秦簡 6-4)[69]

최근 출토의 자료들은 律의 抄寫를 통하여 縣 이하의 관부까지 중앙정부에서 하달한 律令을 抄寫하도록 요구한 내용이 보인다. 이 『里耶秦簡』은 遷陵縣守丞 敦狐가 船官에게 내린 문서에, 令史 廘에게 명령하여 인접 縣인 沅陵에 가서 律令을 校讎하라고 하였으니 船官은 지체되지 않도록 협조하라는 내용이다. 遷陵에서 沅陵으로 가려면 水路를 경유해야 하므로 借船하려는 것이다.

沅陵으로 令史를 보낸 이유는 무엇일까? 그곳에 監郡御史의 治所는 臨沅으로 추정된다.[70] 臨沅과 떨어진 沅陵에서 율령의 대조작업을 하는 것은 監郡御史가 이곳에 와 있었을 가능성이 크다. 郡監御史는 中央에서 새로이 校讎한 律令을 받은 후에 郡內 屬縣의 담당자인 令史들을 모두 이곳 沅陵으로 소집하여 校讎하였을 가능성이 있다.[71] 遷陵縣의

---

68) 『史記』 卷60 「三王世家(齊王)」, p.2110, "高皇帝建天下, 爲漢太祖, 王子孫, 廣支輔. 先帝法則弗改, 所以宣至尊也. 臣請令史官擇吉日, 具禮儀上, 御史奏輿地圖, 他皆如前故事.」 制曰: 「可.」"

69) 陳偉 主編, 위의 책, p.19.

70) 湖南省文物考古硏究所, 『里耶秦簡(壹)』(北京: 文物出版社, 2012), p.5, "臨沅監御史"; 陳偉 主編, 위의 책, p.265, "書遷陵, 遷陵論言. 問之監府致㲉瘁臨沅(8-1032)"

令史가 율령을 抄寫하러 갈 때에 선박을 빌린 것이 二艘이므로 이 작업에 참여한 인원규모와 운반하는 율령의 화물은 꽤나 많았을 것으로 추정된다. 監郡御史가 이 많은 율령을 휴대하고 각 縣을 巡行하였다기보다는 沅陵으로 소집하여 통합적으로 抄寫작업을 수행했을 가능성이 있다. 이것이 중앙의 율령을 郡에서 縣으로 전달하는 1단계로 생각된다.

縣에서는 전달받은 律令을 縣 소속의 기구에 2단계로 전달하였다. 秦時에, 律令의 校讎는 縣廷과 그 하부 機構 사이에 뚜렷한 현상이었다. 『里耶秦簡』 8-173簡 正面에 다음과 같은 내용이 있다.

> 26) (秦始皇) 31년(B.C.216) 6月 壬午朔 庚戌(29日), 庫吏 武가 감히 말합니다. 廷書(縣廷의 하달 문서)에 말하기를, 令史는 律令을 휴대하고 縣廷에 가서 대조하고, 문서 도착과 吏의 발송 시점을 서명하여 추적하게 한다. ●지금 庚戌日로써 佐 處를 보내 대조합니다. 감히 말씀드립니다. [(秦始皇)卅一年六月壬午朔庚戌, 庫武敢言之: 廷書曰令史操律令詣廷讎, 署書到, 吏起時, 有追. ●今以庚戌遣佐處讎. 敢言之.][72]

庫吏 武의 언급에 의하면, 「廷書(縣廷의 하달 문서)」에 令史에게 종전에 사용하고 있던 律令을 가지고 縣廷에 들어와서 校讎할 것을 명령한 내용이다. 이제까지 사용하고 있던 舊本을 새로이 抄寫할 新本과 대조하여 校讎하라는 것이다.[73] 이렇게 중앙과 지방 縣에서의 律令 校讎는 최소 1년 단위로 이행되고 있었던 것이다. 그렇기 때문에 중앙의 御史府에서 律文이 수정되지 않았으면 지방의 郡縣에서도 수정되

---

71) 游逸飛, 위의 논문, p.96.
72) 陳偉 主編, 위의 책, p.104.
73) 陳中龍, 「從秦代官府年度律令校讎的制度論漢初『二年律令』的"二年"」, 簡帛網, http://www.bsm.org.cn/show_article.php?id=2550.

지 않았다고 이해해야 한다. 지방의 행정은 중앙의 움직임을 그림자처럼 수행했던 중앙집권적 지배체제였던 것이다.

매년 율령의 새로운 버전이 전파되고 있다는 것이 확실하므로 『睡虎地秦墓竹簡』과 『嶽麓書院藏秦簡』의 단계에서 不從令이 不從律로 바뀌지 않은 것은 신속하게 업데이트가 되지 않았던 것에서 기인한 것이다. 결정적 이유는 중앙의 御史府에서 보관하고 있는 법률이 수정되지 않았기 때문이었을 것이다. 즉, 어사부에서 不從令을 不從律로 통일하지 않았기 때문이라고 생각된다. 이것은 어사부에서 律 그 자체를 따르지 않는 행위를 不從令이라고 부르는 것이 모순되는 것을 인식하고는 있었으나, 전체 律에 포함된 不從令을 광범위하게 不從律로 통일하지 못했던 이유가 있었을 것으로 생각된다. 이것이 모순되는 것을 미약하게나마 인식했던 것은 이미 『睡虎地秦墓竹簡』 시기부터였으나, 통일전쟁 등 정치적인 사건이 많아서 전면적으로 수정할 수 있는 여유가 없었을 것이다. 이보다 근본적인 원인은 御史府 내에서 이 모순에 대한 확고한 인식이 부족했기 때문에 전면적으로 수정하지 못했던 것으로 생각된다.

또한 지방에서는 舊法과 新法이 병존하는 현상도 존재했던 것 같다. 예를 들어 『睡虎地秦墓竹簡』과 『嶽麓書院藏秦簡』에서 발견된 법조문에 字句上의 차이가 나는 현상은 어떠한 원인에서 왔을까?

27) 『睡虎地秦墓竹簡』 秦律十八種

百姓居田舍者毋敢酤(酤)酉(酒), 田嗇夫、部佐謹禁御之, 有不從令者有罪. 田律[74]

28) 『嶽麓書院藏秦簡』

---

74) 『睡虎地秦墓竹簡』, p.30.

田律曰: 黔首居田舍者毋敢醯〈醯(酤)〉酒, 有不從令者罨(遷)之, 田嗇夫、
士吏、吏部弗得, 貲二甲. ●第乙(0994)[75]

29) 『嶽麓書院藏秦簡』
黔首居田舍者毋敢醯〈醯(酤)〉酒, 有不從令者罨(遷)之, 田嗇夫、吏、吏部
弗得, 貲各二甲. 丞、令、令史各一甲.(1400)[76]

27)과 28)은 田律로 표시했으나, 29)는 律名이 없다.『睡虎地秦墓竹簡』
의 27)은 "百姓"을 사용한 것으로 보아서 3개 가운데 가장 오래된 것이
다.『嶽麓書院藏秦簡』의 28)과 29) 가운데서 어느 것이 오래된 것인지는
판단하기 쉽지 않다. 추정을 가한다면, 양자 모두 黔首를 사용하였으
므로 秦始皇 26년 이후의 것이다. 28)은 第乙이 있는 것으로 보아 抄寫
가 완벽하지 않고 29)는 律에 令의 編號인 第乙이 쓰여진 것이 문제가
있음을 알고 수정한 것이다. 따라서 28)에 第乙이 있고, 29)에 第乙이
없는 것은, 동일 지역의 상급기관에 보유하고 있던 律令을 抄寫하는
과정에서 나타난 시간적 차이가 반영된 것이라고 생각된다. 지방에서
중앙의 법률을 부분적으로 抄寫하다보니 舊法과 新法의 병존, 혼재하
는 현상이 나타났다고 생각된다.

75) 『嶽麓書院藏秦簡(肆)』, p.161.
76) 같은 책, p.106.

漢代 律과 令의 관계

I. 律과 令의 관계에 대한 제설

漢代의 律·令의 관계에 대해 楊廷福과 Hulsewé, 滋賀秀三은 다음과 같이 고찰하고 있다. 우선 楊廷福과 Hulsewé는 진한시기에는 律과 令이 혼용되다가 晉律에 들어가서야 구별되었다는 주장이다. 그들의 논점은 다음과 같다. 秦漢시기에 律·令은 連用되어 사용되면서, 相補作用을 하였다. 『睡虎地秦墓竹簡』의 田律·金布律·傳食律·游士律·傅律 등은 후대의 令의 범위에 속하는 것이며, 漢代의 越宮律·朝律·尉律·田律도 역시 令의 내용과 성질을 具有하고 있다. 그런데 대체로 律은 징벌에, 令은 敎誡에 중점이 두어진다. 令이 律을 補充·改定하므로 兩者의 성질은 混雜通用되며 구별이 명확치 않은 것이다. 魏朝의 律令 역시 엄격히 구분되지 않았으나 晉朝에 이르러서야 杜預가 律令에 "律以正罪名, 令以存事制"라고 정의하여 양자를 명확히 구분하였다. 즉, 令은 典章制度의 규정(근대적 의미의 行政法)이며, 律은 令을 違犯했을 때 刑으로써 治罪하는 法(刑法)이었다.[1]

또한 滋賀秀三은 "漢代의 令이 唐의 令과는 달리 律과 서로 병행하는 관계를 갖춘 기본법전이 아니고, 律의 副法으로서 수시로 내려지는 황제의 詔令을 刪定著錄하여 일부의 書(唐制로 말하면 格)로 된 것이라는 것, 따라서 그 중에는 많은 刑罰규정도 포함되어 있다."고 주

---

1) 楊廷福, 「《晉律》略論」(『江海學刊』 1984-2), p.61; Hulsewé, Law as One of the Foundations of State Power in Early Imperial China, p.15.

장했다.[2] 결론적으로 漢代의 令은 唐令과 달리 기본법전이 아니라 律의 副法에 불과하다는 것이다.

한편 中田薰도 中國의 律과 令의 분리 시점을 晋泰始律이 제정되었을 때라고 주장하였다. "晋은 첫째 律을 순수한 刑書로 還元시키고(肅正法), 둘째 律의 副法인 令을 律에서 분리 독립시켜 비형벌적인 순수 行政法規로 개조하였다. 예컨대 晋의 律과 令은 篇名上 동일 동종의 것이 존재하는데, 關市律과 關市令, 捕律과 捕亡令, 斷獄律과 獄官令, 衛宮律과 宮衛令 등이 바로 그것이다. 漢 律令에는 관리의 녹봉삭감의 규정에 祿數俸級이 기록되어 있거나 관리의 처벌규정에 관리의 직무가 기록되어 있으며, 墳墓규정 위반의 처벌규정에 王侯 이하 庶人의 墳墓의 대소가 기록되는 등 律과 令이 혼재되어 있다. 漢 이래 律과 令의 兩典은 晋에 이르러 비로소 성격상 완전히 독립된 懲正法과 敎喩法으로 분리되게 된 것이며, 이것은 중국의 律令法 발달사상 蕭何의 漢律令 兩典의 제정에 다음가는 특필할만한 대변혁으로, 이후의 律令法系의 典型을 창설한 것"이라고 주장하였다.[3]

이상에서 언급한 것처럼 律과 令 개념이 晋律에서 분화되었고, 이것이 晋律의 최대공헌이었다는 주장은 거의 정설화되어 있으나, 의문이 가는 몇 가지 사항에 대해 약간의 私見을 가하고자 한다. 律과 令의 관계를 고찰함에 있어 기존의 연구가 해결하기 어려웠던 몇 가지 문제는, 첫째, 刑法 개념으로서의 律, 行政法 개념으로서의 令이 晋律에서 비로소 분리되었다는 기존의 정설이 타당한 것인가? 둘째, 漢代의 律과 令은 상호 正法과 副法의 관계에 있었는가? 예를 들면 金布律의 아래에는 金布令과 같은 副法이 일대일로 대응관계에 있었는가 하는 문제이다.

2) 滋賀秀三, 「武威出土王杖十簡の解析と漢令の形態」(『國家學會雜誌』 90-3·4, 1977), p.341.
3) 中田薰, 「支那における律令法系の發達について補考, 下篇律令の研究」(『法制史研究』 3, 1953), pp.94-98.

Ⅱ. 漢代 律과 슦의 분리 시점

우선 첫 번째 의문인 律과 슦의 개념이 분리된 시기에 대해 살펴보자. 律과 슦의 개념분리가 晋律에서 시작되었다는 楊廷福과 中田薰의 주장은 『太平御覽』 卷638에 인용된 杜預의 『律序』에 "律以正罪名, 令以存事制"라는 기사와 『唐六典』의 "律以正刑定罪, 令以設範立制"라는 기사에 근거하고 있는 것이다.[4] 이 두 개의 기사는 기본적으로 律은 刑法에 관련된 것이고, 令은 行政과 관련된 법규라는 의미라고 할 수 있다. 실제로 晋의 律과 令은 그같은 특징을 具有하고 있는 것도 사실이다.

그런데 中田薰이 "律을 순수한 刑書로 還元시켰다"는 "還元"은 본래부터 律에 刑法이라는 관념이 존재했다는 의미로 해석되지만, "令을 律에서 분리·독립시켜 비형벌적인 순수 행정법규로 개조하였다"는 것에서 보면 마치 律과 令의 개념 분리가 晋律에서 최초로 이루어졌다는 느낌을 받는다. 晋律이 律을 순수한 刑書로 환원하고, 令을 律에서 분리 독립시켜 비형벌적인 순수 행정법규로 개조했다는 것에 기본적으로 필자 역시 동의한다. 또한 漢의 律과 令이 뚜렷한 기능 분화를 이루지 못하고 있음은 文穎의 언급에 잘 나타나 있으나,[5] 律과 令의 개념 분리가 과연 晋에서 비롯된 것인지에 대해서는 의문이다. 아래의 『晋書』「刑法志」 자료는 晋의 律과 令의 개념 분리를 증명하는 근거로서 많이 인용되고 있는 것이다.

> 1) 그 나머지 폐지해서는 안될 것, 예컨대 軍事·田農·酤酒는 모두 인심을 얻지 못했으므로 임시로 그 법을 설치했다. 태평시기에는 마땅히 폐지할 것이므로 律에 넣지 않고 모두 令으로 만들었다. 施行制

---

4) [宋] 李昉, 『太平御覽』(北京: 中華書局, 1985), p.2859; [唐] 李林甫, 『唐六典』(北京: 中華書局, 1992), p.185.
5) 『漢書』 卷8 「宣帝紀」, p.253.

度는 이것으로써 敎를 설치하고, 令을 위반하여 죄를 지으면 律에서
처벌한다. (其餘未宜除者, 若軍事, 田農, 酤酒, 未得皆從人心, 權設其法,
太平當除, 故不入律, 悉以爲令. 施行制度, 以此設敎, 違令有罪則入律.)[6]

이 기사로부터 각종 행정법(軍事·田農·酤酒)은 律(刑法)에 들어가지
않으며, 특히 밑줄 친 부분의 "令을 위반하여 죄를 지으면 律에서 처
벌한다."는 것은 令이 行政法을, 律이 刑法을 규정한 것임을 알 수 있
다. 그러나 훨씬 이전의 雲夢秦律에서도 그같은 관념의 존재를 확인
할 수 있다.

> 2) 매일 城旦에게 식량을 지급하는데, 월말에 남은 식량은 윤달(後九月)
> 로 옮겨 처리한다. 城旦이 가벼운 노역을 하였음에도 식량을 규정보
> 다 많이 지급하였을 경우에는 犯令律로써 책임 관리를 처벌한다. 舂
> 과 城旦의 노역 종사 기간이 월말 이전에 끝날 경우에는 식량을 삭
> 감한다. 倉 (日食城旦, 盡月而以其餘, 益爲後九月稟所. 城旦爲安事而益
> 其食, 以犯令律論吏主者. 減舂城旦月不盈之稟. 倉)[7]

"以犯令律論吏主者"의 令은 원래 詔書에 있는 단서 조항이다. 이 倉
律도 원래 詔書에서 律로 바뀐 것이다. 따라서 "이 조서(令)를 위반했
을 때는 이를 전적으로 처벌하는 律로써 주관관리를 처벌한다."는 것
이다. 이는 결국 저 倉律에는 처벌 규정이 없고, 그 처벌 규정은 犯令
律에 존재한다는 의미이다. 이같은 사정은 漢律에도 동일하였다.

> 3) 5년 春 3월, 조서에서 말했다. 들건대 현명한 왕이 나라를 다스릴 때
> 는 좋아함과 싫어함을 분명히 해야 거취가 정해지고, 공경과 사양

---

6) 『晉書』 卷30 「刑法志」, p.927.
7) 『睡虎地秦墓竹簡』, p.52.

을 높여야 백성이 興行한다. 그러므로 법이 설치되면 백성은 범하지 않고, 令이 시행되면 백성이 따른다. (五年春三月, 詔曰: 蓋聞明王之治國也, 明好惡而定去就, 崇敬讓而民興行, 故法設而民不犯, 令施而民從.)[8]

이것은 元帝 建昭 5年 조서의 내용인데, 法과 令을 대비시켜서 설명하고 있다. 法이 설정되면 民이 그것을 犯하지 않는 것이므로 刑法을 의미하며, 令은 "施"字가 "施敎"의 의미로 사용되므로 敎令을 의미하고, 民이 敎令을 따른다는 의미이다. 또한 아래의 『鹽鐵論』의 기사에는 律과 令의 개념구분이 보다 더 확연하게 나타나 있다.

> 4) 봄·여름은 만물을 生長하게 하는데, 聖人은 이를 모방하여 令을 만들었고, 가을·겨울은 죽이므로 聖人은 이를 본떠서 法을 만들었다. 그러므로 令이라는 것은 人民을 敎導하기 위한 것이고, 그것으로 사람들을 인도하는 것이다. 法은 형벌로서 强暴한 범죄행위를 금지시키는 것이다. 두 가지는 어지러움을 다스리는 도구이며, 멸망하는 나라를 존속시키는 효능이 있다. (春夏生長, 聖人象而爲令, 秋冬殺藏, 聖人則而爲法, 故令者敎也, 所以導民人. 法者刑罰也, 所以禁强暴也. 二者治亂之具, 存亡之效也.)[9]

> 5) 令이라는 것은 백성을 가르치는 것이고, 법이라는 것은 간사함을 감독하는 것이다. 令이 엄격하면 백성이 신중해지고, 법이 설치되면 간사함이 금지된다. (令者所以敎民也, 法者所以督奸也, 令嚴而民愼, 法設而姦禁.)[10]

---

8) 『漢書』 卷9 「元帝紀」, p.296.
9) 王利器, 『鹽鐵論校注(定本)下』 卷58 「詔聖」(北京: 中華書局, 1992), p.595.
10) 같은 책, 卷55 「刑德」, p.565.

4)의 기사는 봄·여름을 令과, 가을·겨울을 法과 연관시키고 있다. 令이 人民을 敎導하기 위한 것이고, 法은 형벌로서 强暴한 범죄행위를 금지시키는 것이라고 언명하고 있다. 후자의 法이 律을 의미함은 『睡虎地秦墓竹簡』의 「南郡守騰文書」와 바로 앞의 「元帝紀」의 사료를 논의할 때 이미 언급한 바 있다. 5)의 令은 "敎民"을, 法은 "督奸", 즉 범죄를 저지르지 못하게 하는 기능을 가지고 있다. 위의 기사에서 令이 刑罰과 무관하고 오히려 백성을 교화시키기 위하여 반포한 敎令이라는 점을 분명히 알 수 있다.

이상의 사실로 볼 때, 晉 泰始律이 제정되기 훨씬 이전인 前漢 中期에도 令은 法의 개념과 확연히 구분되어 있음을 알 수 있다. 그러나 이같은 개념 구분이 前漢 中期에 시작되었다고 볼 수는 없고, 李悝의 六法과 商鞅의 六律이 모두 刑法을 중심으로 한 것이기 때문에, 본래부터 法 또는 律이 刑法의 의미를 가지고 있었다고 보아야 할 것이다. 다만 漢代에는 律과 令에 이와 같은 기본 인식이 있었음에도 불구하고 律과 令에 모두 형법 및 행정법이 모두 混淆된 채 분리되지 못했을 뿐이라고 생각된다. 이같이 고찰할 때 晉律의 律과 令 분리는 漢律에 이미 분리되어 있던 개념을 확대한 것이 아닐까 한다.

III. 律名과 胡家草場 令典 목록

앞서 제기한 두 번째 의문, 즉 漢代에는 동일한 法律名을 사용하는 律과 令이 각각 존재하면서 상호 긴밀한 연관성을 유지하고 있었는지에 대해서 살펴보고자 한다. 예컨대 金布律의 아래에 이를 보충하기 위한 金布令이 존재하였는가 하는 문제이다.[11] 律과 令의 상호관계에

---

11) 물론 晉律과 唐律에서도 律名과 令名이 일일이 일치하는 것은 아니다. 令에

대해서는 대표적인 두 가지 견해가 존재한다. 제 1설은 程樹德의 견해인데, 律과 令은 상호 互稱될 수 있기 때문에 金布律과 金布令의 두 가지 명칭이 나왔다는 것이다. 그는 "魏晋 이후에는 律과 令의 구별이 극히 엄했으나, 漢은 엄격하지 않아 律과 令이 混用되었다고 주장하였다.[12] 제 2설은 中田薰의 견해로서, "杜周傳의 律과 令을 동일시하고 있는 程樹德의 생각은 魏晋 이후 극히 엄격한 律令 분류를, 刑法의 正副法에 불과한 漢의 律·令의 구별에 적용시킨 잘못이며, 金布令·金布律을 동일시한 것은 律令의 전환이라는 사실을 알지 못한 잘못"이라고 비판하였다.[13]

는 처벌 조항이 없고, 令을 위반했을 때 처벌 조항은 반드시 律에 규정되어 있다는 의미이다.

[12] 『九朝律考』(北京: 中華書局, 1963), 1 「律名考」, p.11. 「杜周傳」에 "前主所是著爲律, 後主所是疏爲令"이라 했고 文帝 5년 "除盜鑄錢令"을 『史記』「將相名臣表」에는 "作除錢律"이라 했으며, 「蕭望之傳」에는 金布令을 인용하고 있고 『後漢書』에는 漢律金布令, 『晋書』에는 金布律이라고 했으니 이는 令 역시 律이라고 칭할 수 있는 것"이라고 하였다.

[13] 中田薰, 앞의 논문, p.78. 그의 견해를 부연하면 다음과 같다. 우선 『史記』「將相名臣表」의 文帝 5년의 "除錢律"이라는 기사를 『漢書』「文帝紀」에는 "除盜鑄錢令"이라 기록되어 있는 것에 대해서 「景帝紀」6年조에 "定鑄錢僞黃金棄市律"에 대한 應劭의 注에 "文帝五年, 聽民放鑄, 律尙未除. 先時(文帝)多作僞金, 僞金終不可成, 而徒損費, 轉相誑耀, 窮則起爲盜賊, 故定其律也."라는 것을 인용하여 文帝는 종래 "錢律"과 병존해 있던 "盜鑄錢令"만을 폐지하고 民에 鑄錢의 자유를 허락했는데, "錢律"은 "尙未除"라고 한 것처럼 廢除되지 않았다. 그러나 위의 (盜鑄錢)令의 폐지 결과 同律(錢律)도 역시 당연 失效되기에 이르렀던 것이다. 이같은 이유로 『史記』卷32 「漢興將相年表」에 "孝文五年除錢律, 民得鑄錢"이라 기록한 것이다. 이같이 논증하면 程樹德의 "是令亦可稱律也"라는 논거는 모두 소멸되어버리는 것"이라고 비판하였다. 漢代에 律과 令이 互稱되었다는 이상의 논쟁은 그 후 程樹德의 설을 따르는 경향(商慶夫, 앞의 논문; 李貞德, 「漢初律令中的倫常觀」(『史原』14, 1985), p.27, 注6)도 있으나, 中田薰·小川茂樹 등은 晋律·唐律의 律·令 분류 개념을 漢 律·令에 그대로 代入하여 律·令이 混用되었다고 주장하는 것에는 무리가 있다고 보았다. 小川茂樹, 「漢律略考」, 『桑原博士還曆紀念東洋史論叢』(東京: 弘文堂, 1931), p.1081 참조.

여기에서 漢代의 律과 令 사이의 구분을 명확히 할 필요가 있다. 우선 "○○律"을 "○○令"으로 互稱할 수 있다는 程樹德의 주장에 대해서 고찰하기로 하자. 현재 동일하거나 유사한 명칭을 사용한 律과 令으로서 확인 가능한 것은 金布律과 金布令, 그리고 除錢律과 除盜鑄錢令 등이 있다. 먼저 金布律과 金布令에 관련된 사료를 예시하면 다음과 같다.

6) 金布律에는 縣官의 재물을 毁傷하거나 亡失하는 조항이 있기 때문에 毁亡律로 나누었다. (金布律有毁傷亡失縣官財物, 故分爲毁亡律.)[14]

7) 金布律에 罰金·贖刑·채무납입에 黃金을 기준으로 가액을 삼는다는 조항이 있다. (金布律有罰贖入責以呈黃金爲價)[15]

8) 蕭望之와 李彊이 재차 대답하였다. "先帝께서는 聖明하시고 인자한 덕이 있으셔서 賢良한 인사들이 조정에 있었고, 憲章을 제정해 반포하여 영원한 제도로 만들었습니다. 오래도록 변경 백성들의 생활이 곤란한 것을 고려했기 때문에 金布令甲에 '邊郡이 누차 전화를 입었고, 飢寒의 고통을 만나서 백성은 천수를 다하지 못하고 요절했고, 아비와 아들이 흩어졌다. 천하 백성으로 하여금 공동으로 그 비용을 공급한다.'라고 했습니다. 원래는 전쟁이 갑자기 발생하는 것을 준비하기 위한 것입니다." (望之, 彊復對曰: 「先帝聖德, 賢良在位, 作憲垂法, 爲無窮之規, 永惟邊竟之不贍, 故金布令甲曰『邊郡數被兵, 離飢寒, 夭絶天年, 父子相失, 令天下共給其費』, 固爲軍旅卒暴之事也.)[16]

---

14) 『晋書』 卷30 「刑法志」, p.924.
15) 『晋書』 卷30 「刑法志」, p.925.
16) 『漢書』 卷78 「蕭望之傳」, p.3278.

9) (高祖 8년) 11월, 士卒 가운데 종군하다가 사망한 자에게 櫝(조잡한
관)를 만들어서, 죽은 자의 縣으로 돌려보낸다. 縣에서는 옷·이불·
棺·葬具를 지급하고, 羊을 바치는 少牢로써 제사지내고, 長吏는 장례
에 참여한다. 臣瓚이 말했다. "최초에는 櫝에 그 시신을 넣어 집으로
보내고, 縣官에서는 재차 棺과 의류를 지급해 염습을 한다. 金布令
에 '불운하게도 죽었다면 사망한 곳에서 櫝을 만들어, 주소지가 있
는 居縣으로 傳을 이용해 돌려보내고, 의류와 棺을 하사한다.'라고
하였다." 師古가 말했다. "최초에는 櫝櫝을 만들어, (거주지) 縣에 도
착하면 재차 의류 및 棺을 하사하고, 장례 도구를 갖춰준다. … 金布
라는 것은 令篇의 이름이다. 지금의 倉庫令과 같은 것을 말한다."
[(八年)十一月, 令士卒從軍死者爲櫝, 歸其縣, 縣給衣衾棺葬具, 祠以少牢,
長吏視葬. 臣瓚曰:「初以櫝致其尸於家, 縣官更給棺衣更斂之也. 金布令
曰:「不幸死, 死所爲櫝, 傳歸所居縣, 賜以衣棺」也.」師古曰:「初爲櫝櫝, 至
縣更給衣及棺, 備其葬具耳. … 金布者, 令篇(者)[名], 若今言倉庫令也.」)][17]

10) 漢律金布令, "皇帝는 齋戒하고 齋所에서 밤을 지내고, 친히 군신들을
인솔해 宗廟의 제사를 받들며, 군신들은 적절하게 奉請(酎金)을 분
배해야 한다. 諸侯·列侯는 각각 백성의 인구수로써 하는데, 1천 명
당 金 4兩을 바치며, 1천명 미만에서 5백 명까지의 우수리도 역시
4兩이며, 모두 酎金으로 하며, 少府에서 접수한다. 또한 大鴻臚의 食
邑이 九眞·交阯·日南에 있는 것은 물소 뿔 길이 9寸 이상 또는 대모
(瑇瑁 바다거북이) 껍질 한 개, 鬱林(廣西 貴港 일대)에서는 象牙 길
이 3尺 이상 또는 翡翠를 각 20개로 하여 金을 대신하는 것으로 한
다." (漢律金布令曰:「皇帝齋宿, 親帥羣臣祠宗廟, 羣臣宜分奉請. 諸
侯、列侯各以民口數, 率千口奉金四兩, 奇不滿千口至五百口亦四兩, 皆會

---

17) 『漢書』 卷1下 「高帝紀」, p.65.

酎, 少府受. 又大鴻臚食邑九眞、交阯、日南者, 用犀角長九寸以上若瑇瑁
甲一, 鬱林用象牙長三尺以上若翡翠各二十, 準以當金.」)[18]

6) 7)은 金布律이며, 8)·9)·10)은 金布令으로 분류할 수 있으므로 漢
律에는 金布律과 金布令이 병존했던 것으로 생각된다.[19]『睡虎地秦墓竹
簡』에도 金布律로서 明記된 律이 15條가 보이며, 秦末의 嶽麓秦簡과 前
漢 초『二年律令』에도 金布律이라는 律名이 존재하고 있다. 8)은 宣帝
시기에 蕭望之가 본 故金布令甲이므로 金布令의 존재를 부정할 수는
없을 것 같다. "金布令甲"은 金布令에 甲·乙 등의 분류구분을 부여한
것이다. 이것은 嶽麓秦簡에 廷卒令甲·廷卒甲·廷卒乙·遷吏令甲 등으로
되어 있는 사실에서 알 수 있다.

9)의 사료는 臣瓚의 주석인데, 臣瓚은『漢書』「敍例」에 의하면 出身
이나 姓氏는 불분명하지만『竹書』를 인용하여『漢書』에 註釋하고 있는
것으로 볼 때 대체로 晉 초기의 인물로 추정된다.[20] 따라서 그가 漢代
人이 아니기 때문에 漢律 이해가 부정확할 수 있다고 볼 수도 있겠으
나, 臣瓚이 인용한 "金布令曰『不幸死, 死所爲檟, 傳歸所居縣, 賜以衣棺』
也."라는 令文은 高祖 8年 11月의 制詔를 法源으로 하여 제정된 것이므
로 그 출처가 분명하다. 이와 동일한 내용의 것이 그보다 더 이전의
『嶽麓書院藏秦簡(伍)』의 卒令에도 확인된다.[21] 秦의 卒令은 구체적 令名
이 확정되지 않은 상태에서 우선 모아놓는 令이다. 漢高祖 11년의 金

---

18)『後漢書』「禮儀志」上4, p.3103.
19) 또한 아래의 기사에 같은 내용을 기록한 것이 각각 律과 令에 기록되어 있
　　는 것은 양자가 互稱된 것이 아님을 말해준다.『後漢書』卷3「章帝紀」, p.146,
　　"詔曰: 律云『掠者唯得榜, 笞, 立』. 又令丙, 箠長短有數."
20)『漢書』「敍例」p.1; 吉川忠夫,「顏師古の漢書注」,『六朝精神史硏究』(京都: 同朋
　　舍, 1984), pp.316-320 참조.
21)『嶽麓書院藏秦簡(伍)』, p.111, "●令曰: 諸軍人, 漕卒及黔首, 司寇, 隷臣妾有縣官
　　事不幸死, 死所令縣將吏劾(刻)其郡名檣及署送書, (131/1864) 可以毋誤失道回留.
　　·卒令丙卅四(132/1790)"

布令은 이러한 秦令의 내용을 승계한 것으로 생각된다. 秦 卒令에 있던 것은 후일 재정리되는 과정에서 金布令에 편제되었을 것이다. 한편 秦令에 內史旁金布令이 있던 것은 金布律과 金布令이 동시에 존재하며, 하나의 실체를 각각 2개의 이름으로 호칭하는 것이 아님을 알 수 있다.[22]

이밖에도 臣瓚은 『漢書』의 주석에 漢律을 누차 인용하고 있는데, 이것은 그가 주석의 전거로 삼은 자료가 분명히 漢代의 法典이었음을 보여주는 것이며, 아울러 그가 활동했던 晋初에 아직 漢律이 존재하고 있었다는 다른 문헌사료의 기록을 보다 확실히 증명해주는 것이다.[23] 이러한 이유로 인해 臣瓚은 위의 사료를 인용시 "金布令曰"이라고 분명히 명기할 수 있었던 것이라고 생각된다.

또한 10)의 "漢律金布令"이라고 한 것은 梁 劉昭가 주석한 것이므로 金布令이 南朝 梁에도 남아 있던 것으로 생각된다. 이것은 漢代에 金布令이 존재하고 있었음을 말해주기 때문에, 金布律과 金布令이 동시에 竝存하고 있었다고 생각된다. 적어도 律과 令의 개념이 확연히 구분된 晋代의 刑法志와 臣瓚이 이것을 互稱하지 않은 것은 양자가 각각 존재하고 있음을 말해준다.[24] 이러한 결론은 程樹德의 견해가 옳지 않음을 말해준다.

金布律과 金布令의 竝存이라는 이상의 결론에 입각하여 錢律의 문제를 고찰하여 보기로 한다. 錢律은 주로 盜鑄錢者에 대한 처벌 및 화폐의 규격 및 재질 등을 규정한 것이다. 『二年律令』에는 "錢律"이 8조가 있는데, 화폐의 규격과 통용, 화폐 훼손, 僞金, 盜鑄錢, 盜鑄錢의 체

---

22) 같은 책, p.182, "●令曰: 遺吏市者必遺眞官嗇夫, 吏, 令史, 不從令, 貲各二甲. · 內史旁金布令乙四(260/1768)"
23) 『晋書』 卷30 「刑法志」, pp.923, 927.
24) 大庭脩, 『秦漢法制史の硏究』(東京: 創文社, 1982), p.81. 大庭脩도 이 문제에 있어 필자와 같은 견해를 가지고 있으나 그 이상에 대해서는 언급하지 않고 있다.

포와 行賞, 盜鑄錢 모의에 대한 처벌 등이 규정되어 있다. 그렇다면
『史記』「將相名臣表」의 "除錢律, 民得鑄錢"이라는 기사는 錢律 중에서 盜
鑄錢에 관련된 것만을 지칭한 기사임에 틀림없다. 漢初『二年律令』의
錢律은 秦律을 계승하여 盜鑄錢 및 가담한 자는 棄市에 처하도록 규정
했다.[25] 이것을 文帝 5년에 盜鑄錢의 폐단이 심해지자 四銖錢을 제조
했다가 드디어 錢律의 盜鑄 금지 조항을 폐지하고 민간 주조를 허용
하는 令, 즉 "除盜鑄錢令"을 내린 것이다.[26]

　이러한 사실은 律과 令이 구별되고 있음을 말해주는 것이다. 따라
서 文帝 시기의 "除錢律, 民得鑄錢"에서 "除錢律"은 錢律 가운데 盜鑄錢
하면 처벌하던 내용의 폐지를 의미하고, "民得鑄錢"은 재차 민간 주조
를 허용한 것을 의미한다. 이는 황제의 단일 조서가 令으로 된 이름이
다. 즉, 漢代에는 황제의 조서를 令으로 칭하기도 했기 때문이다. 비록
"錢律"과 "除盜鑄錢令"이 명칭이 완전히 동일하지는 않으나 후자가 전
자의 미비점을 보완하는 것으로 기능함을 알 수 있다.

　다음의 笞法과 箠令의 관계도 金布律과 金布令의 경우와 같이 보완
관계에 있는 것이 아닐까 한다.

　　11) 景帝 元年에 조서를 내려 말했다. "笞刑을 가하는 것은 重罪와 차이
　　　　가 없어서 요행히 죽지 않는다하더라도 사람 구실을 할 수 없다.
　　　　律을 제정하라. 笞 五百은 三百으로 하고, 笞 三百은 二百으로 하
　　　　라." 그러나 그럼에도 태형을 맞은 사람이 온전하지 않았다. (景帝)

---

25) 『睡虎地秦墓竹簡』, pp.252-253, "封診式 □□【爰】書: 某里士五(伍)甲、乙縛詣男
　　子丙、丁及新錢百一十錢, 容(鎔)二合, 告曰:「丙盜鑄此錢, 丁佐鑄, 甲、乙捕索其
　　室而得此錢、容(鎔), 來詣之」";『張家山漢墓竹簡』, p.160, "盜鑄錢及佐者, 棄市.
　　同居不告, 贖耐. 正典、田典、伍人不告, 罰金四兩. 或頗告, 皆相除. 尉、尉史、鄕
　　部官201(C252)嗇夫、士吏、部主者弗得, 罰金四兩. 202(F139)"
26) 『漢書』卷24下「食貨志」, p.1153, "孝文五年, 爲錢益多而輕, 乃更鑄四銖錢, 其文
　　爲「半兩」. 除盜鑄錢令, 使民放鑄."

中 6年에 이르러 또 조서를 내려 말했다. "태형을 때릴 때 어떤 경우는 사망했는데도 때려야 할 태형이 남아 있으니 朕은 매우 애석하게 생각한다. 笞三百을 二百으로, 笞二百을 一百으로 줄이도록 하라." 또 말했다. "笞라고 하는 것은 가르침(教)의 뜻을 가지고 있으니, 箠令을 제정하도록 하라." 丞相 劉舍와 御史大夫 衛綰이 (법률 제정을) 請하였다. "笞刑을 때릴 때 箠의 길이는 5尺이고, 그 중심부의 두께는 1寸이고, 竹으로 합니다. 끝부분은 두께를 半寸으로 하고, 모두 그 마디를 평평하게 합니다. 笞를 때릴 때는 둔부를 때리도록 하고, 때리는 사람을 교체하지 않으며, 하나의 죄가 끝나고 나서야 사람을 교체하도록 했습니다." 이후로 笞를 맞은 사람이 온전해질 수 있었다. 그러나 酷吏는 아직도 위엄을 부리고 있었다. 死刑은 매우 무겁고, 生刑은 또 가벼우니, 民이 쉽게 범했다. (景帝元年, 下詔曰「加笞與重罪無異, 幸而不死, 不可爲人. 其定律: 笞五百曰三百, 笞三百曰二百.」 猶尙不全. 至中六年, 又下詔曰「加笞者, 或至死而笞未畢, 朕甚憐之. 其減笞三百曰二百, 笞二百曰一百.」 又曰「笞者, 所以敎之也, 其定箠令.」 丞相劉舍、御史大夫衛綰請「笞者, 箠長五尺, 其本大一寸, 其竹也, 末薄半寸, 皆平其節. 當笞者笞臀. 毋得更人, 畢一罪乃更人.」 自是笞者得全, 然酷吏猶以爲威. 死刑旣重, 而生刑又輕, 民易犯之.)[27]

12) (景帝 中元 6年) 또한 酷吏가 법을 받듦에 균형을 잃었다고 생각하여, 이에 有司에게 조서를 내려 笞法을 줄이라고 하였고, 箠令을 제정하였다. 그 말이 刑法志에 있다. (又惟酷吏奉憲失中, 乃詔有司減笞法, 定箠令. 語在刑法志.)[28]

---

27) 『漢書』 卷23 「刑法志」, p.1100.
28) 『漢書』 卷5 「景帝紀」, p.149.

13) 秋 7月 丁未, 조서에서 말했다. "律에 이르기를 '고문하는 자는 다만 榜·笞·立을 할 수 있다.' 또한 令丙에 箠의 長短에 규정된 숫치가 있다."(秋七月丁未, 詔曰:「律云『掠者唯得榜、笞、立』. 又令丙, 箠長短有數.)[29][30]

위의 景帝의 조서는 다음과 같은 내용으로 구성되어 있다. 文帝가 육형을 폐지하고 그 대신에 笞五百과 笞三百의 법을 제정했었다. 그러나 笞刑으로 사망자가 속출하자 景帝 元年 笞數를 각각 三百과 二百으로 감소시켰고, 이후 中六年에 규정된 내용은 "笞三百曰二百, 笞二百曰一百"으로 감축하는 내용과 "定箠令"이다. "定箠令"은 景帝 元年에 있었던 내용을 보충하는 "令丙, 箠長短有數"의 내용인 것이다. 그것이 12)와 13)에도 기록되어 있다. 그런데 13)에는 律에 "榜, 笞, 立"에 관한 내용이, 箠令에는 令丙에 기록된 笞의 규격 등이 구별되어 규정되어 있다. 따라서 양자는 혼용될 성질의 것이 아니다.

12)의 笞法은 어디에 규정되었을까? 11)에서는 "其定律"이라고 한 것으로 볼 때 笞法은 笞律을 의미하는 것으로 해석할 수 있을지도 모른다. 그러나 현존 사료에서 笞律이라고 하는 律名은 확인되지 않는다. 현재 『睡虎地秦墓竹簡』과 『二年律令』에는 어떤 범죄에 대해서 몇 대를 때리라는 笞數에 관한 것만 있을 뿐, 笞에 대한 규정이 없다. 唐律에는 笞刑과 杖刑이 名例律에 규정된 것으로 봐서 名例律의 전신인 具

---

29) 『後漢書』 卷3 「章帝紀」, p.146; 『後漢書』 卷52 「崔駰列傳 孫/寔」, p.1729, "至景帝元年, 乃下詔曰:「(加)笞與 重罪無異, 幸而不死, 不可爲(民)(人).」乃定律, 減笞輕捶. 自是之後, 笞者得全."

30) 『後漢書』 卷3 「肅宗孝章帝紀」, p.146, "蒼頡篇曰:「掠, 問也.」廣雅曰:「榜, 擊也. 音彭.」說文曰:「笞, 擊也.」立謂立而考訊之." 賈誼의 新書 階級에 "廉醜禮節以治君子, 故有賜死而無僇辱, 是以系、縛、榜、笞、髡、刖、黥、劓之罪, 不及士大夫, 以其離上不遠也."에도 구분되어 있다. 후한서의 주석에는 榜과 笞를 모두 "擊也"라고 주석했으나 그 차이점을 알 수 없다. 또한 立은 "立而考訊之"라고 하여 세워놓고 심문한다고 했으나 그 의미가 분명하지는 않다.

律에 규정되었을 가능성이 높다. 笞法은 具律에 규정되었고, 箠令은 별도로 제정되어 있으므로 양자는 동일한 명칭을 가진 것은 아니다.

그밖에 律과 令의 상관관계를 보여줄 수 있는 것은 祀令(또는 祠令)일 것이다.

> 14) 漢 祀令에 말하기를, "天子의 行幸에는 가는 곳이 정해져 있다. 황하에 나갈 때는 白馬와 珪璧을 각각 하나씩 가라앉히고, 의복은 繒緹 5척으로써 하고, 제사에는 脯 2束, 酒 6升, 鹽 1升으로 한다. 渭水·灞水·涇水·雒水, 이 정도 되는 다른 名水는 珪璧을 각 하나씩 가라앉힌다. 律에 현지에서는 祠具를 지급한다. 行幸할 때, 다른 川水를 沈祠하고, 먼저 길을 열고 돌을 던지며, 少府에서는 珪璧을 지급하고, 1백 리가 안되는 곳은 가라앉히지 않는다." (漢祀令曰: 「天子行有所之, 出河, 沈用白馬珪璧各一, 衣以繒緹五尺, 祠用脯二束, 酒六升, 鹽一升. 涉渭, 灞, 涇, 雒佗名水如此者, 沈珪璧各一. 律, 在所給祠具; 及行, 沈祠佗川水, 先驅投石, 少府給珪璧. 不滿百里者不沈.」)[31]

위의 祀令은 天子가 黃河와 大川에 行幸 시 白馬 및 珪璧을 投沈하는 儀禮를 보여준다. 여기에서 주목되는 것은 후반부의 "律, 在所給祠具; 及行, 沈祠佗川水, 先驅投石, 少府給珪璧. 不滿百里者不沈."이라고 한 "律"이 과연 어떤 律을 지칭한 것일까 하는 점이다. 이것은 天子가 行幸하는 곳에서 祭祀시 소용되는 祠具를 언급한 것으로 볼 때 祭祀와 관련된 律일 것으로 추정된다. 그것은 앞의 표에서 언급한 睡77號와 胡家草場, 敦煌漢簡에 보이는 祠律(499簡)로 추정된다.[32] 祠律과 祠令은 동일한 명칭을 가지고 있다고 생각된다.

아래에 예시하는 馮野王의 사료는 律과 令이 相關관계를 갖게 되었

---

31) 『後漢書』 「祭祀上」 7, p.3162.
32) 吳礽驤 等, 『敦煌漢簡釋文』(蘭州: 甘肅人民出版社, 1991), p.51.

음을 보여준다.

15) 杜欽은 당시 大將軍 幕府에 있었는데, 欽은 본래 (馮)野王 父子의 행
동과 능력을 높이 평가했으므로 (王)鳳에게 奏記하였다. 野王을 변
호해 다음과 같이 말하였다. "슈을 살펴보건대, 吏二千石이 告(휴가)
를 받으면, 長安에 들러 배알하는데, 予告와 賜告를 구별하지 않는
다. 지금 有司가 予告를 인정하여 귀가시켜 養病을 허락하고, 賜告
는 허락하지 않는데, 이것은 하나의 법률에 두 개의 科(一律兩科)가
있는 것과 같고, 형벌을 감소시키는 뜻을 잃었다. 무릇 고과에서 3
번 最(우수)를 받으면 予告를 준다고 슈에 기록되어 있다. 病이 만
3개월이면 賜告하는데, 이것은 조서로 주는 은혜이다. 슈에서 告를
주는 것은 養病을 허락하고, 조서로 은혜를 주면 養病을 불허하는
것은 輕重의 차이를 잃었다. 또한 二千石이 病으로 賜告하면 歸家하
여 養病할 수 있다는 故事가 있으나, 슈에는 郡을 떠나지 못하도록
하는 내용이 등재되어 있지 않다. (亡著令) 傳에는 이러한 말이 있
다. '賞이 의심스러울 때는 주는 것으로 한다. 은혜를 넓게 하고 공
로를 권장하는 까닭이다. 罰이 의심스러울 때 징벌을 면제해주는
것은 형벌을 신중하게 하고 잘 모르는 것을 처벌하지 않는 것이
다.' 지금 슈과 故事를 놓아두고 不敬의 法에 의탁하는 것은, 잘 모
르는 것은 처벌하지 않고 징벌을 면제하는 것에 크게 위배되는 것
이다. 만약 二千石이 千里之地를 수비하고 兵馬의 중책을 맡겼기 때
문에 郡을 떠나지 못하게 한다면, 장차 형벌을 제정하여 後法을 삼
는 것이 될 것이고, 그렇게 되면 野王의 罪는 슈을 제정하기 전에
있는 것이 아니다. 刑과 賞은 큰 믿음이 있어야 하는 것이므로 신
중하지 않으면 안된다." (王)鳳이 그 말을 듣지 않고 끝내 野王을 면
직하였다. 郡國의 二千石이 病이 나서 賜告를 받더라도 歸嫁할 수
없게 된 것은 이때부터 시작되었다. (杜欽時在大將軍莫府, 欽素高野

王父子行能, 奏記於鳳, 爲野王言曰: 「竊見令曰, 吏二千石告, 過長安謁,
不分別予賜. 今有司以爲予告得歸, 賜告不得, 是一律兩科, 失省刑之意.
夫三最予告, 令也; 病滿三月賜告, 詔恩也. 令告則得, 詔恩則不得, 失輕
重之差. 又二千石病賜告得歸有故事, 不得去郡亡著令. 傳曰: 『賞疑從予,
所以廣恩勸功也; 罰疑從去, 所以愼刑, 闕難知也.』 今釋令與故事而假不
敬之法, 甚違闕疑從去之意. 卽以二千石守千里之地, 任兵馬之重, 不宜去
郡, 將以制刑爲後法者, 則野王之罪, 在未制令前也. 刑賞大信, 不可不愼.」
鳳不聽, 竟免野王. 郡國二千石病賜告不得歸家, 自此始.)[33]

위의 예문은 沈家本이 "予告令"으로 命名한 것인데,[34] 상당히 긴 長
文이기 때문에 약간의 설명을 요한다. 成帝 시에 大將軍 王鳳의 輔政
기간 동안 누차 災異가 발생하자 京兆尹 王章은 王鳳을 실각시키고 그
대신 琅邪太守 馮野王을 추천하려 했다. 成帝는 처음에 그 주장을 따랐
지만 후에 王章이 주살되자 馮野王은 생명에 위협을 느꼈다. 그로 인
해 풍야왕은 병을 얻었고 3개월이 되자 賜告, 즉 휴가를 얻게 되어 처
자와 함께 杜陵으로 돌아가 치료를 받게 되었다. 그러자 王鳳은 御史
中丞으로 하여금 馮野王이 휴가를 받고 私的으로 편안하고자 虎符를
지니고 郡界를 벗어나 歸家하였으니 조서를 받드는 것이 不敬하다고
탄핵하게 하였다. 이때 大將軍 幕府에 있던 杜欽이 "吏二千石告過長安
謁"이라는 漢令에 근거하여 馮野王의 무죄를 두 가지 측면에서 변호하
였다. 杜欽의 변호 내용은 ① 漢令에 吏二千石이 告(休暇)를 얻으면 長安
에 들러 皇帝에게 謁現한다는 규정이 있는데, 이 규정에는 予告(考課에
3년 연속 最를 받을 때 法令으로 규정한 휴가)와 賜告(病이 3개월이 되
도록 치유되지 않을 때 받는 휴가)를 구별하지 않고 있다. 그런데도
有司가 予告는 歸家할 수 있게 하고 賜告는 歸家할 수 없게 하니, 이것

33) 『漢書』 卷79 「馮野王傳」, pp.3303-3304.
34) 沈家本, 『歷代刑法考』(北京: 中華書局, 1985), pp.1733-1734.

은 하나의 律에 두 개의 科가 있게 되는 것이며, ② 二千石은 故事에 의하면 賜告 시에 歸家한 前例가 있으며, 郡을 떠나지 못하게 하는 내용은 令에 규정되어 있지 않다는 것이다.

이상과 같이 杜欽이 근거한 규정은 모두 "竊見令曰, 吏二千石告, 過長安謁", "是一律兩科, 失省刑之意. 夫三最予告, 令也", "令告則得", "不得去郡亡著令"과 같이 令이라고 언급한 것을 볼 때 告에 관한 규정이 令에 존재함을 말해주는 것이다. 沈家本은 이 令의 명칭을 予告令이라고 부르고 있다. 다만 "是一律兩科"라고 하여 이 予告令을 律이라고 호칭한 듯이 보이지만, 一律兩科라는 용어는 漢代에 한 가지 法律을 두 가지 방식으로 해석할 때 사용되는 법률적 慣用語이므로 여기에서는 互稱으로 사용된 것은 아니다. 이처럼 予告令이 존재한 반면에 그 母法이라고 할 수 있는 법률의 존재를 아래 如淳의 注釋으로부터 확인할 수 있다.

> 16) 如淳이 말하기를, "謁이라는 것은 스스로 아뢰어 휴가를 얻는 것이다. 律에는 吏二千石 以上은 告歸하면 귀가할 수 있고, 行道가 行在所를 경유하지 않는 자는 직접 임지로 부임하고 궁궐에 와서 배알하지 않는다." (如淳曰:「謁者, 自白得告也. 律, 吏二千石以上告歸歸寧, 道不過行在所者, 便道之官無辭.」)[35]

이 내용은 吏二千石 이상이 休暇 및 家喪시 行道가 皇帝의 行在所를 거치지 않으면 궁궐에 와서 拜謁하지 않는다는 것이다. 如淳이 이것을 앞서의 「馮野王傳」의 본문처럼 令이라고 하지 않고 律이라고 한 것은 분명히 杜欽이 본 "予告令"과는 다른 律임이 분명하며, 그것은 『二年律令』에 "予告"를 규정하고 있는 置吏律로 생각된다.[36] 따라서 予告

35) 『漢書』 卷79 「馮野王傳」, p.3304.
36) 『張家山漢墓竹簡』, p.162, "吏及宦皇帝者中從騎, 歲予告六十日; 它內官, 冊日. 吏官去家二千里以上者, 二歲壹歸, 予告八十日.(217)"

슈은 置吏律의 보충을 위해 제정되어진 副法이었던 것으로 추측된다.

지금까지 金布律과 金布令, 錢律과 盜鑄錢令, 田律과 田令, 置吏律과 予告令 등을 대상으로 고찰해보았으나, 전면적인 검토가 어려운 점도 있었다. 그 이유는 자료의 부족에서 기인한 점도 있었다. 다행히도 최근 秦漢의 律名과 令名을 비교할 수 있는 자료가 많아지면서 이 문제의 해결이 가능해졌다.

[표 1]에 제시한 것은 『睡虎地秦墓竹簡』과 『嶽麓書院藏秦簡』에 확인되는 秦律과 秦令을 정리한 것이다. 秦律은 38개, 秦令은 29개 정도로 확인된다. 이 가운데서 명칭이 비슷한 것은 金布律 - 內史旁金布令, 倉律 - 內史倉曹令, 司空 - 安臺居室四司空卒令, 四司空共令 등에 불과하다. 그 이외의 대부분은 律과 令이 일대일 대응을 보이지 않는다.

[표 1] 秦의 律과 令

	秦律(睡虎地/嶽麓)	秦令(嶽麓)
1	賊律	廷內史郡二千石官共令
2	雜律	內史郡二千石官共令
3	具律	內史官共令
4	尉卒律	內史戶曹令
5	田律	四謁者令
6	廏苑律	安臺居室、居室共令
7	興律	祠令
8	亡律	辭式令
9	關市律	尉郡卒令
10	工律	郡卒令
11	工人程	廷卒令
12	均工	廷令
13	徭律	卒令
14	軍爵律	縣官田令
15	置吏律	食官共令

	秦律(睡虎地./嶽麓)	秦令(嶽麓)
16	效	給共令
17	傳食律	遷吏令
18	行書	遷吏歸吏群除令
19	內史雜	備盜賊令
20	尉雜	史學童詐不入試令
21	屬邦	卜祝酒及它祠令
22	除吏律	公車司馬令
23	遊士律	四司空卒令
24	除弟子律	新黔首挾兵令
25	中勞律	稗官令
26	藏律	
27	公車司馬獵律	
28	牛羊課	
29	傅律	
30	屯表律	
31	捕盜律	
32	戍律	
33	奔敬律	
34	獄校律	
35	索律	
36	金布律	內史旁金布令
37	倉律	內史倉曹令
38	司空律	安臺居室四司空卒令
39		四司空共令

아래의 표에서는 漢代의 律과 令의 목록을 제시하였다. 최근에 율명을 확인할 수 있는 자료는 兔子山漢律(惠帝)·雲夢睡虎地77號漢墓(文帝)·胡家草場漢律(文帝)있고, 令은 胡家草場 漢令이다.[37] 胡家草場 漢令

---

37) 湖北荆州胡家草场西汉墓地发现大量秦汉简牍, https://xw.qq.com/cmsid/20200113 A0HHSL00

은 2권으로 분류되었는데, 제 2권의 목록은 아직 발표되지 않아 제 1권만을 대상으로 하였다. 이밖에 1989년 甘肅 武威 旱灘坡 東漢墓 등에서는 公令·衛尉挈令·尉令·田令의 令名이 보고되었다.[38]

[표 2] 漢의 律과 令

律名		二年律令	兔子山	睡77號	胡家草場	胡家草場		기타 문헌
種數		27	44	39	45	37		
1	盜	●	●	●	●	第1卷 令散甲 11章	令甲	令甲
2	賊	●	●	●	●		令乙	令乙
3	囚	●	●	●	●		令丙	令丙
4	捕	●	●	●	●		令丁	
5	雜	●	●	●	●		令戊	
6	具	●	●	●	●		壹行令	
7	戶	●	●		●		少府令	
8	興	●	●	●	●		功令	功令
9	廄苑·廄		●	●	●		蠻夷卒令	
10	金布	●	●	●	●		衛官令	
11	田	●	●	●	●		市事令	
12	倉		●	●	●	第2卷 26章	禁苑令	
13	關市	●	●	●	●		戶令甲	
14	徭	●	●	●	●		戶令丙	
15	司空		●	●	●		廄令甲	
16	置吏	●	●	●	●		金布令甲	金布令
17	效	●	●	●	●		金布令乙	
18	傳食	●	●	●	●		諸侯共令	
19	行書	●	●	●	●		倉令甲	
20	傳	●	●	●	●		尉令乙	尉令
21	亡	●	●	●	●			田令

---

38) 鍾長發, 「甘肅武威旱灘坡東漢墓」(『文物』 1993-10), pp.30-32; 李均明, 『居延漢簡編年――居延編』(2004); 李均明·陳民鎭, 「簡牘學硏究70年」(『中國文化硏究』 2019-秋), p.19.

律名		二年律令	兔子山	睡77號	胡家草場	胡家草場	기타 문헌
22	尉卒		●	●	●		衛令(宮衛令)
23	收	●	●		收 폐지		戍卒令
24	錢	●	●	●	●		賞令
25	均輸	●	●	●	●		祠社稷令
26	復	●	●	●	●		箠令
27	賜	●	●	●	●		品令
28	置後	●	●	●	●		津關令
29	爵	●	●	●	●		予告令
30	秩	●	●	●	●		祀令 祠令
31	史	●	●	●			水令
32	告		●	●	●		養老令
33	祠		●	●	●		馬復令
34	葬		●	●	●		秩祿令
35	校			●			任子令
36	遷		●	●			胎養令
37	市販		●	●	●		齋令
38	奔命		●	●	●		公令
39	治水		●	●	●		緡錢令
40	工作課		●	●	●		光祿挈令
41	臚		●	●	●		樂浪挈令
42	齋		●	●			北邊挈令
43	外樂		●		●		大鴻臚挈令
44	蠻夷復除				●		御史挈令
45	蠻夷士				●		蘭臺挈令
46	蠻夷				●		衛尉挈令
47	蠻夷雜				●		太尉挈令
48	上郡蠻夷閒				●		廷尉板令
49	朝		●		●		
50	諸侯秩律		●				

표에서 알 수 있듯이, 田律 - 田令, 戶律 - 戶令, 具律 - 廄令, 金布律 - 金布令, 倉律 - 倉令이 일대일 대응을 보이고 있다. 漢律令에서도 秦代와 마찬가지로 일부만이 대응 관계를 보일 뿐, 다수의 律과 令은 일대일 관계는 아니다.

지금까지 논의를 정리한다면, 金布律과 金布令이 律典과 令典에 각각 존재한 사실에서 볼 때, 양자가 서로 互稱되는 것이 아님을 알 수 있다. 다시 말해서 하나의 실체를 金布律로도 부르고 金布令으로도 부르는 것이 아니다. 律과 令이 同名을 사용한 사례가 극히 적은 것은 무엇을 의미할까? 秦漢 시대에 令은 律을 수정할 필요가 있을 때, 이를 보충하기 위해 詔書로 令을 제정하면 그때마다 붙인 이름이므로 律名과 일치하지 않는 것이다. 그 대표적인 것인 "錢律"과 "除盜鑄錢令"인 것이다. 양자는 내용상 관련성을 갖지만, 후자는 구체적인 내용을 갖는 令名을 부여받은 것이다.

秦제국의 令과 그 편제 원칙

Ⅰ. 서론

이제부터 검토할 것은 장기간 秦令의 존재를 부정했던 법률사학자들의 주장에 終焉을 고하게 만든 『嶽麓書院藏秦簡』(2016-2017년)의 秦令에 관한 것이다. 이 자료는 秦漢 律令史 연구자들이 장기간 待望해왔던 획기적 자료이다. 湖南大學 嶽麓書院은 2007년 홍콩 골동품 시장에 나온 簡牘을 긴급하게 구입했고, 여기에 香港의 익명의 收藏家가 무상으로 기증한 秦簡을 합쳐서 『嶽麓書院藏秦簡』으로 출판했다. 『嶽麓書院藏秦簡』의 출토 지역과 도굴 경위 등에 대해서는 알려져 있지 않지만, 秦末의 관리들이 직접 사용했던 자료이므로 秦代 律令의 제정과정 및 편성원칙 등을 규명할 수 있는 소중한 것이다. 『嶽麓書院藏秦簡(肆)』의 제 3組(4-3조)와 『嶽麓書院藏秦簡(伍)』의 제 1·2·3組(5-1, 5-2, 5-3조)는 秦令을 수록한 부분이다.[1] 현재는 『嶽麓書院藏秦簡(陸)』도 출판된 상황이며, 각 권에 실려 있는 令의 이름들은 다음과 같다.

> 4-3: 內史戶曹令, 內史郡二千石官共令, 內史二千石官共令, 廷內史郡二千石官共令, 廷內史郡二千石官共令
>
> 5-1: 廷內史郡二千石官共令
>
> 5-2: 卒令, 郡卒令, 尉郡卒令, 廷卒令, 廷卒, 廷

1) 본고는 아래의 판본을 이용하였다. 陳松長, 『嶽麓書院藏秦簡(肆)』(上海: 上海辭書出版社, 2016); 陳松長, 『嶽麓書院藏秦簡(伍)』(上海: 上海辭書出版社, 2017).

5-3: 內史倉曹令, 內史旁金布令, 內史官共令, 遷吏令, 遷吏歸吏群除令, 備盜
賊令

6-1: 廷內史郡二千石官共令

6-2: 祠令, 卜祝酹及它祠令, 安臺居室, 居室共令, 食官共令, 四司空共令, 公
車司馬令, 給共令, 四謁者令, 四司空卒令, 安臺居室四司空卒令

6-3: 없음

6-4: 卒令, 縣官田令, 史學童詐(詐)不入試令, 廷

6-5: 辭式令

현재 복원된 嶽麓秦簡의 令들이 원래 秦令의 실제에 가깝게 복원한
것이라면, 그것은 秦시기의 편제 방식을 엿볼 수 있을 단서를 제공할
것 같다. 정리소조가 『嶽麓書院藏秦簡(肆)』와 『嶽麓書院藏秦簡(伍)』의 복
원 방식에 대해 언급한 것 중에서 중요 부분만을 발췌하면 다음과 같다.

제 4-3조는 모두 簡이 108매이다. 길이는 27.5cm이고, 두 줄의 묶은 흔적
이 있다. 제 4-3조 簡의 뒷면에는 많은 劃痕이 있다. 그러나 劃痕에 근거하
여 배열할 때 도리어 많은 곳에서 簡文의 屬讀(簡文 내용의 연결)이 되지
않고 있다. 따라서 배열할 때는 간문 내용이 屬讀할 수 있는 것인지 여부
를 중심으로 했다. 그리고 나서 재차 簡의 뒷면에 먹물이 찍힌 反印文과
劃痕으로 연결시켰다. 簡 뒷면의 劃痕은 簡의 제작 과정 중에 미리 그어서
묶는 것에 편리하도록 한 것이다. 抄寫 과정 중에 혹 簡牘이 錯亂된 것을
사용할 때, 의식하지 못하는 사이에 간문(내용)과 劃線이 대응하지 않는
현상이 나왔다고 생각한다.

제 4-3조 簡 가운데는 여러 차례 天干으로 編序된 「內史郡二千石官共令」
이라는 令名簡이 출현한다. 간문의 내용과 簡 뒷면의 反印文과 劃痕 정보
에 근거하여 내용이 서로 관련이 있는 간문을 각자의 令名 아래에 구분하
여 예속시켰다. 기본적으로 제 4-3조 간은 모두 대체로 「內史郡二千石官共

令」의 내용에 속하는 것을 확인하였다.

제 43조에 수합된 죽간 내용은 모두 「內史」와 관련이 있다. 예컨대 「內史郡二千石官共令」과 「廷內史郡二千石官共令」 이외에 1521號의 「內史戶曹令」 및 0609號簡 가운데 언급된 「內史律」 등은 모두 「內史」와 관련이 있다.[2]

제 5-1조는 일차적으로 형태와 서체가 동일한 것을 위주로 하여, 簡 뒷면의 劃綫·汚漬痕·反印文 등을 반복해서 대비하고, 처음 발굴했을(揭取) 당시의 簡의 位置關係를 찍은 사진을 재삼 살피고, 史達의 圖版 연결 복원(拼復)작업을 거쳐서, 가장 먼저 1개의 卷冊을 복원했다. 제 5-1조는 모두 98매의 簡을 연결하였다. 연결시킨 簡文은 그 抄寫 형식이 기본적으로 서로 동일하다는 것을 발견했다. 즉, 每 令文의 처음에 모두 "令曰" 또는 "某某令"의 標識단어가 없고, 令文이 끝난 후에도 역시 令名은 없다. 단지 數字編號만 있을 뿐이다. 數字編號의 뒤에는 校讎·對照의 표시인 鉤識長綫(一)이 있다. 이러한 編號는 완전하게 차례대로 排列된 것은 아니다. 즉, 그 가운데는 缺簡과 缺號가 많다. 그러나 그 數字 編號의 序列은 기본적으로 小에서 大로의 차례 배열이다.

제 5-2조의 외관 형태는 제 5-1조와 기본적으로 동일하다. 완벽한 簡은 모두 27.5㎝이고, 두 줄의 編繩이 있고, 書體는 세밀하고 깔끔한 것이 (제5-1조와) 일치한다. 그 簡 뒷면의 劃綫이 매우 적고, 수량이 제한적이라서 反印文의 關係 역시 簡冊을 復原하는데는 효율적이지 않다. 따라서 簡冊의 복원을 포기하고, 간문의 抄寫 형식을 주요한 근거로 삼아 編聯을 진행하였다.

이곳의 簡에 抄寫된 令文 말미에는 모두 令名이 있다. 가장 많이 보인 것은 "卒"과 "廷"이다. 모든 令名 가운데 "卒", "廷"과 관계가 있는 簡文을 모았는데 모두 145枚였다. 이 組의 簡은 대체로 卒令·廷卒令·廷令·"治獄受財枉事"의 令文 등 4개 부분으로 나눌 수 있다. 令文 내용은 行書·治獄·徭役

---

2) 陳松長, 『嶽麓書院藏秦簡(肆)』(上海: 上海辭書出版社, 2016)의 前言.

등 방면의 규정을 포괄하고 있다.

　제 5-3조는 앞의 2개 組에 비교해 말하면, 簡 뒷면에 反印文이 매우 적고, 뒷면의 劃綫은 많이 보이지 않기 때문에 簡文의 編聯은 주로 내용에 의거하여 확정했다. 5-3조簡 令條의 抄寫 형식은 다양하다. 그 가운데 簡尾에 令名을 표시한 것이 있다. 예컨대 "內史倉曹令" "內史旁金布令" "遷吏令" 등이다. 또한 "令曰"로 시작하는 것이 있고, 또한 "諸"字로 시작하는 것이 있다. 排列順序는 우선 令名이 있는 것, 다음은 "令曰"로 시작하는 것, 또한 "諸"字로 시작하는 것, 최후에는 令名이 없는 것, 또한 "令曰" 또는 "諸"字로 시작하지 않는 令文을 배열했다. 동일한 令名을 가지고 있는 令文의 배열 순서는 簡尾 令名의 뒤에 기록된 天干 順序를 우선적으로 고려했다. 만약에 天干이 서로 같으면 天干 뒤의 숫자가 작은 것에서 큰 것으로 배열했다. 天干이 없고 단지 序號만을 표기한 것은 가장 뒤에 배치했다.[3]

　이상의 정리소조의 서술에 의하면, 제 4-3조와 제 5-1조는 일부 簡 뒷면의 劃痕에 근거하여 복원한 것도 있지만, 많은 부분이 석문의 내용에 입각하여 복원된 것이다. 劃痕이 있어서 簡의 순서를 복원하는 데 도움이 될 수 있었을 것으로 생각하지만, 실은 내용의 屬讀이 되지 않는 경우도 있다는 것이다. 따라서 簡의 순서를 복원할 때는 간문의 내용을 중심으로 연결시키고, 다음 단계에서 簡 뒷면의 反印文과 劃痕으로 보완했다는 것이다. 劃痕에 입각해 복원했음에도 내용이 연결되지 않는 이유는 抄寫할 때 簡牘의 劃痕이 錯亂된 것을 사용했기 때문이라고 보았다. 또한 劃痕이 없는 것도 많기 때문에, 내용에 입각하여 복원할 수밖에 없음을 언급하고 있다.

　필자가 각 令組의 복원과정을 장황하게 인용한 것은 복원작업이 얼마나 과학적으로 원형에 가깝게 이루어졌는지를 확인하고자 함이

---

3) 陳松長, 「《嶽麓書院藏秦簡(伍)》的內容及分組略説」(『出土文獻研究』16, 2017), pp. 93-97.

다. 만약 당시의 형태에 가깝게 복원되었다면, 이것은 秦代에 令을 편제했던 방식을 보여줄 것이라고 생각한다. 복원의 성과는 다음과 같이 정리할 수 있다. 제 4-3, 5-1조는 劃痕과 反印文에 근거하여 편련한 것으로 비교적 당시의 모습에 가깝게 되었을 것이다. 5-2조는 劃痕이 많지 않고 反印文도 효율적이지 않아서 簡冊의 복원을 포기하고 抄寫 형식에 근거해 편련했다. 5-3조는 反印文이 매우 적고 劃痕도 없어서 주로 내용에 근거해 편련했다. 이로 볼 때 劃痕이 없는 5-2, 5-3조는 원형 그대로 복원된 것은 아니라고 생각한다.

Ⅱ. 嶽麓秦簡(4) 4-3組

1. 令 제정의 문언

4-3組는 內史戶曹令 第甲과 內史郡二千石官共令으로 구성되어 있다. 內史戶曹令 第甲은 모두 17개 簡으로 구성되어 있고, 그것이 정확하게 몇 조의 令文인지는 缺簡도 있어서 분명하지 않다. 第甲의 令篇이 있는 것으로 보아 여러 개의 內史戶曹令이 있었을 것이다. 內史戶曹令의 내용은 內史郡二千石官共令과 큰 차이가 없다.

內史郡二千石官共令은 內史와 郡二千石官에 속하는 令을 第甲·第乙·第己·第丁·第丙·第庚으로 편제하였다. 4-3조의 內史郡二千石官共令에는 개별 令番號가 없지만, 5-1조의 內史郡二千石官共令에는 九·十五·卅五·卅六과 같이 令番號를 붙이고 있다. 4-3조에 원래 令번호가 없는 것인지는 확실하지 않다. 그 이유는 4-3조의 內史郡二千石官共令第戊에 속해있는 令들에는 번호가 없으나, 5-3의 內史官共令第戊卅一(268/1926簡)은 "卅一"이라는 번호가 있기 때문이다. 內史官共令第戊卅一을 보면 4-3조에 번호가 없는 것은 아니라고 생각된다.

4-3조의 內史郡二千石官共令 가운데는 제정 과정에 많이 사용되는 "請"과 "言" "制詔丞相御史"의 文言이 많이 보인다. 內史郡二千石官共令에는 令의 생성에 관여한 사람들이 주로 內史와 郡太守였다. 그 업무상 자연히 지방행정과 관련된 사항이 많았을 것임은 자연스럽다. 이것이 內史郡二千石官共令의 令名을 사용한 이유로 생각된다. 제정 관련의 文言이 많은 것은 5-3조의 令들에 많지 않은 것과 대비된다. 아래 표는 4-3조에 보이는 제정 당시의 상황을 말해주는 문언이다.

[표 1] 4-3조의 제정 문언

簡號	文言
308	制詔丞相御史:
313	御史言
329	泰上皇時內史言: 議 ……二年曰: 復用.
332	內史言
360	東郡守言: ……制曰, 可.

308簡은 황제의 制詔丞相御史 문언이 남아 있다. "전쟁이 끝났으므로 백성이 받아야 할 購賞貰責(債)를 현이 보유하고 있는 돈으로 모두 지급하라"고 하였고, 丞相御史의 請에 의해 令이 구체화되는 내용이 기술되어 있다.[4]

313簡의 "縣官에서는 驂乘을 넘을 수 없으며, 경유한 현에서는 율에 따라서 말에게 사료로 곡식(禾)을 주어서 먹인다."라는 부분은 制詔丞相御史의 부분이 생략되어 있을 가능성이 있다. 御史(大夫)가 "令에 覆

---

4) 『嶽麓書院藏秦簡(肆)』, pp.197-198, "·制詔丞相御史: 兵事畢矣, 諸當得購賞貰責(債)者, 令縣皆極予之. 令到縣, 縣各盡以見(現)錢, 不禁(308/1918)者, 勿令巨皋. 令縣皆極予之. ▌丞相御史請: 令到縣, 縣各盡以見(現)錢不禁者極予之, 不足, 各請其屬(309/0558) 所執瀺, 執瀺調均; 不足, 乃請御史, 請以禁錢貸之, 以所貸多少爲償, 久易(易)期, 有錢弗予, 過一金(310/0358)貲二甲.(311/0357) (▌內史郡二千石官共令 第戊)"

獄(재심)하기 위해 恒馬를 타고 가는 경우 하루에 80리를 갑니다."라면
서, 令제정을 요청했으며, "만약 지체하거나 회피하는 바가 있어서 令
을 따르지 않으면 貲 2甲에 처한다."는 내용이 令으로 제정되고 있다.[5]

329簡은 太上皇(莊襄王) 시기에 內史가 西工室의 司寇·隱官 중 踐更하
는 자가 가난하여 식량을 해결할 수 없는 문제를 上言하자, 집단 논의
를 통해(議) "그 縣(西工室이 있는 西縣)에서 마땅히 빌려주어야 할 禾
가 없는 경우, 작업하고 있는 縣에 고하여 갚거나 빌려주어야 한다."
고 결론을 내렸고, 이것이 秦 이세황제 때에 재차 令으로 채택된 것이
었다.[6]

332簡 역시 內史가 상언한 내용이 令으로 된 것이다. "簊縣의 병사
들이 종군하여 趙軍을 격파하였는데, 군량을 수송하는 무리 중 壹夫는
가난하여 식량이 없어 縣官에서 양식을 빌린 자로, 종군하는 중에 죽
어 ……"라는 내용이다.[7] 360簡은 東郡守가 東郡에 식량이 많아져서 가격
이 하락했으므로 타 지역으로 就食하는 것의 중지를 상주한 내용이다.[8]

이밖에도 內史郡二千石官共令에는 御史가 상주한 것도 있고, 황제
가 制詔丞相御史한 것도 있다. 이러한 내용에 郡級의 지방행정과 관련
된 것이 있으면 분류하여 편제했을 것이다.

5) 같은 책, pp.198-199, "縣官毋得過駿乘, 所過縣以律食馬及禾之. 御史言, 令覆獄
乘恒馬者, 日行八十里. 請, 許. 如(313/0698)有所留避, 不從令, 貲二甲.(314/0641)
(內史郡二千石官共令 第己)"

6) 같은 책, p.204, "泰上皇時內史言: 西工室司寇、隱官, 踐更多貧不能自給種(糧).
議: 令縣遣司寇入禾, 其縣毋(無)禾(329/0587) 當貸者, 告作所縣償及貸. 西工室伐
鞣沮、南鄭山, 令沮、南鄭聽西工室致. 其入禾者及吏移西(330/0638)工室. ・二年
曰: 復用.(331/0681) (┃內史郡二千石官共令 第丁)"

7) 같은 책, p.205, "・內史言, 簊卒從破趙軍, 長輗粟徒壹夫身貧毋(無)糧, 貸縣官者,
死軍, 爲長(332/0749) ┃內史郡二千石官共令 第丁(333/0351)"

8) 같은 책, p.214, "・東郡守言: 東郡多食, 食賤, 徒隷老、癃病、毋(無)賴, 縣官當就
食者, 請止, 勿遣就食. 它有等比. ・制曰, 可.(360/0319)"

2. 令의 순서와 제정 시점

4-3조는 令의 번호가 기록되어 있지 않기 때문에 어떠한 원칙에 입각해 편제되었는지 파악하기는 곤란하다. 비록 令番號가 없더라도 簡 뒷면의 劃痕, 내용, 反印文에 근거해 복원했기 때문에 매장 당시의 모습으로 복원되었다고 생각한다.

우선 內史戶曹令의 제정연대를 알 수 있는 자료를 보자. 우선 簡編號의 순서대로 언급하면, 289簡에는 "太上皇 원년 이전 隸臣妾 및"이라는 연대가 들어있고,[9] 297簡에는 진왕정 20년의 기록이 포함되어 있다.[10] 泰上皇의 칭호가 나온 것은 진시황 26년이므로 289간의 令을 "진시황 26년"으로 보아야 할까? 그러나 "泰上皇元年以前隸臣妾及"이라 하여 令이 나올 때에 그것이 적용되는 시점을 밝히고 있다는 점에서 볼 때, 이 令은 泰上皇元年에 나왔을 가능성이 높다. 원래는 "莊襄王元年以前"이었겠지만, 진시황 26년 이후 업데이트 과정에서 "泰上皇元年以前"으로 수정되었을 것이다. 289간은 태상황 원년이고, 297간은 秦王政 20년이므로 內史戶曹令은 시간의 선후대로 복원되어 있음을 알 수 있다.

다음으로는 內史郡二千石官共令이다. 이 令들에 令番號는 붙어있지 않지만, 令番號의 순서와 시간을 살필 수 있는 비교적 많은 자료가 포함되어 있다. 제정 시점을 알 수 있는 令文 가운데 가장 시기가 빠른 것은 301간을 들 수 있다.

301簡은 內史郡二千石官共令 第甲에 속한 것이다.[11] 이 令은 "·(진왕정)13년 6월 辛丑日 이래로, 黔首에게 분명히 알린다."로 시작한다. 진왕정 13년에 나온 것이지만,[12] 黔首가 사용된 것에서 볼 때 진시황 26

---

9) 같은 책, p.190, "▉泰上皇元年以前隸臣妾及□□□□(289/0479)"

10) 같은 책, p.193, "廿年二月辛酉內史言."

11) 같은 책, pp.194-195, "·十三年六月辛丑以來, 明告黔首: 相貸資緡者, 必券書吏, 其不券書而訟, 乃勿聽, 如廷律. 前此(301/0630)令不券書訟者, 爲治其緡, 毋治其息, 如內史律(302/0609)"

년 이후 용어 수정이 이루어진 것임을 알 수 있다. 301간은 秦王政 13
년이기 때문에 內史郡二千石官共令 第甲에서 비교적 빠른 令이라 생각
된다.

308-311簡은 內史郡二千石官共令 第戊에 속한 令이다.[13] 이것이 소속
된 令이 301간의 內史郡二千石官共令 第甲과 相異하므로, 양자의 시간
적 선후를 비교하기는 곤란하다. 308-311簡은 "兵事" 종료 후, 즉 통일
직후에 국가가 검수에게 지급해야 할 購賞貰賣(債)에 관한 규정이다.
兵事 종료와 관련된 것이므로 진시황 26년 통일 이후의 사안으로 생
각된다. 令의 소속이 다르기는 하지만 301簡보다 늦은 것은 확실하다.

325-326簡은 縣·道에 설치된 泰上皇 祠廟를 部吏가 순행하고 훼손된
곳을 繕治하도록 규정한 것이다.[14] 이것은 里耶秦簡에 보이는 行廟와
관련된 令으로 생각되는데, 里耶秦簡의 行廟도 진시황 26년의 것이다.[15]

---

12) 상주한 것이 令으로 되는 것은 詔曰可라고 하고, 모두 문서를 내려 보낸 날
    짜로써 주청한 날짜를 정정하여 내려 보낸다. 만약 반포 시간을 標署해야
    하는 조령이라면, 역시 각각 "書下時"로써 上奏之時를 정정해야 한다. 陳松
    長, 『嶽麓書院藏秦簡(伍)』, p.103, "·令曰: 諸所上而爲令, 詔曰可, 皆以書下日定
    其奏日下之; 其當以時下, 各以下時定之. ·卒令乙廿七(106/1907)"; 陳偉, 「《嶽麓
    書院藏秦簡(伍)》校讀(續)」, 簡帛網, http://www.bsm.org.cn/show_article.php?id=3006.
13) 『嶽麓書院藏秦簡(肆)』, pp.197-198, "·制詔丞相御史: 兵事畢矣, 諸當得購賞貰責
    (債)者, 令縣皆極予之. 令到縣, 縣各盡以見(現)錢, 不禁(308/1918) 者, 勿令巨皋.
    令縣皆極予之. ▍丞相御史請: 令到縣, 縣各盡以見(現)錢不禁者極予之, 不足, 各
    請其屬(309/0558) 所執濾, 執濾調均; 不足, 乃請御史, 請以禁錢貸之, 以所貸多少
    爲償, 久易(易)期, 有錢弗予, 過一錢(310/0358)貲二甲.(311/0357)"
14) 같은 책, pp.202-203, "·泰上皇祠廟在縣道者…☑(325/0055(2)-3) 令部吏有事縣道者
    循行之, 毋過月歸(?), 當繕治者輒繕治之, 不□□者□□□□有不□□(326/0327)"
15) 陳偉, 『里耶秦簡牘校釋(第一卷)』(武漢: 武漢大學出版社, 2012), p.78.
    廿六年六月壬子遷陵☑
    失期行廟者必謹視中☑(正)
    十一月己未令史慶行廟
    十一月己巳令史懺行廟
    十二月戊辰令史陽行廟
    十二月己丑史夫行廟(第一欄)

莊襄王이 泰上皇으로 추존된 것은 진시황 26년이므로,[16] 26년 시점에서의 行廟라면 泰上皇祠廟로의 行廟일 수밖에 없다. 따라서 이 令이 나온 것은 진시황 26년의 시점으로 생각된다. 325-326簡은 內史郡二千石官共令 第庚에 속한 것이므로, 301간이 內史郡二千石官共令 第甲, 308-311簡은 內史郡二千石官共令 第戊와 소속된 令이 다르다. 따라서 단순한 비교는 곤란하지만, 308-311簡과 비슷한 시기에 令으로 확정되었다고 생각한다.

현재 內史郡二千石官共令 第丁에 속한 것은 2개의 조문이다. 앞에서 예로 들었던 329-331簡은 원래 太上皇(莊襄王) 시기에 西工室의 司寇·隱官 가운데 踐更하는 자가 가난하여 식량을 해결할 수 없는 문제를 內史가 上言했었던 것이다. 이것을 이세황제 시기에 재차 소환하여 令으로 삼은 것이었다. 원래 太上皇 시기의 것이지만, 그 당시에는 令으로 승격되지 않은 것이다. 秦 이세황제 2년에 재차 "이 내용을 채택(復用)"한 것이다. 군주의 모든 命이 令으로 제정되는 것은 아니고, 이와 같은 방식으로 후일 추가될 수도 있는 것이다. 329-331簡은 內史郡二千石官共令 第丁에 속한 것으로서 앞에 제시한 內史郡二千石官共令의 令들과 소속은 다르지만, 令番號가 뒷 번호일수록 나중에 제정된 것임을 알 수 있다.

332簡은 趙를 공격하기 위한 인력의 징발과 관련된 내용이므로 趙 멸망(B.C.228) 이전의 내용으로 생각된다. 郿(武功縣) 출신의 卒이 趙軍을 공격할 때 식량을 수송하던 長轑粟徒 壹夫가 식량이 없어 縣官에서 양식을 빌렸다는 내용이다. 이것은 통일 이전인데, 왜 郿卒 관련 令이 후반부에 위치해있을까? 그 내용을 보면 약간의 추정이 가능하다.

六月癸巳令史☑

除行廟☑(第二欄)(背)(8-138)

16) 『史記』 卷6 「秦始皇本紀」, p.236, "追尊莊襄王爲太上皇"

·內史의 言: 麋縣의 병사들이 종군하여 趙軍을 격파하였는데, 군량을
수송하는 壹夫는 가난하여 식량이 없어 縣官에서 양식을 빌린 자로,
종군하는 중에 죽어 長이 되어……

·內史言, 麋卒從破趙軍, 長輓粟徒壹夫身貧毋(無)糧, 貸縣官者, 死軍, 爲長
(332/0749) ▌內史郡二千石官共令 第丁(333/0351)[17]

332簡을 보면 마지막 부분이 마무리 되지 않은 "死軍, 爲長"으로 끝
나 있다. 332簡은 斷簡으로 생각되는데, 형태가 완전한 329簡·334簡 등
의 길이와 비교하면 약 5자 정도 들어갈 길이가 잘려나갔다. 따라서
332簡은 마지막 부분을 ☒로 처리했어야 한다. 또한 내용상으로 볼 때
그 다음 簡은 缺簡으로 표시했어야 하는데, 연결이 되지 않는 333簡
"▌內史郡二千石官共令 第丁"을 배치했다. 원래 이 자리에 아래 인용할
344簡의 "·二年曰: 復用"과 같은 내용이 오며, 그에 따라 令들의 후반부
에 위치했을 가능성도 있다. 그래야만 시간적으로 진시황 통일 이전
의 令이 후반에 위치하는 이유가 설명될 수 있다.

344簡은 昭襄王이 "置酒시에 錢金 및 它物을 징수하여 賜人하라."는
내용인데, 이세황제 3년(시점에 대해서는 후술)에 "復用"한 것이다.[18]
때문에 그 出令의 시점은 昭襄王 시기라도 재차 소환되어 令으로 삼은
것이기 때문에 후반에 위치한 것으로 추정된다.

이제 嶽麓秦簡에서 令으로 재소환하는 용어인 "復用"에 대해서 살
펴보기로 하자. 이 문제는 令들의 재편시기와 관련하여 중요한 것이
다. 嶽麓秦簡 整理小組는 "이 令에 '泰上皇'이라고 했고, 뒤에 또 '二年'
이라는 紀年이 있으므로, 그 抄寫年代는 반드시 秦二世 2년 이후"라고
하였다.[19] 陳偉는 2개의 "復用"이 秦二世 2년, 3년이라고 보는 整理小組

---

17) 『嶽麓書院藏秦簡(肆)』, p.205.
18) 같은 책, p.209, "昭襄王命曰: 置酒節(即)徵錢金及它物以賜人, 令獻(讞), 丞請出;
  丞獻(讞), 令請出, 以爲恒. ·三年詔曰:(344/0519) 復用.(345/0352)"

의 견해에 대해 4가지 관점에서 의문을 제기하고, 이것은 秦王政 2년, 3년이라고 주장하였다.[20]

1) 陳勝은 秦 二世 원년 7월에 거병하여, 二年 겨울 부하 周章 등이 진시황릉 부근의 戱에 도달했을 때 병력이 수십만이었다. 따라서 二世 2, 3년은 진제국이 혼란 와중인데 先王의 令을 復用할 만한 힘이 있었는지 의문이다.

2) 嶽麓秦簡의 質日에 보이는 지명에서 봤을 때, 묘주는 南郡에서 생활한 小吏이며, 죽간은 秦의 南郡에서 출토했을 것이다. 南郡 북쪽의 南陽郡은 二世 원년 8월에서 2년 12월까지 진승의 부하 宋留에게 장악되었다. 때문에 수도 咸陽에서 만들어진 復用의 先王之令이 南郡에 도달하기 어려웠을 것이다.

3) 항우가 懷王을 義帝로 높였을 때, 의제의 柱國 共敖가 병력을 이끌고 南郡을 기습했고, 그의 공로가 커서 臨江王에 임명하고 江陵을 都로 삼았다. 共敖가 남군을 상실한 것은 이세 3년이다. 때문에 이세의 復用의 선왕지령은 남군에 傳遞되지 않았을 것이다.

4) 陳松長이 "악록진간의 시대 하한을 진시황 35년(B.C.212)으로 보는 견해는 二世의 令文이 발견되었으므로 수정되어야 한다."고 주장한 것에 대해, 陳偉는 악록진간 35년 質日의 최후 기록인 五月 壬寅 "宿環望"에 대해 묘주는 五月 壬寅에서 머지않은 시점에 사망했을 가능성이 있으므로, 二世 2년, 3년의 先王之令을 복용한 것은 南郡에 전해지지 않았고, 묘에 수장되지 않았을 것이라고 주장하였다.

이상의 논거를 제시한 후 陳偉는 다음과 같은 결론을 내렸다. 秦은 통일 시에 여러 稱謂에 대해 변경을 했다. 이러한 새로운 稱述은 새로

---

19) 같은 책, p.226.
20) 陳偉, 『秦簡牘校讀及所見制度考察』(武漢: 武漢大學出版社, 2017), pp.94-104.

찬술된 문헌에 사용될 뿐만 아니라, 새로이 抄錄된 문헌에도 출현한
다. 진 통일 이전에 쓰인 『睡虎地秦墓竹簡』의 田律에 百姓으로 쓰인 것
이, 악록진간에는 黔首로 되어 있다. 시대적 특징을 가지고 있는 用字
와 用語는 소재한 문헌의 시대를 판단하는 의의를 가지고 있으나, 기
계적으로 이해해서는 안된다. 따라서 "泰上皇"과 "制"의 2개 용어는
(필자: 원래 쓰여 있지 않던 것이지만) 진통일 이후에 1차의 초록에
쓰여 들어갔고, 復用 연대는 진왕정 2년, 3년일 가능성이 가장 크다고
주장했다.[21]

秦末 지방 행정이 멈추기 시작한 시점은 里耶秦簡에서도 확인된다.
里耶秦簡에서도 연대가 표기된 것 가운데 가장 늦은 것은 二世 2년 10
월의 문서이다.[22] 이 시점은 陳勝이 二世 원년 7월에 거병했으므로 약
3개월 후이며, 이후의 문서는 확인되지 않는다. 이는 里耶지역에서도
진말의 전쟁이 파급되어 행정이 마비되어 있다는 증거이다. 그러한
면에서 南郡 지역에 咸陽의 秦 중앙정부에서 보내온 律令이 傳遞되지
않았을 것이라는 陳偉의 지적은 설득력을 갖는다.

그러면 龍崗秦簡은 어떠할까? 『雲夢龍崗秦簡(1997)』의 整理者는 龍崗
秦簡의 하한선을 秦 二世 3년으로 잡았다.[23] 두 번째 판본인 『龍崗秦簡
(2001)』은 漢高祖 3년(B.C.204)까지로 더 늦춰 잡았다. 龍崗秦簡에 보이
는 3개의 干支(廿四年正月甲寅, 廿五年四月乙亥, 九月丙申) 중에서 연대
가 없는 九月丙申이 秦 二世 2年 9月 3日이거나 漢高祖 3年 9月 27日일
것으로 추정한다. 秦이세 2년은 전쟁으로 천하가 흉흉해졌어도 胡亥
가 아직 살아 있을 때이므로, 연도를 쓰지 않을 리가 없다는 것이다.

---

21) 같은 책(2017), p.97.
22) 陳偉, 『里耶秦簡牘校釋(第二卷)』(武漢: 武漢大學出版社, 2018), p.325, "二年十月
　　己巳朔=日洞庭叚守取爰書: 遷陵庫兵已計, 元年餘甲三百卌九, 宪廿一, 札五石,
　　鞭【督】……五十一, 臂九十七, 幾(機)百一十七, 弦千八百一, 矢四萬九百九十八
　　(중략) ·凡四萬四千…齒　Ⅱ9-1547+9-2041+9-2149"
23) 劉信芳·梁柱, 『雲夢龍崗秦簡』(北京: 科學出版社, 1997), p.48.

그러나 漢高祖 3년은 秦이 멸망했고 楚漢이 아직 相爭 중이므로 연도를 쓰지 않았을 가능성이 있다는 것이다.[24] 龍崗지역의 문서가 二世 2年 9月 3日까지라는 추정은 앞의 里耶秦簡의 2년 10월보다 1년이나 나중의 기록이지만, 확실한 증거는 없다.

陳偉의 주장대로 嶽麓秦簡의 2년과 3년이 진왕정 시기일 가능성이 높아진 것이다. 그렇다면 令文 형식을 가지고 논해보자. 우선 "二年" 復用의 기록이다.

> 泰上皇(莊襄王) 시기에 內史가 말했다.(言): 西工室의 司寇·隱官 가운데 踐更하는 자의 대부분이 가난하여 스스로 식량을 해결할 수 없습니다. 議: 縣으로 하여금 司寇를 (西工室에) 보내어 入禾하게 하는데, 그 縣(西縣)에서 마땅히 빌려주어야 할 禾가 없는 경우, 작업하고 있는 縣에 고하여 갚거나 빌려주어야 합니다. 西工室에서 輮(통나무)을 沮·南鄭縣의 산에서 베고자 한다면, 沮·南鄭縣으로 하여금 西工室의 致(문서)를 접수하도록 합니다. 入禾한 자 및 吏는 西工室에 문서를 전달합니다. ·二年 曰: 다시금 이 내용을 채택하라.
>
> 泰上皇時內史言: 西工室司寇, 隱官踐更多貧不能自給種(糧). 議: 令縣遣司寇入禾, 其縣毋(無)禾(329/0587) 當貸者, 告作所縣償及貸. 西工室伐輮沮, 南鄭山, 令沮, 南鄭聽 西工室致. 其入禾者及吏移西(330/0638)工室. ·二年曰: 復用.(331/0681) (▌內史郡二千石官共令 第丁)[25]

329간의 泰上皇은 율령의 업데이트 시기에 莊襄王에서 바뀌었을 것이다. 그러므로 여기에 보이는 "二年"은 진왕정 2년, 이세 2년 어느 것으로 봐도 무방할 것으로 생각된다.

---

24) 中國文物研究所·湖北省文物考古研究所, 『龍崗秦簡』(北京: 中華書局, 2001), pp.8-9.
25) 『嶽麓書院藏秦簡(肆)』, p.204.

昭襄王이 命하였다: 술자리를 열어 즉시 금전 및 기타 재물을 거두어서
사람들에게 사여하는 경우, (縣)令이 讞하면 (縣)丞이 내주는(出) 것을 요청
하고, (縣)丞이 讞하면 (縣)令이 내주는(出) 것을 요청하라. 이를 항상의 규
칙으로 삼아라. ·3년에 詔를 내려 말하길: 다시금 이 내용을 채택하라.

　　昭襄王命曰: 置酒節(即)徵錢金及它物以賜人, 令獻(讞), 丞請出; 丞獻(讞), 令
請出, 以爲恒. ·三年詔曰:(344/0519) 復用.(345/0352)[26]

　"昭襄王命"의 4글자는 원래 소양왕 시기의 형태 그대로였다고 생각
한다. 진시황 26년에 "命"이 "制"로 바뀌었기 때문에 그 이전에는 "命"
을 사용했다. 그러면 344간의 三年詔는 어떻게 된 것인가? 陳偉는 『嶽
麓書院藏秦簡』에서 詔와 制의 글자를 대조한 후에 詔를 制로 수정하는
해석을 제시했다.[27] 陳偉는 이 문서가 이세황제 3년이 아니라 秦王政
3년의 것으로 보는데, 그의 주장대로 진왕정 3년 당시 사용한 命을 詔
(制)로 수정한 것이 옳을까? 昭襄王命은 이 시기가 制 또는 詔가 나오
지 않은 시기이므로 "命"으로 계속 유지해야 하는 것이 옳다. 또한 이
와 동일한 이유로 진왕정 3년도 당연히 制詔가 나오기 이전이므로 詔
(制)로 수정하지 않는 것이 옳다. 비록 百姓을 黔首로 수정했지만, 이
것은 수정하지 않았을 것이다. 그 이유는 『史記』의 기록이 말해준다.

　　① 秦王이 처음으로 天下를 병합하고, 丞相·御史에게 말했다. "… 寡人은
　　작고 힘없는 몸으로서 군대를 일으켜 暴亂을 주살함에 宗廟의 혼령
　　들에 힘입어 六王은 그 죄를 인정하였고, 天下가 평정되었다. 이제
　　名號가 바뀌지 않아 그 성공에 걸맞은 이름을 후세에 전할 수 없다.
　　帝號에 대하여 논의하라." 丞相王綰·御史大夫馮劫·廷尉李斯 등이 모
　　두 말하였다. "… 臣들은 博士들과 논의를 하였는데, '옛날에는 天皇

---

26) 같은 책, p.209.
27) 陳偉, 위의 책(2017), pp.88-97.

이 있었고, 地皇이 있었고, 泰皇이 있었는데, 그중 泰皇이 가장 貴한 것입니다.' 臣들은 죽음을 무릅쓰고 尊號를 올리는데, 王을 '泰皇'으로 하십시오. 命은 '制'로, 令은 '詔'로, 天子는 '朕'으로 自稱하도록 합니다." 王이 말했다. "'泰'를 빼고, '皇'을 붙여라. <u>上古시대의 '帝'位號를 채택하여, '皇帝'라고 부르도록 하라. 그 밖의 사항은 논의한 바대로 하라.</u>" ②制로 말했다. "可하다."

① <u>秦王初幷天下, 令丞相, 御史曰:</u> 「… 寡人以眇眇之身, 興兵誅暴亂, 賴宗廟之靈, 六王咸伏其辜, 天下大定. <u>今名號不更, 無以稱成功, 傳後世. 其議帝號.</u>」 丞相綰, 御史大夫劫, 廷尉斯等皆曰: 「… 臣等謹與博士議曰: 『古有天皇, 有地皇, 有泰皇, 泰皇最貴.』 臣等昧死上尊號, 王爲『泰皇』. 命爲『制』, 令爲『詔』, 天子自稱曰『朕』.」 王曰: 「去『泰』, 著『皇』, <u>采上古『帝』位號, 號曰『皇帝』. 他如議.</u>」 ② <u>制曰: 「可.」</u>[28]

이 조서에서는 ①과 ②가 분명하게 대조된다. ①은 26년 통일 직후 名號 변경을 명령한 조서인데, 命令이 制詔로 바뀌기 전의 형식이므로 "令丞相, 御史曰"로 되어 있고, "王曰"로 되어 있다. ②는 制詔로 바뀐 이후이기 때문에 "制曰 可"로 바뀐 것이다. 따라서 344簡이 秦王政 3년의 것이라면, 制詔가 나오기 이전이므로 "三年詔曰"이 아니라 "三年令曰"로 기록되어있어야 한다. 344簡이 "三年詔曰"로 되어 있는 것은 二世시기에 나온 중요한 증거이다. 陳偉의 지적은 매우 날카로운 것이지만, 당시의 문언 형식의 측면에서 본다면 "三年詔曰"은 진시황 26년 이후로 보아야 한다. 그렇다면 이것은 이세황제 시기의 것으로 보아야 할 것이다.

---

28) 『史記』 卷6 「秦始皇本紀」, pp.235-236.

[표 2] 4-3조의 제정 시점

簡號	4-3조의 사안	연대	令名(令番號)
289	泰上皇元年以前隷臣妾	泰上皇元年	內史戶曹令 第甲(無)
297	敢擅晝閉里門	秦始皇20년	內史戶曹令 第甲(無)
301	相貸資緡者, 必券書吏,	秦始皇13년	內史郡二千石官共令 第甲(無)
308	兵事종료.	秦始皇26년 後	內史郡二千石官共令 第戊(無)
325	泰上皇 祠廟 行廟	秦始皇26년 後	內史郡二千石官共令 第庚(無)
329	太上皇 內史言 復用	二世2년	內史郡二千石官共令 第丁(無)
332	蘾卒의 趙軍 격파	?	內史郡二千石官共令 第丁(無)
344	昭襄王命曰·三年詔曰: 復用	二世3년	廷內史郡二千石官共令·第己·今辛(無)

이상에서 4-3조의 시점을 알 수 있는 令들의 분석에서 볼 때, 그 令들은 진왕정 13년에서 이세황제 2년까지에 걸쳐 제정된 것으로 생각된다. 289簡과 297簡, 301-344簡도 모두 시간의 순서대로 되어 있음을 알 수 있다. 특히 出令 시간이 오래된 것이라도 復用에 의한 것이면 후반부에 배치되어 있다. 다만 甲·戊·己·庚의 순서가 出令시점과 어떠한 관련이 있는지에 대해서는 알 수 없다.

Ⅲ. 嶽麓秦簡(5) 5-1組

1. 令의 편제 조정

『嶽麓書院藏秦簡(肆)』와 『嶽麓書院藏秦簡(伍)』에 의아한 점은 동일한 揭取 번호(竹簡 출토시 부여하는 번호)가 동시에 있는 것이다. 동일한 揭取 번호가 2군데에 사용된 것은 복원작업에 문제가 있음을 말해주는 것이다.(*로 표시한 것)

[표 3] 4-3조와 5-1조의 篇名

	簡號	令篇名
4-3	307/0355	內史郡二千石官共令 第甲
	312/0465	內史郡二千石官共令 第戊
	320/0316	**內史郡二千石官共令 第己**
	327/0617	**內史郡二千石官共令 第庚**
	328/0690	內史郡二千石官共令 第乙
	333/0351	內史郡二千石官共令 第丁
	340/0522	內史郡二千石官共令 第丙
	343/1520	內史二千石官共令☑
	~~353/0081+0932(*)~~	~~廷內史郡二千石官共令·第己☑·今辛~~
	375/J70+J71+J67	廷內史郡二千石官共令☑
	~~390/1131(*)~~	~~廷內史郡二千【石】官共令·第庚·今壬~~
5-1	062/0081+0932(*)	廷內史郡二千石官共令·第己·今辛
	098/1131(*)	廷內史郡二千石官共令·第庚·今壬
	099/1134	☑第甲 戊 己 庚四篇

[그림 1]의 353簡과 062簡, 390簡과 098簡의 사진을 보면, 簡의 형태가
동일하다.[29] 동일한 揭取 편호 0081 + 0932와 1131을『嶽麓書院藏秦簡(肆)』
와『嶽麓書院藏秦簡(伍)』의 두 군데에 사용한 이유는 무엇인가? 필자의
질문에 陳松長 교수는 史達의 견해에 따라서 4권에 있는 것을 5권으로
옮겼다고 답변해왔다.[30] 이로 볼 때 4-3조는 簡 뒷면의 劃線과 내용에
근거해 복원한 것이므로 비교적 신뢰할만하다고 생각했으나, 그 복원
결과가 반드시 완벽한 것은 아닌 것 같다.

---

29) 062컬(0081+0932)과 098/1131簡의 사진을 보면, 第己와 第庚은 글자가 작으나
·今辛과 ·今壬은 아주 굵고 크며, 글자가 흐리다. 令의 본문보다 필획의 흐
린 것이 후일 추가된 것이다.

30)『嶽麓書院藏秦簡(伍)』, p.77 주 76, p.78 주 98.

353(0081+0932)   062(0081+0932)   390/1131   098/1131

[그림 1] 0081+0932와 1131간의 중복

위의 [표 3]에서 보면, 320簡의 內史郡二千石官共令 第己와 327簡의 內史郡二千石官共令 第庚의 篇號가 각각 062簡의 內史郡二千石官共令 今辛과 098簡의 內史郡二千石官共令 今壬으로 수정되었다. 따라서 전자가 후자로 篇名의 篇號가 바뀐 것이므로 양자는 동일한 篇名이라고 할 수 있다.

[표 3]에 보이는 4-3조의 內史郡二千石官共令의 篇名은 아래와 같다. 그리고 5-1조에는 이 중에서 己(6)와 庚(7)이 辛(8)과 壬(9)으로 바뀌어 있다.

4-3조: 甲(1) 戊(5) 己(6) 庚(7) 乙(2) 丁(4) 丙(3)
5-1조: 己(6) → 辛(8), 庚(7) → 壬(9)
(괄호안은 天干에 해당하는 숫자)

4-3조에서 内史郡二千石官共令의 篇을 甲(1)·乙(2)·丙(3)·丁(4)로 묶지 않고, 甲(1)·戊(5)·己(6)·庚(7)로 묶은 이유는 무엇일까? 篇名으로 己(6)· 庚(7)을 쓰다가, 辛(8) 壬(9)로 바꿨다. 새로운 篇名은 令簡의 최초 抄寫 者가 아니고 다른 사람이 추후에 쓴 글씨체이다. 篇名이 바뀐 이유는 令의 증가로 인해 기존의 己(6)·庚(7)의 자리가 필요했을 가능성도 있다.

099간을 보면 "☑第甲 戊 己 庚四篇"으로 되어 있는데, 4篇을 하나의 묶음으로 하고 있다. 기존의 묶음은 그대로 두고, 단지 第己와 第庚의 篇號를 바꿨을 뿐이다. 第甲은 4-3조의 307簡(▮内史郡二千石官共令 第 甲)을 의미한다. 4편 안에 포함된 庚은 "廷内史郡二千石官共令·第庚·今 壬"으로 바뀐 것이다. 062간과 098간에 입각하여 099簡은 "第甲 戊 辛 壬 四篇"이라고 수정했어야 했다. 己(6) → 辛(8), 庚(7) → 壬(9)으로 바뀌 었지만 "第甲 戊 己 庚四篇"에서 볼 때, 4-3과 5-1은 연결되어 있던 것이다.

5-1조의 第己와 第庚은 사실 4-3조의 第己와 第庚을 가리킨다. 양자 의 令文 내용을 대조해보면 중복되는 내용은 없다. 4-3조의 第己와 第 庚은 간문의 숫자도 많지 않고 번호도 없다. 그러나 5-1조의 第己와 第 庚은 篇號를 바꾸고 간문도 많다. 그러면 기존에 있던 4-3의 第己와 第 庚에 있던 간문을 5-1의 第己와 第庚으로 이동시키고, 篇名을 第辛과 第 壬으로 바꾼 것일까?

5-1의 篇名이 4-3과 동일한 廷内史郡二千石官共令을 사용하고 있으 므로 4-3組와 5-1組는 연결된다고 생각된다. 4-3조의 内史郡二千石官共 令에는 개별 令番號가 없는 반면, 5-1조의 廷内史郡二千石官共令의 今辛 과 今壬에는 아래와 같이 개별 令番號가 붙어있다. 5-1이 4-3보다는 한 단계 더 정리되었을 가능성도 있지만, 4-3조의 内史郡二千石官共令의 令番號가 없던 것이 5-3조에는 붙어있기 때문에 원래부터 번호가 없는 것은 아니다.

[표 4] 廷內史郡二千石官共令과 令番號

令名	廷內史郡二千石官共令 ·第己 ·今辛(59-62簡)
令番號	2, 13, 15, 18, 19, 20, 21, 24, 25, 26, 27, 36
令名	廷內史郡二千石官共令·第庚 ·今壬(93-98簡)
令番號	3, 5, 9, 13, 16, 17, 18, 20, 21

2. 令 제정의 문언

5-1組에도 令의 제정 과정을 보여주는 文言이 많이 잔존하였다. 令의 제정 과정에 등장하는 인명으로는 丞相 李斯, 定陰(陶)郡守 忠 등이 보이고, 율령 제정에서 많이 보이는 "言"과 "制詔丞相御史"의 문언이 보인다. 이는 5-1조가 4-3조와 마찬가지로 詔書가 令으로 되는 과정에서 문언 정리가 완전하지 않다는 것임을 말해준다. 이는 令의 핵심적 내용만 남기고 정리한 5-2조, 5-3조와 비교되는 형태이다.

[표 5] 5-1조의 문언

簡號	文言
010/1109	議:
013/1029	段(假)正夫言: ·御史言:
028/1112 029/1038	謹布令, 令黔首、吏、官徒隷、奴婢明智(知)之, 毋巨(詎)辠.
035/0962	御史言: ·請:
053/1036	定陰忠言: 書曰:
056/1001-1+1020	廿六年四月己卯丞相臣狀、臣綰受制相(湘)山上: 臣敢請. 制曰: 可.
066/1009	制詔御史:
073/1114	泰山守言: 議: 令寄長其父母及親所, 勿庸別輸. 丞相議:
087/1129	制詔丞相斯: 斯言:
093/1003	制詔御史: 丞相御史請

3. 令番號의 순서와 제정 시점

4-3組의 甲(1) 戊(5) 己(6) 庚(7)은 令의 출현 시점이 소양왕부터 이세황제까지 비교적 긴 시간에 걸쳐있다. 다만 소양왕 당시에 令으로 되지 못한 것이 이세황제 시기에 재소환되어 令으로 된 것은 늦게 편입된 것을 반영하여 위치가 후반부에 있었다. 결국은 재소환된 것을 반영하면 秦令은 秦王政·秦始皇 시기와 그 이후의 것들이라고 할 수 있다. 이제 설명하겠지만 5-1組는 진시황 26년 이후의 것들로 이루어져 있고, 하한선은 대략 4-3조와 비슷한 것으로 생각된다. 그렇다면 양자의 시간 선후는 어느 것이 더 빠르다고 이야기 할 수 없다.

5-1조에서 제정 시점을 알 수 있는 것들을 분석하면 다음과 같다.

001簡 "·廿六年十二月戊寅以來 …"(令番號 二)는 "廷内史郡二千石官共令 ·第己☐ ·今辛"令의 令番號 (二)가 부여되었는데, 번호가 2번이기 때문에 이 令 가운데는 빠른 것이다. 이 簡은 秦始皇 26년 12월 戊寅(26)日을 기점으로 後夫(재혼한 남편)에 대해 법적 제재를 가한 것이다. "廿六年十二月戊寅以來"는 嶽麓秦簡에 의하면, 법령이 나온 시점을 기록한 것이다. 後夫에게 假父 호칭하는 것을 금지하고, 아버지가 다른 사람의 자식끼리는 형·누이·동생으로 인정하지 않는 문제, 後夫에게 재산 양도 금지 등을 규정하고 있다. 이것은 26년의 첫 3번째 달에 제정된 令이라고 할 수 있다.

013-018簡(令番號 十五)에는 趙장군 樂突의 동생 및 舍人 등 24인을 完爲城旦으로 삼고 巴縣의 鹽井으로 이송하는 내용이 기록되어 있다. 여기에는 代·齊의 멸망 이후 從人의 처리 문제도 언급하고 있다. 代의 멸망은 진시황 25년(B.C.222)에 있었지만,[31] 齊의 從人에 대한 처리도

---

31) 『史記』 卷6 「秦始皇本紀」, p.234, "虜代王嘉. 王翦遂定荊江南地; 降越君, 置會稽郡. 五月, 天下大酺." 이 자료에서 보면 代王 嘉를 사로잡은 것은 25년 5월 직전으로 추정된다.

있는 것으로 봐서 이것은 26년 통일 이후에 나온 슈으로 생각된다. 직전에 언급한 슈番號 (二)가 진시황 26년 12월 戊寅(26일)이기 때문에 (十五)는 그 이후에 나온 것으로 추정된다.

019-020簡은 슈番號가 없지만,[32] 역시 從人의 지명수배령과 관련된 내용이다. 이것도 앞에 언급한 013-018簡의 옛 趙나라 장군인 樂突의 동생을 巴縣의 鹽井으로 이송하는 슈과 함께 제정된 것으로 생각된다.

030-032簡(슈番號 十八)의 내용은 진시황 26년 정월 丙申일 以來(廿六年正月丙申以來) 新地의 관리가 6년이 차지 않은 상태에서 叛徒 또는 敵警이 있을 때, 佐史 이상이 徭使를 떠나거나 개인적인 일로 다른 郡縣官에 갔을 때 叛徒 또는 敵警이 발생한다면 被陣去敵律로 처벌하는 규정이다.[33] "廿六年正月丙申以來"는 詔書가 하달된 날짜를 가리킨다. 嶽麓簡에 많은 官吏의 請立之令에 보이는 "自今以來"의 "今"은 그 奏請之日이 아니라, 슈文의 정식 下達之日이다.[34] 따라서 030-032簡은 진시황 26년 正月 丙申이라는 하달 시점이 분명히 확인된다.

001簡의 "廿六年十二月戊寅以來"는 12월 26일이고, 030-032簡의 26년 正月 丙申은 정월의 삭일이 癸未이므로 1월 14일이다.[35] 따라서 5-1조

---

32) 『嶽麓書院藏秦簡(伍)』, p.45, "·諸治從人者, 具書未得者名、族、年、長、物色、疵瑕, 移讞縣道, 縣道官謹以讞窮求, 得, 輒以智巧譖(潛)(019/1021)：訊. 其所智從人、從人屬、舍人未得而不在讞中者, 以益讞求, 皆捕論之. 敢有挾舍匿者, 皆與同辠.(020/1019)"

33) 같은 책, pp.48-49, "廿六年正月丙申以來, 新地爲官未盈六歲節(即)有反盜, 若有敬(警), 其吏自佐史以上去徭使, 私謁之(030/1018) 它郡縣官, 事已行, 皆以彼陳(被陣)去敵律論之. 吏遣許者, 與同辠. 以反盜敬(警)事故, 繇使不用(031/1014)此令. ·十八(032/1015)"

34) 陶磊, 「讀《嶽麓書院藏秦簡》(五)劄記」. 令文의 시작에서 말하는 某年某月某日은 奏請之日을 下達之日로 訂正한 것이다.
簡帛網, http://www.bsm.org.cn/show_article.php?id=3184.

35) 진시황 26년 12월은 癸丑朔이므로 戊寅은 26일이다. 또한 『西周(共和)至西漢曆譜』에 따르면 26년 정월의 삭일은 癸未이다. 陳偉, 「里耶秦簡牘校釋(第一卷)」, "【廿六】年十二月癸丑朔己卯倉守敬敢言之：出西廥稻五十⌐ □石六斗少半斗

의 令文들이 시간적인 순서대로 파일링 된 것이라면, 001簡으로부터 030-032簡까지의 시간은 18일의 차이가 있다. 이러한 추정이 맞는다면, 그 중간에 있는 013-018簡과 019-020簡은 그 사이에 令으로 제정되었을 가능성도 있다.

그리고 여기에서 秦帝國이 齊國을 멸망시킨 통일 시점을 추정할 단서가 나오는 것이 아닐까? 현재 문헌사료에는 齊國의 멸망시점을 보여주는 자료가 없다. 5-1조의 001간은 12월 26일이고, 030-032간은 1월 14일에 제정된 것이고, 齊國의 從人을 처리하는 013-018簡도 두 시점 사이에 위치한 어느 날(12.26 + α)에 발포되었을 것이다. 그렇다면 秦의 통일은 26년 12월 26 + α일 이전이었을 가능성이 있다. 秦의 歲首가 10월이므로, 통일 시점은 26년 10월 1일부터 26년 12월 26 + α일 사이였을 가능성이 있다.

진제국이 燕國·代國 등을 정복하고 天下大酺를 한 시점은 25년 5월이다.[36] 진제국은 燕王 喜와 代王 嘉를 생포하고, 王翦이 荊江南地를 평정하고, 越君을 항복시키고 會稽郡을 두고서 25년 5월에 天下大酺를 행하였다. 秦王政 25년이 4개월 남짓 남은 시점이다. 天下大酺는 일련의 군사적 성공을 축하하고 위로하기 위한 것이었다. 그 후 별다른 기사가 없다가 26년에 將軍 王賁으로 하여금 燕 지역으로부터 출병하여 齊를 공격하여 齊王 建을 생포하고 있다.

진시황 26년에도 大酺가 있었다. 이것은 천하통일을 축하하기 위한 것인데, 그 시점이 나타나있지 않다. 이 大酺와 동시에 三十六郡을 두고, 郡에 守·尉·監을 두고, 百姓을 黔首로 바꾸고, 무기회수, 도량형

輸; 粲粟二石以稟乘城卒夷陵士五陽□⌐ □□□. 今上出中辨券廿九. 敢言之 □手(正) □申水十一刻=下三, 令走屈行 操手(背) (8-1452)"

36) 『史記』 卷6 「秦始皇本紀」, p.234, "二十五年, 大興兵, 使王賁將, 攻燕遼東, 得燕王喜. 還攻代, 虜代王嘉. 王翦遂定荊江南地; 降越君, 置會稽郡. 五月, 天下大酺.", 같은 책, p.235, "二十六年, 齊王建與其相后勝發兵守其西界, 不通秦. 秦使將軍王賁從燕南攻齊, 得齊王建."

통일, 車同軌, 書同文字 등의 조치가 연이어 기록되어 있다. 따라서 이러한 일련의 조치들의 시점이 확인되면 통일 시점을 확인할 수 있을 것 같으나 기존 문헌자료에서는 파악이 용이하지 않았다. 그러한 미비점을 보완하는 것이 嶽麓秦簡 013-018簡의 齊國의 從人 移送자료인 것이다. 그래서 진의 통일은 진시황 26년 10월에서 12월 사이에 있었던 것으로 생각된다.

045-047簡(令番號 廿四)에는 죄수의 蜀巴 거주자 및 出關해서는 안되는 자를 葆庸으로 삼거나 私載·送道(導)하는 것에 대한 처벌을 규정하고 있다. 이 令에는 "故徼"가 언급되어 있다.[37] 진시황 26년에 皇帝·縣官 등에 대한 많은 명칭의 변화가 있었다. 그 중 하나는 邊塞를 故塞로, 塞가 없는 곳은 故徼로 명칭을 바꾼 것이었다.[38] 이것은 『里耶秦簡牘校釋(第一卷)』에 통일 이후 각종 용어를 변경한 "秦更名號方"에도 보인다.

> 王室曰縣官
>
> 公室曰縣官
>
> 內侯爲輪侯
>
> 徹侯爲列侯
>
> 以命爲皇帝
>
> 授命曰制
>
> □命曰制

---

37) 『嶽麓書院藏秦簡(伍)』, pp.53-54, "·諸取有皋轂(遷)輪〈輸〉及處蜀巴及取不當出關爲葆庸、及私載出扞關、漢陽關及送道之出蜀巴(045/1105) 界者, 其葆庸及所私載、送道者亡及雖不亡, 皆以送道亡故徼外律論之. 同船食、敦長、將吏(046/1124) 見其爲之而弗告劾, 論與同皋. 弗見, 貲各二甲. 而除其故令. ·廿四(047/0967"

38) 游逸飛, 「里耶8-461號「秦更名號方」選釋」,
簡帛網, http://www.bsm.org.cn/show_article.php?id=1875, 「秦統一以後改邊塞、邊徼爲故塞、故徼」

　爲謂□詔

　莊王爲泰上皇

　邊塞曰故塞

　毋塞者曰故徼

　(중략)

　敢言之　Ⅰ

　·九十八　Ⅱ(8-461)(背)[39]

　　일부만 발췌한 "秦更名號方"에는 制와 詔, 太上皇은 물론이고 故徼의 更名도 확인된다. 更名의 기록은 『史記』「秦始皇本紀」의 26년조에 기록되어 있다. 사마천은 朕, 皇帝, 制曰可, 太上皇, 更名河曰德水, 更名民曰黔首, 一法度衡石丈尺, 車同軌, 書同文字 등으로의 명칭변경과 조치들은 모두 진시황 26년에 있었다고 본 것이다. 명칭변경의 구체적인 항목이 里耶秦簡의 "秦更名號方"에 포함되어 있었던 것이다. 故徼의 용어 변경에 관한 기록은 『史記』에 보이지 않지만, "秦更名號方"에 일괄적으로 포함된 것으로 보아 26년에 동시적으로 변경된 듯하다.[40]

　　그러면 "秦更名號方"은 어떠한 성격을 가지고 있을까? 胡平生은 更名號方의 내용이 秦朝의 制度·稱謂에 익숙하지 못한 楚 출신의 秦吏가 업무처리 하는 곳에 걸어놓고 많은 사람이 수시로 査閱하는 "扁書"로 인식했다.[41] 遊逸飛는 "更名號方이 단지 官吏 개인이 사용하는 참고자료이고, 민중에게 반드시 공개해야 할 것은 아니다. 그러므로 書寫할 때 적지 않은 것을 마음대로 생략했다."고 하였다.[42] 朱紅林 역시 그

---

39) 『里耶秦簡牘校釋(第一卷)』, pp.155-157.
40) 『史記』卷6「秦始皇本紀」, p.239, "分天下以爲三十六郡, 郡置守, 尉, 監. 更名民曰「黔首」. 大酺. 收天下兵, 聚之咸陽, 銷以爲鍾鐻, 金人十二, 重各千石, 置廷宮中. 一法度衡石丈尺. 車同軌. 書同文字."
41) 胡平生,「里耶秦簡8-455號木方性質芻議」,『簡帛』4(上海: 上海古籍, 2009), p.24.
42) 같은 논문, p.21.

것은 "개인이 골라서 베낀 문건"이라고 하였다.[43]

張惟捷·覃怡는 更名號方이 扁書라고 하는 胡平生의 주장을 증명할 수 있는 충분한 증거가 없다고 보았다. "木方이 만약 人民에게 이해되고 장악될 필요가 있다면 응당 잘 보이는 곳에 걸어놓아야 한다. 그러나 木方에는 끈을 꿸 수 있는 구멍이 없다. 종합하건대 현 단계에서는 그것이 扁書임을 증명할 수 있는 증거가 없고, 단지 관리 개인의 使用手冊이라는 것이 합리적 추측이다. 문서를 撰寫할 때 官方의 名物稱謂制度를 參考하는데 사용된다."고 하였다.[44] 이상과 같이 游逸飛·朱紅林·張惟捷 등 다수의 의견은 이 문건이 관리가 名物稱謂制度를 參考하기 위해서 쓴 것이라고 주장하였다.

필자는 앞에서 황제의 호칭 등과 함께 나왔기 때문에 "秦更名號方"이 진시황 26년에 있었던 사안이라고 보았으나, 이에 부정적인 견해도 있다. 胡平生과 朱錦程은 이것이 전문적인 공문서가 아니라, 수합된 문서이므로 그 시간의 선후를 알 수 없다고 하였다.[45] 그러나 필자의 견해로는 이렇게 많은 명칭을 일일이 사안별로 수정했을까 하는 의문이 든다.

이것을 해결할 수 있는 키워드는 "敢言之: 九十八"의 부분이다. 張春龍·龍京沙는 정면과 뒷면의 내용이 모두 공문이라면 "敢言之"는 하급에서 상급으로 遞送하는 것이므로 부당하다는 것이다.[46] 이들의 주장을

---

43) 朱紅林, 「里耶秦簡8-455號木方研究--竹簡秦漢律與《周禮》比較研究(七)」(『井岡山大學學報(社會科學版)』32-1, 2011), p.127.

44) 張惟捷·覃怡, 「里耶秦簡"更名號方"考釋與字體相關問題淺析--兼論秦"書同文字"政策」(『廈大中文學報』, 2019-6), pp.146-147.

45) 胡平生, 위의 논문, p.24. 胡平生은 更名規定의 木方이 正式의 詔令·文書가 아니라는 입장이다. 또한 朱錦程도 황제·황실·관명과 관련된 어휘도 있고, 일상생활 가운데의 辭彙도 있으므로 따라서 그 가운데 各條 규정의 시간의 선후를 확정할 수 없을 가능성이 있다고 하였다. "更名號方"의 내용을 진시황 26년으로 간단하게 확정할 수 없다고 하였다. 朱錦程, 「秦代避諱補論」, 簡帛網, http://www.bsm.org.cn/show_article.php?id=2561#_ednref6.

받아서 張惟捷·覃怡는 "(敢言之는) 下級官員이 上級에 보고 시에 使用한다. 만약 '書同文字' 정책의 내용이라면, 이치상 응당 上級이 下級에 傳達하는 것이므로 '更名'과 무관하다."고 하였다. 이들의 주장은 약간의 설명을 필요로 한다. "敢言之"는 하급관원이 상급에 보고할 때 사용하는 文言이다. 그러나 書同文字 政策은 중앙정부에서 郡縣에 하달한 문서이므로 "敢言之"의 기록이 "更名方"에 들어갈 수 없다는 주장이다.[47]

그러나 이 주장은 詔書의 형식을 잘못 이해한 것에서 비롯된 것이다. "敢言之"는 원래 하급자가 상급자에게 보고할 때 사용한다. 帝號 등 稱謂의 변경을 명령받은 丞相綰·御史大夫劫·廷尉斯 등이 논의 결과를 황제에게 上言할 때에도 당연히 "敢言之"로 마무리했을 것이다. 앞서 예시했던 "秦更名號令"에 이를 보충해 표현하면 아래와 같다.(앞의 해석 참조)

> ① <u>秦王初并天下, 令丞相, 御史曰</u>: 「… 寡人以眇眇之身, 興兵誅暴亂, 賴宗廟之靈, 六王咸伏其辜, 天下大定. 今名號不更, 無以稱成功, 傳後世. <u>其議帝號</u>.」 <u>丞相綰, 御史大夫劫, 廷尉斯等皆曰</u>: 「… 臣等謹與博士議曰: 『古有天皇, 有地皇, 有泰皇, 泰皇最貴.』 臣等昧死上尊號, 王爲『泰皇』. 命爲『制』, 令爲『詔』, 天子自稱曰『朕』.」 王曰: 「去『泰』, 著『皇』, <u>采上古『帝』位號, 號曰『皇帝』</u>. 他如議. <u>(敢言之)</u>」 ② 制曰: 「可.」[48]

원래의 조서에는 令의 제정 경위를 보여주는 "敢言之"까지 포함되어 있었고, 이것이 "秦更名號令"이었던 것이다. 그리고 "九十八"은 이 更名 條目이 98조(현재 보이는 것은 56조)였기 때문이었을 가능성이 있다.[49] 張春龍이 이를 "秦詔版" 또는 "秦詔令牘"이라고 부른 것은 정확

46) 張春龍·龍京沙, 「湘西里耶秦簡8-455號」(『簡帛』 4, 2009), p.14.
47) 張惟捷·覃怡, 위의 논문, pp.146-147.
48) 『史記』 卷6 「秦始皇本紀」, pp.235-236.

한 견해라고 생각한다. 당시 丞相御史가 博士 등과 논의하여 秦始皇에게 보고한 "議"의 마지막 부분에 있었을 "敢言之"라고 생각된다.

書同文字는 바로 이러한 "秦更名號令"을 지칭하는 것이다. 書同文字는 秦小篆으로 문자를 통일하는 것으로 국한된 것이 아니라, 用字·名物·人名의 표준화 등도 포함된다.[50] 書同文字는 「六國年表」에 27년으로 기록되어 있기는 하지만,[51] 書同文字와 함께 보이는 도량형 통일(一法度衡石丈尺)도 26년에 실시되었음이 출토 秦銅權에 입증되고 있다.[52] 도량형 통일이 26년 조서에 확인된 것에서 볼 때, 秦更名號方에 기록된 故徽 명칭도 26년에 변경되었을 가능성이 크다.

056-058簡(令番號 廿七)은 簡번호와 令番號 면에서 故徽가 포함된 045-047簡(廿四)과 근접해있다. 여기에는 진시황의 1차 순수가 진시황 26년에 있다는 흥미로운 내용이 있다. 簡번호와 令番號가 근접해있다는 측면에서 보면 진시황 1차 巡狩가 26년에 있었다는 새로운 주장이 옳을 수도 있다. 056-058簡에는 丞相 狀·綰이 秦始皇 出巡을 배행한 것으로 나오는데, 이것은 『史記』 진시황 28년의 東巡 기록과 일치한다.[53]

---

49) 張春龍·龍京沙, 위의 논문, p.14.

50) 張惟捷·覃怡, 위의 논문, pp.168-171; 臧知非, 「從里耶秦簡看"書同文字"的歷史內涵」(『史學集刊』 2014-2), pp.28-29.

51) 『史記』 卷15 「六國年表」, p,757, "(二十七年) 更命河爲「德水」. 爲金人十二. 命民曰「黔首」. 同天下書. 分爲三十六郡."

52) 王博文, 「甘肅鎮原縣富坪出土秦二十六年銅詔版」(『考古』 2005-12), p.90; 李文, 「銅詔權」(『南京大學學報』 2019-02). 1979년 4월, 甘肅省 鎮原縣 城關 鎮富坪村에서 출토된 秦 二十六年銅詔版과 江蘇省 東海縣 출토의 銅詔權에 度量衡 통일 詔書가 陰刻으로 새겨져 있다. "廿六年, 皇帝盡並兼天下諸侯, 黔首大安, 立號爲皇帝, 乃詔丞相狀, 綰, 法度量則, 不壹歉(嫌)疑者, 皆明壹之"

53) 『嶽麓書院藏秦簡(伍)』, pp.57-58, "·廿六年四月己卯丞相臣狀、臣綰受制相(湘)山上: 自吾以天下已并, 親撫晦(海)内, 南至蒼梧, 淩涉洞庭之(056/1001-1+1020) 水, 登相(湘)山、屏山, 其樹木野美, 望駱翠山以南樹木□(右爲頁, 齊繼偉疑爲顧)見亦美, 其皆禁勿伐. 臣狀、臣綰請: 其(057/1001-2) 禁樹木盡如禁苑樹木, 而令蒼梧謹明爲駱翠山以南所封刊. 臣敢請. 制曰: 可. ·廿七(058/1104)"

顔師古의 주석에 따르면, 狀은 隗狀, 綰은 王綰이다.[54) 이 사실은 앞에서 언급한 바 있는 秦銅權의 조서에서도 확인되었다.

이 令에 보이는 "廿六年四月己卯"가 진시황 26년인지 28년인지에 대해서는 몇 가지 주장이 있다. 嶽麓秦簡整理者는 다음과 같이 언급하고 있다.

> 이 簡의 左右를 병합하면 "六"字가 깨진 듯이 보인다. 그러나 보이는 필획은 "六"의 형태와 완전히 합치되었다. 혹 이 형태가 "九"일 수도 있으나 형태가 "六"만큼 합치되는 것은 아니다. 『史記·秦始皇本紀』의 "秦始皇二十八年東巡泰山, 經渤海, 登琅琊. 之後, 西南渡淮水, 到衡山, 南郡, 浮江至湘山祠"의 기록에 근거하면 "八"의 잘못일 수도 있다. 이 紀年의 簡文 내용은 문헌기록에는 보이지 않는 것이다. 진시황 26년의 史記에는 王賁이 齊를 공격해 齊王 建을 체포했다고 기록했다. 그러나 (史記에) 해당 간문의 下文에서 말한 湘山受制의 사안은 언급하지 않고 있다.[55)

정리소조 견해를 정리하면, 첫째 기본적으로 "六"의 입장을 취하고 있다. 둘째, "九"의 가능성도 있으나, "六"보다는 가능성이 떨어진다는 것이다. 셋째, 문헌기록에 근거하면 "八"의 잘못일 수도 있다는 것이다.

그러나 056簡의 시점을 26년 4월로 보면 진시황의 1차 순수가 서쪽 방향인 隴西 지역으로 행한 것과 모순된다. 또한 秦始皇이 蒼梧·洞庭에 廿六年四月己卯日 이전에 南巡했다면 황제의 중요한 행사이기 때문

---

54) 秦始皇 28년에 東巡 隨從은 丞相 隗林으로 되어 있다. 顔師古는 『顔氏家訓·書證』에서 당시 출토된 저울의 銘文에 隗林은 隗狀의 잘못임을 지적하고 있다. 『史記』 卷6 「秦始皇本紀」, p.246, "【索隱】隗姓, 林名. 有本作「狀」者, 非. 顔之推云:「隋開皇初, 京師穿地得鑄秤權, 有銘, 云始皇時量器, 丞相隗狀, 王綰二人列名, 其作「狀」貌之字, 時令校寫, 親所按驗.」王劭亦雲然. 斯遠古之證也. 【正義】隗音五罪反."

55) 『嶽麓書院藏秦簡(伍)』, pp.76-77.

에 반드시 기록이 남아있어야 하지만, 史書에는 秦始皇廿六年에 出巡之事의 기록이 없으며,[56] 최초의 巡狩 기사는 27년에 있다.[57]

이밖에도 056-058簡의 시점에 대해서는 28년과 29년설이 더 있다. 秦樺林도 "六"은 "八"의 잘못이라고 본다.[58] 주해봉은 "六"과 "八"의 형태가 비슷해서 잘못 해석할 수 있다고 주장하는데, 이것은 "八"로 석문한 것이다.[59] 056-058簡의 "廿六年四月己卯"의 간지로 분석할 때, 26년과 28년에는 모두 己卯가 있으므로 干支만으로는 26년인지 28년인지 판단하기 곤란하다.

于振波는 "九"로 해석하고 있다. "廿六年四月己卯"의 殘缺되어 있는 "六" 부분을 嶽麓秦簡의 여타 "六", "九"의 글자와 비교한 결과 "九"로 결론을 내렸다.[60] 이 견해가 맞는다면, 29년 4월은 삭일이 甲子이므로 己卯는 16일이 된다.

필자는 위의 설 가운데서 28년이 옳다고 생각한다. 그 근거는 『睡虎地秦墓竹簡』의 大事記에 있는 "【廿八年】, 今過安陸."의 기록이다.[61] 大事記의 기록은 秦始皇이 湘山을 거쳐서 安陸에 도달해 있었던 중요한

---

56) 周海鋒, 『秦律令研究—以《嶽麓書院藏秦簡》(肆)爲重点』(湖南大學博士學位論文, 2016), p.149.

57) 『史記』卷6 「秦始皇本紀」, p.241, "二十七年, 始皇巡隴西、北地, 出雞頭山, 過回中. 焉作信宮渭南, 已更命信宮爲極廟, 象天極. 自極廟道通酈山, 作甘泉前殿. 築甬道, 自咸陽屬之. 是歲, 賜爵一級. 治馳道."

58) 秦樺林, 「《嶽麓書院藏秦簡(伍)》第56—58簡札記」, 簡帛網, http://www.bsm.org.cn/show_article.php?id=3008.
整理者: 26년 4월 삭일: 辛亥--己卯(29일),
秦樺林: 28년 4월 삭일: 己巳--己卯(11일)

59) 周海鋒, 위의 논문, p.149.

60) 于振波, 「嶽麓書院藏秦簡始皇禁伐樹木詔考異」(『湖南大學學報』 32-3, 2018), pp. 41-45.

61) 睡虎地秦墓竹簡整理小組, 『睡虎地秦墓竹簡』(北京: 文物出版社, 1978), p.7; 『史記』卷6 「秦始皇本紀」, pp.242-248, "二十八年, 始皇東行郡縣, … 始皇還, 過彭城, … 上自南郡由武關歸."

증거이다. 28년 설이 맞는다면, 056簡이 045-047簡의 26년으로 추정되는 "故徹"보다 뒤에 편제되는 것이 순리적이라고 할 수 있다. 이상의 사실에서 5-1조의 秦令들은 정리소조가 시간순으로 令番號를 부여했음을 알 수 있다. 이상은 廷內史郡二千石官共令·第己☑·今辛의 令들을 분석한 것이다.

아래부터는 ▮廷內史郡二千石官共令·第庚·今壬(098/1131)에 수록된 令이다.

073-075簡의 令은 泰山(郡)守의 상주에 의해 令으로 확정된 것이다. (令番號 十三) 新黔首 不更 昌 부부의 절도죄로 인해 몰적된 嬰兒가 그들과 별도로 傳輸시 사망할 우려에 대하여, 8세 이전까지는 父母·親所에게 보내 기르도록 하는 내용이었다.[62]

073-075簡에는 泰山郡과 琅邪郡이 언급되는데, 그중 泰山郡의 설치시점은 태산 봉선과 깊은 관련이 있다. 진시황은 28년 태산에 올라 封의식을 거행하고, 梁父에서 禪 의식을 거행했다. 태산군의 설치는 이해의 전후였을 것으로 추정되지만 정확한 연도는 알 수 없다.[63] 琅邪郡은 진시황 26년에 설치되었다.[64] 그렇다면 泰山郡의 설치는 앞서 분석한 056-058簡의 28년 湘山 벌목금지와 비슷한 시점이지만, 그것과의 선후에 대해서는 자료의 결핍으로 확인하기 어렵다.

아래의 082-084簡(令篇號 十七)에도 秦代의 많은 郡들이 기록되어 있는데, 아래의 [표 6]에 제시되어 있다. 이 令은 남녀가 奸亂罪로 다른 郡으로 遷徙될 때, 남녀를 동일한 郡으로 遷徙하지 않도록 하고, 특별히 여자가 遷徙되는 郡을 지정하였다.[65] 이들 郡의 설치연대를 확인하

---

62) 『嶽麓書院藏秦簡(伍)』, p.63, "·泰山守言: 新黔首不更昌等夫妻盜, 耐爲鬼薪白粲, 子當爲收, 柀(彼)有嬰兒未可事, 不能自食(073/1114) 別傳輸之, 恐行死. 議: 令寄長其父母及親所, 勿庸別輸. 丞相議: 年未盈八歲者令寄長其(074/0918) 父母、親所, 盈八歲輒輸之如令. 琅邪(琊)郡比. ·十三☑(075/1935)"

63) 凡國棟, 『秦郡新探』(武漢大學博士學位論文, 2010), p.81.

64) 같은 논문, p.88.

면 令의 제정시점을 추정할 수 있을지도 모른다.

아래의 표에서 설치 연대를 확인할 수 있는 郡은 모두 통일 이전
에 설치되었다. 淸河郡과 河間郡의 설치 연대를 알 수 있다면 이 令의
제정시점을 알 수 있을 것이다. 그러나 河間郡이 통일 이후에 설치되
었다는 점은 분명하지만 정확한 연대는 알 수 없다.[66] 때문에 082-084
簡의 연대를 불확실하다는 것으로 결론을 내려야 한다.

[표 6] 郡 설치 연대

郡	연대
潁(潁)川	秦王政 17년(B.C.230)
東郡	秦王政 5년(B.C.242)
參川	莊襄王 元年(B.C.249)
河內	昭襄王 3년(B.C.293)
請(淸)河	?
河間	?
漢中	惠文王 13년(B.C.312)
蜀	惠文王 9-11년(B.C.316-314)
巴	惠文王 9-11년(B.C.316-314)

다음의 087-088簡(令番號 缺簡)은 丞相 李斯와 관련하여 令의 시점을
파악할 수 있는 것이다.[67] 이 令은 缺簡으로 인해 令番號가 보이지 않
으나 앞뒤에 위치한 令의 번호가 18과 20이므로 19로 추정된다.

---

65) 『嶽麓書院藏秦簡(伍)』, p.66, "諸相與奸亂而罷(遷)者, 皆別罷(遷)之, 勿令同郡.
其女子當罷(遷)者, 東郡, 參川, 河內, 潁(潁)川, 請(淸)河, (082/0864) 河間, 蜀巴,
漢中, □☒(083/2193) 亂, 不從令者, 貲二甲. ·十七--(084/0865)"
66) 凡國棟, 위의 논문, p.88.
67) 『嶽麓書院藏秦簡(伍)』, p.68, "·制詔丞相斯: 所召博士得與議者, 節(即)有逮告劾,
吏治者輒請之, 盡如宦. 顯大夫逮. 斯言: 罷(087/1129) 博士者, 請輒除其令.(088/
1130)"

[표 7] 진시황 시기 승상

연도	丞相	廷尉
진시황 26년	隗狀 王綰	李斯
진시황 26-28년	隗狀 王綰	李斯 卿
진시황 34년	李斯	

이 令에서 황제는 "制詔丞相斯"라고 하여 명령을 내리고 있다. 『史記』에 李斯가 丞相으로 처음 나타나는 것은 진시황 34년(B.C.213)이다. 秦始皇 34년은 분서사건이 일어난 해인데, 이 令이 이와 연관되는 것인지는 확실하지 않다. 이 令은 博士를 체포할 때 先請을 규정한 것으로 생각된다. 宦·顯大夫와 같이 博士에게 先請의 특혜를 부여한 것은 焚書사건에 연루된 博士들을 구제하는 것과 연관이 있을지도 모른다. 이 추정이 옳다면 이 令은 진시황 34년 시점의 것이라고 할 수 있다.

지금까지의 분석과 같이 4-3조와 마찬가지로, 5-1조의 廷內史郡二千石官共令 今辛과 廷內史郡二千石官共令 今壬의 令도 시간적인 배열이 이루어지고 있다. 아래의 표와 같이, 모두 시간상 빠른 것이 앞 번호를 부여받고 있다. 또한 令들이 모두 통일 이후의 것임도 주목된다.

[표 8] 5-1조의 연대

簡號	5-1조의 사안	연대	令名(令番號)
001	·廿六年十二月戊寅以來, 禁毋敢謂母之後夫叚(假)父	26. 12	廷內史郡二千石官共令·第己☑·今辛(二)
013	齊 從人 巴縣 鹽 이송	26. 통일 이후	廷內史郡二千石官共令·第己☑·今辛(十五)
019	樂突 이송	26. 통일 이후	廷內史郡二千石官共令·第己☑·今辛(十五)
030	廿六年正月丙申以來, 新地爲官未盈六歲節(即)有反盜, 若有敬(警)	26. 01. 14	廷內史郡二千石官共令·第己☑·今辛(十八)
045	故徼	26.	廷內史郡二千石官共令·第己

簡號	5-1조의 사안	연대	令名(令番號)
			·今辛(卄四)
056	·卄六年四月己卯丞相臣狀、臣綰受制相(湘)山上	28. 04.	廷內史郡二千石官共令·第己☑·今辛(卄七)
073	·泰山守言: 琅邪(琊)郡比.	28년 이후 (?)	廷內史郡二千石官共令·第庚·今壬(十三)
082	河間 十七 廷內史郡二千石官共令	불명	廷內史郡二千石官共令·第庚·今壬(十七)
087	·制詔丞相斯	34년(?)	廷內史郡二千石官共令·第庚·今壬(결간)

Ⅳ. 嶽麓秦簡(5) 5-2組

1. 5-2조의 令名과 형식의 특징

5-2조의 형식은 첫째, 令을 의미하는 ·의 표시를 하고, 令曰 + 내용 + 番號로 표시된 것, 둘째, ·의 표시 다음에, 내용 + 番號로 구성되는 형식의 두 가지가 있다. 형식상 令曰의 유무는 큰 의미가 없어 보인다. 4-3조와 5-1조는 廷內史郡二千石官共令만으로 구성된 것에 비하면, 5-2組는 卒令·郡卒令·尉郡卒令·廷卒令·廷 등의 다양한 令으로 구성되어 있다.

[표 9] 5-2조의 令名과 令番號

5-2組 令名	번호(불명은 缺簡)
卒令乙	5 8 11 23 27 32
卒令丙	2 3 4 9 34 50 51
郡卒令己	12 13
尉郡卒令第乙	76 尉郡卒令乙(불명)
廷卒令甲	불명
廷卒甲	2 8 11 16 22 27

5-2組 令名	번호(불명은 缺簡)
廷卒乙	17 20 21 21 21 21 21 불명, 불명,
廷卒□	불명
廷甲	불명, 4 10 11 13 14 (17)19 20 21 22
廷丁	21
廷戊	27
廷己	8 27 37

앞에서 살펴보았던 4-3조와 5-1조에서는 令이 어떠한 과정을 거쳐서 제정되었는지를 알 수 있는 정보들이 보존되어 있다. 예를 들면, 308/1918 + 309/0558에는 "制詔丞相御史 ~ 丞相御史請", 329/0587에는 "秦上皇時內史言: ~ 議"와 같이 令의 제정 과정이 보존되어 있다. 4-3조와 5-1조에 비교하면, 5-2組의 令들은 핵심 내용만 남기고 令의 제정 정보들이 대부분 정리되어 있다. 아래의 5-2조의 100-101簡에는 令의 발의자와 논의 과정에 참여한 자 등을 알 수 없다.

> · 令曰: 制書가 하달되거나 制書를 받아 問議할 것이 있는 것은 모두 簿를 만들고, 최초 도착일과 최초 받은 곳 및 올린 年日月, 官別의 지체 日數, 傳留狀을 기록하고, 對와 함께 모두 올린다. 不從令이면, 貲一甲이다. ·卒令乙五
>
> 100/1679+1673: ·令曰: 制書下及受制有問議者, 皆爲薄(簿), 署初到初受所及上年日月, 官別留日數, 傳留狀, 與對皆(偕)上. 不 101/1667: 從令, 貲一甲. ·卒令乙五

100-101簡은 令曰 + 내용 + 令番號만으로 구성되어 있다. 이것은 5-2組가 4-3조의 內史郡二千石官共令에 비해서 정리가 많이 진척된 것이라고 할 수 있다.

다만 5-2조에 제정사실을 알 수 있는 문언이 많이 제거되기는 했으나 단편적으로 남아있는 것들도 있다. 112~122簡은 "諸~請~御史上議 ~·制曰"의 비교적 완벽한 구조를 유지하고 있다. "諸"는 황제의 명령 이고, "請"은 유관 관원의 논의 결과를 법령으로 요청한 것이고, "御史 上議"는 御史大夫가 추가적으로 논의한 내용을 상신한 것이고, "制曰" 은 황제의 최종승인이다.

146~153簡의 尉郡卒令乙은 軍吏들이 治粟의 조운과 수송 시에 私利 를 취하고, 卒을 침탈하여 괴롭히는 문제에 대한 令이다. 여기에는 "丞相御史言~制曰: 可. 布以爲恒令"의 문언이 그대로 남아있다. "배포 하여 恒令"으로 만들라고 한 것은 황제의 어투가 그대로 남아 있는 것 이다.

170~172簡의 廷卒乙卄一에는 "城邑으로 반란한 것을 체포하였거나, 從興(관부가 정식으로 징발)이 아닌 상태에서 故塞徼外의 蠻夷가 간첩 행위 하는 것을 체포한 것에 대해서 律에 賞을 주는 규정이 없기 때문 에 令을 만들라.(賞毋律. 今爲令)"는 文言이 들어 있다. 이 부분도 당시 이 令을 제정할 때 있었던 대화의 내용이라고 할 수 있다.

185簡의 廷卒乙에는 "制曰~以爲恒"이라고 있다. 188~189簡에는 "謹布 令, 令黔首明智(知)"라고 되어 있다. "삼가하여 令을 배포하여 黔首로 하여금 잘 알게 하라"는 내용은 황제가 御史 등에게 말한 것이다.

2. 5-2조의 제정 시점

4-3조 및 5-1조와 달리, 5-2조는 대부분 令의 정확한 시점을 파악할 수 없다. "詔曰: 可" "制曰: 可"라는 문언이 있는 것에서 이 令들이 진시 황 26년 이후일 것이라는 정도만 알 수 있다. 5-2조의 첫 번째인 100簡 에도 制書라는 것을 보면 진시황 26년 이후의 것임을 알 수 있다. 진 시황 26년 이후의 것이므로, 令으로 編聯된 지 오래되지 않았다고 생 각된다.

그러나 5-2組의 188-189簡은 嶽麓秦簡 가운데 비교적 빠른 秦王政 13년의 令이다.(令番號 廷卒□) 그 내용은 "13年 3月 辛丑以來, 娶婦婦嫁女는 반드시 參辨券을 만들어야 하고, 參辨券 없이 소송하면 들어주지 말라."는 것이다.[68] "令黔首明智(知)"에서 보아 13년 당시 사용되었던 百姓이 수정되었음을 알 수 있다. 이 사실은 廷卒□에 통일 이전인 13년의 것도 포함되어 있음을 말해준다. 188-189簡과 관련해서 주목할 것이 4-3의 301-302簡이다.

· (진왕 정) 13년 6월 신축일 이래로, 검수에게 분명히 알린다. 서로 민전(緡錢)을 빌리고 빌려주는 경우 반드시 관리에게 권서(券書 = 계약문서)를 만들어야 한다. 권서를 만들지 않고 소송하면 접수하지 않고 廷律에 따라 처리한다. (13년 6월 신축일 이전) 이 令이 있기 이전에 권서를 만들지 않고 소송하는 경우 그 원금만 처리하고 이자는 다루지 않는데 內史律에 따른다.

· 十三年六月辛丑以來, 明告黔首: 相貸資緡者, 必券書吏. 其不券書而訟, 乃勿聽, 如廷律. 前此(301/0630)令不券書訟者, 爲治其緡, 毋治其息, 如內史律.(302/0609)(▌內史郡二千石官共令 第甲)[69]

301-302簡은 188-189簡의 廷卒□과 거의 비슷한 시기에 제정된 것으로 생각된다. 제정 시점이 3개월밖에 차이나지 않고 사용된 용어도 많이 일치한다. 두 개의 令이 원래 함께 논의된 사항이었으나, 각각 다른 조서로 발포되고 다른 令名을 부여받았을 가능성이 있다. 301-302

---

68) 『嶽麓書院藏秦簡(伍)』, pp.130-131, "·十三年三月辛丑以來, 取(娶)婦嫁女必參辨券. 不券而訟, 乃勿聽, 如廷律. 前此令不券訟者, 治之如內史(188/1099)律. ·謹布令, 令黔首明智(知). ·廷卒□(189/1087)" 13年 3月 辛丑은 『西周(共和)至西漢』에 의하면, 삭일이 丙申이므로 3월 6일에 해당하고, 『三千五百年曆日天象』(張培瑜)에 의하면, 삭일은 丁酉이므로 辛丑은 5일에 해당한다.

69) 『嶽麓書院藏秦簡(肆)』, pp.194-195.

簡은 相貸資繕의 내용(內史郡二千石官共令 第甲)이고, 188-189簡은 娶婦
嫁女의 내용(廷卒)으로 각각 다른 令名을 부여받은 것이다.

191簡은 그 시점이 188-189簡의 廷卒□보다 더 빠른 秦王政 五年 十一
月 戊寅(29일)의 것이다.[70] 188-189簡은 廷卒□이고, 191簡은 廷甲 四이므
로 양자의 令名이 다르다. 서로 다른 令名의 시간적 선후를 비교하기
는 곤란하다. 191簡에는 耐罪 이하 판결을 받은 자는 판결 후 60일 이
내에 賞으로 죄가 除될 수 있다는 내용 등이 규정되어 있다. 번호가
廷甲의 四라고 하는 번호는 廷甲에서 비교적 빠른 번호라고 생각된다.
그것은 이 令의 시점이 秦王政 五年이기 때문일 것이다.

이상의 분석과 같이 5-2의 廷甲 四(191簡)는 진왕정 5년의 것인데,
嶽麓秦令 가운데는 비교적 빠른 시기의 것이다. 그리고 나머지는 진
시황 26년 이후의 것이 많다. 5-2조에는 제정 시점을 확인할 수 있는
문언이 많지 않기 때문에 令들의 선후를 판단하기가 곤란하다. 4-3조
의 內史郡二千石官共令과 달리 卒令 등에 대한 令化 작업이 많이 진행
되었기 때문이다.

5-2조는 劃痕과 反印文이 도움이 되지 않아서 복원을 포기하고 抄寫
형식 위주로 편련한 것이다. 현재의 것은 卒令·廷卒令·廷令과 같이 令
名 위주로 편련되었기 때문에 원래의 순서는 아닌 것이다. 그러한 이
유에서인지 188·191간과 같이 제정 시기가 빠른 것이 후반에 위치해
있는 것은 앞에서의 4-3, 5-1의 특징과 다르다.

---

70) 『嶽麓書院藏秦簡(伍)』, pp.131-132, "【·】五年十一月戊寅, 令耐皋以下獄已斷而未
過六包(旬)者, 得以賞除. 過六旬不得除. 其成, 雖已行, 環(還)之. 過六旬(191/
1909) ☑司寇, 及有皋耐爲司寇, 獄已斷過六旬不得以賞除者, 或亡及有它皋耐爲
隸臣以(192/1891)【下】而因以獄斷未過六旬以賞除免爲庶人者, 皆當各復故吏(事),
不得爲庶人, 各以計槁籍逐之. ·廷甲 四(193/1685)"

[표 10] 5-2조의 연대

簡號	5-2조의 사안	연대	令名(令番號)
001	廿六年十二月戊寅以來, 禁毋敢謂 母之後夫叚(假)父	진시황 26년 12월	廷內史郡二千石官共 令·第己☑·今辛(二)
100	制書下	진시황 26년 이후	卒令(乙五)
153	制曰: 可. 布以爲恒令	진시황 26년 이후	尉郡卒令(乙)
185	·制曰 …以爲恒.	진시황 26년 이후	廷卒乙
188	十三年三月辛丑以來, 令黔首明智(知)	진왕정 13년	廷卒□
191	五年十一月戊寅	진왕정 5년	廷甲 四

V. 嶽麓秦簡(5) 5-3組

5-3조에도 많은 종류의 令이 포함되어 있다. 內史倉曹令, 內史旁金布令, 內史官共令, 遷吏令, 遷吏歸吏群除令, 備盜賊令 등이다. 이러한 令名을 보면 제목이 세분화되어 있음을 알 수 있다. 여러 종류의 令을 모아 놓은 형태는 『睡虎地秦墓竹簡』의 秦律十八種을 연상시킨다. 5-3조에도 令의 제정 정보가 완전히 제거된 것이 아니고 4조 정도 확인된다.

> 261/1924: ·令曰: … 議:
>
> 300/1919: ·令曰: 南陽守言: … 301/0005: ·丞相議: 如南陽議, 它有等比.
>
> 302/1954: ·令曰: 河間守言: … 議: 303/2141: … 丞相議許,
>
> 319/1704: ·居室言: …320/J35+J34: ·…御史請:

그러나 5-3조는 대부분 제정 정보가 제거되어 있는 상태이다. 따라서 "令曰"로 시작하고, 그 다음에 내용 + 令名 + 篇號의 심플하게 정리된 형태이다. 형태가 온전하게 보전된 아래의 令은 5-3의 전형적 사례이다.

· 令曰: 隷妾 및 女子居貲贖者로 하여금 吏의 僕·養·老·守府를 하지 못하
게 하고, 女子로 하여금 葆(保)庸(잡역에 고용된 사람)이 되어, 官府·
寺舍의 炊養을 하지 못하게 한다. 不從令이면 貲二甲이고, 廢한다. 丞·
令·令史·官嗇夫가 弗得이면 貲二甲이다. ·內史倉曹令弟(第)乙六

· 令曰: 毋以隷妾及女子居貲贖者爲吏僕, 養, 老, 守府, 及毋敢以女子爲葆(保)
庸, 令炊養官府, 寺舍, 不從令, (255/1670) 貲二甲, 廢. 丞, 令, 令史, 官嗇
夫弗得, 貲二甲. ·內史倉曹令弟(第)乙六 (256/1780)

255-256簡을 보면, 그 제정 경위와 시점 등을 알 수 없을 정도로 깔
끔하게 정리되어 있다. 5-3조 令의 형태(·令曰＋내용＋令名＋篇號)는
우리가 보아왔던 『睡虎地秦墓竹簡』『嶽麓秦簡』『二年律令』의 "律"과 차이
가 없다. 그것은 『張家山漢墓竹簡』에 보이는 「津關令」의 형태와도 다르
다. 아래에 예시한 「津關令」에는 令의 1·2·3의 형식이 모두 보이는데,
令 제정 과정의 단서들이 포함되어 있다. 이러한 「津關令」의 형태는
앞에서 보아왔던 4-3조와 5-1조의 형태와 유사하다고 할 수 있다.

　　(1형식): 二 制詔御史: 其令扜關、鄖關、武關、函谷【關】、臨晋關, 及諸其塞之
河津, 禁毋出黃金, 諸奠黃金器及銅, 有犯令492(F58)

　　(2형식): 一 御史言, 越塞闌關, 論未有令. 請闌出入塞之津關, 黥爲城旦舂;
… 制曰: 可. 491(F71)

　　(3형식): □ 制詔相國、御史, 諸不幸死家在關外者, 關發索之, 不宜, 其令勿
索, 具爲令. 相國、御史請關外人宦… … ■制曰: 可. 499(C129)

5-3조의 경우 앞에 예시한 261, 300-301, 302, 319簡의 4개 사례를 제
외하면, 令의 제정 경위 등이 삭제되었다. 이것은 거의 律과 같은 수

준으로 정리되었다. 이것은 몇 차례의 정리 단계를 거치지 않고서는 나오기 힘든 것이다. 예를 들어 內史倉曹令 甲卌의 경우는 "倉曹"와 같은 부서별로 분리해서 번호를 붙이고 있다. 이러한 2차례 이상의 분류 과정에서 재차 정리했을 가능성이 있다. 이 令들의 제정시점이 오래되었다는 이유 때문에 깔끔하게 정리된 것은 아니다. 제정 시점이 오래되지 않은 진시황 26년 이후의 令도 정리가 되어있다. 306간이 그러한 예이다.

> · 令曰: 黔首·徒隷가 이름이 秦으로 된 자는 이름을 바꿔야 한다. 감히 (이름에 秦을) 가지고 있거나 바꾸지 않으면 貲二甲이다. (306/2026: · 令曰: 黔首, 徒隷名爲秦者更名之, 敢有、有弗更, 貲二甲.)

306簡은 "黔首"라는 용어 및 里耶秦簡 "秦更名號方"의 "諸官爲秦盡更"이라는 避諱規定,[71] 『里耶秦簡(貳)』 1159簡의 "▨年更名曰殷"의 자료에서 볼 때, 秦始皇 26년 이후의 令이다.

5-3조는 이 秦令의 소유자가 자신에게 필요한 것만을 발췌했을 가능성이 있다. 그것을 보여주는 것이 265-268簡의 內史官共令第戉卌一이다.[72] 內史官共令第戉卌一은 4-3에 보이는 "▌內史郡二千石官共令 第戉(312簡)"에 해당하는 것으로 생각된다. 令名에 약간 차이가 있으나 양자는 동일한 것이다. 그렇다면 5-3조의 이 令文은 4-3조에 보이는 內史

---

71) 陳偉, 『里耶秦簡牘校釋(第一卷)』, p.156.
72) 『嶽麓書院藏秦簡(伍)』, pp.185-186, "□□免, 縣官不視【事】若(?)主及曹事有不當及廢之(陳偉釋 乏), 留者, 盡坐之, 雖有叚(假)代爲行之, 病者與共坐, 皆如身(265/1867) 斷治論及存者之辜, 唯謁屬所史官長歸乃勿坐. 詐(詐)避事, 所避唯(雖)毋論, 貲二甲, 廢. 以病故▨(266/1869) (缺簡) □者以失期不從其事論之, 均□(齊釋 使; 陳偉釋 吏)敎獄史、內(冗)佐居新地者, 皆令□□□新地日, 其徭使及病, 若有它(267/1149+C4-3-7) (缺簡) □□毋敢過壹, 隤計過者, 令丞以下均行, 詐(詐)避者皆爲新地吏二歲. ·內史官共令第戉卌一(268/1926)"

郡二千石官共令에서 필요한 것을 발췌해 모아놓은 것으로 생각된다. 이것은 秦令의 소유주가 근무에 필요한 것들을 모아서 지참한 것으로 생각된다. 마치 秦律十八種과 유사한 성격이라고 할 수 있다.

VI. 결론

嶽麓秦簡의 秦令을 분석한 결과 4-3, 5-1조는 뒷면의 劃線과 反印文, 내용 등에 근거하여 매장되었을 당시의 형태대로 복원되었을 것으로 생각된다. 반면에 5-2, 5-3조는 복원에 필요한 정보들이 부족하여 원래의 순서는 아닌 것으로 생각된다. 『嶽麓書院藏秦簡(伍)』 188간의 秦王政 13년 廷卒□, 191간의 진왕정 5년 廷甲 四와 같은 비교적 빠른 시기의 令이 후반부에 위치한 것이 그러한 예이다.

令의 형태를 볼 때 A유형은 令제정 과정의 정보가 남아있는 4-3, 5-1조의 內史郡二千石官共令이 해당한다. B유형은 令제정 과정의 정보가 남아 있지 않고 정리된 5-2, 5-3조이며, 卒令·郡卒令·尉郡卒令·廷卒令·廷令 등이 있다. A유형은 『二年律令』의 「津關令」과 같은 것이다. B유형은 『嶽麓書院藏秦簡(肆)』에 보이는 律과 형태상 근접해 있기 때문에 궁극적으로 이것이 완성된 형태였다고 생각된다. 그렇다면 「津關令」도 앞으로 좀더 정리되어야 할 것이었다고 생각된다. 왜 A유형의 內史郡二千石官共令이 令제정 과정의 정보가 남아있는지, B유형의 卒令 등이 더 정리가 되어 있는지 정확한 이유는 알 수 없다. 다만 B유형이 律에 가깝기 때문에 좀더 정리된 형태로 생각된다.

秦代에 중앙정부는 최신의 내용으로 秦律令을 수정하여 지방 郡縣에 배포하고 있었다. 각 官署는 정기적으로 인원을 파견해 지정된 장소에서 律文을 監郡御史로부터 抄寫·對照하였다.[73] 지속적으로 율령이

업데이트된 증거는 『睡虎地秦墓竹簡』과 『嶽麓書院藏秦簡(肆)』의 田律이
다. 여기에는 百姓에서 黔首로 변경되어 있다.[74) 또다른 증거는 "秦更
名號令"의 조서에 의해 豬(猪)가 彘로 변경된 것에서 확인되는데, 진시
황 26년을 경계로 확연하게 구분된다. [표 11]에서 보듯이, 통일 이전
의 문서인 『睡虎地秦墓竹簡』에는 猪가 보이고,[75) 『嶽麓書院藏秦簡(參)』
「奏讞狀」芮盜賣公列地案에도 獄史 豬가 확인되고 있다. 후자는 "王室置
市府"(067-068簡)라는 것에서 보면 秦의 王室 시기의 기록이다.[76) 이에
반해 『嶽麓書院藏秦簡(肆)』의 賊律과 『二年律令』에는 彘로 나타난다.[77)
이로써 본다면 賊律의 "黔首", 豬(猪)가 彘로 수정된 것은 秦更名號方의
조치 이후에 수정된 것이다. 이처럼 更名 용어의 변경은 秦代문서의
시점을 확인하는 경계석 역할을 한다고 할 수 있다.

[표 11] 猪와 彘

	豬(猪)	彘
睡虎地秦墓竹簡	猪	
里耶秦簡(1)		毋敢曰豬爲彘 8-461 徒隷牲畜死負彘賣課 8-490 畜彘雌狗產子課 8-495

---

73) 周海鋒, 「嶽麓書院藏秦簡《田律》研究」(『簡帛』 11, 2015), p.105.
74) 睡虎地秦墓竹簡整理小組, 『睡虎地秦墓竹簡』(北京: 文物出版社, 1978), p.30, "百
   姓居田舍者毋敢醴(酤)酉(酒), 田嗇夫, 部佐謹禁御之, 有不從令者有罪. 田律"; 『嶽
   麓書院藏秦簡(肆)』, p.106, "黔首居田舍者毋敢醴〈醴(酤)〉酒, 不從令者覂(遷)之,
   田嗇夫, 吏, 吏部弗得, 貲各二甲, 丞, 令, 令史各一甲.(115/1400)"
75) 『睡虎地秦墓竹簡』, p.54, "畜雞離倉. 用犬者, 畜犬期足. 猪, 雞之息子不用者, 買
   (賣)之, 別計其錢. 倉"
76) 朱漢民·陳松長, 『嶽麓書院藏秦簡(參)』(上海: 上海辭書出版社, 2013), pp.22-23.
77) 『嶽麓書院藏秦簡(肆)』, p.142, "賊律曰: 爲券書, 少多其實, 人戶, 馬, 牛以上, 羊, 犬,
   彘二以上及諸誤而可直(值)者過六百六十錢, 皆爲(225/1244)大誤.(226/1246+1395)"; 張
   家山二四七號漢墓竹簡整理小組, 『張家山漢墓竹簡[二四七號墓]』(北京: 文物出版
   社, 2001), p.167, "馬, 牛, 羊, 豕辱 彘, 彘食人稼穡, 罰主金馬, 牛各一兩, 四豕辱
   彘若十羊, 彘當一牛, 而令攝稼償主. 縣官馬, 253(F65)"

	豬(猪)	彘
嶽麓秦簡(3)	·獄史豬曰: 芮、方幷賈(價). …王室置市府	
嶽麓秦簡(4)		賊律: 羊、犬、彘
二年律令		彘

업데이트된 律令이 배포되기 때문에 출토된 율령은 제정 시점을 파악하기 곤란하다. 『嶽麓書院藏秦簡』의 秦令에는 진왕정 5년·13년 시기의 것도 있었지만, 대부분은 진시황 26년 이후의 것이다. 26년 이후에 秦令이 많아진 것은 확실히 秦 통일 이후에 각종 제도적 장치들이 필요해진 때문일 수도 있다.

한 가지 의문은 莊襄王 시기까지의 명령은 왜 令으로 된 것이 많이 보이지 않을까? 泰上皇 시기의 것은 "泰上皇元年以前隸臣妾及□□□□(289/0479)"이 하나 보일 뿐이다. 泰上皇 시기까지의 令이 많이 보이지 않는 이유는 두 가지로 추정할 수 있다. 첫째, 莊襄王 시기까지의 令이 『嶽麓書院藏秦簡(肆)』의 律로 전환되었을 가능성이다. 둘째, 秦王政 이전의 令들은 극소했을 가능성이다.

『嶽麓書院藏秦簡(肆)』에 통일 이전의 秦令이 많이 보이지 않는 것, 동시에 律에 秦 통일 이전인 秦王政 14·20·25년의 것이 존재하는 것은 상관관계가 있다.[78] 嶽麓秦律에는 대부분 제정과정의 정보가 제거되어 있지만, 해당 律의 적용 기산시점까지 삭제할 수는 없었다. 이러한

---

78) 『嶽麓書院藏秦簡(肆)』, pp.60-61, "十四年七月辛丑以來, 諸居貲贖責(債)未備而去亡者, 坐其未備錢數, 與盜同灋. 其隸臣妾殿(也), 有(又)以亡日臧數, 與盜同灋."(066-067); 같은 책, p.53, "卄年後九月戊戌以來, 其前死及去乃後遷者, 盡論之如律. 卿, 其家嗇夫是坐之."(044); 같은 책, p.62, "卄年後九月戊戌以來, 其前死及去乃後遷者, 盡論之如律."(070); 같은 책, p.64, "卄年後九月戊戌以來, 取罪人、辠亡人以爲庸, 雖前死及去而後遷者, 論之如律."(076); 같은 책, p.53, "卄五年五月戊戌以來, 匿亡人及將陽者, 其室主匿贖死罪以下(匿亡人及將陽者其室、主匿贖死罪以下), 皆與同罪. 亡人罪輕于"(045)

律들은 기산시점의 이유 때문에 제정 시점의 부분이 남아있지만, 그 밖의 律들은 그 시점을 알 수 없다. 秦王政 시기의 律들을 보면 現王의 令들도 많이 律로 전환되었음을 알 수 있다. 이러한 것에서 본다면, 『嶽麓書院藏秦簡(肆)』의 시점을 알 수 없는 많은 律들이 통일 이전의 令들이었을 가능성이 있다. 嶽麓秦令 가운데 통일 이전의 것이 적은 이유는 이렇게 律로 전환된 때문이었을 가능성도 있다.

嶽麓書院藏秦簡의 卒令

I. 卒에 대한 제설

『嶽麓書院藏秦簡』의 석문이 보고되기 이전에 일본학자들은 장시간 동안 秦令의 존재를 부정했었던 적도 있으나,[1] 嶽麓秦簡의 석문이 보고되고 나서 무려 27종의 秦의 令名이 확인되었다.[2] 필자는 秦令에 대하여 몇 편의 글을 발표하였는데, 秦令을 대상으로 한 주제 가운데 가장 흥미를 끄는 것은 "卒令"의 문제이다. "卒令"은 종전에 볼 수 없었던 令名으로서 모두 5종이 보이는데, 이는 秦令의 편제 과정의 일단을 파악하게 해줄 수 있는 키워드이다. 그러나 "卒令"에 대한 기존의 자료가 없기 때문에 전혀 알려진 바가 없는데, 이에 대해서는 周海鋒, 陳松長, 邢義田의 견해가 논쟁 중이다.

---

1) 任仲爀, 「秦漢시기 詔書의 律令化」(『中國古中世史研究』 42, 2016), 참조.
2) 陳松長에 따르면 嶽麓秦令의 27개 令名은 아래와 같다. 陳松長, 「嶽麓秦簡中的秦令令名補訂」, 2016年 上海 "第六屆出土文獻與法律史研究學術研討會" 會議論文. 第一類 篇名(11): 內史郡二千石官共令, 廷內史郡二千石官共令, 內史官共令, 安台居室, 居室共令, 食官共令, 給共令, 四司空共令, 四司空令, 四謁者令, 尉郡卒令; 第二類 單一令名(16): 內史倉曹令, 內史戶曹令, 內史旁金布令, 祠令, 辭式令, 郡卒令, 廷令, 廷卒令, 卒令, 縣官田令, 遷吏令, 備盜賊令, 史學童詐不入試令, 遷吏歸吏群除令, 新黔首挾兵令, 稗官令. 본고의 판본은 아래의 것을 이용하였다. 陳松長, 『嶽麓書院藏秦簡(肆)』(上海: 上海辭書出版社, 2016); 陳松長, 『嶽麓書院藏秦簡(伍)』(上海: 上海辭書出版社, 2017). 陳松長은 27종으로 파악했으나, 필자는 본서의 「漢代 律과 令의 관계」에서 29종으로 보았다.

1. 周海鋒

가장 먼저 "卒"을 분석한 것은 周海鋒인데, "卒令"에 대한 專論은 아니었고 尉卒律을 분석하는 과정에서였다. 그는 尉卒律의 "卒"은 "萃"와 假借되며, 萃의 뜻은 聚·集이라고 주장했다. 그 결과 尉卒律은 縣尉와 관련된 律文의 "滙集"이라고 주장하였다. 그 논지를 정확하게 이해하기 위해선 조금 장황하더라도 자세하게 인용하겠다.

> 嶽麓秦簡律令簡 가운데 "卒"로 命名된 것은 "卒令乙", "卒令丙", "廷卒甲", "廷卒乙", "廷卒己", "廷卒令甲", "郡卒令己", "尉郡卒令第乙", "尉郡卒令", "四司空卒令" 등이 있다. 그 내용은 다음과 같은 것들이다. "卒令乙", "卒令丙"은 文書管理와 傳遞 방면의 규정이고, "廷卒乙"은 官員이 上書 시 文書格式에 대한 요구, 俘獲 또는 蠻夷 은닉자에 대한 賞罰條例이다. "廷卒己"는 賞賜에 대한 규정이며, "郡卒令己"는 車馬의 管理에 대한 규정이다. "尉郡卒令第乙"은 律文이 4글자밖에 남아있지 않아서 내용을 알 수 없다. 이러한 것들을 보면, 비록 "卒"로 命名했으나, 土卒과는 조금도 관련이 없음을 알 수 있다.
> 律文에서 알 수 있듯이, 『尉卒律』과 土卒의 관련성은 크지 않다. 『尉卒律』 중의 "卒"은 "萃"로 읽어야 할 것 같다. 古書 가운데 "卒"은 늘 "萃"와 통한다. 예컨대 馬王堆帛書 『易·卒』 "亨, 王假有廟"에는 현재 傳本의 "卒"이 "萃"로 되어있다. 初六·六三·九五의 例도 마찬가지이다. 또한 『楚辭·天問』 "何卒官湯"에 대해, 朱熹 『集解』에서는 "萃라고 쓰기도 한다."라고 하였다. 萃에는 聚·集의 뜻이 있다. 『易·序卦』에 "萃는 聚이다."라 하였다. 『詩·墓門』 "有鴉萃止"에 대해, 毛傳은 "集이다."라고 하였다. 『禮記·王制』 "三十國以爲卒"에 대해, 鄭玄注는 "聚와 같다."라고 하였다. "卒"에는 본래 聚의 뜻이 없고, "萃"가 된 후에 비로소 그 뜻(聚)이 있다. 그러므로 鄭玄이 말하기를 "聚와 같다."라고 한 것이다. 이에 의거하여, "尉卒律"의 "卒"은 聚·集으로 해석할 수 있다. "尉卒律"은 縣尉와 관련된 律文의 滙集(모음집)이다. 嶽麓

秦簡 가운데 "卒"로써 명명된 律令은 모두 이와 같이 해석해야 한다.[3]

周海鋒은 尉卒律에 보이는 卒이 士卒과 무관하며, 오히려 萃와 통용되고, 그 뜻은 모두 聚集의 의미로 사용되었다고 주장했다. 그러므로 尉卒律은 縣尉와 관련된 律文의 모음(滙集)이라는 것이다.

2. 陳松長

陳松長은 卒을 通假字로 읽지 말고, 원래의 本字로 읽어서 郡級의 卒史로 봐야 한다고 주장하였다. 陳松長의 견해를 정리하면 다음과 같다.

(尉郡卒令은) "尉"와 "郡"이 동급의 기구이므로 尉와 郡 사이에서 끊어 읽어야 한다. "廷內史郡二千石官"은 廷·內史·郡二千石官과 같이 이해해야 한다. 따라서 "尉郡卒令"은 "尉·郡卒令"으로 읽어야 한다. 즉 "尉卒令"과 "郡卒令"의 合稱이다. 嶽麓秦簡 가운데 "郡卒令"은 있으나 "尉卒令"은 없고, 단지 "尉卒律"만 있다. 이것은 대칭이 잘된 편은 아니다. 그러나 위에서 서술한 해석에 비춰볼 때 이러한 문제는 없다. 그 이유는 간문 가운데 "尉卒令"이 없는 것이 아니기 때문이다. 단지 정리자가 편집하는 과정 중에 그것(尉卒令)을 "郡卒令"과 합쳐놓았으므로 당혹스럽게 느껴졌을 것이다.

令名 가운데 "卒" 또한 토의할 가치가 있는 단어이다. 우리는 정리하는 과정에서 여러 가지 다른 의견을 들었다. 어떤 사람은 (卒을) "萃", 즉 "모으다(滙集)"의 뜻으로 읽어야 한다고 했고, 어떤 사람은 "倅", 즉 副本의 뜻으로 읽어야 한다고 했고, 어떤 사람은 睡虎地秦墓竹簡에 있는 "尉雜律"의 "雜"으로, 어떤 사람은 本字, 즉 士卒의 "卒"로 읽어야 한다고 했다. 우리들이 정리한 원고에서는 "卒"을 "雜"으로 읽는 의견을 채용했고, 簡注에는 단지 "尉雜"의 두 글자로만 해석했다. 현재 이러한 해석은 토론의 여지가 있

---

3) 周海鋒, 「嶽麓書院《尉卒律》研究」(『出土文獻研究』 14, 2015), pp.79-80.

다. 그 이유는 嶽麓秦簡에 "雜律"이라고 분명하게 쓴 2글자가 있고, 간문의 모든 "卒"字는 "雜"字와 혼동하는 경우가 없기 때문이다. 때문에 周海鋒은 『尉卒律』의 "卒"을 "萃"로 읽어야 하며, 이것은 縣尉와 관련된 律文의 모음 (滙集)이라고 지적하였다.

나의 견해로는 周海鋒의 해석은 새로운 것이 아니고, 위에 언급한 몇 가지 해석 가운데 하나를 택해서 재차 논증을 가한 것이다. 그러나 "尉卒律"을 "縣尉와 관련된 律文의 滙集"이라고 보는 것은 타당하지 않다. 어떻게 율문의 명칭을 "律文의 滙集"으로 할 수 있겠는가?

현재로서 볼 때에, 크게 고민할 필요는 없다. (通假字로 읽지 않고: 필자) 원래의 本字(郡級의 卒史: 필자)로 읽으면 큰 지장은 없다. 嶽麓秦簡 律令簡에 "卒"로 명명된 율령은 위에서 언급한 "尉卒律" 이외에도 많은 令名이 있다. 예컨대, 卒令乙·卒令丙·廷卒令甲·廷卒乙·廷卒令甲·郡卒令·尉郡卒令과 四司空卒令 등이 있다. 이러한 令名을 만약 "卒"이 출현한 상황에서 본다면, 卒·廷卒·郡卒·尉郡卒(尉卒과 郡卒)·司空卒로 나눌 수 있다. 그 가운데 廷卒은 혹 縣廷으로 이해될 수도 있다. 司空 역시 縣司空으로 해석될 수도 있다. 그러나 우리는 "廷內史郡二千石官"에 근거해 판단한다면, 여기의 "廷"은 郡級의 "廷"을 가리킨다. 즉, 여기의 廷卒·郡卒·尉郡卒·司空卒은 모두 같은 등급의 것이고, "卒令"의 "卒" 역시 廷卒·郡卒·尉郡卒·司空卒의 泛稱이다. 이로 인해 이른바 "卒令"은 郡級의 官署에서 卒이 遵守해야 할 令文일 가능성이 있다. 卒은 진한시기에 외연이 매우 넓은 專稱이다. 즉, 士卒을 지칭할 수도 있고, 戍卒을 지칭할 수도 있으며, 百人이 卒일 수도 있다. "卒史"는 특히 중요한 속관의 하나이다. 『漢書』「陳勝傳」의 "遣故上谷卒史韓廣將兵北徇燕"에 대해, 張晏은 "卒史, 曹史也"라고 했다. "卒史"를 "曹史"로 해석할 수 있다면, "曹" 또한 郡級行政管理에 없어서는 안될 상설기구이다. 예컨대 嶽麓秦簡에는 "內史倉曹", "內史戶曹"의 기록이 있는데, 여기에 반복해 출현하는 "卒令"은 郡級 各曹의 卒史들에게 반포된 令文이라고 생각한다.[4]

『嶽麓書院藏秦簡』簡注에서는 "卒"을 "雜"으로 읽는 의견을 채택하여 "尉卒"을 "尉雜"으로 읽고 있지만, 한편으로 "卒"을 "卒史"로 읽어야 한다는 별도의 견해도 있었다고 밝혔다.[5] 별도의 견해는 그 후 발표된 陳松長의 논문을 보면 그 자신의 견해임이 밝혀졌다. 陳松長은 嶽麓秦簡에 "卒"字는 "雜"字와 혼동하는 경우가 없기 때문에 "雜"으로 읽어서는 안된다고 보았다. 이러한 맥락에서 周海鋒은 『尉卒律』의 "卒"을 "萃"로 읽어야 하며, 이것은 縣尉와 관련된 律文의 滙集이라고 지적하였다. 그러나 陳松長은 율문의 명칭이 "律文의 滙集"일 수는 없다고 비판하였다. 그래서 陳松長이 내린 결론은 卒令이 郡級의 官署에서 卒 또는 卒史가 遵守해야 할 令文이라는 것이다.

필자의 생각으로도, 嶽麓秦簡 整理小組가 "尉卒"을 "尉雜"의 뜻으로 해석하거나, "卒"을 "卒史"의 卒로 해석한 것은 아래의 尉卒律 139簡을 보면 납득하기 곤란하다.

● 尉卒律에서 이르기를: 縣尉가 일을 처리함에 감히 (令)史로 하여금 홀로 처리하게 해서는 안되며, 반드시 尉 및 士吏가 참여하고 몸소 임하여야 하는데, 令을 따르지 않는 자는 貲 1甲에 처한다.

● 尉卒律曰: 縣尉治事, 毋敢令史獨治, 必尉及士吏與, 身臨之, 不從令者, 貲一甲.(139/1409)[6]

139簡은 尉가 縣尉임을 명시하고 있다. 縣尉의 업무 처리시 令史의 단독처리를 불허하고, (縣)尉 및 士吏가 직접 참여하는 문제를 거론하고 있다. 이로써 볼 때, 尉卒律은 縣尉의 업무와 관련된 것이고 卒史와

4) 陳松長, 「嶽麓秦簡中的幾個令名小識」(『文物』 2016-12), pp.63-64.
5) 『嶽麓書院藏秦簡(肆)』, p.164.
6) 같은 책, p.114.

관련된 것은 아니다. 尉卒律의 "卒"과 관련하여, 簡文에는 卒史와 관련된 것이 없고, 尉·士吏 등이 언급되어 있다. 또한 정리소조가 "尉卒"을 "尉雜"으로 해석한 것은 "尉"와 관련된 잡다한 규정을 모은 것으로 이해한 것이지만, 內史雜을 內史卒이라는 율명으로 기록한 사례는 확인되지 않는다. 秦漢律에서 雜과 卒은 혼용된 경우가 한 차례도 없고 엄격하게 구분해서 사용하고 있기 때문이다. 정리소조의 尉卒律을 尉雜 또는 卒史의 卒로 보는 해석은 어느 하나도 채택할 것이 없다.

3. 曹旅寧

曹旅寧은 "卒"에 대한 아이디어를 陳偉의 연구에서 얻었다.[7] 陳偉는 『睡虎地秦墓竹簡』과 『張家山漢簡』에 보이는 傳食律의 對讀을 통해 卒은 郡守를 포함한 二千石官이라고 주장했다.[8] 曹旅寧은 이를 받아서 卒令은 二千石官署가 共同으로 遵循해야 하는 令이라고 주장하였다. 曹旅寧의 견해는 다음과 같다.

　　郡卒令의 여러 조문의 내용은 대부분 郡守의 직무와 관련된 것이고, 尉郡卒令의 여러 조문은 爵 및 除人, 종군자의 私利와 관련된 일인데, 張家山漢簡 『置吏律』의 郡守·郡尉의 직무와 서로 합치된다. 嶽麓書院藏秦簡(四) 가운데 "尉卒律"은 爵位 削除 사항과 관련되는데, 郡尉의 직무와 관련된 것이다. 律名 가운데 "尉卒"은 "郡尉"를 가리키는데, 郡尉의 秩은 比二千石이다. "廷卒令"과 "廷令"은 대부분 司法文書 決獄과 관련되는데, 廷尉 및 官署

---

7) 曹旅寧, 「嶽麓秦簡令名試解」, 簡帛網, http://www.bsm.org.cn/show_article.php?id=3035.

8) 陳偉, 『秦簡牘合集(壹:上) 睡虎地秦墓竹簡』(武漢: 武漢大學出版社, 2014), pp.141-142. 陳偉는 "卒人은 《二年律令·傳食律》가운데 '二千石官'에 對應한다. 里耶秦簡의 자료에 의하면, 秦律의 '卒人'은 郡守를 포함한 二千石官이다."라고 주장하였다.

와 관련이 있다. 본래 郡廷·縣廷·都官廷은 廷으로 부를 수 있는데, 嶽麓秦
簡(伍)의 "廷內史郡二千石官共令, 第己, 今辛", "廷內史郡二千石官共令, 第庚,
今辛", "第甲戊己庚四篇"의 廷尉·內史·郡守를 함께 거론했고, 또한 새롭게
滙編한 것은 바로 上述한 추측에 증거를 제시한다.

曹旅寧에 따르면, "卒"字가 포함된 율령은 郡守를 포함한 二千石官
과 관련된 것이라는 것이다. 그 주장은 二千石官과 관련된 令이라는
점에서 전술한 진송장의 견해와 일맥상통하는 것처럼 보이지만 차이
가 있다.[9]

그런데 진한시대의 관리 직무를 군수가 포함된 이천석관이라는
단어로 묶는다면 묶이지 않는 것이 있을까? 그리고 曹旅寧의 주장은
다음과 같은 점에서 허점이 보인다. 曹旅寧의 주장처럼 卒이 이천석
관이라고 한다면, 郡卒令·尉郡卒令·尉卒律의 경우 굳이 "卒"字를 넣지
않고, 郡令·尉郡令·尉律로만 불러도 二千石官을 포괄할 수 있다. 그런
데 왜 굳이 "卒"을 넣었는지를 설명하기에는 그 논거가 미약하다.

4. 邢義田

邢義田도 周海鋒의 卒＝萃(聚集)의 견해를 부정하고, "倅＝副"로 읽
어야 한다고 주장했다. 邢義田은 "(周海鋒이) 尉卒律은 縣尉와 관련 있
는 律文의 모음(滙集)이라고 지적하였다. 다만 그 뜻이 매우 넓어서
이것으로 律名「卒」字의 意義를 해석하는 것은 (실제 의미와) 거리가
있다."고 하였다. 그는 "卒"을 "倅"로 통용하는 사료들을 제시하고,[10]

9) 陳松長은 卒令이 郡級의 官署에서 卒史가 遵守해야 할 令文이라고 했다. 그
러나 曹旅寧은 郡守·郡尉 등 二千石 관서가 공동으로 준수하는 令이라고 하
는 점에서 차이가 있다.
10) ①[漢] 許慎, 『說文解字』(北京: 中華書局, 1963), p.168, "倅, 副也." ②[清] 阮元,
『十三經注疏·周禮·夏官司馬下·諸子』(北京: 中華書局, 1979), p.850, "掌國子之

모두 副·從屬·備用의 의미로 봐야 한다고 주장하였다.

附馬는 의심할 나위 없이 倅 또는 副馬이며, 從屬·備用 또는 代用之馬이
다. 于豪亮은 居延漢簡의 「萃馬」를 副馬로 해석했는데, 萃·倅은 同義이다.
張俊民은 敦煌懸泉漢簡의 馬를 연구했는데, 于氏의 萃馬 = 副馬說에 동의하
였다. 『續漢書』 「祭祀志」 宗廟條의 "무릇 희생물은 18개의 太牢를 사용하는
데, 모두 副倅이 있다(凡牲用十八太牢, 皆有副倅)."에서 보면 副와 倅은 同義
이다. 卒이 이미 萃·倅과 通하므로, 『尉卒律』을 『尉倅律』로 읽거나 『尉副
(附)律』로 읽어도 무방하다.[11]

邢義田 주장의 핵심은 卒 = 萃 = 倅의 관계이므로, 尉卒律을 尉倅律·
尉副(附)律로 읽어도 된다는 것이다. 그는 한걸음 더 나아가 卒律이 漢
初의 『傍章』과 유사한 성격을 가진 것으로 파악했다. 즉, "尉副(附)律의
의미는 從屬·旁附 또는 尉律에 副加되어, 尉律이 미치지 못하는 것을
보충하는 것이고, 漢初의 傍章과 유사하다."고 주장하였다. "秦은 이미
각종 律·令이 충분하지 못한 곳을 이른바 卒律 또는 卒令으로 添補增
益하였다. 또한 尉卒律·郡卒律·廷卒令·四司空卒令의 名稱은 이른바 卒
律 또는 卒令임을 알 수 있다."고 하였다. 邢義田의 이러한 추정은 아
마도 兎子山漢墓의 旁律 아래에 尉卒律이 포함된 것에서 힌트를 얻은
것 같다.

倅. 鄭玄注: 故書倅爲卒. 鄭司農云: 卒讀如物有副倅之倅." ③[淸] 阮元, 『十三經
注疏·禮記·燕義』, p.1690, "古者周天子之官有庶子官, 庶子官職諸侯卿大夫士之
庶子之卒. 鄭注: 卒皆讀爲倅, 諸子副代父者也." ④『漢書』 卷69 「趙充國傳」,
p.2986, "至四月草生, 發郡騎及屬國胡騎伉健各千, 倅馬什二, 就草, 爲田者遊兵.
師古曰: 「倅, 副也. 什二者, 千騎則與副馬二百匹也.」" ⑤ 鄭曙斌·張春龍 等, 『湖
南出土簡牘選編』(長沙: 嶽麓書社, 2013), p.207, 「馬王堆一號墓遣冊」, 簡73 "馬五
十匹, 附馬二匹."
11) 邢義田, 「『尉卒律』臆解 – 讀嶽麓書院藏秦簡札記之一」, 簡帛網, http://www.bsm.org.
cn/show_article.php?id=2491(2016-03-23 15:17:30).

2015년 彭浩(荊州博物館 館長: 필자) 선생을 방문했을 때 益陽 兎子山漢 墓에서 출토한 律名牘 가운데『旁律』卄七章이 있었고, 또한『尉卒律』『雜 律』등도 있었다. 그런데『尉卒律』은『旁律』에 열거되어있다. 卒은 곧 倅로 읽을 수 있다는 것을 알 수 있다.『尉律』의 副律 또는 附律로 해석할 수 있고, 그리고『旁律』『旁章』또는『雜律』과도 다르다. … 旁章·旁律·旁令·卒 律 혹은 卒令과 같이 旁 또는 卒字를 가지고 있는 것은 附屬 또는 增補性의 律 또는 令의 總名이다.[12]

이상에서 논급한 바와 같이, 邢義田의 주장은 漢律의 副律에 해당 하는 旁律의 기원이 이미 秦律令에 존재하며, 그러한 형태가 尉卒律이 라는 것이다. 그가 이러한 아이디어를 얻은 것은 益陽 兎子山漢墓의 『旁律』아래에『尉卒律』이 있다는 사실이었다. 邢義田의 글은 卒令에 대한 專論이 아님에도 중국학계에서는 인용되고 있는 실정이다.[13]

II. 卒의 "副"적 의미

邢義田의 주장처럼, 卒(倅)을 副로 해석하는 증거는 많은데, 居延漢 簡의 자료가 대표적이다. 居延漢簡의 자료를 보면 일단 邢義田의 주장 이 타당한 것처럼 보인다.

① ☒主馬十四匹; 四日殄北卒馬十四匹, 一宿去. 藥, 馬八束半

　☒主馬四匹三日. 藥, 馬八束半.(EPT52:226)[14]

---

12) 邢義田, 위의 논문 URL.
13) 趙斌,『秦簡"卒"相關律令研究』(湖南師範大學碩士論文, 2019), p.5; 曹旅寧,「讀《湖 北雲夢睡虎地77號西漢墓出土簡牘概述》書後」, 簡帛網, http://www.bsm.org.cn/show_ article.php?id=3055#_ftnref1.

② ☑粟廿石 輸萬歲隧倉 柱馬食(214.128)[15]

③ 觻得騎士安定里楊霸, 卒馬一匹(560.8)[16]

④ ☑以食候馬傳馬萃馬(497.2)[17]

⑤ 萃馬一匹(116.57)[18]

居延漢簡 ①에는 主馬와 卒馬가 대비되어 있다. 主馬는 傳馬 가운데 "主"된 것이고, 이와 상대적인 "卒馬"는 『漢書』 「趙充國傳」에 보이는 "倅馬"로서 副馬이다.[19] ②에는 柱馬가 보이는데, 이는 主馬와 동일한 것으로 생각된다. ③에는 卒馬, ④⑤에는 萃馬가 있다. "萃馬" "倅(卒)馬"는 모두 備用之馬로서 "柱(主)馬"와 상대적인 것이다.[20] 이로써 볼 때, "主", "柱"는 통용되고, "卒", "倅", "萃"도 通假되는 것이다. 居延漢簡의 자료를 보면, 主와 卒은 主-副의 관계로 이해할 수 있다. 이러한 卒 = 萃 = 副 = 備用의 등식 관계는 앞서 언급한 邢義田의 주장을 뒷받침하는 것이라고 할 수 있다. 실제로 嶽麓秦簡에서도 "備用"의 방식으로 卒을 해석하고 있다.

　　奔警律에 이르기를 : (중략) (奔警을 가는) 해당 故徼의 縣·道는 각각 令을 내려(178) 성읍과 요충지를 지키게 하는데, 미리 먼저 (伍별로) 담당 구

---

14) 甘肅省文物考古研究所, 『居延新簡』(北京: 文物出版社, 1990), p.244.

15) 謝桂華 等, 『居延漢簡釋文合校』(北京: 文物出版社, 1987), p.343.

16) 같은 책, p.655.

17) 같은 책, p.595.

18) 같은 책, p.189.

19) 『漢書』 卷69 「趙充國傳」, p.2986, "至四月草生, 發郡騎及屬國胡騎伉健各千, 倅馬什二, 就草, 爲田者遊兵."; 『漢書』 卷68 「霍光傳」, p.2931, "載光尸柩以轀輬車. 臣瓚曰: 「⋯案杜延年奏, 載霍光柩以輬車, 駕大廐白虎駹, 以轀車駕大廐白鹿駹爲倅.」 師古曰: 「⋯後人既專以載喪, 又去其一, 總爲藩飾, 而合二名呼之耳. 倅, 副也, 音千內反.」"

20) 高榮, 「漢代"傳驛馬名籍"簡若干問題考述」(『魯東大學學報』 25-6, 2008), pp.37-38; 周峰, 「西北漢簡中的馬」(西北師範大學碩士論文, 2013), p.13.

역을 잘 나누어 놓고 재량해서 將吏를 배치해 두어 (黔首와 將吏) 모두 미리 담당할 곳을 주지하게 한다. 奔警을 가게 되면 (검수들은) 각자 바로 담당하는 곳으로 달려가는데, 將吏가 이들을 잘 관리한다.(179) 노약자·폐질자는 (신체 특성상) 수비가 어려우니, ① 미리 더 많은 卒(士卒)을 보내어 반드시 정원을 채워서 수비를 증강하고(豫遺重卒期足以益守), 먼저 담당할 곳을 주지하게 한다.(180) (缺簡) 징발하여 사용하면 (징발된 자를) 교대해서는 안된다. (징발된 자에서) 死亡者가 있으면 그때마다 보충하고, 징발에 종사하고 있는데 결원이 발생하면 縣에서 보충한다. ②a: [정리소조] 예비인원이 있는 경우는 배치하지 않는다(有卒者毋置)(b: [필자] 士卒이 있는 경우는 배치하지 않는다). 맡은 일을 감당할 수 없는 경우가 있으면, 尉史·士에게 貲…(181)[21]

위의 奔警律에는 "卒"이 두 차례 사용되고 있다. 정리소조는 180簡의 "卒"을 士卒의 의미로 읽었으나, 181簡의 "有卒者毋置"의 "卒"에 대해서 倅 또는 副라고 주석하여 "예비인원"의 뜻으로 이해했다.(a)[22] 그러나 필자의 생각은 아래와 같이 다르다.

---

21) 『嶽麓書院藏秦簡(肆)』, pp.126-128, "●奔敬(警)律曰: 先鄰黔首當奔敬(警)者, 爲五寸符, 人一, 右在【縣官】左在黔首, 黔首佩之節(即)奔敬(警). 諸挾符者皆奔敬(警)故[177/1252] 徼外盜徹所, 合符焉, 以讓(選)伍之. 黔首老弱及瘅(癃)病, 不可令奔敬(警)者, 牌書署其故, 勿予符. 其故徼縣道[178/1253] 各令, 令守城邑害所, 豫先分善署之, 財(裁)爲置將吏而皆令先智 (知)所主; 節(即)奔敬(警), 各亟走所主. 將吏善辦治[179/1369] 之. 老弱瘅(癃)病不足以守, ① 豫遺重卒期足以益守, 令先智(知) 所主.[180/1383] [缺 11/缺簡] 有興而用之, 毋更置. 其有死亡者, 時補之, 從興有缺, 縣補之. ② 有卒者毋置. 有不勝任者, 貲尉史·士[181/1376] [缺 12/缺簡]"
22) 같은 책, p.169, 注 137, "卒: 通「倅」. 〈周禮·夏官·戎僕〉:「戎僕掌馭戎車 掌王倅車之政」 鄭玄注:「倅, 副也」" 그런데 181簡의 "卒"자는 [그림 1]에서 보듯이 희미하여 판독이 용이하지 않다.

a: [정리소조] 예비인원이 있는 경우는 배치하지 않는다.
b: [필자] 士卒이 있는 경우는 배치하지 않는다.

従興有缺, 縣補之。有卒〔一百三十七〕者毋置。

[그림 1] 卒

그같이 생각하는 이유는 다음과 같다. "従興有缺, 縣補之. 有卒者毋置."에서 "有缺"과 "有卒"이 대응하고 있다.[그림 1] 즉, 결원이 있으면 縣에서 보충하고, 卒이 있으면 배치하지 않는다는 뜻이다. 이렇게 본다면, 정리소조처럼 "예비인원"으로 해석해도 되겠지만, 필자의 방식으로 해석하는 것도 의미는 통한다.

특히 동일한 율문 내에서 하나의 "卒"을 두 개의 의미로 사용해도 좋을 것인가? 만약 그렇게 사용했다면, 그것은 율문 용어 해석에 혼동을 일으키므로 정확한 사용법이라고 할 수는 없다. 따라서 180簡의 "卒"과 마찬가지로 181簡의 "卒"도 倅(副)의 의미보다는 士卒로 해석하는 것이 온당해 보인다. 이상에서 180-181簡의 경우 "卒"을 副 = 倅의 의미로 파악하는 것이 문제가 있음을 지적하였다. 다음으로는 邢義田의 주장이 왜 불가한지 살펴보겠다. 그의 卒 = 副 = 倅 주장은 彭浩 선생의 방에서 봤다는 尉卒律과 旁律의 관계에 근거한 것이었는데, 그 부분에 대해 검토하겠다.

III. 漢文帝시기 旁律과 尉卒律

필자는 앞에서 陳松長·周海鋒·曹旅寧·邢義田 등의 견해를 살펴보았는데, 그 중에서 周海鋒과 邢義田의 견해가 경청할 만한 것이라고 생각한다. 陳松長과 曹旅寧의 주장에 대한 분석은 후술하기로 하고, 우선 邢義田의 견해를 검토하기로 하겠다. 邢義田은 益陽 兔子山漢墓『旁律』아래에 尉卒律이 열거되어 있는 것에 착안하여 尉卒律은『尉律』의 副律 또는 附律이라고 주장하였다. 그 주장의 핵심을 다시 인용하면 다음과 같다.

> 『尉卒律』은『旁律』에 열거되어있다. 卒은 곧 倅로 읽을 수 있다는 것을 알 수 있다. (『尉卒律』은)『尉律』의 副律 또는 附律로 해석할 수 있고, 그리고『旁律』『旁章』또는『雜律』과도 다르다. 尉卒律과 旁律, 旁章과의 관계는 아직 확실하지 않다.

이 주장은 尉卒律이 旁律 안에 들어가 있는 것으로 보아 卒을 倅(副, 附)의 의미로 해석해야 한다는 논리이다. 邢義田의 주장처럼 旁律의 "旁"은 正律에 대한 "副"의 의미를 지니고 있다. 그러나 正律 - 副律의 관계를 가지고 있다고 하여 旁律 소속의 41개 律이 모두 "卒"의 이름을 가진 것도 아니다.

문제를 분석하기 위해 漢文帝 시점의 율령 편제에 대해 살펴보기로 하자. 漢初 율령 편제를 규명할 수 있는 자료는 兔子山漢律(惠帝)·雲夢睡虎地77號漢墓(文帝)·胡家草場漢律(文帝)에 포함되어 있다. 兔子山漢律은 漢惠帝 시기의 것이고, 睡虎地77號漢墓는 漢文帝 10年(B.C.170) 이후 10년에 걸친 것이다. 胡家草場의 문서들도 대략 睡虎地77號漢墓와 시간적으로 겹치는 文帝 연간의 것이다. 따라서 여기에 포함된 律名

은 漢惠帝와 文帝시기의 律 편제를 보여준다.

（正）　　　（背）

[그림 2] 益陽 兎子山 漢律 目錄

① 益陽 兎子山漢律

2013년 5-11월 益陽 兎子山 遺址의 7號 古井에서 2천여 매의 간독이 출토되었다. 이것들은 漢初 吳氏 長沙國의 자료가 대부분이었다. 간독은 우물의 제 1-10층에서 발견되었는데, 제 3-5층은 呂后 초기의 자료이고, 제 6, 7층에서 출토한 것의 紀年簡은 모두 惠帝의 紀年이다. 兎子山 律名木牘은 바로 제 7층에서 출토했으므로 惠帝 시기의 것이다. 출토시 2개로 나뉜 목독의 編號는 J7⑦ : 1과 J7⑦ : 2이다. 길이는 23.5cm, 폭은 5.4cm, 두께 0.4cm이다.[그림 2][23]

獄律은 17章, 旁律은 27章이며, 합계 44章으로 구성되어 있다. 兎子山 獄律 시기에는 후술할 睡虎地77號漢墓·胡家草場漢律에 보이지 않는 收律이 수록되어 있다. 胡家草場 旁律甲에 율종 합계를 18개라고 했지만, 실제로는 17개

---

23) 張忠煒·張春龍, 「漢律體系新論――以益陽兎子山遺址所出漢律律名木牘爲中心」（『歷史硏究』 2020-6）, pp.7-9. 이 논문은 본서 출판 직전에 石家莊大學의 賈麗英 교수가 보내와서 많은 참고가 되었다.

捕律己	亡律己	囚律	賊律	盗律己	告律	
關市	效律己	興律己	收律己	具律	雜律	
獄律十七章	朝律	遷律	錢律	復律	廄律	
徭律	司空	市販	金布	倉律	戶律	田律
工作課	傳食	均輸	治水	祠律	廬律	史律
諸侯秩律	爵律己	置後	置吏	秩律	外樂	齎律

앞 면

賜律	葬律	行書律	奔命律	尉卒律	傳律己
			·凡卅四章	旁律廿七章	

뒷 면

만 수록하고 있는 것은 收律의 폐지와 관련이 있는 것으로 생각된다. 즉, 惠帝 시기의 율명에는 收律이 있고, 文帝시기의 律名에는 없는 것 으로 봐서 文帝 2년에 收律이 폐지된 증거라고 할 수 있다.

② 睡虎地77號漢墓

V組: 盗·告·具·賊·捕·亡·雜·囚·興·關市·復·校·廄·錢·遷(15種)

W組: 金布·均輸·戶·田·徭·倉·司空·尉卒·置後·傳·爵·市販·置吏·傳食·賜·史· 奔命·治水·工作課·臘·祠·齎·行書·葬(24種)

睡虎地77號漢墓의 律은 V組가 15種, W組가 24種, 합계 39種이다. 각 각의 律名은 모두 해당 律文의 첫 번째 簡의 正面 상단에 쓰여 있다. 律名 위에는 長方形 墨块(▮) 또는 圓形墨團(●)이 표시되어 있다. V組의 첫 번째 簡(盗律) 뒷면에는 "□律", W組의 첫 번째 簡(金布律)의 뒷면에 는 "旁律"의 2字가 쓰여 있고[그림 3], 그 위에 역시 長方形 墨块가 있었

[그림 3] 좌: W組 530簡
앞면(金布律), 우: 530簡
뒷면(旁律)

다. 이것이 V組·W組 律典의 總題이다.[24] V組가 "□律"이라 하여 한 글자가 안보이지만 W組가 "旁律"이라 한 것에서 볼 때 "正律"로 추정할 수도 있지만, 이는 兎子山漢律에서 볼 때 獄律이 확실하다.

旁律 24종 가운데 "卒"이 포함된 律은 오직 尉卒律 뿐이다. 邢義田은 旁律이 副律의 성격을 가졌기에 卒令도 副의 의미를 가졌을 것으로 추정했다. 그러나 旁律에 소속된 律名 전체가 "卒"字를 가지고 있었다면 몰라도 尉卒律 하나만이 "卒"을 가지고 있는 상황에서 그러한 주장은 설득력이 없다.

③ 胡家草場12號漢墓

胡家草場의 「曆」簡에는 漢文帝 後元 2년(B.C.162)부터 宣帝 元康 2년(B.C.64) 사이의 매월 朔日 干支가 기록되어 있다. 「日至」簡에는 武帝 建元 元年(B.C.140)부터 元帝 永光 3년(B.C.41) 사이의 冬至·立春·春分·立夏·夏至·立秋·秋分·立冬日의 干支가 기록되어 있다. 編年記 簡은 70매인데, 秦昭王에서 漢文帝까지의 국가 대사가 하나의 簡마다 1년씩 기록되어 있고, 律令 簡은 1500餘 枚인데 目錄과 篇題가 기록되어 있다. 이로 볼 때 胡家草場의 문서들은 睡虎地77號漢墓와 시간적으로 겹치는 文帝 연간의 것임을 알 수 있다. 胡家草場의 律名은 아직 보고서가 발표되지 않은 상태라 전체의 모습을 알 수는 없으나, 胡家草場의 律名을 인터넷의 사진 자료[그림 4]에서 분석하였고, 이후 발표된 陳偉의 분석과 대조하니 일치하였다.[25]

---

24) 熊北生·陳偉·蔡丹, 「湖北雲夢睡虎地77號西漢墓出土簡牘概述」(『文物』 2018-3), p.47.
25) 陳偉, 「秦漢簡牘所見的律典體系」(『中國社會科學』 2021-1), p.105. 胡家草場의

胡家草場(獄律) 胡家草場(旁律乙)

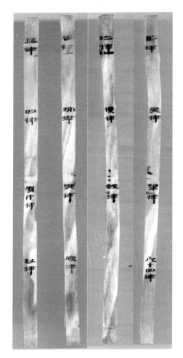

[그림 4] 胡家草場 漢律 目錄

이상 3종의 律目을 [표 1]에 표시하였다. 漢初의 獄律은 兎子山漢律에 17개, 睡虎地77號墓에 15개, 胡家草場에 14개이며, 旁律은 兎子山漢律에 27개, 睡虎地77號墓에 24개, 胡家草場에 31개임을 확인할 수 있었다. 이 숫자들은 고정되지 않고 변동적인 것이 특징이다.

사진자료와 律名은 아래의 사이트에서 확인할 수 있다.
http://news.sina.com.cn/o/2019-12-12/doc-iihnzhfz5487969.shtml.
https://www.weibo.com/ttarticle/p/show?id=2309634387103130676294.
http://www.gwz.fudan.edu.cn/Web/Show/4495.

[표 1] 兎子山, 睡虎地77號, 胡家草場의 漢律 目錄

兎子山 7號井(44종) 惠帝			睡虎地77號漢墓(39종) 文帝			胡家草場12號漢墓(45종) 文帝		
獄律(17)	旁律(27)		V組 口律(15)	W組 旁律(24)		(?)(14)	旁律甲(18)	旁律乙(13)
盜	金布	臘	盜	金布	臘	盜	金布	臘
告	均輸	祠	告	均輸	祠	告	均輸	祠
具	戶	司空	具	戶	司空	具	戶	司空
賊	田	治水	賊	田	治水	賊	田	治水
捕	徭	工作課	捕	徭	工作課	捕	徭	工作課
亡	倉	傳食	亡	倉	傳食	亡	倉	傳食
雜	尉卒	外樂	雜	尉卒		雜	尉卒	外樂
囚	置後	葬	囚	置後	葬	囚	置後	葬
興	傅		興	傅		興	傅	蠻夷復除
關市	爵		關市	爵		關市	爵	蠻夷士
復	市販		復	市販		復	市販	蠻夷
效	置吏		校(效)	置吏		效	置吏	蠻夷雜
廄	賜		廄	賜		廄	賜	上郡蠻夷開
錢	奔命		錢	奔命		錢	奔命	
遷	行書		遷	行書			行書	
	齎			齎				
朝							朝	
	史			史				
	秩						秩	
收						(收: 폐지)		
	諸侯秩							

　　[표 1]에서 알 수 있듯이, 漢文帝시점의 律目은 獄律 - 旁律(旁章)의 체제로 구분되어 있다. 여기에서 漢律 가운데 正律과 旁章의 존재 여부에 대한 논쟁 문제를 살펴봐야 할 것이다. 이 논쟁은 『晉書』「刑法志」 魏律序의 "凡所定增十三篇, 就故五篇, 合十八篇, 于正律九篇爲增, 於旁章科令爲省矣"라는 대목에서 시작되었다. 『睡虎地秦墓竹簡』의 秦律十八種과 『張家山漢墓竹簡』二年律令의 각종 律篇은 獄律과 旁律에 대한 구분이

없고, 대등한 구조를 이루고 있다. 그러나 惠帝 시기의 兔子山漢律에
서는 獄律 17종, 旁律 27종으로 구분했다. 文帝 시기의 睡虎地77號漢墓
律典은 □(獄?)律과 旁律의 두 권으로 나뉘어져 있다. 또 다른 文帝 시
기의 胡家草場 律典은 總題를 기록하지 않은 것과 旁律의 正 - 副 체제
로 분류하였다.[26] 이러한 사실은 漢惠帝·文帝 시기에 율령이 獄律과
旁律로 구분되기 시작했음을 말해준다. 다시 말해서, 한고조 2년에 蕭
何가 이년율령을 제정한 직후, 어떤 시점에 律典이 분류되기 시작했
다는 것이다. 獄律에는 秦律의 六律(盜·賊·囚·捕·雜·具) 등 근간이 되는
律이 포함되어 있고, 여기에 들어가지 못한 것들이 旁律이다. 이 내용
은 楊振紅이 一級律篇名과 二級律篇名으로 분류한 것과 세부적인 내용
에서는 다르다.[27]

　　그리고 우리가 관심을 가지는 문제와 관련하여, W組 旁律 24種의
律名을 보면 "卒"字가 포함된 것은 尉卒律 하나뿐이다. 그 尉卒律의
"卒"조차 예속의 의미가 아니라, 縣尉와 관련된 것이다.[28] 따라서 邢義
田처럼 尉卒律이 旁律에 속했다는 이유만으로 "卒"을 "倅", "副"의 의미
로 해석할 수 없다.

　　睡虎地77號漢墓·胡家草場漢墓에서 본 것처럼 獄律과 旁律이 존재한
것은 律의 경우 主·副의 관념이 존재했음을 말해준다. 그렇다고 하여
令의 경우 正令과 旁令의 관념이 존재했을까? 令 그 자체의 지위도 律
- 令의 관계, 즉 律의 副에 해당하는 것이다. 令이 副의 위치에 있는
상황에서 재차 郡令 - 郡卒令과 같은 主 - 副의 관계를 형성하였을까?

---

26) 熊北生·陳偉·蔡丹, 「湖北雲夢睡虎地77號西漢墓出土簡牘槪述」, p.49.
27) 楊振紅은 一級律篇名을 盜·賊·囚·捕·雜·具·興·廐·戶의 9종으로 나누고, 二級
　　은 그 아래에 예속되는 律을 分屬시켰다. 괄호안은 二級律篇名이다. ①盜
　　(盜), ②賊(賊), ③囚(囚·告·收), ④捕(捕·亡), ⑤雜(雜·金布·關市·效·錢·置吏·均輸·
　　秩·史), ⑥具(具), ⑦興(興·徭·戍), ⑧廐(廐·廐苑·傳食·行書), ⑨戶(戶·田·傅·復·
　　置後) 楊振紅, 『出土簡牘與秦漢社會』(桂林: 廣西師範大學, 2009), pp.28-29.
28) 周海鋒, 「嶽麓秦簡《尉卒律》研究」, p.79.

만약 主-副-副의 분류를 시도했다면, 매우 세밀한 분류 시스템이라
고 할 수 있다. 그러나 廷令-廷卒令이 主-副의 관계가 아니라, 방금
편집이 끝난 令을 우선적으로 聚集해 모아놓고 卒令으로 명명했을 가
능성은 없을까?

Ⅳ. 卒의 "聚集"적 의미

尉卒律의 "卒"이 "副"의 의미로 사용되지 않았다는 앞에서의 결론은
卒令·郡卒令·尉郡卒令·廷卒令 등에도 적용될 수 있을 것 같다. 律令名
의 作名과 용어사용에서 동일한 원칙이 적용되지 않는다면 혼동을 초
래할 수 있기 때문이다. 그것을 분석하는 작업의 첫 단계로 卒과 형
태·의미상에서 관련이 있는 卒·雜·集을 검토하자.

[표 2] 卒, 集, 雜

卒	集	雜			
睡·雜5簡	睡 法193簡	睡 倉23簡	睡 效29簡	睡 內史雜191簡	睡 內史雜198簡
𡗜	𪇰	雜	𣚐	𣚐	𣚐

卒·雜·集은 형태적, 의미적으로 가까운 글자들이다. 우선 卒(卒)의
형태는 "衣"字에 교차된 필획(十)을 가한 것이다. "卒"은 隸人이 給事하
는 것을 의미하는데, 옛날에는 의복을 염색하여 표식을 하였기 때문
에 从衣했던 것이다.[29]

『說文解字』에 雜은 "여러 가지 색상이 서로 모인 것이다. 衣는 意符

---

29) [漢] 許愼, [淸] 段玉裁 注, 『說文解字注(經韵樓藏版)』(臺北: 黎明文化事業公司,
1974), p.401, "隸人給事者爲卒. 古以染衣題識, 故从衣."

이고 集은 聲符이다. 徂와 合의 半切이다.(五彩相會. 从衣集聲. 徂合切)"
라고 하였다. 따라서 雜은 여러 가지 색깔을 섞어놓은 것이다.[30]

"集(龞)"字는 群鳥가 나무 위에 있는 형태이고,[31] 襍은 衣와 集으로
구성된 각종 색깔의 碎布를 縫制한 衣服이다. 결국 集과 襍은 형태상,
의미상 매우 가깝다고 할 수 있다.

『睡虎地秦墓竹簡』『嶽麓秦簡』『二年律令』에서는 卒과 雜을 엄격하게
구별하여 사용하고 있다. 卒과 雜은 형태상 완전히 비슷하지는 않지
만, 通假되기도 한다. 만약에 卒이 雜과 동일한 의미로 사용되었다면
內史襍·襍律 대신에 內史卒·卒律이라는 律名이 있었을 것이다. 그러나
秦漢律에 內史卒·卒律이라는 律名이 없기 때문에 卒과 襍은 엄격하게
구별되어 사용되었던 것을 알 수 있다. 이하에서는 전자(卒)가 集의
의미로 사용되고, 후자(雜)는 공동의 의미로 사용되고 있는 상황에 대
해 알아볼 것이다.[32]

雜의 "여러 가지 색깔을 섞어놓은"字意가 진한시대의 문헌에도 그
대로 반영되었을까? "雜"書는 여러 가지 자료와 주장을 취합하는 것이
다. 先秦秦漢시기의 古書에 "雜篇"이 있는데, 그 특징은 內容이 駁雜하
고, 고정된 主旨가 없다.[33] 이러한 특징은 문헌만이 아니라 율령에서
도 동일하다.

『睡虎地秦墓竹簡』에는 內史雜 11조와 尉雜 2조가 있고, 雜律은 수록
되어 있지 않다. 『二年律令』에는 襍律이 13조문 수록되어 있다. 內史雜
은 京師를 掌治하는 內史 직무와 관련된 각종 법률규정이다. 그 내용
도 역시 雜亂하고 固定된 主旨가 없다.[34] 이렇게 고정된 중심 내용이

---

30) 같은 책, p.399.
31) 같은 책, p.149; 『大漢和辭典』, pp.996-997, "「廣雅·釋詁三」, 集, 聚也."
32) 『嶽麓書院藏秦簡(伍)』, p.108, "●令曰: 吏有論敻(繫), 二千石, 治者輒言御史, 御
史遣御史與治者雜受印(123/1174)"
33) 『大漢和辭典』, p.1027, "准南子·說山訓, 貂裘而雜, (注) 雜, 猶駁." 雜은 駁의 의
미를 지니고 있었다.

없고 잡다한 내용으로 구성되어 있는 것은 卒令과 비슷하다. 그렇다면 그 내용상으로 볼 때, 雜 = 卒의 관계가 가능할까? 『晋書』 「刑法志」에 의하면, 秦의 雜律은 輕狡·越城·博戲·借假不廉·淫侈·踰制의 6개 항목으로 구성되어 있다.[35] 張慶路는 이를 『二年律令』의 雜律과 대비하였다.[36]

[표 3] 『晋書』와 『二年律令』의 雜律

『晋書』 刑法志	二年律令 雜律
越城	182·183簡 "越邑里, 官市院垣"
借假不廉	184簡 "字貸錢財", 簡185 "擅斂賦", 187簡 "諸有債而敢强質者"
博戲	186簡 "博戲相奪錢財"
淫侈	188簡 "主婢奸" 189簡 "奴與庶人奸" 190簡 "奴取主家人或與奸" 191簡 "同産相與奸" 192簡 "與人妻和奸" 193簡 "强與人奸" 194簡 "强略人以爲妻"
輕狡	
踰制	

위의 표에 의하면 『二年律令』의 182簡에서 194簡까지의 雜律은 『晋書』 「刑法志」에 언급된 雜律의 항목과 일치한다. 비록 6개 항목 모두가 합치되는 것은 아니지만 4개는 합치되고 있다. 그런데 이렇게 합치되는 데는 이유가 있었다. 『張家山漢墓竹簡』(2001)의 編者는 二年律令을 복원하는 과정에서 『晋書』 「刑法志」에 크게 의거하였던 것이다.[37] 王偉에

---

34) 張慶路, 「古書"雜篇"與秦漢各種《雜律》」(『寧夏大學學報』 41-3, 2019), pp.69-71.
35) 『晋書』 卷30 「刑法志」, p.922, "是時承用秦漢舊律, 其文起自魏文侯師李悝. 悝撰次諸國法, 著法經. 以爲王者之政, 莫急於盜賊, 故其律始於盜賊. 盜賊須劾捕, 故著網捕二篇. 其輕狡·越城·博戲·借假不廉·淫侈·踰制以爲雜律一篇, 又以具律具其加減."
36) 張慶路, 위의 논문, p.70.

의하면 雜律·置吏律 등은 출토위치를 알 수 없어서 二年律令 내에서의
위치를 확정할 수 없었다.[38] 그러므로 『二年律令』의 조항들 가운데
서 『晋書』「刑法志」의 6개 항목에 맞는 것을 雜律로 분류했던 것이다.
따라서 張慶路가 말하는 것처럼 『晋書』「刑法志」의 雜律항목과 『二年律
令』의 雜律항목이 일치하는 것은 당연하다.

　張慶路의 언급처럼, "雜律의 內容이 매우 駁雜하고 主旨가 없다."고
하였는데, 과연 저 6개 항목이 雜律의 전체 항목일까? 『二年律令』의 雜
律에는 輕狡와 踰制에 해당하는 것이 없기 때문에 抄錄시에 빠뜨린 부
분이 있다고 생각된다. 바로 그것이 『嶽麓秦簡』 6권 제 5조의 雜律甲
264-266簡이다.

　　● 文書와 符券을 휴대하고 가는 곳 및 접수하는 곳으로 가는데 있어
　　　官에 도달하기 전에 도망했다면, 도망자만이 홀로 坐된다. 문서를
　　　지체하게 하고 전달하지 않으면 소환하여 논한다. 吏는 徒와 함께
　　　徭使 및 上事(태수부 등에 차출되어 사역)할 때 徒로 하여금 券書를
　　　가지고 도망하게 하면 吏와 徒는 같은 죄로 논한다. 雜律甲

　　● 操書符紮(券)有所之及有所受, 未到官而□, 亡者獨坐之.(264/1645)　留弗
　　　行, 徵□論之, 吏與徒借有所繇(徭)使□事, 令(265/1701) 徒操券書而亡之,
　　　吏與徒同論. ·雜律甲(266/1657)[39]

---

37) 李安敦·葉山(馬增榮 譯), 「《二年律令》的復原與研究」(『簡帛』 17, 2018), pp.169-
　　170. 『晋書』「刑法志」에서는 李悝 『法經』의 部分을 개술할 때, 法經의 『雜律』
　　에 "輕狡·越城·博戲·借假不廉·淫侈·踰制" 등의 규정이 包括되었음을 언급하
　　였다. 『晋書』「刑法志」의 이러한 주장은 研究小組가 張家山247號墓에서 발
　　견된 182-187과 191-195호簡을 『雜律』에 배치하도록 引導하였다.
38) 『二年律令與奏讞書』, p.162.
39) 陳松長 主編, 『嶽麓書院藏秦簡(陸)』(上海: 上海辭書出版社, 2020), pp.191-192.

이 조문이 "雜律甲"에 편제된 것으로 봐서, 乙·丙 등도 더 있었을 것이므로 雜律의 조문은 적지 않았을 것이다. 264-266簡의 吏徒가 文書와 符券을 휴대하고 도망가거나 지체하게 했을 때의 처벌을 규정한 내용도 『晋書』 「刑法志」에서 말한 雜律의 6개 항목과는 다른 것이다. 이것은 賊律에 편입될 수도 있고,[40] 書와 符券의 지체와 관련된 부분은 卒令의 내용과도 상관성이 있어 보인다.[41] 이것으로 볼 때 雜律은 매우 다양한 내용으로 구성되어 있음을 알 수 있다. 雜을 假借되는 卒로 사용할 수 있음에도 불구하고 卒令을 雜令이라고 명명하지 않은 것은 양자를 혼용해서는 안될 이유가 있었던 것이다. 그것이야말로 바로 卒令의 존재 이유였던 것이다.

秦漢律에서만큼은 卒과 雜이 서로 호환 불가능한 글자이므로 양자를 혼용하지 않는다. 그것은 아래의 [표 4]에서 확인할 수 있다. 雜은 "공동으로", "함께"의 의미로 사용되었다. 雜買는 "공동으로 매입", 雜封은 "함께 봉인한다"는 것으로 해석할 수 있다. 이에 반해 卒은 卒令·郡卒令 등을 제외하고, "卒歲"(일년 동안), "士卒" 등의 의미로 사용되었다. 이것은 秦漢律에서 雜과 卒이 혼용되지 않았음을 말해준다. 그리고 內史雜이 內史卒로 사용된 예가 없기 때문에 양자는 혼용되지 않았음을 알 수 있다.

[표 4] 卒·雜·集의 사용례

睡虎地秦墓竹簡	卒	卒歲, 卒人, 包卒, 私卒, 卒兵, 逮卒
	雜	雜買, 相雜, 雜封, 雜出, 雜之, **內史雜, 尉雜**, 雜織
	集	集人

---

40) 『張家山漢墓竹簡』, p.141, "賊律: 亡書, 符券, 入門衛木久, 塞門, 城門之鑰, 罰金各二兩."

41) 『嶽麓書院藏秦簡(伍)』, p.101, "● 令曰: 制書下及受制有問議者, 皆爲薄(簿), 署初到初受所及上年日月, 官別留日數, 傳留狀, 與對皆(偕)上. 不(100/1679+1673) 從令, 貲一甲. ·卒令乙五(101/1667)"

嶽麓秦簡 (4, 5)	卒	卒史, 漕卒, 徒卒, **卒令, 郡卒令, 尉郡卒令, 廷卒令, 廷卒**
	襍	相襍, 襍受, **内史襍, 襍律**
	集	없음
二年律令	卒	卒徒, 卒戍, 卒甲兵, 亭卒, 吏卒, 公卒, 卒史
	襍	襍封, **襍律**, 襍案, 襍治
	集	없음

표에서 눈에 뜨이는 것은 "集"자의 사용례가 1례에 불과한 사실이다. 문헌기록에 "集"字의 사례는 적지 않다.[42] 『史記』에서 集의 용례는 유명한 商鞅變法의 "而集小(都)鄕邑聚爲縣, 置令·丞, 凡三十一縣."의 구절을 들 수 있다.[43] 그러나 불가사의하게도 "集"字는 秦漢의 율령에서 사라졌다. 표에서 알 수 있듯이 秦漢의 출토 律令 자료에 "集"字가 매우 드물게 사용되고 있다. 『嶽麓書院藏秦簡』과 『二年律令』에는 集자가 한 차례도 사용되지 않았고, 『睡虎地秦墓竹簡』의 法律答問에 "集人"용례가 한 차례 있을 뿐이다.[44]([표 2]의 集 참조) 그렇다면 출토문헌에 集을 사용하지 않은 대신에 襍(襟)을 사용하였을까? 說文解字에서는 集과 襟이 假借되고 혼용되었다고 보지만,[45] 出土 律令에서는 양자를 혼용되는 사례가 없다.

출토 율령에 "集"字가 사용되지 않는 이유는 무엇일까? 그 이유로 集을 대신한 것이 "卒"이었을 가능성을 상정해보자. 卒에는 萃, 즉 聚集의 의미가 있다.(卒＝萃＝聚集) 앞에서 본 居延漢簡에 의하면 卒馬와 萃馬는 서로 통용되었다. 이는 說文通訓定聲의 "卒假借爲萃"임을 증명하는 것이다. 居延漢簡에서의 卒＝萃는 副(비축용)의 의미였다. 그러나

---

42) 『史記』卷12「孝武本紀」, p.463, "於是五利常夜祠其家, 欲以下神. 神未至而百鬼集矣, 然頗能使之."
43) 『史記』卷68「商君列傳」, p.2232.
44) 『睡虎地秦墓竹簡』, p.234, "可(何)謂「集人」? 古主取薪者毆(也).(193)"
45) [漢] 許愼, [淸] 段玉裁 注, 위의 책, p.149, "麤羣鳥在木上也. 从雥木. 集, 麤或省. 說文解字注: 引申爲凡聚之偁. 漢人多假襟爲集. 从雥木. 秦人切. 七部."

卒(萃)은 副의 의미로만 사용된 것이 아니라, 集의 의미로도 사용하였다. 萃와 통용된 글자는 卒·崒(줄)이 있었다. 우선 崒 = 萃의 사례를 살펴보자.

異物(小雞)이 와서 모이고(崒), 가만히 그것이 온 까닭을 괴이하게 여겼다. 孟康曰: "崒의 音은 萃이다. 萃는 聚集이다."[46]

매우 기이한 진기한 보물, 이국의 신기한 물건, 珍怪한 鳥獸가 극히 많은 물고기 비늘이 모이듯이(崒), 그 안에 채운 것이 헤아릴 수 없다. 禹임금도 그 숫자가 많아 보물들의 이름을 일일이 부를 수 없었고, 卨도 헤아릴 수 없었다. 師古曰: "崒와 萃는 같다. 萃는 集이다. 물고기 비늘이 모이듯 하다는 것은 그 많음을 말한 것이다."[47]

또한 卒과 萃가 모두 集의 의미로 사용된 것은 출토문헌인 馬王堆帛書『六十四卦』釋文에 보인다.

☲ 卒(萃)卦는 왕이 종묘에 이르러 대인을 만나니 이롭고 형통한데 곧아야 이롭다. 큰 희생을 써야 길하며, 가는 바가 이롭다. 初六爻는 믿음이 있어서 끝나지 않기에 흩어졌다 모였다(卒 = 萃) 하는 것이다. 이는 號令한 뒤 악수하는 것처럼 우스운 일이니 근심하지 말라. 가면 허물이 없으리라. 六二爻는 이끌면 길하고 허물이 없다. 믿음이 있기에 이에 여름 제사 드리듯 한다. 六三爻는 모이는 듯(卒 = 萃) 탄식하는 듯하면 유리한 바가 없다. 가도 허물이 없을 것이고 단지 조금 인색할 뿐이다. 九四爻는 크게

---

46) 『漢書』卷48 「賈誼傳」, p.2226, "(服鳥賦) 異物來崒, 私怪其故. 孟康曰: 「崒音萃. 萃, 聚集也.」"
47) 『漢書』卷57上 「司馬相如傳」, p.2545, "(子虛賦) 若乃俶儻瑰瑋, 異方殊類, 珍怪鳥獸, 萬端鱗崒. 充仞其中者, 不可勝記, 禹不能名, 卨不能計. 師古曰: 「崒與萃同. 萃, 集也. 如鱗之集, 言其多也.」"

길하고 허물이 없다. 九五爻는 모이는 것에서(卒 = 萃) 지위가 있어도 허물이 없고, 믿음이 안가더라도 처음부터 끝까지 계속되리니 후회가 없다. 上六爻는 눈물 콧물 흘리며 탄식한다. 허물은 없다.

䷬ 卒(萃), 王叚(假)于(有)廟, 利見大人, 亨, 利貞. 用大生(牲), 吉. 利有攸往. 初六, 有復(孚)不终, 乃乳(亂)乃卒(萃), 若其號. 一屋(握)于(爲)芺, 勿血(恤), 往无咎. 六二, 引吉, 无咎. 復(孚)乃利用濯(礿籥) 六三, 卒(萃)若跬(嗟)若, 无攸利. 往无咎, 少(小)閵(吝). 九四, 大吉, 无咎. 九五, 卒(萃)有立(位), 无咎, 非復(孚). 元永貞, 悔亡. 尚(上)六, 桼(齎)欶(咨)涕洎(洟), 无咎.[48]

馬王堆帛書에서는 현존 周易 판본의 萃를 卒로 쓰고 있다. 즉, 양자는 서로 假借되고 있는 것이다. 卒을 萃로 假借하여 聚集의 의미로 해석하는 것은 『清華大學藏戰國竹簡(肆)下冊』 筮法의 "第十四節 貞丈夫女子"에도 보인다.[49]

　무릇 男子를 筮問함에 한 달의 下旬이면, 2개 이상의 乾卦가 聚하여(卒 = 萃) 아주 吉하다. 春夏秋冬에 상관없다.
　무릇 女子를 筮問함에, 한 달의 上旬이면, 2개 이상의 坤卦가 聚하여(卒 = 萃) 아주 吉하다. 春夏秋冬에 상관없다.
　凡貞丈夫, 月夕, 乾之卒(萃)乃屯(純)吉. 亡啻(春)夏秋冬.
　凡貞女子, 月朝, 坤之卒(萃)乃吉. 亡啻(春)夏秋冬.

정리소조는 "卒, 讀爲「萃」, 《周易·萃》鄭注: 「聚也」"라고 주석을 달아서 卒 = 萃 = 聚라고 해석하였다. 위의 해석에서 본다면, 筮法의 "卒"은 馬王堆帛書 『六十四卦』의 "卒"을 聚로 해석하는 것과 완전히 일치한다. 이러한 2개 占書의 자료는 전국시기에 卒을 聚(集)의 의미로 사용하는

48) 馬王堆漢墓帛書整理小組, 「馬王堆帛書『六十四卦』釋文」(『文物』 1984-3), p.6.
49) 李學勤 主編, 『清華大學藏戰國竹簡(肆)下冊』(上海: 中西書局, 2013), pp.98-99.

것이 전혀 생경하지 않고 오히려 일상적인 것임을 말해준다.

秦漢의 墓葬 출토물에서 律令과 占書가 동시에 출토하는 사례는 흔하다. 이것은 占書가 미래의 길흉을 예측하는 도구로서 秦漢人들의 일상생활에서 매우 중요한 비중을 차지했다는 사실을 말해준다. 占書에 흔하게 사용된 卒＝萃＝聚集의 관계는 秦漢人에게 매우 친숙한 용법이므로 이러한 識字 認識은 嶽麓秦簡의 卒令에도 그대로 적용할 수 있을 것이다.

嶽麓秦簡에서 매우 다양한 내용을 가지고 있는 卒令도 앞에서 언급한 雜律과 主旨가 없다는 점에서 유사하다고 볼 수 있다. 그럼에도 이를 襍(雜)令이라고 작명하지 않고, 卒令이라고 한 것은 襍(雜)과 卒(萃)의 의미가 달랐기 때문이라고 생각된다. 또한 嶽麓秦簡에 한 차례도 "集"字가 사용되지 않은 것은 卒(萃)이 그 의미를 대신한 것으로 생각된다. 이제 필자는 卒令이 聚令·集令의 의미를 가지고 있는지 확인하기 위해서 卒令의 내용을 분석하고자 한다.

V. 卒令의 편성 원칙

卒令에 대한 견해는 A) 萃·聚·集의 의미로 사용된 경우(周海鋒), B) 郡級 관서에서 卒史가 준수해야 할 令(陳松長), C) 二千石官署가 共同으로 遵守해야 하는 令(曹旅寧), D) 副·萃·倅의 의미로 사용된 附屬令(邢義田)으로 정리할 수 있다. 이상에서 필자는 A와 D를 집중적으로 분석하였다.

첫째, D의 견해에 입각해 卒令이 副·倅의 의미를 가지려면, 卒令의 대척점에 있는 主令은 무엇인가? 즉, 卒令이 副令이라면 主令에 해당하는 令은 무엇인가 하는 의문에 답해야 한다. 물론 廷令 - 廷卒令은 主

-副의 형태를 갖췄다고 할 수 있겠지만, 卒令의 경우 이에 상대적인 主令은 없다. 이 점에서 D의 관점은 설득력이 없다.

둘째, A의 卒＝聚集이라는 입장을 살펴보기로 보자. 이제 고찰할 것처럼, 卒令의 내용들은 어떠한 원칙과 기준으로 묶을 수 없다. 이러한 무원칙한 편제야말로 令들을 聚集한 것, 즉 集令인 것이다. 卒令, 郡卒令, 尉郡卒令, 廷卒令, 廷 등에서 卒令이 의미하는 바를 파악하려면 그 내용을 살펴서 어떠한 편제 원칙하에 편성되었는지 살펴봐야 한다.

ⅰ) 卒令(괄호 내의 숫자는 『嶽麓書院藏秦簡(伍)』의 簡號)

① 制書의 하달, 문의 사항 등이 최초로 도착한 연월일, 장소 등을 장부로 만들어서 기록한다.(100-101簡)

② 徵發 및 它事는 그 문서를 封하고, 檄으로 하지 않는다.(102簡)

③ 傳書의 封印 훼손에 대해 縣官은 재봉인 한다.(103-104簡)

④ 上事할 때에 문서를 해체(散書)하고, 급한 것을 올리며, 刺(일반용檄)라고 부르지 않는다.(105簡)

⑤ 상주문서가 令으로 되는 것은 "詔曰可"라고 하고, 문서를 하달한 날짜로써 奏請 날짜를 정정한다.(106簡)

⑥ 新 律令이 하달되면, 縣·都官의 廷에 도달한 날짜부터 적용하고, 律令이 만들어진 후에 罪名으로 되었거나 罪를 減益하는 것이면, 奏日로써 결정한다.(107簡)

⑦ 중요한 문서와 急이라고 서명된 문서는 모두 郵行한다.(108簡)

⑧ 郵로써 行書해야 하는 문서는 封檢하고 옆에서 印章이 보이도록 한다.(109-110簡)

⑨ 封書는 그 내용을 署(題署)에 새기지 않는다. 郵行 및 縣次의 傳送을 하도록 한 것의 규정.(111簡)

⑩ 對·請·奏를 올릴 때, 내용이 다를 경우 同編으로 하지 않고 사항별로 묶는다. 1개의 牘에 5行까지만 기록하며, 牘의 규격, 字數 등을 규정

하였다.(112-122簡)

⑪ 체포로 판결된 吏가 二千石일 경우 治者가 御史(大夫)에게 보고하고, 御史(大夫)는 御史를 파견하여 治者와 공동으로 印을 회수한다.(123-127簡)

⑫ 丞相·御史·執灋은 卒史 이하에서 縣官 佐·史의 발탁시 지명하여 징발할 수 없다.(128-130簡)

⑬ 諸軍人·漕卒, 黔首·司寇·隸臣妾 등이 縣官事로 사망시 縣將吏에게 그 郡名을 棺槨에 새기게 하고, 送書에 기록한다.(131-132簡)

⑭ 郵人의 行書 지체 기간과 처벌 규정.(133簡)

⑮ 吏의 연간 歸休기간과 日行 거리를 험한 도로 80里, 평이한 도로 100里로 한다.(134-135簡)

위에서 알 수 있듯이 卒令의 내용은 매우 다양하므로 어느 하나의 주제로 정리할 수 없다. 制書의 전달시 기록 남기는 것, 징발 등의 문서를 봉하는 문제, 傳書의 封印, 문서형식, 신 율령의 적용시점, 중요한 문서와 急書의 郵行, 郵行문서의 封檢, 郵行 및 縣次의 傳送, 牘의 규격과 기록 字數, 체포된 吏의 직인 회수, 縣官 佐·史의 발탁시 지명 징발의 불허, 縣官事에 종사하다 사망한 자의 棺槨, 郵人의 行書 지체 규정, 吏의 연간 歸休기간, 日行 거리 등이다. 위의 내용을 한 번 더 요약한다면 문서, 행서, 직인, 휴가, 日行, 사망자의 棺槨 등으로 요약할 수 있다. 卒令의 내용은 어떠한 기준으로도 포괄할 수 없다는 점에서 보면, 聚集이라고 밖에 할 수 없다.

여기에서 전술한 "卒人"을 郡守를 포함한 二千石官으로 해석한 陳偉의 해석을 받아서 卒令은 二千石官署가 共同으로 遵循해야 하는 令이라고 주장하였던 曹旅寧의 주장(C)을 상기할 수 있다. 위의 卒令들은 모두 이천석관의 令으로 해석하면 포괄할 수 있을지도 모른다. 그러나 卒人을 "郡守를 포함한 二千石官으로 해석"하는 陳偉의 견해보다는

오히려 원래 주석의 "어떤 官의 部屬"으로 해석하는 것이 옳다고 생각
된다. 더구나 曹旅寧처럼, 卒令을 "二千石官署가 共同으로 遵循해야 하
는 令"으로 해석한다면, 嶽麓秦簡에 보이는 수많은 內史郡二千石官共令
과의 관계는 무엇이란 말인가? 曹旅寧의 주장이 옳다면 內史郡二千石
官共令도 卒令으로 했어야 할 것이다. 또한 후술할 郡卒令과 같은 것
도 曹旅寧의 주장을 따른다면 이미 郡이 卒인데 굳이 중복해서 "郡(卒)
卒令"으로 작명할 필요가 있을까?

아래에 제시한 ①-④는 郡卒令(尉郡卒令)이다. 만약 卒令이 副라고 하
는 D견해를 따른다면, 尉郡卒令에 대한 主令은 內史郡二千石官共令일
까? 그렇게 보기에는 명칭의 차이가 크다. 郡은 공통되더라도, 內史와
尉는 일치되지 않아서 主-副의 관계로 보기는 곤란하다.

ⅱ) 郡卒令(尉郡卒令)

① 守 以下가 行縣시 縣은 傳馬·吏乘(수레) 不足을 이유로 黔首의 馬를
임대하지 못한다.(郡卒令己十二)(136簡)

② 郡守가 覆治하거나 縣官事에 의당 案行할 것이 있거나, 尉事가 不給
한 것⋯⋯(郡卒令己十三)(137簡)

③ 吏 및 黔首가 貲贖 萬錢 이하이면, 爵 一級을 반납하고 貲贖을 除한
다. 疾死·死事者의 상속인이 受爵하지 않고 貲贖을 除하고자 한다면
허락한다. 萬錢 초과시에도 解爵을 허락한다.(尉郡卒令第乙七十六
(138-145簡)

④ 吏가 從軍하여 곡물을 운반하는 자는 飮食·衣服, 居處에서의 飮食 및
給事할 때 사용하는 器兵을 매입할 수 있다. 이러한 물건을 매입하
고 사용하지 않는 자는 私利를 하는 것이므로 처벌할 수 있다.(尉郡
卒令乙)(146-154簡)

郡卒令(尉郡卒令)을 정리하면, 黔首馬의 임대 불허, 郡守의 覆治, 貲

贖과 解爵의 허락 규정, 종군한 吏가 곡물 운반시 飮食·衣服·器兵을 매입하고도 사용하지 않는 자에 대한 처벌을 규정한 것들이다. 尉·郡의 통치에 관련된 令들을 집적한 것으로 생각된다. 이러한 내용들은 內史郡二千石官共令에 속한 令들과 큰 차이는 없다. 어떻게 보면 內史郡二千石官共令이 主令, 郡卒令(尉郡卒令)이 副令이라고도 할 수 있다. 그러나 한편으로 尉와 郡과 관련된 令을 일단 이곳에 집적해 놓았을 集令의 가능성도 물론 있다.

令名에 "廷"이 포함된 것은 모두 사법에 관한 것이므로 廷尉와 관련이 있다고 생각된다. 그 형태는 廷＋天干과 廷卒＋天干의 2개 있다.

iii) 廷卒甲

① 都官의 治獄者는 그 都官人의 獄만을 다스리고 일반 黔首의 治獄을 불허한다.(155-158簡)

② 奴婢·私屬·免婢를 馬牛犢의 가격으로 市販 금지한다.(163-164簡)

❸ 壬·癸日에 哭臨하는 것을 금지하고, 葬은 報日로써 한다.(復日)(165簡)

④ 都吏監者에 의해 律令을 따르지 않는 자가 취조받을 때 성명 신분관직을 고하지 않으면, 죄 1등을 추가한다.(168-169簡)

⑤ 城邑으로 반란한 자를 체포하거나, 정식 징발이 아닌 상태에서 故塞徼外의 蠻夷가 반란을 꾀할 때 체포하면 상을 주는 규정.(170-172簡)

⑥ 城邑으로 배반한 자와 묵게 해준 자의 체포시 拜爵과 賜錢 규정.(173-175簡)

⑦ 徼外에서 들어와 간첩질한 자 및 盜略人·謀反 및 묵게 한 자의 고발을 吏가 체포하면 賞을 불허하는 규정, 隸臣과 司寇가 체포할 시의 사면 규정.(176-178簡)

⑧ 故塞徼外의 蠻夷가 들어와서 간첩행위를 한 자, 盜略한 자, 城邑으로 반란을 하거나 묵게 한 자를 數人이 공동으로 체포하거나 밀고하면, 모두 그 賞을 共有할 수 있고 相移를 허용한다.(180簡)

⑨ 故塞徼外로부터 온 蠻夷의 간첩행위 및 사람을 盜略한 자에 대한 고발이 있을 때, 현령과 현승은 반드시 그 고발을 직접 들어야 하고, 그 사정을 잘 파악해야 한다.(181-182簡)

⑩ 鬼薪白粲皋, 耐 또는 覉(遷) 등을 정확하게 하지 않아(不審) 죄보다 약한 처벌을 내린 자를 처벌한다.(183-184簡)

❶ 吏의 請·對·奏를 올릴 때 牒牘數를 첨부하고, 반송문서를 재차 올리는 경우, 그 牒牘을 전과 同數로 하지 않도록 하는 규정.(185簡)

❷ 吏의 請이 있거나 上書者의 言이 시행되고 나서, 재차 請·言하면 과거의 시행한 바를 모두 베껴서 상주한다.(186簡)

⑬ 娶婦하고 嫁女할 때는 參辨券이 있어야 소송을 허락한다.(188-189簡)

iv) 廷甲

① 賞으로 죄인을 免除할 수 있는 기간은 6개월이다.(190簡)

② 耐罪 이하의 판결 끝나고 60일 이내에는 賞으로 除한다. 60일이 지나면 除할 수 없다.(191-193簡)

③ 死皋一人을 체포하면 현상금이 七兩이다.(194-195簡)

④ 黔首가 田作하지 않거나, 市販에 출입을 불시로 하거나, 부모의 꾸지람을 듣지 않는 것 등을 父母·典·伍가 고발하지 않을 때, 鄕嗇夫가 잡지 못하면, 그 令·丞까지 律로써 論한다.(196-198簡)

⑤ 黔首가 父母를 孝로 섬기고, 兄姊를 忠敬으로 섬기고, 親悌慈愛하며, 거주하는 邑里의 長老가 黔首에 솔선수범하여 善한 행동을 하는 자가 있을 경우 牒書로 추천한다.(199-202簡)

⑥ 泰父母를 구타하면 棄市이고, 罵辱하면 黥爲城旦舂으로 처벌한다.(203-205簡)

⑦ 犯令者의 同居·典·伍가 서로 고발하면 의당 연좌될 자의 죄를 除해준다.(206-207簡)

⑧ 黔首가 자신의 아들이 재차 娶妻했는데, 子의 不孝가 원인이 아니라

子의 後妻를 이유로 그 子를 殺거나 遷할 것을 관부에 告할 경우 그 까닭을 상세하게 傳하고 … 佐 以上의 吏는 감히 黔首를 벌할 수 없다.(208-209簡)

⑨ 함부로 旁錢(부수입)을 획득하는 것을 금지한다. 旁錢을 한 자는 貲 二甲에 廢한다.(210-211簡)

⑩ 縣은 관망용 누각을 市旁에 만들고, 食器를 비치해야 하며, 吏徒로 하여금 지키고 관리하게 하여 吏를 묵을 수 있게 해야 한다. 諸吏 및 都大夫가 往來하는 자는 모두 묵을 수 있게 한다. 다른 자는 묵을 수 없다. 묵을 수 없는데도 묵거나 묵게 해준 자는 모두 大犯令律로써 論한다.(212-213簡)

⑪ 制에 의해 견책된 것은 貲二甲이다. 죄가 견책보다 무거우면 律令으로 論한다. 吏의 舉劾과 上書者의 言은 견책이 아니라 죄를 다스리는 것으로써 論한다.(214-215簡)

v) 廷丁廿一

① 縣官을 巡視(案行)함에 있어, 살펴야 할 行事를 감추려는 행위는 耐로 처한다.(218-219簡)

vi) 廷戊十七

① 형도가 赤衣·冒擅(氈)·枸·櫝·朳·鉗·盜戒(械)를 함부로 탈거한 자는 모두 自爵律로써 論한다.(220-223簡)

vii) 廷己八

① … 하면 史는 각각 貲一甲이고, 獄佐史는 모두 故徹一歲이다. 그 故徹 縣獄의 佐史는 모두 중앙에서 먼 곳의 故徹로 보내고, 그 新地의 縣 獄佐史가 約日이 있는 자는 근무일을 1歲 삭감한다.(225-226簡)

② 급하다고 기록한 문서(所署書)로 체포·訽告(염탐해 고발)할 경우, 그

현상금은 它人이 체포하고 염탐한 자(捕詷者)의 경우와 동일하게 한
다.(227簡)

③ 의당 보고할 자의 이름을 執灋에 請하면, 執灋이 請한다.(228簡)

廷과 관련된 令들은 재판·고발·체포·除罪와 관련된 것이 대부분이
기 때문에, 廷尉府와 관련된 것임이 확실하다. 다만 廷 + 天干令과 廷卒
令의 관계가 어떠한 것인지는 판단하기 어렵다. 필자는 다음과 같은
분석을 통해 이 까다로운 문제의 해결 실마리를 찾을 수 있을 것 같다.

廷卒甲의 ❸⓫⓬는 卒令 특유의 모습을 보인다. ❸은 壬·癸日에 哭臨
하는 것을 금지하는 문제, ⓫은 吏의 請·對·奏를 올릴 때 牒牘數 첨부
하는 문제, ⓬는 吏와 上書者가 재차 올리는 請·言은 과거의 시행한 바
를 모두 베껴서 상주한다는 내용이다. 廷卒令의 수많은 조문들은 모
두 廷尉 업무와 관련된 것인데 반해서 ❸⓫⓬와 廷尉 업무와 무관한 것
들이다. 廷尉 업무와 무관한 조문이 廷卒令에 섞여 있는 사실로부터
卒令의 분류가 완벽하지 않았음을 알 수 있다. 따라서 卒令은 그 관서
에 해당하는 令을 1단계적으로 聚集해놓은 것인데, 그 과정에서 해당
관서에 정확하게 일치하지 않는 ❸⓫⓬과 같은 조문도 포함되어 있었
던 것이다. 그렇다면 廷卒令·尉郡卒令 등은 관서(廷·尉郡)에 필요한 令
들을 일차적으로 集令한 것이라고 할 수 있다.

이에 반해서 "卒"이 없는 iv)廷甲, v)廷丁廿一, vi)廷戊十七, vii)廷己八
은 예외 없이 廷尉의 직무와 관련되고 처벌규정 등이 확실하게 포함
되어 있다. 즉, 廷令이 令篇名과 부합되게 자리를 잡은 것으로 생각된
다. 이는 廷甲, 廷丁 등 廷 + 天干令의 형태가 분류와 완성도 면에서 廷
卒令보다 진일보한 것으로 생각된다.

그리고 廷卒甲의 ⑤-⑨는 漢代『二年律令』의 賊律 조항과 매우 흡사
하다.[50] 따라서 이것은 후일 賊律과 관련된 것으로 이동할 가능성이
있는 것이다. 이러한 단서에서 본다면 廷卒令은 완벽하게 분류가 되

지 않아 유동성이 있는 廷의 集(積)令이었다고 생각된다. 따라서 令→廷卒令→廷甲·廷乙의 순서로 이동하였을 것으로 생각된다.

지금까지 卒令과 관련된 令들을 모두 제시하여 내용적으로 분석하였다. 필자는 卒令이 일단 令의 분류작업이 이루어지기 전에 모아놓은 것으로 생각된다. 황제의 명령, 또는 군태수·내사 등의 고급관료에 의해서 令이 제정되었을 때, 즉각적으로 해당 令篇名을 부여하고 편제하는 것이 곤란한 것도 있을 수 있다. 그러할 경우에 일차적으로 편입시켜 놓은 것이 卒令이라고 생각한다. 차후에 그것이 속해야 할 곳 등이 확정되면, 구체적 令篇名을 부여하고 재차 편성하는 작업을 거쳤을 것으로 생각한다.

卒令의 전통은 漢文帝 시기 胡家草場의 令에도 계승되었다. 胡家草場에는 漢令典이 최초로 2卷 확인되었는데,[51] 목록에는 令篇이 합계 37종 포함되어 있다. 第1卷은 "令散甲"이라는 제목 아래에 令甲·令乙·令丙·令丁·令戊·壹行令·少府令·功令·蠻夷卒令·衛官令·市事令(凡十一章)이 있다. 第2卷에는 戶令甲 等 26개 令名(凡卄六章)이 있다. 蠻夷卒令의 명칭은 秦令의 전통을 승계한 것이라고 할 수 있다.

VI. 결론

중국 고대의 문헌에는 卒과 雜이 假借되는 경우가 많았는데, 대표

---

50) 『張家山漢墓竹簡』, p.134, "以城邑亭障反, 降諸侯, 及守乘城亭障, 諸侯人來攻盜, 不堅守而棄去之若降之, 及謀反者, 皆1(F14) 要斬. 其父母, 妻子, 同産, 無少長皆棄市. 其坐謀反者, 能偏捕, 若先告吏, 皆除坐者罪. 2(C1) ☒來誘及爲間者, 磔. 亡之☒3(C殘)"

51) 簡帛網, https://xw.qq.com/cmsid/20200113A0HHSL00, 「湖北荊州胡家草場西漢墓地發現大量秦漢簡牘」

적으로 說文解字에서 이를 언급하고 있다. 그러나 卒과 雜은 嶽麓秦簡에서 전혀 혼용되지 않고 명백하게 구별되어 사용되었다. 雜律·內史雜과 卒令이 따로 존재한 것이 그 예이다. 따라서 卒令의 卒은 雜의 의미로 사용되지 않았다. 卒 ≠ 雜이므로, 卒 = 萃(周海鋒)와 卒 = 副(邢義田)의 가능성이 남는다.

邢義田은 旁律에 尉卒律이 있으므로 卒은 副의 뜻을 갖는다고 주장했다. 邢義田의 논지는 副의 의미가 있는 旁律에 尉卒律이 포함되어 있으므로 尉卒律도 副·倅의 의미를 가지고 있다고 보았다. 그러나 이러한 삼단 논법은 통하지 않는다. 旁律에 소속된 律들의 이름 모두에 "卒"字가 들어 있다면 邢義田의 주장은 설득력을 가질 수 있다. 그러나 旁律에 "卒"字가 들어가 있는 것은 오직 尉卒律 하나이다. 때문에 尉卒律과 旁律을 연계시켜서 卒令까지도 副·倅의 의미를 지닌다는 주장은 옳고 그름을 떠나서 논리적 비약이다.

남은 것은 卒 = 萃 = 聚集(周海鋒)으로 보는 것이다. 馬王堆漢墓帛書에 포함된 周易에는 현재 傳本의 萃를 卒로 假借하고 있다. 또한 『淸華大學藏戰國竹簡(肆)下冊』 筮法의 "貞丈夫女子"에서도 卒을 集(聚集)의 의미로 사용하였다. 이렇게 戰國秦漢 시대에 卒이 集(聚集)의 의미로 사용되었던 것은 嶽麓秦簡에 집자의 용례가 없는 것과 관련이 있을 것이다. 『睡虎地秦墓竹簡』 『嶽麓秦簡』 『二年律令』의 3개 법률자료에 오직 1차례의 "集"字가 확인되는 것은 불가사의하다. 즉, 卒이 集의 역할을 대신했을 가능성도 있다. 이러한 점에서 卒令은 集令의 의미로 생각된다.

위의 2가지 주장 가운데 萃(聚集)의 해석이 온당하다고 생각하는 이유는 卒令의 내용을 분석한 결과 때문이었다. 卒令은 다양한 내용이 聚集되어 있고, 특별히 어떤 기준 하에 모인 것은 아니다. 卒令은 詔書 등의 내용을 깔끔하게 정리하여 우선적으로 聚集한 것이다. 그리고 卒令에 포함된 令들은 재분류되었을 가능성도 있다. 이러한 추정은 廷卒令에서 재차 입증되었다.

廷令類들은 재판과 관련된 것이기 때문에, 廷尉府와 관련된 것임이 확실하다. 廷卒令과 廷＋天干令을 비교한 결과, 廷卒令은 廷尉와 큰 관련성이 없는 조항도 몇 개가 포함되어 있다. 廷卒令에 廷尉 업무와 무관한 내용이 포함되어 있는 것은 卒令의 성격을 해명해줄 수 있는 핵심 열쇠였다. 관서(廷·尉郡)에 필요한 令을 1단계로 聚集한 것이 廷卒令·尉郡卒令과 같은 "卒令"류이며, 그 과정에서 해당 관서 업무와 정확하게 일치하지 않는 조문도 포함되어 있었던 것이다.

이에 반해서 "卒"字가 없는 廷甲, 廷丁廿一, 廷戊十七, 廷己八 등의 令은 예외 없이 廷尉의 직무와 관련되고 처벌규정 등이 확실하게 포함되어 있다. 이는 廷＋天干令의 형태가 분류와 완성도 측면에서 廷卒令보다 진일보한 것으로 생각된다. 이러한 사실에서 볼 때, 廷卒令은 정리되어 廷甲에 편제되었을 것으로 생각된다. 秦에서는 군주의 명령으로 제정된 令이 그 소속된 令名을 확정할 수 없을 경우 1단계적으로 卒令에 聚集해두고, 차후에 정리하여 다른 令으로 편제했을 것으로 생각된다.

漢令의 편제와 종류

I. 서론

傳世文獻에는 秦漢시대 律令典의 유무를 입증할만한 자료가 없고, 출토 자료로서 이 문제를 풀어줄 수 있을 것으로 기대되었던 『睡虎地 秦墓竹簡』과 『二年律令』에도 律令典의 실태를 파악 가능케 하는 자료는 포함되어 있지 않았다. 최근 들어서 이를 살필 수 있는 嶽麓書院藏秦 簡·睡虎地77號漢墓·胡家草場漢墓의 법률 자료가 출토되었다.[1] 그 자료 들에는 秦漢의 律典·令典 형성 과정, 令名의 종류 등에 관한 새로운 정 보들이 포함되어 있었다. 睡虎地77號漢墓와 胡家草場漢墓 자료는 아직 정리 단계이지만, 律令의 法典에 대한 기존 해석을 획기적으로 바꿀 수 있는 자료로 생각된다.

秦漢의 제도적 연속성이 漢承秦制로 표현되는 것처럼, 秦의 많은 제도들이 漢에 승계되었다. 그러나 율령의 편제와 명칭에서 보면, 漢 承秦制라고 하기는 곤란할 정도로 많은 차이점이 보인다. 그러한 차 이의 발생 이유는 秦代의 율령을 수용하기는 했지만, 漢율령은 새로 운 방향으로 발전을 모색했기 때문으로 생각된다. 사실 秦代의 律令

---

1) 陳松長 主編, 『嶽麓書院藏秦簡(肆)』(上海: 上海辭書出版社, 2016); 陳松長 主編, 『嶽麓書院藏秦簡(伍)』(上海: 上海辭書出版社, 2017); 陳松長 主編, 『嶽麓書院藏 秦簡(陸)』(上海: 上海辭書出版社, 2020); 熊北生·陳偉·蔡丹, 「湖北雲夢睡虎地77 號西漢墓出土簡牘概述」(『文物』 2018-3); 李志芳·蔣魯敬, 「湖北荊州市胡家草場 西漢墓M12出土簡牘概述」(『考古』 2020-2), pp.25-28; 蔣魯敬·李志芳, 「荊州胡家草 場西漢墓M12出土的簡牘」(『出土文獻研究』 18, 2020), pp.168-182.

은 초창기의 것이므로 많은 부분이 발전을 기다리고 있었던 것이다.

이하에서는 오랫동안 난제로 여겨져 왔던 漢代 율령의 3가지 문제를 검토할 것이다. 첫 번째 문제는 秦漢 律令典의 유무에 관한 것이다. 많은 학자들이 그 존재에 대해 회의적이었으나, 嶽麓書院藏秦簡·睡虎地77號漢墓·胡家草場漢墓 등에는 律令의 편제와 종류 등에 관한 중요한 내용이 포함되어 있다. 이에 바탕해 秦漢 율령법전의 단계가 어느 수준까지 도달해 있었는지를 검토할 것이다.

두 번째 문제는 漢代 令의 종류 및 편제와 관련된 것이다. 과거 알수 없었던 새로운 令들의 이름이 위에 소개한 자료로부터 확인되고 있다. 학자들에 의해 漢令의 종류는 事項令, 干支令, 挈令 등으로 분류되었다. 그 중에서도 "金布令甲"과 같이 事項令과 干支가 결합된 편제체제는 주석가들의 집중적 주목을 받아왔지만, 결정적 증거가 없어논의만 분분한 상태였다. 이 문제는 『嶽麓書院藏秦簡』의 편제방식에근거하면 해결 가능할 것이며, 令甲·令乙 등 干支令의 甲乙丙 편제 기준과 출현시점 등도 해결할 수 있을 것이다. 挈令의 문제도 분석하기어려운 문제였지만, 「王杖十簡」과 「王杖詔書」를 통해 해결할 수 있을 것이다.

세 번째는 「王杖詔書」와 「王杖十簡」을 비교하여 과거 연구에서 간과한 문제점들을 재분석할 것이다. 특히 기존 연구에서 문제 삼지 않고넘어간 蘭臺令의 令番號에 대한 분석, 「王杖十簡」의 배열문제, 官府令과挈令의 관계를 분석할 것이다.

필자는 秦令에 대해 고찰한 바 있는데,[2] 이 논고와 비교한다면 漢律令의 변화된 방향을 읽을 수 있을 것이다. 漢律令은 이미 秦律令의체계를 승계한 것도 있지만, 많은 것들은 秦律令과 멀어진 형태로 발

---

2) 任仲爀, 「『嶽麓書院藏秦簡』(肆·伍) 秦令의 編制 원칙」(『中國史研究』124, 2020), pp.1-44; 任仲爀, 「嶽麓書院藏秦簡의 卒令」(『東洋史學研究』150), pp.1-36.

전되어 나갔다. 史書에 漢承秦制라고 표현되는 제도적 승계의 모습이 과연 율령의 발전사에서 어떠한 모습으로 나타날지 살펴볼 것이다.

II. 秦漢 律令典의 유무

秦漢의 법률 발전 과정을 살펴보려면, 法典 존재 여부 문제부터 살펴야 한다. 법전의 존재에 대한 기존 학계의 연구는 긍정론과 부정론으로 나뉜다. 이 문제는 본서의 「秦漢 율령사 연구의 제문제」에서 언급했으므로 개념만을 정리하도록 하겠다.[3]

우선, 秦漢시기에 律典 또는 令典의 법전이 존재하였다는 입장이다. 1) 中田薫은 "漢의 令典은 律典과 같이 질서 있는 法典이 아니라, 前皇帝의 詔令을 황제 사후에 사안의 경중에 따라 甲乙丙 등의 諸篇으로 分集한 詔令集이다."라고 하여 漢代에 律典은 존재하지만 令典을 인정하지 않고 있다.[4] 2) 宮宅潔은 "律은 1조 1조 축적되어 형성된 것이 아니라, 통일적으로 편찬된 것이다. 律이 만약에 詔令에서 기원했다면, 정리 분류된 후에 재차 편찬되어 法典으로 형성되었을 것이다."라고 하여 律典의 존재를 인정하였다.[5] 3) 趙斌은 令典의 존재를 인정하였다. "'令'은 극히 큰 임의성·융통성을 가지고 있다. 그것은 一時之政을 위해 宣告·頒行된 것이기도 하고, 國家常制를 위해 典章 안에 載入되기도 했다. 매년 律文은 변동이 많을 수 없다. 그러나 매년 반포된 令의 數量은 응당 방대할 것이다. 때문에 국가는 일단의 시간마다(혹은 1년) 이미 반포된 令文을 한 곳에 모아서 校訂하는데, 이에 의해 令典이 형성되었다.[6] 秦은 令文을 모을 때, 우선 每 令文의 內容에 따라 그것

---

3) 任仲爀, 「秦漢 율령사 연구의 제문제」(『中國古中世史研究』 37, 2015), pp.13-15.
4) 中田薫, 「支那における律令法系の發達について」(『比較法雜誌』 1-4, 1951), p.7.
5) 宮宅潔, 「漢令の起源とその編纂」(『中國史學』 5, 1995), p.114.

을 다른 篇題 아래에 歸入한다."고 하였다.[7]

　　秦漢시기에 法典이 존재하지 않았다는 견해 중에서 滋賀秀三의 시각은 중국의 法典에 대한 정의를 내리고 있기 때문에 주목된다. 1) 滋賀秀三은 율령제의 특징을 ① 刑罰·非刑罰의 법전 2개가 병행하고, ② 한 시기(필자: 하나의 왕조)에 율령은 유일하게 존재할 것, ③ 부분적인 개정을 가하지 않는다는 3개로 정리했다. 이러한 기준에서 본다면, "戰國·秦·漢 시대에는 律·令이라는 명칭은 있어도 그 실질은 위의 특징 3가지를 하나도 가지고 있지 않은 것이었다."고 주장하였다.[8] 滋賀秀三의 法典에 대한 정의가 엄격하기 때문에, 秦漢의 律令은 이 기준에 맞출 수 있는 것이 없다. 2) 冨谷至도 "漢代에는 律과 병렬된 令典이 없다. 令은 단지 詔令의 퇴적일 뿐이다."고 하여 令典의 존재를 부정하였다.[9]

　　3) 張忠煒는 "진한율령은 비록 조정에서 頒行하지만 통일적인 법률 편찬물은 아직 출현하지 않았다. 당시에 이미 이년율령과 같은 '율령집합체'가 출현했더라도, 魏新律과 晋泰始律 같은 국가 편찬물은 존재하지 않았다. 이년율령의 諸律은 단기간에 통일적으로 반행되는 결과가 아니라, 각각 다른 시기에 점차적으로 제정된 산물이다. 魏晋 이후 근본적 변화가 일어났다. 국가가 통일적으로 반행한 편찬물로 되었고, 律典 이외에는 單行律이 없다."고 하였다.[10] 張忠煒는 秦漢의 이년율령을 "율령집합체"에 불과하고, 魏新律과 晋泰始律 같은 국가 편찬물의 성격을 가지지 못한 것으로 파악했다. 曹旅寧도 秦漢時期에 律令

---

6) 趙斌, 「秦簡"卒"相關律令研究」(湖南師範大學碩士論文, 2019), p.28.

7) 같은 논문, p.45.

8) 滋賀秀三, 『中國法制史論集－法典と刑罰』(東京: 創文社, 2003), pp.19-23.

9) 冨谷至(임병덕 역), 『목간과 죽간으로 본 중국고대 문화사』(서울: 사계절, 2005), p.262; 冨谷至, 「晋泰始令への道—第一部: 秦漢の律と令」(『東方學報』 72, 2000), p.127.

10) 張忠煒, 『秦漢律令法系研究初編』(北京: 社會科學文獻出版社, 2012), pp.90-94.

編定은 계속 法律의 滙編 時代이고, 法典化 時代는 아니었다고 주장했다.[11]

사실상 滋賀秀三의 定義에 입각해본다면, 秦漢에 律典과 令典이 존재하지 않았다고 할 수 있다. 그렇다면 그 기준을 조금 완화해서 법령을 주제별로 정리한 형태의 것은 없었을까? 최근 이 문제를 고찰할 수 있는 자료가 出世했는데 바로 『嶽麓書院藏秦簡』 肆·伍·陸이다. 陳松長에 따르면, 『嶽麓書院藏秦簡』에 보이는 秦令은 다음과 같은 것들이 있다.

> 第一類의 篇名(11):
>
> 內史郡二千石官共令, 廷內史郡二千石官共令, 內史官共令, 安臺居室·居室共令, 食官共令, 給共令, 四司空共令, 四司空令, 四謁者令, 尉郡卒令
>
> 第二類의 單一令名(16):
>
> 內史倉曹令, 內史戶曹令, 內史旁金布令, 祠令, 辭式令, 郡卒令, 廷令, 廷卒令, 卒令, 縣官田令, 遷吏令, 備盜賊令, 史學童詐不入試令, 遷吏歸吏群除令, 新黔首挾兵令, 稗官令[12]

최근 출판된 『嶽麓書院藏秦簡(陸)』에는 陳松長이 언급하지 않은 令들도 몇 개 더 확인된다.(卜祝酹及它祠令, 公車馬令, 四司空卒令, 安臺居室四司空卒令)

필자가 『嶽麓書院藏秦簡』을 통해 내린 秦令 관련의 결론은 다음과 같았다. 첫째, 秦令은 동일 주제로 묶어서 정리·편제했다는 것이다. 內史郡二千石官共令과 內史倉曹令 등을 예로 든다면, 內史·郡과 倉曹의

---

11) 曹旅寧, 「《湖北荊州胡家草場西漢墓M12出土簡牘概述》所見律令與漢文帝刑制改革」, 簡帛網, http://www.bsm.org.cn/show_article.php?id=3549.

12) 徐世虹, 「出土簡牘法律文獻的定名、性質與類別」(『古代文明』 11-3, 2017), p.80; 陳松長, 「嶽麓秦簡中的秦令令名補訂」, 2016年 上海 "第六屆出土文獻與法律史研究學術研討會" 會議論文.

단위로 묶은 것이다. 里耶秦簡에서 확인되었듯이, 倉은 徒隷를 관리하므로 內史倉曹令에는 수많은 隷臣妾 관련의 令들이 포함되어 있다. 이러한 것은 동일한 주제로 묶은 散令(이것은 漢代의 용어로서 후술)의 형태이다. 散令 몇 개를 묶은 令典의 형태는 보이지 않는다는 것이다. 결론적으로 秦令은 1단계적으로 동일 주제의 令을 정리한 것이므로, 漢代의 獄(正)律 - 旁律, 令散甲, 令散(乙?)과 같은 2단계까지 발전한 것은 아니다.

둘째, 秦令에서 卒令의 형식으로 令을 정리하고 있는 것을 주목해야 한다는 것이다. 卒令은 제정된 令을 우선적으로 모아놓은 聚集의 의미를 지니고 있다. 그런 후에 卒令에 있던 令들을 주제별의 事項令으로 정리하고, 이후 새롭게 제정된 新令을 事項令에 축적해 나가는 과정을 반복하고 있다. 그러한 점에서 秦令은 滋賀秀三이 말하는 형태의 令典은 아니었다.

셋째, 업데이트된 秦令은 지방 군현으로 보내서 복사하게 했다는 것이다. 중앙에서는 연초 10월에 廷尉가 御史府에 가서 법조문을 대조하고, 지방의 각 관서에서는 監郡御史에 가서 법령을 抄寫하고 있다.[13] 洞庭郡의 里耶지역에서는 4-6월에 율령문서가 抄寫되고 있었다. 중앙에서 멀었기 때문에 7-9개월이 경과된 시점에 抄寫가 이루어진 것으로 보인다. 이러한 사실에서 律令은 적어도 일년에 한 차례씩 업데이트 되고 있었던 것으로 생각된다. 따라서 滋賀秀三이 주장하는 매 왕조의 유일한 법전이라는 정의에는 합치하지 않는다.

漢代 律令典의 존재에 대해서는 오랫동안 분석할 수 있는 자료가 없어서 추론으로 일관해왔었다. 최근 그 존재를 파악할 수 있는 자료가 무려 3종이나 출토되었다. [표 1]은 최근의 출토 자료에 근거하여

---

13) 任仲爀, 「出土文獻에 보이는 秦漢시기 令과 律의 구별」(『中國學論叢』 54, 2016), pp.24-29.

만든 漢初 惠帝와 文帝 시기의 律名 목록이다.

2006년 발굴된 湖北省 雲夢 睡虎地 77號 漢墓는 1975년 발굴된 睡虎地 11號 秦墓와 70미터 떨어진 곳에 위치해 있다.[14] 여기에서는 法律簡이 2組, 합계 850枚가 발견되었다. 湖北省 荊州市 胡家草場 12號 漢墓는 2018년 10월에서 2019년 3월까지 발굴되어 4000여 매의 簡牘이 출토되었고, 律令簡冊은 대략 3000여 매에 달한다.[15] 睡虎地 77號 漢墓와 胡家草場 12號 漢墓는 모두 漢文帝 10년(B.C.170) 경의 것이다.

위의 두 가지 자료보다 더 중요한 것이 兔子山 律名木牘이다. 2013년 5월에서 11월까지 湖南省 益陽 兔子山遺址의 16개 古井 중 11개에서 簡牘이 출토되었다. 그 가운데 7號 井에서 簡牘이 2000여 매가 출토되었다. 간독은 제 1-10층에서 출토되었는데, 내용은 漢初 吳芮의 長沙國 자료이다. 제 3-5층은 呂后 초기의 자료이고, 제 6·7층 출토의 紀年簡은 모두 惠帝 시기의 것이다.[16] 兔子山 律名木牘은 바로 제 7층에서 나온 것이므로 惠帝 시기에 속한 것이고, 앞서 소개한 文帝 시기의 睡虎地 77號 漢墓, 胡家草場 12號 漢墓보다 빠른 것이라고 할 수 있다.

[표 1] 兔子山, 睡虎地77號漢墓, 胡家草場의 漢律 目錄

兔子山(44종) 惠帝		睡虎地77號漢墓(39종) 文帝			胡家草場(45종) 文帝		
獄律(17)	旁律(27)	口律(15)	旁律(24)		(?)(14)	旁律甲(18)	旁律乙(13)
盜	金布	臘	盜	金布	臘	盜	金布	臘
告	均輸	祠	告	均輸	祠	告	均輸	祠

14) 陳偉, 「秦漢簡牘所見的律典體系」(『中國社會科學』 2021-1), pp.105-106; 熊北生·陳偉·蔡丹, 「湖北雲夢睡虎地77號西漢墓出土簡牘槪述」(『文物』 2018-3), pp.43-53.
15) 李志芳·蔣魯敬, 「湖北荊州市胡家草場西漢墓M12出土簡牘槪述」(『考古』 2020-2), pp.25-28; 蔣魯敬·李志芳, 「荊州胡家草場西漢墓M12出土的簡牘」(『出土文獻硏究』 18, 2020), pp.168-182.
16) 張忠煒·張春龍, 「漢律體系新論――以益陽兔子山遺址所出漢律律名木牘爲中心」(『歷史硏究』 2020-6), p.7.

兔子山(44종) 惠帝			睡虎地77號漢墓(39종) 文帝			胡家草場(45종) 文帝		
獄律(17)	旁律(27)		口律(15)	旁律(24)		(?)(14)	旁律甲(18)	旁律乙(13)
具	戶	司空	具	戶	司空	具	戶	司空
賊	田	治水	賊	田	治水	賊	田	治水
捕	徭	工作課	捕	徭	工作課	捕	徭	工作課
亡	倉	傳食	亡	倉	傳食	亡	倉	傳食
雜	尉卒	外樂	雜	尉卒		雜	尉卒	外樂
囚	置後	葬	囚	置後	葬	囚	置後	葬
興	傳		興	傳		興	傳	蠻夷復除
關市	爵		關市	爵		關市	爵	蠻夷士
復	市販		復	市販		復	市販	蠻夷
效	置吏		校(效)	置吏		效	置吏	蠻夷雜
廄	賜		廄	賜		廄	賜	上郡蠻夷閒
錢	奔命		錢	奔命		錢	奔命	
遷	行書		遷	行書			行書	
	齋			齋				
朝							朝	
	史			史				
	秩						秩	
收			收:폐지				收:폐지	
	諸侯秩							

　　[표 1]에 있는 律目 편제는 漢初의 『二年律令』과 비교된다. 『二年律令』의 27개 律들은 편제상 분류되어 있지 않으나, 표에 있는 律은 獄律(또는 □律)과 旁律로 구별되어 있다. 이것은 漢初 高祖 2년 蕭何의 율령 제정 이후 어느 시점에서인가 분류되었음을 말해준다.

　　자료의 발표 순서대로 언급해보자. 우선 睡虎地 77號墓의 律目은 □律(15)과 旁律(24)로 정리되어 있다. □律은 판독이 불가하나, 卷題가 있었음이 분명하다.(□律에 대해서는 후술)

　　胡家草場 제1권의 "凡十四律"은 卷題가 없지만, 제2권은 卷題가 "旁律甲", "凡十八律"로 구성되어 있고, 제3권의 卷題는 "旁律乙"이고 "凡十

三律"로 구성되어 있다.[17] 胡家草場의 正律로 추정되는 14律에 卷題가 있었는지의 문제에 대해 형주박물관의 蔣魯敬 선생은 필자에게 다음과 같은 견해를 보내왔다. "旁律 甲·乙이 각각 卷題가 있는 것처럼, 14篇에 卷題가 있는지 여부는 함부로 결론을 내릴 수 없지만, 원래 卷題가 있었으나 보존되지 않았을 가능성도 배제하지 않는다."라고 하였다.[18] 필자의 생각으로는 睡虎地77號墓의 동일한 律卷에 □律 15라는 卷題를 붙이고 있기 때문에, 응당 卷題가 있었을 것으로 생각된다.

胡家草場 旁律甲은 18律이라고 기록되어 있음에도, 『考古』 2020-2期에는 17개 律名만 수록되어 있어 1개가 차이 난다.[19] 이 문제에 대해, 형주박물관의 蔣魯敬 선생은 "旁律甲 目錄에 17개의 律名이 있는데도 도리어 卷題에 凡十八律로 기록되어 있다. 한 개의 율명을 누락한 것인지 아니면 十八이 誤記인지 단정할 수 없다. 이 문제는 모든 篇題를 대조해야만 해결된다."는 의견을 보내왔다.[20](후술)

앞서 睡虎地77號墓와 胡家草場에서 불분명했던 卷題가 최근 발표된 兔子山 律名木牘에서 명확해졌다. 張忠煒·張春龍은 睡虎地77號墓에서 석독되지 않았던 □律이 兔子山 律名木牘에서 獄律임을 밝히고 있다.[21] 따라서 漢初의 律目은 獄律과 旁律의 2개 卷題로 정리되어 있음을 알 수 있다. 『嶽麓書院藏秦簡』의 秦律은 수많은 律名의 병렬로 되어있었다. 그러했던 것이 文帝 시기에 獄律과 旁律로 卷題가 정리되어 있는 것은 율령 편제상 진일보한 발전이라고 할 수 있다. 獄律은 주로 刑律

---

17) 李志芳·蔣魯敬의 보고서에 旁律甲 율명 18개 중에서 1개는 언급하지 않았다.
18) 蔣魯敬 曰: "十四律是否像其他兩卷分別有卷題旁律甲, 乙, 還不敢下結論, 也不排除本有卷題而未保存下來."(2020. 06. 15)
19) 李志芳·蔣魯敬, 「湖北荊州市胡家草場西漢墓M12出土簡牘概述」(『考古』 2020-2), pp.25-28.
20) 蔣魯敬 曰: "旁律甲目录有17个律名, 却记凡十八律, 是漏记了一个律名, 还是十八属于笔误也不敢定, 这个问题的解决需要对照所有篇题."(2020. 06. 15)
21) 張忠煒·張春龍, 위의 논문, p.7.

과 관련된 것들로서, 『晉書』「刑法志」에서 말하고 있는 正律이라고 할수 있다. 이상의 3개 자료를 종합한다면, 漢初에 獄律은 14·15·17개, 旁律은 24·27·31개로 구성되어 있다. 그리고 漢初 律의 총합은 대략 39-45개임을 알 수 있다.

주의해야 할 것은, 獄律 숫자가 九章律에서 연상하는 9개가 아니라, 14-17개라는 사실이다. 그러나 『晉書』「刑法志」에는 魏新律을 제정할 당시 九章律의 正律이 9개이고, 罪條例(형법총칙)에 해당하는 具律이 첫 번째 또는 마지막인 9번째가 아니라 6번째에 위치해 있다.[22] 이것은 後漢 시대에 九章律의 律 차례가 고정되어 있음을 말해준다. 漢 惠帝·文帝의 獄律이 14·15·17개의 非고정의 숫자는 어떤 시점에 9개로 정리되었던 것이다. 그것은 後漢 시대에 九章律 명칭과 律經이라는 칭호가 나타나는 시점으로 추정된다. 따라서 魏新律을 제정할 때, 법률 제정자들은 9개로 정리된 九章律을 보았던 것이고, 이것이 『晉書』「刑法志」에 나타난 것이다. 이렇게 9개로 정리된 것은 蕭何가 楚漢전쟁 시기에 특별히 중시한 戶律·興律·廐律과 商鞅의 六律을 합했을 것이다.

이제부터 胡家草場 "旁律甲 凡十八律"이 叔孫通의 旁章 18篇과 관련이 있는지 언급하고자 한다. 『晉書』「刑法志」에는 이와 관련된 중요한 힌트가 기술되어 있다.

> 漢은 秦制를 계승하여 蕭何가 律을 제정하였다. 參夷連坐의 罪를 폐지하고, 部主見知의 條를 추가하였으며, 事律인 興·廐·戶律의 3篇을 늘려 모두 9篇으로 하였다. 叔孫通은 (舊)刑律에 포함되지 않은 것을 추가하여 傍章 18篇을 만들었고, 張湯의 越宮律 27篇, 趙禹의 朝律 6篇을 합하여 60篇이 되었다. … (魏에서는) 13篇이 증가하여, 옛날의 5篇과 합하여 18篇이 되었

---

22) 『晉書』 卷30 「刑法志」, pp.924-925, "舊律因秦法經, 就增三篇, 而具律不移, 因在第六. … 凡所定增十三篇, 就故五篇, 合十八篇, 於正律九篇爲增, 於旁章科令爲省矣."

다. 正律은 9篇으로 늘어났고, 旁章科令은 줄었다.[23]

위의 예문에는 叔孫通에 의해 正律과 旁章이 구별되기 시작했음을 언급하고 있는데, 종전에는 이러한 구분이 존재했는지 확실하지 않았다. 이같은 모호성이 최근 출토 자료에서 규명될 수 있게 되었다. 우선 叔孫通의 傍章十八篇은 숫자적으로 胡家草場의 "旁律甲 凡十八律"과 일치하는 것을 알 수 있다. 숙손통에서 비롯된 구분이 文帝시기 胡家草場의 律典 구별에서 확인된 것이다. 그런데 숙손통의 傍章은 胡家草場의 "旁律甲 凡十八律"에 18개로 확인되는데, 문제는 律名이 17개만 기록되어 있는 것이다. 1개가 없는 것은 律 하나가 폐지되었기 때문이며, 그것은 文帝 2년 폐지된 收律로 생각된다.[24] 高祖 2년 시점의『二年律令』과 惠帝 시기의 兎子山漢律에는 收律의 律名이 확인되지만, 이것이 文帝시기의 睡虎地 77號 漢墓와 胡家草場에는 보이지 않는다.

흥미로운 것은 收律이 惠帝 시기 兎子山漢律 단계에서는 旁律이 아니라 獄律에 편제되어 있는 사실이다. 달리 말하면 초기에 收律이 旁律 18개 항목에 들어가지 않은 것이다. 그 후 睡虎地 77號 漢墓와 胡家草場에서는 收律이 자취를 감추었다. 文帝 2년 폐지된 收律을 제외하고는 폐지가 명시된 律이 없기 때문에, 收律은 獄律에서 旁律로 이동하여 18律이 되었다가 폐지된 것으로 추정된다. 그 이동 과정은 朝律의 이동 과정에서 엿볼 수 있다. 동일하게 兎子山漢律의 獄律에 편제되어 있던 朝律도 胡家草場의 단계에서는 旁律甲으로 이동했다. 이와

---

23)『晋書』卷30「刑法志」, pp.922-925, "漢承秦制, 蕭何定律, 除參夷連坐之罪, 增部主見知之條, 益事律興, 廐, 戶三篇, 合爲九篇. 叔孫通益律所不及, 傍章十八篇, 張湯越宮律二十七篇, 趙禹朝律六篇, 合六十篇. … 凡所定增十三篇, 就故五篇, 合十八篇, 於正律九篇爲增, 於旁章科令爲省矣."

24)『漢書』卷23「刑法志」, pp.1104-1105, "孝文二年……平, 勃乃曰:「陛下幸加大惠於天下, 使有罪不收, 無罪不相坐, 甚盛德, 臣等所不及也. 臣等謹奉詔, 盡除收律, 相坐法.」"

동일한 방식으로 收律도 獄律에서 旁律甲으로 이동해서 18개의 律을 구성했던 것으로 생각된다.

정리한다면, 高祖 2년 시점의 『二年律令』에는 모든 律을 분류하지 않았다. 그 후 叔孫通은 漢律을 1차로 獄律과 旁律로 구분했고, 이때에 收律은 獄律에 편제되었다. 그런데 旁律이 兎子山에 27개, 睡虎地 77號 漢墓에 24개나 되면서 세분할 필요가 있기에 이를 甲과 乙로 재편성한 것으로 생각된다. 이것이 胡家草場의 旁律甲과 旁律乙이다. 旁律 18편을 2차로 재편성하는 과정에서 朝律과 收律이 旁律로 이동했다. 그리고 文帝 2년(B.C.178)에 收律이 폐지되면서 睡虎地 77號 漢墓와 胡家草場에는 보이지 않는 것이다. 따라서 胡家草場의 律目에 叔孫通의 旁章 숫자 18을 쓰고, 17개의 律名만 기록한 것으로 생각된다. 다만 睡虎地 77號 漢墓의 律目이 旁律甲과 旁律乙로 분류되어 있지 않았더라도 收律이 보이지 않는 것으로 보아서 文帝 2년 이후의 것으로 생각된다.

獄律과 旁章은 正-副의 대응관계에 있는 것이다.[25] 叔孫通의 傍章 十八篇(旁章)은 그가 제정한 禮儀와는 다른 것이다.[26] 禮儀는 項羽 死後인 高祖 6年에 제정되어 高祖 7年의 正月 旦日의 朝會에 적용된 것이다. 숙손통의 禮儀 제정시점이 고조 연간이므로, 傍章十八篇도 대체로 그 시점에 편성된 것으로 생각된다. 『二年律令』에 獄律과 旁章의 구별이 보이지 않는 것은 叔孫通의 傍章 구분 이전인 고조 2년에 제정된 것이기 때문이다.[27] 따라서 『二年律令』이 漢高祖 2년에 제정되었다는 필자

---

25) 『晉書』卷30「刑法志」, p.925, "凡所定增十三篇, 就故五篇, 合十八篇, 於正律九篇爲增, 於旁章科令爲省矣."

26) 『漢書』卷1下「高帝紀」, pp.80-81, "初順民心作三章之約. 天下旣定, 命蕭何次律令, 韓信申軍法, 張蒼定章程, 叔孫通制禮儀, 陸賈造新語.";『漢書』卷43「叔孫通傳」, p.2127, "今天下初定, 死者未葬, 傷者未起, 又欲起禮樂. 禮樂所由起, 百年積德而後可興也. 吾不忍爲公所爲, 公所爲不合古, 吾不行. 公往矣, 毋污我!」通笑曰:「若眞鄙儒, 不知時變.」遂與所徵三十人西, 及上左右爲學者與其弟子百餘人爲緜蕝野外, 習之月餘, 通曰:「上可試觀.」上使行禮, 曰:「吾能爲此.」乃令羣臣習肄, 會十月."

의 견해가 옳다는 것이 재차 입증되었다.

다음으로는 秦漢시대 令典의 존재 문제를 살펴보기로 하자. 漢文帝 시기 胡家草場漢簡에서는 令典 2卷과 令名 37종이 확인되었다. 第 1卷 은 "令散甲"이라는 제목이 붙어있고, 令甲, 令乙, 令丙, 令丁, 令戊, 壹行 令, 少府令, 功令, 蠻夷卒令, 衛官令, 市事令(凡十一章)이 있다. 第 2卷에는 禁苑令, 戶令丙, 戶令甲 등 26개 令名(凡卄六章)이 있다. 胡家草場의 전체 令名이 아직 보고되지는 않았지만, 胡家草場 第 1卷의 卷題가 令散甲이 므로 第 2卷은 乙로 추정된다. 이 문제에 대해서 荊州博物館의 蔣魯敬 선생은 "令의 2권 卷題(令散乙)가 잘려나간 것인지, 아니면 원래부터 卷題가 없었던 것인지도 재점검해야 한다. 이것은 14律의 卷題와 같은 문제에 속한다. 바로 令의 제 2권 목록이 없어졌기 때문에 그 구체적 인 令名은 簡文이 정리된 후에 歸納되어야 한다."고 하였다.[28]

필자의 생각으로는 令散甲이 있기 때문에 令의 2권 卷題는 令散乙 일 가능성이 높다고 생각한다. 구체적인 令名은 현재 26개 가운데 9개 가 보고된 상태이다.[29] 漢文帝 시기에 令도 "令散甲", "令散乙"의 방식 으로 분류·편제되었던 것으로 생각된다. 1단계 개별 令들을 묶은 2단 계 令散(甲)의 형태가 확인된 것은 이것이 최초이다. 개별 令을 1단계 로 묶은 것의 호칭은 散令으로 해야 할 것 같다. 그 이유는 "令散甲"이 散令을 모은 것이기 때문이다. 즉, 개별 令 - 散令 - 令散甲의 단계라고 할 수 있다. 현재까지 傳世文獻, 출토자료 등에 확인된 散令의 名은 다 음의 [표 2]와 같다.[30]

---

27) 본서의 「漢初 九章律의 제정과 그 의미」 참조.
28) 蔣魯敬曰: 令的第二卷卷題是殘掉了, 還是本就無卷題也需再審視. 這個和十四律 的卷題屬於同樣的問題. 正是由於令的第二卷目錄殘, 所以其具體令名需從簡文整 理中歸納. 說得不對的地方還請指正.
29) 李志芳·蔣魯敬, 위의 논문, p.27.
30) 鍾長發, 「甘肅武威旱灘坡東漢墓」(『文物』1993-10), pp.30-32; 李均明·陳民鎭, 「簡 牘學研究70年」(『中國文化研究』2019-秋), p.19; 李均明, 「簡牘法制史料槪說」(『中

[표 2] 秦漢의 令名 비교

	嶽麓秦簡秦令(陳松長)		漢 散令		
			胡家草場		文獻 등
1	廷內史郡二千石官共令	1		令甲	令甲
2	內史郡二千石官共令	2		令乙	令乙
3	內史官共令	3		令丙	令丙
4	內史倉曹令	4	第1卷 令散甲 11章	令丁	
5	內史戶曹令	5		令戊	
6	內史旁金布令	6		壹行令	
7	四謁者令	7		少府令	
8	四司空共令	8		功令	功令
9	四司空令	9		蠻夷卒令	
10	安臺居室	10		衛官令	
11	居室共令	11		市事令	
12	祠令	1		禁苑令	
13	辭式令	2		戶令甲	
14	尉郡卒令	3			
15	郡卒令	4		戶令丙	
16	廷卒令	5		廏令甲	
17	廷令	6	第2卷 (?) 26章	金布令甲	金布令
18	卒令	7		金布令乙	
19	縣官田令	8		諸侯共令	
20	食官共令	9		倉令甲	
21	給共令	10		尉令乙	尉令
22	遷吏令	11			田令
23	備盜賊令	12			衛令(宮衛令)
24	新黔首挾兵令	13			戍卒令
25	稗官令	14			賞令
26	史學童詐不入試令	15			祠社稷令

國史研究』 2005 增刊), p.66. 1989년 8월 武威 旱灘坡 律令簡에서 東漢墓 出土 17枚의 殘木簡에는 「王杖詔書」 및 令乙·公令·御史挈令·蘭臺挈令·衛尉挈令·尉令·田令 등의 令文이 포함되어 있다.

嶽麓秦簡秦令(陳松長)		漢 散令		
		胡家草場		文獻 등
27	遷吏歸吏群除令	16		筭令
28	卜祝酹及它祠令	17		品令
29	公車馬令	18		津關令
30	四司空卒令	19		予告令
31	安臺居室四司空卒令	20	第2卷 (?) 26章	祀令 祠令
		21		水令
		22		養老令
		23		馬復令
		24		秩祿令
		25		任子令
		26		胎養令
				齋令
				公令
				緡錢令
				光祿挈令
				樂浪挈令
				北邊挈令
				大鴻臚挈令
				御史挈令
				蘭臺挈令
				衛尉挈令
				太尉挈令
				廷尉板令

　　표에서 보듯이, 胡家草場의 令散甲이라는 것이 눈에 뜨인다. 散은 어떤 의미일까? 第 1卷 令散甲은 令甲에서 令戊까지의 5개와 壹行令, 少府令, 功令, 蠻夷卒令, 衛官令, 市事令 등 모두 11章으로 구성되어 있다. 이 令名들을 보면 서로 연관성이 없는 令들을 묶은 것같이 보인다. 令

名이 연관성이 없고 분산된 것으로 보이기 때문에, "散"은 零碎·散亂의 의미라고 할 수 있다. 令散甲은 비록 泰始律에서 律典과 令典을 분리시킨 것과 동등한 정도는 아니지만, 令을 令典으로 정리하는 경향이 나타났다고 할 수 있다. 令散甲 아래의 令甲~令戌들은 중요도에 따라 편성된 개별적인 令들이다. 필자는 甲乙丙의 분류가 중요도에 의거한 것이라고 생각하지만(후술), 이것의 석문이 발표되면 그 분류의 원칙이 무엇인지 확인될 것이다.

漢의 令名을 보면 律名과 서로 대응하는 것도 있다. 과거 律과 令이 호환되었기 때문에 金布律이 金布令으로 불린다는 견해가 있었다. 그러나 [표 3]에서 볼 수 있듯이, 동일한 律名과 令名이 각각 존재하는 것을 보면, 양자는 一物二名이 아니라 二物二名인 것이다. 厩律이 있고, 厩令이 각각 있었던 것이다. 앞으로 胡家草場의 令名이 모두 발표되면 중복된 것이 좀 더 확인될 수 있다.

[표 3] 동일한 律과 令의 명칭

律	令
禁苑律(龍崗)	禁苑令
戸律	戸令甲
	戸令丙
厩律	厩令甲
金布律	金布令甲
	金布令乙
倉律	倉令甲
尉律	尉令乙

漢令은 현재까지 최소 46개의 令名이 확인되었다. 秦令과 漢令의 令名이 거의 일치하지 않은 것에서 秦令名이 漢令에 거의 승계되지 않았음을 알 수 있다.[31] 이것은 漢承秦制라는 용어가 의미하는 것과 달리 漢代에 들어와 새로운 방향으로 전개되어 나갔다는 것을 말해준다.

漢令에서 令散甲 등으로 묶은 것은 秦令에서 보이지 않던 것이다. 秦令
에서는 동일 주제로 분류하는 초보적 단계에 머물렀다. 漢令에서는
개별 조서들을 동일한 令名 하에 편성하여 散令들을 만들었는데, 그
중에서도 중요한 令들은 별도로 令甲·令乙 등으로 묶었다.(1단계적 정리)
그리고 재차 이것을 令散甲으로 묶는 2단계로 진보한 것이다. 그리고
晉 泰始令에서는 律典과 令典으로 분리시키는 단계로 들어간 것이다.

III. 漢令의 종류와 편제

陳夢家는 漢令을 4가지로 구분하고 있다. 1) 干支로 나눈 令甲·令乙
(干支令), 2) 內容으로 분류한 金布·宮衛·祿秩(事項令), 3) 地區로 구분한
樂浪挈令·北邊挈令, 4) 官署로 분류한 鴻臚挈令·廷尉挈令·光祿挈令이다.[32]
최근에 새로운 漢令 자료가 출토되었어도 陳夢家의 분류는 여전히 유
효하다.

1. 事項令

1) 事項令(單行令)과 干支令

앞의 [표 2] 秦漢의 令名 비교에서 알 수 있듯이, 『嶽麓書院藏秦簡』에
보이는 秦令들은 주제에 따라 분류·정리된 事項令이라고 할 수 있다.
예컨대 內史郡二千石官共令은 內史·郡이라는 주제 하에 모은 것이다.
秦代에는 "爲田律"과 같이 律의 서두에 있는 문자로 律名을 삼은 것도
있고, 史學童詐不入試令, 新黔首挾兵令처럼 詔書에 포함된 字句에서 令

---

31) 徐世虹, 「漢令甲、令乙、令丙辨正」(『簡帛研究』 第三輯, 廣西教育出版社, 1997),
　　pp.428-433.
32) 陳夢家, 「王杖十簡考釋」, 甘肅博物館·中國科學院考古研究所, 『武威漢簡』(北京:
　　文物出版社, 1964), p.141.

名을 취한 것도 있다. 이것은 令名을 결정하는 기법이 원숙한 단계에 오르지 못한 것이거나, 마땅히 산입할 令을 결정하지 못해 임시적으로 부여한 令名이라고 할 수 있다.

현재 문헌자료를 통하여 확인할 수 있는 漢의 事項令은 田令, 箠令, 水令, 功令, 養老令, 馬復令, 秩祿令, 宮衛令, 任子令, 胎養令, 祀令, 祠令, 齋令, 戍卒令, 品令, 予告令, 津關令 등이 있다. 여기에 근년 출토된 漢令의 종류까지 추가하면 漢令은 최소 46개가 확인된다.

오래된 견해이지만, 일본의 中田薰은 漢令의 분류 과정에 대해 다음과 같은 견해를 피력했다. 첫째, 관리가 자신의 직무에 관계 있는 詔令을 官府別로 集錄하여 携帶用으로 만든 것이 "挈令"이다. 둘째, 干支名令에 수록되어 있는 詔令을 정리하고 혹은 보수하여 特別單行令書(單行令 = 特稱令)로 편집했다는 것이다.[33] 中田薰은 特別單行令書라는 용어를 사용하였는데, 이것이 일본 학계에서 사용되는 單行令이라는 용어의 효시를 이룬다고 생각된다.

그런데 詔書로부터 정리된 令을 單行令이라고 부르기보다는 事項令으로 부르는 것이 옳다고 생각된다. 單行令이라고 한다면, 각각의 令들이 일회성으로 나온 것으로 생각될 수도 있다. 秦令에서 본다면, 조서들은 정리되어 內史郡二千石官共令, 內史倉曹令라는 令名 하에 다수의 令들이 편제되어 있기 때문에 單行이라는 용어는 적합하지 않다.

---

33) 中田薰, 위의 논문, pp.70-76. "漢初의 令典에는 甲乙丙의 篇次가 있었다. … 令典에 기록된 各 帝의 詔令은 代를 거듭할 때마다 그 수가 증가되었고, 더욱이 그 배열순서는 關係事項別이 아니라 事의 輕重에 따르는 방법이므로 해를 거듭함에 따라 令典 각 편의 내용은 混雜錯綜하고 閱讀檢索에도 불편이 많음은 용이하게 상상할 수 있다. 이같은 이유로 수록된 詔令을 關係事項別로 分集해서 別冊으로 만들어 사용자의 편익을 시도한 것은 자연스러운 추세였을 것이다. 그 첫 번째로 나온 것이 관리가 자신의 직무에 관계 있는 詔令을 官府別로 集錄한 携帶用의 '挈令'이며, 두 번째는 干支名令에 수록되어 있는 詔令을 정리하고 혹은 보수하여 特別單行令書(單行令 = 特稱令)를 편집하기에 이르렀다."고 하였다.

앞서 언급했듯이 漢代에는 散令이라고 불렀을 가능성이 있다.

令名이 부여되는 절차를 살피는 데는 아래의 사료가 주목된다.

景帝 元年에 조서를 내려 말했다. "笞刑을 가하는 것은 重罪와 차이가 없어서 요행히 죽지 않는다하더라도 사람 구실을 할 수 없다. 律을 제정 하라. 笞 五百은 三百으로 하고, 笞 三百은 二百으로 하라." 그러나 아직도 태형을 맞은 사람이 온전하지 않았다. (景帝) 中 6年에 이르러 또 조서를 내려 말했다. "태형을 때릴 때 어떤 경우는 사망했는데도 때려야 할 태형 이 남아 있으니 朕은 매우 애석하게 생각한다. 笞三百을 二百으로, 笞二百 을 一百으로 줄이도록 하라." 또 말했다. "笞라고 하는 것은 가르침(敎)의 뜻을 가지고 있으니, 箠令을 제정하도록 하라." 丞相 劉舍와 御史大夫 衛綰 이 (법률 제정을) 請하였다. "笞刑을 때릴 때 箠의 길이는 5尺이고, 그 중심 부의 두께는 1寸이고, 竹으로 합니다. 끝부분은 두께를 半寸으로 하고, 모 두 그 마디를 평평하게 합니다. 笞를 때릴 때는 둔부를 때리도록 하고, 때 리는 사람을 교체하지 않으며, 하나의 죄가 끝나고 나서야 사람을 교체하 도록 했습니다." 이후로 笞를 맞은 사람이 온전해질 수 있었다. 그러나 酷 吏는 아직도 위엄을 부리고 있었다. 死刑은 매우 무겁고, 生刑은 또 가벼 우니, 民이 쉽게 범했다. (景帝元年, 下詔曰:「加笞與重罪無異, 幸而不死, 不 可爲人. 其定律: 笞五百曰三百, 笞三百曰二百.」猶尙不全. 至中六年, 又下詔 曰:「加笞者, 或至死而笞未畢, 朕甚憐之. 其減笞三百曰二百, 笞二百曰一百.」 又曰:「笞者, 所以敎之也, 其定箠令.」丞相劉舍、御史大夫衛綰請:「笞者, 箠長 五尺, 其本大一寸, 其竹也, 末薄半寸, 皆平其節. 當笞者笞臀. 毋得更人, 畢一罪 乃更人.」自是笞者得全, 然酷吏猶以爲威. 死刑旣重, 而生刑又輕, 民易犯之.)[34]

---

34) 『漢書』卷23 「刑法志」, p.1100, "景帝元年, 下詔曰:「加笞與重罪無異, 幸而不死, 不可爲人. 其定律: 笞五百曰三百, 笞三百曰二百.」猶尙不全. 至中六年, 又下詔 曰:「加笞者, 或至死而笞未畢, 朕甚憐之. 其減笞三百曰二百, 笞二百曰一百.」又 曰:「笞者, 所以敎之也, 其定箠令.」丞相劉舍、御史大夫衛綰請:「笞者, 箠長五 尺, 其本大一寸, 其竹也, 末薄半寸, 皆平其節. 當笞者笞臀. 毋得更人, 畢一罪乃

위의 예문은 景帝가 笞杖에 의해 죄수가 사망하는 것을 막기 위해 丞相·御史大夫에게 笞數를 줄이도록 箠令 제정을 명령한 詔書이다. 여기에서 주목되는 것은 "其定箠令"이라고 하여 丞相과 御史大夫에게 구체적으로 令名을 지정하고 있는 사실이다. 箠令으로 명명된 이 令은 나중에 干支令으로 정리되어 令丙에 편제되고 있다.[35] 그렇다면 詔書 - 箠令(事項令) - 令丙(간지령)의 순서로 정리한 것이다.

2. 干支令

1) 干支令의 編成 원칙

干支令에서 관심이 집중된 주제는 令甲·令乙·令丙의 編成 원칙과 출현 시점이다.

우선 甲乙丙과 같은 干支가 가지는 의미에 대해 분석해보자. 干支令에 대한 주석가들의 견해는 『漢書』「宣帝紀」의 "令甲, 死者不可生, 刑者不可息, 此先帝之所重, 而吏未稱"[36]의 기사에 집중되었다. 이에 대한 주석자들의 견해는 다음과 같다.

> 文穎曰: 「令甲者, 前帝第一令也.」 如淳曰: 「令有先後, 故有令甲, 令乙, 令丙.」 師古曰: 「如說是也, 甲乙者, 若今之第一, 第二篇耳.」[37]

먼저 文穎은 令甲을 前帝의 첫 번째 令이라 했고, 如淳은 令에는 선후가 있기 때문에 令甲·令乙·令丙이 있다고 하였다. 師古는 兩說 중에서 후자를 채택하였다. 여기에서 文穎의 "前帝"는 무엇을 의미할까? 前

更人.」自是笞者得全, 然酷吏猶以爲威. 死刑旣重, 而生刑又輕, 民易犯之."

35) 『後漢書』 卷3 「肅宗孝章帝紀」, p.146, "秋七月丁未, 詔曰: 「律云『掠者唯得榜, 笞, 立』. 又令丙, 箠長短有數."
36) 『漢書』 卷8 「宣帝紀」, p.252.
37) 『漢書』 卷8 「宣帝紀」, p.252.

帝는 「宣帝紀」에 보이는 "先帝之所重"의 先帝를 지칭하는 것일 것이다. 宣帝가 언급한 先帝는 肉刑 廢止令을 제정한 文帝를 지칭한 것으로 생각된다.

師古가 文穎의 주석을 채택하지 않은 것은 前帝의 第一令이라는 해석이 令甲을 설명하는데 부정확했기 때문이다. 師古는 甲乙이 "첫 번째, 두 번째의 篇"이라는 "篇"에 방점을 두었다. 즉, 文穎이 "令"이라고 한 것에 비해서, "令篇"의 의미로 이해한 것이 핵심이다. 文穎과 師古가 甲乙 등을 序數的 의미로 이해한 것은 동일하지만, "令"으로 봐야 할지 아니면 "令篇"으로 봐야 할지에 대해서 견해의 차이가 있었던 것이다.

그렇다면 干支令을 令甲·令乙·令丙에 편성하는 원칙은 무엇인가? 그에 대해서, 陳夢家는 事類 성질의 차이라고 고찰하였고, 中田薰은 중요성의 輕重이라고 고찰하였다.[38] 廣瀨薰雄은 干支令의 番號가 발포순으로 붙여졌을 것이라고 주장하였다.[39] 冨谷至는 간지령의 번호가 발포순(즉, 시간순)으로 붙었을 것이라는 견해에 부정적이다. 이를 고찰하기 위해 관련 干支令을 제시하면 아래와 같다.

[표 4] 漢 干支令

令甲	a	初, 文王芮, 高祖賢之, 制詔御史: 「長沙王忠, 其定著令.」[40]	長沙王의 稱忠	高祖
		太史公讀列封至便侯, 曰: 有以也夫! 長沙王者, 著令甲, 稱其忠焉[41]		
	b	如淳曰: 已論者, 罪已定也. 令甲, 女子犯罪, 作如徒六月, 顧山遣歸.[42]	女徒 귀가 조치후 顧山錢납부	平帝
		女子犯徒遣歸家, 每月出錢雇人於山伐木, 名曰		

38) A.F.P. Hulsewé는 令甲·乙·丙에 대해 ①분류된 令集인지, ②하나의 令集이 분할된 것인지, ③독립된 令文인지 알 수 없다고 결론을 유보하였다. Remnants of Han Law vol1, Leiden: E.J. Brill, 1955, p.42.

39) 廣瀨薰雄, 『秦漢律令研究』(東京: 汲古書院, 2010), p.102.

		崔山[43]		
	c	令甲, 死者不可生, 刑者不可息.[44]	肉刑 폐지	文帝
	d	如淳曰, 令甲諸侯在國名田他縣, 罰金二兩.[45]	諸侯의 他縣名田 소유 금지	哀帝
	e	案官所施漏法令甲第六常符漏品, 孝宣皇帝三年十二月乙酉下.[46]	漏法 常符漏品	宣帝
	f	務在農桑, 著于甲令, 民用寧康, 述景紀第五.[47]	農桑의 장려	景帝
	g	向使因設外戚之禁, 編著甲令, 改正后妃之制, 貽厥方來, 豈不休哉![48]	外戚之禁	明帝
令乙	h	如淳曰, 「乙令『蹕先至而犯者, 罰金四兩』.」[49]	犯蹕시 벌금 4兩	文帝
	i	如淳曰: 「令乙, 騎乘車馬行馳道中, 已論者, 沒入車馬被具.」[50]	馳道왕래시 車馬 몰수	武帝
	j	令乙, 有呵人受錢.[51]	呵人受錢	불명
令丙	k	令丙, 有詐自復免.[52]	詐自復免	불명
	l	詔曰: 律云『掠者唯得榜、笞、立』. 又令丙, 箠長短有數.[53]	箠의 長短	景帝
	m	●令丙第九 丞相言: 請令西成、成固、南鄭獻枇杷各十, 至不足, 令相備不足, 盡所得. 先告過所縣用人數, 以郵、亭次傳. 人少者, 財助. 獻起所爲檄, 及界, 郵吏皆ово署起, 過日時, 日夜走, 詣行在所司馬門, 司馬門更詣(?)大(太)官, 大(太)官上檄御史. 御史課縣留稽(遲)者, 御史奏, 請許. 制曰: 可. 孝文皇帝十年六月甲申下.[54]	西成、成固、南鄭 獻枇杷	文帝

---

40) 『漢書』 卷34 「吳芮傳」, p.1894.
41) 『史記』 卷19 「惠景間侯者年表」, p.977.
42) 『漢書』 卷12 「平帝紀」, p.351.
43) 『後漢書』 卷1上 「光武帝紀」, p.35.
44) 『漢書』 卷8 「宣帝紀」, p.252.
45) 『漢書』 卷11 「哀帝紀」, p.337.
46) 『後漢書』 「律曆志中」 2, p.3032.
47) 『漢書』 卷100下 「敍傳」, p.4237.
48) 『後漢書』 卷10上 「皇后紀」, p.400.
49) 『漢書』 卷50 「張釋之傳」, p.2311.
50) 『漢書』 卷45 「江充傳」, p.2177.
51) 『晋書』 卷30 「刑法志」, p.924.

冨谷至는 a에서 l까지 무엇을 기준으로 甲·乙·丙으로 나눈 것인지
그 근거가 분명하지 않다고 보았다(m은 필자의 추가). 중요도에 따라
구별했다고 해도, 왜 令甲이 令乙보다 중요도가 높고, 令丙은 중요하
지 않은 것인지? 甲令에 高祖 시기의 a에서 平帝시의 b까지 포함되어
있는 것에서 보아 시간차로써 3단계로 분류했던 것도 아니라고 주장
하였다.55) m도 文帝 때 반포된 것인데, 令丙에 포함된 것을 보면 시간
순으로 편제된 것은 아니라고 생각된다.

현존하는 漢代의 干支令은 겨우 13例에 불과하기 때문에, 令甲·令
乙·令丙의 구별원칙이 事類別에 의거했는지, 또는 法令의 輕重에 의거
했는지 판별하기 곤란하다. 그런데 위의 表에서 알 수 있듯이 令甲에
는 宣帝·哀帝·平帝, 심지어 後漢의 明帝의 것까지 포함된 것을 보면 시
대순으로 편찬된 것이 아님은 확실하다.

그러한 점에서 甲·乙·丙의 편성 원칙을 고찰함에 있어『令集解』「官
位令」에 인용된 董仲舒의 언급은 중요하다.56) "董仲舒가 令百七十篇 중
에서 甲令보다 좋은 것은 없다(莫善)."고 한 것은 令甲에 중요한 令이
편제되어 있다는 것이다. 이 주장이 맞는다면 간지령은 중요도에 따
라 분류된 것이고, 당연히 소속된 令들의 시기가 다를 수 밖에 없다.

令甲에 편제된 내용들은 국가 기본 골격을 구성하는 내용들로 구
성되어 있다는 점에서 "莫善"이라고 할 만하다. 長沙王의 稱忠은 이성
제후의 반란 속에서 반란에 가담하지 않은 것의 표창, 漏法常符漏品은

52)『晋書』卷30「刑法志」, p.924.
53)『後漢書』卷3「章帝紀」, p.146.
54) 彭浩,「讀松柏出土的西漢木牘(一)」, 簡帛網, http://www.bsm.org.cn/show_article.php?id=1009.
55) 冨谷至,「晋泰始令への道―第一部 秦漢の律と令」, p.111.
56) 黑板勝美(國史大系編修會),『令集解(一)』(東京:吉川弘文館, 1982), p.5, "臣瓚曰董仲舒云, 令百七十篇, 莫善於甲令."; 律令研究會編,『譯註日本律令(一, 首卷)』(東京: 東京堂, 1978), p.224, "臣瓚曰, 董仲舒書云, 令百七十篇, 莫善於甲令是." 字句上 약간의 차이가 있다.

計時에 사용되는 官漏(물시계)의 규정, 肉刑 폐지는 국가의 형벌 문제, 農桑의 장려는 농업사회의 근간인 농업 중시, 諸侯의 他縣 名田 소유 금지는 제후에 대한 재정적 압박, 女徒의 석방과 顧山錢 대납은 太皇太后의 은덕을 표창한 것이다.[57] 특별히 顧山錢은 집정자 王莽이 甲令에 배치한 것으로 생각된다. 班固가 前漢 왕망시기 권력이 외척에 넘어간 것을 상기하며 后妃之制를 改正한 外戚之禁을 甲令에 설치했더라면 좋았을 것이라는 언급도 甲令의 중요성을 강조하고 있다.[58]

董仲舒·班固의 주장처럼, 干支令은 일단 중요도에 따라 甲·乙·丙으로 분류되지만, 干支令에 편성되어 있는 令들은 시간순에 따라 일련번호를 붙이는 방식을 취했다고 생각된다. 아래의 사료는 그같은 편성방법을 추정케 한다.

> (後漢의 和帝) 永元 14年(A.D.102) 待詔太史 霍融이 상언하였다: "(현재) 官漏는 9日에 1刻을 증감하는데 天時와 상응하지 않을 뿐만 아니라, 혹 시차가 2刻 半이나 되어 夏曆보다 치밀하지 못합니다." (和帝는) 太常에 詔書를 내려 史官과 霍融이 공동으로 儀로써 天時를 재어 그 원근을 헤아리라고 명하였다. 이에 太史令 舒·承·梵 등이 대책을 올렸다. "현재 官에서 시행하는 漏法은 令甲第六의 常符漏品인데, 孝宣皇帝 3年 12月 乙酉日에 내려진 것으로 (王莽 시기에 중단되었다가 재차) 光武帝 建武 10年 2月 壬午日에 詔書로서 시행된 것입니다. 漏刻은 해 길이의 長短에 따라 그 數가 있는 것이며, 대체로 해가 남북으로 2度 4分 이동함에 따라 1刻을 증감하며, 1氣(節氣)는 모두 15일이나, 태양이 去極할 때는 각각 다소가 있습니다. 지

---

57) 『漢書』卷12「平帝紀」, p.351, "師古曰: 「如說近之. 謂女徒論罪已定, 並放歸家, 不親役之, 但令一月出錢三百, 以顧人也. 爲此恩者, 所以行太皇太后之德, 施惠政於婦人.」"

58) 『後漢書』卷10上「皇后紀」, p.400, "明帝聿遵先旨, 宮教頗修, 登建嬪后, 必先令德, 內無出閫之言, 權無私溺之授, 可謂矯其敝矣. 向使因設外戚之禁, 編著甲令, 改正后妃之制, 貽厥方來, 豈不休哉!"

금 官漏는 9일에 1刻을 옮기기 때문에 태양의 진퇴를 따르지 못합니다. 夏曆의 漏刻은 태양이 남북으로 이동함에 따라 長短이 있고 官漏보다 치밀하니 분명히 시행할 수 있습니다."[59]

"案官所施漏法甲令第六常符漏品, 孝宣皇帝三年十二月乙酉"는 "현재 官에서 시행하는 漏法은 令甲第六의 常符漏品인데, 孝宣皇帝 3年 12月 乙酉日에 내려진 것으로 (王莽시기에 중단되었다가 재차) 光武帝 建武 10年 2月 壬午日에 詔書로서 시행된 것입니다."라고 해석해야 한다고 생각한다.[60] 이렇게 해석한다면 漏法과 常符漏品은 同格이며, 令甲의 6번째에 著令되어 있다는 뜻이다. 그리고 令甲은 제1, 제2, 제3과 같이 고유의 번호가 주어지며, 후일 추가할 사항이 있으면 계속 令甲에 다음 번호를 부여했을 것이다. 따라서 a에서 m까지의 令들은 令甲·令乙·令丙에 편입될 때 모두 이러한 일련번호가 부여되었을 것으로 추정되며, 그 순서는 대체로 著令된 순서에 따랐을 것으로 생각된다.

2) 干支令의 출현 시기

干支令이 최초로 나오는 시점은 언제인가?

陳夢家는 令甲 등 干支令의 출현 시기를 다음과 같이 고찰하고 있

---

59) 『後漢書』「律曆志中」 2, pp.3032-3033, "永元十四年, 待詔太史霍融上言:「官漏刻率九日增減一刻, 不與天相應, 或時差至二刻半, 不如夏曆密.」詔書下太常, 令史官與融以儀校天, 課度遠近. 太史令舒, 承, 梵等對:「案官所施漏法令甲第六常符漏品, 孝宣皇帝三年十二月乙酉下, 建武十年二月壬午詔書施行. 漏刻以日長短爲數, 率日南北二度四分而增減一刻. 一氣俱十五日, 日去極各有多少. 今官漏率九日移一刻, 不隨日進退. 夏曆漏(刻)隨日南北爲長短, 密近於官漏, 分明可施行.」"

60) 陳夢家는 이 令이 高帝때 제정된 것으로 이해하고 있으나『漢簡綴述』(北京: 中華書局, 1980), pp.278-281], 大庭脩는 陳의 설을 비판하고 이를 宣帝 시의 조서로 해석하였다.[大庭脩, 『秦漢法制史の研究』(東京: 創文社, 1982), p.282.] 한편 沈家本은 "案官所施漏法《令甲》第六《常符漏品》"으로 句讀하여 陳夢家의 견해와는 다른데(沈家本, 『歷代刑法考』(北京: 中華書局, 1985), p.859), 필자 역시 沈家本의 句讀法이 옳다고 생각한다.

다. 1) 令甲은 a의 司馬遷의 『史記』 「惠景間侯者年表」에 인용된 것이 최초의 것이므로 令甲이 編輯成冊된 시기는 대체로 司馬遷의 『史記』 저술 시로 추정된다. 2) 12개의 佚文중 詔令의 반포연대를 고찰할 수 있는 것은 令甲 a-f(e 제외)가 高祖초에서 景帝말, 令乙 h가 文帝시기, 1의 令丙이 景帝 中6년으로서 모두 武帝 초기 이전이므로 令甲의 編成은 景帝 말 이후로, 그리고 武帝 天漢 시기에 기술된 『史記』에 인용된 사실로 미루어보면 令甲의 編成시기는 武帝 초기로 추정되며, 令乙·令丙 역시 이와 같을 가능성이 있다. 3) 令甲 등의 편성은 張湯이 "條定法令"할 때 編定되었을 가능성이 있는데, 武帝 이전에도 "著于令" "定著令" "具爲令" 등 令典에 기록하게 하는 절차는 武帝 이전에 이미 존재했던 것이므로 令甲·令乙은 武帝 이전에 이미 令으로 되어 있었고 甲·乙의 분류는 武帝초기에 시작된 것이다. 4) 令甲과 마찬가지로 令乙·令丙이 모두 武帝초 이전의 것이라는 것이 규명되었으므로, 甲·乙·丙으로 분류된 것은 시대의 선후에 의해 3集으로 분류된 것이 아니라 事類의 성질이 달라서 분류된 것이다.[61]

陳夢家의 고찰은 경청할 만하지만, 令甲·令乙이 編著된 시기에 관하여는 수긍할 수 없는 점도 있다. 陳夢家가 干支令 편성 시기를 武帝 시기로 추정하는 것은 "於是招進張湯趙禹之屬, 條定法令"이라는 기록에 근거하고 있다. 그러나 "條定法令"은 "조목별로 법령을 제정했다"는 의미이지 "編目 整理"의 의미는 아니다. 이 구절은 당시 見知故縱, 監臨部主法과 같은 法令의 제정 사실을 지칭하는 것으로 생각되기 때문이다.[62] 또한 다음 사료는 干支令이 陳夢家의 견해대로 마치 武帝 무렵에 편성되었을 것으로 보이지만 주의를 요하는 사료이다.

---

61) 陳夢家, 위의 책, p.280.
62) 『漢書』 卷23 「刑法志」, p.1101. 한편 앞에서 언급한 바와 같이 中田薰은 干支令의 출현을 漢初로 보고 있으며, 大庭脩 역시 그에 따르고 있다.

漢은 秦制를 계승하여 蕭何가 律을 제정하였다. 參夷連坐의 罪를 폐지하고, 部主見知의 條를 추가하였으며, 事律인 興·廐·戶律의 3篇을 늘려 모두 9篇으로 하였다. 叔孫通은 (舊)刑律에 포함되지 않은 것을 추가하여 傍章 18篇을 만들었고, 張湯의 越宮律 27篇, 趙禹의 朝律 6篇을 합하여 60篇이 되었다. 또한 漢時의 決事(比)를 모아서 令甲 以下의 300여篇으로 만들었고, 司徒 鮑公(昱)이 嫁娶辭訟決을 法比都目으로 찬술하여 합계 906卷이 되었다. 대대로 (律令을) 增損하였는데, 대체로 類를 모아서 篇으로 하고, 事를 묶어서 章으로 하였다.

漢承秦制, 蕭何定律, 除參夷連坐之罪, 增部主見知之條, 益事律興, 廐, 戶三篇, 合爲九篇. 叔孫通益律所不及, 傍章十八篇, 張湯越宮律二十七篇, 趙禹朝律六篇, 合六十篇. 又漢時決事, 集爲令甲以下三百餘篇, 及司徒鮑公撰嫁娶辭訟決爲法比都目, 凡九百六卷. 世有增損, 率皆集類爲篇, 結事爲章.[63]

위의 사료의 배열순서는 蕭何·叔孫通·張湯·趙禹·鮑公의 순서로 되어 있다. 令甲 관련사료(밑줄부분)는 張湯과 趙禹의 직후에 위치하여 있으므로 혹시 張湯과 趙禹에 의해 干支令이 편찬된 것이 아닐까 하는 추정을 할 수 있다. 그러나 같은 무제 시기의 인물인 董仲舒는 令 170편 가운데 甲令이 가장 좋다고 하여, 300篇과는 차이가 있다. 그러한 점에서 300편은 張湯에 의한 編定이 아니었을 가능성을 말해준다.[64] 위의 예문에서 決事는 漢代의 判例인 "決事比"이며, 이것이 기존의 干支令 속에 포함되었다고 이해해야 할 것이다.[65]

陳夢家는 令甲 등의 기록이 처음 출현하는 것은 司馬遷의 『史記』가

---

63) 『晋書』 卷30 「刑法志」, p.922.
64) 黑板勝美(國史大系編修會), 『令集解(一)』, p.5, "臣瓚曰 董仲舒云, 令百七十篇, 莫善於甲令."
65) 滋賀秀三, 「武威出土王杖十簡の解析と漢令の形態」(『國家學會雜誌』90-3·4, 1977), p.354.

저술되는 武帝 시대라고 주장하였다. 그러한 논거의 하나로서 위에 예시한 자료 중 a의 長沙王 吳芮의 著令 기록이 『漢書』「吳芮傳」에는 단지 "著令"으로만 나타나 있고, "令甲"이라고 명기되어 있지 않은 점에서 令甲은 高祖 당시에 존재하지 않았다고 보았다.

高祖는 5年 2月 甲午日 皇帝에 즉위했고, 吳芮는 그 다음날인 2월 乙未日에 長沙王으로 책봉되는데, 위의 著令 詔書는 아마도 이 시점에 내려졌을 것이다. 그런데 a의 "太史公讀列封至便侯, 曰: 有以也夫! 長沙王者, 著令甲, 稱其忠焉."이라는 著令 기사에서 司馬談이 본 列封에는 長沙王의 稱忠 기록이 令甲에 기록되어 있다는 것을 알 수 있다.[66] 列封은 諸侯의 封建 事情을 기록한 문서로서 金匱石室에 보관된 것이다.[67] 便侯는 長沙王 吳芮의 아들 吳淺이 封해진 작위명이다. 그는 "(惠帝)元年九月, 頃侯吳淺元年"이라고 하여 惠帝가 즉위한 해인 B.C.194년에 책봉되었다. 太史公이 읽은 기록에 "長沙王이 令甲에 등재되어 그 충성심을 칭송했다."라고 있지만, 惠帝 즉위 후에 책봉된 長沙王의 아들 便侯의 列封에 이미 令甲의 기록이 있었다는 것은 이미 高祖시기에 출현했을 가능성이 있는 것이다.

또한 干支令의 출현 시기를 武帝 때로 추정하는 陳夢家의 견해는 文帝 시기 賈誼의 기사에서 볼 때 의문이 제기된다.

> 天子之言을 令이라고 하는데, 令甲 令乙이 이것이다. 諸侯之言을 令이라고 하는데, 令儀之言이 이것이다.
>
> 天子之言曰令, 令甲令乙, 是也. 諸侯之言曰, 令, 令儀之言, 是也.[68]

---

66) 『史記』卷19「惠景閒侯者年表」, p.977.

67) 翦伯贊, 『史料與史學』(北京: 北京大學出版社, 1985), p.111; 『史記』卷130「太史公自序」, p.3296, "卒三歲而遷爲太史令, 紬史記石室金匱之書."

68) 賈誼, 「等齊篇」, 『新書』(臺北: 新興書局, 1970), p.1037.

賈誼는 天子之言을 令이라고 하는데, 令甲·令乙이 바로 그것이라고 하였다. 賈誼가 사망한 것이 文帝 12년(B.C.168)이기 때문에, 令甲과 令乙의 분류 시기는 적어도 文帝 12년 이전으로 소급되어야 한다.[69] 그리고 위의 [표 1]에서 확인할 수 있듯이, 雲夢睡虎地 77號 漢墓와 荊州市 胡家草場 漢墓 자료에 令甲~令戊가 보이는 것은 漢文帝 10年 경(B.C.170)에 간지령이 존재한 결정적 증거라고 할 수 있다. 문헌 자료에는 甲·乙·丙까지만 알려져 있으나, 胡家草場 漢令에는 2개가 더 있었던 것이다. 秦令에는 이미 令番號에 "廷卒甲十六"과 같이 干＋숫자를 사용하는 원칙이 있었다. 이같은 원칙이 漢令에 수용되는 것은 자연스러운 일이었을 것이다. 따라서 앞에서 살핀 바와 같이, 高祖가 長沙王 吳芮의 충성을 令에 기록하게 했고, 이것을 이미 高祖 시기에 令甲에 편제했거나, 또는 文帝 10년까지의 사이에 令甲에 편제했을 것이다.

3) 令番號

『漢書』「蕭望之傳」의 "金布令甲"은 事項令과 干支令의 관계를 고찰할 때 매우 논란이 되었던 자료이다.

> 때문에 金布令甲에 "邊郡이 누차 전화를 입었고, 飢寒의 고통을 만나서 백성은 천수를 다하지 못하고 요절했고, 아비와 아들이 흩어졌다. 천하백성으로 하여금 공동으로 그 비용을 공급한다."라고 하였다.
>
> 故金布令甲曰『邊郡數被兵, 離飢寒, 夭絶天年, 父子相失, 令天下共給其費』.[70]

---

69) 陳夢家는 위의 사료에 대해 필자와 다른 견해를 보이고 있는데, 『新書』가 劉向에 의해 편찬된 것이므로 劉向이 令甲이라는 용어를 편입시켜 놓은 것으로 이해했고 賈誼 시기에는 令甲의 용어가 없었다고 보았다. 위의 책, p.279 참조. 그러나 劉向이 본문의 용어까지 수정했다는 주장은 불가능한 억측이다.

70) 『漢書』 卷78 「蕭望之傳」, p.3278.

"故金布令甲"의 구독법은 과거 자료 부족으로 인해 논의가 분분했는데, 최근 『嶽麓書院藏秦簡』의 秦令 자료가 해결의 실마리를 제공할 수 있게 되었다. 우선 金布令甲에 대한 기존의 해석을 제시해보자.

師古는 "金布라는 것은 令篇名이다. 그것에 府庫金錢布帛에 관한 사항이 있으므로 篇의 이름으로 한 것이다. 令甲은 그 篇의 甲乙의 차례이다."라고 해석하였다.[71] 師古는 金布와 令甲으로 句讀했다는 것에 특징이 있다.

沈家本은 "令甲·令乙이라고 하는 것은 諸令이 甲篇·乙篇 가운데 있는 것인지, 아니면 各 令에 甲篇·乙篇이 있는 것인지에 대해서 舊說은 언급한 것이 없다."고 하여 결론을 유보했다.[72] 즉, 事項令이 令甲 등의 干支令에 속한 것인지, 각 事項令마다 甲篇·乙篇이 있는 것인지의 두 가지 구독법을 언급하였다.

中田薰은 "沈家本의 언급은 功令·祠令 등의 各 令이 모두 甲乙令 안에 채록되어 있는 것인지, 아니면 功令·祠令 등의 各 令에 令甲·令乙이라는 편목이 있었던 것일까 하는 의미이다. 이같은 의문은 沈家本이 일면으로는 干支名 篇次가 第一篇·第二篇과 같이 단순한 전후의 순서가 아니라 수록된 詔令의 중요성을 표준으로 하는 輕重의 순위라는 것을 고려하지 않았고, 다른 한편으로는 特稱令에 令典 所載의 것과 特別令書에 속한 것의 2종이 있다는 것을 몰랐기 때문에 생긴 것"이라고 비판하였다.[73]

程樹德은 "金布令에도 역시 甲乙이 있다."고 하여 "金布令, 甲"으로

---

71) 『漢書』 卷78 「蕭望之傳」, p.3278, "師古曰:「金布者, 令篇名也. 其上有府庫金錢布帛之事, 因以名篇. 令甲者, 其篇甲乙之次.」"

72) 沈家本, 위의 책, p.1387, "按令甲或作甲令, 吳芮之忠, 史稱甲令, 漢作甲令令甲猶言令之第一篇, 甲令猶言第一篇令, 當時隨便言之, 初無分別也. 令乙乙令亦同. 惟考之名, 可考者尚多, 在當時必更多, 則所云令甲令乙者, 諸令皆在甲篇乙篇中乎? 抑各令有甲篇乙篇乎? 舊說未之及."

73) 中田薰, 위의 논문(1953), p.76.

句讀하였으며 甲乙丙의 篇名은 令典만이 아니라 單行詔令에도 있다고 이해했다.[74] 程樹德의 주장은 놀랍게도 『嶽麓書院藏秦簡』의 秦令이 발표되면서 사실로 입증되었다.

이상에서 "故金布令甲"의 讀法에 대한 제설을 제시했는데, 어떻게 읽어야 할까?

中田薰은 "金布令, 甲"으로 끊는 程樹德의 해석에 異見을 제시하고 "金布"와 "令甲"으로 나누어서 句讀해야 한다고 했다.[75] 이것은 師古의 句讀法을 따른 것이나,[76] 師古 注釋의 외면만을 보았을 뿐 내용에 대한 정확한 이해는 결여되었다고 생각된다. 즉, 師古는 "金布者令篇名也. 其上有府庫金錢布帛之事, 因以名篇. 令甲者, 其篇甲乙之次"라고 하여 金布와 令甲을 분리하여 句讀하였다. 그러나 金布라고 하는 것은 令의 篇名이고 令甲이라는 것은 金布(其)의 차례라고 하여 결국은 "金布令의 차례인 令甲"이라고 해석했으므로 金布令에도 令甲·令乙·令丙 등의 순서가 있다고 주석한 것이다. 따라서 中田薰은 외형상의 句讀에만 치중한 나머지 "其篇甲乙之次"의 "其"에 대한 해석을 간과함으로써 師古의 해석을 이해하는데 오류를 범했다고 생각된다.

이상에 소개한 것처럼 "金布令甲"의 경우, "金布, 令甲"과 "金布令, 甲"으로 읽는 두 가지 방식이 나올 수 있다. 어느 것이 옳은지 확인하는 데는 『嶽麓書院藏秦簡』의 秦令이 유용하게 사용될 수 있다. 秦令 중에는 令名을 기록하고, 그 뒤에 干支와 數字를 조합해 번호를 붙였다. "內史旁金布令乙四"는 內史旁金布令의 第乙의 第四條로 읽어야 하며, 遷吏令甲(277/1791)을 "遷吏, 令甲"으로 읽는 것보다는 "遷吏令, 甲"이 자연스럽고, "遷吏令甲卄八(271/1775)"은 "遷吏, 令甲卄八"로 읽는 것 보다는

---

74) 程樹德, 『九朝律考』(北京: 中華書局, 1988), p.23.
75) 中田薰, 위의 논문(1953), p.77.
76) 『漢書』 卷78 「蕭望之傳」, p.3278, "師古曰: 「金布者, 令篇名也. 其上有府庫金錢布帛之事, 因以名篇. 令甲者, 其篇甲乙之次.」"

"遷吏令, 甲卄八"로 읽는 것이 옳다.[77]

이처럼 秦令의 令名 + 甲○○의 형태는 程樹德의 언급처럼 각 令마다 甲乙과 숫자로 번호를 매긴 것이다. 이러한 분석에 의하면 "故金布令 甲"은 "故金布令, 甲"으로 읽어야 한다. 이러한 형태는 秦令의 영향을 받았음에 틀림없다.

3. 挈令

마지막으로 살펴야 할 것은 挈令이다. 挈令에 대한 연구는 그 역사가 매우 오래되었다. 현재까지 학계의 "挈令"에 대한 연구 상황을 정리하면 다음과 같다.[78] 최초에는 挈 또는 契 중에서 어떤 것이 本字인지를 놓고 논의가 분기되었다. 첫 번째 견해는 "挈令"을 "契"로 해석해서 板에 율령을 새겼다는 해석이다.(段玉裁, 韋昭) 段玉裁는 栔刻(새긴다)의 "栔"로 해석했다. 段玉裁는 「説文解字注」 "紲"字條에서 "挈은 栔로 써야한다. 栔은 刻이다. 樂浪郡에서는 板에 令을 栔했다."라고 해석했다.[79] 韋昭가 板에 挈했다고 주석한 것은 刻의 의미로 해석한 것이다.[80]

두 번째 견해는 沈家本의 "絜, 結也. 結, 束也. 束持之也."라고 하는 "絜"로 해석하는 것인데, 絜束의 의미이다. 다만 沈家本의 주장에서 絜束으로 보는 관점이 唐臺省에서 格令을 聽事之壁에 쓰는 것과 어떤 관계인지 명확하지 않다는 점에서 그다지 설득력이 있지는 않다.[81]

---

77) 陳松長 主編,『嶽麓書院藏秦簡(伍)』(上海: 上海辭書出版社, 2017), p.188.
78) 이하는 凡國棟, 「"挈令"新論」, 简帛網, 2009-06-13 http://www.bsm.org.cn/show_article. php?id=1080을 참조했다.
79) [漢] 許慎, [淸] 段玉裁 注,『說文解字注(經韵樓藏版)』, p.651, "紲字條: 樂浪, 漢幽州郡名也. 挈令者, 漢張湯傳有廷尉挈令. 韋昭曰 在板令也. 後書應劭專作廷尉板令. 史記又作絜令. 漢燕王旦傳又有光祿挈令. 挈, 當作栔, 栔, 刻也. 樂浪郡於板之令也."
80) 『漢書』卷59 「張湯傳」, p.2639, "韋昭曰: 「在板挈也.」"
81) 沈家本, 위의 책, p.1382. 沈家本의 주장은 다음과 같다. "『釋名』의 '絜, 結也. 結, 束也. 束持之也.'는 絜束의 뜻에 가깝다. 그러한 즉, 絜者가 正字이고, 挈

　　세 번째 관점은 "挈"로 이해하는 것인데, 大庭脩·凡國棟 등이 『方言』 등에 입각하여 挈을 獨·特의 의미로 해석했다. 大庭脩는 "『集韻』에 '挈은 博雅이고, 獨이다. 혹은 絜로 쓰기도 한다.'고 했다. 『方言』에는 '挈은 特이다. 秦에서는 挈이라고 한다.'라고 했다. 『廣雅·釋詁』에도 '挈은 獨이다.'라고 했다. '獨' '特'의 의미라고 할 수 있다. 즉, '挈'을 단지 廷尉·光祿勳 등에만 적용되는 令, 獨令·特令·特別令이라고 생각할 수 있다. 따라서 하나의 官廳·地域 등에만 사용되는 特令으로 해석하고 싶다."고 하였다.[82]

　　凡國棟도 『方言』의 "特"의 해석이 가장 적합하다고 주장하였다. 그는 『嶽麓書院藏秦簡』에 보이는 "內史郡二千石官共令"에서 共의 의미가 "雜"과 같은 공유의 의미를 가지는 것에 착안하여, 挈令은 "獨", "特"의 의미로 해석하였다. 그래서 하나의 관부에서만 사용하는 법령으로 이해하였다.[83] 그러나 이 관점은 共令은 秦의 것이고, 挈令은 漢에서 처음 나온다는 점에서 시간적으로 맞지 않는다. 凡國棟처럼 보려면, 秦에서도 挈令이 존재했어야 한다.

　　李均明·劉軍은 "挈"로 읽어야 하며, "提起·摘起"의 뜻이라고 하였다. "挈令의 實質은 中央 有關機構가 需要에 따라서 國家法令 가운데 자기와 관련된 부분을 提起하고, 地域으로 命名된 挈令은 지역의 수요에 따라 提起한 것"이라는 것이다.[84] 提起라는 것은 핵심 부분을 정리한 것이다.

은 叚借字이다. 廷尉·光祿의 二寺에 이 令이 있고, 樂浪郡署에도 이 令이 있다. 漢時에 中外官府에 모두 이 令이 있고, 法式으로 삼았다. 대개 모두 正律 가운데 있지 않은 것들이다. 唐臺省에서는 屋壁에 格令을 많이 썼는데, 嗣聖 연간에 內外官人으로 하여금 格令을 聽事之壁에 쓰는 것을 계승한 것이 아니겠는가? 「張湯傳」에 '著讞法廷尉挈令'이라고 한 것은 그 讞한 法을 廷尉의 挈令에 著한 것이다. 師古注는 조금 不明하다."

82) 大庭脩, 위의 책, p.96.
83) 凡國棟, 「"挈令"新論」, http://www.bsm.org.cn/show_article.php?id=1080.
84) 李均明·劉軍, 「武威旱灘坡出土漢簡考述--兼論"挈令"」(『文物』 1993-10), p.39.

粆山明은『周禮·夏官』"挈壺氏"鄭注에 근거하여, 挈令은 "휴대하는 令"이 아니라, "높이 걸어 놓는 令"이라 하였다. 이것은 沈家本의 주장과 동일한 것이다. "挈令"의 "挈"에는 "懸" 또는 "挂"의 뜻이 있다. 挈令의 본질은 "摘錄", "編輯"에 있는 것이 아니라, "揭示", "布告"에 있다. 挈令은 漢代 各級官府가 壁에 걸어놓는 중앙기관에서 발포한 각종 법령이라는 것이다.[85]

필자는 挈令의 문제를 풀 수 있는 단서가 「王杖詔書」와 「王杖十簡」 「武威旱灘坡」 등에 보이는 御史令·御史挈令·蘭臺令·蘭臺挈令에 있다고 생각한다. 御史令과 御史挈令의 관계에 대해서, 冨谷至와 粆山明은 양자가 동일한 것이라는 입장을 보이고 있다. 冨谷至는 御史令의 정식 명칭은 御史挈令이라는 견해를 보이고 있다. 「王杖十簡」의 「御史令第卅三」, 「蘭臺令第卌三」은 그 정식 令名이 「御史挈令」「蘭臺挈令」이며, 결국 官署名을 冠한 令은 모두 挈令의 범주에 속한다고 하였다. 또 「武威旱灘坡」簡10의 「尉令第五十五」도 官署·官職名을 冠한 挈令이고 「尉挈令」을 생략한 것이라고 하였다.[86]

粆山明도 「武威旱灘坡」簡8에 보이는 「御史挈令」과 「王杖十簡」의 "御史令"은 동일한 법률의 명칭이며, 따라서 "御史令"을 "御史挈令"의 簡稱

---

85) 粆山明, 「挈令新義」, 中國社會科學院歷史研究所·中國社會科學院簡帛研究中心 主辦: "中國社會科學院簡帛學國際論壇", 2006年11月; 鄔文玲·趙凱, 「中國社會科學院簡帛學國際論壇綜述」(『中國史研究動態』 2007-3期), p.20. 挈令의 本質은 摘錄·編纂에 있는 것이 아니라, 揭示·佈告에 있는 것이다. 따라서 그것은 法典이라기보다는 "告訴牌"에 가깝다. 첫째, 挈令 위에 붙은 "廷尉", "光祿"의 機關名과 "樂浪", "北邊"의 地區名은 어떤 것이라도 모두 포고의 주체이다. 그러므로 中央機構의 名稱을 붙인 挈令은 중앙에서 지방을 향해 차례로 抄寫되어 전달된 것이다. 둘째, 挈令은 詔書가 아니고, 官府를 經過하여 공포된 法令이다. 따라서 단지 令文이 아니고, 또한 公務에 參攷할 價值가 있다고 여겨지는 案例도 첨부될 수 있다.

86) 武威地區博物館, 「甘肅武威旱灘坡東漢墓」(『文物』 1993-10), pp.30-32; 冨谷至, 「晋泰始令への道—第一部 秦漢の律と令」, p.113.

으로 간주했다. 반면에 凡國棟은 令의 뒤에 붙어 있는 번호가 다르기 때문에 양자는 서로 같지 않고, 또 내용상으로 양자가 일치하는지 판단하기 어렵다면서 籾山明의 관점을 비판하고 있다.[87] 이상 挈令에 관한 견해들을 소개하였는데, 挈令 관련 사료를 제시하고 분석하도록 하겠다.

> a) 北邊挈令第四: 候長候史日迹及將軍吏勞二日皆當三日(10·28)[88]
>
> b) 絀, 樂浪挈令織, 从糸从式.[89]
>
> c) 上所是, 受而著讞法廷尉挈令, 揚主之明.[90]
>
> d) 又將軍都郞羽林. 張晏曰:「都試郞·羽林也.」師古曰:「都, 大也, 謂大會試之. 漢光祿挈令『諸當試者, 不會都所, 免之』.」[91]
>
> e) ▨龍勒寫大鴻臚挈令, 津關(2027)[92]
>
> f) ▲太尉絜令盜縣官縣□▨(982)[93]
>
> g) 武威旱灘坡漢簡:
>
> 制詔御史秊年七十以上比吏六百石出入官府不趨毋二尺告刻吏擅徵召▨(武1)
>
> 不道在御史挈令第卅三 ▨(武8)
>
> 長安鄕嗇夫田順坐征召金里老人榮長罵詈毆▨(武11)
>
> 赦不得赦不蚕室在蘭臺挈令第▨ 簡9(乙)[94]
>
> h) 「王杖十簡」: ❿ "蘭臺令第卅三, 御史令第卌三, 尙書令滅受在金"

---

87) 凡國棟, 「"挈令"新論」, 簡帛網, http://www.bsm.org.cn/show_article.php?id=1080. 令番號에 대해서는 IV. 「王杖詔書와 王杖十簡」에서 분석할 것이다.

88) 謝桂華, 『居延漢簡釋文合校』(北京: 文物出版社, 1987), p.16.

89) [漢] 許愼, [淸] 段玉裁 注, 『說文解字注(經韵樓臧版)』, p.651.

90) 『漢書』 卷59 「張湯傳」, p.2639.

91) 『漢書』 卷63 「燕王旦傳」, p.2756.

92) 吳礽驤 等, 『敦煌漢簡』(蘭州: 甘肅人民出版社, 1991), p.217.

93) 같은 책, p.100.

94) 鍾長發, 「甘肅武威旱灘坡東漢墓」(『文物』 1993-10), pp.30-32; 籾山明, 「王杖木簡再考」, p.37.

i) 「王杖詔書」: ③ 蘭臺令第冊二, ㉒ 令在蘭臺第冊三, ㉗ ■ 右王杖詔書, 令在 蘭臺第冊三

挈令에 대한 자료가 많지 않아서 분명한 결론을 내리기 쉽지 않지만, 이상의 논의를 요약하고 필자의 의문점을 제시하고자 한다.

a)의 挈令은 관부별로 모아 놓은 事項令인데, 학자들은 官府令으로 부른다. 北邊挈令은 "北邊諸郡에 주둔하는 각 燧 소속의 候長 候史, 將軍府 吏의 근무일수 계산은 2일을 3일로 계산한다."는 내용이다. 현재 居延漢簡에 의하면 여러 지역에서 동일 내용의 北邊挈令이 출토되는 것으로 보아 이것은 北邊守備軍에 공통으로 적용되는 令이었던 것으로 추정된다.[95] 이밖에도 b~f)의 樂浪郡, 廷尉府, 光祿勳府, 大鴻臚府에도 공통적으로 挈令이 존재하는 것으로 볼 때 官府마다 필요로 하는 令集이 존재하였던 것이다.

여기에서 알 수 있는 것은 挈令이 官府와 樂浪郡 등에만 사용되고, 일반 事項令에는 挈令이 없다는 특징이 있다. 예를 들어 e)는 龍勒縣에서 大鴻臚挈令과 津關(令)을 抄寫했다는 내용인데, 津關은 挈令이라 부르지 않고 있다. 따라서 挈令은 官府에서만 사용되었다고 할 수 있다.

挈令을 고찰할 때, 「張湯傳」에 보이는 "奏讞疑, 必奏先爲上分別其原, 上所是, 受而著讞法廷尉挈令, 揚主之明."의 기록은 주목할 필요가 있다. 이 내용은 "(관리들이) 奏讞한 것이 해결하기가 어려우면 반드시 미리 황제를 위해 그 緣由를 분별하여 상주하고, 황제가 옳다고 하면 받아서 讞法(판례)을 廷尉挈令에 著하여 황제의 聖明함을 선양하였다."는 내용이다. 著는 법령에 등록한다는 의미이다. 嶽麓書院秦簡·張家山漢簡에 奏讞 사례들이 보이기 때문에 張湯의 행동이 어떠한 과정에서 나온 것인지 알 수 있다. 「奏讞書」에 보이는 사안들은 지방의 군현에서

---

95) 大庭脩, 위의 책, pp.94-95.

해결하기 어려운 내용을 중앙에 올린 것이므로 법률 전문가가 아닌
황제가 판결한다는 것은 용이하지 않았을 것이다. 때문에 廷尉府에서
미리 메모를 작성하여 武帝의 판결을 도왔던 것이다. 張湯은 이러한
奏讞의 내용을 廷尉挈令으로 등록했던 것이다.

張湯의 사례에서 본다면, 挈令은 일반 事項令으로부터 핵심을 뽑아
서 정리한 것이 아니고, 奏讞에서 廷尉挈令으로 이동한 것이다. 그 廷
尉挈令이 바로 廷尉府의 令(廷尉令)인 것이다. 秦令에는 廷尉府의 廷令
이 있는데, 漢令에서는 여기에 최초로 挈令이라는 명칭을 붙인 것이다.

凡國棟에 따르면, 秦令에 보이는 共令(예: 廷內史郡二千石官共令)은
漢令의 獨令的 개념인 挈令과 대척 관계에 있다고 주장하였다. 그 논
리에 따른다면, 秦令 가운데 獨令의 개념이 있어야 했다. 內史倉曹令,
廷令, 郡卒令, 內史戶曹令 등을 과연 獨令이라고 할 수 있는가? 이러한
것들은 官府令이라고 할 수는 있겠지만, 挈令이라는 용어는 아직 사용
하지 않았다. 예컨대 廷令은 있으나, 廷尉挈令은 아직 없는 것이다. 따
라서 挈令은 漢令에 들어와 나타난 새로운 용어이다.

挈令과 관련해 주목할 것은 王杖 관련 자료인데, 그것들에는 蘭臺
令과 御史令, 御史挈令의 令番號가 다양하게 보인다.

王杖十簡: 蘭臺令第卅三, 御史令第卌三
王杖詔書: 蘭臺令第卌二, 蘭臺第卌三

이와 비교될만한 것이 武威旱灘坡漢簡의 御史挈令第卄三이다.

制詔御史奏年七十以上比吏六百石出入官府不趨毋二尺告刻吏擅徵召☑(武1)
不道在御史挈令第卄三 ☑(武8)
長安鄉嗇夫田順坐征召金里老人榮長罵詈毆☑(武11)

이 자료에 보이는 金里라는 인물은 「王杖詔書」의 ㉒簡에 보이는 "鳩杖主, 男子金里告之, 棄市."에도 확인되므로 이 3개의 旱灘坡漢簡은 王杖 관련 자료이다.[96] 이것들은 모두 동일한 왕장 관련의 문서인데도 令番號가 蘭臺令卅三, 蘭臺令第卌二, 蘭臺卌三, 御史令卌三, 御史挈令第卅三으로서 불일치하고 있다. 동일한 내용을 卅三, 卅三, 卌二, 卌三으로 구별하여 令番號를 부여할 필요가 있을까? 다음 장에서 분석하겠지만 「王杖十簡」과 「王杖詔書」의 내용을 비교한 결과 그 令番號는 卌三의 誤記였다. 또한 武威旱灘坡漢簡에 보이는 御史挈令第卅三도 卌三의 잘못이며, 이를 왕장십간에서는 御史令第卌三으로 표시하고 있다. 이제 이 문제를 분석하여 御史令과 御史挈令이 동일한 것임을 규명할 것이다.

IV. 王杖詔書와 王杖十簡

중국 고대에 노인 인구의 증가는 정치안정과 태평성세의 표식으로 간주되었다. 때문에 지배자는 노인의 사회적 지위를 제고하고, 권익을 보호하려고 했다. 王杖을 하사하는 전통은 이미 先秦시대의 『呂氏春秋·仲秋』에 "是月也, 養衰老, 授几杖, 行麋粥飮食"에서 확인된다. 王杖制는 제도로 확립되어 漢初의 『二年律令』 傅律에 확인된다.[97] 士伍 이상의 자가 일정 연령에 도달하면 "杖"을 수여하는 것이었다.[98] 漢文

---

96) 籾山明, 「王杖木簡再考」, p.37. 「武威」簡1의 文句는 내용상 「武威」簡8과 연속되었을 가능성이 크다. 3枚 斷簡이 記載된 것은 王杖 詔敕 및 審判案例가 "御史挈令"으로 간주될 가능성이 있다.

97) [秦] 呂不韋, 陳奇猷 校釋, 『呂氏春秋校釋』(上海: 學林出版社, 1984), p.421.

98) 魏燕利, 「漢代"王杖制"新探」(『許昌學院學報』 24-1), p.79; 張家山二四七號漢墓竹簡整理小組, 『張家山漢墓竹簡[二四七號墓]』(北京: 文物出版社, 2001), p.181, "大夫以上年七十, 不更七十一, 簪裏七十二, 上造七十三, 公士七十四, 公卒·士五(伍)七十五, 皆受仗(杖)."

帝가 吳王에게 几杖을 하사한 것도 이러한 법률 근거에 입각한 것이
었다.[99]

1959년 「王杖十簡」과 1981년 「王杖詔書冊」이 출토되어 養老와 관련된
문헌자료의 기록을 입증시켜 주었다. 이 자료들은 漢代 조서의 형태
를 규명할 수 있기 때문에 일찍부터 주목의 대상이 되어왔으나, 간독
순서가 착란된 「王杖十簡」은 많은 논쟁이 있어왔다. 「王杖詔書」의 출토
시기가 「王杖十簡」보다 늦었지만, 簡 순서가 정확하다는 장점이 있기
때문에 분석의 편의상 먼저 분석하기로 한다. 이 문서들이 중요한 것
은, 조서의 편제 방식과 율령의 관계를 살필 수 있기 때문이다. 특히
기존의 자료로는 분석이 어려운 蘭臺令과 蘭臺挈令의 관계를 보강하
는데 중요하다.

1. 王杖詔書

1981년 武威縣 新華公社 纏山大隊의 袁德禮라는 농민이 武威縣 文物
管理委員會에 磨咀子 漢墓에서 출토한 26매의 「王杖詔書冊」을 제출하였
다. 「王杖詔書冊」은 「王杖十簡」보다 분석하기가 용이하다. 그 이유는
「王杖十簡」의 경우 묶은 끈이 사라져 순서가 착란된 것임에 비하여,
「王杖詔書冊」은 背面에 번호가 적혀 있어서 순서 복원에 논란이 없기
때문이다. 「王杖詔書冊」에 입각한다면 「王杖十簡」의 순서를 복원할 수
있고, 아울러 두 문서에 보이는 令番號에 대한 분석도 가능하다. 「王杖
詔書冊」의 내용은 다음과 같이 A-D로 분류 가능하다.[100]

---

99) 『史記』 卷106 「吳王濞列傳」, p.2823, "於是天子乃赦吳使者歸之, 而賜吳王幾杖,
老, 不朝. 吳得釋其罪, 謀亦益解."

100) 武威縣博物館, 「武威新出土王杖詔令冊」, 『漢簡研究文集』(蘭州: 甘肅人民出版
社, 1984), pp.35-37. 「王杖詔書」에 대한 해석은 본서의 「秦漢 율령사 연구의
제문제」 참조.

[표 5] 王杖詔書

A	蘭臺令42 (A1)	① 制詔 御史: 年七十以上, 人所尊敬也. 非首殺傷人, 毋告劾也, 毋所坐. 年八十以上, 生日久乎? ② 年六十以上, 毋子男爲鯤(鰥); 女子年六十以上, 毋子男爲寡. 賈市毋租, 比山東復. ③ 復人有養謹者扶持. 明著令. 蘭臺令第冊二.
	建始二年詔 (A2)	④ ●孤、獨、盲、珠(侏)孺(儒), 不屬(律)人.(鰥寡不屬逮者, 人所哀憐也) 吏毋得擅徵召, 獄訟毋得(系). 布告天下, 使明知朕意. ⑤ 夫妻俱毋子男爲獨寡, 田毋租, 市毋賦, 與歸義同 沽酒醪列肆. 尙書令 ⑥ 臣咸再拜受詔. 建始元年(B.C.32)九月甲辰下.
B	汝南讞·批復 (B1)	⑦ ●汝南大(太)守 讞(讞)廷尉, 吏有毆辱受王杖主者, 罪名明白. ⑧ 制曰: 讞何, 應論棄市. 雲陽白水亭長張熬, 坐毆拽受王杖主, 使治道. 男子王湯 ⑨ 告之, 卽棄市. 高皇帝以來, 至本始二年(宣帝 B.C.72), 朕其哀憐耆老, 高年賜王杖, ⑩ 上有鳩, 使百姓望見之, 比於節 吏民有敢罵詈毆辱者, 逆不道; ⑪ 得出入官府節第, 行馳道中 列肆賈市, 毋租, 比山東復.
	公乘廣·元延三年詔書 (B2)	⑫ 長安敬上里公乘臣廣昧死上書 ⑬ 皇帝 陛下: 臣廣知陛下神零(靈), 覆蓋萬民, 哀憐老小. 受王杖, 承詔. 臣廣未 ⑭ 常(嘗)有罪耐冠以上. 廣對鄕吏趣(促)未辨(判), 廣對質, 衣(僵)吏前, 鄕吏 ⑮ (缺) ⑯ 下, 不敬重父母所致也, 郡國易(惕)然. 臣廣願歸王杖, 沒入爲官奴. ⑰ 臣廣昧死再拜以聞 ⑱ 皇帝 陛下. ⑲ 制曰: 問何鄕吏, 論棄市, 毋須時, 廣受王杖如故. ⑳ 元延三年正月壬申下.
C	蘭臺令43 (C1)	㉑ 制詔 御史: 年七十以上杖王杖, 比六百石, 入官府不趨, 吏民有敢毆辱者, 逆不道, ㉒ 棄市. 令在蘭臺第冊三.
	批復 (C2)	㉓ 汝南郡男子王安世, 坐桀黠, 擊鳩杖主, 折其杖, 棄市. 南郡亭長 ㉔ 司馬護, 坐擅召鳩杖主, 毄留, 棄市. 長安東鄕嗇夫田宣, 坐(系) ㉕ 鳩杖主, 男子金里告之, 棄市. 隴西男子張湯, 坐桀黠, 毆擊王杖主, 折傷 ㉖ 其杖, 棄市. 亭長二人, 鄕嗇二人, 白衣民三人, 皆坐毆辱王杖功, 棄市

| D | 檢書號 | ㉗ ■ 右王杖詔書令在蘭臺第卅三 |

A는 蘭臺令第卅二로서 建始 元年(B.C.32) 九月 甲辰日에 반포된 것이다. A1①-③은 70세 이상이 주모하여 살상한 죄가 아니면, 고핵할 수 없다(非首殺傷人, 毋告劾), 杖 소지자는 시장에서 매매할 수 있고 조세를 징수하지 않고, 관중에 들어온 "山東人"과 마찬가지로 면제한다(賈市毋租, 比山東復), 다른 사람이 노인을 부양할 의사가 있다면, 조세를 면제한다(復人有養謹者扶持)는 내용으로 구성되어 있다.

A2④-⑥은 孤·獨·盲·珠(侏)孺(儒)는 불쌍한 존재이니 吏가 함부로 徵召할 수 없고, 獄訟에서는 형구 착용을 면제해주며, 자식이 없는 홀아비와 과부는 토지에 세금을 부과하지 않고, 시장에서 장사할 때 賦를 부과하지 않으며, 列肆에서 술을 팔 수 있다는 내용이다.

조서가 내려진 成帝 建始 元年(B.C.32)은 建始 2년(B.C.31)의 잘못이다. 그 이유는 建始 元年 九月의 초하루는 辛酉인데 그 달에 甲辰日의 간지는 없다. 반면에 二年 九月의 초하루는 乙酉이고 甲辰은 20일에 해당한다.[101]

B는 B1의 汝南太守의 讞과 批復, B2 公乘 廣이라는 인물에 대한 元延 三年詔書의 두 내용으로 구성되어 있다.

B1⑦-⑪은 汝南太守가 廷尉에게 "吏가 王杖主를 毆辱했으니, 罪名이 明白하다(吏有毆辱受王杖主者, 罪名明白)"고 奏讞하자, 成帝는 制하기를 "奏讞은 왜 했는가? 응당 棄市로 논하라."고 報한 내용이다. 汝南지역의 雲陽 白水亭長 張熬는 王杖主를 毆抴(구타하고 끌어당김)하고 도로를 治修하게 하였는데, 男子 王湯이 고발하여 棄市한 사례가 제시되어 있다. 그 처벌 근거는 高帝 이래 宣帝 本始 2년까지 王杖主를 吏民이 함

---

101) 高恒, 『秦漢簡牘中法制文書輯考』(北京: 社會科學文獻出版社, 2008), p.175.

부로 罵詈毆辱한 자를 逆不道로 처벌한다는 것이다.

⑨의 朕은 ⑳ 元延三年正月壬申下에서 볼 때 成帝로 생각된다. A가 建始 元年(2년)의 것이고 ⑳ 元延三年正月壬申下는 성제의 元延 三年(B.C.10)으로서 시간순으로 배열되어 있다. 정월 초하루의 간지는 丁巳이므로 壬申은 16일이다.

「王杖詔書」 ⑨ "高皇帝以來"가 보이는 것은 高帝의 비둘기(鳩) 일화와 관련이 있기 때문이다. 王杖의 杖首에 鳩로써 장식을 한 것에는 3가지 설이 있다. 첫째, 『風俗通義』에 楚漢전쟁 시기 漢高祖와 비둘기가 관련된 고사가 있다. 그 내용은 "俗說에 高祖가 項羽와 전쟁을 했는데, 京索(河南省 滎陽) 사이에서 패배하였다. 관목 속으로 도망가자 항우가 추격을 해 찾았다. 그때 비둘기가 그 위에서 울고 있었다. 추격자는 반드시 사람이 없을 것이라고 생각했다. 고조는 드디어 탈출할 수 있었다. 고조가 즉위하여 이 새를 기이하다고 생각하여 鳩杖을 만들어 노인에게 하사하였다."는 것이다.[102]

둘째, 『後漢書·禮儀志』의 기록이다. 비둘기(鳩)는 목이 메지 않는 새(不噎之鳥)이다. 노인의 목이 음식물로 메지 않게 기원하고자 하는 것이다."[103]

셋째, "鳩"와 "九"가 同音으로서 서로 통한다는 주장이다. "九"는 숫자 가운데 極이고, 天數이다. 즉, 極大의 의미라고 할 수 있다. 동시에 『易經』에 따르면 吉祥의 뜻을 가지고 있다.[104]

B⑫-⑳은 長安 敬上里 公乘 廣이라는 사람이 吏 앞에서 대질할 때 신속하게 답변하지 못했는데, 王杖主인 자신이 耐司寇 以上의 죄가 없음에도 鄕吏가 재촉한 일을 제때에 처리하지 못했고, 향리와 대질하다가 그 앞에서 갑자기 졸도하였다는 내용이다. 다음 簡이 없어져서

---

102) [漢] 應劭, 吳樹平 編, 『風俗通義校釋』(天津: 天津人民出版社, 1980), pp.407-408.
103) 『後漢書』 志第五 「禮儀志中」, p.3124, "鳩者, 不噎之鳥也. 欲老人不噎."
104) 王洪震, 「漢家王杖」(『東方文化周刊』 2017-02), p.96.

자세한 내용은 알 수 없지만, 廣은 분격하여 王杖을 반납하고 官奴로 되겠다고 상서한 사건이다. 이에 成帝가 棄市로 처벌을 명한 元延 三年(B.C.10)의 詔書이다.

C는 蘭臺令卌三과 批復의 두 부분으로 구성되어 있다. C1⑳㉑에는 이 조서의 근거가 되는 令인 蘭臺第卌三의 내용 3가지가 언급되어 있다. 첫째, 70세 이상 노인에게 王杖을 수여하고 六百石과 동일하게 간주하며, 둘째, 官府에 들어오면 急步行하지 않아도 되고(入官府不趨), 셋째, 吏民이 毆辱하는 자가 있으면 逆不道의 죄로 棄市에 처한다는 내용이다. 그리고 C2㉓-㉖은 과거 왕장조서를 위반하여 棄市된 구체적 사례가 4개 언급되어 있다. 人數는 7인으로 亭長 2인, 鄕嗇 2인, 白衣民 3인이다.

> 汝南郡男子王安世, 坐桀黠, 擊鳩杖主, 折其杖, 棄市.
>
> 南郡亭長司馬護, 坐擅召鳩杖主, 毄留, 棄市.
>
> 長安東鄕嗇夫田宣, 坐(系)鳩杖主, 男子金里告之, 棄市.
>
> 隴西男子張湯, 坐桀黠, 毆擊王杖主, 折傷其杖, 棄市.

4개 사례는 모두 鳩杖主를 擊·繫·擅召·毆擊하거나, 杖을 부러뜨린 행위로 인해 桀黠(凶悍狡黠)의 죄목으로 처벌된 사례인데, 蘭臺令卌三의 "有敢妄罵詈毆之者比逆不道"의 죄목에 해당한다.

이상에서 간단하게 「王杖詔書」 A-C의 내용을 설명했는데, 官府令과 挈令의 문제를 풀어갈 실마리로서 A2의 尙書令臣咸이라는 인명부터 검토할 것이다. 그것은 「王杖十簡」의 尙書令滅이라는 인명과 비교하면 다음 두 가지 문제가 규명될 것이다. 첫째, 「王杖十簡」 "⑩蘭臺令第卅三 御史令第卅三 尙書令滅受在金"의 蘭臺令第卅三이라는 令番號가 정확한 것일까 하는 것, 둘째, 동일한 내용의 制詔가 蘭臺令과 御史令의 2개의 令에 근거하고 있는 이유는 무엇일까 하는 것이다.

분석을 위해서 아래에 「王杖十簡」의 내용을 예시하기로 하겠다. (「王杖十簡」은 ❶❷❸, 「王杖詔書」는 ①②③으로 표시)[105]

[표 6] 王杖十簡

制 詔御史曰年七十受王杖者比六百石入官廷不趨犯罪耐以上毋二尺告劾有敢徵召侵辱(❶)

- 者比大逆不道建始二年九月甲辰下(❷)

制 詔丞相御史高皇帝以來至本二年勝(朕)甚哀老小高年受王杖上有鳩使百姓望見之(❸)

- 比於節有敢妄罵詈毆之者比逆不道得出入官府節弟行馳道旁道市賣復毋所與(❹)

- 如山東復有旁人養謹者常養扶持復除之明在蘭臺石室之中王杖不鮮明(❺)

- 得更繕治之河平元年汝南西陵縣昌里先年七十受王杖(英＋頁)部遊徼吳賞使從者(❻)

- 毆擊先用詫地大守上讞廷尉報罪名(❼)

- 明白賞當棄市(❽)

- 孝平皇帝元始五年幼伯生永平十五年受王杖(❾)

- 蘭臺令第卅三御史令第卅三 尚書令滅受在金(❿)

필자는 令番號 卅三과 卌二가 모두 卌三의 誤寫였을 것으로 생각하는데, 이 문제는 "尚書令滅受在金"에서 힌트를 얻을 수 있다. 尚書令 滅이라는 이름은 ❺❻의 "尚書令臣咸"이라고 생각된다. 『全後漢文』에 陳咸은 尚書에 임명된 것으로 기술되어 있다.[106] 尚書令滅과 尚書令臣咸의 인명이 동일한 사람으로 생각되는 이유는 두 기록이 동일하게 建始 二年(B.C.31) 九月 甲辰日에 내려진 문서이기 때문이다. 동일한 날짜에 내려진 문서의 令番號가 다를 수 없기 때문에 蘭臺令第卅三은 蘭臺令第卌三의 誤記로 봐야 할 것이다. 이러한 誤寫가 나타난 이유는 「王杖十

---

105) 考古硏究所編輯室, 「武威磨咀子漢墓出土王杖十簡釋文」(『考古』 1960-6), pp.29-30.

106) [淸] 嚴可均, 『全上古三代秦漢三國六朝文·全後漢文』(北京: 中華書局, 1958), 卷三十二, p.648, "陳寵, 寵字昭公. 沛國浚人. 尚書陳咸曾孫"; 『全漢文』 卷四十八 p.389, "陳咸 咸字子康. 沛郡相人. 元帝時爲郎, 遷左曹. 擢御史中丞. 以忤石顯下獄. 髡爲城旦. 成帝即位. 補大將軍長史. 遷冀州刺史. 徵爲諫大夫. 歷楚內史北海東郡太守. 免. 起爲南陽太守. 徵入爲少府. 免. 尋擧方正. 爲光祿大夫給事中. 免. 以憂死." 全漢文에는 陳咸의 尚書 임명 기록이 보이지 않는다.

簡」이 공문서가 아니기 때문일 가능성이 있다.

이하에서 「王杖詔書冊」의 蘭臺令의 令番號를 비교하면서 분석하기로 하겠다. [표 5]의 C·D는 令番號가 蘭臺第卌三(43)이고, [표 6]의 「王杖十簡」 ❿은 蘭臺令卅三(33)이다. 卌과 卅은 혼동을 가져올 가능성이 높은 글자이다. 그러나 양자의 내용을 비교한 [표 7]을 보면, 6개 항목 가운데 다·라·마의 3개가 일치한다. 『二年律令』의 「津關令」에 23개 항목이 있는데, 동일한 내용을 중복해서 著令한 경우는 없다. 율령을 제정할 때 기존에 조문이 있는데도 새로이 제정할 리가 없다. 지금 C·D와 E에서도 중복된 항목이 있는 사실은 양자가 실제로는 동일한 令이며, 令番號가 誤寫되었을 가능성이 크다.

[표 7] 王杖詔書와 王杖十簡의 비교

王杖詔書					E 王杖十簡 (蘭卅三, 御卌三)
A		B	C		
A1(蘭卌二)	A2	B1	C1(蘭卌三)	C2(蘭卌三)	
가	年七十以上		高年賜王杖, 上有鳩, 使百姓望見之, 比於節	年七十以上杖王杖, 比六百石,		高年受王杖上有鳩使百姓望見之比於節(年七十受王杖者比六百石)
나			得出入官府節第	入官府不趨.		入官廷不趨(得出入官府節弟)
다	非首殺傷人, 毋告劾,	吏毋得擅徵(征)召, 獄公毋得(系).	吏有毆辱受王杖主者, 坐毆批受王杖主(吏民有敢罵詈毆辱者, 逆不道)(43)	吏民有敢毆辱者, 逆不道, 棄市.	擊鳩杖主, 折其杖(43) 坐擅召鳩杖主, 毆留(43) 坐(系)鳩杖主(43) 毆擊王杖主, 折傷其杖(43)	犯罪耐以上毋二尺告劾, 有敢徵召侵辱者比大逆不道(有敢妄罵詈毆之者比逆不道)
라	年六十以上, 賈市毋租, 比山東復,	田毋租, 市毋賦 與歸義同, 沽酒醪列肆.	列肆賈市, 毋租, 比山東復(42)			市賣復毋所與如山東復
마	人有養謹者扶持, 復					有旁人養謹者常養扶持復除之
바			行馳道中			行馳道旁道

동일한 내용의 조문에 각각 다른 令번호를 부여하지 않는다는 원칙을 참고한다면, 「王杖十簡」의 蘭臺令卌三이 卌三의 誤寫일 가능성이 크다. 이러한 분석이 옳다면, A1의 蘭臺令 卌二도 卌三일 가능성이 높다. 그 이유는 蘭臺令卌三으로 판명된 E가 A1의 4개 항목(가·다·라·마)과 일치하고 있기 때문이다. 이러한 분석에 따른다면, 「왕장조서책」과 「왕장십간」은 모두 蘭臺令卌三이라고 보아야 한다. 卌二가 卌三이라는 이 결론은 매우 중요하다. 「王杖詔書」가 근거한 蘭臺令이 여러 개일 수는 없는 것이다.

다음으로는 E의 「王杖十簡」에 蘭臺令卌三과 御史令卌三이 동시에 보이는 문제를 검토하기로 하자. 이 문제는 挈令과 관련된 것이다. 동일한 조서가 두 개의 蘭臺令卌三과 御史令卌三에 근거를 두고 있다는 것은 御史大夫가 外朝化되어 御史中丞과 분리되면서 나타난 현상으로 보인다.

昭帝의 元鳳 元年(B.C.80) 9월, 御史大夫 桑弘羊은 燕王旦·蓋主 및 上官桀 부자의 모반사건에 관여하였다. 이 사건이 발생하자, 실력자 霍光은 未央宮의 司馬門 內에 있던 御史大夫寺를 未央宮 밖으로 내보내고, 御史府로 이름을 바꾸었다. 이것이 御史大夫寺가 外朝官化되는 起点이 되었다.[107] 그 시점은 늦어도 宣帝 本始 四年 三月 이전으로 추정된다.[108] 새로 옮겨진 위치는 未央宮 동쪽의 丞相府 부근인데, 武庫 남쪽과 長樂宮 서쪽으로 추정된다.[109]

御史大夫 아래에는 원래 "兩丞"이 있었다. 御史大夫寺가 미앙궁 밖으로 나간 후에도 御史中丞과 15명의 侍御史는 계속 未央宮 內에 남겨 놓았다.[110] 밖으로 나간 "丞"과 구별하기 위해서 "中"字를 붙였다. 御史

---

107) 侯旭東, 「西漢御史大夫寺位置的變遷: 兼論御史大夫的職掌」(『中華文史論叢』 2015-1), pp.169-170.
108) 같은 논문, p.172.
109) 같은 논문, p.177.

中丞이 통할하는 御史를 "侍御史"라고 부르는데, "侍"字는 帝王 신변에서 近侍한다는 뜻이며, 御史中丞의 "中"字와 同意라고 할 수 있다. 御史中丞은 어사대부의 직권 축소에도 불구하고 약화되지 않았고, 그 후로 독립된 內廷의 관리처럼 되었다.[111]

『漢書』「百官公卿表上」에 의하면, 御史中丞은 秩千石이고, "殿中蘭臺에 있으면서 감찰을 하고, 圖籍秘書를 관장했다."[112] 『漢官儀』 역시 "御史中丞二人, 本御史大夫之丞. 其一別在殿中, 兼典蘭臺秘書."라고 되어 있다.[113] 따라서 御史中丞의 근무지는 殿中 蘭臺인 것이다.[114]

御史中丞이 근무하는 蘭臺는 未央宮 내에서 어디에 위치해 있을까? 漢 惠帝 이후 皇帝의 議政 장소는 未央宮의 承明殿이었다.[115] 蘭臺의 정확한 위치는 알 수 없지만 황제의 議政이 행해지는 承明殿에 위치해 있었거나,[116] 承明殿에서 머지 않은 곳에 있었다.[117] 그래야만 御史中丞이 侍御할 수 있기 때문이다. 議政에서 생산되는 각종 명령은 문서로 작성되어 承明殿 가까이에 위치한 蘭臺에 보관되고, 이를 蘭臺令이라고 작명한 것이다. 「王杖十簡」 ❿ "尙書令滅受在金"은 尙書令 陳咸이 문

---

110) 같은 논문, p.190.
111) 耿战超, 『西漢校書活動與文學形態』(東北師範大學博士學位論文, 2017). p.42.
112) 『漢書』 卷19上 「百官公卿表」, p.725.
113) [漢] 應劭, 『漢官儀』, [清] 孫星衍, 『漢官六種』(北京: 中華書局, 1990), p.144.
114) 『晋書』 卷24 「職官志」, p.738, "侍御史, 案二漢所掌凡有五曹: 一曰令曹, 掌律令; 二曰印曹, 掌刻印; 三曰供曹, 掌齋祠; 四曰尉馬曹, 掌廐馬; 五曰乘曹, 掌護駕."; 耿战超, 위의 논문, p.43.
115) 陳蘇鎮, 「未央宮四殿考」(『歷史研究』 2016-5), pp.172-175.
116) 張全海, 「西漢未央宮"蘭臺"得名与位置考」(『檔案學通訊』 2018-6), p.69.
117) 陳蘇鎮, 「漢未央宮"殿中"考」(『文史』 2016-2), p.56. 張衡의 『西京賦』에 "內有常侍, 謁者, 奉命當御. 外有蘭臺, 金馬, 遞宿迭居. 次有天禄, 石渠, 校文之處. 重以虎威章溝嚴更之署, 徼道外周, 千廬内附, 衛尉八屯, 警夜巡晝."라고 있다. 常侍·謁者는 皇帝侍臣으로서 항상 承明殿에서 황제를 근시하므로 "内"라고 한다. 蘭臺·金馬는 상대적으로 常侍·謁者와 대비되어 "外"라고 칭하므로 承明殿에서 멀지 않다.

서를 출납할 때 "金"에서 이 문서를 받았다는 것이다. ⑩의 "受在金"과 ⑥의 "臣咸再拜受詔"의 "受"는 동일하게 詔書를 받는 행위를 말한다. "金"이 무엇일까에 대해서 陳夢家는 "金"을 "金匱"라고 해석하고,『三國志』의 "爲金策著令, 藏之石室" 기사를 제시하고 있다.[118] 그러나 金策이 라는 것은 조서를 기록한 簡牘을 의미하는 것이지 장소를 의미하는 것은 아니다.[119] "金"은 西都賦에 보이는 承明殿에 있는 金馬署일 것으로 생각된다. 金馬署는 천자의 명령을 기다리고 있는 "待詔" 인원이 侍 値하는 宦者署였다. 常侍謁者가 항상 대기하고 있으며, 蘭臺金馬에서 번갈아가며 宿居하고 있었다.[120]

御史大夫寺가 미앙궁 밖으로 遷出되어 蘭臺의 御史中丞과 공간적으로 분리되고 이원화된 것은 「王杖十簡」에 "蘭臺令第卅三"과 "御史令卌三"이 함께 기록된 것에 반영된 것이다. 원래 御史大夫寺에는 율령이 보관되어 있었다. 秦末漢初 御史의 중요 직책은 律令草案의 제정, 율령의 보관, 律令 집행의 감독이었다.

『睡虎地秦墓竹簡』「尉雜律」의 "歲讎辟律于御史"라는 기록은 中央과 地方官府는 매년 초 御史處에서 律令을 대조한다는 것이다.[121] 이곳의 "御史"는 朝廷의 御史大夫와 郡의 監御史를 지칭하는데, 모두 秦代 御史가 律令을 보관하는 업무를 주관했음을 설명한다.[122] 또한 『漢書』「高

---

118) 『三國志』卷2 「魏書/文帝曹丕紀」, p.58; 甘肅博物館·中國科學院考古研究所, 『武威漢簡』, p.141.

119) 『宋書』卷17 「禮志四」, p.475, "其書之金策, 藏之宗廟, 著于令典."

120) 『後漢書』卷40上 「班彪列傳/班固上/兩都賦」, p.1341, "又有承明金馬, 著作之庭, 大雅宏達, 於玆爲羣, 元元本本, 周見洽聞, 啟發篇章, 校理祕文. 注: [一七] 承明, 殿前之廬也. 金馬, 署名也. 門有銅馬, 故名金馬門, 待詔者皆居之. 宏亦大也. 元其元, 本其本. 祕文, 祕書也. 孝經鉤命決曰「丘掇祕文」也."; 『文選』(北京: 中華書局, 1977) 卷2 「西京賦」, p.39, "內有常侍謁者, 奉命當御. 蘭台金馬, 遞宿迭居. 次有天祿石渠, 校文之處."; 陳蘇鎮, 「漢未央宮"殿中"考」, p.49.

121) 睡虎地秦墓竹簡整理小組, 『睡虎地秦墓竹簡』(北京: 文物出版社, 1978), p.109.

122) 侯旭東, 위의 논문, p.193.

惠高后文功臣表」에 "山都貞侯 王恬啟는 漢 五年에 郎中柱下令이 되었고, 衛將軍으로서 陳豨를 쳤고, 梁相으로 侯가 되었다. 師古曰: '柱下令은 지금의 主柱下書史이다.'"[123]라고 있는데, 應劭의 『漢官儀』에서는 이를 "侍御史卽柱下史"라고 하였다. 柱下史는 秦의 張蒼이 담당했던 것으로서 天下圖書記籍을 관장하였다.[124] 漢의 柱下令은 바로 秦의 柱下史를 승계한 것이다.

劉邦이 咸陽에 입성했을 때, 蕭何가 홀로 먼저 들어가 秦丞相御史律令圖書를 수습하여 보관했다. 바로 이를 통해서 秦 御史의 藏書제도를 계승했다. 御史의 藏書는 丞相藏書와 병렬되어 있는데, 秦朝의 内府藏書이다. 漢代의 圖籍은 石渠·石室·延閣·廣内의 外府에 보관된 것, 蘭臺의 秘書 및 麒麟·天祿二閣의 内禁에 보관된 것이 있는데, 御史中丞은 殿中에 있으면서 蘭臺의 圖籍을 관장하였다.[125] 漢의 焦贛이 언급한 "典冊法書, 藏閣蘭臺, 雖遭潰亂, 獨不逢災."의 "典冊法書"라는 것은 蘭臺에 所藏된 朝廷機密文獻과 制度法典이다.[126] 蔡邕의 『獨斷』에 따르면, 漢 中央의 内府藏書는 禁中의 蘭臺에 있으며, 侍御史만이 출입할 수 있는 특권이 있었다.[127]

원래 司馬門 안에 있었던 御史大夫寺가 궁외로 遷出된 후,[128] 御史大

---

123) 『漢書』 卷16 「高惠高后文功臣表」, p.622, "山都貞侯王恬啟, 漢五年爲郎中柱下令, 以衛將軍擊陳豨, 用梁相侯. 師古曰: 「柱下令, 今主柱下書史也.」"

124) 『史記』 卷96 「張丞相列傳」, pp.2675-2676, "張丞相蒼者, 陽武人也. 好書律曆. 秦時爲御史, 主柱下方書. … 是時蕭何爲相國, 而張蒼乃自秦時爲柱下史, 明習天下圖書計籍."

125) 耿戰超, 위의 논문, p.49; 『通典』 卷第二十六 「職官」(北京: 中華書局, 1988), p.732, "漢氏圖籍所在, 有石渠, 石室, 延閣, 廣内, 貯之於外府. 又有御史中丞居殿中, 掌蘭臺秘書及麒麟, 天祿二閣, 藏之於内禁."

126) [漢] 焦延壽, 『易林·巽之明夷』, [民國] 尚秉和注, 常秉義點校, 『焦氏易林注』(北京: 光明日報出版社, 1965), p.562; 耿戰超, 위의 논문, p.44.

127) 蔡邕, 『獨斷』, 『漢魏叢書』(臺北: 中和堂, 1970), p.398, "禁中者, 門戶有禁, 非侍御史不得入, 故曰禁中."; 耿战超, 위의 논문, p.46.

128) 『通典』 卷第二十四 「職官」, p.658, "漢御史大夫寺, 在大司馬門内."

夫가 禁中으로 들어갈 수 없다면 문제는 달라진다. 궁외로 나간 御史大夫가 궁내로 들어갈 수 없으므로 필요한 令을 자체적으로 御史大夫寺에 挈令으로 보관해야 했을 것이다. 바로 이러한 이유로 「王杖十簡」에 御史中丞의 蘭臺令과 御史大夫寺의 御史令이 동시에 기록된 것이다.

哀帝의 元壽 二年에 御史中丞은 御史長史로 更名하였는데, 그 명칭에서는 御史中丞에 내포되어 있었던 御史大夫의 屬員이라는 "丞"의 색채가 옅어졌다.[129] 御史大夫寺가 宮外로 이전된 후, 문서와 율령을 관장하던 원래의 직무와 즉시 멀어진 것은 아니었다. 『漢書』「韓延壽傳」에는 계속해서 "御史大夫"를 "典法大臣"이라고 칭했다.[130] 또한 懸泉漢簡(I0309③:221) 詔書 殘文 가운데는 稟食을 늘리는 上奏는 모두 尙書를 거치거나, 또는 御史大夫·御史中丞과 侍御史를 거치도록 하였다. 이것은 율령의 수정과 관련된 것이다.[131] 이러한 사례는 御史大夫가 계속하여 律令을 담당하는 부서로 남아있음을 보여준다. 이것이야말로 「王杖十簡」에 蘭臺令과 御史令의 挈令이 동시에 보이는 이유였다.

마지막으로 「王杖詔書冊」의 성격 규명에 관건이 되는 D⑦의 句讀방법이다. D⑦ "▪右王杖詔書令在蘭臺第卌三"이 전체 문서를 호칭하는 것인지, 아니면 ㉑-㉗로 국한된 내용만을 가리킨 것인지는 중요하다. 전체 문서의 성격이 달라지기 때문이다. 黨壽山은 「王杖詔書令」 D⑦의 "右王杖詔書令在蘭臺第卌三"을 "右王杖詔書令, 在蘭臺第卌三"이라고 句讀하여 「王杖詔書令」으로 이해하였고, 이것이 冊書의 篇題名이라고 주장했다.[132] 冨谷至도 역시 특별히 이의를 제기하지 않고 『漢簡研究文集』

---

129) 耿战超, 위의 논문, p.42.
130) 『漢書』 卷76 「韓延壽傳」, p.3216.
131) 胡平生·張德芳, 『敦煌懸泉漢簡釋粹』(上海: 上海古籍出版社, 2001), pp.52-53; 侯旭東, 위의 논문, pp.194-195.
132) 黨壽山, 위의 책, p.46.

에서 사용한 명칭을 답습하여 王杖詔書冊으로 부르고 있다.[133] 그러나 第 ㉒簡의 "令在蘭臺第卌三"에 비춰보면 이 尾題簡도 "右王杖詔書, 令在蘭臺第卌三"이라고 句讀하는 것이 자연스러울 것이다.[134]

또한 D의 ■라는 墨釘도 주목해야 한다. ■는 제목에 사용되는 墨釘이다. 『嶽麓書院藏秦簡』에는 令제목에 墨釘이 사용되고 있다. ■內史戶曹令 第甲(300/1521), ■內史郡二千石官共令 第甲(307/0355)이 그러한 예이다. 이 墨釘은 『二年律令』의 경우에도 사용되고 있다. 예컨대, "■二年律令"은 書題이고, "■盜律 鄭奴書(81)"는 율명에 ■의 墨釘을 사용한 것이다. 그렇다면 D㉗의 "■"는 이 문서의 제목에 붙인 墨釘인 것이다. 따라서 D㉗을 해석한다면, "오른쪽은 「王杖詔書」인데, (근거가 되는) 令은 蘭臺第卌三에 있다."는 것이다. 이와 같은 句讀에 문제가 없다면, 이 문서는 「王杖詔書」라고 해야 한다.

지금 분석한 「王杖詔書」는 조서의 내용 전체가 그대로 남아있다. 그러한 점에서 핵심내용만 추출·정리되어 있는 「津關令」과 형식상 차이가 보인다. 또한 「王杖詔書」에 著令 文言이 보이지 않는 점, 준거해야 할 令을 인용한 것 등에서 볼 때 詔書로 보는 것이 타당하다. 즉, 「王杖詔書冊」은 律令의 令이 아니고 詔書인 것이다. 「津關令」에는 令番號가 부여되어 있는데, 이는 「王杖詔書」에서 인용된 "令在蘭臺第卌三"의 令番號와 동일한 것이다. 한편 이제 후술할 「王杖十簡」의 경우는 피수여자의 성명 幼伯이 있는 것으로 보아서 詔書형식과 유사하기는 하지만 杖記로 보는 것이 옳다고 생각된다.

---

133) 冨谷至, 「王杖十簡」(『東方學報』 64, 1992), p.101.
134) 井上亘, 「漢代の書府 －中國古代における情報管理技術－」(『東洋學報』 87-1, 2005), p.22; 籾山明, 위의 논문, pp.16-17.

2. 王杖十簡

1959년 甘肅省 武威縣 磨咀子 18호 漢墓에서「王杖十簡」으로 불리는 10매의 木簡이 출토되었다.[135] 내용은 王杖 賜與와 관련된 2개의 制詔, 前漢 河平 元年에 일어난 사건, 幼伯이라는 인물의 출생 연도, 왕장 수여의 연도, 2개의 令名 등이 기록되어 있다.([표 6] 참조) 이 문서는 앞에서 살펴본 王杖詔書와 밀접한 관련을 가지고 있는 문서이다.

「王杖十簡」6-8簡에 決事比(판결례)가 포함되어 있었기 때문에 그 성격이 무엇인지에 대해서는 일찍부터 논의의 대상이 되었다. 大庭脩는「王杖十簡」을 漢代 문헌에 보이는 死罪 決事比의 실례로 이해하였다. 大庭脩는 "令은 재판의 실례가 포함되어 있는 것이 아니라는 관점에서「王杖十簡」전체가 詔令이라기보다 決事比, 즉 判例인 것이고, '蘭臺令第卅三 御史令第卌三'이라는 기록은 冊書의 명칭을 보여주는 것이 아니라, 上讞案을 판단할 때 '準用해야할 法令名'으로 해석된다."고 하였다. 그러나「王杖十簡」을 決事比로 보는 大庭脩는 역시 판결례가 포함되어 있는「王杖詔書冊」이 출현하면서 자신의 견해를 철회하였다.[136]

滋賀秀三은 王杖 수여시 내리는 증서인 杖記로 이해하였다. 즉, 王杖 수여시에 杖의 現物과 10簡으로 이루어진 1冊의 杖記를 수여했다고 보았다. 그 중에서 第9簡이 杖記의 主文이고, 第10簡은 王杖이 어떠한 법적 근거에 근거해 수여되고, 그 保持者는 어떠한 특권을 享受하는가 등을 보여주기 위하여 관계 法規 및 책임자인 당시의 尚書令의 이름과 授與 장소에 대한 기록이라고 해석하였다.[137]

山田勝芳 역시「王杖十簡」의 성격을 杖記라고 보고,「王杖十簡」이 副

---

135) 考古研究所編輯室,「武威磨咀子漢墓出土王杖十簡釋文」(『考古』 1960-6), pp.29-30; 甘肅省博物館·中國科學院考古研究所, 『武威漢簡』(北京: 文物出版社, 1964), pp.140-147.
136) 大庭脩, 위의 책, p.66.
137) 滋賀秀三, 위의 책, pp.512-513.

葬된 이유는 杖記라는 것이 유족에게는 이미 의미가 없는 것으로 되어버렸기 때문이라고 하였다.[138] 冨谷至는 「王杖十簡」을 지하세계에 통지하는 것에 의해, 墓主의 優遇와 特權을 연속하여 기대한 黃泉文書이며, 이 簡을 작성한 자는 墓主의 주변 사람들이고, 문서는 公文書가 아니라 개인적인 것이라고 하였다.[139]

이상 논의의 공통점은 모두 詔書가 아니라, 杖記·黃泉文書로 보고 있다. 그러한 주장의 가장 큰 증거는 재판기록과 피수여자인 幼伯의 성명, 수여 일시 등이 기록된 것에서 찾고 있다. 황제가 개개의 일반 백성에게 조서를 내릴 리 없다는 것이다.

앞서 제시한 [표 6]의 순서는 최초 발표의 『考古』 1960-6의 것으로서, [그림 2] 武威漢簡의 순서와 다르다. 編聯한 끈이 없어져 순서가 혼란된 「王杖十簡」의 순서에 대해서는 아래의 [표 8]과 같이 여러 견해가 존재한다. 이제 필자는 간독의 순서가 명확한 「王杖詔書冊」에 근거하여 「王杖十簡」의 순서를 검토하고자 한다.

[표 8] 王杖十簡의 배열

考古研究所(考古60-6)	❶	❷	❸	❹	❺	❻	❼	❽	❾	❿
陳直(考古61-3)	❶	❷	❸	❹	❺	❻	❼	❽	❿	❾
武伯綸(考古61-3)	❶	❷	❿	❸	❹	❺	❻	❼	❽	❾
武威漢簡(1964)	❿	❶	❷	❸	❹	❺	❻	❼	❽	❾
郭沫若, 滋賀秀三	❾	❿	❸	❹	❺	❻	❼	❽	❶	❷
大庭脩(關西大文學論集25)	❸	❹	❺	❻	❼	❶	❷	❿	❽	❾
冨谷至(東方學報 64)	❾	❿	❶	❷	❸	❹	❺	❻	❼	❽
籾山明(東洋史硏究1965-1)	❾	❶	❷	❸	❹	❺	❻	❼	❽	❿

138) 冨谷至, 「王杖十簡」, pp.86-87.
139) 같은 논문, p.91.

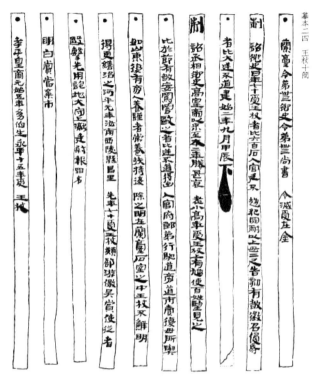

[그림 1] 王杖十簡(출처: 武威漢簡, 摹本24)

「王杖詔書冊」은 背面에 번호가 적혀 있어서 배열 순서에는 전혀 이견이 없다. 이를 활용하여 「王杖十簡」의 순서를 맞춰보자. 기존연구에 의하면, ❶-❽까지가 연속된다고 보는 견해가 많다. 그 이유는 문맥이 큰 무리 없이 연결된다고 보기 때문이다.

「王杖十簡」의 ❶❷는 「王杖詔書」의 ①②③④⑤⑥을 줄여서 정리한 것이다. 「王杖詔書」의 ⑥建始元年九月甲辰下는 二年의 잘못이므로, ❷의 建始二年九月甲辰下와 일치하는 것이다. 이렇게 조서가 내려진 시간이 일치하므로 ❶❷의 내용은 建始元年九月甲辰下로 끝나는 ①②③④⑤⑥과 일치한다고 할 수 있다. 순서가 정확한 「王杖詔書冊」에 근거할 때, 「王杖

十簡」의 ❶❷가 가장 앞에 오는 것이 옳다고 생각한다. 따라서 考古研究所(『考古』60-6)의 「王杖十簡」의 배열은 옳다고 생각된다.

❶❷ 다음에는 무엇이 오는 것이 좋을까?

❾의 "• 孝平皇帝元始五年幼伯生永平十五年受王杖"이 ❷의 다음에 위치할 가능성은 없는가? ❾는 孝平皇帝 元始五年(A,D,5)에 幼伯이 출생했고, 明帝 永平 十五年(A,D,72)에 王杖을 받았다는 내용이다. 왕장을 받은 연령은『二年律令』의 受杖 연령과 일치하지 않는 67세였다.[140]『二年律令』傅律에는 "大夫以上年七十, 不更七十一, 簪褭七十二, 上造七十三, 公士七十四, 公卒·士五(伍)七十五, 皆受仗(杖)."이라고 되어 있다. 大夫는 70세에, 무작자는 75세에 杖을 수여했다. 67세라는 연령은『二年律令』의 규정과 일치하지 않는다.『後漢書』에 인용된 禮儀는 70세에 왕장을 하사한 것을 인용하고 있고, 唐代에는 80세에 几杖을 내리고 있다.[141] 이런 점에서 보면, 「王杖十簡」은 정확한 漢制를 반영한 것이 아니고, 문서의 신뢰도에 문제가 있어 보인다.

「王杖詔書」에는 A①-⑥의 建始元(二)年九月甲辰 조서 다음에 B⑦-⑳汝南太守가 讞한 公乘 廣의 사례와 成帝가 이에 대해 批復한 元延三年正月壬申下의 조서가 위치해 있다. 즉, 建始 2년 조서와 元延 3년 正月詔

---

140) 幼伯이라는 이름에 대해서 劉奉光은 "부모스승은 자식의 이름을 지을 때 伯이라고 할 수 없고, 자손이 어른을 위해 별명을 지을 때도 幼라고 하지 않는다. 자손이 연장자를 부를 때는 연령 한정어 -- 어린 백부(幼伯)를 붙이는 것이다."라고 하였다. 劉奉光, 「漢簡所記敬老制度研究」(『西南政法大學學報』 2003-6), p.2, "父母師長爲孩子起名, 不會稱之爲伯, 後人爲長者起綽號, 不會稱之爲幼. 子嗣稱呼長輩加了個年齡定語――年幼的伯父." 비록 그렇더라도 王杖에서는 성명을 쓰는 것이 원칙일 것이다.

141)『後漢書』志第5「禮儀中」, p.3124, "仲秋之月, 縣道皆案戶比民. 年始七十者, 授之以王杖, 餔之糜粥. 八十九十, 禮有加賜. 王杖長[九尺, 端以鳩爲飾. 鳩者, 不噎之鳥也. 欲老人不噎. 是月也, 祀老人星于國都南郊老人廟.";『新唐書』卷5「玄宗皇帝本紀」, p.123, "九月庚寅, 作興慶宮. 丁酉, 宴京師侍老于含元殿庭, 賜九十以上几, 杖, 八十以上鳩杖, 婦人亦如之, 賜於其家. 戊申, 幸溫湯."

書를 연속으로 배치한 것이다.

「王杖詔書冊」의 B元延三年詔書는 汝南太守의 讞과 사례들로 구성되어 있다. 「王杖十簡」도 동일한 내용이 와야 할 것으로 생각된다. 考古研究所에서는 ❶❷의 뒤에 ❸-❽을 배치했으나, 필자의 생각으로는 ❾가 ❷와 ❸의 사이에 위치해야 한다고 생각된다. 여기에 대해서는 3가지 이유가 있다.

첫째, 「王杖詔書」 B1에서는 ⑦汝南太守가 讞한 公乘 廣의 사례를 배치했다. 이것은 새로운 사례를 도입하는 것이었다. 「王杖十簡」에서도 이에 대응할 부분으로 ❾의 孝平皇帝元始五年幼伯生永平十五年受王杖이 오는 것이 옳다. 그리고 ❸-❽의 制詔와 구체적 사례가 오는 것이 옳다고 생각된다.

❸ 이하의 制詔에서는 재차 蘭臺令冊三의 내용을 소개하고, ❻에서는 河平 元年 汝南 西陵縣 昌里 先을 毆擊한 遊徼 吳賞의 사례가 제시되었다.(이것은 「王杖詔書」의 ⑦●汝南大(太)守漱(讞)廷尉, 吏有毆辱受王杖主者, 罪名明白과 대비된다.) "先"이라고 하는 인물을 毆擊한 사건에 대해 大守가 廷尉에게 上讞한 것이다. ❸-❽의 簡들은 내용상 무리 없이 연결되고 있다. 그 내용들은 「王杖詔書」 B부분의 내용과 일치한다.

둘째, 「王杖詔書」의 ㉑㉒에는 御史에게 制詔하여 제정된 令의 내용을 기술하고, ㉓㉔㉕㉖에는 「王杖詔書」를 위배한 자와 처벌 내용(皆坐毆辱王杖功, 棄市)을 기술했으며, 그 令의 근거가 ㉗"令在蘭臺第冊三"에 있음을 밝히고 있다. ❼❽에서도 "罪名(❼)明白賞當棄市(❽)"라고 하여 ㉑㉒, ㉖과 동일한 형식이다. 그렇다면 ❼❽의 다음에도 왕장의 근거가 되는 令이 위치하는 것이 옳다. 그렇다면 「王杖十簡」에서도 ❾가 올 것이 아니라, ❿ "蘭臺令第卅三御史令第冊三 尚書令滅受在金"이 오는 것이 합당하다고 생각된다. ❾가 다른 곳으로 이동해야만 ❸-❽簡 建始2년 조서가 그 근거인 ❿ "蘭臺令第卅三御史令第冊三 尚書令滅受在金"으로 직접 연결될 수 있다.

셋째, ❾"孝平皇帝元始五年幼伯生永平十五年受王杖"이 ❸의 앞에 위치해야 하는 또 다른 이유는 다음과 같다. ❾簡의 성격은 幼伯이 孝平皇帝 元始 五年에 출생하여 永平 十五年에 王杖을 받은 왕장 소지자라는 자격을 밝힌 것이다. 「王杖詔書」의 ⑫⑬에서도 長安 敬上里 公乘 廣이 자신이 왕장 소지자임을 밝히고 자신에게 부당한 처우를 한 鄕吏의 처벌을 요청하는 사례와 동일한 성격의 것임을 참조할 필요가 있다. ❾ 다음에는 왕장 소지자에게 부당한 처우를 하다가 처벌당한 사례인 ❸의 制詔가 위치하는 것이 합리적이다.

결론적으로 「王杖十簡」은 王杖을 받은 幼伯에게 죄를 지으면 처벌을 받는다는 것을 언급했고, 그 근거는 ❿ "蘭臺令第卅三御史令第冊三尙書令滅受在金"에 있음을 밝힌 것이다. 이러한 논증에 의해, 「王杖十簡」의 수정된 순서는 다음과 같다.

[표 9] 수정된 王杖十簡

制 詔御史曰年七十受王杖者比六百石入官廷不趨犯罪耐以上毋二尺告劾有敢徵召侵辱(❶)
• 者比大逆不道建始二年九月甲辰下(❷)
• 孝平皇帝元始五年幼伯生永平十五年受王杖(❾)
制 詔丞相御史高皇帝以來至本二年勝(朕)其哀老小高年受王杖上有鳩使百姓望見之(❸)
• 比於節有敢妄罵詈毆之者比逆不道得出入官府節弟行馳道旁道市賣復毋所與(❹)
• 如山東復有旁人養謹者常養扶持復除之明在蘭臺石室之中王杖不鮮明(❺)
• 得更繕治之河平元年汝南西陵縣昌里先年七十受王杖(英＋頁)部遊徼吳賞使從者(❻)
• 毆擊先用詫地大守上讞廷尉報罪名(❼)
• 明白賞當棄市(❽)
• 蘭臺令第卅三御史令第冊三 尙書令滅受在金(❿)

V. 결론

필자는 장기간 난제로 여겨져 왔던 秦漢 律令典의 유무, 漢令의 종류와 편제 방식, 挈令과 왕장문서의 관계에 대한 3가지 문제를 검토하였다.

秦令은 동일 주제들을 令名 하에 정리한 1단계적인 것이므로, 漢代의 獄律 - 旁章, 令散甲, 令散(乙?)과 같은 2단계 법전의 단계까지 발전한 것은 아니다. 秦令에서는 卒令의 형식으로 제정된 令을 우선적으로 모아놓은 聚集의 의미를 지니고 있다. 그런 후에 卒令에 있던 令들을 주제별의 事項令으로 정리하고, 이후 새롭게 제정된 新令을 축적해 나가는 과정을 반복하고 있다. 秦令은 滋賀秀三이 말하는 형태의 令典은 아니었다.

漢初『二年律令』의 27개 律들은 어떠한 구별도 없었으나, 文帝 시기에 들어가면 獄律과 旁章이라는 두 개의 律典으로 정리하였고, 이는 율령 편제상 진일보한 발전이었다. 漢文帝 시기 胡家草場漢簡에서는 令典 2卷과 令名 37종이 확인되었다. 第 1卷은 "令散甲"이라는 제목이 붙어있고, 11章의 令으로 구성되어 있다. 第 2卷은 26章으로 구성되어 있다. 이것은 令을 "令散甲"이라는 令典으로 정리하기 시작한 것이라고 할 수 있다. 이것은 秦令에서 보이지 않던 것이다. 秦令에서는 동일 주제로 분류하는 초보적 단계였다. 漢令에서는 單一令을 令甲·令乙로 묶거나, 동일 주제의 散令으로 정리하였다. 그리고 재차 이것을 令散甲으로 묶는 2단계적 발전으로 진보한 것이다. 그리고 晉 泰始令에서는 律典과 令典으로 분리시키는 단계로 들어간 것이다.

『嶽麓書院藏秦簡』에 보이는 秦令들은 주제에 따라 분류된 事項令이라고 할 수 있다. 秦代의 令들은 詔書에 포함된 字句에서 令名을 취한 것도 있어서 令名을 결정하는 방법이 원숙한 수준에는 도달하지 못했다.

漢代의 事項令은 정리되어 간지령으로 편입되고 있다. 景帝 시기의
箠令에서 보면, 丞相과 御史大夫에게 구체적으로 令名을 지정하고, 이
令은 나중에 干支令으로 정리되어 令丙에 편제되고 있다. 그렇다면 詔
書 - 箠令(事項令) - 令丙(간지령)의 순서로 정리한 것이다.

干支令을 甲·乙·丙令에 편성하는 원칙은 董仲舒·班固의 주장처럼,
"중요도"에 따라 甲·乙·丙으로 분류되었다. 干支令이 최초로 출현하는
시점에 대해 陳夢家는 武帝 시기로 추정하지만, 胡家草場漢墓 자료에
令甲 ~ 令戊까지 5개의 干支令이 있는 것으로 봐서 적어도 文帝 초기에
干支令이 존재한 것은 확실하다.

挈令 등에 대해서는 『方言』 등에 입각하여 挈을 獨·特의 의미로 해
석한 大庭脩·凡國棟의 견해가 설득력을 얻고 있다. 御史令과 御史挈令
의 관계에 대해서, 冨谷至와 籾山明은 양자가 동일한 것이라는 입장을
보이고 있다. 武威旱灘坡漢簡에 보이는 御史挈令第卄三도 卌三의 잘못
이며, 이를 왕장십간에서는 御史令第卌三으로 표시하고 있다. 따라서
御史令과 御史挈令은 동일한 것이다. 挈令과 관련해 주목할 것은 王杖
관련 자료인데, 그것들에는 蘭臺令과 御史令, 御史挈令, 武威旱灘坡漢簡
의 令番號가 다양하게 보인다. 이것들은 모두 동일한 왕장 관련의 문
서인데도 令番號가 蘭臺令卄三, 蘭臺令第卌二, 蘭臺卌三, 御史令卌三, 御
史挈令第卄三으로서 불일치하고 있다.

왕장십간에 보이는 "尙書令滅"은 왕장조서의 "尙書令咸"의 誤寫이고,
동일하게 建始 二年(B.C.31) 九月 甲辰에 내려진 문서이므로 令番號가
다를 수 없기 때문에 蘭臺令第卄三은 蘭臺令第卌三의 誤記임을 알 수
있었다. 동일한 내용을 卄三, 卌三, 卌二, 卌三으로 구별하여 令番號를
부여할 필요가 없다.

동일한 조서가 두 개의 蘭臺令卄三(卌三)과 御史令卌三에 근거를 두
고 있다는 것은 어사대부가 外朝化되어 어사중승과 분리되면서 나타
난 현상으로 보인다. 원래 司馬門 안에 있었던 御史大夫寺가 궁외로 遷

出된 후, 필요한 令을 자체적으로 御史大夫寺에 挈令으로 보관해야 했을 것이다. 바로 이러한 이유로 「王杖十簡」에 御史中丞의 蘭臺令과 御史大夫寺의 御史令이 동시에 기록된 것이다.

「王杖十簡」은 「王杖詔書」에 근거하여 ❶❷❸❹❺❻❼❽❾❿의 순서로 재배열하였다. 순서가 정확한 「王杖詔書冊」에 근거할 때, 「王杖詔書」의 ①②③④⑤⑥에 해당하는 것이 「王杖十簡」의 ❶❷이다. ❶❷ 다음에 오는 것은 ❾라고 생각된다. 여기에 대해서는 3가지 이유가 있다.

첫째, 「王杖詔書」에서는 새로운 사례로서 ⑦汝南太守가 讞한 公乘 廣의 사례를 배치했다. 「王杖十簡」에서도 이에 대응할 부분으로 ❾의 "孝平皇帝元始五年幼伯生永平十五年受王杖"이 오는 것이 옳다. 둘째, 「王杖詔書」의 ㉑㉒에는 御史에게 制詔하여 제정된 令의 내용을 기술하고, ㉓㉔㉕㉖에는 「王杖詔書」를 어긴 자와 처벌 내용(皆坐殿辱王杖功, 棄市)을 기술했으며, 그 令의 근거가 ㉗"令在蘭臺第卌三"에 있음을 밝히고 있다. 「王杖十簡」의 ❼❽에서도 "罪名(❼)明白賞當棄市(❽)"라고 하여 ㉑㉒, ㉖과 형식이 일치한다. 따라서 ❼❽의 다음에도 왕장의 근거가 되는 令인 ❿ "蘭臺令第卅三御史令第卅三 尙書令滅受在金"이 오는 것이 합당하다고 생각된다. 셋째, ❾"孝平皇帝元始五年幼伯生永平十五年受王杖"이 ❸의 앞에 위치해야 하는 또 다른 이유는 ❾簡의 幼伯이 孝平皇帝 元始 五年에 출생하여 永平 十五年에 王杖을 받은 왕장 소지자라는 자격을 밝힌 것이다. 「王杖詔書」의 ⑫⑬에서도 長安 敬上里 公乘 廣이 자신이 왕장소지자임을 밝히고 자신에게 부당한 처우를 한 鄕吏의 처벌을 요청하는 사례와 동일한 성격의 것임을 참조할 필요가 있다.

漢·魏晉律에서의 篇章 체제의 변화

- 賊律을 중심으로 -

Ⅰ. 서론

『晉書』「刑法志」에는 漢律의 篇名과 內容이 불일치하는 상황을 "盜律에 賊傷의 사례가 있고, 賊律에 인장을 절도하는 문장이 있으며, 興律에 上獄의 법이 있고, 厩律에 逮捕와 관련된 조항이 있는데, 錯糅가 無常하다."라고 지적하고 있다.[1] "錯糅가 無常하다"는 것은 율령의 내용이 원칙 없이 뒤섞여있음을 표현한 것이다. 이러한 현상은 漢代 400년간 몇 차례 개정 시도는 있었지만 魏律에서 개정될 때까지 漢律 篇目 체제의 문제점을 해결하고자 하는 시도가 없었던 것에서 비롯되었다.[2]

약 400년간 지속되어온 漢律令의 篇目 체제를 대대적으로 변화시킨 것이 魏新律인데, 여기에서는 원래 漢律의 律篇이 부족하다고 생각하여 13편의 律篇을 새로이 제정하여 각각의 律名의 취지에 맞게끔 대대적으로 율문의 조항들을 이동시켰다.[3] 그 후 晉의 司馬昭는 陳群 등의 魏新律 개정이 미흡하다고 보고 漢律과 魏新律을 대상으로 "간소화" 작업을 시도하였다. 西晉 이후의 왕조들에 의해 수차례의 율령 개정

---

1) 『晉書』卷30「刑法志」, p.923, "盜律有賊傷之例, 賊律有盜章之文, 興律有上獄之法, 厩律有逮捕之事, 若此之比, 錯糅無常."
2) 徐世虹, 「說"正律"與"旁章"」(『出土文獻研究』8, 2007), p.79.
3) 『晉書』卷30「刑法志」, p.924, "舊律所難知者, 由於六篇篇少故也. 篇少則文荒, 文荒則事寡, 事寡則罪漏. 是以後人稍增, 更與本體相離. 今制新律, 宜都總事類, 多其篇條."

이 있었더라도 隋唐율령의 기본 골격을 마련하는 데는 역시 魏晋의 율령개정이 가장 획기적이었다. 이러한 "간소화" 작업은 후한시대에 『周易』의 易簡사상에 근거하여 법령을 개혁하려는 유가들의 주장이 마침내 실현된 것이라고 할 수 있다.[4]

이러한 변화를 거쳐 나타난 秦漢律과 唐律의 최대 차이점은 篇目, 編纂체제와 같은 형식에 있고, 내용의 변화는 상대적으로 적어서 대다수 唐律의 조문은 秦漢律까지 소급할 수 있다. 다만 율령 조문의 완성도에서 漢律은 거칠고 당률은 잘 다듬어졌다는 차이일 뿐이다.[5] 唐律은 律을 篇目으로 구분한 후 일련번호를 붙여 체계적으로 정리하고 있다. 이와는 대조적으로 『二年律令』에서는 그같은 체계적 정리는 확인할 수 없다. 물론 秦의 嶽麓秦簡에서도 令의 번호가 十干과 番號를 사용하여 정리하고 있음이 확인되고, 居延漢簡에서도 漢代 詔令을 번호를 사용하여 정리하고 있는 것처럼 나름대로의 정리방법을 채택하고 있음을 알 수 있다.[6] 그러나 漢律이 唐律과 같이 일사분란하게 정리되어 있었는지는 의문이다.

南朝 齊 武帝시기의 尚書刪定郎 王植은 번잡하고 무체계한 漢律을 간소화시킨 晋律의 특징을 "文簡辭約"이라는 말로 표현했는데,[7] 그러

---

4) 任仲爀, 「위진시대의 律學者와 법이론(상)」(『史叢』 53, 2001), pp.9-11.

5) 閆曉君, 「竹簡秦漢律與唐律」(『學術月刊』 2005-9), p.94.

6) 陳松長, 「嶽麓書院所藏秦簡綜述」(『文物』 2009-3), p.87, "1768 ●內史旁金布令乙四, 1921 內史倉曹令甲卄, 1105 ●縣官田令甲十六, 1775 ●遷吏令甲卄八"; 陳松長, 「嶽麓書院藏秦簡中的郡名考略」(『湖南大學學報』 23-2, 2009), p.9, "同罪其縣使而不敬, 唯大嗇夫得笞之如律, 新地守時修其令, 都吏分部鄉邑間, 不從令者論之.· 十九"; 謝桂華 等, 『居延漢簡釋文合校』(北京: 文物出版社, 1987), p.7, "縣置三老二 行水兼興舩十二 置孝弟力田卄二 徵吏二千石以符卄二 郡國調列侯兵卌二 年八十及孕朱需頌五十二"

7) 『南齊書』 卷48 「孔稚圭傳」, pp.835-836, "先是七年, 尚書刪定郎王植撰定律章表奏之, 曰: 「臣尋晋律, 文簡辭約, 旨通大綱, 事之所質, 取斷難釋"; 『晋書』 卷30 「刑法志」, p.927, "蠲其苛穢, 存其清約, 事從中典, 歸於益時."

나 그 "文簡辭約"이 어떠한 것인지 구체적인 그림이 그려지지 않는다. 바로 본고는 漢律이 魏晋律을 거쳐 간략해지는 모습을 찾고자 하는 시도이다.

睡虎地秦律과 『二年律令』의 출토 이후 秦漢律의 상당히 많은 부분이 규명되었고, 동시에 연구의 범주도 확대되어 秦漢律이 魏晋律을 거쳐 唐律로 발전하는 상황을 규명하고자 하는 시도도 있었다. 하지만 漢唐律의 비교는 단순히 자료의 나열 정도로 그쳤다. 그 이유는 지금까지의 출토 法律이 획기적이기는 하지만, 秦漢律이 이후 어떠한 과정을 거쳐서 唐律로 이어지는 것인가를 추적하기에는 아직도 자료 부족의 난관을 극복하기 어렵다. 때문에 『晋書』 「刑法志」에 기술된 魏新律 개정시 漢律 律條들의 이동현황을 연구한 滋賀秀三과 內田智雄의 성과를 능가하는 것을 찾아보기 힘들다.[8]

필자는 晋律의 "文簡辭約"의 관점에서 과연 漢律은 어느 정도의 규모를 가지고 있을까, 또한 『二年律令』의 자료가 전체 漢律의 어느 정도를 전하고 있을까에 대해 계속 관심을 가지고 있었다. 이 당시 전체 율령 규모에 대한 자료가 없기 때문에 이 의문에 대한 해답은 찾기 어렵지만, 그래도 이에 대한 관심은 漢代 율령의 규모를 표현하는 기본적 단위인 "篇", "章"에 대한 분석으로 자연스럽게 연결되었다. 예컨대, 蕭何의 "律九章", 景帝시 鼂錯의 "更令三十章", 武帝時의 "律令凡三百五十九章", 昭帝시의 "百有餘篇" 등에 사용된 篇과 章이라는 것은 무엇일까?[9] 그러나 그 개념은 최초부터 명쾌하게 정립되어 있지 않았고,

---

8) 滋賀秀三, 「曹魏新律十八篇の篇目について」(『国家学会雑誌』 69-7·8, 1955), pp. 419-436; 內田智雄, 「魏律「序略」についての二·三の問題(上)--滋賀秀三氏の「曹魏新律十八篇の篇目について」に寄せて」(『同志社法學』 11-3, 1959), pp.15-36; 內田智雄, 「魏律「序略」についての二·三の問題(下)--滋賀秀三氏の「曹魏新律十八篇の篇目について」に寄せて」(『同志社法學』 11-5, 1960), pp.1-23; 滋賀秀三, 「再び魏律の篇目について--内田智雄教授の批判に答えて」(『法制史研究』 11, 1961), pp.163-174; 陶安あんど, 「漢魏律目考」(『法制史研究』 52, 2002), pp.81-116.

『晋書』「刑法志」를 비롯한 자료들은 篇章에 대해서 혼동하여 사용한 사례가 많았다. 그래서 우선적으로 篇章의 개념 분석을 행하고, 이를 통하여 漢律·晋律의 규모를 비교할 것이다. 이러한 작업의 결과 晋律을 "文簡辭約"이라고 칭송한 것의 의미를 확인하게 될 것이다. 즉, 漢律에서 魏新律·晋律로 이행하는 과정에서 어느 정도의 간략화가 이루어지는지 구체적인 수치로 밝혀보고 싶다.

또한 漢律에서 魏晋律, 그리고 唐律로 이어지는 구체적 변화상을 추적하기 위해서는 대상을 모든 律篇으로 확대하기보다 하나의 律篇으로 좁히는 것도 하나의 방법이다. 현재로서는 賊律이 가장 많은 자료를 가지고 있으므로 매우 적합한 분석 대상이라고 생각된다. 1987년 湖南省 張家界市 古人堤의 漢代 建築遺址에서 출토된 古人堤簡牘에 포함된 盜律과 賊律의 목록은 완벽하지는 않지만 2001년 발표된 『二年律令』 賊律의 변화상을 중간 점검할 수 있는 자료라고 할 수 있다.[10]

賊律의 항목은 『二年律令』에 드러난 것처럼 매우 다양하다. 賊律이라는 이름 때문에 晋의 明法掾 張裴의 "變故가 발생하지 않은 정상적 상황 하에서 사람을 殺傷하는 것"이라는 定義만을 연상한다.[11] 沈家本도 그같은 개념범주에서 『漢律摭遺』에 賊律 항목을 정리하고 있다. 沈家本은 賊律(一), 賊律(二)에 『晋書』「刑法志」에 賊律로 언급한 "大逆無道, 欺謾, 詐僞, 踰封, 矯制, 賊伐樹木, 殺傷人畜産, 諸亡印, 盜章, 儲峙不辦"의

---

9) 『漢書』 卷23 「刑法志」, p.1101, "及至孝武卽位, 外事四夷之功, 內盛耳目之好, 徵發煩數, 百姓貧耗, 窮民犯法, 酷吏擊斷, 姦軌不勝. 於是招進張湯·趙禹之屬, 條定法令, 作見知故縱·監臨部主之法, 緩深故之罪, 急縱出之誅. 其後姦猾巧法, 轉相比況, 禁罔寖密. 律令凡三百五十九章, 大辟四百九條, 千八百八十二事, 死罪決事比萬三千四百七十二事. 文書盈於几閣, 典者不能徧睹. 是以郡國承用者駁, 或罪同而論異. 姦吏因緣爲市, 所欲活則傅生議, 所欲陷則予死比, 議者咸冤傷之."

10) 湖南省文物考古硏究所·中國文物硏究所, 「湖南張家界古人堤遺址与出土簡牘槪述」 (『中國歷史文物』 2003-2期), pp.66-71; 湖南省文物考古硏究所·中國文物硏究所, 「湖南張家界古人堤簡牘釋文與簡注」(『中國歷史文物』 2003-2期), pp.82-84.

11) 『晋書』 卷30 「刑法志」, p.928, "無變斬擊謂之賊."

10개 항목을 넣었고, 賊律(三)의 부분에서는 "賊이 해친다"는 정의에 부합하는 조항들을 수합한 것이다.[12]『二年律令』의 석문 발표 후 과연 賊律 항목들을 하나로 묶은 개념은 무엇일까 하는 의구심이 생길 정도로 다양한 항목들로 구성되어 있다. 賊律의 내용을 國家安全危害罪, 瀆職罪, 經濟秩序破壞罪, 人身安全危害罪, 倫常關系侵犯罪의 5부류로 구분한 연구가 있을 정도로 복잡하다.[13] 바로 이렇게 賊律 하나만 보아도 원칙 없이 복잡한 내용을 가진 漢律은 魏新律 단계에서 정리되어야만 했다.

그런데『二年律令』과 唐律을 비교하면서 필자는『晋書』「刑法志」의 賊律 관련 서술이 대강만을 언급했다는 사실을 확인할 수 있었다. 필자는『二年律令』의 자료와 古人堤目錄,『晋書』「刑法志」, 唐律의 賊律 자료를 비교함으로써『晋書』「刑法志」에 구체적으로 언급되지 않았던 賊律 조항들의 이동 과정을 추적할 것이다. 漢 賊律의 항목들이 과연 唐律의 단계에서는 잔류했는지, 어느 律로 분산되는지? 그리고 기타 律 篇에서 賊律로 들어오는 律條에 대한 분석을 행할 것이다. 이와 같은 분석은『晋書』「刑法志」의 魏新律과 晋律의 개정 작업에 대한 기사가 정확한 것인지 여부를 검증하는 작업이 될 것이다.

---

12) 沈家本,『歷代刑法考』(北京: 中華書局, 1985), p.1413. 아래의 굵은 글씨체가 바로 10개의 항목이다. 賊律(一): **大逆無道(14)** 謀反, 大逆, 誹謗妖言, 祝詛, 謗毁宗室, 造作圖讖, 惡逆, 不道, 非所宜言, 大不敬, 廢格沮誹, 左道, 媚道, 降敵, **賊律(二): 欺謾(2)** 詆欺, 謾 **詐偽, 踰封, 矯制, 賊伐樹木, 殺傷人畜産, 諸亡印, 儲峙不辦, 盜章, 賊律(三)**:無尊上非聖人不孝道者斬首, 毆父母, 殺季父殺兄殺弟, 殺殺父之繼母, 搏姑, 毆兄姊, 殺妻, 搚妻, 殺子, 殺使者, 亨姬不道, 殺奴婢當告官, 敢蠱人及教令者棄市, 謀殺人 /殺人, 賊殺人, 殺太傅中傅中尉謁者家丞, 殺下獄侍中, 殺一家二人, 殺十六人, 使人謀殺人, 使人殺人, 賊鬪殺人, 鬪以刃傷人, 疻痏, 罵坐, 罵主, 殺奴婢, 奴婢射傷人, 保辜, 狂易殺人, 輕侮, 仇怨相報, 誤, 過失殺人不坐死, 立子奸母見乃得殺之, 無故入人室宅廬舍、上人車船牽引、人欲犯法者其時格殺之無罪, 都城人眾走馬殺人.

13) 連宏,「《二年律令·賊律》中的罪名及其法律問題研究」(『社會科學戰線』2010-11), pp. 256-258.

II. 漢代의 章句

1. 篇과 章에 대한 제설

『漢書』「刑法志」 등에는 율령의 규모를 언급할 때, 몇 篇 몇 章 등으로 기술하는 사례가 보인다. 그렇다면 『二年律令』의 律 부분은 몇 개의 章으로 구성된 것일까? 2001년 『二年律令』 석문이 발표된 후에 그것이 몇 개의 竹簡에 書寫되었는지 정도만 언급되었을 뿐, 『二年律令』 전체가 몇 개의 章인지를 분석한 연구가 있는지는 본 적이 없다. 『二年律令』이 漢初의 전체 漢律에서 어느 정도의 비율을 차지했을까 하는 의문을 푸는 첫 단계로서 우선 漢代 章句의 개념을 검토할 필요가 있다. 漢律의 編纂단위를 이해하는 데는 『晉書』「刑法志」의 아래 기사가 중요하다.

> 대대로 (律令을) 增損하였는데, 대체로 類를 모아서 篇으로 하고, 事를 묶어서 章으로 하였다. 하나의 章에 事가 수십 개를 넘는 경우도 있고, 事類가 같더라도 判罪의 경중이 다르며, 條와 句가 연결되어 있음에도 위와 아래의 내용이 서로 모순되고, 대체로는 다른 篇에 속해야 하지만 실제로는 서로 섞여있다.[14]

여기에 언급된 편제 항목은 類, 篇, 事, 章, 條, 句의 6개이다. 이에 대한 논자들의 견해는 조금씩 다른데, 제설을 먼저 언급한 후에 이에 대한 나의 견해를 언급하겠다.

冨谷至는 「篇」은 盜律·賊律 등의 個別 法規의 단위(編目)이고, 「章」은 個別 法規가 가지고 있는 조문을 말한다고 하였다. 다시 말해서 「篇」

---

14) 『晉書』 卷30 「刑法志」, p.922, "世有增損, 率皆集類爲篇, 結事爲章. 一章之中或事過數十, 事類雖同, 輕重乖異. 而通條連句, 上下相蒙, 雖大體異篇, 實相採入."

은 「盜律」「賊律」 등 律의 編目이고, 章은 法規의 條文이라는 주장이다.[15)
張建國은 冨谷至가 章을 法規의 條文으로 보는 것보다 조금 상세하게
분석하였다. 張建國은 漢律을 篇-章(類)-事(條)의 3단계로 구분했다.
『晋書』「刑法志」에 말하는 事는 하나의 條를 가리키며, 數件의 서로 비
슷한 事(條)가 합해져서 類가 되면 이것이 章이 되며, 여러 개의 章이
서로 비슷한 내용이 합해지면 篇이 된다는 것이다.[16)

　邢義田은 漢初에는 律이 章으로 구분되는 사례가 다수 있었으나, 篇
아래에 章이 있는 경우가 보다 일반적이었지만, 한편으로는 篇과 章
이 혼동되는 경우도 많았다고 분석하였다.[17) 그러한 한편으로 章이
條文을 지칭하는 예로 「奏讞書」 案例 20의 "致之不孝, 敖悍二章"을 들고
있다. 여기에서 不孝·敖悍의 章은 바로 律이 章으로 구분된 것임을 보
여주는 것이라고 보았다. 不孝는 賊律에서 적출한 "敎人不孝, 次不孝之
律. 不孝者棄市. 棄市之次, 黥爲城旦舂."이라는 조문이다. 이 不孝와 敖悍
의 章은 해당 章의 全文이 아니라 「奏讞書」의 안건과 관련이 있는 필요

---

15) 冨谷至, 「晋泰始律令への道 - 第一部 秦漢の律と令」(『東方學報』 72冊, 2000),
　　p.85.
16) 張建國, 『帝制時代的中國法』(北京: 法律出版社, 1999), p.106.
17) 邢義田, 「秦或漢初私奸案中所見的親屬倫理關系」, 『天下一家 -- 皇帝·官僚與社
　　會』(北京: 中華書局, 2011), p.497, 注 19. 漢代에는 법률이 章으로 구분되어
　　있다고 한다. 法三章과 律九章은 모두 漢代에 "律以章分"의 전통을 따른 것
　　이라고 한다. 叔孫通은 傍章을 지었고, 晁錯은 "錯所更令三十章"하였으며,
　　武帝 시기의 "律令凡三百五十九章"의 증거들은 律이 章으로 구분되었던 습
　　관이라는 것이다. 이러한 반면에, 章의 아래에 篇이 있는 경우도 있는데,
　　그것은 傍章에 十八篇이 있다고 하는 기술이 그것이다. 그러나 漢代에는
　　篇 아래에 章이 있는 것이 일반적이라고 하였다. 『漢書』「藝文志」의 蒼頡,
　　爰歷, 博學의 三篇을 漢代에 60字씩 끊어 모두 55章으로 만든 것이 그러한
　　예이다. 또한 章과 篇의 혼동도 존재했다고 지적하였다. 후일의 『晋書』「刑
　　法志」와 같은 문헌에서는 蕭何作律을 九章이라고 하지 않고 九篇(合爲九篇)
　　이라고 했고, 晋泰始律에서 율을 개정할 때 "就漢九章增十一篇"이라 한 것
　　은 九章과 九篇이 같은 것이다. 그리고 九章 이외에 十一篇을 추가했다는
　　것은 篇章 관계에 혼동이 있다는 것이다.

부분만을 적출한 것이다.[18]

徐世虹은 效律을 분석하여 위의 3인과 동일한 결론을 도출하였다. 그에 의하면, 60簡으로 구성된 效律은 도판에서 볼 때, 그 律 條文의 구분이 명백하여, 위의 律 조문과 아래의 律 조문을 연결해서 書寫한 것이 아니라 행을 바꿔서 별도의 簡에 썼는데 30條의 율문으로 구성되었다고 한다. 율문 가운데 어떤 것은 단지 1簡에 썼고, 어떤 것은 여러 簡에 썼는데, 字數의 다소에 관계없이 앞뒤의 조문과 독립해 있는 律條의 단위를 "章"이라고 보는 것이다. 效律과 葬律의 書寫 格式에 의하면 若干字가 1章을 구성하고, 若干의 章이 1篇을 구성하며, 篇과 章은 예속관계를 형성한다는 것이다.[19]

한편 張忠煒는 章이 律條를 가리키는 경우와 律의 篇名을 가리키는 두 가지 용도로 사용되었다고 보았다. 전자에 대해서, 일반적으로 律令의 경우 篇 - 章(條) - 句의 구조로 되어 있는데, 이때 條는 실제로는 章과 동일한 것이라고 보았다.[20] 이와는 반대로 후자의 章이 篇을 지칭하는 사례로 「奏讞書」 156簡의 "未有以捕章捕論"을 들고 있다.[21] "捕章"을 整理小組注釋에서는 "捕律"이라고 주석을 달았는데,[22] 張忠煒도

---

18) 邢義田, 위의 책, p.498; 張家山二四七號漢墓竹簡整理小組, 『張家山漢墓竹簡[二四七號墓]』(北京: 文物出版社, 2001), p.139, "子牧殺父母, 毆詈泰父母、父母、叚大母、主母、後母, 及父母告子不孝, 皆棄市. 其子有罪當城旦舂、鬼薪白粲以上, 及爲人奴婢者, 父母告不孝, 勿聽. 年七十以上告子不孝, 必三環之. 三環之各不同日而尚告, 乃聽之. 敎人不孝, 黥爲城旦舂."

19) 徐世虹, 「秦漢法律的編纂」(『中國古中世史硏究』 24, 2010), pp.214-215. 雲夢睡虎地77號漢墓 출토의 漢初 葬律도 1條의 律文으로 보았다. 도판에 의하면 그 律은 모두 5簡으로 구성되어있는데, 一簡에는 律名을 썼고, 위쪽에는 (사각형의) 墨塊 표식이 있고, 나머지 4簡은 연속해 書寫하고 있다.

20) 張忠煒, 『秦漢律令法系硏究初編』(北京: 社會科學文獻出版社, 2012), p.120.

21) 『張家山漢墓竹簡』, p.224, "·鞫之: 義等將吏卒新黔首敳(擊)反盜, 反盜殺義等, 吏新黔首皆弗救援, 去北. 當〔遷〕逮赴, 傳詣絠(攸), 須來以別黔首當捕者. 當捕者多別離相去遠, 且事難, 未有以捕章〕捕論, 庫上書言獨財(裁)新黔首, 欲縱勿論, 得, 審." 그러나 여기에서 捕律의 조문으로 해석해도 무방할 것 같다.

捕章을 捕律로 해석하고, 그에 따라 章은 律條만을 가리키는 것이 아니라, 律篇을 칭하는 것으로 사용될 수도 있다고 주장하였다. 이것은 九章律의 章이 律篇을 지칭하는 것과 동일하다는 주장이다.[23) 張忠煒의 견해는 작은 律條(章)에 사용될 수도 있고, 큰 律篇에 사용될 수도 있다는 주장이다. 즉, 작은 의의의 단위를 가리킬 때는 律條가 章이되는 것이고, 큰 의의의 단위인 律篇을 章이라고 할 수 있다는 것이다. 큰 의미의 단위인 章은 때로는 篇과 동등한데, 『急就章』을 『急就篇』이라고 하는 것이 그 사례라는 것이다.[24)

이상에서 5인의 견해를 살펴보았는데, 대체로 篇 - 章(類) - 條(事) - 句 또는 篇 - 章(條) - 句로 보는 견해로 나뉜다. 전자는 張建國의 견해이고, 후자는 徐世虹, 邢義田, 張忠煒의 견해이다.

九章律과 마찬가지로 篇과 章의 혼동을 보여주고 있는 것은 『九章算術』의 명칭이다. 後漢 1세기 후반에 출현했다고 하는 『九章算術』은 모두 246개의 수학문제를 담고 있는데, 그것은 方田·粟米·衰分·少廣·商功·均輸·盈不足·方程·勾股의 9개의 章으로 구성되어 있다.[25) 『九章算術』

---

22) 徐世虹도 "捕章"이 官吏가 鞫獄時에 서술한 말이고, 立法時에 사용한 正式律名은 "捕律"이라고 보았다. 徐世虹, 위의 논문, p.214.
23) 張忠煒, 위의 책, pp.119-120.
24) 張忠煒의 『急就篇』을 『急就章』으로 칭하게 된 것이 篇과 章이 일치하기 때문이라는 주장은 문제가 있다. 『急就章』의 章은 篇章의 의미가 아니라 草書體를 의미하는 章草體의 의미이다. 즉, 漢代에 발전해 가는 草書體를 章草라고 불렀고, 章草體로 『急就篇』을 抄寫했기 때문에 『急就章』이라고 부른 것이다. 따라서 『急就章』의 章은 篇章의 의미와는 관계가 없다. 그리고 『漢書』 「藝文志」에 만약 『急就章』이 있었더라면 『急就章』이라 했을 것인데, 『急就章』이 출현하는 것은 東晉시대에 들어가서이다. 『漢書』 卷30 「藝文志」, p.1720, "急就 一篇. (成)[元]帝時黃門令史游作."; 『晋書』 卷62 「祖逖列傳」, p.1698, "史游作急就章, 猶皆行於世, 便成沒而不朽."; 『隋書』 卷32 「經籍志」, p.942, "急就章 一卷 漢黃門令史游撰. 急就章 二卷 崔浩撰. 急就章 三卷 豆盧氏撰."; 李永忠, 「漢代草書與章草的關系」(『首都師範大學學報』 2007-1), p.63 참조.
25) 『後漢書』 卷24 「馬援列傳(兄子嚴)」, p.862, "劉徽九章算術曰方田第一, 粟米第二, 差分第三, 少廣第四, 商功第五, 均輸第六, 盈不足第七, 方程第八, 句股第九."

의 章은 9개의 章으로 되어 있지만, 이것도 九章律과 마찬가지로 章이 篇의 의미를 지니고 있다. 『九章算術』에서는 예컨대 「方田」이라는 "章"은 사실상 篇에 해당하는 것으로 보아야 하지만, 漢代人들은 章으로 계속 이해하고 있는 것이다.

비록 그렇더라도 律令 이외의 經書 등에서는 篇이 큰 범주이고, 章은 하위개념으로 계열화되는 경향이 분명하다. 즉, 『漢書』「藝文志」의 六藝略·孝經에는 "孝經古孔氏一篇. 二十二章. 孝經一篇. 十八章. 長孫氏·江氏·后氏·翼氏四家."라 하여 각각 孝經古孔氏一篇은 二十二章, 孝經一篇은 十八章으로 구성되어 있다.[26] 또한 "漢興, 閭里書師合蒼頡·爰歷·博學三篇, 斷六十字以爲一章, 凡五十五章, 并爲蒼頡篇."과 "揚雄取其有用者以作訓纂篇, 順續蒼頡, 又易蒼頡中重復之字, 凡八十九章.[27]"이라고 한 것도 篇과 章 사이의 예속 관계를 분명하게 보여주고 있다. 특히 蒼頡篇을 만들 때, 1개의 章을 60字씩으로 끊어서 모두 55章으로 구성한 것은 篇-章의 예속 관계를 보여준다.

그럼에도 불구하고 유독 律令에서만 篇과 章의 체제가 혼동되는 이유는 무엇인가? 그 기원은 漢初의 三章과 九章律에서 비롯된 것으로 생각된다.[28] 즉, 최초에 章과 篇의 개념이 정립되지 않은 상태에서 이 법률들을 章이라고 호칭했던 것이, 그 이후에도 이 법률들을 三章과 九章 등으로 호칭함으로써 章이 篇을 의미하는 것으로 이해되었던 것이다. 최근 출토된 兔子山漢律目錄에서 獄律十七章, 旁律廿七章, 凡卌四章으로 호칭하고 있는 것도 그러한 사례이다. 『漢書』「刑法志」에 "作律九章"과 武帝時의 "律令凡三百五十九章"의 章이 篇을 지칭한 것이 확실

---

26) 『漢書』 卷30 「藝文志」, p.1718.

27) 『漢書』 卷30 「藝文志」, p.1721.

28) 『漢書』 卷23 「刑法志」, p.1096, "取其宜於時者, 作律九章." 또한 『論衡』「謝短」등에 처음으로 九章律이 나오는 것으로 보아 後漢시대에 九章의 명칭이 출현하기 시작한 것으로 생각된다.

한 사실은 그러한 개념 혼동이 지속된 증거이다.

그러나 律令에서도 篇-章으로 체계화되는 것은 대세였다. 秦律과 『二年律令』에 보이는 章이 율령 조문을 지칭하는 자료로는 「奏讞書」 案例 21의 "致之不孝、敖悍二章"을 들 수 있다.[29] "二章"은 章의 수량과 단위를 가리키는 칭호이다. 이것은 한초 유방이 관중의 父老들과 약속한 "與父老約, 法三章耳: 殺人者死, 傷人及盜抵罪."에서 3개의 조문을 연상시킨다.[30] 이것은 아직 章이 篇과 서로 혼동되어 사용되는 시기였지만, 漢律에서 章이 律조문을 의미했던 증거이다.

漢律에서 律條를 章으로 칭하는 전통은 후대의 법률인 唐律에도 확인되고 있다. 唐律 『名例律』의 "議章" "請章" "減章" "贖章"은 章으로써 조문의 이름을 붙이는 漢代의 전통이 계속 남아 있는 것이다.[31] 이러한 당률의 내용은 『漢書』 「刑法志」에 보이는 八議를 법제화 한 것이다. 예컨대 "9. 官爵五品以上(請章)"은 『漢書』 「刑法志」의 "六曰議貴"에 해당하는 것이다.[32] 唐律에서의 章이라는 것의 어원이 漢律에서의 조문의 의

---

29) 邢義田, 위의 책, pp.497-498. 邢義田은 案例 21에 인용된 6개의 律章을 다음과 같이 정리했다. 1) 律曰: 諸有縣官事, 而父母若妻死者, 歸寧卅日; 大父母、同産十五日. 2) 敖悍, 完爲城旦舂, 鐵鍱其足, 輸巴縣鹽. 3) 教人不孝, 次不孝之律. 不孝者棄市. 棄市之次, 黥爲城旦舂. 4) 當黥公士、公士妻以上, 完之. 5)奸者, 耐爲隸臣妾. 6) 捕奸者必案之校上.

30) 『史記』 卷8 「高祖本紀」, p.362.

31) 徐世虹, 「秦漢法律的編纂」, p.216; 張忠煒, 위의 책, p.119;『唐律疏議』[이하 錢大群 撰, 『唐律疏議新注』(南京: 南京師範大學出版社, 2007)를 사용함], pp.48-57, "卷2·名例, 8條. 八議者(議章) 諸八議者, 犯死罪, 皆條所坐及應議之狀, 先奏請議, 議定奏裁; 議者, 原情議罪, 稱定刑之律而不正決之. 流罪以下, 減一等. 其犯十惡者, 不用此律. 9. 官爵五品以上(請章) 諸皇太子妃大功以上親, 應議者期以上親及孫, 若官爵五品以上, 犯死罪者, (上請; 請, 謂條其所犯及應請之狀, 正其刑名, 別奏請.)流罪以下, 減一等. 其犯十惡, 反逆緣坐, 殺人, 監守內奸, 盜, 略人, 受財枉法者, 不用此律. 10. 七品以上之官(減章) 諸七品以上之官及官爵得請者之祖父母、父母、兄弟、姊妹、妻、子孫, 犯流罪已下, 各從減一等之例. 11. 應議請減(贖章) 諸應議、請、減及九品以上之官, 若官品得減者之祖父母、父母、妻、子孫, 犯流罪以下, 聽贖."

미로 사용된 것은 중요한 힌트가 될 수 있다. 이상과 같이 篇 - 章 체
제로 정리되어 갔던 경향이 후한 王充의 『論衡』 第81 「正說篇」에 다음
과 같이 정리된 것으로 생각된다.

> 무릇 經에는 篇이 있는데, 章句가 있는 것으로 말미암는다. 章句가 있
> 는 것은 文字가 있는 것으로 말미암는다. 文字에 일정한 뜻이 있으면 句를
> 구성하게 되고, 句가 여러 개 있으면 연결되어 章을 구성하게 되고, 章에
> 일정한 體例가 있으면 篇을 구성하게 된다. 篇은 章句 가운데 큰 것이다.
> 篇에 法이 있다고 하는 것은 章句에 또한 法이 있다고 하는 것이다.[33]

『論衡』의 기사에 의하면, 篇의 아래에는 약간의 章이 있고, 章의 아
래는 약간의 句가 있는 것이다. 『論衡』의 시점에서는 확실히 몇 개의
句가 연속된 것이 章을 이루고 있음을 알 수 있다.

그런데 여기에서 논의해야 할 것이 邢義田·張忠煒 등이 『晋書』 「刑
法志」의 단계에서도 篇과 章을 혼동하고 있다고 하면서 예로 들은 사
례이다. 즉, 蕭何의 律제정을 언급할 때 九篇(合爲九篇)이라고 하고, 동
시에 晋 泰始律에서 律 개정을 기술할 때는 "就漢九章增十一篇"이라 하
여 九章과 九篇을 혼용하고 있다는 것이다.[34]

---

32) 『漢書』 卷23 「刑法志」, pp.1105-1106, "八議: 一曰議親, 二曰議故, 三曰議賢, 四曰
議能, 五曰議功, 六曰議貴, 七曰議勤, 八曰議賓."

33) 北京大學歷史系, 『論衡注釋』 「正說篇」(北京: 中華書局, 1979), p.1589, "夫經之有
篇也, 猶有章句; 有章句也, 猶有文字也. 文字有意以立句, 句有數以連章, 章有體
以成篇, 篇則章句之大者也. 謂篇有所法, 是謂章句復有所法也."

34) 『漢書』 卷23 「刑法志」, p.1096, "於是相國蕭何攈摭秦法, 取其宜於時者, 作律九
章."; 『晋書』 卷30 「刑法志」, p.922, "漢承秦制, 蕭何定律, 除參夷連坐之罪, 增部
主見知之條, 益事律興, 廐, 戶三篇, 合爲九篇."; 같은 책, pp.924-925, "其序略
曰⋯⋯舊律所難知者, 由於六篇篇少故也. 篇少則文荒, 文荒則事寡, 事寡則罪漏.
是以後人稍增, 更與本體相離. 今制新律, 宜都總事類, 多其篇條. 舊律因秦法經,
就增三篇, 而具律不移, 因在第六. 罪條例既不在始, 又不在終, 非篇章之義. 故集

그러나 『晋書』「刑法志」에서도 일관되게 篇-章의 체제를 인식하였고, 일반적으로 篇이 크고, 章은 작은 단위를 의미하는 것으로 사용하였다. 문제가 되는 "於正律九篇爲增"은 九章律을 九篇이라고 기술했는데, 이것은 「魏律序略」의 작자의 글을 그대로 인용한 것이다. 「魏律序略」의 작자는 모든 편제를 篇-章체제로 이해하여 이 부분에 있어서 혼동이 없었다. 따라서 "合爲九篇"도 九章을 九篇으로 고친 것이다. 한편 "就漢九章增十一篇"의 경우는 「魏律序略」의 내용을 인용한 것이 아니라, 『晋書』「刑法志」의 작자가 쓴 부분인데, 작자가 "九篇"으로 통일시키지 않고 "九章"을 계속 사용한 것은 혼동이라기보다는 기존의 "九章律"의 고유용어를 강조하기 위해 그대로 사용한 것이라고 생각된다. 결국 『晋書』「刑法志」 내에서 篇과 章을 혼용하는 것처럼 보이는 것은 2인의 저작물에서 비롯된 때문이기도 하며, 九章律을 사용한 경우는 漢의 법률이라는 "고유명사"를 부각시켰던 때문이다.

최종적으로 앞서 인용했던 『晋書』「刑法志」의 "대체로 모두 類를 모아서 篇으로 하고, 事를 묶어서 章으로 하였다. 하나의 章에 事가 수십 개를 넘는 경우도 있고, 事類가 같더라도 判罪의 경중이 다르다는 것, 條와 句가 연결되어 있음에도 위와 아래의 내용이 서로 모순되고, 대체로는 다른 篇에 속해야 하지만 실제로는 서로 섞여있다."는 내용은 아래와 같이 정리할 수 있다.

1) 대체로 類를 모아서 篇으로 하고, 事를 묶어서 章으로 하였다.(事〈章, 類〈篇)

2) 하나의 章에 事가 수십 개를 넘는 경우도 있다.(事〈章)

1)에서 事〈章, 類〈篇의 관계에서 중간에 위치하는 章과 類의 관계가

罪例以爲刑名, 冠於律首.……凡所定增十三篇, 就故五篇, 合十八篇, 於正律九篇爲增, 於旁章科令爲省矣."; 같은 책, p.927, "就漢九章增十一篇."

동일한 것(事 - 章(類) - 篇)인지, 아니면 별도의 단계(事 - 章 - 類 - 篇)인지가 관건이다. 張建國은 漢律을 篇 - 章(類) - 事(條)의 3단계로 구분했다. 『晉書』「刑法志」에 말하는 事는 하나의 條를 가리키며, 數件의 서로 비슷한 事(條)가 합해져서 類가 되면 이것이 章이 되며, 여러 개의 章이 서로 비슷한 내용이 합해지면 篇이 된다는 것이다. 그러나 그 순서에는 문제가 있다. "數件의 서로 비슷한 事(條)가 합해져서 類가 되면"은 원문에 그러한 내용이 없다. 오히려 수 건의 事가 모여서 章이 되고, 비슷한 類가 모여서 篇이 된다는 의미이다. 따라서 章과 類의 관계는 애매하지만, 비슷한 章들이 모여 類가 되는 것이 아닐까 한다. 그리고 類라고 하는 것은 실체를 말하기는 곤란한 것으로 생각되는데, 그 이유는 늘 篇 - 章 - 條로만 언급되기 때문이다.[35)]

2. 漢代 문헌의 章

이제부터는 구체적으로 章이 실제의 문헌에 어떠한 형태로 나타나고 있는지를 출토자료 등에 입각하여 분석하기로 한다. 이 작업을 통해서 『二年律令』의 章 규모를 파악하고자 한다. 陳夢家에 의하면, 원래 章句는 "分篇分章定句", 즉 문장을 篇·章·句로 나누는 것을 가리킨다. 최초의 章句는 후한시대의 주석을 다는 의미로 사용되기보다는 단순하게 句讀에 편리하게 문장을 分斷하는 것을 말한다. 李零도 陳夢家의 주장을 계승하여 古書의 章句之學의 최초 의미는 단지 書의 編排(배열, 편성)와 分節하는 것일 뿐이고, 解詁(注釋)와는 관계없으며, 단지 篇次가 획정된 후에 講讀에 편리하도록 하나의 篇 안에서 내용에 근거하여 차례대로 分章하고 定句하는 것이라고 주장했다.[36)]

---

35) 『晉書』卷30「刑法志」, p.924, "罪條例既不在始, 又不在終, 非篇章之義."; 같은 책, p.928, "刑名所以經略罪法之輕重, 正加減之等差, 明發眾篇之多義, 補其章條之不足, 較舉上下綱領."

36) 李零, 『〈孫子〉十三篇綜合研究』(北京: 中華書局, 2006), p.364.

陳夢家는 출토된 甘肅 武威縣 『儀禮』 簡冊의 符號標識에 근거해 章句를 분석했다. 「經」 또는 「經傳」의 부분에서 새로운 章은 반드시 별도의 簡에서 시작하는데, 이때 簡首에 ●의 墨點(圓點, 圓圈)으로 표시를 한다. 그 앞의 簡에서 上章의 내용이 끝나면 行을 채우지 않고 여백을 남겨둔다.[37] 陳夢家가 언급한 것은 [그림 1]의 摹本에서 확인할 수 있는데, 30, 36, 39, 47, 48, 49, 52, 56, 60간은 빈공간이 남겨져 章이 끝남을 의미하였고, 31, 37, 40, 48, 49, 50, 53, 57간은 상단에 묵점이 찍혀 있어서 章의 시작을 의미하였다.

陳夢家의 견해는 章을 구분하는 중요한 원칙 세 가지를 제시하고 있다. 첫째, 簡首에 章의 표시인 墨點(●)이 있을 것, 둘째, 前簡에는 여백이 있을 것, 셋째, 篇 보다는 작고, 句 또는 節보다는 큰 단락의 시작이라는 사실이다. 이 사실은 『二年律令』의 章을 검토할 때에 중요한 분석도구가 될 수 있다.

陳夢家가 분석한 章은 출토된 經書의 자료를 근거로 규명한 것이지만, 이밖에도 『漢書』「禮樂志」에 보이는 "安世房中歌十七章", "郊祀歌十九章"은 章의 의미를 해석하는데 중요한 전거를 제시한다. 전자는 惠帝 2年에 樂府令 夏侯寬이 만든 歌曲이고, 후자는 武帝시기 李延年의 것이다.

安世房中歌十七章, 其詩曰:

1. 大孝備矣, 休德昭清. 高張四縣, 樂充宮庭. 芬樹羽林, 雲景杳冥, 金支秀華, 庶旄翠旌.(32字)

2. 七始華始, 肅倡和聲. 神來宴娭, 庶幾是聽. 粥粥音送, 細齊人情. 忽乘青玄, 熙事備成. 清思眑眑, 經緯冥冥.(40字)

3. 我定曆數, 人告其心. 敕身齊戒, 施教申申. 乃立祖廟, 敬明尊親. 大矣孝熙, 四極爰轃.(32字)

---

37) 甘肅省博物館·中國科學院考古研究所, 『武威漢簡』(北京: 文物出版社, 1964), p.36.

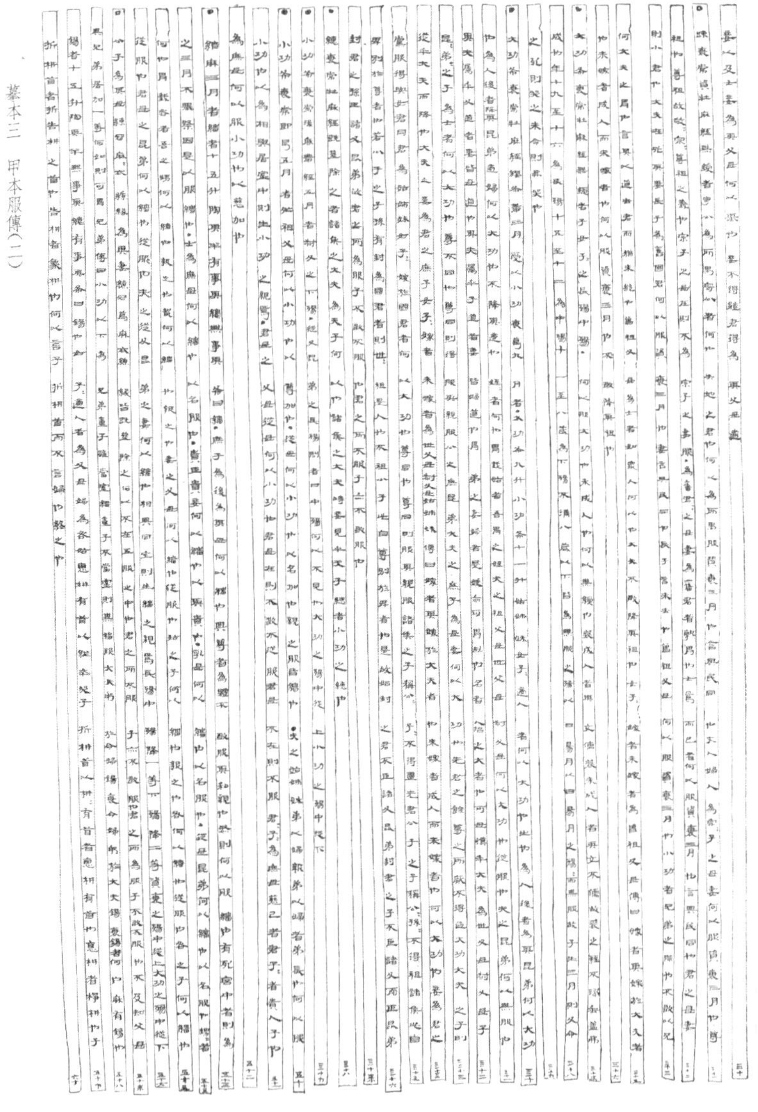

[그림 1] 武威 儀禮漢簡의 章과 墨點

4. 王侯秉德, 其鄰翼翼. 顯明昭式. 清明鬯矣, 皇帝孝德. 竟全大功, 撫安四極.(28字)

5. 海內有姦, 紛亂東北. 詔撫成師, 武臣承德. 行樂交逆, 簫·勺群慝. 肅爲濟哉, 蓋定燕國.(32字)

6. 大海蕩蕩水所歸, 高賢愉愉民所懷. 大山崔, 百卉殖. 民何貴? 貴有德.(26字)

7. 安其所, 樂終產. 樂終產, 世繼緒. 飛龍秋, 游上天. 高賢愉, 樂民人.(24字)

8. 豐草葽, 女羅施. 豔何如, 誰能回! 大莫大, 成教德; 長莫長, 被無極.(24字)

9. 靁震震, 電燿燿. 明德鄉, 治本約. 治本約, 澤弘大. 加被寵, 咸相保. 德施大, 世曼壽.(30字)

10. 都荔遂芳, 窅宨桂華. 孝奏天儀, 若日月光. 乘玄四龍, 回馳北行. 羽旄殷盛, 芬哉芒芒. 孝道隨世, 我署文章. 桂華.(42字)

11. 馮馮翼翼, 承天之則. 吾易久遠, 燭明四極. 慈惠所愛, 美若休德. 杳杳冥冥, 克綽永福. 美(芳)[若].(34字)

12. 磑磑卽卽, 師象山則. 烏呼孝哉, 案撫戎國. 蠻夷竭歡, 象來致福. 兼臨是愛, 終無兵革.(32字)

13. 嘉薦芳矣, 告靈饗矣. 告靈既饗, 德音孔臧. 惟德之臧, 建侯之常. 承保天休, 令問不忘.(32字)

14. 皇皇鴻明, 蕩侯休德. 嘉承天和, 伊樂厥福. 在樂不荒, 惟民之則.(24字)

15. 浚則師德, 下民咸殖. 令問在舊, 孔容翼翼.(16字)

16. 孔容之常, 承帝之明. 下民之樂, 子孫保光. 承順溫良, 受帝之光. 嘉薦令芳, 壽考不忘.(32字)

17. 承帝明德, 師象山則. 雲施稱民, 永受厥福. 承容之常, 承帝之明. 下民安樂, 受福無疆.(32字)[38](番號 및 字數는 필자가 붙인 것)

班固는 歌의 제목을 "安世房中歌十七章"이라고 붙였는데, 실제로 17

---

38) 『漢書』 卷22 「禮樂志」, pp.1046-1051.

개의 章으로 구성되어 있다. 앞서 언급한 『儀禮』의 경우는 墨點(●)으로 표시된 것이 과연 章일지 확신하기 어려울 수도 있지만, "安世房中歌"는 17章이라고 명시되어 있으므로 17개의 문장이 章에 해당함을 알 수 있다. "安世房中歌"의 각 章은 4-10句로 구성되어 있고,[39] 글자 수는 16-42字로 구성되어 있고, 句는 그 章을 구성하는 마디로서 3-4字로 구성되어 있다.

　　"郊祀歌十九章"의 경우도 "安世房中歌十七章"과 그 형식은 동일하다고 할 수 있다. "郊祀歌十九章"에서 각 章의 말미에 일련번호를 붙인 것은 제목과 동일하게 모두 19章인데, 각각의 단락이 章이었음을 알 수 있다.[40] 각 章은 32자 내지 144字로 구성되어 있어 글자 수는 일정하지 않다. 대체로 章의 글자 수는 이러한 정도였을 것으로 생각된다. 『漢書』 「藝文志」의 蒼頡·爰歷·博學의 三篇을 합하여 60자로 구분하여 1章을 구성해 모두 55章으로 하여 蒼頡篇을 만들었다는 기사는 章의 글자 수가 60자 정도로 구성되었음을 말해준다.[41] 1개의 章을 이루는 글자 수가 漢代人에게는 몇 개인지 하는 관념이 여기에 표현되어 있다고 할 수 있다. 비록 이것이 율령은 아니지만 漢代의 章의 크기를 알 수 있는 중요한 대목이다. 이러한 詩歌에서의 "章"개념을 율령에도 적용할 수 있다면, 章은 賊律·盜律 등의 律名을 의미하는 것은 아니었다. 漢代의 詩歌를 통한 분석에서 도출된 결론은 前簡의 마지막에 여백이 있다면 그것은 하나의 章이 끝나고 새로운 章으로 된다는 陳夢家의 분석과 일치한다.

---

39) [淸] 王先謙, 『漢書補注』(北京: 中華書局, 1983), p.482上, "吳仁傑曰 安世房中歌十七章. 刊誤區分之. 一章多或十句八句. 少或六句四句. 未有奇數者. 獨王侯秉德一章七句. 仁傑案. 旣醉詩及下文安其所享. 皆用疊句. 此章當雲. 王侯秉德. 其鄰翼翼. 其鄰翼翼. 顯明昭式. 書本脫誤. 今改定作八句."

40) 예컨대 練時日一, 帝臨二 … 赤蛟十九와 같이 章의 일련번호를 달고 있다. 『漢書』 卷22 「禮樂志」, pp.1052-1070.

41) 『漢書』 卷30 「藝文志」, p.1721, "閭里書師合蒼頡、爰歷、博學三篇, 斷六十字以爲一章, 凡五十五章, 并爲蒼頡篇."

III. 漢律의 篇數와 魏晋律의 簡約化

1. 漢律의 篇章

이상에서 분석한 章의 개념을 가지고 『二年律令』을 분석하면 漢律의 규모를 파악할 수 있는 작은 실마리를 찾을 수 있을 것이며, 또한 魏晋 이후의 율령 규모와도 비교할 수 있는 단서가 될 것이다. 그런데 『二年律令』에는 章을 구별하는 墨點(●)이 보이지 않는다. 따라서 앞에서 언급한 陳夢家의 章 구분 원칙 가운데서 "前簡을 비워놓고 새로운 簡에서 시작하는 것이 章"이라는 원칙을 적용하여 『二年律令』을 분석해야 할 것이다. 陳夢家의 분석 틀에 근거하여 필자가 『二年律令』의 章을 분석한 결과, 아래의 [표 1]과 같이 『二年律令』에는 27篇의 律에 296章이 있다고 할 수 있다. 이 章의 숫자는 『張家山漢墓竹簡』(2006年, 文物出版社)의 석문을 기계적으로 산출한 것이다. 그리고 이 숫자는 漢律 및 晋律의 조문 숫자와 비교할 수 있을 것이다.(후술)

[표 1] 『二年律令』의 章數

賊律	盜律	具律	告律	捕律	亡律	收律	雜律	錢律	置吏律	均輸律	傳食律	田律	市律
41	18	25	7	8	13	5	14	8	10	2	4	12	2
行書律	復律	賜律	戶律	效律	傳律	置後律	爵律	興律	徭律	金布律	秩律	史律	
8	1	19	22	5	9	17	3	9	5	11	11	7	

이러한 章의 숫자가 漢律 전체에서 어느 정도의 비율을 차지할까? 『漢書』 『晋書』 등에는 율령의 규모를 표현하는 篇이 언급되어 있다. 앞서 篇과 章의 혼동을 분석할 때, 『晋書』 「刑法志」의 "就漢九章增十一篇"에서 章과 篇을 한 문장 안에서 혼용하여 기술한 것은 九章律의 고유

한 명칭을 강조하는 차원에서 사용했을 뿐이고 여타 부분에서는 篇과 章의 혼동 없이 사용되었다고 언급했다. 그런데 이러한 篇과 章의 혼동과는 다른 차원에서 章과 篇을 혼동한 대표적 사례는 『晋書』「刑法志」의 아래 기사이다.

 漢은 秦制를 계승하여 蕭何가 律을 제정하였다. 參夷連坐의 罪를 폐지하고, 部主見知의 條를 추가하였으며, 事律인 興·廏·戶律의 3篇을 늘려 모두 9篇으로 하였다. 叔孫通은 (舊)刑律에 포함되지 않은 것을 추가하여 傍章 18篇을 만들었고, 張湯의 越宮律 27篇, 趙禹의 朝律 6篇을 합하여 60篇이 되었다. 또한 漢時의 決事(比)를 모아서 令甲 以下의 300여篇으로 만들었고, 司徒鮑公(昱)이 嫁娶辭訟決을 法比都目으로 찬술하여 합계 906卷이 되었다.[42]

 여기에서 필자가 의문을 제기하는 것은 60篇의 도출 방법에 대한 것이다. "傍章 18篇, 張湯의 越宮律 27篇, 趙禹의 朝律 6篇을 합하여 60篇"이라고 한 것은 『晋書』「刑法志」의 저자가 章과 篇을 혼동한 대표적 사례로 생각된다. 합계 60篇이 도출되는 과정을 비판적으로 분석한 논고는 확인할 수 없었다. 徐世虹의 경우는 약간의 의문을 제기하는 것으로 그치고, 이 60편의 기록이 대체로 『漢書』「刑法志」의 다른 곳의 기재와 일치한다고 하였다.[43] 즉, 『漢書』「刑法志」의 "及至武帝即位,……律

---

42) 『晋書』卷30 「刑法志」, pp.922-923, "漢承秦制, 蕭何定律, 除參夷連坐之罪, 增部主見知之條, 益事律興、廏、戶三篇, 合爲九篇. 叔孫通益律所不及, 傍章十八篇, 張湯越宮律二十七篇, 趙禹朝律六篇, 合六十篇. 又漢時決事, 集爲令甲以下三百餘篇, 及司徒鮑公撰嫁娶辭訟決爲法比都目, 凡九百六卷."
43) 張建國은 越宮律·朝律과 같은 具體的인 律篇名이 1篇이 아니라 27편·6편인 것에 의문을 제기했다. 張建國, 「叔孫通定〈傍章〉質疑———兼析張家山漢簡所載律篇名」(『北京大學學報』 1997-6), p.49. 徐世虹은 "그러나 이 60편의 숫자는 의문이 없는 것은 아니다. 『二年律令』 律名으로 확인된 것은 27종인데, 그 숫자는 九章을 크게 웃돌며, 그리고 越宮·朝律의 篇數 역시 秦漢律의 一律一篇의 일반적 형태와도 符合하지 않는다."라고 의문을 제기하였지만, 이

令凡三百五十九章."[44]의 부분에서 "三百五十九章"은 晉志에 "又漢時決事, 集爲令甲以下三百餘篇"에 보이는 令(300여편)을 제외하고 남은 것이 대략 律의 篇數가 된다고 하였다.[45] 즉, 359章 - 300여편 = 약 50여편이 律의 篇數라는 해석인데, 위의 『晉書』「刑法志」의 60篇과 대체로 일치한다는 것이 徐世虹의 주장이다. 50여편이 漢律의 전체 편수라는 것의 옳고 그름을 떠나서 『晉書』「刑法志」의 위의 계산이 옳은 것일까? 이 내용을 보다 자세하게 고찰하기 위하여 서세홍이 언급한 『漢書』「刑法志」의 기사를 인용해보자.

　　孝武帝가 즉위하여 밖으로는 四夷의 정벌을 일삼고, 안으로는 눈과 귀에 좋은 것만 하기 위해 자주 징발함으로써 백성들이 가난하게 되었다. 가난한 백성들이 법을 어기면 酷吏들은 이를 공격해 근절시키려 했으나 간사한 무리들은 그치지 않았다. 이에 張湯·趙禹의 무리를 불러들여 法令을 제정하고, 見知故縱·監臨部主의 法, 緩深故之罪, 急縱出之誅를 제정하였다. 그 후 교활한 관리들이 법을 교묘하게 운용하고, 서로 번갈아 비교하여 법망이 날이 갈수록 세밀해졌다. 律令은 합계 359章이고, 大辟은 409條, 1882事, 死罪決事比는 13,472事나 되었다. 文書는 서가에 가득 찼고, 법을 주관하는 자는 모두 볼 수가 없었다. 이로써 郡國에서 법률을 사용하는 자는 서로 모순되고, 혹은 죄가 같은 데도 판결이 달랐다. 간사한 관리들은 이를 기화로 장사를 하여 살려주고 싶으면 살려주는 논의를 붙이고, 죄에 빠지게 하고자 하면 死刑의 決事比를 붙였다. 논하는 사람들은 모두 억울해 했다. 宣帝는 민간에 있을 때부터 이러한 상황을 알았다. 즉위하자 廷史 路溫舒가 상소하여 秦의 10가지 잘못 가운데 하나가 아직도 존재

　　숫자를 포함시켜 60篇을 계산하였다.
44)『漢書』卷23「刑法志」, p.1101, "其後姦猾巧法, 轉相比況, 禁罔寖密. 律令凡三百五十九章, 大辟四百九條, 千八百八十二事, 死罪決事比萬三千四百七十二事."
45) 徐世虹, 위의 논문, p.217.

하는데 治獄之吏가 바로 그것이라고 상소하였다.[46)

위의 『漢書』「刑法志」 기사는 시기 순으로 서술한 것이다. "律令凡三百五十九章…"은 張湯·趙禹 등이 법령을 제정하고 간교한 관리들에 의해 법률망이 촘촘해져서 법률의 조문수가 크게 증가했다는 내용 바로 뒤에 기술되었고, 그 다음에는 宣帝 시기의 상황으로 바뀌므로 武帝 시기의 법령 규모를 기술한 것이라고 생각된다. 그런데 여기서는 律令 359章, 大辟 409條라 하여 章과 條가 함께 보이고 있다. 만약에 律令 359章의 章을 條文으로 보면, 바로 뒤에 나오는 大辟 409條보다 적기 때문에 章을 條로 볼 수는 없다. 따라서 章은 篇의 의미로 보아야 한다. 다만 律과 令을 모두 포괄한 것이므로 359章에서 律이 어느 정도 되는지 알 수는 없다. 그런데 『鹽鐵論』은 武帝로부터 멀지 않은 기록인데, "方今律令 百有餘篇, 文章繁"이라 하여 100여편이라 한 것은 『漢書』「刑法志」의 359章(篇)과 큰 차이가 난다.[47) 서세홍은 『晋書』「刑法志」의 律令 359章을 359篇으로 해석했는데, 이 숫자가 『鹽鐵論』의 "方今律令百有餘篇"이라고 한 것과 큰 격차가 보이는 점에 대해서 설명하지 않고 있다.[48) 律令의 편수가 359章과 100餘篇이라고 하여 크게 차이가 나는 것에 대하여 王

---

46) 『漢書』 卷23 「刑法志」, pp.1101-1102, "及至孝武卽位, 外事四夷之功, 內盛耳目之好, 徵發煩數, 百姓貧耗, 窮民犯法, 酷吏擊斷, 姦軌不勝, 於是招進張湯·趙禹之屬, 條定法令, 作見知故縱·監臨部主之法, 緩深故之罪, 急縱出之誅. 其後姦猾巧法, 轉相比況, 禁罔寢密. 律令凡三百五十九章, 大辟四百九條, 千八百八十二事, 死罪決事比萬三千四百七十二事. 文書盈於几閣, 典者不能徧睹. 是以郡國承用者駁, 或罪同而論異. 姦吏因緣爲市, 所欲活則傅生議, 所欲陷則予死比, 議者咸冤傷之. 宣帝自在閭閻而知其若此, 及卽尊位, 廷史路溫舒上疏, 言秦有十失, 其一尚存, 治獄之吏是也."

47) 王利器, 『鹽鐵論校注(定本)下』 卷55 「刑德」(北京: 中華書局, 1992), p.566, "方今律令百有餘篇, 文章繁, 罪名重, 郡國用之疑惑, 或淺或深, 自吏明習者, 不知所處, 而況愚民!"

48) 徐世虹, 위의 논문, p.215.

利器는 『鹽鐵論』의 "百有餘篇"의 百 앞에 "三"자가 빠졌다고 주석했는데, 이것이 그나마 모순을 설명할 수 있는 해석이라고 생각된다.[49] 그러나 이것도 억측이라고 할 수 있다. 현재까지 확인된 漢初의 律은 최대가 45章(篇), 令은 46章(篇), 합계 91章(篇)이다. 따라서 이 수치는 『鹽鐵論』의 백여 편에 근접한 것이므로 수치에 오류는 없다고 생각된다.

1) 九章律의 "章"

이제 『晋書』 「刑法志」의 漢武帝 시기 律이 九章律 9 + 傍章 18 + 越宮律 27 + 朝律 6 = 60篇으로 구성되었다는 것에 대해 분석해보자. 우선 九章律의 "九"에 대해서는 실제로 9개의 章으로 구성되어 있다는 주장,[50] 九章律의 존재를 부정하는 견해로 나뉜다.[51] 虛數라고 주장한 孟彦弘은 9라는 숫자가 많음을 의미하기 때문에 漢律의 九章은 漢律의 篇章이 많음을 표현한 것이며, 漢律이 단지 9개의 篇章을 가지고 있는 것은 아니라고 하였다. 그러나 王偉가 지적한 바와 같이, 孟彦弘의 견해가 성립하려면 史籍에서 九章이 篇章의 많음을 가리키는 허수의 증거들을 충분히 보여줬어야 했다. 그러나 孟彦弘은 단지 滋賀秀三의 의견을 인용하여 자신의 설을 증명하려 했을 뿐이다.[52] 그러한 점에서 王偉가 『論衡』의 자료를 인용하여 九章律이 9개로 구성되었음을 증명한 것이 오히려 설득력이 있다. 『論衡』에는 禮經이 16章이고, 九章律이 9章임을 대비시키고 있는 사실에서 九章은 蕭何가 제정한 9篇의 구체적인 숫자를 의미하는 것이다.[53]

---

49) 王利器, 위의 책, pp.570-571 注 17.

50) 張建國, 위의 논문, p.50; 楊振紅, 「秦漢律篇二級分類說—論《二年律令》二十七種律均屬九章」(『歷史研究』 2005-6), p.87; 于振波, 「淺談出土律令名目與"九章律"的關系」(『湖南大學學報』 24-4, 2010), p.38.

51) 李振宏, 「蕭何"作律九章"說質疑」(『歷史研究』 2005-3), pp.177-181; 孟彦弘, 「秦漢法典體系的演變」(『歷史研究』 2005-3), p.28.

52) 王偉, 「論漢律」(『歷史研究』 2007-3), p.16.

2) 越宮律과 朝律

『晋書』「刑法志」에 越宮律과 朝律을 각각 27篇과 6篇으로 표현한 "篇"은 "章"을 혼동한 것이라고 생각된다. 兔子山漢律에서 朝律은 17개의 獄律에 포함된 1개의 章에 불과했다. 朝律이 6篇이라고 한 것은 朝律에 포함된 조목수를 가리킨다. 이는 『晋書』의 저자인 唐代 房玄齡 등이 漢律을 직접 보지 못한데서 비롯된 오해라고 생각된다. 즉, 漢律은 北魏초, 南朝 陳까지는 그 존재가 확인되지만 隋代에 들어가면 "오래 전에 사라졌다"고 기술되어 있어서 멸실된 것으로 보인다. 따라서 唐代의 史家들은 漢律에 대해 직접 親見한 것이 아니기 때문에 오류가 있었을 가능성이 크다.[54] 張建國도 지적했듯이, 越宮律과 朝律은 그 律名으로 볼 때에, 『二年律令』에 있는 單行律의 하나에 불과하다고 생각된다.[55] 越宮律과 朝律도 내부에 9개의 篇을 가지고 있는 九章律과는 단위의 차원이 다르다고 생각된다. 越宮律·朝律 그 자체가 단행률의 하나로서 1篇이라면 그 안에 속해있는 27개의 항목은 章으로 보는 것이 옳다. 越宮律과 朝律이 각각 27章과 6章이라면, "篇"과 "章"의 각각 다른

---

53) 北京大學歷史系, 『論衡注釋』「謝短」, pp.724-725, "(1) 法律之家, 亦爲儒生. 問曰: '九章, 誰所作也?' 彼聞皋陶作獄, 必將曰: '皋陶也.' 詰曰: '皋陶, 唐、虞時, 唐、虞之刑五刑, 案今律無五刑之文.' 或曰: '蕭何也.' 詰曰: '蕭何, 高祖時也. 孝文之時, 齊太倉令淳于意有罪, 徵詣長安. 其女緹縈爲父上書, 言肉刑壹施, 不得改悔. 文帝痛其言, 乃改肉刑. 案今九章象刑, 非肉刑也. 文帝在蕭何後, 知時肉刑也, 蕭何所造, 反具象刑也? 而云九章蕭何所造乎?' (2) 古禮三百, 威儀三千, 刑亦正刑三百, 科條三千, 出于禮, 入于刑, 禮之所去, 刑之所取, 故其多少同一數也. 今禮經十六, 蕭何律有九章, 不相應, 又何?"

54) 北魏 전기에 崔浩의 「漢律序」가 보이는 것을 보면 이때까지 漢律이 존재했음을 알 수 있다. 그리고 陳末에도 漢律이 보이지만, 隋代에 들어가면 산일되었다. 程樹德, 『九朝律考』(北京: 中華書局, 1988), p.1; 『隋書』卷25 「刑法志」, p.974, "漢律久亡, 故事駁議, 又多零失. 今錄其見存可觀者, 編爲刑法篇."; 『陳書』卷33 「儒林列傳」, p.436, "范泉今牒述漢律, 云'死罪及除名, 罪證明白, 考掠已至, 而抵隱不服者, 處當列上.'"

55) 張建國, 위의 논문, p.49.

편제 단위를 혼합하여 60편의 편수를 계산해낸 것은 오류라고 생각한다.

越宮律과 朝律의 계통을 살펴보면, 그 내부에 篇을 가질 수 있는 단위가 아님을 알 수 있다. 沈家本은 唐 衛禁律과 職制律의 계통이 각각 漢의 越宮律과 朝律에 있음을 밝혔다.[56] 『唐律疏議』에 의하면, 漢의 越宮律은 晋 衛宮律과 唐 衛禁律로 이어지고, 漢 朝律은 唐 職制律로 이어지는 것이다.[57]

우선 越宮律에 대해 살펴보면, 秦漢 및 魏의 법률에 衛禁律이라는 율명은 없었으나, 晋의 賈充 등이 漢魏의 법률을 참작하여 衛宮律을 만들었고, 그 후 隋唐律의 衛禁律도 그것을 계승한 것이다. 賈充이 제정한 晋律의 衛宮律은 그 명칭에서 볼 때 漢의 宮衛令 및 越宮律을 참조하여 제정되었을 것이다. 如淳의 주석에 보이는 漢의 宮衛令은 명칭에서 볼 때 궁궐의 경비 및 公車司馬門의 출입을 규정한 것으로 생각된다.[58]

朝律은 武帝시기의 趙禹가 만든 것으로 알려졌지만, 실상은 한초의 토자산한률목록 및 張家山 336號 漢墓에 朝律이 있어서 趙禹 이전에 이미 존재하고 있음을 알 수 있다.[59] 『太平御覽』에는 趙禹의 朝律을 "朝會

---

56) 沈家本, 위의 책, pp.1664-1668, 1682.

57) 『唐律疏議新注』, p.232, "卷7 衛禁律, 【疏】議曰: 『衛禁律』者, 秦漢及魏未有此篇. 晋太宰賈充等, 酌漢魏之律, 隨事增損, 創制此篇, 名爲『衛宮律』. 自宋洎于後周, 此名并無所改. 至於北齊, 將關禁附之, 更名『禁衛律』. 隨開皇改爲衛禁律. 衛者, 言警衛之法; 禁者, 以關禁爲名. 但敬上防非, 於事尤重, 故次『名例』之下, 居諸篇之首."; 楊振紅, 「漢代法律体系及其硏究方法」(『史學月刊』 2008-10), p.24. 楊振紅에 따르면 後周律에서는 祀享·朝会 等의 篇을 증가시켰으나, 隋律에서는 祀享·朝會를 폐지하고, 違制를 職制로 바꾸었다. 唐律 職制 가운데 朝儀와 관련된 내용에서 추측할 때, 隋는 祀享·朝會律篇을 폐지한 것으로 추정된다.

58) 『史記』 卷102 「張釋之列傳」, p.2753, "集解 如淳曰: 「宮衛令『諸出入殿門公車司馬門, 乘軺傳者皆下, 不如令, 罰金四兩.」"

59) 荊州博物館에 진열된 사진을 曹旅寧이 석문한 張家山 336號 漢墓 漢律竹簡 朝律의 簡文을 보면 조정의 의례를 규정한 것이다. 『漢書』 「叔孫通傳」의 내용과 최근 출토된 朝律의 율문을 비교한 결과, 九賓, 趨, 少府中郎進, 皇帝出房, 賓九賓·及朝者의 내용이 일치한다. 이것은 무제시기 趙禹에 의해 만들어졌다고 하는 朝律이 이미 叔孫通시기부터 존재했음을 말해준다. 336號

正見律"이라고 기술한 것에서 알 수 있듯이 後周律에 포함되었던 朝會律임을 알 수 있다.[60] 朝律(朝會律)의 후신이라 할 수 있는 唐律의 職制律은 卷9 職制律이 23條, 卷10 職制律이 19條, 卷11 職制律이 17條로서 합계 59조가 되는데, 이것은 趙禹의 朝律 6篇(즉, 6章)과는 숫자상 크게 차이가 난다. 이렇게 조문의 수가 크게 차이 나는 것은 隋律에서 後周律(北周)의 25篇에 포함된 祀享律과 朝會律을 폐지하고, 그 내용을 後周律의 違制律을 대신한 職制律에 포함시킴에 따라서 律條가 증가되었기 때문이다. 즉, 唐律의 職制律에는 隋律에서 폐지된 祀享律과 朝會律이 職制律에 들어있으므로 그 조문의 숫자가 59조로 크게 늘어난 것이다.[61]([표 2] 참조) 따라서 職制律, 祀享律, 朝會律이 합쳐진 59조에서 職

漢墓 문서가 문제 시기의 것이므로 朝律은 『漢書』「叔孫通傳」에 "律이 미치지 않은 바를 늘려 章으로 18篇으로 했다"는 旁章에 해당한다. 彭浩, 「湖北江陵出土前漢簡牘槪說」, 大庭脩 編, 『漢簡硏究の現狀と展望』(吹田: 關西大學出版部, 1993), p.109; 曹旅寧, 「張家山336號漢墓《朝律》的幾個問題」(『貴州師範大學學報』2008-1), p.14, "(1) 王使者進至來＝賓＝出, (2) 趙下就立(位) (鉤)少府中郎進, (3) 並趨(跪) 大行左大行進趨(跪)曰, (4) 後五步, 北上, 謁者一人立東陛者南面, 立定, 典客言具謁者以聞, 皇帝出房, 賓九賓, 及朝者."; 黎虎, 「漢代典客、大行、鴻臚遞嬗與朝會司儀」(『東嶽論叢』31-10, 2010), p.66.

60) 『太平御覽』 卷638 「刑法部四」(北京: 中華書局, 1985), p.2859, "張斐律序曰 張湯制越(官)【宮】律, 趙禹作朝會正見律."

61) 楊振紅, 「漢代法律體系及其硏究方法」(『史學月刊』2008-10), p.24; 『隋書』 卷25「刑法志」(周), p.707, "周文帝之有關中也, 霸業初基, 典章多闕. 大統元年, 命有司斟酌今古通變, 可以益時者, 爲二十四條之制, 奏之. 七年, 又下十二條制. 十年, 魏帝命尙書蘇綽, 總三十六條, 更損益爲五卷, 班於天下. 其後以河南趙肅爲廷尉卿, 撰定法律. 肅積思累年, 遂感心疾而死. 乃命司憲大夫託拔迪掌之. 至保定三年三月庚子乃就, 謂之大律, 凡二十五篇: 一曰刑名, 二曰法例, 三曰祀享, 四曰朝會, 五曰婚姻, 六曰戶禁, 七曰水火, 八曰興繕, 九曰衛宮, 十曰市廛, 十一曰鬪競, 十二曰劫盜, 十三曰賊叛, 十四曰毀亡, 十五曰違制, 十六曰關津, 十七曰諸侯, 十八曰廐牧, 十九曰雜犯, 二十曰詐僞, 二十一曰請求, 二十二曰告言, 二十三曰逃亡, 二十四曰繫訊, 二十五曰斷獄. 大凡定罪一千五百三十七條."; 『隋書』 卷25「刑法志」(隋), p.712, "一曰名例, 二曰衛禁, 三曰職制, 四曰戶婚, 五曰廐庫, 六曰擅興, 七曰賊盜, 八曰鬪訟, 九曰詐僞, 十曰雜律, 十一曰捕亡, 十二曰斷獄. 自是刑網簡要, 疎而不失."

制律, 祀享律을 제외한다면 趙禹의 朝律이 6篇(즉, 6章)인 것도 충분히
이해가 가리라 생각한다.

[표 2] 北周와 隋의 律名 비교

北周律	隋律
一曰刑名,	
二曰法例	一曰名例,
三曰祀享,	
四曰朝會	
五曰婚姻	
六曰戶禁	四曰戶婚
七曰水火	
八曰興繕	六曰擅興
九曰衛宮	二曰衛禁,
十曰市廛	
十一曰鬪競	八曰鬪訟,
十二曰劫盜	
十三曰賊叛	七曰賊盜
十四曰毀亡	
十五曰違制	三曰職制
十六曰關津,	
十七曰諸侯,	
十八曰廐牧,	五曰廐庫
十九曰雜犯,	十曰雜律,
二十曰詐偽,	九曰詐偽,
二十一曰請求	
二十二曰告言,	
二十三曰逃亡,	十一曰捕亡,
二十四曰繫訊,	
二十五曰斷獄.	十二曰 斷獄

　이처럼 漢의 越宮律이 唐 衛禁律로, 漢의 朝律이 唐 職制律로 계승된
것을 본다면, 張湯의 越宮律 27篇, 趙禹의 朝律 6篇이라고 하는 "篇"이

과연 합당한 단위였을까 하는 의문이 발생한다. 현재 唐律의 衛禁律은 모두 33조(章)로 구성되어 있다(卷7 衛禁 18條, 卷8 衛禁 15條). 唐 衛禁律이 33개 조로 구성된 것은 張湯의 越宮律 27篇과 비교하면, 숫자는 큰 차이가 없다. 계승관계에 있는 양자가 조문의 숫자상 큰 차이를 보이지 않음에도, 唐律은 條(漢律로는 章)이고, 『晋書』「刑法志」는 篇이라고 한다면 그 단위에 모순이 있는 것으로 생각된다. 결국 『晋書』「刑法志」의 漢 越宮律을 27篇으로 기술한 것은 『晋書』「刑法志」編者의 혼동에서 비롯된 것으로 생각된다. 만약에 越宮律이 27篇으로 구성되었다면, 각 篇마다 수많은 조문이 있었을 것인데, 이를 唐律의 衛禁律의 33條와 비교할 때 漢 越宮律의 규모가 너무나도 방대한 것이라고 할 수 있다.

越宮律·朝律이 하나의 단행률이라면 그 안에 속해있는 27개와 6개의 항목은 章으로 보는 것이 옳다. 따라서 9 + 18 + 27 + 6 = 60의 계산법은 옳지 않다. 그것은 오히려 9 + 18 + 1 + 1 = 29가 되어야 할 것이다. 그러나 漢律이 합계 29篇으로 구성되었다는 계산도 출토자료에 보이는 漢律의 편수와 비교할 때 옳은 것 같지 않다.

우선 秦律의 篇數에 대해 살펴보자. 張忠煒는 秦律 및 漢律의 편수를 보수적으로 계산하였다. 篇名에 의심이 가는 것을 제외하고, 진률 편목은 20篇으로 추정하고 있다.[62] 그리고 漢律의 篇目은 『二年律令』의 27개,[63] 張家山 336號 漢墓의 朝律, 睡虎地 77號 漢墓의 祠律, 葬律, 齎律

---

62) 張忠煒, 위의 책, pp.106-107. 그는 越宮律은 고증할 수 없고, 傍章 또한 의심을 받고 있고, 尉律은 律編名으로 생각되며, 酎金律·左官律 등은 의심을 받아서 제외시켰다. 그는 자료의 한계 때문에 篇名인지 章題인지 판정하기 어려운 것은 제외시키고 있다. 田律, 廐苑律, 倉律, 金布律, 工律, 徭律, 司空律, 軍爵律, 置吏律, 效律, 傳食律, 行書律, 內史雜律 (13), 嶽麓書院秦簡: 賊律, 雜律, 尉卒律, 獄校律, 奔警律, 興律, 具律 (7)의 20개로 추정하고 있다. 그리고 아래의 것은 律名에서 제외시켰다. 關市, 工人程, 均工, 尉雜, 屬邦, 除吏律, 遊士律, 除弟子律, 中勞律, 藏律, 公車司馬獵律, 牛羊課, 敦(屯)表律.

63) 같은 책, p.107. 賊律, 盜律, 具律, 告律, 捕律, 亡律, 收律, 雜律, 錢律, 置吏律, 均輸律, 傳食律, 田律, □市律, 行書律, 復律, 賜律, 戶律, 效律, 傅律, 置後律, 爵

의 3篇, 서북한간의 囚律, 문헌사료의 廏律 등을 합하여 모두 33篇으로 추정하고 있다.[64]

그러나 최근 보고된 율명의 숫자는 張忠煒의 추정치를 훨씬 상회한다. 秦律의 篇數는 『睡虎地秦墓竹簡』에 律名이 20여篇이 있고, 새로 발견된 『嶽麓書院藏秦簡』에는 田律, 倉律, 金布律, 關市律, 賊律, 徭律, 置吏律, 行書律, 雜律, 內史雜律, 尉卒律, 戌律, 獄校律, 奔敬律, 興律, 具律의 16篇의 律名이 보고되어 있다.[65] [표 3]에서 보이는 것처럼 『睡虎地秦墓竹簡』의 30여篇에 嶽麓秦簡의 睡虎地秦律과 중복되지 않는 7篇을 추가하면 37篇 가까운 수치를 보이고 있다.

漢律로는 張家山 247號 漢墓에서 27篇의 율명이 확인되었고, 張家山 336號 漢墓에서 律名이 15篇 확인되었다.[66] 336號 漢墓의 律名은 대체로 張家山 247號 漢墓와 중복되는 것이지만,[67] 247號墓에 보이지 않던 것으로는 遷律과 朝律이 있다.[68] 張家山247號墓와 336號墓에서 확인된 律을 합하면 30篇 정도이다.[69]

그런데 이것보다 자세한 것은 2013년도 출토된 惠帝 시기의 兎子山 漢律이다. 여기에서는 獄律 17章, 旁律 27章, 합계 44章이 확인된다. 그리고 2006년 湖北 雲夢 睡虎地 77號 漢墓에서 출토된 漢律에서도 漢律目이 확인된다. 睡虎地 77號 漢墓의 시대는 文帝 末年에서 景帝 時期인데, 모두 39篇의 律名이 확인되었다. 법률종류의 죽간은 모두 2卷(V組와 W組)인데, V組는 盜·告·具·捕·亡律 등 15篇의 律文이 있고, W組는 金布·

律, 興律, 徭律, 金布律, 秩律, 史律(27)

64) 같은 책, p.107.
65) 陳松長, 「嶽麓書院所藏秦簡綜述」(『文物』 2009-3), p.86.
66) [표 3]에서 확인할 수 있듯이 현재로는 14편의 율명이 확인되고 있다.
67) 李學勤, 「論江陵張家山247號墓漢律竹簡」, 『漢簡研究の現狀と展望』, p.174.
68) 曹旅寧, 『嶽麓書院新藏秦簡叢考』(『華東政法大學學報』 2009-6), p.100.
69) 彭浩, 「湖北江陵出土西漢簡牘概說」, 『漢簡研究の現狀と展望』, p.171; 曹旅寧, 위의 논문, p.14.

戶·田·工作課·祠·葬律 등 24篇이 있어서 합계 39篇의 律名이 확인되었다.[70] 葬律처럼 몇 개의 율명은 처음으로 출현하는 것도 있지만, 대부분은 『睡虎地秦墓竹簡』과 『二年律令』에 보이는 것이다.[71] 그 율명의 숫자가 39개라는 것은 文景帝 시점의 율명의 숫자를 추정할 수 있는 중요한 단서라고 할 수 있다.

[표 3] 漢律의 篇數

睡虎地(30)	嶽麓秦簡(16)	張家山247號漢墓(27)	張家山336號漢墓(15)	兔子山(44)	睡虎地77號漢墓(39)	胡家草場(45)
	賊	賊		賊	賊	賊
		盜		盜	盜	盜
	具	具		具	具	具
		告	告	告	告	告
捕盜		捕		捕	捕	捕
		亡		亡	亡	亡
				囚	囚	囚
	雜	雜	雜	雜	雜	雜
		錢	錢	錢	錢	錢
置吏	置吏	置吏	置吏	置吏	置吏	置吏
		均輸	均輸	均輸	均輸	均輸
傳食		傳食	傳食	傳食	傳食	傳食
田	田			田	田	田
關市	關市	□市	關市	關市	關市	關市
行書	行書	行書	行書	行書	行書	行書
		收		收		
		復		復	復	復
		賜	賜	賜	賜	賜
		戶		戶	戶	戶

---

70) 熊北生·陳偉·蔡丹, 「湖北雲夢睡虎地77號西漢墓出土簡牘槪述」(『文物』 2018-3), p.47.
71) 湖北省文物考古研究所·雲夢縣博物館, 「湖北雲夢睡虎地M77發掘簡報」(『江漢考古』 2008-4), pp.35-36; 張忠煒, 위의 책, p.107.

睡虎地(30)	嶽麓秦簡(16)	張家山247號漢墓(27)	張家山336號漢墓(15)	兔子山(44)	睡虎地77號漢墓(39)	胡家草場(45)
效		效	效	效		效
傅		傅		傅	傅	傅
		置後		置後	置後	置後
軍爵						
		爵		爵	爵	爵
	興	興		興	興	興
徭	徭	徭		徭	徭	徭
金布	金布	金布	金布	金布	金布	金布
		秩		秩		秩
		史	史	史	史	
			朝	朝		朝
				市販	市販	市販
				祠	祠	祠
				葬	葬	葬
齎				齎	齎	
廄苑				廄	廄	廄
倉	倉			倉	倉	倉
工						
司空				司空	司空	司空
內史雜	內史雜					
	尉卒			尉卒	尉卒	尉卒
尉雜						
戍	戍					
	獄校					
					校	
	奔警					
工人程						
				工作課	工作課	工作課
均工						
屬邦						
除吏						

睡虎地(30)	嶽麓秦簡 (16)	張家山247 號漢墓(27)	張家山336 號漢墓(15)	兔子山(44)	睡虎地77號 漢墓(39)	胡家草場 (45)
遊士						
除弟子						
中勞						
藏						
公車司馬獵						
牛羊課						
敦(屯)表						
			遷	遷	遷	
				奔命	奔命	奔命
				治水	治水	治水
				臘	臘	臘
						蠻夷復除
						蠻夷士
						蠻夷
						蠻夷雜
						上郡蠻夷閒
				外樂		外樂
				諸侯秩		

　　이상을 정리한다면 兔子山漢律에 율편 숫자가 44篇, 睡虎地77號漢墓에 39篇, 胡家草場에 45篇이 확인되었다.(1개는 미확인)[72] 胡家草場의 律篇 숫자는 현재까지 확인된 최대치라고 할 수 있다. 文帝 시기 45篇 정도의 율령이 있는 것으로 볼 때에, 『二年律令』의 27篇 律名은 漢律의 전부가 아닐 가능성이 높다. 文帝 시기에 율명이 45편 정도 있는데, 그 후 武帝 시기에 五十餘篇을 추가했다는 『魏書』 「刑罰志」의 기사대로 한다면 律만 95편이 되는 것인데, 이 수치는 너무 많아서 납득하기 어렵다.[73]

---

72) 李志芳·蔣魯敬, 「湖北荊州市胡家草場西漢墓M12出土簡牘概述」(『考古』 2020-2), pp. 25-28; 曹旅寧, 「荊州胡家草場12號漢墓所出漢律令名探測, 復旦大學出土文獻與古文字研究中心. http://www.gwz.fudan.edu.cn/web/show/4495.

『晋書』「刑法志」에서 魏新律의 제정 목적으로 거론한 이유 가운데 하나는 漢律의 "篇少"를 해결하기 위한 "多其篇條"에 있었다.[74] 그러나 실상 현재까지 확인된 漢律의 篇數가 45개나 되는 것은 결코 적은 것이 아니었음에도 그 篇數를 적은 것으로 이해하였다. 이 때문에 睡虎地秦律과 『二年律令』이 출토되기 이전에 편목의 숫자가 극히 적은 것으로 오해하게 만들었다. 아마도 이것은 盜·賊·囚·捕·雜·具律의 6편만을 正律로 간주하는 시각에서 비롯된 것으로 생각된다.

결국 앞서 언급한 『漢書』「刑法志」에 漢律令이 "凡三百五十九章"이라고 한 것은 『晋書』의 "集爲令甲以下三百餘篇"과의 관계에서 漢律이 50여篇이라는 계산이 나왔는데, 胡家草場漢律에 45개의 律名이 보이는 것을 고려한다면, 50여개의 律名이 존재했을 가능성은 충분하다. 그렇다면 『晋書』「刑法志」에서 漢律의 篇數가 60개라고 계산한 사실은 이미 漢律의 篇數를 알고 있는 상황에서 몇 개의 律篇의 숫자를 꿰맞췄을 가능성도 있을 수 있다. 한편 50여편이라는 숫자는 『二年律令』 27편의 2배 정도 되는 것이다. 앞서 언급했듯이 『二年律令』이 296章이므로 2배를 계산하면 약 600여장 된다고 할 수 있다. 武帝시기에 律이 600여장이라는 대략적인 숫자는 과연 실제에 근접한 것일까? 이 부분을 武帝 이후의 律條와 비교해보도록 하자.

---

73) 『魏書』에는 "漢祖入關, 蠲削煩苛, 致三章之約. 文帝以仁厚, 斷獄四百, 幾致刑措. 孝武世以姦宄滋甚, 增律五十餘篇."(『魏書』 卷111 「刑罰志」, pp.2872-2873.) 라고 하여 武帝시기에 律을 五十餘篇 늘렸다고 하는데, "篇"이라고 하기보다는 "章"이 맞지 않을까 싶다. 50篇이라고 한다면 武帝 이전까지 존재했던 漢律보다 더 많은 律 篇名들이 제정되었다는 것인데, 그렇게 증대시킬 律 분야가 있을지 의문이다. 그렇게 증대한 律의 분야가 있었다면 적어도 『晋書』「刑法志」 등에 확인되었어야 한다. 따라서 이 부분의 해석은 律이 증가하여 50여 편으로 되었다고 해석하는 것이 옳다고 보인다.

74) 『晋書』 卷30 「刑法志」, p.924, "舊律所難知者, 由於六篇篇少故也. 篇少則文荒, 文荒則事寡, 事寡則罪漏. 是以後人稍增, 更與本體相離. 今制新律, 宜都總事類, 多其篇條."

2. 魏晋律의 減省率

다음으로는 魏新律·晋律 및 그 이후에 제정된 율령의 篇數와 條文
數를 검토하여 漢律의 정확한 규모를 파악해보도록 하겠다. 晋律의 규
모를 보면, 『晋書』 「刑法志」는 20篇 620條, 『文獻通考』는 20篇 630條, 『通典』
은 20篇 630條, 『唐六典』은 20篇 1,530條로서 약간씩 다르다.[75] 『唐六典』
을 제외한 3개의 자료에서 晋律의 조문수는 620 - 630조 정도라고 기록
하고 있다. 다음 표에서 보듯이, 北齊가 949조, 北周가 1,537조로 많지
만, 나머지는 500 - 760조 정도이다. 『唐六典』에 실린 晋律의 1,530條가 나
머지 문헌의 2배 정도 많은 이유는 張斐와 杜預의 注를 합쳐서 刪定한
王植의 律 조문수를 晋律의 條數로 간주했기 때문이다.[76]

---

75) 『晋書』 卷30 「刑法志」, p.927, "合二十篇, 六百二十條, 二萬七千六百五十七言.";
 [元] 馬端臨, 『文獻通考』 卷164 「刑考三」 (北京: 中華書局, 1986), p.1425, "因事類
 爲衛宮, 違制, 撰周官爲諸侯律, 合二十篇, 六百三十條, 二萬七千六百五十七
 言.";『通典』卷163 『刑法一』 (北京: 中華書局, 1988), p.4205, "合二十篇, 六百三十
 條, 二萬七千六百五十七言.";[唐] 李林甫 等, 『唐六典』 卷6 「尚書刑部」 (北京: 中
 華書局, 1992), p.181, "晋氏受命……命賈充等十四人, 增損漢魏律爲二十篇……凡
 一千五百三十條."

76) 韓國磐, 『中国古代法制史研究』 (北京: 人民出版社, 1993), pp.255-257; 李俊芳, 「關
 于晋律編纂的兩個問題」 (『河北法學』 29-3, 2011), p.167. 南朝의 梁陳이 의거한
 것은 晋律이 아니라 晋律의 張杜注, 즉 이른바 張杜律이었다. 『隋書』 「刑法
 志」는 梁律이 張杜律의 기초 위에서 增損하였음을 밝히고 있다. 즉, 『唐六典』
 에 실린 晋律數는 王植이 刪定한 張杜律의 條數(1530條)를 곧바로 晋律의 條
 數로 간주했기 때문이다. 즉, 晋律에 대한 張斐의 注는 731條, 杜預의 注는
 791條이다. 또한 二家가 兩釋한 것은 107條이고, 그 注가 서로 같은 것은 103
 條를 합하여 하나의 書로 하여 합계 1532조이고, 20권이 되었다. 이상의 南
 朝의 梁律·陳律이 증가한 이유에서 볼 때 晋律은 620 또는 630條일 것이다.
 『南齊書』 卷48 「孔稚珪傳」, pp.835-836, "先是七年, 尚書刪定郎王植撰定律章表
 奏之, 曰: 「臣尋晋律, 文簡辭約, 旨通大綱, 事之所質, 取斷難釋, 張斐杜預同注一
 章, … 取張注七百三十一條, 杜注七百九十一條. 或二家兩釋, 於義乃備者, 又取
 一百七條, 其注相同者, 取一百三條. 集爲一書. 凡一千五百三十二條, 爲二十卷.
 請付外詳校, 摘其違謬.」"

[표 4] 漢唐간 율령의 숫자

律名		篇		條文	字	出典
漢	二年律	27篇		296章	약 15,318字	二年律令
	律	39篇				睡虎地77號漢墓
	律令	359章 (篇)	律 50餘 令 300餘	1882事		『漢書』「刑法志」
	律令			4,989條		『後漢書』「陳寵傳」
晋	律令	60卷		2,926條	126,300字	『晋書』「刑法志」
	律	20篇		620條	27,657言	『晋書』「刑法志」
		20篇		1,530條		『唐六典』[77]
		20篇		630條,	27,657言	『通典』「刑法一」[78]
		20篇		630條		『文獻通考』[79]
梁律		20篇		定罪 2,529條		『隋書』「刑法志」[80]
北魏律				761條 또는 832條		『魏書』「刑罰志」[81]
				765條		『唐六典』[82]
				740條		『通典』「刑法五」[83]
北齊律		12篇		定罪 949條		『隋書』「刑法志」[84]
後周律		25篇		定罪 1,537條		『隋書』「刑法志」[85]
開皇律		12篇		500條		『隋書』「刑法志」[86]
武德律		12篇		500條		『唐律疏議』[87]

---

77) 『唐六典』卷6 「尙書刑部」, p.181, "晋氏受命……命賈充等十四人, 增損漢魏律爲
   二十篇……凡一千五百三十條."

78) [唐] 杜佑, 『通典』卷163 「刑法一」(北京: 中華書局, 1988), p.4205, "合二十篇, 六百
   三十條, 二萬七千六百五十七言."

79) [元] 馬端臨, 『文獻通考』卷164 「刑考三」(北京: 中華書局, 1986), p.1425, "因事類
   爲衛宮, 違制, 撰周官爲諸侯律, 合二十篇, 六百三十條 二萬七千六百五十七言."

80) 『隋書』卷25 「刑法志」(梁), pp.698-700, "定爲二十篇: 一曰刑名, 二曰法例, 三曰盜
   劫, 四曰賊叛, 五曰詐僞, 六曰受賕, 七曰告劾, 八曰討捕, 九曰繫訊, 十曰斷獄, 十
   一曰雜, 十二曰戶, 十三曰擅興, 十四曰毁亡, 十五曰衛宮, 十六曰水火, 十七曰倉
   庫, 十八曰廐, 十九曰關市, 二十曰違制……大凡定罪二千五百二十九條."

81) 『魏書』卷111 「刑罰志」, p.2875, "於是遊雅與中書侍郎胡方回等改定律制, 盜律復
   舊, 加故縱, 通情, 止舍之法及他罪, 凡三百九十一條. 門誅四, 大辟一百四十五,
   刑二百二十一條. 有司雖增損條章, 猶未能闡明刑典."(391 + 4 + 145 + 221 = 761);

晋律이 620조 또는 630조라면, 漢律은 後漢말·曹魏시기에는 이보다 훨씬 많았을 것이다. 漢律과 晋律의 條文 숫자를 고찰할 때 유의할 점은 漢律 가운데 일부 조문이 晋律의 단계에서 令으로 분리되었다는 점이다.[88] 이러한 변화를 고려한다면 晋律과 漢律의 단순 비교가 곤란하므로 律令 전체의 숫자를 비교하는 것이 좋다.

『晋書』「刑法志」에 의하면, 晋의 泰始律은 20篇 620條이며, 律令 합계가 60卷 2,926條 126,300字이므로, 泰始令은 40篇 2,306條라는 계산이 나온다.[89] 이 수치를 후한시대 陳寵의 統計와 비교하면 晋泰始律이 제정

『魏書』卷111「刑罰志」, pp.2876-2877, "高祖馭宇, 留心刑法. ……先是以律令不具, 奸吏用法, 致有輕重, 詔中書令高閭集中秘官等修改舊文, 隨例增減. 又敕群官參議厥衷, 經御刊定, 五年冬訖, 凡八百三十二章, 門房之誅十有六, 大辟之罪二百三十五, 刑三百七十七, 除群行剽劫首謀門誅, 律重者止梟首."

82) 『唐六典』, p.182, "(太武帝時)大辟有轘·腰斬·殊死·棄市四等, 凡三百九十條, 門房誅四條, 大辟一百四十條, 五刑二百三十一條."(390 + 4 + 140 + 231 = 765)

83) 北魏律: 『通典』卷164「刑法五」, p.4226, "正平初(北魏太武帝拓跋燾)又令胡方回遊雅更定律制, 凡三百七十條, 門房誅四, 大辟百四十五, 刑二百二十一."(370 + 4 + 145 + 221 = 740)

84) 『隋書』卷25「刑法志」(齊), p.705, "其定罪九百四十九條. 又上新令四十卷, 大抵採魏, 晋故事."

85) 『隋書』卷25「刑法志」(周), p.707, "凡二十五篇: 一曰刑名, 二曰法例, 三曰祀享, 四曰朝會, 五曰婚姻, 六曰戶禁, 七曰水火, 八曰興繕, 九曰衛宮, 十曰市廛, 十一曰鬪競, 十二曰劫盜, 十三曰賊叛, 十四曰毀亡, 十五曰違制, 十六曰關津, 十七曰諸侯, 十八曰廐牧, 十九曰雜犯, 二十曰詐僞, 二十一曰請求, 二十二曰告言, 二十三曰逃亡, 二十四曰繫訊, 二十五曰斷獄. 大凡定罪一千五百三十七條."

86) 『隋書』卷25「刑法志」(隋), p.712, "帝又每季親錄囚徒. 常以秋分之前, 省閱諸州申奏罪狀. 三年, 因覽刑部奏, 斷獄數猶至萬條. 以爲律尚嚴密, 故人多陷罪. 又勑蘇威·牛弘等, 更定新律. 除死罪八十一條, 流罪一百五十四條, 徒杖等千餘條, 定留唯五百條. 凡十二卷."

87) 『唐律疏議新注』, p.1.

88) 『晋書』卷30「刑法志」, p.927, "其餘未宜除者, 若軍事·田農·酤酒, 未得皆從人心, 權設其法, 太平當除, 故不入律, 悉以爲令."

89) 『晋書』卷30「刑法志」, p.927, "就漢九章增十一篇, 仍其族類, 正其體號, 改舊律爲刑名·法例, 辨囚律爲告劾·繫訊·斷獄, 分盜律爲請賕·詐僞·水火·毀亡, 因事類爲衛宮·違制, 撰周官爲諸侯律, 合二十篇, 六百二十條, 二萬七千六百五十七

될 때 漢律의 어느 정도를 생략했는지 알 수 있다. 陳寵의 언급에 의하면, 後漢 和帝 永元 6年(A.D.94) 당시 漢律에 死刑이 610조, 耐罪 1,698조, 贖罪 以下가 2,681조가 있었는데, 이것은 甫刑의 3,000조보다 1,989조(大辟410조, 耐罪 1,500조, 贖罪 79조)가 많다고 한 것에서 율령 합계가 4,989조임을 알 수 있다.[90] 晋 律令이 2,926條이기 때문에 漢律의 4,989조로부터 무려 2,063조를 減省한 것인데, 무려 절반 가까운 41.3%의 減省이었다.[91] 이러한 이유로 인하여 晋 律令이 "文簡辭約"하다는 평가를 받는 것이다.[92]

[표 5] 漢律과 晋律의 조문 숫자

		篇	條	字
漢	律令	359章(篇)	4,989條	A: 215,529字(추정)
	律	50餘		B: 46,985字(추정)
	令	300餘		
晋	律令	60卷	2,926條	126,300字
	律	20篇,	620條	27,657字(21.8%)
	令	40篇	2,306條	98,643字(78.1%)

言 ……凡律令合二千九百二十六條, 十二萬六千三百言, 六十卷, 故事三十卷. 泰始三年, 事畢, 表上.";李玉生,「魏晋律令分野的幾個問題」(『法學硏究』 2003-5), p.150. 篇과 卷을 동일한 개념으로 사용하고 있다.(晋律 20篇、晋令 40篇)

90)『後漢書』卷46「陳寵列傳」, p.1547, "寵又鉤校律令條法, 溢於甫刑者除之. 曰:「臣聞禮經三百, 威儀三千, 故甫刑大辟二百, 五刑之屬三千. 禮之所去, 刑之所取, 失禮則入刑, 相爲表裏者也. 今律令死刑六百一十, 耐罪千六百九十八, 贖罪以下二千六百八十一, 溢於甫刑者千九百八十九, 其四百一十大辟, 千五百耐罪, 七十九贖罪. 春秋保乾圖曰:『王者三百年一蠲法.』漢興以來, 三百二年, 憲令稍增, 科條無限. 又律有三家, 其說各異. 宜令三公、廷尉平定律令, 應經合義者, 可使大辟二百, 而耐罪、贖罪二千八百, 并爲三千, 悉刪除其餘令, 與禮相應, 以易萬人視聽, 以致刑措之美, 傳之無窮.」未及施行, 會坐詔獄吏與囚交通抵罪.";劉篤才,「論魏晋時期的立法改革」(『遼寧大學學報』 29-6, 2001), p.9.

91) 律과 令의 비율은 약 1:4의 비율이다. 晋律이 차지하는 조문수는 전체 晋律令 條文 가운데 21%이고, 晋律의 字數도 전체 晋律令 자수의 21%를 차지한다.

92)『南齊書』卷48「孔稚圭傳」, pp.835-836, "臣尋晋律, 文簡辭約, 旨通大綱, 事之所

漢代의 律令 합계가 359章(篇)인데, 그 가운데 律이 50여편, 令이 300여 편, 4,989條로 구성되어 있다는 것은 중요한 좌표라고 할 수 있다. 그런데 359篇은 前漢 武帝 시기의 수치이고, 陳寵이 언급한 4,989條는 後漢 和帝 시기의 수치라는 문제점을 가지고 있다. 시점이 다른 두 개의 수치를 사용해도 될 것인가? 그러나 武帝에서 和帝까지 율령의 폭발적인 증가가 없었던 것으로 보인다. 陳寵은 "漢이 일어난 이래 302년인데, 憲令이 조금씩 증가하고, 科條는 끝이 없이 증가했다."고 하여 憲令, 즉 律令은 漢初에 비해 조금 증가했다고 했기 때문에 격증했다고 볼 수는 없다. 또한 『魏書』「刑罰志」에는 "후한 2백년간 律章은 크게 증감한 것이 없다."고 하여 律 부분에서 커다란 증가는 없었음을 알 수 있다.[93] 이러한 증거는 武帝 시기와 陳寵 시기에 律 부분에서 커다란 숫자상의 변화가 없음을 말해주기 때문에 위의 자료를 활용해도 될 것이다.

위의 수치를 활용할 수 있다고 한다면, 정확한 방법이라고 할 수는 없지만, 晉律에서 41.3%의 減省 비율은 漢 律令의 글자수를 추정할 수 있게 한다. 즉, 漢律令 4,989조 : 晉律令 2,926條 = A : 126,300字라는 계산법에 의하면 A = 215,529字의 추정치가 나온다. 晉律令의 126,300字에는 令도 포함되어 있어 정확한 律의 자수를 도출하는 방법이 애매하다. 이것은 晉의 律과 令의 글자수 27,657字(21.8%) : 98,643字(78.1%)를 대입하면 漢律의 字數 B = 46,985字라는 추정 수치가 나온다. 필자가 계산한 이년율령의 律의 字數 15,318자는 27편의 律(津關令 제외)이므로, 武帝시기의 律을 약 60편으로 환산하면 대략 30,000자 정도로 추산된다.

質, 取斷難釋."

93) 『後漢書』卷46 「陳寵列傳」, p.1547; 『魏書』卷111 「刑罰志」, pp.2872-2873, "于定國爲廷尉, 集諸法律, 凡九百六十卷, 大辟四百九十條, 千八百八十二事, 死罪決比, 凡三千四百七十二條, 諸斷罪當用者, 合二萬六千二百七十二條. 後漢二百年間, 律章無大增減."

이 30,000자의 律과 武帝시기의 律 46,985字는 약 17,000자 정도의 차이가 발생한다. 이 17,000의 반 정도는 『二年律令』을 초록할 때 빼놓은 분량이라고 할 수 있다.

武帝 시기 법률이 크게 증가했다고 느끼게 만드는 문장은 『漢書』「刑法志」의 "교활한 관리들이 법을 교묘하게 운용하고, 서로 번갈아 비교하여 법망이 날이 갈수록 세밀해졌다. 律令은 합계 359章이고, 大辟은 409條, 1882事, 死罪決事比는 13,472事나 되었다. 文書는 서가에 가득 찼고, 법을 주관하는 자는 모두 볼 수가 없었다."고 한 것이다. 또한 漢律의 繁苛함을 지적하기 위해 연구자들은 『晋書』「刑法志」의 "뒤의 사람들은 뜻을 만들어 각각 章句를 만들어냈다. 叔孫宣‧郭令卿‧馬融‧鄭玄 등 諸儒의 章句가 10餘家가 있었고, 家마다 수십만 자나 되었다. 斷罪에 마땅히 사용해야 할 총계는 26,272條, 7,732,200여 자였고, 글자 수는 더욱 번잡하여 이를 봐야 하는 사람들이 더욱 어려워졌다."는 글귀를 인용하고 있다.[94] 漢律章句의 26,272條는 漢律 4,989조의 5.2배나 되는 숫자이다. 따라서 법리들이 봐야 할 자료가 증가된 것은 漢律의 증대에 있다기보다는 決事比와 漢律章句 등의 증가에 원인이 있다고 할 수 있다. 그것은 科條(科牒, 決事科條, 決事都目)의 부분에서는 큰 증가가 있었지만,[95] 律令(憲令) 부분에서는 조금씩 증가했다는 陳寵의 언급에서 알 수 있다.[96] 필자의 이러한 주장은 六律 부분의 증가에 원인이 없었다는 것을 다음 장에서 입증할 것인데, 그것은 賊律 부분의 증가가 크지 않았다는 것에서 증명된다.

---

94) 『晋書』卷30「刑法志」, p.923, "後人生意, 各爲章句. 叔孫宣、郭令卿、馬融、鄭玄諸儒章句十有餘家, 家數十萬言. 凡斷罪所當由用者, 合二萬六千二百七十二條, 七百七十三萬二千二百餘言, 言數益繁, 覽者益難."

95) 劉篤才,「漢科考略」(『法學研究』2003-4), pp.149-160.

96) 楊振紅, 『出土簡牘與秦漢社會』(桂林: 廣西師範大學出版社, 2009), p.71. 楊振紅도 武帝 이후 律篇의 증가는 없다는 입장이다.

IV. 賊律을 통해 본 魏晋 율령 개혁

1. 二年律令과 張家界古人堤의 賊律 목록

이제까지 晋 泰始律令에서 이루어진 減省 부분을 분석했는데, 그 減省 비율은 생각보다 크다고 할 수 있다. 後漢 和帝 永元 6年 시점의 4,989조의 律令과 비교할 때, 2,926條의 晋 泰始律令은 약 58.3%만 잔존시키고, 나머지 41.3%를 減省하였다.(약 6:4의 비율) 그런데 흥미로운 것은 이렇게 많은 부분을 삭제하였지만, 이제부터 분석할 賊律의 조문들이 唐律에 잔존해 있는 사실에서 漢律 가운데 正律(원래 秦律의 6律) 부분은 크게 減省하지 않은 것으로 생각된다.

현재 『睡虎地秦墓竹簡』, 『二年律令』, 『晋書』 「刑法志」, 唐律 등을 활용하여 秦律에서 唐律까지의 변화과정을 추적할 수 있는 단서로 賊律을 들 수 있다. 그 이유는 수호진진간에 賊律에 속할 것으로 생각되는 자료가 「法律答問」에 있고, 『二年律令』에는 賊律이, 古人堤木牘에는 賊律目錄이 있고, 『晋書』 「刑法志」에는 賊律의 변화를 요약한 「魏律序略」이 있어서 그 변화 과정을 추적할 수 있기 때문이다.

우선 시대의 순서대로, 『睡虎地秦墓竹簡』과 『二年律令』의 賊律 부분을 검토하기로 한다. 『睡虎地秦墓竹簡』에는 賊律로 표시된 구체적 율명의 항목은 없으나, 적율로 추정되는 것들을 적출하여 아래의 표에서 이년율령과 비교하였다. 『二年律令』의 賊律은 41개의 章으로 구분하였다.

[표 6] 『睡虎地秦墓竹簡』과 『二年律令』의 賊律 비교

睡虎地秦墓竹簡	二年律令
	1) 謀反
	2) 來誘及爲間者

睡虎地秦墓竹簡	二年律令
燧火燔其舍 燧火延燔里門	3) 燔城官民屋廬積聚
	4) 船人流殺傷人
盜封嗇夫可(何)論? 廷行事以僞寫印.	5) 僞寫璽印
	6) 僞寫徹侯印, 棄市; 小官印, 完爲城旦舂
「僑(矯)丞令」可(何)殹(也)? 爲有秩僞寫其印爲大嗇夫.	7) 矯制
	8) 欺謾
發僞書, 弗知, 貲二甲.	9) 僞書
	10) 詐僞
	11) 毁封
	12) 誤脫
	13) 挾毒矢、菫毒、爲毒矢
	14) 脯肉毒殺傷人
	15) 賊殺、傷人
甲謀遣乙盜殺人, 受分十錢, 問乙高未盈六尺, 甲可(何)論? 當磔.	16) 謀賊殺、傷人
①擅殺子, 黥爲城旦舂. ②士五甲無子, 其弟子以爲後, 與同居, 而擅殺之, 当棄市. ③擅殺、刑、髡其后子, 讞之. ④人奴擅殺子, 城旦黥之, 畀主.	
	17) 賊殺人及與謀者
	18) 鬪傷死保辜
	19) 自賊傷
	20) 謀賊殺、傷人
①拔人髮, ②鈹、戟、矛有室者, 拔以鬪 ③鬪以箴(針)、鈇、錐, 若箴(針)、鈇、錐傷人, ④或鬪, 嚙人頯若頯, ⑤鬪, 爲人毆毆, 無疻痏, 毆者頫折齒 ⑥以梃賊傷人, ⑦律曰:「鬪夬(決)人耳, 耐.」⑧或與人鬪, 縛而盡拔其須麋(眉), ⑨或與人鬪, 決人脣, ⑩或鬪, 嚙斷人鼻若耳若指若脣, ⑪士五(伍)甲鬪, 拔劍伐, 斬人髮結.	21) 鬪而以刃及金鐵銳、錘、椎(錐)傷人
	22) 鬼薪白粲毆庶人以上
	23) 奴婢毆庶人以上
	24) 鬪毆變人, 懷子與人爭鬪

睡虎地秦墓竹簡	二年律令
妻悍, 夫毆治之, 夬(決)其耳, 若折支(肢)指、胅體.	25) 妻悍而夫毆笞之
	26) 妻毆夫
	27) 殺傷父母主人
	28) 謀殺父母
免老告人以爲不孝, 謁殺, 當三環之不? 不當環, 亟執勿失.	29) 賊謀殺毆詈父母, 告子不孝
	30) 父母毆笞子及奴婢
	31) 婦傷毆詈尊屬
毆大父母, 黥爲城旦舂.	32) 毆兄姊、親父母之同産
	33) 毆父偏妻等
	34) 奴婢賊傷主, 親屬, 詢詈主, 親屬
	35) 毆詈吏
	36) 笞刑徒死
小畜生入人室, 室人以投(殳)梃伐殺之	37) 殺傷人畜産
	38) 犬殺傷人畜産
	39) 亡印
亡久書、符券、公璽、衡贏(纍)	40) 亡書符券
甲捕乙, 告盜書承印以亡, 問亡二日, 它如甲, 已論耐乙, 問甲當購不當? 不當.	41) 盜書、棄書官印
有賊殺傷人术, 偕旁人不援, 百步中比野, 当貲二甲.	

위의 표에서 睡虎地秦律의 항목을 『二年律令』의 41개 항목에 비교하면 "擅殺子", "旁人不援"의 2개 항목 이외에는 모두 일치하며, 압도적으로 『二年律令』의 자료가 많다. 따라서 『二年律令』의 賊律 항목이 睡虎地秦律의 賊律 항목을 충실히 반영한다고 생각된다. 睡虎地秦律은 秦이 관중지역을 지배한 단계에서 제정된 법률이 대부분이고, 秦始皇 통일 이후의 율령이 업데이트된 판본은 아니므로[97] 그 내용도 통일제국의

---

97) 全惠蘭, 『戰國秦·漢初의 郡에 대한 고찰』(淑明女子大學校 석사학위 논문, 2013), pp.15-19.

것이라고 보기에는 내용이 빈약하다. 필자가 목도한 嶽麓秦簡은『二年律令』의 것보다 훨씬 자세한 율령이 포함되어 있다. 예컨대『二年律令』의 1) 謀反과 2) 來誘及爲間者의 내용은 嶽麓秦簡에 적어도 3-4개의 세밀한 조문으로 구성되어 있는데, 이를『二年律令』에서는 핵심부분만 정리한 것이다.[98]

　　睡虎地秦律의 賊律 부분은『二年律令』의 충실성을 간접적으로 입증하는 정도에 그쳤기 때문에 秦律의 賊律은 논외로 하고, 이제는『二年律令』과 古人堤賊律目錄을 검토하기로 한다.

　　張家界 古人堤漢律目錄은 紀年簡에 의하면 후한 和帝 永元(A.D.89-104)에서 安帝 永初(A.D.107-113)까지의 것이다.[99] 이 시점은 앞서 고찰한 陳寵이 漢律令의 숫자가 4,989條였다고 언급한 和帝 永元 6年(A.D.94)과 일치하는 때로서, 前漢 呂后 2년(B.C.186)경에 抄寫한『二年律令』이 거의 300년 정도 경과한 시점의 것이므로 변화가 있었다면 이 목록에 반영되어 있었을 것이다.

　　『二年律令』이 원래의 律 텍스트를 완전하게 抄錄하지 않았을 수도 있고, 또한 후일 賊律이 개정되었던 이유도 있어서 古人堤漢律目錄과『二年律令』이 완전히 대응하는 律條를 찾을 수 없다는 지적도 있지만,[100] 시간적으로 중간쯤에 위치한 古人堤漢律目錄은『二年律令』과 魏晉律의 변화과정을 고찰하는데 중요한 단서를 제공한다. 특히 목록이라는 점에서『二年律令』賊律의 내용적 온전성을 검증할 수 있게 하는 자료이다. 즉,『二年律令』에 있는 賊律 41章이 전체 賊律의 일부인지 전체인지를 확인하기 쉽지 않았으나, 古人堤漢律 목록이 출토되면서 그

---

98)『嶽麓書院藏秦簡(伍)』, pp.124-129, 170-184簡에는 모반 등에 관한 자세한 令이 기술되어 있다.

99) 湖南省文物考古研究所·中國文物研究所,「湖南張家界古人堤簡牘釋文與簡注」, pp. 82-83.

100) 張忠煒, 위의 책, p.101.

의문을 어느 정도 해결할 수 있을 것 같다.

張家界古人堤 漢律 자료는 2종류가 있다. 하나는 율문(14正面)이고, 다른 하나는 賊律목록(29正面)이다. 아마도 29正面은 14正面의 목차 부분에 해당될 것으로 생각된다. 아래에 예시한 것은 14正面으로서 簡牘에 재현한 율문이다.[101]

[표 7] 古人堤 賊律 조문(14正面)

				用僞印皆	重以封及	人者若盜充	之及私假	爲城旦春敢盜	小官印完	通官印弃市	三列侯及	皇太子諸侯	寫漢使節	腰斬以□僞	皇帝行璽要（一）	皇帝信璽	賊律曰僞寫	第1欄
								充		賊律僞		法⋯⋯。	璽	印寫行	太后璽	論僞皇	各以僞寫	第2欄
										僞券書						賊律曰詐		第3欄
													史何子回	○○○充木小	⋯⋯○	○○○		第4欄

14正面은 賊律 조문의 내용을 기록한 것의 일부로 생각된다. 이년율령이 죽간 하나를 위로부터 아래까지 채운 후 다음 簡으로 넘어가는 방식인 것에 비하여, 14正面의 간독은 4欄으로 구분하여 1란의 오른쪽에서 시작하여 왼쪽 끝까지 모두 쓴 다음에 2, 3, 4란으로 넘어가는 방식을 쓰고 있다.

101) 湖南省文物考古研究所·中國文物研究所, 「湖南張家界古人堤簡牘釋文與簡注」, p.76.

반면에 29正面은 14正面에 쓴 조문의 최초 3-4글자를 선택하여 목록으로 작성한 것인데, 손상이 심각하여 많은 부분이 보이지 않는다.[102] 第 1·2·3欄을 盜律 目錄으로 간주하고, 제 4·5·6欄을 賊律 目錄으로 이해하는 견해도 있지만, 1·2欄이 盜律 목록이고, 3·4·5·6欄은 賊律 목록임이 분명하다.[103]

여기에서 중요한 것은 위의 古人堤 목록에 있는 賊律 목록이 賊律 전체였는지 여부이다. 29正面에는 古人堤 盜律 목록이 2개 欄에 21개 조문을, 賊律 목록은 4개 欄에 41개 題名을 썼다. 盜律이 21개에 불과한 것은 다른 목독에 그 전반이 있었을 가능성도 있으나, 실제로는 29正面에 있는 것이 전부일 가능성도 있다. 『二年律令』에 있는 盜律은 18개로서, 古人堤의 21개와 큰 차이가 없기 때문이다. 또한 29背面에는 賊律 목록과 무관한 壬子十五, 癸丑十六과 같은 간지와 날짜가 쓰여 있다. 이것으로 볼 때 29正面의 다음 면에 賊律 목록이 없기 때문에, 29正面에 쓰여 있는 41개의 항목이 賊律 목록의 전체라고 추정된다.

흥미로운 것은 『二年律令』, 古人堤, 唐律의 賊律 조항수이다. 張家界 古人堤簡牘에 보이는 賊律 항목은 41개인데,[104] 陳夢家의 章을 구분하는 원칙을 『二年律令』의 賊律에 적용해보면 章 항목 역시 41개이다. 양자의 숫자가 동일한 것으로 보아 현재 『二年律令』에 있는 賊律은 당시 전체 율령을 모두 抄寫한 것일 가능성도 있다.[105] 이뿐만 아니라, 『二

---

102) 張忠煒, 위의 책, p.100.

103) 湖南省文物考古研究所·中國文物研究所, 「湖南張家界古人堤遺址與出土簡牘概述」, p.69에서는 전자의 견해를, 湖南省文物考古研究所·中國文物研究所, 「湖南張家界古人堤簡牘釋文與簡注」, p.80에서는 후자의 견해를 취하고 있다. 이 가운데서 1, 2란이 盜律이고, 3-6란까지가 賊律이라는 후자의 견해가 옳은 것으로 생각된다.

104) 湖南省文物考古研究所·中國文物研究所, 「湖南張家界古人堤簡牘釋文與簡注」, p.79.

105) 『二年律令』 도판을 보면, 賊律 19簡의 마지막 부분까지 글자가 채워져 있어서 20簡과 동일한 章으로 생각될 수도 있으나, 내용이 크게 차이나고 古人

[표 8] 古人堤 賊律 目錄(29正面)

殺人	盜	詐發	驕	□	□	□	□	□	□	□	
殺人□□	盜□□	詐發□	驕□□	□□□	□□□	□□□	□□□	□□	□□	□□□	第1欄
□□□	亡□□	諸詐始入	有	盜出故(?)物	故	□	□	□	□	□	第2欄
⑩詐□喪(?)	⑨□□□皇	⑧□□漢	⑦□□皇	⑥不□□	⑤對(?)…	④□□□	③諸□□	②大□□□	①□□□		第3欄
⑳□蠱人	⑲懷子而…	⑱謀殺人已殺	⑰人殺戲	⑯鬪殺以刀	⑮賊殺人	⑭諸食□肉	⑬爲□□	⑫毀封	⑪揄封		第4欄
㉚諸入食官	㉙父母毆笞子	㉘奴婢悍	㉗毆父母	㉖□□偷	㉕奴婢賊殺	㉔父母告子	㉓子(?)賊殺	㉒子賊殺	㉑□□□		第5欄
㊶諸坐傷(?)人	㊵奴婢射人	㊴諸□弓弩	㊳船人□人	㊲犬殺傷人	㉟賊伐燔□	㉞失火	㉝賊燔燒宮	㉜毆決□□	㉛□奴□□		第6欄

堤에도 20簡이 별도로 ⑭ 諸食□肉로 나타나 있어 별도의 章으로 파악했다.

年律令』의 賊律 目錄과 古人堤 賊律의 章 숫자는 唐律의 賊律과 큰 차이가 없다. 唐律의 賊盜律 가운데 漢律의 賊律에 해당하는 卷17은 13조, 卷18은 9조로 이루어져 있어 합계 22개 조이지만, 실상 그것은 40개의 세부조항으로 구성되어 있다.[106]

14正面과 29正面의 내용을 [표 9]에서 대조하여 보면, 양자가 일치하는 것도 있고 일치하지 않는 것도 있다. ⑪의 경우는 ⑩의 것과 일치할 수도 있으나 ⑩의 세 번째 글자가 喪인지 불명하여 단언하기 어렵다. 세 번째 글자가 "皇"인 ⑦은 14정면의 내용중 ㉠과 일치하고, 세 번째 글자가 "漢"인 ⑧은 ㉡과 일치한다.

[표 9] 14正面과 29正面의 비교

14正面	29正面
㉠僞寫皇帝信璽皇帝行璽要(腰)斬以□	⑦□□皇
㉡僞寫漢使節皇大子諸侯三列侯及通官印弃市 小官印完爲城旦春	⑧□□漢
㉢敢盜之及私假人者若盜充重以封及用僞印皆各以僞寫論	
㉣僞皇太后璽印寫行璽法……	
㉤賊律僞...	
㉥賊律曰詐僞券書	⑩詐□喪??[107]

29正面의 古人堤 賊律目錄에 대해서는 「湖南張家界古人堤簡牘釋文與簡注」 및 水間大輔씨에 의해서 검토가 이미 수행되었기 때문에 상세한 비교는 생략하기로 하고, 그 미진한 부분을 추가적으로 검토하겠다.[108] 水間大輔씨에 의하면 賊律 목록과 『二年律令』은 14簡에서 2개, 29

---

106) 그러나 唐 賊盜律 中 賊律 부분과의 숫자 단순 비교는 큰 의미가 없다. 그 이유는 漢賊律은 魏新律 개정에서 반 정도가 詐律과 같은 他律로 이동했기 때문이다.

107) 14간에는 ㉥"賊律曰詐僞券書"가 있고 29간에는 "詐□喪"이 있는데, 사진판이 선명하지 않아 확인이 불가능하지만, 유사한 것으로는 『二年律令』의 "諸詐增減券書"를 들 수 있다.

簡에서 19개가 일치하고 있다.[109] 水間大輔씨의 견해 및 필자의 분석을 조합하여 아래의 [표 10]과 같이 정리하였다.[110]

[표 10] 『二年律令』과 古人堤賊律目錄

二年律令 賊律의 章 번호/(_)은 原簡 번호	古人堤賊律目錄
1) 謀反/ 諸侯人來攻盜(1, 2)	③諸□□(???)
不堅守(1, 2)	⑥不□□
2) 來誘及爲間者(3)	
3) 燔城官民屋廬積聚(4, 5)	㉝賊燔燒宮(水間)
燔城官民屋廬積聚(4, 5)	㉞失火(水間)
4) 船人流殺傷人(6, 7, 8)	㊳船人□人(水間)
5) 僞寫皇帝信璽(9)	⑦□□皇 ㊀僞寫皇帝(水間)
6) 僞寫徹侯印, 棄市; 小官印, 完爲城旦舂☒(10)	⑧□□漢 ㊃僞寫漢使節皇大子諸侯三列侯及通官印弃市/小官印完爲城旦舂(水間)
7) 矯制(11)	
8) 欺謾上書(12)	
9) 僞書(爲僞書)(13)	⑬爲□□(?)
10) 詐僞券書(14, 15)	㊉賊律曰詐僞券書
11) 毁封(16)	⑫毁封(水間)
12) 誤脫(17)	
13) 挾毒矢、菫毒(18) 爲毒(19)	⑳□蠱人
14) 脯肉毒殺傷人(20)	⑭諸食□肉(水間)
15) 賊殺、傷人(21)	⑮賊殺人(水間)
16) 謀賊殺、傷人(未遂)	
17) 賊殺、傷人(21)	⑰人殺戱(戱殺人)(水間)

---

108) 水間大輔, 「湖南張家界古人堤遺址出土漢簡に見える漢律の賊律·盜律について」, 『秦漢刑法研究』(東京: 知泉書館, 2007), pp.445-477.

109) 같은 책, p.473. 표에서는 해당 항목에 (水間)으로 표시함.

110) 이 가운데는 水間大輔氏가 언급하지 않은 ③諸□□ ⑥不□□ ⑦□□皇 ⑧□□漢 ⑬爲□□ ⑯鬪殺以刀 ⑳□蠱人도 포함되었다.

	二年律令 賊律의 章 번호/()은 原簡 번호	古人堤賊律目錄
	謀賊殺、傷人(未遂)(22)	
	賊殺人及與謀者(23)	⑱謀殺人已殺(水間)
18)	鬪傷死保辜(24)	
19)	自賊傷(25)	
20)	謀賊殺、傷人、與賊同法(26)	⑱謀殺人已殺(水間)
21)	鬪而以釰(刃)及金鐵銳、錘、椎(錐)傷人(27, 28)	⑯鬪殺以刀
	鬪而以釰(刃)及金鐵銳、錘、椎(錐)傷人(27, 28)	㉜毆決□□(水間)
22)	鬼薪白粲毆庶人以上(29)	
23)	奴婢毆庶人以上(30)	
24)	鬪毆變人、懷子鬪(31)	⑲懷子而…(水間)
25)	妻悍而夫毆笞之(32)	
26)	妻毆夫(33)	
27)	殺傷父母主人(34)	㉒□子賊殺(水間)
	奴婢賊殺傷主(34)	㉕奴婢賊殺(水間)
28)	謀殺父母、父母告不孝(35, 36, 37)	㉓□子(?)賊殺(水間)
29)	父母告不孝(35) 賊謀殺毆詈父母、告子不孝(38)	㉔父母告子(水間)
28)	毆詈泰父母、父母(35)	㉗毆父母(水間)
30)	父母毆笞子及奴婢(39)	㉙父母毆笞子(水間)
31)	婦傷毆詈尊屬(40)	
32)	毆兄姊、親父母之同産(41)	
33)	毆父偏妻等(42, 43)	
34)	奴婢賊傷主、親屬、詢詈主、親屬(44, 45)	㉘奴婢悍(水間)
35)	毆詈吏(46, 47)	
36)	笞刑徒死(48)	
37)	殺傷人畜産(49)	㊱賊殺傷人(水間)
38	犬殺傷人畜産(50)	㊲犬殺傷人(水間)
39)	亡印(51)	
40)	亡書符券塞門城門之鑰(52)	
41)	盜書、棄書官印(53)	
	田律: 春夏毋敢伐材	㉟賊伐燔□

[표 11] 『二年律令』과 불일치하는 古人堤 賊律 목록

① □□□	㉑ □□□
② 大□□□	㉖ □□偷
④ □□□	㉚ 諸入食官
⑤ 對(?)…	㉛ □奴□□
⑨ □□□皇	㉟ 諸□弓弩
⑩ 詐□喪(?)	㊵ 奴婢射人
⑪ 揄封	㊶ 諸坐傷(?)人

이하에서는 水間씨가 분석하지 않은 ⑭ "賊律曰詐僞券書", ③ "諸□□", ⑥ "不□□", ⑦ "□□皇", ⑧ "□□漢", ⑪ "揄封", ⑬ "爲□□", ⑯ "鬪殺以刀", ⑳ "□蠱人", ㉟ "賊伐燔□", ㊴ "諸□弓弩", ㊵ "奴婢射人"의 12개의 章題를 분석할 것이다.

⑭ "賊律曰詐僞券書"는 『二年律令』 14簡의 "☑諸詐(詐)增減券書, 及爲書故詐(詐)弗副, 其以避負償, 若受賞賜財物, 皆坐臧(贓)爲盜"와 일치한다.

③ "諸□□", ⑥ "不□□"은 1)의 謀反 항목일 가능성이 있다. 古人堤 목록의 특징은 조문의 앞에서부터 3-4글자를 적은 것인데, 賊律 가운데 諸와 不을 사용하는 조항은 1, 2簡의 "諸侯人來攻盜, 不堅守而棄去之若降之, 及謀反者, 皆要斬."이다. 賊律의 첫 조문은 "反", "降諸侯", "棄守", "謀反" 등의 罪行 및 그 형벌에 대한 규정인데, 간단하게 기술되어 있다. 그러나 嶽麓秦簡의 석문은 『二年律令』보다 훨씬 자세하게 3-4개 조문으로 규정되어 있다. 추정컨대 이년율령은 秦律의 핵심적 내용을 축약된 형태로 정리한 것으로 보인다. 이것은 『晉書』 「刑法志」에 "하나의 章에 事가 수십 개를 넘는 경우도 있고"라고 한 것을 章 아래에 3-4개의 세부 조항으로 구성된 것을 보여준다. 따라서 『二年律令』 및 古人堤 목록은 비록 조항은 축약되었을지언정 章 목록은 생략되지 않았을 것으로 생각된다.

⑦ "□□皇"은 세 번째 글자가 皇인데, 이는 古人堤 14정면의 ㉠ "僞寫

皇帝"를 의미하는 것으로 보이고, 『二年律令』 9簡의 "僞寫皇帝信璽, 皇帝
行璽, 要斬以匀."를 의미하는 것으로 생각된다.

⑧ "□□漢"은 세 번째 글자만 漢으로 확인되는데, 이는 古人堤 14정
면의 ⓒ "僞寫漢使節皇大子諸侯三列侯及通官印弃市/小官印完爲城旦春"과
일치하는 것으로 생각되며, 『二年律令』 10簡의 "僞寫徹侯印, 棄市; 小官
印, 完爲城旦春"과 일치하는 것으로 보인다.

⑪ "揄封"은 『晋書』 「刑法志」의 "踰封"으로 생각된다. "踰封"은 원래 漢
賊律에 있던 것이나 魏新律에서 詐律로 옮겨진 항목이다. 踰封에 대한
일반적 해석은 제후의 규정 이상의 봉토 소유 행위로 고찰하고 있
다.[111] 그러나 "踰封"과 함께 賊律에 보이는 "毀封"의 "封"은 封印과 관
련된 사항이고, 또한 "亡印", "棄書官印", "亡書" 등 印章·文書 관련 조항
이 賊律의 다수를 차지하므로 "揄封"의 封은 封印과 관련된 것일 수도
있다. 즉, 詐律로 들어간 것은 封印과 관련하여 "詐僞"의 행동이 있었
기 때문으로 생각된다. 그렇다면 굳이 賊律에서 연관성도 없는 "諸侯"
와 연계시키기보다는 문서의 封印과 관련시키는 것이 타당하다고 생
각된다. 그러나 章題는 律 조문의 3-4글자를 취한 것이므로 揄封은 『二
年律令』 및 14正面에서는 일치되는 것을 찾을 수 없다.

⑬ "爲□□"은 첫 글자가 爲인데, 『二年律令』 13簡의 "爲僞書者, 黥爲城
旦春"과 일치할 가능성이 있다. ⑯ "鬪殺以刀"는 『二年律令』 21簡의 "鬪而
以刃及金鐵銳、錘、椎(錐)傷人"과 일치하는 것으로 생각된다.

⑳ "□蠱人"(敢蠱人)은 『周禮』의 鄭玄 注에 보이는 賊律의 "敢蠱人者及
教令者棄市"의 조문으로 생각된다.[112] 漢代의 蠱에는 두 가지 의미가

---

111) 沈家本, 『歷代刑法考』, pp.1444-1445; 內田智雄, 『譯注中國歷代刑法志』(東京:
　　創文社, 1964), p.101; 高潮 等, 『中國歷代刑法志注譯』(長春: 人民出版社, 1994),
　　p.82. 이들 견해들은 모두 제후가 봉해진 영지범위와 封戶의 定數를 넘어
　　서 그 이외에 부정으로 취득하는 것으로 해석하였다. 『十三經 斷句十三經
　　經文 禮記』 「雜記下」, p.81, "婦人非三年之喪. 不踰封而弔. 鄭玄 注: 踰封, 越
　　竟也. 或爲越疆."

있다. 하나는 自然 속의 邪惡厲氣인데, 鬼氣로 부를 수 있는 것이고, 하나는 畜養한 毒蟲이다.[113] 물론 漢代에는 巫蠱가 성행하여 전자로 더 많이 인식되었지만,[114] 鄭玄은 "毒蟲"에 대하여 "蟲物而病害人者"라고 하여 독물로 인식하고 賊律을 인용하고 있다. 『二年律令』 18簡의 "挾毒矢, 堇毒"에는 "有挾毒矢若堇(堇)毒, 糵, 及和爲堇(堇)毒者, 皆棄市"라고 하여 鄭玄이 인용한 賊律과 동일한 내용을 규정하고 있다. 堇毒은 독을 가진 식물의 이름이고, 糵도 奚毒 또는 附子라고 하는 독성이 강한 약초이다.[115] 이 율령 조문은 독화살, 독을 가진 식물을 소지하거나, 독극물을 합성하거나 제조한 자는 棄市에 처한다는 내용이다. 蠱를 독물로 규정한 漢 賊律은 唐律에도 그대로 계승되어 賊盜律 262. "造畜蠱毒"에 "諸造畜蠱毒(謂造合成蠱, 堪以害人者)及教令者, 絞."라고 규정되어있다.

㉟ "賊伐燔□"은 賊伐樹木으로 생각된다. 賊伐樹木의 조항은 원래 『睡虎地秦墓竹簡』과 『二年律令』의 田律에 있던 "禁諸民吏徒隷, 春夏毋敢伐材木山林"을 가리키는 것으로 생각된다.[116] 『二年律令』 이후 어느 시점에 賊伐樹木의 조항이 田律에서 賊律로 이동했다가, 그 후 魏新律을 제정할 때 毁亡律로 옮긴 것이다. 賊伐樹木의 조항이 古人堤 목록에 있는 것으로 보아, 和帝 永元 元年(A.D.89) 이전에 田律에서 賊律로의 篇章 조

---

112) 『十三經注疏·周禮注疏』 「秋官·庶氏」(北京: 中華書局, 1979), p.250中, "庶氏掌除毒蠱, 以攻說繪之, 嘉艸攻之. 鄭玄注: 毒蠱, 蟲物而病害人者. 賊律曰, 敢蠱人者及教令者棄市."

113) 劉保貞, 「《周易》蠱卦與中國古代蠱信仰風俗」(『孔子研究』 2007-4), p.83.

114) 藤田忠, 「巫蠱の事件について」(『國士館大學文學部人文學會紀要』 36, 2003), pp.27-40.

115) 『張家山漢墓竹簡』, p.136, 注 참조.

116) 睡虎地秦墓竹簡整理小組, 『睡虎地秦墓竹簡』(北京: 文物出版社, 1978), p.26, "秦律十八種 春二月, 毋敢伐材木山林及雍隄水. 不夏月, 毋敢夜草爲灰, 取生荔, 麛卵鷇, 毋□□□□□毒魚鱉, 置穽罔(網), 到七月而縱之. 唯不幸死而伐綰(棺)亭(槨)者, 是不用時. 田律.";『張家山漢墓竹簡』, p.167, "禁諸民吏徒隷, 春夏毋敢伐材木山林, 及進〈壅〉隄水泉, 燔草爲灰, 取産麛卵鷇; 毋殺其繩重者, 毋毒鱼. 249"

정이 있었음을 알 수 있다.

　⑩의 "奴婢射人"은 建武 11년 (A.D.35) 光武帝가 폐지한 "奴婢射傷人棄市律"로 생각된다.[117] 光武帝가 이 律을 폐지했다는 것은 建武 11년 이전에 이 律이 존재했다는 것을 말해준다. 이 법률이 언제 만들어졌는지는 알 수 없으나, 광무제가 建武 11년 2월, 6월, 10월에 연속해서 3회나 발포한 조서와 관련이 있다. 建武 11년 2월의 노비를 살해하면 減罪될 수 없다는 조서는 『二年律令』의 주인의 노비 구타로 인하여 20일 안에 노비가 사망하면 贖死로 감형한다는 것을 폐지한 것이다.[118] 따라서 光武帝의 조서에서 언급한 노비가 일반인을 활로 쏘아 부상을 입힌 정도임에도 棄市에 처한다는 律은 일반인보다 가중 처벌하는 것인데,[119] 이는 『二年律令』에 노비가 일반인의 범죄보다 중하게 처벌받는 내용을 감안한다면 『二年律令』 시기부터 존재했을 가능성이 있다. 建武 11년에 폐지가 명령되었음에도 불구하고 和帝 시기의 賊律 목록에 계속 잔존한다는 것은 중앙에서의 율령 개정 내용이 고인제 목록에 반영되지 않았거나, 光武帝 이후 재차 회복되었을 가능성의 두 가지 가운데 하나이다.

　한편 ㉟"諸□弓弩"는 ⑩과 인접해 있다는 점에서 弓弩 소지 문제와 관련이 있지 않을까? 漢武帝 시기 丞相 公孫弘이 盜賊의 弓弩 소지가 진압에 문제를 발생시키므로 백성의 弓弩 소유 금지를 요청하는 상주를 올린 적이 있으나, 吾丘壽王의 반대에 의해 무산된 바 있다. 그 후 成帝의 鴻嘉 연간에 권세가 張放이 공주의 아들이라는 것을 기회로 방탕한 행동을 하고 노비에게 兵弩를 지급하고 체포하러 온 관리들에게

---

117) 『後漢書』 卷1下 「光武帝本紀」, pp.57-58, "十一年春二月己卯, 詔曰: 「天地之性人爲貴. 其殺奴婢, 不得減罪.」"; "(六月)癸亥, 詔曰: 「敢灸灼奴婢, 論如律, 免所灸灼者爲庶(民)[人].」"; "冬十月壬午, 詔除奴婢射傷人弃市律."
118) 『張家山漢墓竹簡』, p.139, "父母毆笞子及奴婢, 子及奴婢以毆笞辜死, 令贖死.(39)"
119) 林劍鳴, 『新編秦漢史(下)』(臺北: 五南出版社, 1992), pp.1072-1073.

부상을 입히기도 하였고, 曲陽侯 王根도 역시 私奴에게 弓弩로 무장을 시키고 있다. 이러한 이유 때문인지 모르겠으나 王莽의 始建國 2년에 백성의 弩鎧 소유 금지가 법제화되었다.[120] 그렇다면 이러한 弓弩 등의 무기 소유를 금지시키는 조치는 前漢 내내 법제화되지 못했기 때문에 ㉟ "諸□弓弩"가 弓弩 소유 금지를 규정한 것이라면 王莽 시기에 법제화된 것이 기록되어 있는 것으로 생각된다.

이상에서 古人堤賊律目錄을 검토하였다. 水間大輔씨는 29正面의 41개 항목 가운데서 약 절반 정도가 일치하는 것으로 보고 있지만, 필자는 이에 대한 추가적 분석을 시도한 결과, 古人堤의 賊律目錄은 27/41 = 65.8%가 일치한다. 확인하지 못한 항목이 古人堤 賊律目錄 가운데 14개나 되는 것은 그 가운데 절반인 7개가 불분명하여 비교하기 곤란했기 때문이다.

또한 원래『二年律令』에 없던 賊律조항이 추가된 것도 불일치의 원인이 되었을 것이다. 원래『二年律令』에 없던 賊律 조항이 그 후 추가되었을 것으로 추정되는 것은 ㉟賊伐燔□(田律에서 이동), ㉟諸□弓弩

---

120)『漢書』卷64上「吾丘壽王傳」, pp.2795-2797, "丞相公孫弘奏言「民不得挾弓弩. 十賊彍弩, 百吏不敢前, 盜賊不輒伏辜, 免脫者衆, 害寡而利多, 此盜賊所以蕃也. 禁民不得挾弓弩, 則盜賊執短兵, 短兵接則衆者勝. 以衆吏捕寡賊, 其勢必得. 盜賊有害無利, 則莫犯法, 刑錯之道也. 臣愚以爲禁民毋得挾弓弩便.」";『漢書』卷59「張湯傳」, p.2655, "是時上諸舅皆害其寵, 白太后. 太后以上春秋富, 動作不節, 甚以過放. 時數有災異, 議者歸咎放等. 於是丞相宣·御史大夫方進奏:「放驕蹇縱恣, 奢淫不制. 前侍御史修等四人使至放家逐名捕賊, 時放見在, 奴從者閉門設兵弩射吏, 距使者不肯内. 知男子李游君欲獻女, 使樂府音監景武強求不得, 使奴康等之其家, 賊傷三人. 又以縣官事悉樂府游徼莽, 而使大奴駿等四十餘人群黨盛兵弩, 白晝入樂府攻射官寺, 縛束長吏子弟, 斫破器物, 宮中皆奔走伏匿. 莽自髡鉗, 衣赭衣, 及守令史調等皆徒跣叩頭謝放, 放乃止.」";『漢書』卷98「元后傳」, p.4028, "後月餘, 司隸校尉解光奏:「曲陽根宗重身尊, 三世據權, 五將秉政, 天下輻湊自效. 根行貪邪, 臧累鉅萬, 縱橫恣意, 大治第宅, 第中起土山, 立兩市, 殿上赤墀, 戶靑瑣; 遊觀射獵, 使奴從者被甲持弓弩, 陳爲步兵...」";『漢書』卷99中「王莽傳中」, p.4118, "禁民不得挾弩鎧, 徙西海."

(王莽시기)와 『晋書』「刑法志」의 賊伐樹木, 踰封, 儲峙不辦이다.[121] 『二年律令』의 書寫연도가 呂后 2年(B.C.186)이고, 古人堤 賊律의 하한선이 후한 安帝 永初(107-113) 시기이므로 최대 299년의 차이를 고려한다면 이같은 律 조문의 추가는 당연한 것으로 생각된다.

2. 魏晋 이후 漢 賊律의 이동

이상에서 古人堤 賊律目錄 章題의 검토를 통해 『二年律令』 이후 개편된 부분을 검토했는데, 이밖에 추가해야 할 다른 조항은 없을까? 古人堤 賊律目錄 이외에서 賊律의 변화를 검색하는 이유는 賊律 항목의 증가 여부를 규명함으로써 "典者不能徧睹" 현상의 원인이 賊律을 비롯한 律의 대폭적인 증가에 있었는지 여부를 확인하기 위함이다. 만약 賊律上 큰 변화가 없다면 "典者不能徧睹"의 원인을 앞의 陳寵의 언급과 『魏書』「刑罰志」에 보이는 것처럼 律 이외의 다른 科條와 章句 등의 증가에서 구해야 할 것이다.

『晋書』「刑法志」의 "又改賊律"의 항목으로 거론된 부분이 있다. 아래에 인용한 것은 魏新律에서 수정된 賊律의 항목들로 생각되는데, "又改賊律"로 시작된 문장은 열거된 11개 항목들이 원래 賊律에 있던 律文의 개정을 언급한 것처럼 보인다. 그러나 內田智雄이 고증했듯이 거

---

121) 『晋書』「刑法志」에서 언급한 "盜章, 欺謾, 詐僞, 踰封, 矯制, 賊伐樹木, 殺傷人畜産, 諸亡印, 謀反大逆, 謀殺人"의 항목 가운데 古人堤와 『二年律令』에 있던 것들이므로 賊伐樹木과 踰封, 儲峙不辦만이 언급되지 않은 것이다. 儲峙不辦은 군량 등의 물자를 확보하지 못한 것을 말하는데, 魏新律에서는 이 내용이 賊律에 적합하지 않아 乏留律로 이동시켰다. 儲峙不辦의 항목이 언제 賊律에 포함되었는지는 확인하기 곤란하다. 『說文解字』(北京: 社會科學文獻出版社, 2006), p.429, "儲, 偫也, 从人諸聲. 王注: 偫, 具也, 謂蓄積以待用也."; 『漢書』 卷77 「何並傳」, p.3266, "儲兵馬以待之. 師古注: 儲, 豫備也."; 『漢書』 卷12 「平帝紀」, p.350, "天下吏(舍)[民], 亡得置什器儲偫. 師古注: 儲, 積也."; 『漢書』 卷87下 「揚雄傳下」, p.3558, "已爲儲胥. 師古注: 儲, 偫也."; 『後漢書』 卷10上 「鄧皇后紀」, p.422, "儲偫米糒薪炭. 注: 儲偫, 猶蓄積也."

론된 11개 항목이 모두 賊律에 속한 것은 아니며, 賊律 이외의 律에 속한 것도 있다.(후술)

　　또한 賊律을 고쳤는데, 1)단지 言語로써 군주를 비방하거나 宗廟와 園陵을 침범하는 것을 大逆無道라고 칭하고, 범한 자는 腰斬에 처하고, 그 家屬은 연좌되나 祖父母·孫에는 미치지 않는다. 2)謀反大逆의 경우는 발생 즉시 체포해야 하고, 그 거주지를 연못으로 만들거나(汙瀦), 혹은 梟首와 菹刑에 처하고, 三族을 족멸한다. 이것은 율령에 없으나, 극악한 행위를 엄격하게 근절하기 위한 것이다. 3)사람을 賊殺·鬪殺하여 고발되었으나 도망간 자는 고래의 도리에 따라서 피해자의 子弟들이 추격하여 죽이는 것을 허락한다. 사면령을 받았거나 過誤로 죽었을 경우, 복수를 허용하지 않는 것은 殺害를 멈추게 하기 위한 것이다. 4)繼母를 살해한 것을 엄정하게 처벌하여 親母를 살해한 것과 동일하게 한 것은 繼母와 假母와의 틈을 막기 위한 것이다. 5)異子의 科를 폐지하여 父子 사이에 재산을 나누지 못하게 하였다. 6)兄姊를 구타하면 그 죄를 가중시켜 五歲刑으로 한 것은 교화를 밝히기 위한 것이다. 7)囚徒가 다른 사람이 모반했다고 무고하면, 그 죄가 親屬에 미치게 하여 일반인과 다르게 하였는데, 囚徒에 부담을 주어 형벌을 줄이고 무고를 종식시키려 하고자 함이다. 8)投書하면 棄市에 처하는 科를 수정했는데, 형벌을 가볍게 하기 위함이다. 9)죄수를 탈취하면 棄市에 처하는 것으로 엄정하게 처벌한 것은 흉악하고 강포한 것을 義로 여기는 전통을 끊기 위함이다. 10)二歲刑 이상은 죄수의 가족이 재심을 청구하는 제도를 폐지시켰는데, 번거로운 재판을 줄이기 위한 것이다. 11) 각 郡마다 伏日을 선택할 수 있었던 것을 못하게 했는데, 풍속을 통일시키기 위한 것이다. 이러한 것은 모두 魏의 시대에 개정한 것인데, 그 대략은 이와 같다.[122]

---

[122] 『晉書』 卷30 「刑法志」, pp.925-926, "又改賊律, 但以言語及犯宗廟園陵, 謂之大逆無道, 要斬, 家屬從坐, 不及祖父母·孫. 至於謀反大逆, 臨時捕之, 或汙瀦, 或梟菹, 夷其三族, 不在律令, 所以嚴絶惡跡也. 賊鬪殺人, 以劾而亡, 許依古義, 聽

　　우선 1)은 군주 비방과 宗廟·園陵의 침범을 大逆無道罪에 편입시키
고, 父母妻子同產을 나이와 관계없이 모두 棄市에 처한다는 내용이
다.[123] 謀反과 같은 大逆無道는 『二年律令』 賊律의 1·2簡에 기술되어 있
기 때문에 이 조항은 賊律 소속임이 분명하다.[124] 이 宗廟·園陵을 침
범하면 棄市에 처하는 令의 제정은 呂后가 자신의 부친 臨泗侯 呂公을
呂宣王으로 추존하는 것에 대한 비난여론을 막기 위해 만들어진 것인
데, "令"으로서 置廢를 반복해왔던 것이다.[125]

　　2)는 모반대역자의 체포, 그 室宅을 연못으로 만드는 汙瀦, 범죄자
와 그 가족의 梟首와 三族刑을 규정한 것이다. 모반대역을 규정한 2)

　　子弟得追殺之. 會赦及過誤相殺, 不得報讐, 所以止殺害也. 正殺繼母, 與親母同,
　　防繼假之隙也. 除異子之科, 使父子無異財也. 毆兄姊加至五歲刑, 以明教化也.
　　因徒誣告人反, 罪及親屬, 異於善人, 所以累之使省刑息誣也. 改投書棄市之科,
　　所以輕刑也. 正篡因棄市之罪, 斷凶強爲義之蹤也. 二歲刑以上, 除以家人乞鞠
　　之制, 省所煩獄也. 改諸郡不得自擇伏日, 所以齊風俗也. 斯皆魏世所改, 其大略
　　如是."

123) 『漢書』 卷81 「孔光傳」, p.3355, "光議以爲「大逆無道, 父母妻子同產無少長皆棄
　　市, 欲懲後犯法者也. 夫婦之道, 有義則合, 無義則離. 長未自知當坐大逆之法,
　　而棄去廼始等, 或更嫁, 義已絕, 而欲以爲長妻論殺之, 名不正, 不當坐.」"; 『漢
　　書』 卷49 「鼂錯傳」, p.2302, "亡臣子禮, 大逆無道. 錯當要斬, 父母妻子同產無少
　　長皆棄市. 臣請論如法."; 『後漢書』 卷42 「光武十王列傳」, p.1445, "肅宗下詔曰:
　　「王前犯大逆, 罪惡尤深, 有同周之管、蔡, 漢之淮南. 經有正義, 律有明刑.」",
　　"注: 公羊傳曰:「君親無將, 將而必誅.」 前書曰:「大逆無道, 父母、妻子、同產無
　　少長皆棄市.」"

124) 『張家山漢墓竹簡』, p.133, "以城邑亭障反, 降諸侯, 及守乘城亭障, 諸侯人來攻
　　盜, 不堅守而棄去之若降之, 及謀反者, 皆要斬. 其父母、妻子、同產, 無少長皆
　　棄市. 其坐謀反者, 能偏捕, 若先告吏, 皆除坐者罪."

125) 『漢書』 卷73 「韋玄成傳」, p.3125, "初, 高后時患臣下妄非議先帝宗廟寢園官, 故
　　定著令, 敢有擅議者棄市. 至元帝改制, 蠲除此令. 成帝時以無繼嗣, 河平元年復
　　復太上皇寢廟園, 世世奉祠. 昭靈后、武哀王、昭哀后并食於太上寢廟如故, 又復
　　擅議宗廟之命."; 『漢書』 卷68 「霍光傳」, p.2956, "如淳曰:「高后時定令, 敢有擅
　　議宗廟者, 棄市.」"; 『史記』 卷19 「惠景閒侯者年表」, p.983, "呂后兄康侯少子,
　　侯, 奉呂宣王寢園."; 『漢書』 卷18 「外戚恩澤侯表」, p.679, "臨泗侯呂公, 元年封,
　　四年薨, 高后元年追尊曰呂宣王."

의 조문은 1)의 연속선상에 있으므로 賊律에 해당할 것으로 생각된다. 汙瀦의 사례는 王莽의 찬탈에 謀反을 일으킨 劉崇·翟義에게 처음으로 보이며, 최초로 법률에 제정된 것은 魏新律에서였다.[126] 그러나 汙瀦 이외의 "梟菹, 夷其三族"의 내용은 이미 漢初부터 존재하였다.[127] 『二年律令』 賊律의 1·2簡에 규정된 "謀反者는 모두 腰斬하고, 그 父母·妻子·同産을 나이에 관계없이 모두 棄市에 처한다."는 내용이 『漢書』 「刑法志」에 확인되고 있다. 다만 『漢書』 「刑法志」에 三族罪의 처벌은 律이 아니라 "夷三族之令"이라 한 것처럼 令에 존재하였다.

3)은 魏新律에서 허용한 復讐 규정인데, 賊殺과 鬪殺에 관련된 내용이므로 賊律 소속이 옳다고 생각된다. 『禮記』 「曲禮上」에 있는 "아버지의 원수와는 하늘을 함께 이고 살 수 없고, 형제의 원수는 집으로 돌아가서 무기를 찾지 않는다."와 『周禮』 「秋官·朝士」의 "무릇 원수를 갚으려 하는 자는 士(朝士)에게 보고(書)하고 죽이면 무죄이다."에 있는 내용을 법제화한 것이다.[128] 光武帝 때 桓譚의 상소문에 復仇할 때 처벌되고 있는 것으로 보아 이 당시는 아직 復仇가 허용되지 않았다.[129]

---

126) 林富士, 「試釋睡虎地秦簡中的"癘"與"定殺"」(『史原』 15, 1986), p.8; 『漢書』 卷99上 「王莽傳」, p.4086, "莽又封南陽吏民有功者百餘人, 汙池劉崇室宅. 後謀反者, 皆汙池云."; 『漢書』 卷84 「翟方進傳」, p.3439, "莽盡壞義第宅, 汙池之."

127) 『漢書』 卷23 「刑法志」, p.1104, "漢興之初, 雖有約法三章, 網漏吞舟之魚, 然其大辟, 尚有夷三族之令. 令曰:「當三族者, 皆先黥, 劓, 斬左右止, 笞殺之, 梟其首, 菹其骨肉於市. 其誹謗詈詛者, 又先斷舌.」 故謂之具五刑. 彭越, 韓信之屬皆受此誅. 至高后元年, 乃除三族罪, 祅言令. 孝文二年, 又詔丞相, 太尉, 御史:「法者, 治之正, 所以禁暴而衛善人也. 今犯法者已論, 而使無罪之父母妻子同産坐之及收, 朕甚弗取. 其議.」 左右丞相周勃, 陳平奏言:「父母妻子同産相坐及收, 所以累其心, 使重犯法也. 收之之道, 所由來久矣.」"

128) 李學勤 主編, 『十三經注疏·禮記正義』 「曲禮上」(北京: 北京大學出版社, 1999), p.84, "父之讐, 弗與共戴天, 兄弟之仇, 不反兵."; 李學勤 主編, 『十三經注疏·周禮注疏』 「秋官·朝士」, p.942, "凡報仇讎者, 書於士, 殺之無罪."

129) 『後漢書』 卷28 「桓譚列傳」, p.958, "今人相殺傷, 雖已伏法, 而私結怨讎, 子孫相報, 後忿深前, 至於滅戶殄業, 而俗稱豪健, 故雖有怯弱, 猶勉而行之, 此爲聽人自理而無復法禁者也. 今宜申明舊令, 若已伏官誅而私相傷殺者, 雖一身逃亡, 皆"

그 후 章帝 시 輕侮法을 제정하여 최초로 復讎를 허용했으며, 和帝 시에는 輕侮法을 폐지하였으며, 曹操 시기에도 계속 復仇를 금지했다. 그 후 魏明帝의 魏新律에서는 復仇를 허용하고 있다.[130] 이렇게 본다면 輕侮法의 제정은 後漢 章帝 시기(A.D.76-84)이므로 『二年律令』 시기에는 존재하지 않았지만, 古人堤 目錄이 나오는 和帝 시기(A.D.89-105)에 폐지하므로 역시 古人堤 목록에 輕侮法이 존재하지 않았을 가능성이 있다.

4)의 "正殺繼母, 與親母同, 防繼假之隙也."는 살인과 관련된 것이므로 賊律에 있는 것이 옳고, 『二年律令』의 賊律에도 유사한 조문이 확인된다.[131] 5)는 商鞅 이래 존속해왔던 分異法을 폐지한 것인데, 『二年律令』의 戶律 340簡에는 分異를 허용한 조문이 확인된다.[132] 이 조문은 "繼承人이 父母·子·兄弟·主母·假母의 것을 나누려고 하고, 主母·假母가 孽子·假子의 田産을 나누어 獨立하여 爲戶하려 한다면 허락해야 한다는 것"으로서, 分異 시에 자식이 부모의 재산을 요구하는 규정이라고 생각한다. 이 조문은 戶內의 分異를 허용하는 문제와 관련된 것이므로 賊律이 아니라 戶律에 속한다.

6)은 동생이 연장자인 兄姊를 구타할 경우 가중 처벌하여 5년형을 부과한다는 내용인데, 『二年律令』의 賊律에도 兄姊를 구타하면 耐爲隷

徙家屬於邊, 其相傷者, 加常二等, 不得雇山贖罪."

130) 苗鳴宇, 「中國古代復仇制度初探」(『中國靑年政治學院學報』 21-6, 2002), pp.100-101.

131) 『張家山漢墓竹簡』, p.139, "子牧殺父母, 毆詈泰父母、父母、叚大母、主母、後母, 及父母告子不孝, 皆棄市. 其子有罪當城旦春、鬼薪白粲以上, 及爲人奴婢者, 父母告不孝, 勿聽. 年七十以上告子不孝, 必三環之. 三環之各不同日而尚告, 乃聽之. 敎人不孝, 黥爲城旦春."; 같은 책, p.140, "婦賊傷、毆詈夫之泰父母、父母、主母、後母, 皆棄市."

132) 같은 책, p.179, "諸後欲分父母、子、同産、主母、叚(假)母, 及主母、叚(假)母欲分孽子、叚(假)子田以爲戶者, 皆許之."; 任仲爀, 「漢初의 田宅 制度와 그 시행」(『中國古中世史硏究』 27, 2012), pp.199-203.

臣妾에 처하는 규정이 있었다. 耐爲隷臣妾은 文帝 13年 형기가 폐지되기 이전의 처벌 내용으로서 형기 도입 후에는 3년형에 해당한다. 魏新律에서 5년형으로 바꾼 것은 손위의 형제 구타에 대한 엄벌 의지가 강화된 것이라고 할 수 있다. 이 조항의 원형태가 확인되므로 이 항목은 賊律 소속임이 분명하다.[133]

7)은 죄수의 무고 행위에 대한 처벌을 강화하여 친속에까지 처벌을 확대한 내용인데, 이와 비슷한 죄수의 고발을 금지하는 조항과 誣告 규정이 告律에 있는 것으로 보아 告律에 속한 것으로 생각된다.[134]

8)의 "投書하면 棄市에 처하는 科를 수정한다."는 내용은 『睡虎地秦墓竹簡』의 「法律答問」과 『二年律令』의 具律과 盜律에 유사한 규정이 존재한다.[135] 具律의 내용은 투서한 내용을 증거로 삼아 구금하여 취조하지 말 것을 규정했고, 이 律에 따르지 않을 경우 "鞫獄을 고의로 공정하지 않게 한 죄로 논한다."는 내용이다. 盜律의 내용은 투서하여 재산을 요구한 죄는 磔刑에 처한다는 내용이다. 여기에서 「法律答問」의 내용은 具律과 유사하지만 처벌의 내용은 들어있지 않다. 따라서 처벌의 규정을 磔으로 하고 있는 盜律이 晉志의 내용에 가까우며, 晉志에 投書棄市之科를 개정했다는 것은 이전부터 존재해왔던 규정을 바로 잡는 것이지만, 賊律과는 무관하다.

9)는 죄수를 찬탈하면 棄市로 처벌을 강화한 것이다. 이것과 내용

---

133) 같은 책, p.140, "毆兄姊及親父母之同産, 耐爲隷臣妾. 其夬詢罰之, 贖黥."
134) 같은 책, p.151, "誣告人以死罪, 黥爲城旦舂, 它各反其罪."; 같은 책, p.152, "年未盈十歲及繫者、城旦舂、鬼薪白粲告人, 皆勿聽."
135) 『睡虎地秦墓竹簡』, p.174, "(法律答問)「有投書, 勿發, 見輒燔之; 能捕者購臣妾二人, 毄(繫)投書者鞫審讞之」所謂者, 見書而投者不得, 燔書, 勿發; 投者【得】, 書不燔, 鞫審讞之之謂毄(也)."; 『張家山漢墓竹簡』, p.150, "(具律) 毋敢以投書者言毄(繫)治人. 不從律者, 以鞫獄故不直論."; 같은 책, p.143, "(盜律) 群盜及亡從群盜, 毆折人枳(肢)、胅體及令伎(跛)寒(蹇), 若縛守將人而強盜之, 及投書、縣人書恐猲人以求錢財, 盜殺傷人, 盜發冢(塚), 略賣人若已略未賣, 橋(矯)相以爲吏、自以爲吏以盜, 皆磔."

상 완전히 일치하지 않지만 『二年律令』 具律에는 "죄수"가 아니라 "노비"를 탈취해 풀어주는 내용이 있다.[136] 秦漢律에는 徒隸라 하여 죄수가 노비와 동급으로 취급되고 있기 때문에 이 규정도 적용할 수 있으리라 생각된다. 10)은 二歲刑 이상의 경우 죄수의 가족이 재심을 청구할 수 없도록 개정한 것인데, 이는 재심 청구를 허용함으로써 재판이 폭주했던 漢律의 부작용을 막으려 한 것으로 생각된다. 『二年律令』 具律에는 재판 종료 후 불복하는 모든 죄수에게 재심을 허용하되 재심 청구한 내용이 사실과 일치하지 않으면 1등급을 가중처벌한다는 규정이 있어서 이것이 具律에 속하는 것임을 알 수 있다.[137] 11)은 漢代에 漢中・巴・蜀・廣漢 등의 지역이 기후가 중원과 다르므로 각 郡마다 伏日을 선택할 수 있었던 것을 魏新律에서는 풍속을 통일시키기 위하여 불허한 것인데, 이 내용이 『風俗通』의 "自擇伏日"에 인용된 것에 의하면 戶律에 규정되어 있다.[138]

이제까지 분석한 "改賊律"의 내용을 內田智雄의 논증과 비교한 것이 [표 12]인데, 차이점이 보인다.[139] 즉, 11개 조문 가운데 5개 조문(1, 2, 3, 4, 6)이 賊律인데, 3)의 輕侮法을 제외하고 4개의 賊律 항목은 漢初의 『二年律令』부터 존재한 것이므로 古人堤 賊律目錄에 새로이 추가될 것은 없다. 그리고 3)의 輕侮法도 古人堤 賊律目錄과 동시기인 和帝 시기에 폐지되므로 "改賊律" 가운데서 추가될 것은 실제로 없었을 가능성도 있다. 따라서 古人堤 賊律目錄이 魏新律 시기까지 그대로 사용되

---

136) 『張家山漢墓竹簡』, p.148, "(具律) 及守將奴婢而亡之, 篡遂縱之, 及諸律令中曰 與同法, 同罪."

137) 같은 책, p.149, "罪人獄已決, 自以罪不當欲氣鞫者, 許之. 乞鞫不審, 駕罪一等; 其欲復乞鞫, 當刑者, 刑乃聽之. 死罪不得自乞鞫, 其父・母・兄・姊・弟・夫・妻・子欲爲乞鞫, 許之."

138) [漢] 應劭(王利器校注), 『風俗通義校注』(北京: 中華書局, 1981), p.604, "戶律: 漢中・巴・蜀・廣漢, 自擇伏日. 俗說: 漢中・巴・蜀・廣漢, 土地溫暑, 草木早生晚枯, 氣異中國, 夷・狄畜之. 故令自擇伏日也."

139) 內田智雄, 위의 논문(下), pp.5-10.

었을 것으로 생각된다. 지금까지 魏新律에서 개정된 賊律의 조항을 분석하여 그 내용들이 漢律에서 존재했었는지 여부를 검토한 결과, "改定"이라는 말의 의미대로 이미 기존에 있었던 율령에 대한 것이기 때문에 새로이 추가할 항목은 없었다고 생각된다.

[표 12] 『晋書』「刑法志」의 賊律 관련 조항

	1	2	3	4	5	6	7	8	9	10	11
内田	賊	賊	賊	賊	戶	賊	囚	囚	囚(沈)	?	戶
필자	賊	賊	賊	賊	戶	賊	告	具	具	具	戶

이제 漢律의 賊律에 어떠한 변화가 있었는지를 추적하기 위한 다음 수순으로 원래 漢 賊律에 있다가 魏新律에서 詐律로 분리되어 나간 부분에 대해 검토하고자 한다. 魏人이 지적한 漢律의 결함은 여러 방면에 걸쳐 있다. 첫째, 하나의 章에 조문이 수십 개가 되는 경우도 있고(이것은 秦 效律로 대표됨), 둘째 事類가 같더라도 判罪의 경중이 다르다는 것, 셋째 條와 句가 연결되어 있음에도 위와 아래의 내용이 서로 모순되는 점, 대체로는 다른 篇에 속해야 하지만 실제로는 서로 섞여 있는 것으로 요약된다.[140] 魏律은 이러한 漢律을 수정함에 있어서 두 가지 점에 중점을 두었는데, 하나는 漢律의 편수가 6편이 과소하므로 "篇名과 條文을 늘리는 것" 이외에 "同類의 것을 종합"하여 성격이 비슷한 조문을 하나의 篇으로 모으는 것에 중점을 두었다. 이것은 율령의 간소화라기보다는 "內容의 유형별 整理"에 중점을 둔 것이다.

賊律에도 律名과는 무관한 것들이 잡다하게 섞여 있으므로 "內容의 유형별 整理"의 대상이 되었다. 이에 대해 「魏律序略」에는 "賊律有欺謾, 詐偽, 踰封, 矯制, 囚律有詐偽生死, 令丙有詐自復免, 事類眾多, 故分爲詐

---

140) 『晋書』 卷30 「刑法志」, p.923, "一章之中或事過數十, 事類雖同, 輕重乖異. 而通條連句, 上下相蒙, 雖大體異篇, 實相採入."

律."이라고 기술하였다.[141] 아래의 표는 內田智雄이 魏新律에서의 漢律 조목 이동을 정리한 것 중에서 賊律 부분만을 적출한 것이다.[142]

[표 13] 內田智雄의 魏新律에서 賊律 조목 이동

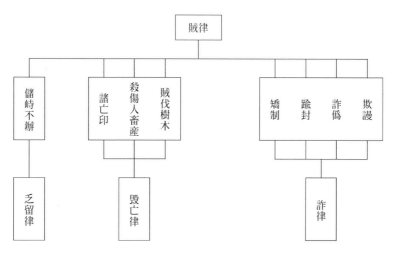

표에서 알 수 있듯이, 賊律에서 詐律로 이동한 항목은 "欺謾·詐偽·踰封·矯制"의 항목이다. 이 항목들은 踰封을 제외하고는 대부분 『二年律令』에서 확인되었고, 踰封도 古人堤賊律目錄의 揄封과 같은 것이며, 추정이기는 하지만 封印과 관련된 부정 행위로 생각된다. 따라서 魏新律에서의 이동상황은 기존 『二年律令』에서 확인된 것들이기 때문에 賊律의 내용이 추가될 것은 없다고 생각된다.

그런데 賊律의 일부 조문이 詐律로 이동한 것만을 언급한 「魏律序

---

141) 『晋書』卷30 「刑法志」, pp.922-924, "盜律有賊傷之例, 賊律有盜章之文, 興律有上獄之法, 廐律有逮捕之事, 若此之比, 錯糅無常. … 盜律有劫略·恐猲·和賣買人, 科有持質, 皆非盜事, 故分以爲劫略律. 賊律有欺謾·詐偽·踰封·矯制, 囚律有詐僞生死, 令丙有詐自復免, 事類衆多, 故分爲詐律. 賊律有賊伐樹木·殺傷人畜産及諸亡印, 金布律有毁傷亡失縣官財物, 故分爲毁亡律."

142) 內田智雄, 위의 논문(上), p.28.

略」은 대강만을 언급한 것이고, 아래의 [표 14]에서 분석해보면 훨씬 복잡하다.[143] [표 14]에 제시한 자료는 『二年律令』과 古人堤目錄만이 아니라, 『晉書』「刑法志」에 인용된 「魏律序略」의 漢律의 賊律 조항, 출토자료, 唐 詐僞律의 자료를 포함시켜 賊律의 총체적인 이동상황을 분석한 것이다.[144] 즉, [표 14]에서는 원래 賊律에 있던 것이 唐律의 賊盜律에 남은 것, 또는 詐僞律로 이동한 것 등 모든 이동 관계를 추적하고, 해당 율령의 조문을 표시하였다.

[표 14] 賊律 항목의 이동

二年律令 죄명 (原簡 番號)	古人堤/『晉書』 「刑法志」	唐律	경로 (漢律–唐律) (二는 二年律令)
謀反(諸侯人來攻盜) (1, 2)	③諸□□(???)	賊盜律 248. 謀反大逆	賊 → 賊盜1
		賊盜律 249. 緣坐非同居 或同居非緣坐資産之分留	賊 → 賊盜2
		賊盜律 251. 謀叛及亡命山澤抗拒將吏	賊 → 賊盜3
☑來誘及爲間者(3)		擅興律 232. 征討告賊消息: 若化外人來爲間諜; 或傳書信與化内人, 并受及知情容止者: 并絞.	賊 → 擅興1
燔城官民屋廬積聚 (4, 5)	③③賊燔燒宮 ③④失火	雜律: 432. 燒官府私家舍宅	賊 → 雜1
船人流殺傷人(6, 7, 8)	③⑧船人□人	詐僞律 385. 詐陷人至死傷. (謂知津河深汀, 橋船朽敗, 诳人令渡之類.)	賊 → 詐僞1
僞寫徹侯印, 小官印 (9, 10)	⑦□□皇 ⑧□□漢	詐僞律 362. 僞造御寶	賊 → 詐僞2
矯制(11)		詐僞律 367. 詐爲制書	賊 → 詐僞3
欺謾上書(12)		詐僞律 368. 對制上書不以實	賊 → 詐僞4

143) 이상의 표는 初世賓. 「『二年律令·賊律』整理自議」, 『簡帛研究(2004)』(廣西: 廣西師範大學出版社, 2006), pp.178-181에서 도움을 받았다.

144) 『唐律疏議新注』, p.784, 卷25·詐僞(27條), "【疏】議曰: 『詐僞律』者, 魏分『賊律』爲之. 歷代相因, 迄今不改. 既名詐僞, 應以詐事在先; 以御寶事重, 遂以「僞造八寶」爲首. 鬪訟之後, 須防詐僞, 故次『鬪訟』之下."

二年律令 죄명 (原簡 番號)	古人堤/『晋書』 「刑法志」	唐律	경로 (漢律–唐律) (二는 二年律令)
僞書(13)	⑬爲□□(?)	詐僞律 363. 僞寫官文書印	賊 → 詐僞5
		詐僞律 364. 僞寫符節	賊 → 詐僞6
		詐僞律 365. 僞賣印符節假人及出賣	賊 → 詐僞7
詐僞券書(14, 15)		詐僞律 369. 詐爲官文書	賊 → 詐僞8
毀封(16)	⑫毀封	詐僞律 366. 盜賣印符節封用	賊 → 詐僞9
誤脫(17)		職制律: 113. 受制忘誤 諸受制忘誤及寫制書誤者, 事若未失, 笞五十; 職制律: 114. 制書官文書誤輒改定 諸 制書有誤, 不即奏聞, 輒改定者, 杖 八十;	賊 → 職制1
挾毒矢、董毒(18)	⑳□蠱人(敢(?) 蠱人.	賊盜律 262. 造畜蠱毒 賊盜律 264. 造厭魅及造符書呪詛欲 以殺人	賊 → 賊盜4
爲毒(19)			
脯肉毒殺傷人(20)	⑭諸食□肉	賊盜律 263. 以毒藥藥人及脯肉有毒 故與人食並出賣	賊 → 賊盜5
賊殺, 傷人(21)	⑮賊殺人 ⑰人殺戲 (戲殺人)	賊盜律 259. 殺一家非死罪三人及支 解人	賊 → 賊盜6
謀賊殺、傷人(22)		賊盜律 256. 謀殺人	賊 → 賊盜7
		賊盜律 252. 謀殺制使刺史縣令等及 本部五品以上官長	賊 → 賊盜8
賊殺人及與謀者(23)	⑱謀殺人已殺		
謀賊殺、傷人, 與賊 同法(26)	⑱謀殺人已殺		
鬪傷死保辜(24)		鬪訟律: 307. 保辜	賊 → 鬪訟1
自賊傷(25)		詐僞律 381. 詐疾病及故傷殘	賊 → 詐僞10
鬪而以釰(刀) (27, 28)	⑯鬪殺以刀 ㉜毆決□□	鬪訟律: 302. 鬪毆傷人 鬪訟律: 303. 鬪毆折齒毀耳鼻 鬪訟律: 304. 兵刃斫射人 鬪訟律: 305. 毆人折跌支体瞎目	賊 → 鬪訟2

二年律令 죄명 (原簡 番號)	古人堤/『晋書』 「刑法志」	唐律	경로 (漢律–唐律) (二는 二年律令)
		鬪訟律: 306. 鬪故殺人	
鬼薪白粲毆庶人以上(29)			
奴婢毆庶人以上(30)		鬪訟律: 320. 部曲奴婢良人相毆	賊 → 鬪訟3
鬪毆變人, 懷子鬪(31)	⑲懷子而…	鬪訟律: 304. 兵刃斫射人(隨人胎, 徒二年.)	賊 → 鬪訟4
妻悍而夫毆笞之(32)		鬪訟律 325: 毆傷妻妾	賊 → 鬪訟5
妻毆夫(33)		鬪訟律 326: 妻毆詈夫	賊 → 鬪訟6
殺傷父母主人(34)	㉒□子賊殺 ㉕奴婢賊殺	賊盜律 254. 部曲奴婢謀殺主及主之期親等	賊 → 賊盜9
謀殺父母, 父母告不孝(35, 36, 37)	㉗毆父母 ㉓□子(?)賊殺	賊盜律 253. 謀殺期親緦麻以上尊長及謀殺卑幼 賊盜律 255. 妻妾謀殺故夫之父祖及部曲奴婢謀殺舊主	賊 → 賊盜10
賊謀殺毆詈父母, 告子不孝(38)	㉔父母告子	賊盜律 253 謀殺期親尊長	賊 → 賊盜11
毆笞子奴婢死(39)	㉙父母毆笞子	鬪訟律: 321. 主殺奴婢	賊 → 鬪訟7
婦傷毆詈尊屬(40)		鬪訟律 330. 妻妾毆詈夫父母	賊 → 鬪訟8
毆兄姊(41)		鬪訟律 332 毆兄妻夫弟妹	賊 → 鬪訟9
毆父偏妻等(42, 43)		名例律 6. 四曰惡逆.(謂毆及謀殺祖父母、父母, 殺伯叔父母、姑、兄姊、外祖父母、夫、夫之祖父母、父母.)	賊 → 名例1
奴婢賊傷主(44, 45)	㉘奴婢悍	賊盜律 254. 部曲奴婢謀殺主及主之期親等	賊 → 賊盜12
毆詈吏(46, 47)		鬪訟律 319 拒毆州縣以上使	賊 → 鬪訟10
笞刑徒死(48)		斷獄律 477: 拷囚不得過三度	賊 → 斷獄1
殺傷人畜産(49)	㊱賊殺傷人	廐庫律 203: 故殺官私馬牛	賊(二) → 毀亡(魏) → 廐庫(唐)1
犬殺傷人畜産(50)	㊲犬殺傷人	廐庫律 206: 犬殺傷畜産	賊 → 廐庫2
亡印(51)		雜律:437. 棄毀亡失符節印	賊(二) → 毀亡(魏) → 雜(唐)2
亡書符券塞門城門之		雜律: 437. 諸棄毀符、節、印及門鑰	賊 → 雜3

二年律令 죄명 (原簡 番號)	古人堤/『晋書』 「刑法志」	唐律	경로 (漢律-唐律) (二는 二年律令)
鑰(52)		者, 各准盜論;	
盜書, 棄書官印(53)	盜章	雜律: 438 棄毀亡失制書官文書 賊盜律 273. 盜制書官文書	賊→雜4 賊→賊盜13 賊→賊盜(盜)14
	⑪揄封/踰封		賊→詐11
	儲峙不辦		賊→乏留
田律: 禁諸民吏徒隷, 春夏毋敢伐材木山林		賊盜律 291. 山野物已加功力輒取: 諸 山野之物, 已加功力刈伐積聚, 而輒 取者, 各以盜論.	田(二)→賊(後 漢)→毀亡(魏) →賊盜

위의 표에서 볼드체로 표현한 것은 唐 詐僞律 27조 가운데서 내원이 원래 賊律인 것이 확실한 10조이다.[145] 원래 賊律에 포함된 것이 확실한 唐 詐僞律 조문 10조를 추가한다면, 원래의 賊律 41章은 51章으로 늘어날 수 있을 것이다.[146] 그러나 이것을 추가할 수 없는 것이, 그 10조는 이미 원래부터 41章에 있던 것들이다. 만약 賊律의 숫자가 41章이라는 것이 옳다면 漢律에서 唐律에 이르기까지 내용상의 변화는 당

---

145) 위의 표의 내용 가운데서 魏新律 제정시 일부 조항이 賊律에서 詐律로 이동했기 때문에 唐 詐僞律의 조항 가운데 혹시 賊律에서 유래한 것이 있는지 검토하였다. 그러나 387의 "證不言情"이 『二年律令』의 具律에 "證不言情"으로 존재하는 것을 확인한 것 이외에는 어느 律에서 기원했는지 확인할 수 없기 때문에 賊律에서 賊盜律로 이행되었다는 숫자에 포함시킬 수 없었다. 따라서 詐僞律의 17개 조문은 賊律에 포함시킬 수는 없었다. 詐僞律의 17개 조문은 다음과 같다: 387. 證不言情及譯詐僞, 370. 詐假官假與人官, 371. 非正嫡詐承襲, 372. 詐稱官捕人, 373. 詐欺官私財物, 374. 詐爲官私文書求財, 375. 妄認良人爲奴婢部曲, 376. 詐除去死免官戶奴婢, 377. 詐爲瑞應, 378. 詐教誘人犯法, 379. 詐乘驛馬, 380. 詐自復除, 382. 醫遠方詐療病, 383. 父母死詐言餘喪, 384. 詐病死傷檢驗不實, 386. 保任不如所任, 388. 主司承詐.

146) 『唐律疏議新注』 p.784, "卷25·詐僞(27條), 【疏】議曰: 『詐僞律』者, 魏分『賊律』爲之. 歷代相因, 迄今不改. 旣名詐僞, 應以詐事在先; 以御寶事重, 遂以「僞造八寶」爲首. 鬪訟之後, 須防詐僞, 故次『鬪訟』之下."

연히 존재했지만, 그 조문의 숫자는 큰 변화 없이 유지되었다고 할 수 있다. 한편 賊律에서 다른 律로 빠져나간 것이 있던 반면, 반대 방향의 이동도 있었다.[147]

[표 15] 기타 律에서 賊盜律로 이동한 항목

漢律	唐律 항목	이동 경로
具律, 及守將奴婢而亡之, 篡遂縱之, 及諸律令中曰與同法·同罪,	257. 劫囚與竊囚 若竊囚而亡者, 與囚同罪, 他人親屬等. 竊而未得, 減二等, 以故殺傷人者, 從劫囚法.	具 → 賊盜
盜律: 劫人·謀劫人求錢財, 雖未得若未劫, 皆磔之. 罪其妻子, 以爲城旦舂.	258. 有所規避執人質: 持人爲質及避質不格	盜 → 賊盜
	260. 父祖或夫及主爲人殺私和[148]	賊(魏) → 賊盜
	261. 以物置人耳鼻孔竅及恐迫人	불명 → 賊盜
	265. 殺人會赦免者移鄕及移鄕[149]	賊(魏) → 賊盜
	266. 殘害死屍及棄屍水中若傷者[150]	盜律 → 賊盜
	267. 穿地得死人不更埋及燻狐狸燒及棺槨[151]	盜律 → 賊盜
	268. 造祅書祅言及傳用惑衆[152]	불명 → 賊盜
捕律: 禁吏毋夜入人廬舍捕人犯者其室毆傷之以毋故入人室律從事.[153]	269. 夜無故入人家及知非侵犯或已拘執而殺傷	捕律 → 賊盜

147) [표 16]은 기타의 律에서 賊盜律(사실상 賊律)로 이동한 것들이다. 자세한 분석은 피하고 각주에 상관된 설명 대신 해당 律 조문을 표시하였다.

148) 이것은 復仇을 허용한 輕侮法과 관련된 내용으로, 唐律에서 복수 허용은 노골적이지 않으나 허용하는 방향을 취하고 있다. 苗鳴宇, 「中國古代復仇制度初探」(『中國靑年政治學院學報』 21-6, 2002), pp.100-101.

149) 『宋書』 卷55 「傅隆傳」, p.1550, "舊令云, 「殺人父母, 徒之二千里外.」"

150) 陳廣忠 注譯, 『淮南子譯注』 卷13 「氾論訓」(長春: 吉林文史出版社, 1990), p.656, "天下縣官法曰: 「發墓者誅, 竊盜者刑.」 此執政之所司也.";『後漢書』 卷43 「朱穆列傳」, p.1470, "吏畏其嚴明, 遂發墓剖棺, 陳尸出之, 而收其家屬. 帝聞大怒, 徵穆詣廷尉, 輸作左校."

[표 16] 賊律의 이동 방향

잔존		賊律에서 다른 律로 분할		다른 律에서 賊律로 이동	
賊律 → 賊盜律	14	詐僞律	11	불명	2
		鬪訟律	10	盜律	3
		雜律	4	賊(魏) → 賊盜	2
		廐庫律	2	捕律	1
		斷獄律	1	具律	1
		留律	1		
		擅興律	1		
		職制律	1		
		名例律	1		
		田 → 賊 → 毁亡律	1		
	14		33		9

이상에서 분석한 내용을 [표 15] 賊律의 이동 방향에서 정리하면, 漢初의 賊律이 後漢 古人堤시기까지는 큰 변화가 없지만, 魏新律에 들어서 漢律의 律名과 무관계한 조문들을 "최초"로 정리하는 대변화가 발생했다. 賊律도 그러한 정리 대상 가운데 하나이다. 賊律에서 분리되어 나간 것이 가장 많은 律은 詐(僞)律인데(11조), 바로 「魏律序略」에서 지적한 대로이다. 그 다음으로 많은 것이 鬪訟律인데(10조), 魏新律과 晉律 당시에는 아직 鬪訟律의 출현 이전이므로 鬪訟律의 10조문은 魏晉시기에 계속 賊律에 남아 있었을 것이다. 그 후 北魏 太和 연간에 繫訊律에서 鬪律을 분리할 때 賊律의 일부 내용이 鬪律로 이동했을 가

---

151) 發墓의 규정은 원래 盜律에 있었다. 『張家山漢墓竹簡』, p.143, "盜殺傷人, 盜發冢(塚), 略賣人若已略未賣, 橋(矯)相以爲吏, 自以爲吏以盜, 皆磔. 66(C310)"

152) 『漢書』 卷23 「刑法志」, p.1104, "至高后元年, 乃除三族罪·祅言令.";『後漢書』 卷5 「孝安帝紀」, p.215, "乙亥, 詔自建初以來, 諸祅言它過坐徙邊者, 各歸本郡.";『陳書』 卷6 「後主紀(叔寶)」, p.108, "詔曰:「…又僧尼道士, 挾邪左道, 不依經律, 民間淫祀祅書諸珍怪事, 詳爲條制, 竝皆禁絶.」"

153) 謝桂華 等, 『居延漢簡釋文合校』, p.551, no.395.11.

능성도 있다.[154] 그리고 雜律(4조)과 廐庫律(2조) 등으로 분리된 것도
있다. 위의 표에서 보면 魏新律 시기에 鬪訟律의 10조문이 잔존 부분
으로 이동한다면, 기타 律로 나간 것들은 소소하기 때문에 「魏律序略」
에서는 詐律로 분리되어 나간 것만을 언급했을 가능성이 있다.

魏新律 단계에서는 賊律에 남아 있는 것 14조와 鬪訟律로 가기 이전
의 것 10조를 합치면 24조 정도가 남아 있었을 것이다. 賊律에 남은 것
24조, 詐律로 이동한 11조 이외의 것들은 숫자가 소소하므로 『晉書』
「刑法志」에서 詐律만을 언급한 것은 사실을 제대로 전한 것이라고 할
수 있다. 그 후 唐律의 단계에서는 賊律의 해체가 계속 진행됨에 따라
서 원래의 賊律에 남은 것(14조)보다 다른 律로 빠져나간 것(33조)이
더 많아졌다고 할 수 있다. 또한 빠져나간 것만큼은 아니지만, 기타
律에서 賊律로 이동한 것도 보인다. 즉, 이 律들은 원래 漢初부터 賊律
篇에 있던 것이 아닌 것을 唐律의 단계에서는 賊盜律로 이동시킨 것이
다. 그러한 것들은 원래의 소속 律名이 盜律·捕律·具律 등 밝혀진 것도
있지만, 원래 어느 律에 속했는지 불분명한 것도 있다.

필자는 이상의 분석을 시도하기 이전에 漢 賊律이 魏新律과 晉律을
거치면서 간소화되어 많은 부분이 폐지되었을 것이라는 선입견을 가
지고 있었다. 그러나 이상의 분석을 통하여 漢의 賊律은 원래의 형태와
용어를 그대로 간직한 채 唐律까지 생명력 있게 살아남았다. 이러한
분석 결과는 唐律로부터 漢律을 복원하는 것도 불가능하지 않음을 보
여준다. 魏律에서의 賊律은 晉의 明法掾 張斐의 "賊은 變故가 발생하지
않은 정상적 상황 하에서 사람을 殺傷하는 것"에 부합하는 내용만 남기
고 정리된 것이다. 盜律 및 賊律의 내용이 李悝의 法經 이래로 王者之

---

154) 『唐律疏議新注』, p.658, "【疏】議曰: 鬪訟律者, 首論鬪毆之科, 次言告訟之事. 從
  秦漢至晉, 未有此篇. 至後魏太和年, 分繫訊律爲鬪律. 至北齊, 以訟事附之, 名
  爲鬪訟律. 後周爲鬪競律. 隋開皇依齊鬪訟名, 至今不改. 賊盜之後, 須防鬪訟,
  故次於賊盜之下."

政에 핵심적인 것으로 인식되는 것은 일반 백성들의 생활에서 발생하는 절도 및 살상과 관련되었기 때문이며, 이러한 내용은 시대의 변화와 무관한 것이므로 계속 후대의 율령에 살아남을 수밖에 없는 것이다.[155]

賊律의 상당수 조문이 唐律까지 살아남아 있다는 사실과 晉律에서 41.3%의 減省이라는 사실을 어떻게 모순되지 않게 설명할 수 있을까? 41.3%의 減省이 가능하려면 중복된 조문 및 사문화된 조문의 정리 작업에서 이유를 찾아야 하지 않을까? 그 해답은 魏新律의 "魏에서 행해지지 않는 漢舊律은 모두 폐지했다"고 한 것에서 찾아야 할 것 같다.[156] 즉, 漢律 가운데는 이 시기에 더 이상 사용하지 않는 律이 다수 존재했던 것 같은데, 그러한 사문화된 율령의 정리를 통해서 축약시켰던 것으로 생각된다. 그러나 魏新律 단계의 율령 간소화는 충분하지 않았던 듯하고, 본격적인 율령의 간소화는 晉律에서 재추진되었다. 즉, 司馬昭는 "前代의 律令의 본문과 주석이 煩雜하고, 陳羣·劉邵의 개혁을 거쳤더라도 아직 科條가 조밀하고, 諸儒章句 가운데 鄭氏章句만을 사용한다."고 지적하고 있다.[157] 아직 魏왕조의 시점이기 때문에 前代는 漢을 가리키는 것이고, 개혁 대상은 漢律과 魏律 모두라고 할 수 있다. 魏新律이 개혁을 거쳤다고는 하지만 아직도 煩雜하다는 司馬昭의 지적에서 알 수 있듯이, 율령의 과감한 減省은 미흡했다고 할 수 있다. 晉律은 漢魏律의 가혹하고 번잡한 것을 폐지하고 淸明簡約한 것만을 존속시켜 41.3%의 減省을 이룩하였다.[158] 또한 41.3%의 減省과 관련해서는 律 부분에서 令으로 정리되어 나간 부분에 관한 것도 고찰할 필요가 있는데, 이에 대해서는 후고를 기다려야 할 것 같다.

---

155) 『晉書』 卷30 「刑法志」, p.922, "是時承用秦漢舊律, 其文起自魏文侯師李悝. 悝撰次諸國法, 著法經. 以爲王者之政, 莫急於盜賊, 故其律始於盜賊."
156) 『晉書』 卷30 「刑法志」, p.925, "改漢舊律不行於魏者皆除之."
157) 『晉書』 卷30 「刑法志」, p.927, "文帝爲晉王, 患前代律令本注煩雜, 陳羣·劉邵雖經改革, 而科網本密, 又叔孫·郭·馬·杜諸儒章句, 但取鄭氏, 又爲偏黨, 未可承用."
158) 『晉書』 卷30 「刑法志」, p.927, "蠲其苛穢, 存其淸約."

V. 결론

이 연구는 漢唐律의 변화상 속에서 賊律이 어떠한 변화 과정을 거치는지 분석하고자 한 것이다. 秦漢律의 최대 문제점은 최초의 법전이 編纂된 이래 계속 축적되어가기만 했을 뿐 율령의 편제를 재편하려는 시도가 없었기 때문에 숫자가 크게 증가된 법률조문이 무질서한 상태로 방치되었다. 이러한 문제점은 魏晉律의 개혁을 거치면서 "文簡辭約"이라고 칭송될 정도로 해결되었다. 그렇지만 많은 이들이 칭송하는 "文簡辭約"의 그림이 명확하게 연상되지 않는데, 그 이유는 漢律의 원래 모습이 어떠했는지 알 수 없었기 때문이다.

필자는 『二年律令』 및 문헌 자료에 보이는 자료를 통해 漢律의 규모를 확인하고자 하였다. 이를 위해서는 漢律의 篇章 개념을 확인할 필요가 있었다. 이에 대한 연구는 대체로 篇-章-條-句 또는 篇-章(條)-句로 보는 견해가 주종을 이루는데, 문제는 이러한 체제에서 篇과 章이 상호 혼동되고 있다는 점이다. 혼동되는 이유는 漢初의 三章과 九章律에서 기원되는 것으로 생각된다. 즉, 章과 篇의 개념이 정립되지 않은 상태에서 계속 이 법률들을 章이라고 호칭했던 것이 지속적으로 章이 篇을 의미하는 것으로 사용되었던 것이다. 『漢書』 「刑法志」에 "作律九章"과 武帝時의 "律令凡三百五十九章"의 章은 篇을 지칭한 것이 확실한데, 이것은 혼동된 개념의 반영이었다. 그러나 經書 등에서는 篇과 章이 계열화되는 경향도 나타난다. 篇-章 체제로 정리되어 갔던 경향이 후한 王充의 『論衡』에서 정리되는데, 篇의 아래에는 약간의 章으로 나뉘고, 章의 아래는 약간의 條와 句로 나뉜다. 『晋書』 「刑法志」에서도 일관되게 篇-章의 체제를 인식하였고, 일반적으로 篇이 크고, 章은 작은 단위를 의미하는 것으로 사용하였다.

陳夢家는 章을 구분하는 중요한 원칙 세 가지를 제시하였다. 첫째,

簡首에 章의 표시(●)가 있을 것, 둘째, 前簡에는 공백이 있을 것, 셋째, 章이 篇보다는 작고, 句 또는 節보다는 큰 단락의 시작이라는 사실이다. 이 원칙에 입각해『二年律令』을 분석하면 모두 296개의 章이 있다고 추정된다. 이것은 漢律의 전체 조문과 비교할 수 있는 근거가 될 수 있다. 漢律의 조문수는 後漢 和帝 永元 6年(A.D.94)의 4,989條, 泰始律의 630조(율령 모두는 2,926條) 정도이므로『二年律令』의 규모를 대략적이나마 파악할 수 있을 것이다. 다만 漢初의 편수가 27篇이므로 60편 가까이 되는 武帝시기의 漢律의 조문수는 간단한 산술로 계산하면 296章의 2배 이상인 600여 章이 되었을 것이며, 글자수는 46,985정도로 추정된다.

『晉書』「刑法志」에는 武帝 시기의 漢律 편수를 60篇이라고 하였다. 이것은 九章律 9篇, 叔孫通의 傍章 18篇, 張湯의 越宮律 27篇, 趙禹의 朝律 6篇을 합친 숫자이다. 이것은 漢律을 親見하지 못한『晉書』「刑法志」의 저자가 章과 篇을 혼동한 대표적 사례로 생각된다.『晉書』「刑法志」에 越宮律과 朝律의 편수를 각각 27篇과 6篇으로 표현한 "篇"의 단위는 필자의 생각으로는 "章"이라고 생각한다. 漢律의 편수는 대체로 50에서 60篇 정도일 것으로 생각된다. 이 숫자는 출토 율편의 숫자와도 대체로 부합한다고 할 수 있다. 文帝 시기의 胡家草場 12號墓 출토의 漢律이 45종인데, 현재까지 확인된 최대의 숫자이다.

이렇게 篇數가 많음에도 魏新律에서 漢律의 "篇少" 문제를 지적하고 "多其篇條"를 추진한 것은 刑律을 正律로 간주하는 관념에서 비롯된 것이라고 생각된다. 현재까지 확인된 漢律의 篇數가 45개나 되는 것이 결코 적은 것이 아니었음에도 그 篇數를 적은 것으로 이해하였기 때문에 편목의 숫자가 극히 적은 것으로 오해하게 만들었다. 문헌의 기록들에는 律의 부분이 크게 증가하여 법률 상호간의 모순과 사법 관리의 악용이 발생한 것으로 기술하고 있는데, 필자의 생각으로는 律의 부분이 크게 증가한 부분도 있지만, 令과 決事比, 漢律章句 부분의 증가가 더 컸을 것으로 생각된다. 이것은 역대의 律 부분을 보면 그 율편의 숫자가 일정한 정도로 유지되고 있는 사실에서 알 수 있다.

『晋書』「刑法志」에 의하면, 晋의 泰始律은 20篇 620條이며, 泰始令은 40篇 2306조이며, 율령 합계가 60卷 2,926條 126,300字이다. 이 통계수치를 후한시대 陳寵의 統計와 비교하면 晋泰始律이 제정될 때 漢律의 어느 정도를 생략했는지 알 수 있다. 後漢 和帝 永元 6年(A.D.94) 漢律은 4,989조인데, 무려 2,063조를 減省한 것이다. 절반 가까운 41.3%의 減省이었기 때문에 晋 律令이 "文簡辭約"하다는 평가를 받는 것이다. 41.3%의 減省 비율은 생각보다 훨씬 크다고 할 수 있다.

관리들이 漢律令을 두루 볼 수 없을 정도로 많다고 한 것은 令 및 決事比, 漢律章句 등에 관한 것으로 생각된다. 漢律의 繁苛한 것으로서 늘 연구자들에 의해 제시되는 자료는 漢律章句의 26,272조를 언급한 것인데, 이것이 곧 漢律의 숫자라고 할 수는 없다. 따라서 漢律의 숫자가 증가되었다고 하기보다는 決事比 및 漢律章句 등의 증가에 의해 漢律의 적용이 어려웠다고 할 수 있다. 필자의 이러한 주장은 賊律 부분의 증가가 심각하지 않았다는 것에서 증명된다.

필자는 漢律에서 魏晋律, 그리고 唐律로 이어지는 맥락을 추적하기 위해서 賊律을 분석하였다. 古人堤 漢律目錄은 완벽하지는 않지만 그 변화상을 중간 점검할 수 있는 자료라고 할 수 있다. 古人堤 漢律目錄은 후한 和帝 永元(89-104)에서 安帝 永初(107-113)까지의 것인데, 앞서 고찰한 陳寵이 漢律令의 숫자를 언급한 시점(和帝 永元 6年, A.D.94)과 일치하는 시기이다. 이것은 前漢 초기 『二年律令』의 내용이 300년 정도 경과한 시점의 것이므로 변화가 있었다면 이 목록에 반영이 되어 있었다고 생각한다.

古人堤 賊律目錄은 보이지 않는 글자도 있어 검토하기가 용이한 편은 아니었다. 水間大輔씨는 41개 항목 가운데서 약 반 정도가 『二年律令』賊律과 일치하는 것으로 보았지만, 필자의 분석으로는 古人堤 賊律

目錄의 65.8%(41개중 27개)가 일치한다. 古人堤 賊律目錄 가운데 미확인은 14개나 되는데, 그 가운데 절반인 7개가 불분명하여 비교하기가 곤란했기 때문이기도 하지만, 원래『二年律令』에 없던 賊律조항이 추가되었던 것에도 일부 원인이 있었을 것으로 생각된다. 또한『晋書』「刑法志」에서 언급한 10개 항목 가운데 賊伐樹木과 踰封, 儲峙不辦만이『二年律令』賊律에서 언급되지 않은 것이다.『二年律令』과 古人堤 賊律의 시간 차이가 최대 299년인 것을 감안한다면 이같은 律 조문의 추가는 당연한 것으로 생각된다.

이밖에 賊律에 추가해야 할 것으로 생각된『晋書』「刑法志」의 "改賊律"의 항목을 검토한 결과 11개 항목 가운데 5개 조문이 賊律인데, 輕侮法을 제외하고 4개의 賊律 항목은 漢初의『二年律令』부터 존재한 것이므로 古人堤 賊律目錄에 새로이 추가될 것은 없다. 그리고 輕侮法도 古人堤 賊律目錄과 동시기인 和帝 시기에 폐지되므로 "改賊律" 가운데서 추가될 수 있는 것은 실제로 없었을 가능성도 있다. 이렇게 魏晉시대의 자료에서 賊律에 추가될 것이 확인되지 않는 것으로 보아『二年律令』賊律과 古人堤 賊律目錄은 아마도 後漢시대 賊律의 전체 목록이라고 해도 좋을 것 같다. 漢初의 賊律이 後漢 古人堤시기까지는 큰 변화가 없지만, 魏新律에 들어서는 획기적인 변화가 발생했다.

漢 賊律의 변화를 추적하기 위한 다음 수순으로 원래 漢 賊律에 있다가 魏新律에서 詐律로 분리되어 나간 부분을 검토하였다. 「魏律序略」에 賊律에서 詐律로 이동한 항목은 대강만을 언급한 것이고, 실제로는 더 복잡하다.

賊律에서 분리되어 나간 것이 가장 많은 律은 詐僞律인데(11조), 바로 「魏律序略」에서 지적한 대로이다. 그 다음으로 많은 것이 鬪訟律인데(10조), 魏新律과 晋律 당시에는 아직 鬪訟律의 출현 이전이므로 鬪訟律의 10조문은 魏晋 시기에 계속 賊律에 남아 있었을 것이다. 그리고 雜律(4조)과 廐庫律(2조) 등으로 분리된 것도 있다. 그 후 唐律의 단계에서는 해체가 계속 진행됨에 따라서 원래의 賊律에 남은 것(14조)보다 다른 律로 빠져나간 것(33조)이 더 많아졌다고 할 수 있다. 또한 빠져나간 것만큼은 아니지만, 기타 律에서 賊律로 이동한 것도 보인다. 즉, 이 律들은 원래 漢初부터 賊律篇에 있던 것이 아닌 것을 唐律의 단계에서는 賊盜律로 이동한 것이다. 그러한 것들은 원래의 소속 律名이 盜律·捕律·具律 등 밝혀진 것도 있지만, 원래 어느 律에 속했는지 불분명한 것도 있다.

본문에서의 분석은 과거 漢 賊律이 魏新律과 晋律을 거치면서 간소화되어 많은 부분이 폐지되었을 것이라는 선입견을 타파하게 만든다. 『二年律令』과 唐律을 비교한 결과 漢律은 원래의 형태와 용어를 그대로 간직한 채 唐律까지 존속하고 있다. 晋 泰始律令에서 減省 부분이 컸음에도 賊律의 조문들이 唐律에 살아남아 있는 사실에서 漢律 가운데 正律 부분은 크게 훼손되지 않았을 것이라는 추정을 하게 된다.

지금까지의 분석 결과는 역으로 唐律로부터 漢律을 복원하는 것도 불가능하지 않음을 보여준다. 그렇다면 하나의 의문은 賊律의 상당수 조문이 唐律에 남아있음에도 어떻게 晋律에서 41.3%의 減省을 가능하게 하였을까? 그 해답은 魏新律이 개혁을 거쳤다고는 하지만 아직도 煩雜하다는 司馬昭의 지적에서 알 수 있듯이, 율령의 과감한 減省은 미흡했다고 할 수 있다. 결국 율령의 간소화는 晋律에 의해서 시도되었는데, 賊律의 대부분이 살아남았듯이 아마도 중복된 부분의 생략에 있지 않을까 싶다. 즉, 賊律에서는 중복된 부분이 적지 않기 때문이다.

찾아보기-사실

찾아보기-인명

임중혁

고려대학교 사학과 문학박사
숙명여자대학교 역사문화학과 교수 역임
현재 숙명여자대학교 역사문화학과 명예교수

전공: 중국 고대사

■ 저술 및 번역
  스무날 동안의 황토기행(소나무 출판사)
  미야자키 이치사다(宮崎市定), 중국중세사(신서원, 임중혁 공역)
  마크 엘빈, 중국 역사의 발전법칙(신서원, 공역)

고대 중국의 통치메커니즘과 그 설계자들 4

초판 인쇄   2021년 10월 27일
초판 발행   2021년 11월 12일 [전체 478쪽(pages)]

저   자   임중혁
펴 낸 이   한정희
펴 낸 곳   경인문화사
편   집   한주연 김지선 유지혜 박지현 이다빈
마 케 팅   전병관 하재일 유인순
등   록   제406-19736-000003호
주   소   경기도 파주시 회동길 445-1 경인빌딩 B동 4층
전   화   (031) 955-9300   팩 스 (031) 955-9310
홈페이지   http://www.kyunginp.co.kr
이 메 일   kyungin@kyunginp.co.kr

ISBN   978-89-499-4967-3   94910
       978-89-499-4999-4   (세트)

정가   33,000원
ⓒ 임중혁, 2021